행정학의 정석

백승기

도서출판 대영문화사

머리말

이 책은 실전에 대비한 행정학 해설서이다. 대학에서 3학년 학생들을 대상으로 「행정문제연구」라는 강의를 진행하게 된 것이 이 책을 저술하게 된 직접적인 동기가 되었다. 이 책의 목적은 공무원시험이나 관련 자격증을 준비하는 수험생들을 대상으로 행정학의 단원별 핵심 내용의 이해와 더불어 관련 문제 해석 능력을 제고하는 데 있다. 이러한 목적을 이루기 위해 이 책은 다음 몇 가지 특징을 가지고 있다.

첫째, 행정학의 단원별 주요 내용을 먼저 설명하고 해당 문제풀이로 들어가는 형식을 갖추고 있다. 그렇게 함으로써 기본 내용은 소홀히 하고 오로지 문제풀이에만 치중하는 잘못된 학습 방법에서 오는 불이익을 줄일 수 있다.

둘째, 장별이 아닌 절별로 설명을 하고 있어서 독자들이 좀 더 빠른 시간에 해당 부분의 피드백을 할 수 있다는 장점을 가지고 있다.

셋째, 문제풀이에서 중요도에 따라 기본문제와 심화문제로 구분해서 다루고 있으며, 각 장이 끝나는 부분에는 실전테스트가 또 책의 마지막 부분에서는 실전모의고사 회당 20문제씩 총 5회분이 수록되어 있다.

이제 이 같은 체계로 구성된 이 책이 독자들에게 돌아가서 조금이라도 그들의 실전에 도움을 줄 수 있기를 간절히 소망한다. 모든 일이 그러하듯이 이번 작업도 선행 연구자분들을 비롯한 많은 분의 도움에 힘입은 바 크다. 특히 날로 어려워지는 출판 환경 속에서도 출간을 흔쾌히 허락해 주신 대영문화사 임춘환 사장님께 깊이 감사드린다.

2019년 1월

저자 백승기 올림

차례

Contents

제 1 장 행정의 본질

제 1 절 행정의 의의

1. 행정의 개념

1) 광의의 행정과 협의의 행정

(1) 광의의 행정: 행정은 목표 달성을 위해 취해지는 고도의 합리성을 수반한 '인간의 협동행위'이다. 이러한 광의의 행정은 모든 대규모 조직과 단체에서 보편적으로 나타나는 것으로 행정과 경영의 차이가 없다.

(2) 협의의 행정: 행정을 '정부조직을 중심으로 이루어지는 제반 활동'으로 본다.

2) 거버넌스로서의 행정

최근에는 정부의 일과 민간의 일을 엄격하게 구분하지 않고 공공(public)이라는 개념을 통해서 양자를 모두 포함하는 '거버넌스(governance)로서의 행정'이 강조되고 있다.

2. 행정 개념의 역사적 전개

19세기 말 이후 미국을 중심으로 행정학적 행정 개념에 대한 논의가 활발히 이루어졌는데, 그 주요 내용은 다음과 같다.

1) 행정관리설: 행정을 공공사무의 관리 차원에서 보는 것으로 주로 행정학 발전의 초창기에 주장되었다. 행정수단의 기술적 합리화와 능률화에만 관심을 나타냄으로써 행정의 기술적 내지 관리적 측면을 강조하고 있다. 윌슨(W. Wilson)이나 화이트(L. D. White)가 대표적 학자들이다.

2) 통치기능설: 전통적 행정학에 반발하는 입장이다. 1930년대 세계대공황과 뉴딜정책 등을 배경으로 행정 기능이 확대되는 시기에 등장한 것으로, 행정의 개념을 정책의 집행·관리에 한정하지 않고 나아가 정책형성 기능까지 담당하는 것으로 보고 있다. 애플비(P. H. Appleby)와 디목(M. E. Dimock)이 대표적인 학자들이다.

3) 행정행태설: 행정을 공동 목표를 달성하기 위한 조직인들의 협동적·합리적 활동으로 본다. 즉, 행정을 공공문제 해결을 위한 의사결정 과정으로 보고 있다. 행정행태설은 행정의 과정이라는 측면에 초점을 맞추고 있어 행정과 경영의 차이를 인정하지 않는다는 점에서 행정관리설과 유사하지만, 행정학의 과학성을 제고하려 하며, 가치중립적 관점을 지닌다는 점에서 차이가 난다. 대표적인 학자로 사이먼(H. A. Simon)을 들 수 있다.

4) 발전기능설: 행정을 사회 및 국가 발전의 문제해결자로 본다. 통치기능설과 기본 입장은 같지만 사회문제나 갈등에 직면하게 되었을 때 이에 대처하고 해결하는 것만이 아니라 더욱 적극적으로 발전정책을 추진하려고 한다는 점에서 다르다. 이러한 입장을 취하는 대표적인 인물로 와이드너(E. W. Weidner)와 에스만(M. J. Esman) 등을 들 수 있다.

5) 정책화기능설: 행정의 정책형성 기능을 강조하는 입장으로 행정을 공공정책 형성에 중요한 역할을 하는 정치 과정의 일부로 파악한다. 1960년대의 격동기 사회문제를 가치중립적인 행태주의가 해결하지 못한다는 비판에 따라 등장한 사회적 적실성(relevance)과 실천(action)을 강조한 후기행태주의나 정책과학 등의 입장이다. 대표적인 학자로는 라스웰(H. D. Lasswell), 드로어(Y. Dror) 등이 있다.

6) 신공공관리설: 행정에 시장 원리와 민간부문의 경영기법을 도입한 것으로서 전통적 관리방식에 비해 경쟁, 성과, 고객을 강조한 면이 두드러진다. 신자유주의 기업가적 정부론으로 볼 수 있는데, 대표적인 인물로 오스본(D. Osborne)과 게블러(T. Gaebler)를 들 수 있다.

7) 뉴거버넌스론: 행정을 정부의 독점적 통치나 지배가 아닌 정부와 준정부 · 비정부조직, 비영리 · 자원봉사조직 등 다양한 사회 세력에 의한 참여적 · 협력적 공동생산으로 파악한다. 대표적인 학자로 로즈(R. A. W. Rhodes)와 프레드릭슨(H. G. Frederickson) 등이 있다.

3. 행정과 경영

1) 의의

(1) 공행정은 국가 또는 공공기관이 공익이나 공공 목표를 달성하기 위해 행하는 활동을 말한다.

(2) 사행정, 즉 경영은 사기업이나 민간단체가 사적 목표를 달성하기 위해 행하는 활동을 말한다.

2) 양자의 유사점과 차이점

(1) 유사점

① 능률주의: 목표 달성의 극대화를 도모하는 관리기술이 거의 비슷하다. 양자 모두 능률주의를 지향한다.

② 관료제적 성격: 사적 조직이 대규모화됨으로써 관료제적 성격을 갖게 됨에 따라 공행정과 사행정이 유사하게 된다.

(2) 차이점

① 목적: 공행정의 목적은 국민에 대한 봉사라 할 수 있고, 사행정의 목적은 이

윤 추구라 할 수 있다.

② 강제력: 공행정은 법령에 입각해서 상대방의 의사에 관계없이 강제를 가할 수 있는 수단을 보유하고 있지만, 사행정의 경우에는 계약관계에 있을 뿐 강제력에 의한 의무 이행을 강제할 수 없다.

③ 독점성: 공행정은 공공서비스를 제공하는 과정에서 경쟁자가 없는 독점성을 가지나, 사행정은 자유로운 시장진입이 보장된다.

4. 행정과 정치

1) 의의

(1) 행정은 정책집행에 주력하며 정치가에 비해서 균형 유지의 역할을 더 중시한다.

(2) 정치는 국가 의지를 형성하고 통치 체제를 규정하는 활동으로서 가치판단이나 도덕적 책임 등이 문제된다. 행정가에 비해 이익 표출, 변혁 의지 등의 역할을 한다.

2) 정치행정이원론

행정은 기술적 · 관리적 성격을 띠고 있고 능률을 최고의 가치로 삼고 있기 때문에 정치로부터 분리되어야 한다는 것이 정치행정이원론이다. 대표적인 학자로는 윌슨(T. W. Wilson)과 굿노(F. J. Goodnow) 등이 있다.

(1) 엽관주의 폐단 극복과 실적주의의 확립: 윌슨을 중심으로 부패된 정치로부터 행정을 분리시켜 실적주의를 확보할 필요성을 인식했다.

(2) 과학적 관리론의 영향: 테일러(F. W. Taylor)의 과학적 관리론은 행정을 정치적으로 중립적인 비권력적 관리 현상으로 이해하는 데 기여했다.

(3) 행정개혁운동의 전개: 행정의 능률성을 회복하기 위한 행정개혁운동이 광범위하게 전개되었다.

3) 정치행정일원론

정치와 행정의 밀접한 관계 내지 불가분성이 있다며 행정은 정치와 다르지 않다고 보는 것이 정치행정일원론이다. 대표적인 학자로는 디목(M. E. Dimock)과 애플비(P. H. Appleby)가 있다.

(1) 행정 기능의 확대: 경제대공황, 뉴딜정책에 따라 행정 기능이 대폭 확대되었다.

(2) 행정의 역할 증대: 행정의 전문화 및 위임입법의 증가로 인해 행정의 재량권과 준입법권 등이 증대되었다.

객관식 문제

■ 기본문제

01 경영과 구분되는 행정의 속성이라고 보기 어려운 것은? (2014 국가직 9급)

① 행정은 사익이 아닌 공익을 우선적으로 추구한다.
② 행정은 모든 시민을 평등하게 대우해야 한다.
③ 행정조직 구성원은 원칙상 법령에 의해 신분이 보장된다.
④ 행정은 효과적인 업무 수행을 위해 관리성이 강조된다.

해설 ④ 관리성은 행정과 경영의 공통적인 속성이다. 양자는 그 목표 달성의 극대화를 도모하는 관리기술이 거의 비슷하며, 양자 모두 능률주의를 지향한다. 지문 1~3은 경영에 비해 행정이 가지는 일반적 특징이다.
① 행정은 공익을 우선적으로 추구한다.
② 행정은 경영과 달리 모든 시민을 평등하게 대우해야 한다.
③ 행정조직 구성원은 강력한 신분 보장을 받는다.

| 정답 ④

02 행정과 경영의 공통점에 해당하는 것은?

① 법적 규제 범위 ② 독점성 ③ 관료제
④ 평등성 ⑤ 이익 추구 대상

해설 ③ 관료제는 공행정과 사행정에 모두 똑같이 나타나는 공통적 현상이다. 사적 조직이 대규모화함으로써 관료제적 성격을 갖게 됨에 따라 공행정과 사행정이 유사하게 된다.
① 공행정은 법령에 입각해서 상대방의 의사에 관계없이 강제를 가할 수 있는 수단을 보유하고 있지만, 사행정의 경우에는 계약 관계에 있을 뿐 강제력에 의한 의무 이행을 강제할 수 없다. 공행정은 명문 규정에 따라 행동하고 법률적 권한 없이는 행동하지 않는데 비해(Don't go unless I tell you go), 사행정은 법률이 금지만 하지 않고 있으면 행동한다(Go until I say stop)는 점에서 차이를 나타내고 있다.
② 공행정은 공공서비스를 제공하는 과정에서 경쟁자가 없는 독점성을 가지나, 사행정은 자유로운 시장 진입이 보장된다. 이러한 양자 간의 차이를 나타내면 아래 표와 같다.

〈공행정과 사행정의 차이〉

	행정	경영
목적	공익 추구	이윤 극대화 추구
정치 권력적 성격	공권력을 배경으로 한 행정 기능 수행	강제력과 권력 수단 없음
독점성	경쟁자 없는 독점성	자유로운 시장 진입
영향 범위	모든 국민이 대상	고객에 한정
평등성	모든 국민은 법 앞에 평등	고객 간 차별 대우 용이
법적 규제	엄격한 법적 규제	직접적인 법적 규제 없음

| 정답 ③

03 다음 중 행정과 정치의 관계에 대한 설명으로 옳지 않은 것은?

① 정치행정이원론은 엽관주의를 극복하고 능률적인 행정을 구축하기 위한 것이다.
② 정치행정이원론의 대두 배경 중 하나는 행정을 좀 더 과학적으로 연구하기 위한 것이다.
③ 정치행정이원론은 사회적 능률을 강조한다.
④ 행정에 내재된 가치 현상을 과학적으로 규명하기 위하여 정치행정일원론이 대두되었다.

해설 ④ 가치와 사실을 구분하고 과학적 규명을 위해 정치행정새이원론이 제기되었다. 사이먼(H. A. Simon)의 행정행태론이 대표적이다.
① 행정은 기술적·관리적 성격을 띠고 있고 능률을 최고의 가치로 삼고 있기 때문에 정치로부터 분리되어야 한다는 것이 정치행정이원론이며, 정치행정이원론은 엽관주의를 극복하고자 한다.

| 정답 ④

04 다음 중 행정과 정치의 관계에 대한 이론의 변천 과정을 시대 순으로 바르게 연결한 것은?

가. 정치행정이원론	나. 정치행정일원론
다. 정치행정새이원론	라. 정치행정새일원론

① 가-나-다-라 ② 가-다-나-라
③ 나-가-다-라 ④ 나-가-라-다

해설 ① 시대순은 가-나-다-라가 맞다. 처음 정치행정이원론에서 시작하여 정치행정일원론으로, 다시 정치행정새이원론으로 그리고 정치행정새일원론으로 전개되었다.

| 정답 ①

05 미국에서 월남전 참전으로 인해 야기된 사회적 혼란기에 이를 극복하기 위해서 논의가 시작된 행정학이론은 무엇인가?

① 신행정론 ② 통치기능론
③ 행정행태론 ④ 정치행정이원론

해설 ① 신행정론은 1960년대 말에 미국 사회가 혼란기에 처하게 되면서 이를 극복하기 위해 행정의 실천성을 강조하면서 대두된 이론이다. 이 이론은 사회적 형평을 강조한다. 신행정론은 효율성이 공평·정의와 결합하지 못하면 조직내부 사람 간에 질투와 질시로 효율성을 갖지 못한다고 하고, 마찬가지로 행정 효율이 사회적 형평과 결합하지 못한다면 그 행정 효율은 누구를 위한 서비스인가를 묻고 있다.

| 정답 ①

06 행정과 경영에 대한 다음 설명 중 가장 옳지 않은 것은? (2015 경찰간부)

① 행정은 사익이 아닌 공익을 우선적으로 추구한다.
② 행정과 경영은 모두 관료제적 성격을 가진다는 점에서 유사하다.
③ 행정은 고객에 대한 서비스 공급이 평등하나 경영은 고객에 따라 서비스 정도가 다르다.
④ 오늘날 전 세계적인 정부개혁으로 인해 행정과 경영 간의 차이점이 더욱 뚜렷해지고 있다.

해설 ④ 행정과 경영 간의 차이점이 아니라 기업가적 정부의 출현으로 인해 행정과 경영의 유사점이 더욱 부각되고 있다.

| 정답 ④

07 행정의 본질에 대한 설명으로 옳지 않은 것은?

① 행정은 고도의 합리성을 가진 인간의 협동행위이다.
② 현대 행정은 가치중립적인 성격을 지니고 있다.
③ 행정은 사회 변동에 대응하고 변동을 관리한다.
④ 행정은 효율적인 목적 달성을 위해 조직화된 행동이다.

해설 ② 현대 행정은 정치행정일원론적 성격으로 가치중립적이라고 할 수 없고, 가치함축적인 성격을 지니고 있다.

| 정답 ②

■ 심화문제

08 행정과 경영에 대한 설명으로 옳지 않은 것은?

① 행정은 상대방의 의사에 관계없이 강제를 가할 수 있는 수단을 보유하고 있다.
② 경영은 행정보다 의회, 정당, 이익단체로부터 더 강한 비판과 통제를 받는다.
③ 행정은 고객에 대한 서비스 공급이 평등하나 경영은 고객에 따라 서비스 정도가 다르다.
④ 행정과 경영은 각각 목적은 다르나 그 목표 달성의 극대화를 도모하는 관리기술은 거의 비슷하다.

해설 ② 행정은 본질적으로 정치성을 내포하고 있어서 정당, 이익단체, 국민 등에 의해 영향 및 통제를 받는다. 경영은 그렇지 않다.
① 일례로 토지 수용의 경우 토지 소유자가 수용을 거부하고 싶어도 정부는 토지수용의 합법적인 권한을 행사할 수 있다.
③ 행정은 모든 국민은 법 앞에 평등하다는 평등 원칙이 지배하지만 경영은 고객 간 차별대우가 용인된다.
④ 행정과 경영 모두 능률주의를 지향한다.

| 정답 ②

09 다음 중 행정과 경영의 관계에 대한 설명으로 가장 옳지 않은 것은? (2015 국회직 9급)

① 행정학이 독립된 학문으로 태동되던 초창기 때, 행정학은 경영학으로부터 많은 논리를 도입했다.
② 정치행정이원론은 행정과 경영의 유사성을 강조하며, 행정을 기술적 과정으로 인식하고 행정의 과학화를 추구하는 입장이다.
③ 행정은 경영보다 본질적으로 정치적 성격을 갖고 있으며, 엄격한 법적 규제를 받는다.
④ 공동 목표를 달성하기 위한 합리적이고 집단적인 협동 행위는 행정과 경영에서 공통적으로 나타난다.
⑤ '행정의 경영화'가 추구하는 정부개혁은 정부의 관료제적 성격을 강화하는 것이다.

해설 ⑤ 시장 원리와 경쟁을 도입하는 행정의 경영화는 전통적 관료제가 가지는 역기능적 요소를 완화하는 노력으로 본다.
② 정치행정이원론에서는 행정을 관리로 보아 경영과 동일시한다.

| 정답 ⑤

10 정치와 행정에 대한 다음 보기의 설명 중 옳은 것은 모두 몇 개인가?
(2013 국회직 8급)

가. 전통적으로 민주주의 정치체제에서 정치는 가치개입적 행위이며 행정은 가치중립적 행위이다.

나. 정치는 효율성을 확보하는 과정인데 반해 행정은 민주성을 확보하는 과정이다.
다. 정치행정일원론에서의 행정의 정치적 기능이란 정책형성 기능을 의미한다.
라. 1960년대 발전행정론이 대두하면서 기존의 행정우위론과 대비되는 정치우위론의 입장에서 새 일원론이 제기되었다.
마. 사이먼 등 행태주의 학자들은 행정의 정책결정 기능을 인정한다는 점에서 기존의 이원론과 구분된다.

① 1개 ② 2개 ③ 3개
④ 4개 ⑤ 5개

해설 ③ 나: 정치는 정책결정, 행정은 정책집행을 주로 한다. 정치는 민주성을 강조하고 행정은 효율성을 강조한다. 라: 발전행정론은 정치 우위가 아니라 행정 우위적 정치행정일원론이다.

| 정답 ③

제 2 절 행정학의 학문적 성격

1. 행정학의 연구 대상

행정학은 정부에 관한 학문의 성격을 가진다. 즉, 정부는 행정학 연구의 장소(locus)적 의미를 지닌 연구 대상이 된다. 연구의 초점(focus)은 연구 범위 안에 설정된 하나의 가장 좁은 연구 대상이라 말할 수 있다.

2. 행정학의 성격

1) 사회과학으로서의 행정학

행정학은 응용사회과학이므로 다른 학문으로부터 많은 지식을 빌려 오고 있어 정체성에 대한 의문이 제기되기도 한다. 행정학의 학문적 독자성을 인정하기 어렵다는 정체성의 위기론(identity crisis)이 그것이다.

2) 행정학의 전문직업적 성격

행정의 전문직업적 성격의 인정 여부를 놓고 다소간의 논란이 있다. 그러나 현대 행정은 날로 복잡해지고 있어 행정가들에게 더 많은 전문성을 요구하고 있기도 하다.

3) 행정학의 과학성과 기술성

(1) 행정학의 과학성

① 의의: 행정학에서 과학성이란 왜(why)를 중심으로 설명성 · 인과성 · 객관성 등을 강조하는 것이다.

② 내용: 행정학의 과학성 문제는 행태주의에 의해 고무되었는데, 행태주의는 제도나 구조보다 인간의 행태에 관심을 가진다. 가치와 사실을 엄격히 구분하고 사회과학의 연구방법에서 과학적 연구방법을 사용할 것을 강조한 것이다.

(2) 행정학의 기술성

① 이의: 문제를 해결하기 위해 처방하고 치료하는 것을 의미한다.

② 내용: 행정학이 순수한 과학성을 띠면 띨수록 실천적 타당성이 없다고 지적하고 있다. 신행정론에서는 행정학의 과학성을 배격하고 문제 해결 지향성, 처방성, 실천성 등을 강조했다.

4) 보편성과 특수성

(1) 보편성: 역사 · 문화적 특수성을 초월해서 적용할 수 있는 이론이 일반이론이라 한다면, 행정학에서 일반이론을 구축하려는 학자들의 노력은 행정학의 보편성을 믿기 때문이다.

(2) 특수성: 제2차 세계대전 후 미국이 많은 신생국이나 후진국의 발전을 위해 미국의 행정이론에 바탕을 둔 제도나 기술을 지원했다. 그러나 이러한 제도나 기술이 그 나라의 현실에 맞지 않았던 것이 좋은 예이다. 즉, 보편성의 한계가 드러

난 것이다. 1950년대 비교행정이 발달하게 된 이유도 특수성과 관련된다.

5) 행정학의 가치판단과 가치중립성

베버(M. Weber)는 윤리적 가치판단은 가치철학의 문제이지 경험과학인 사회과학의 방법이 될 수 없다고 했다. 이처럼 사회과학 연구에서 몰가치적인 객관성을 강조하는 것은 나름대로의 의미를 가지지만, 행정학이 현실의 행정문제를 해결하려는 실천적 성격을 강력히 띠고 있어 가치판단의 개입은 필수불가결한 것이다. 학문의 궁극적인 목적은 바로 실천성에 있다 할 것이다.

객관식 문제

■ 기본문제

01 다음 중 행정학의 학문적 특성에 대한 설명으로 틀린 것은? (2015 국회직 9급)

① 행정학은 원인과 결과의 규칙성을 발견하는 기술성을 중시한다.
② 행정학은 전문직업적인 성격을 포함한다.
③ 행정학은 실천적이고 도구적 성격이 강한 응용학문이다.
④ 행정학은 종합학문적 성격을 지니고 있어 정체성에 대한 논란이 지속적으로 제기되어 왔다.
⑤ 행정학의 연구에서 가치와 사실을 구분할 수 있어도 가치판단 문제를 완전히 배제할 수는 없다.

해설 ① 원인과 결과의 규칙성을 발견하는 것은 과학성이다. 기술성은 이론을 실제로 처방하는 과정에 초점을 맞춘다. 또 과학성의 이론적 토대는 정치행정이원론이고, 기술성의 토대는 정치행정일원론이다.

| 정답 ①

02 다음 중 행정의 과학성과 관련이 없는 내용은?

① 가치와 사실의 분리　　② 인과관계의 검증
③ 실천의 적실성과 타당성 강조　　④ 증명된 원칙과 이론 중시

⑤ 논리적 실증주의 강조

해설 ③ 실천의 적실성과 타당성을 강조한 것은 발전행정론과 신행정론에서 강조한 내용이다. 행정의 과학성은 사이먼이 중심이 된 행태주의의 입장이다.

| 정답 ③

03 **행정의 가치중립성을 주장하는 논리와 가장 관계가 깊은 것은?**

① 행정이 사회의 정의와 민주화에 기여할 수 있는 기반을 마련한다.
② 사회문제의 해결과 처방에 공헌한다.
③ 행정이 정치와의 긴밀한 관계 속에서 작동하여 민의를 빠르게 반영토록 한다.
④ 공무원들의 신념과 가치관을 행정행위에 최대한 반영토록 한다.
⑤ 행정의 과학화에 기여한다.

해설 ⑤ 가치중립성이란 가치는 배제하고 사실만 연구 대상으로 삼으므로 과학화에 기여하게 된다.

| 정답 ⑤

04 **행정학에서 과학성에 대한 설명으로 타당하지 않은 것은?**

① 정책문제 해결을 위한 대안 탐색을 강조한다.
② 행정 현상의 규칙성을 발견해 이론화를 지향한다.
③ 사실은 'X는 Y다'라는 논리를 중시한다.
④ 가치와 사실을 엄격히 구분한다.
⑤ 과학은 소위 결정론에 기초한 인과적 설명에 초점을 둔다.

해설 ① 1번 지문은 행정의 기술성과 관련된 내용이다. 즉, 실천성, 처방성 등의 개념이다.

| 정답 ①

05 **행정학의 과학성에 관한 설명으로 타당하지 않은 것은?**

① 인과적 설명에 초점을 두고 있다.
② 정책문제 해결을 위한 실천성을 강조한다.
③ 현상에 대한 규칙성을 발견해 이론 형성으로 나간다.
④ 사이먼은 정치행정새이원론을 주장했다.

해설 ② 이 지문은 과학성이 아니라 기술성에 대한 설명이다.

| 정답 ②

06 **행정학의 접근법과 학문적 성격에서 기술성과 과학성, 특수성과 보편성, 가치판단 불가피성과 가치중립성으로 나눌 때 서로 비슷한 것끼리의 조합이 옳은 것은?**

① 기술성－보편성－가치중립성

② 과학성－특수성－가치중립성
③ 기술성－특수성－가치판단 불가피성
④ 과학성－보편성－가치판단 불가피성

해설 ③ 기술성을 강조하는 사람들은 행정 현상은 인간 활동에서 비롯한 현상인 만큼 보편적인 원칙이나 법칙이 있을 수 없다는 점에서 행정학이 기술에 해당한다고 말하고 있다. 반면에 행정학에서 과학성을 중시하는 사람들은 왜(why)를 중심으로 설명성・인과성・객관성 등을 강조한다. 행정학의 과학성 문제는 행태주의에 의해 고무되었는데, 행태주의는 제도나 구조보다 인간의 행태에 관심을 가진다.
보편성과 특수성을 보면, 역사・문화적 특수성을 초월해서 적용할 수 있는 이론이 일반이론이라 한다면 행정학에서 이를 찾아내기는 어려운 일이다. 행정학에서는 시・공간을 초월하는 보편적 이론의 구축이 어렵고 특수한 상황에 맞는 특수이론이 많은 형편이다.
가치판단과 가치중립성을 보면, 베버(M. Weber)는 윤리적 가치판단은 가치철학의 문제이지 경험과학인 사회과학의 방법이 될 수 없다고 했다. 이처럼 사회과학 연구에서 몰가치적인 객관성을 강조하는 것은 나름대로의 의미를 가지지만, 행정학이 현실의 행정문제를 해결하려는 실천적 성격을 강력히 띠고 있어 가치판단의 개입은 필수불가결한 것이다.

| 정답 ③

▣ 심화문제

07 다음 중 행정학의 학문적 특성에 대한 설명으로 가장 옳지 않은 것은? (2015 국회직 9급)

① 행정학은 원인과 결과의 규칙성을 발견하는 기술성을 중시하는 학문이다.
② 행정학은 전문직업적 성격을 포함한다.
③ 행정학은 실천적이고 도구적 성격이 강한 응용학문이다.
④ 행정학은 종합학문적 성격을 지니고 있어 정체성에 대한 논란이 지속적으로 제기되어 왔다.
⑤ 행정학의 연구에서 가치와 시실을 구분할 수 있어도 가치판단 문제를 완전히 배제할 수는 없다.

해설 ① 과학성에 대비해서 기술성은 행정학이 실제 시회문제 해결을 위해 실천성을 강조하는 입장이다. 지문에서 원인과 결과의 규칙성 부분은 기술성이 아니라 과학성에 해당하는 사항이다.
② 행정학은 법학이나 의학에 비해 전문성은 떨어지지만 현대 행정이 복잡해지면서 나름의 전문직업적 성격을 띤다고 할 수 있다.

| 정답 ①

08 행정학에 관한 설명으로 옳지 않은 것은? (2013 행정사)

① 행정은 민주성, 능률성, 합법성, 효과성, 형평성 등을 추구한다.
② 행정학은 행정 현상의 과학화를 목적으로 하기 때문에 이론과 실제를 분리해서 연

구하는 학문이다.

③ 행정학은 시민사회, 정치집단, 시장과의 상호작용 속에서 공공가치의 달성을 위해 정부가 수행하는 정책이나 관리활동에 대한 지식과 이론을 연구 대상으로 한다.

④ 행정학은 정치학, 경제학, 경영학, 사회학, 법학, 심리학 등의 이론과 지식을 접목해서 사용하고 있다.

해설 ② 행정학은 실제 문제 해결을 위한 처방을 제시하기에 이론과 실제를 통합해서 연구한다.

| 정답 ②

09 다음 중 행정학의 기술성에 대한 설명으로 틀린 것은?

① 기술성은 행정의 처방적 접근과 정해진 목표를 효율적으로 달성할 수 있는 방법을 다룬다.

② 사이먼은 기술성을 '정해진 목표를 어떻게 효율적으로 성취하는가'의 방법이라고 말한다.

③ 기술성은 정치행정이원론적 관점이다.

④ 기술성에는 어떻게를 중심으로 실용성, 실천성, 적실성 및 처방성을 담고 있다.

⑤ 신행정론에서는 행정학의 과학성을 배격하고 행정학에서 가치문제, 문제 해결 지향성 등을 중시했다.

해설 ③ 과학성은 정치행정이원론적 입장이고, 기술성은 정치행정일원론의 입장이다.

| 정답 ③

10 현대 행정학을 성립시킨 윌슨(T. W. Wilson)의 행정이론과 관련이 적은 것은?

① 정치행정이원론을 주장했다.

② 행정의 영역을 사무의 분야로 보았다.

③ 능률을 극대화시킬 수 있는 기법의 도입을 주장했다.

④ 정치와 행정의 상호 보완 관계를 강조하면서 행정의 영역을 확대하고 있다.

해설 ④ 정치와 행정의 상호 보완 관계를 강조하는 것은 정치행정이원론이 아니라 정치행정일원론이다.

| 정답 ④

제 3 절 정부와 행정

1. 정부의 개념

정부(government)의 어원은 라틴어의 guvernare와 그리스어의 kybernan에서 나왔는데, 이 단어들은 배를 저어나간다 또는 방향을 잡아 이끌다 등의 의미를 지니고 있다.

2. 국가 특성의 변화와 행정

1) 최소국가

근대 민주주의가 태동하고 시민혁명에 의해 새로운 근대적 국가를 성립시키게 된다. 이는 야경국가로서 국가의 역할은 개인의 자유와 재산 보호에 국한함으로써 공공영역을 최소화하려고 했다. 경제는 '보이지 않는 손(invisible hand)'에 의해 저절로 이루어진다고 여겼기 때문에 정부의 필요 이상의 간섭은 불필요하다는 인식이 지배적이었다.

2) 행정국가

행정국가란 입법 · 사법 · 행정의 삼권 중에서 행정권이 다른 것보다 상대적인 우위성을 가지는 국가를 의미한다. 입법권은 의회에 있으나 실제로는 법률의 대부분이 행정부에 의해 제출된다. 또 위임입법권이 증대되고 있는데, 그에 따라 행정부의 자유재량권이 크게 확대되고 있다. 그리고 준입법권 · 준사법권을 갖는 각종 위원회가 발달되었다.

3) 신행정국가

신행정국가란 행정국가에 대한 비판에 직면해서 행정국가의 역기능을 시정하기 위한 대안으로 등장한 개념이다. 사람들은 점차 '작은 정부와 적은 세금(less government and lower taxes)'으로 더 잘할 수 있다는 생각을 하게 되었고, 이에 따라 이들 거대정부에 대한 비판이 제기되었는데, 이러한 국민의 불만은 1978년 미국 캘리포니아 주민들의 '주민발안 13(Proposition 13)'에서 표출되었다. 신행정국가의 주요 특징은 다음 세 가지로 정리할 수 있다.

(1) 국가의 역할과 권한의 변화: 적극국가에서 규제국가로 변화했다. 소득재분배 같은 적극적 역할보다는 시장실패를 시정하는 규제국가로 변화한다. 또 복지혜택 제공자에서 시장형성자로 권력 이동이 이루어졌다.

(2) 국정 운영방식의 변화: '의회정체'에서 '분화정체'로의 변화이다. '장관 책임과 중립적 관료제'가 전통적인 의회정체 모형의 특징이라 한다면, 분화정체 모형에서는 장관책임과 중립적 관료제보다는 거버넌스(governance)를 특징으로 한다. 국가가 특권적이고 주권적인 위치에 있지 않는 새로운 형태의 국정운영이 강조된다.

(3) 시장화에서 제도적 분화로 전환: 신자유주의 확산은 국가주의에서 시장주의로의 전환을 가져왔지만, 시장이 기능하기 위한 제도적 메커니즘이 확보되어야 하며, 이러한 제도적 규율을 국가에 의한 획일적인 통제방식이 아니라 다양한 주체들의 연계망을 통해 확보할 수 있다.

3. 정부의 구조

행정부의 조직구조는 헌법기관과 비헌법기관으로 나눌 수 있다. 헌법기관은 설립 근거가 헌법에 규정되어 있기 때문에 기관의 영속성이 보장되고, 비헌법기관은 법률의 제정 및 개정에 의해 조직개편을 행할 수 있다. 중앙행정기관은 부(部), 처(處), 청(廳)으로 구성된다.

행정 각부의 장은 국무위원이어야 하며, 국무총리의 제청으로 대통령이 임명한다. 행정 각부의 장은 소관 사무의 결정 및 집행권을 가지며, 부령을 제정 공포하는 권한 등을 가진다.

또 정부는 관할 범위에 따라 중앙정부와 지방정부로 구분된다. 지방정부는 계층 구조가 광역자치단체와 기초자치단체의 2층제로 되어 있다. 그리고 지방자치단체는 집행기관과 의결기관으로 구성되어 있으며, 권력분립주의 원칙에 입각해서 기관대립형을 택하고 있다. 정부부문에는 정부부처 외에 정부기업이 있다. 정부기업이란 정부부처 형태의 공기업을 말하는데 조달청이나 국립중앙극장 등이 이에 해당한다. 또 준정부부문에서는 2007년부터 발효된 「공공기관의 운영에 관한 법률」에 의한 공공기관이 있다. 이 법 제5조에서 공공기관을 공기업, 준정부기관, 기타 공공기관 등으로 구분하고 있다. 그리고 공기업과 준정부기관은 직원 정원이 50인 이상인 공공기관 중에서 지정하도록 하고 있다.

4. 정부의 운영 실태

1) 정부조직의 팽창

정부조직이 대(大)정부로 가고 있는 것을 가리켜 '확장증(pathology of expansionism)'이라 부른다. 우리나라의 중앙행정기관 수는 1948년의 11부 4처에서 출발해 계속 늘어났으며, 문재인 정부 들어 2018년 현재 18부 5처 17청으로 구성되어 있다. 문재인 정부 들어 행해진 주요 정부조직 변화로는 중소기업청이 중소기업벤처부로, 대통령경호실이 대통령경호처로 바뀌었고, 소방청과 해양경찰청이 신설되었다.

2) 정부팽창을 설명하는 이론

(1) 니스카넨(W. A. Niskanen)의 예산극대화이론: 관료들은 권력을 위해 소속 부서의 예산 규모를 극대화한다. 그 결과 정부산출물은 적정 생산 수준보다 평균 2배의 과잉생산이 이루어진다.

(2) 피콕(A. T. Peacock)과 와이즈먼(J. Wiseman)의 경비팽창론: 전쟁 · 공황과 같은 비상시에 증액된 조세는 위기가 끝난 후에도 판막효과로 인해 쉽게 줄어들지

않고 새로운 사업계획을 추진하는 데 이용되는 전위효과가 나타난다. 전위효과란 전시 때 국가경비가 급증하는데, 이후에도 높은 조세 수준이 그대로 유지되는 현상을 말한다.

(3) 바그너(A. H. G. Wagner)의 국가경비 팽창 법칙: 1인당 국민소득이 증가할 때, 공공재 수요의 소득탄력적 특성으로 인해 국민경제에서 차지하는 공공부문의 상대적 크기가 증대되는 것을 말한다.

(4) 보몰효과(Baumol effect): 행정의 노동집약적 성격으로 인해 계속적으로 과다한 인건비가 들어감에 따라 재정 규모가 팽창하는 병리적 현상으로, 정부가 생산 공급하는 서비스의 생산비용이 상대적으로 빨리 증가해서 정부지출이 증가하는 현상을 말한다.

(5) 리바이어던 가설(Leviathan hypothesis): 정부를 규모와 조세의 극대화를 추구하는 괴물로 보고 정부 규모의 팽창을 억제하기 위해서는 조세와 정부지출 권한을 분권화해야 한다는 것이다.

객관식 문제

■ 기본문제

01 전통적인 의회정체 모형에 대한 대안으로 제기되는 '분화된 정체' 모형의 특징으로 가장 거리가 먼 것은? (2008 국회 8급)

① 정책연결망과 정부 간의 관계 ② 장관 책임과 중립적 관료제
③ 공동화 국가 ④ 핵심 행정부
⑤ 신국정관리

해설 ② 분화된 정체 모형은 신행정국가의 특징이다. 장관책임과 중립적 관료제가 아니라 뉴거버넌스를 특징으로 한다. 의회정체 모형에서는 중립적 공무원이 최종적 결정권을 행사하되 의회와 유권자에게 정치적 책임을 지는데 비해, 분화정체 모형에서는 상호 의존하는 자기조직적 연결망에 의한 뉴거버넌스가 행해진다.

| 정답 ②

02 파킨슨 법칙에 대한 설명으로 틀린 것은?

① 부하배증의 법칙과 업무배증의 법칙을 주요 내용으로 한다.
② 상승하는 피라미드의 법칙으로도 불린다.
③ 공무원 수가 업무량에 관계없이 증가한다.
④ 미국의 해군성을 관찰하고 나온 연구 결과물이다.

해설 ④ 파킨슨 법칙은 미국이 아니라 영국의 해군성을 관찰한 결과이다.

| 정답 ④

03 정부 규모 팽창에 대한 이론의 설명으로 옳은 것을 모두 고르면?

ㄱ. 전위효과: 사회혼란기에 공공지출이 상향 조정되며 민간지출이 공공지출을 대체하는 현상
ㄴ. 바그너 법칙(Wagner's law): 1인당 국민소득이 증가할 때, 국민경제에서 차지하는 공공부문의 상대적 크기가 증대되는 현상
ㄷ. 예산극대화 가설: 관료들이 권력의 극대화를 위해 자기부서의 예산 극대화를 추구하는 현상
ㄹ. 파킨슨 법칙: 공무원의 수가 해야 할 업무의 경중이나 그 유무에 관계없이 일정 비율로 증가하는 현상
ㅁ. 보몰효과(Baumol's effect): 정부가 생산·공급하는 서비스의 생산비용이 상대적으로 빨리 하락해서 정부 지출이 감소하는 현상

① ㄱ, ㄴ, ㄷ
② ㄱ, ㄴ, ㄹ, ㅁ
③ ㄴ, ㄷ, ㄹ
④ ㄱ, ㄷ, ㄹ, ㅁ

해설 ③ 전위효과는 전시와 같은 국가의 위기 국면에서 정부지출이 민간지출을 대신하면서 발생하는 재정팽창 현상을 의미한다. 보몰효과는 정부가 담당하는 공공서비스 공급은 노동집약적 서비스 부문인데, 사회경제적 생산성과 관계없이 상대적으로 관련 생산비용이 빨리 증대해 정부지출이 자동적으로 증가하게 되는 현상을 의미한다.

| 정답 ③

■ 심화문제

04 다음 가운데 복지국가에서 나타나는 일반적인 현상으로 보기 어려운 것은?
(2006 전북 7급)

① 공무원 수의 감축
② 저소득층의 보호
③ 경제성장률의 둔화 경험
④ 누진적 조세 부담

⑤ 빈부 격차의 감소

해설 ① 공무원 수 감축은 작은 정부와 관련된다.

| 정답 ①

05 정부관에 대한 일반적인 설명으로 옳은 것은? (2017 교육행정직 9급)

① 보수주의자는 기본적으로 자유시장을 불신하지만 정부를 신뢰한다.
② 진보주의자는 조세제도를 통한 정부의 소득재분배정책을 선호한다.
③ 신자유주의가 등장하면서 작은 정부에서 큰 정부로의 전환이 이루어졌다.
④ 1930년대 대공황을 겪으면서 최소의 정부가 최선의 정부라는 신념이 중요시되었다.

해설 ② 진보주의자는 소득재분배정책을 선호한다.
① 이는 진보주의자 입장이다.
③ 신자유주의는 작은 정부를 선호한다.
④ 대공황을 거치면서 큰 정부와 복지국가로의 전환을 가져왔다.

| 정답 ②

06 다음 중 행정국가의 개념에 관한 설명으로 옳지 않은 것은? (2007 충북 9급)

① 거대정부 현상이다.
② 입법부와 사법부보다는 행정부 중심의 국가이다.
③ 정책 목표 달성을 위한 집행뿐만 아니라 결정에도 주도적 역할을 한다.
④ 정치행정이원론적 입장에서 설명할 수 있다.

해설 ④ 행정국가화 현상은 정치행정이원론의 배경이 된다.

| 정답 ④

07 진보주의 정부에 대한 설명으로 옳지 않은 것은?

① 수직적 형평성
② 경제적 인간관 부정
③ 공립학교의 종교교육 반대
④ 자유시장에 대한 신뢰

해설 ④ 자유시장에 대한 신뢰는 보수주의 정부관의 특징이다. 여기서 주의해야 할 것은 진보주의 정부관도 자유시장에 대해 신뢰는 보내지 않지만 잠재력은 인정한다는 점이다.

| 정답 ④

08 정부 규모 팽창에 대한 다음 설명에서 빈칸에 들어갈 내용은 무엇인가?

(가)는 1인당 국민소득이 증가할 때, 국민경제에서 차지하는 공공부문의 상대적 크기가 증대되는 현상을 말하며, (나)는 관료들이 권력의 극대화를 위해 자기 부서의 예산극대화를 추구하는 현상을 말한다.

	(가)	(나)
①	바그너 법칙	예산극대화 가설
②	전위효과	파킨슨 법칙
③	예산극대화 가설	바그너 법칙
④	보몰효과	리바이어던 가설

해설 ① '가'는 바그너 법칙, '나'는 니스카넨의 예산극대화가설이다.

| 정답 ①

제 4 절 행정과 환경

1. 행정의 정치적 맥락

행정 체제는 정치 체제의 하위 체제라 할 수 있으며 정치 없이 행정은 있을 수 없다고 말할 수 있다.

행정의 탈정치화 모형(depoliticized model)이 강조되면서 공무원의 정치적 중립성은 정치의 오염을 막는 도구가 되었다. 그러나 탈정치화 모형이 지나치게 이상적이라는 것은 지방자치단체장의 정치적 영향을 최소화하기 위해 도입된 미국의 시지배인(city manager) 제도가 대도시에서 사라진 것에서 잘 알 수 있다.

그러나 시간이 지나면서 관료들의 민주성이 문제되는 상황에 직면했다. 행정권은 더욱 비대해져 국민의 국민에 의한 국민을 위한 정부가 아니라 관료의 관료에 의한 관료를 위한 정부로 바뀌어 갔다. 관료들은 공익에 부합하는 일도 자신들의 사익에 반하면 외면했는데, 혹자는 이를 제도적 관료제(institutional bureaucracy)라 불렀다. 이에 관료제에 대한 정치적 통제의 필요성이 대두되기 시작했다.

2. 행정의 법적 맥락

정부는 법에 의해서 만들어진 기관이다. 법은 합법적 권위의 원천이며, 이를 통해 행정활동을 정당화하는 기능을 수행한다. 따라서 법은 행정의 근거와 한계를 설정하며, 행정활동의 기준으로 기능하고, 행정의 책임성 확보를 위한 도구이기도 하다.

우선 '법률 우위의 원칙'을 들 수 있다. 이것은 국가의 행정은 합헌적 절차에 따라 제정된 법률에 위반되어서는 아니 된다는 것을 의미한다. 법률 우위의 원칙은 행정의 종류와 내용을 불문하고 적용되는 법원칙이다. 그리고 '법률 유보의 원칙'에 따라 법률에 의한 수권을 받은 때에만 행정행위를 할 수 있다. 즉, 행정권의 발동에는 법률의 근거가 필요하다는 것이다.

3. 행정의 경제적 맥락

시장과 정부는 상호 대체적 관계인 것으로 인식되어 왔다. 즉, 시장 아니면 정부라는 이분법적 사고가 지배해 왔다. 그러나 시장실패를 시정하기 위한 정부개입이 실패로 끝나는 현황을 보면서 시장실패와 정부실패를 함께 교정할 수 있는 제도로서 소개되는 것이 뉴거버넌스, 즉 네트워크 거버넌스이다.

이것의 핵심은 정부가 민간부문과 비영리부문 간의 협력적 네트워크를 적극적으로 활용해서, 공공서비스의 공급과 공공문제의 해결을 하려는 것이다. 거버넌스는 전통적 행정국가의 정부실패와 신공공관리(NPM)의 시장실패 가능성을 극복하기 위한 새로운 대안이다.

객관식 문제

▣ 기본문제

01 철의 삼각지대에 속하지 않는 주체는?

① 관료　　② 상임위원회
③ 이익집단　　④ 언론

해설 ④ 하위정부모형으로도 불리며 관료–상임위원회–이익집단으로 구성된다.

| 정답 ④

02 행정과 법의 관계에서 다음이 가리키는 것은 무엇인가?

> 이것은 국가의 행정은 합헌적 절차에 따라 제정된 법률에 위반되어서는 아니 된다는 것을 의미한다. 이 원칙으로 인해 대통령이나 장관은 법률에 위반되는 대통령령이나 부령을 만들 수 없고, 법률에 위반되는 행정행위는 무효나 취소의 대상이 된다.

① 법률 보장의 원칙　　② 보충성의 원칙
③ 법률 우위의 원칙　　④ 법률 유보의 원칙

해설 ③ '법률 우위의 원칙'은 국가의 행정은 합헌적 절차에 따라 제정된 법률에 위반되어서는 아니 된다는 것을 의미한다. 법률의 우위의 원칙으로 인해 대통령이나 장관은 법률에 위반되는 대통령령이나 부령을 만들 수 없고, 법률에 위반되는 행정행위는 무효나 취소의 대상이 된다는 것이다. 법률 우위의 원칙은 행정의 종류와 내용을 불문하고 적용되는 법원칙이다. 이에 반해 '법률 유보의 원칙'은 법률에 의한 수권을 받은 때에만 행정행위를 할 수 있다는 것이다.

| 정답 ③

▣ 심화문제

03 행정과 법의 관계에 대한 설명으로 옳지 않은 것은?

① 정부가 행정을 수행하는 과정에서 국민의 권리구제를 위해 사법적 결정을 하는 경우도 있다.
② '법률 우위의 원칙'은 국가의 행정은 합헌적 절차에 따라 제정된 법률에 위반되어서는 아니 된다는 것을 의미한다.
③ 법률에 위반되는 행정행위는 무효나 취소의 대상이 된다.
④ '법률 유보의 원칙'은 법률에 의한 수권을 받은 때에만 행정행위를 할 수 있다는 것

이다.

해설 ① 국민의 권리구제 기능을 다루는 행정구제법의 적용은 사법부의 역할이다. 합의제 행정기관에서 하는 기능은 준사법적 기능에 머문다.

| 정답 ①

04 우리나라의 행정환경에 대한 설명으로 옳지 않은 것은?

① 국회는 행정이 합당하게 이루어지고 있는지를 감시하고 통제하는 권한을 가진다.
② 대통령은 국회가 확정한 본예산에 대해 재의를 요구할 수 있다.
③ 대통령은 법률에서 위임받은 사항에 관해 대통령령을 발할 수 있다.
④ 헌법재판소의 위헌 결정은 행정의 활동에 대해 지대한 영향을 미칠 수 있다.

해설 ② 대통령은 법률안에 대한 거부권을 행사할 수 있으나, 예산에 대한 재의요구권은 가지고 있지 않다. 예산의 심의 및 의결은 모두 국회가 가지고 있는 전속 권한이다.

| 정답 ②

제 1 장 행정의 본질 실전테스트

01 행정의 특징이 아닌 것은?

① 비정치성 ② 권력성 ③ 합리성
④ 봉사성 ⑤ 안정성

해설 ① 행정은 정책의 과정에 정치적 환경의 영향을 받아 타협, 조정하는 등 정치성을 띤다.

| 정답 ①

02 다음 중 행정에 대한 개념으로 올바르지 않은 것은? (2009 서울시 9급)

① 넓은 의미의 행정은 협동적인 인간 노력의 형태로서 정부조직을 포함하는 대규모 조직에서 보편적으로 나타난다.
② 최근 행정의 개념에는 공공문제의 해결을 위해 정부 외의 공・사조직들 간의 연결 네트워크, 즉 거버넌스(governance)를 강조하는 경향이 있다.
③ 좁은 의미의 행정은 행정부 조직이 행하는 공공 목적의 달성을 위한 제반 노력을 의미한다.
④ 행정은 정치과정과는 분리된 정부의 활동으로 공공서비스 생산 및 공급, 분배에 관련된 모든 활동을 의미한다.
⑤ 행정과 경영은 비교적 유사한 활동이라고 할 수 있으나 그 목적하는 바가 다르다.

해설 ④ 행정은 정치적 환경 하에서 이루어지며, 정치적 지지를 얻어야 한다. 따라서 행정은 정치로부터 분리될 수 없는 활동이다.
① 행정을 가장 넓은 의미로 파악할 때의 견해이다.
② 현대 행정은 협력적 거버넌스를 지향한다.
③ 좁은 의미로 행정을 조직적 관점과 활동으로 국한시킬 때의 견해이다.
⑤ 행정(administration)을 "주어진 목적을 달성하기 위한 인적・물적 자원의 효율적 이용"이라고 본다면, 양자 간의 차이는 그렇게 크다고 할 수 없다. 다만, 공행정의 경우에는 권력적・공익적 요소가 강하게 나타나고 있으며, 사행정의 경우에는 이윤 추구적 요소가 더욱 부각되는 상대적 차이를 말할 수 있다.

| 정답 ④

03 정치행정이원론에 대한 설명으로 가장 거리가 먼 것은?

① 대두된 배경은 행정국가화 촉진이다.
② 행정연구의 과학화를 촉진시켰다.
③ 과학적 관리법을 행정에 적용했다.

④ 실적주의 확립을 촉진시켰다.

⑤ 엽관주의의 폐해가 배경이다.

해설 ① 행정국가는 행정의 적극적인 역할이 필요했으므로 정치행정일원론과 관련이 있다.

| 정답 ①

04 공공행정의 본질에 대한 설명으로서 적당하지 못한 것은?

① 행정은 사회환경과 밀접한 관계를 갖고 있다

② 공익은 추상적 · 신축적 · 상대적인 모호성을 가지고 있으며 행정의 본질적 가치에 해당한다.

③ 행정에서 의사결정은 가치 체계와 밀접한 관계를 갖고 있다.

④ 국민의 권리를 제한하고 의무를 부과하는 것은 행정의 본질에 어긋난다.

해설 ④ 공익을 추구하고 시장실패를 시정하기 위해 필요 시 국민의 권리를 제한하고 의무를 부과하는 것이 공공행정의 본질이다.
①, ② 행정의 개념은 절대적 개념이 아니라 상대적 개념이다.
③ 행정은 공익을 추구하기 위한 정책의 형성과 구체화의 작용들이다.

| 정답 ④

05 다음 중 정치와 행정의 관계에 대한 설명으로 맞는 것은?

가. 윌슨은 행정연구에서 정치와 행정을 분리하고자 했다. 나. 정치행정일원론은 행정의 전문성과 중립성 확보의 필요성을 강조한다. 다. 행정의 정치적 성격이란 정해진 약속에 따라 규칙적으로 사무를 집행하는 것이다. 라. 정치는 효율성을 확보하는 과정인데 반해 행정은 민주성을 확보하는 과정이다.

① 가 ② 나

③ 다 ④ 라

해설 가. 윌슨은 정치로부터 행정 영역을 확립하는 정치행정이원론을 주장했다.
나. 행정의 중립성은 정치의 지나친 행정개입을 비판한 정치행정이원론 하에서 강조되었다.
다. 정해진 약속에 따라 규칙적으로 사무를 집행하는 성격은 행정의 관리적 성격을 의미한다.
라. 정치는 민주성을 확보하는 과정인 데 반해 행정은 효율성을 확보하는 과정이다.

| 정답 ①

06 다음 중 행정의 특징을 설명하는 '마일(Mile)의 법칙'을 바르게 설명한 것은?
(2010 경정승진)

① 공무원 수는 업무량의 증가와 관계없이 증가한다.

② 공무원의 입장 및 태도는 그의 직위에 의존한다.

③ 공무원의 수는 국가 비상시에 급격하게 증가한다.

④ 행정의 노동 집약적 성격으로 인해 공무원의 수는 증가하기 마련이다.

해설 ② 마일의 법칙은 소속 집단이나 직위가 사람의 형태를 결정한다는 계층제의 사회적 부작용을 지칭하는 것이다.

| 정답 ②

07 정부 팽창을 설명하는 이론 중 다음의 내용이 가리키는 것은 무엇인가?

> 전쟁 · 공황과 같은 비상시에 증액된 조세는 위기가 끝난 후에도 판막효과로 인해 쉽게 줄어들지 않고 새로운 사업계획을 추진하는 데 이용되는 전위효과가 나타난다. 전위효과란 전시 때 국가경비가 급증하는데, 이후에도 높은 조세 수준이 그대로 유지되는 현상을 말한다

① 니스카넨의 예산극대화이론
② 피콕과 와이즈먼의 경비팽창론
③ 리바이어던 가설
④ 바그너의 국가경비 팽창 법칙
⑤ 보몰효과

해설 ① 관료들은 권력을 위해 소속 부서의 예산 규모를 극대화한다. 그 결과 정부산출물은 적정 생산 수준보다 평균 2배의 과잉생산이 이루어진다.
③ 정부를 규모와 조세의 극대화를 추구하는 괴물로 보고 정부 규모의 팽창을 억제하기 위해서는 조세와 정부지출 권한을 분권화해야 한다.
④ 1인당 국민소득이 증가할 때, 공공재 수요의 소득탄력적 특성으로 인해 국민경제에서 차지하는 공공부문의 상대적 크기가 증대되는 것을 말한다.
⑤ 보몰(Baumol)효과는 행정의 노동집약적 성격으로 인해 계속적으로 과다한 인건비가 들어감에 따라 재정 규모가 팽창하는 병리적 현상으로, 정부가 생산 공급하는 서비스의 생산비용이 상대적으로 빨리 증가해서 정부지출이 증가하는 현상을 말한다.

| 정답 ②

08 행정과 경영의 유사성으로 볼 수 없는 것은?

① 관료제적 성격
② 협동행위
③ 관리기술 활용
④ 평등 원칙의 적용
⑤ 의사결정

해설 ④ 행정에서는 평등성이 중시되지만 경영에서는 고객에 따라 평등성에서 차이가 존재한다.

| 정답 ④

09 행정의 본질에 관한 기술 중 타당성이 없는 것은?

① 고도의 합리성을 가진 인간의 협동행위이다.
② 행정은 환경과 밀접한 관련이 있다.
③ 인간과 조직 및 물자를 관리하는 기술이다.
④ 행정에서의 의사결정은 가치 체계와는 관련이 없다.

⑤ 행정은 사회집단의 목적을 실현하는 수단으로서의 과정이다.

해설 ④ 행정에서 사회문제 해결을 위한 의사결정에는 형평성이나 민주성 같은 가치의 개입이 수반된다.

| 정답 ④

10 정부 팽창을 설명한 이론 중 잘못 설명된 것은?

① 니스카넨의 예산극대화이론: 관료들은 권력을 위해 소속 부서의 예산 규모를 극대화한다.

② 피콕과 와이즈먼의 경비팽창론: 전쟁 · 공황과 같은 비상시에 증액된 조세는 위기가 끝난 후에는 종전의 수준으로 되돌아간다.

③ 바그너의 국가경비 팽창 법칙: 1인당 국민소득이 증가할 때, 공공재 수요의 소득탄력적 특성으로 인해 국민경제에서 차지하는 공공부문의 상대적 크기가 증대되는 것을 말한다.

④ 리바이어던 가설: 정부를 규모와 조세의 극대화를 추구하는 괴물로 보고 정부 규모의 팽창을 억제하기 위해서는 조세와 정부지출 권한을 분권화해야 한다.

해설 ② 높은 조세 수준은 위기가 끝난 후에도 그대로 유지된다.

| 정답 ②

11 다음의 내용이 설명하는 것은 무엇인가?

행정의 노동집약적 성격으로 인해 계속적으로 과다한 인건비가 들어감에 따라 재정 규모가 팽창하는 병리적 현상으로, 정부가 생산 공급하는 서비스의 생산비용이 상대적으로 빨리 증가해서 정부지출이 증가하는 현상을 말한다.

① 보몰 효과 ② 리바이어던 가설

③ 예산극대화 원칙 ④ 경비팽창론

해설 ① 보몰효과(Baumol's effect)는 정부가 생산 · 공급하는 서비스의 생산비용이 상대적으로 빨리 증가해서 정부지출이 증가하는 현상을 말한다.

| 정답 ①

12 공공재의 적정 공급 규모에 관한 논의 중 정부 기능이 축소되었다는 입장을 취하고 있는 것은?

① 갤브레이스의 의존효과 ② 피콕과 와이즈먼의 전위효과

③ 보몰의 병(Baumol's disease) ④ 니스카넨의 예산극대화 모형

해설 ① 갤브레이스(J. K. Galbaith)의 의존효과는 공공재의 경우 민간재와 달리 소비를 촉진시키려

는 광고가 없어 과잉소비를 유발하지 않는다는 것이다.

| 정답 ①

13 다음 중 현대 행정의 특징이라고 할 수 없는 것은?

① 강력하고 단일한 권한과 권위
② 국민의 교육 수준 증가 및 참여 욕구 증대
③ 수평적이고 네트워크에 의한 정책 생산
④ 협상과 타협에 의한 참여적 의사결정

해설 ① 1번 지문은 전통적인 행정의 특징이다.

| 정답 ①

14 다음 중 행정국가의 개념에 관한 설명으로 옳지 않은 것은? (2007 충북 9급)

① 거대정부 현상이다.
② 입법부와 사법부보다는 행정부 중심의 국가이다.
③ 정책목표 달성을 위한 집행뿐만 아니라 결정에도 주도적 역할을 한다.
④ 정치행정이원론의 입장에서 설명할 수 있다.

해설 ④ 행정국가화 현상은 정치행정일원론의 입장에 바탕을 둔다.

| 정답 ④

15 행정학에서 과학성에 대한 설명으로 타당하지 않은 것은?

① 정책문제 해결을 위한 대안 탐색을 강조한다.
② 행정 현상의 규칙성을 발견해 이론화를 지향한다.
③ 사실은 'X는 Y다'라는 논리를 중시한다.
④ 가치와 사실을 엄격히 구분한다.
⑤ 과학은 소위 결정론에 기초한 인과적 설명에 초점을 둔다.

해설 ① 1번 지문은 행정의 기술성과 관련된 내용이다. 즉, 실천성, 처방성 등의 개념이다.

| 정답 ①

16 행정의 가치중립성을 주장하는 논리와 가장 관계가 깊은 것은?

① 행정이 사회의 정의와 민주화에 기여할 수 있는 기반을 마련한다.
② 사회문제의 해결과 처방에 공헌한다.
③ 행정이 정치와의 긴밀한 관계 속에서 작동해서 민의를 빠르게 반영토록 한다.
④ 공무원들의 신념과 가치관을 행정행위에 최대한 반영토록 한다.
⑤ 행정의 과학화에 기여한다.

해설 ⑤ 가치중립성이란 가치는 배제하고 사실만 연구 대상으로 삼으므로 과학화에 기여하게 된다.

| 정답 ⑤

17 다음 중 행정과 정치의 관계에 대한 설명으로 옳지 않은 것은?

① 정치행정이원론은 엽관주의를 극복하고 능률적인 행정을 구축하기 위한 것이다.
② 정치행정이원론의 대두 배경 중 하나는 행정을 좀 더 과학적으로 연구하기 위한 것이다.
③ 정치행정이원론은 사회적 능률을 강조한다.
④ 행정에 내재된 가치 현상을 과학적으로 규명하기 위해 정치행정일원론이 대두되었다.

해설 ④ 가치와 사실을 구분하고 과학적 규명을 위해 정치행정새이원론이 제기되었다. 사이먼(H. A. Simon)의 행정행태론이 대표적이다.
① 행정은 기술적·관리적 성격을 띠고 있고 능률을 최고의 가치로 삼고 있기 때문에 정치로부터 분리되어야 한다는 것이 정치행정이원론이며, 정치행정이원론은 엽관주의를 극복하고자 한다.

| 정답 ④

18 정부관에 대한 일반적인 설명으로 옳은 것은? (2017 교육행정직 9급)

① 보수주의자는 기본적으로 자유시장을 불신하지만 정부를 신뢰한다.
② 진보주의자는 조세제도를 통한 정부의 소득재분배정책을 선호한다.
③ 신자유주의가 등장하면서 작은 정부에서 큰 정부로의 전환이 이루어졌다.
④ 1930년대 대공황을 겪으면서 최소의 정부가 최선의 정부라는 신념이 중요시되었다.

해설 ② 진보주의자는 소득재분배정책을 선호한다.
① 이는 진보주의자 입장이다.
③ 신자유주의는 작은 정부를 선호한다.
④ 대공황을 거치면서 큰 정부와 복지국가로의 전환을 가져왔다.

| 정답 ②

19 다음 중 행정국가의 개념에 관한 설명으로 옳지 않은 것은? (2007 충북 9급)

① 거대정부 현상이다.
② 입법부와 사법부보다는 행정부 중심의 국가이다.
③ 정책목표 달성을 위한 집행뿐만 아니라 결정에도 주도적 역할을 한다.
④ 정치행정이원론적 입장에서 설명할 수 있다.

해설 ④ 행정국가화 현상은 정치행정이원론의 배경이 된다.

| 정답 ④

20 행정과 경영에 대한 설명으로 옳지 않은 것은?

① 행정은 상대방의 의사에 관계없이 강제를 가할 수 있는 수단을 보유하고 있다.

② 경영은 행정보다 의회, 정당, 이익단체로부터 더 강한 비판과 통제를 받는다.

③ 행정은 고객에 대한 서비스 공급이 평등하나 경영은 고객에 따라 서비스 정도가 다르다.

④ 행정과 경영은 각각 목적은 다르나 그 목표 달성의 극대화를 도모하는 관리기술은 거의 비슷하다.

해설 ② 행정은 본질적으로 정치성을 내포하고 있어서 정당, 이익단체, 국민 등에 의해 영향 및 통제를 받는다. 경영은 그렇지 않다.

① 일례로 토지 수용의 경우 토지 소유자가 수용을 거부하고 싶어도 정부는 토지수용의 합법적인 권한을 행사할 수 있다.

③ 행정은 모든 국민은 법 앞에 평등하다는 평등 원칙이 지배하지만 경영은 고객 간 차별대우가 용인된다.

④ 행정과 경영 모두 능률주의를 지향한다.

| 정답 ②

제2장 행정학의 발달 과정

현대 행정학은 두 가지 다른 출발점과 학문적 전통을 토대로 하여 형성, 발전되어 왔다. 그중 하나는 독일 행정학이고 다른 하나는 미국 행정학이다. 독일 행정학이 행정법 위주로 흘러가면서 미국 행정학이 현대 행정학의 본류를 차지하고 있는 것이다.

제 1 절 유럽의 행정학

1. 근대정부의 생성

중세시대는 흔히 암흑시대라 불린다. 인간들은 신(神)의 노예이자 농노(農奴)였다가 르네상스와 종교개혁을 거치면서 인간성을 재발견하게 된다. 이제 사람들은 모두 자기 삶의 중심이 되었다. 그러나 이런 개인적 권리만 주장하면서 홉스(T. Hobbes)가 말하는 '만인의 만인에 대한 투쟁' 상태 혹은 '공유지의 비극' 상황이 도래할 우려가 커졌다. 여기서 '자유의 사회성' 개념, 즉 자신의 권리와 자유가 중요한 만큼 타인들의 자유와 권리도 중요하다는 것을 인식하게 되었고, 여기서 근대적 의미의 정부가 생성된 것이다.

2. 관방학

유럽 행정학의 기원은 관방학(官房學, Cameral Science)이 그 출발이다. 관방학은 16세기 중엽~18세기 말엽까지 독일에서 발달해 오스트리아로 이어져 중시되었다. 3세기 동안에 걸쳐 계속된 관방학은 프리드리히 빌헬름 1세(F. Wilhelm Ⅰ)가 1727년 독일의 할레(Halle)대학과 프랑크푸르트 암 오데르대학에서 관방학과를 설치한 이전과 이후를 기준으로 전기와 후기로 구분된다.

전기에는 주권신수설의 영향을 강하게 받았고, 절대군주제 유지를 위한 재정학에 초점을 맞추었다. 공공복지의 사상적 기초를 신학에서 찾았고, 왕실재정과 국가재정을 구별하지 않았다. 따라서 관방학은 재정학 및 경제정책과 구별되지 않았다. 그러다가 후기에서는 공공복지의 사상적 기초를 계몽전제주의를 배경으로 한 경찰국가 체제의 정비와 함께 초기 재정학 중심의 관방학이 분화의 과정을 거치면서 경찰학이 하나의 독립된 학문으로 분화하기 시작했다.

3. 슈타인 행정학

1806년 나폴레옹전쟁으로 프러시아가 멸망하자 절대주의 국가로부터 법치주의적 자유주의 국가가 탄생된다. 이때 슈타인(L. von Stein)은 단순히 절대군주를 보호하기 위한 관방학은 시대적 변화에 맞게 변해야 함을 주장한다.

슈타인은 기존 관방학의 체계에 비판을 가하고 독자적인 행정 체계를 시도했다. 슈타인 행정학의 기본 틀은 국가와 사회의 분리, 그리고 국가의 역할을 완수하기 위한 조직 내지 기능으로서의 헌정(사회→국가)과 행정(국가→사회)의 분리에 기초해 형성되어 있다.

객관식 문제

■ 기본문제

01 전기 관방학에 대한 설명으로 적절하지 않는 것은? (2007 국가직 7급)

① 왕실재정과 국가재정을 구별했다.

② 공공복지의 사상적 기초를 신학에서 찾았다.

③ 대표적인 학자는 오제(M. von Osse), 젝켄도르프(Seckendorf) 등이다.

④ 관방학의 강좌가 개설된 1727년을 기준으로 전기와 후기로 나눈다.

해설 전기에는 주권신수설의 영향을 강하게 받았고, 절대군주제 유지를 위한 재정학에 초점을 맞추었다. 공공복지의 사상적 기초를 신학에서 찾았고, 왕실재정과 국가재정을 구별하지 않았다.

| 정답 ①

02 다음 중 후기 관방학의 설명으로 옳지 않은 것은?

① 재정학 중심의 관방학은 여전히 존재했다.

② 후기에서는 공공복지의 사상적 기초를 계몽전제주의를 배경으로 했다.

③ 경찰국가 체제의 정비가 이루어졌다.

④ 초기 재정학 중심의 관방학이 분화의 과정을 거치면서 경찰학이 하나의 독립된 학문으로 분화하기 시작했다.

해설 ① 재정학 중심의 관방학은 전기 관방학의 특징이다.

| 정답 ①

■ 심화문제

03 슈타인 행정학과 관련이 없는 설명은?

① 유스티(J. H. G. von Justi)의 경찰 개념을 헌정과 행정으로 분리했다.

② 헌정과 행정은 서로가 우위를 점하는 상대적 우위성을 주장했다.

③ 행정을 외무 · 군무 · 재무 · 법무 · 내무행정 등 다섯 분과로 나누었다.

④ 공공복지의 사상적 기초를 신학에서 찾았다.

해설 ④ 공공복지의 사상적 기초를 신학에서 찾았다는 것은 전기 관방학에 해당하는 설명이다.
② 헌정의 절대적 우위로 이해하지 않고 헌정과 행정은 서로의 입장에 따라 양자간에 서로가 우위를 점하는 상대적 우위성을 주장했다.

| 정답 ④

04 독일 행정학에 대한 설명으로 틀린 것은?

① 관방학은 1727년 베를린대학에서 관방학과가 설치된 시점을 기준으로 전기와 후기로 구분된다.

② 전기에는 주권신수설의 영향을 강하게 받았고, 절대군주제 유지를 위한 재정학에 초점을 맞추었다.

③ 전기에는 공공복지의 사상적 기초를 신학에서 찾았고, 후기에는 공공복지의 사상적 기초를 계몽전제주의에서 찾았다.

④ 후기에는 경찰학이 하나의 독립된 학문으로 분화하기 시작했다.

해설 ① 베를린대학이 아니고 프랑크푸르트대학이다.

| 정답 ①

제 2 절 미국 행정학의 발달 과정

미국 행정학은 무국가성 또는 약한 국가성을 전제로 발전해 왔으며, 그에 따라 미국 행정학은 다원주의적 국가론에 입각한 행정이론 체계를 발전시켜 왔다고 할 수 있다.

1. 미국 행정학 성립의 사상적 토대

미국의 행정학은 연방정부의 초대 재무장관이었던 해밀턴(Alexander Hamilton)의 행정철학과 제3대 대통령 제퍼슨(Thomas Jefferson) 및 제7대 대통령 잭슨(Andrew Jackson)의 민주행정 사상을 그 성립의 기초로 삼고 있다.

1) 해밀턴의 능률적 행정관: 고전주의

능률적인 강력한 중앙정부와 중앙집권적 행정의 필요성을 주장했다. 해밀턴은 지방통치기구들의 알력을 국가의 종합적 계획과 목표 달성에 방해 요소로 간주했던 것이다. 그의 이러한 생각은 1930년대 위기 시, 대통령부 설치를 제안한 브라운

로위원회 보고서로 연계되었다.

2) 제퍼슨과 잭슨의 민주적 행정관

해밀턴이 행정사상을 국가주의 가치에 두었다면 제퍼슨은 주로 국민을 위한 행정가치에 초점을 두었다. 그는 소박하고 단순한 정부를 선호한다고 말하고 있으며 정부의 권위에 구속되기를 거부하면서 개인의 자유와 인간성의 자유 및 개인의 행복 추구에 관심을 가졌던 것이다.

3) 매디슨의 신고전주의

매디슨(James Madison)의 신고전주의는 덕성과 이기심을 함께 지닌 인간의 양면성에 주목해서 인간 본성의 복잡성 때문에 다양한 이익집단이 창출될 것으로 예측했다. 정부는 경쟁적 당파의 중재자이며, 행정과정은 삼권분립에 기초한 견제와 균형의 과정이라 보았다.

2. 발달 과정

1) 행정학의 태동기

건국 후 미국 정치 체제는 제퍼슨주의가 지배했었다. 제퍼슨은 시민의 자유와 기회를 보장하기 위해 행정분권화를 강조했으며, '최소의 행정이 최선의 행정(government is best when governing least)'이라는 민주적 행정사상의 기초를 세우는 데 공헌했다. 한편 잭슨은 행정의 부패와 타락이 공직의 장기적 보유에서 발생하므로 이를 방지하기 위한 공직의 로테이션의 필요성을 주장함으로써 민주적 행정관을 확립했으며, 이를 위해 엽관제(獵官制, spoils system)를 시행했다.

이후 진보주의운동이 전개되어 1883년에 펜들턴법(Pendleton Act)이라는 공무원법이 제정되어 행정의 정치적 중립이 천명되었으며, 실적주의 인사제도가 도입되었고, 행정의 전문성을 확보하기 위해 시험제도를 통해 공무원을 채용했다. 이러한 진보주의 개혁운동에 참여했던 윌슨(Thomas W. Wilson)은 1887년에 「행정의 연구(The Study of Administration)」라는 논문에서 정치행정이원론을 주창했다. 그는 행정은 사무(business)의 분야이므로 정치적으로 중립적인 서비스를 제공해야 한다는 것이다.

2) 정통행정학의 성립 · 발전기

초기의 행정학은 정치와 분리된 행정의 영역에 과학적 연구방법을 적용함으로써 조직과 관리의 원리를 발견하고자 했으며, 능률을 행정의 최고 지도 이념으로 생각했다. 이와 같이 미국 행정학은 1920년대에서 30년대에 걸쳐 능률에 기초한 관리를 주장하는 정통행정학의 모습을 갖추게 되었다. 행정관리론은 크게 두 가지 계보로 나눌 수 있다. 하나는 사무관리론으로, 각종 사무표준화와 관련 제도를 마련했고, 절약과 능률을 중시했다. 다른 하나는 조직관리론이다. 조직관리론에서 말하는 능률적인 관리활동의 내용은 귤릭(L. Gulick)이 제시한 POSDCoRB로 집약될 수 있다. POSDCoRB는 기획, 조직, 인사, 지휘, 조정, 보고, 예산의 7대 기능의 첫 글자를 따서 만든 것이다.

3) 정치행정일원론의 제기

뉴딜(New Deal)정책과 제2차 세계대전을 거치면서 전통적인 정치와 행정의 구분은 비현실적인 것이 될 수밖에 없었다. 이에 정치행정일원론자들은 정치행정이원론을 비판하면서 행정을 정치로부터 분리시키기도 어렵거니와, 실제로 행정은 정치 과정에 깊숙이 관여하고 있다고 본다.

따라서 행정이 핵심적 정치 기능을 실질적으로 담당하고 있는데도 불구하고, 정치적 책임을 묻기 위해 행정에 정치가 개입하는 것을 허용하지 않는 정치－행정 분리론은 결국 국민에게 아무런 책임도 지지 않으면서 권한만 행사하는 반민주적인 논리에 불과하다는 비판을 가한다.

4) 행정학의 분화기

행정 기능 및 행정학의 영역은 확대되었으나, 확대된 영역의 실제와 연구를 통합할 수 있는 지배적인 패러다임은 나타나지 않았다. 이와 같이 지배적인 패러다임의 부재로 인해 1950년대부터 행정학은 사회학, 인류학, 심리학, 경영학, 경제학 등 다양한 인접 학문으로부터 영향을 받아 다원화되었다. 1950~60년대의 비교행정론, 발전행정론, 신행정론, 70년대의 공공선택론, 80년대의 기업경영의 논리를 정부에 도입하려는 신공공관리론, 90년대의 뉴거버넌스 이론 등이 이에 해당한다.

(1) 1950~60년대

발전행정론은 와이드너(E. W. Weidner)나 에스만(M. J. Esman) 등에 의해 행정이 국가 발전 목표의 달성을 위해 정치를 비롯한 경제·사회의 변동을 유도해 나가야 한다는 행정우위론의 입장에서 제기되었다.

신행정론은 1960년대 후반에 논의되기 시작했는데, 이념으로서의 형평성을 강조하고 수혜자로서의 시민 참여를 강조하고 있다.

(2) 1970년대

이 시기에는 정부의 능력과 성과에 대한 불신이 나타나기 시작했다. 재정 압박과 재정 적자에 따라 정부실패의 개념이 등장했다. 작은 정부라든지 민간부문의 관리기법 도입의 대두도 이러한 맥락에서 이해될 수 있다.

(3) 1980년대

1980년대에는 신보수주의가 부활해서 '작은 정부'를 구현하기 위한 공무원 인력 감축, 정부 지출 삭감, 민영화 등의 논의가 활발해졌다. 이러한 민간화의 흐름은 그 후 1990년대 '정부재창조운동'의 시발점이 되었다.

(4) 1990년대 이후

오스본(D. Osborne)과 게블러(T. Gaebler)는 1992년 저서 『정부재창조론(*Reinventing Government*)』에서 국민을 고객으로 최우선시하는 기업가적 정신을 도입해야 한다고 주장한다. 정부재창조는 정책의 실질적인 집행이나 서비스의 전달은 시장 계약자에게 맡기고 정부는 정책 방향이나 전략 혹은 목표를 설정하는 일에 전념하도록 만드는 것이다.

객관식 문제

■ 기본문제

01 미국 행정학의 발달 배경으로 볼 수 없는 것은? (2005 국가직 7급)

① 사상적 배경으로는 해밀턴의 연방주의와 제퍼슨의 분권적 행정에 영향을 받았다.
② 잭슨의 잭슨주의는 부패와 타락을 방지해 엽관주의를 극복하고 행정학의 발달에 공헌했다.
③ 19세기 후반의 급격한 산업화와 도시화는 행정 기능의 확대·강화를 가져왔다.
④ 19세기 후반의 정부개혁운동과 사기업에서 발달된 과학적 관리운동은 행정학의 성립에 크게 기여했다.

해설 ② 잭슨은 엽관주의를 강조했고, 엽관주의의 폐해를 극복하고자 정치행정이원론을 주장했던 이는 윌슨(T. W. Wilson)이다. 윌슨은 「행정의 연구(The Study of Administration)」라는 논문에서 정치행정이원론을 주창했다. 그는 행정은 사무(business)의 분야이므로 정치적으로 중립적인 서비스를 제공해야 한다는 것이다.

| 정답 ②

02 다음 중 미국의 초기 행정 이념에 관한 내용으로 잘못된 것은?

① 해밀턴 – 연방주의
② 매디슨 – 다원주의
③ 제퍼슨 – 자유주의
④ 잭슨 – 지방분권주의

해설 ④ 지방분권주의를 주장한 이는 제퍼슨이다. 그는 연방주의를 반대해서 주 중심의 지방분권을 주장했다. 잭슨은 엽관제를 도입해 미국의 대중민주주의를 발달시키는 데 기여했다.
② 매디슨은 다원주의적 관점에서 이익집단의 요구에 대한 조정과 균형을 강조했다.

| 정답 ④

03 미국 민주주의의 규범적 관료제 모형에 대한 설명으로 옳은 것은? (2017 국가직 7급)

① 제퍼슨주의는 개인의 자유를 극대화하기 위한 행정책임을 강조하고, 소박하고 단순

한 정부와 분권적 참여 과정을 중시한다.

② 잭슨주의는 행정의 탈정치화를 통해 정당 정치의 개입으로부터 자유로운 행정을 강조한다.

③ 매디슨주의는 국가 이익의 증진을 위해 강한 행정부의 적극적인 역할과 행정의 유효성을 지향한다.

④ 해밀턴주의는 다원적 과정을 통한 이익집단 요구의 조정과 이를 가능하게 하는 견제와 균형을 중시한다.

해설 ① 제퍼슨은 철저한 반연방주의자로서 지방분권을 강조했다.
② 잭슨은 엽관제와 정당정치를 공식적으로 표방했다.
③ 매디슨은 다양한 이익집단들 간의 견제와 균형을 통해 민주주의가 구현된다는 생각을 가지고 있었다.
④ 해밀턴은 강력한 중앙정부의 역할을 강조했다.

| 정답 ①

04 전통적인 관료제 정부와 기업가적 정부모형을 대비해서 비교한 조합 중 옳지 않은 것은?

	<전통적 관료제>	<기업가적 정부모형>
①	행정 메커니즘	시장 메커니즘
②	투입 중심 예산	성과 연계 예산
③	권한부여(empowering)	직접적인 서비스 제공
④	계층제적 책임 확보	참여적 대응성 확보

해설 ③ 전통적 관료제 정부가 정부의 직접적인 서비스 제공을 강조한다면 기업가적 모형은 권한부여를 강조한다.

| 정답 ③

▣ 심화문제

05 윌슨의 「행정의 연구」에 대한 설명으로 옳지 않은 것은? (2016 지방직 7급)

① 정부개혁을 통해 지역 및 계층 중심의 관료파벌을 해체하고자 했다.

② 행정과 경영의 유사성을 강조했다.

③ 정치와 행정을 분리하고자 했다.

④ 효율적 정부 운영에 관심을 두었다.

해설 ① 윌슨은 정치적으로 중립성을 띠는 관료제가 엽관제로 인한 정치파벌의 문제를 해결할 수 있다고 보았다. 지문에서 관료파벌의 해체란 표현이 틀린 것이다.

| 정답 ①

06 다음 중 미국 행정학의 특징을 시대적 순서대로 나열한 것은? (2015 국회직 8급)

> 가. 가치중립적인 관리론보다는 민주적 가치 규범에 입각한 정책연구를 지향한다.
> 나. 행정학은 이론과 법칙을 정립하는 데 목적을 두어야 하며 사실판단의 문제를 연구대상으로 삼아야 한다.
> 다. 과업별로 가장 효율적인 표준시간과 동작을 정해서 수행할 필요가 있다.
> 라. 정부는 공공재의 생산·공급자이며 국민을 만족시킬 수 있는 최선의 제도적 장치를 설계해야 한다.
> 마. 조직구성원의 생산성은 조직의 관리통제보다는 조직구성원 간의 관계에 더 많은 영향을 받는다.

① 나-다-가-라-마
② 나-다-마-가-라
③ 다-마-가-라-나
④ 다-마-나-가-라
⑤ 다-마-나-라-가

해설 ④ '가'는 신행정학, '나'는 행태론, '다'는 과학적 관리론, '라'는 공공선택론 '마'는 인간관계론이다. 따라서 과학적 관리론–인간관계론–행태론–신행정학–공공선택론의 순서가 된다. 행태론이 1940년대, 신행정학이 1960년대 후반 그리고 공공선택론이 1970년대이다.

| 정답 ④

07 미국 민주주의의 규범적 관료제 모형에 대한 설명으로 옳은 것은? (2017 국가직 7급)

① 제퍼슨주의는 개인의 자유를 극대화하기 위한 행정책임을 강조하고, 소박하고 단순한 정부와 분권적 참여 과정을 중시한다.

② 잭슨주의는 행정의 탈정치화를 통해 정당정치의 개입으로부터 자유로운 행정을 강조한다.

③ 매디슨주의는 국가 이익의 증진을 위해 강한 행정부의 적극적 역할과 행정의 유효성을 지향한다.

④ 해밀턴주의는 다원적 과정을 통한 이익집단 요구의 조정과 이를 가능하게 하는 견제와 균형을 중시한다.

해설 ① 제퍼슨은 해밀턴에 반발하며 지방분권을 강조했다.
② 잭슨은 엽관주의와 행정의 정치화를 통한 정당정치를 공식적으로 표방했다.
③ 매디슨주의는 사적 이익집단 간의 갈등이 정치 과정의 핵심으로 보고 사회 내의 다양한 이익집단들 간의 견제와 균형을 통해 민주주의가 구현되는 다원주의를 강조했다.
④ 해밀턴주의는 강력한 중앙정부의 역할을 강조했다.

| 정답 ①

제 2 장 행정학의 발달 과정 실전테스트

01 미국의 행정학 도입 초창기에 대한 설명 중 옳지 않은 것을 모두 고른 것은?

가. 실적주의를 통해 엽관제의 폐단을 극복하고자 했다.
나. 잭슨 대통령 암살사건은 엽관주의의 폐단을 극단적으로 드러낸 사건이다.
다. 미국 행정학은 테일러의 과학적 관리법으로부터 많은 영향을 받았다.
라. 최소의 행정이 최선의 행정임을 강조한 이는 제퍼슨이다.

① 가 ② 나 ③ 가, 다
④ 가, 라 ⑤ 나, 다

해설 ② 잭슨 대통령이 아니라 가필드 대통령 암살사건이다.

| 정답 ②

02 미국 행정의 뿌리가 아닌 것은?

① 해밀턴의 고전주의 – 적극적 행정부
② 제퍼슨의 낭만주의 – 행정권 제한, 개인 자유 강조
③ 워싱턴의 신고전주의 – 소극적 행정부
④ 매디슨의 신고전주의 – 정부는 다원주의적 이해관계의 중재자 역할

해설 ③ 해밀턴은 강력한 중앙집권론자였고, 제퍼슨은 행정권의 제한을 그리고 매디슨은 이해관계의 중재자를 강조했다. 워싱턴은 대상에서 제외된다.

| 정답 ③

03 미국의 행정학 성립과 관련이 없는 것은?

① 기술적 행정학의 대두 ② 엽관주의 극복과 진보주의운동
③ 윌슨의 『정치와 행정』 ④ 테일러의 『과학적 관리론』
⑤ 기계적 능률성

해설 ③ 윌슨(T. W. Wilson)이 저술한 것은 「행정의 연구」이고, 지문의 『정치와 행정』은 1900년에 굿노(F. J. Goodnow)가 저술한 것이다.

| 정답 ③

04 행정학의 발달 과정에 대한 설명으로 옳지 않은 것은? (2016 국가직 7급)

① 1960년대 신행정학은 행정학의 실천적 성격과 적실성을 회복하기 위해 정책 지향적

인 행정학을 강조했다

② 사이먼은 인간 행태에 연구의 초점을 두었고 행정이론의 과학화에 기여했다.

③ 애플비는 정치는 국가의 의지를 표명하고 정책을 구현하는 것이며, 행정은 이를 실천하는 것으로 정치와 행정의 차이를 명확히 구별했다.

④ 미국 행정학은 테일러의 과학적 관리론에 근거를 둔 조직이론으로부터 영향을 받았다.

해설 ③ 애플비는 디목과 함께 정치행정이원론을 주장한 학자이다. 이들은 정치와 행정을 동일한 것으로 보았다.

| 정답 ③

05 미국의 규범적 관료제 모형 가운데 지방분권에 의한 민주적인 행정이 최선임을 강조하는 모형은?

① 매디슨주의 ② 제퍼슨주의 ③ 해밀턴주의
④ 잭슨주의 ⑤ 윌슨주의

해설 ② 매디슨주의는 다원주의를, 해밀턴주의는 연방주의를, 잭슨주의는 민주주의를, 윌슨주의는 능률주의를 강조하였다.

| 정답 ②

06 현대 행정학을 성립시킨 윌슨의 행정이론과 관련이 적은 것은?

① 정치행정이원론의 출발이자 미국 현대 행정학의 시발점이 되었다.

② 행정의 영역은 공공사무의 관리 분야이므로 결국 행정이란 법령, 정책의 능률적 집행을 위한 일종의 관리기술로 파악된다.

③ 기계적 능률성을 최고의 행정 이념으로 인식하고 능률을 극대화시킬 수 있는 기법의 도입을 주장하고 있다.

④ 행정 부패를 막기 위해서 그 진원지가 되는 '정치로부터 행정을 격리하려는 논리'를 전개했다.

⑤ 정치와 행정의 상호 보완 관계를 강조하면서 행정의 영역을 확대하고 있다.

해설 ⑤ 정당정치의 개입으로부터 자유로운 행정 영역을 확립하기 위해 정당정치로부터 행정을 분리하는 입장을 견지했다.

| 정답 ⑤

제3장 행정학의 접근방법과 최근의 주요 행정이론

제1절 행정학의 접근방법

1. 행태론적 접근방법

1) 의의

행태론적 접근방법(behavioral approach)은 사람의 행태에 연구의 초점을 맞추고 있다. 과학적 관리론이 조직의 구조나 경제적 유인에 기계적으로 반응할 것이라는 가정을 하고 있지만, 행태론적 접근방법은 이를 부정하고 있다.

2) 특징

(1) 인간 행태의 강조: 행태론적 접근방법은 조직구조에 대한 기계적 반응을 부정하고 인간 개인의 사회적 · 심리적 측면을 연구의 대상으로 삼았다.

(2) 종합학문적 접근방법: 행태론적 접근방법에는 다양한 학문이 활용된다.

(3) 과학적 방법: 변수 간의 정확한 '인과관계'의 규명에 있어, 하나의 변수가 다른 변수에 미치는 순수한 영향을 관찰하기 위해 관찰 대상을 실험집단으로 하고 그 외는 통제집단으로 분리하는 다양한 실험설계 방법이 행태론적 접근방법에서

적용된다.

3) 공헌과 한계

(1) 공헌

① 행정의 과학화: 엄격한 검증을 중시해서 행정의 과학화에 기여했다.

② 사회심리학적 접근방법의 개발: 리더십이나 동기부여 등에 관한 과학적 이론을 연구하고 개발했다.

(2) 한계

① 행태 이면의 파악 곤란: 외면적인 객관적 행태를 관찰하고 설명하지만 행태 이면의 진정한 의미를 파악하지 못한다.

② 가치판단 배제의 비현실성: 사회과학 분야에서 가치와 사실을 분리시켜 배제하는 것은 적절하지 않다.

2. 생태론적 접근방법

1) 의의

(1) 생태론적 접근방법은 행정을 하나의 유기체로 파악하고 행정 현상을 환경과 관련시켜 이해하려는 접근방법이다.

(2) 행정에 영향을 미치는 환경과의 관계를 처음으로 연구한 거시적 접근법이다.

2) 특징

(1) 개방성: 행정이 환경적인 요인들에 의해 영향을 받고 결정된다고 본다.

(2) 거시적 설명: 정치, 경제, 과학, 문화 등이 행정에 어떻게 영향을 주는가를 설명하고자 했다,

(3) 과학성: 연구의 초점을 현상과 현상 간의 인과관계의 분석에 두었다.

3) 가우스와 리그스의 생태론

(1) 가우스의 생태론

가우스(J. M. Gaus)는 행정에 영향을 미치는 환경적 요인으로 주민, 장소, 사회적 기술, 물리적 기술, 욕구 · 사상 · 이념, 재난, 인물 등 일곱 가지를 제시했다.

(2) 리그스의 생태론

① 리그스(F. W. Riggs)는 농업사회와 산업사회를 비교하기 위해 행정의 환경변수로서 정치적 요인, 경제적 요인, 사회적 요인, 이념적 요인, 의사소통 등 다섯 가지를 선정했다.

② 그는 농업사회에서 산업사회로 넘어가는 과도기적 사회로서 프리즘적 사회(prismatic society)를 설정했다. 프리즘적 사회는 전통적 가치관과 서구 산업사회의 다양한 가치관이 혼재되어 있는 사회를 가리킨다. 그는 농업사회의 관료제 모형으로 안방모형(chamber model), 산업사회의 관료제 모형으로 사무실모형(office model)을 제시했고, 신생국 행정 체제의 일반적 특징을 파악하는 데에 적절한 관료제 모형으로 사랑방모형(sala model)을 제시했다.

4) 생태론의 공헌과 한계

생태론적 접근방법은 후진국의 행정 현상을 설명하는 데 크게 기여했으며, 행정의 보편적 이론보다는 중범위 이론의 구축에 자극을 주어 행정학의 과학화에 기여했다. 그러나 이 접근방법도 아래와 같은 비판을 받고 있다.

(1) 결정론적 시각: 행정을 환경의 영향을 받는 것으로만 보고, 환경에 대한 행정의 적극적이고 주체적인 역할을 경시했다.

(2) 정태적 균형이론: 환경과 행정 체제의 관계를 정태적 균형 관계로 파악해서 동태적 변동을 설명하지 못한다.

(3) 행정의 목표나 방향 제시 부족: 현상에 대한 진단과 설명은 잘해도 행정이 지향하고 추구해야 할 목표나 방향을 전혀 제시하지 못한다.

3. 체제론적 접근방법

1) 의의

체제론적 접근방법(system approach)은 자연 현상이나 사회 현상 등 모든 체제가 상호작용하는 여러 구성 요소로 이루어져 있다고 보는 관점을 말한다. 정치·행정 체제는 환경으로부터 요구(demand)와 지지(support)를 투입받아 암상자(black box) 속에서의 전환 과정을 거쳐 정책을 산출하고, 이것이 다시 환류되어 새로운 투입이 일어나게 된다고 할 수 있다.

2) 개방 체제의 특성

(1) 항상성(homeostasis): 개방 체제는 에너지의 유입과 생산물의 유출은 계속되지만 그 특징은 변하지 않는 안정 상태를 추구한다.

(2) 부(－)의 엔트로피(entropy): 개방 체제는 외부로부터 에너지와 기타 자원을 받아들여 엔트로피를 낮추려는 부(負)의 엔트로피(negative entropy) 즉, 조직이 해체·소멸로 가는 작용을 방지하는 기능을 가지고 있다.

(3) 등종국성(equifinality): 목표에 도달하는 방법은 여러 가지가 있다는 것이다. 개방 체제는 신축적인 전환 과정을 가지고 있기 때문에 투입 자원과 전환 과정을 달리해서 동일한 최종 상태에 도달할 가능성이 있다.

(4) 전체성(holism): 하위 체제들은 독립된 경계를 지니면서도 상호 의존적 관련성을 갖기에 전체로서의 통합 관계를 분석해야 올바른 이해가 가능하다고 본다.

3) 체제론의 한계

(1) 결정론적 시각: 행정과 환경과의 교호작용을 강조하지만 개도국이나 후진국의 경우 행정의 환경에 대한 독립변수의 성격을 충분히 설명하지 못한다.

(2) 정태적 균형: 정태성과 현상 유지적 성격으로 목적성을 띤 변화나 정치사회의 변화와 발전을 충분히 설명하지 못한다.

(3) 미시적 측면 설명 미흡: 거시적 접근방법이므로 체제의 전체적인 국면은 잘 다루지만 체제의 구체적인 운영이나 행태적인 측면은 잘 다루지 못한다.

(4) 인적 요소의 과소평가: 조직을 지나치게 물화(物化)시킨 나머지 인간의 감정적 · 심리적 측면을 경시했다.

4. 신제도주의 접근방법

1) 의의

구제도론이 공식적 · 법적 측면의 기술에 치우친 반면, 신제도론은 제도의 공식적 측면뿐 아니라 비공식적 측면과 환경과의 교호작용도 중시한다.

2) 유형

(1) 역사적 제도주의

역사적 제도주의의 핵심적인 내용은 개인의 행위는 제도적 맥락 속에서 형성된다는 것이다. 역사적 제도주의는 합리적 선택 신제도주의나 사회학적 신제도주의에 비해 국가, 권력 그리고 역사라고 하는 좀 더 거시적 테마에 초점을 둔다. 역사적 제도주의는 동일한 상황에서 국가 간에 서로 다른 정책을 채택하고 정책효과도 다르게 나타나는지에 대한 설명변수로서 역사적으로 형성된 각국의 제도에 주목한다. 이러한 관점에서 역사적 제도주의는 기존의 기술적이고 몰역사적인 정책연구를 극복할 수 있는 중요한 분석틀을 제시하고 있다고 할 수 있다.

역사적 신제도주의는 분석 수준 면에서 방법론적 개인주의보다는 전체주의(holism)의 입장을 취한다. 제도가 인간행위를 지속적으로 제약하기 때문에 개인의 합리적 선택만으로는 행위를 설명할 수 없고, 개인의 선호와 의사결정도 제도의 산물이며, 제도적 규칙과 과정이 선호와 의사결정을 왜곡시킬 수 있다고 본다. 그리고 역사적 제도주의는 정책적인 지속성을 설명하기 위해 경로의존성(path dependency)이라는 또 다른 개념을 만들어 냈다.

(2) 사회학적 제도주의

사회학적 제도주의는 신제도주의에서 제도의 개념을 가장 넓게 해석하는 입장이다. 제도를 규칙이나 절차뿐만 아니라 전통과 관습 그리고 문화를 포함해서 이해한다. 제도의 공식적 측면보다는 규범, 문화, 상징 체계, 의미 등 비공식적 측면에 초점을 맞춘다. 이 이론 체계에서 제도 변화는 유형동질화의 과정으로서 파악되는데, 이는 제도 변화의 원천을 효율성의 추구에서 찾는 것이 아니라 사회적으로 적절하고 정당하다고 인정받는 구조와 기능을 닮아가는 과정으로서 파악하는 것이다. 닮아간다는 의미의 동형화는 강압적 동형화, 모방적 동형화 그리고 규범적 동형화가 있다.

그리고 사회학적 제도주의는 제도의 변화에서 개인의 역할을 전혀 인정하지 않는데, 바로 이 점이 합리적 선택 제도주의와 뚜렷하게 구분되는 점이다.

(3) 합리적 선택 제도주의

합리적 선택 제도주의는 합리적 선택이론을 제도 연구로 확장시킨 것이다. 합리적 선택이론은 사회 현상을 개개인의 합리적 선택의 행위가 합쳐진 결과라고 해석한다. 합리적 선택이론은 개인을 이론의 핵심으로 하고 이들에 대해 방법론적 개인주의, 합리주의 그리고 경제인을 가정한다. 합리적 선택 제도주의는 신경제학에서 강조하듯이 제도의 존재 이유를 조직의 거래비용 감소에서 찾고 있다

합리적 선택 제도주의에서 개인들은 자기 이익을 극대화하기 위해 수단적으로 행동하지만, 제도가 부하하는 제약 속에서만 합리적 선택이 가능하다. 합리적 선택 제도주의의 주요 이론을 보면, 먼저 코스(R. H. Coase)의 이론을 들 수 있다. 그는 계약을 체결하고 가격을 조정하는 데에는 거래비용이 수반되기 때문에 거래비용을 낮추기 위해서는 재산권의 설정이 중요하다고 강조한다. 또 윌리엄슨(O. Williamson)은 시장보다는 위계질서를 통해 거래비용을 최소화할 수 있는 경우는 거래에 있어 불확실성이 높고, 합리성의 제한 강도가 강하며, 기회주의가 발생할 가능성이 높으며, 거래 대상의 자산전속성이 높을 때라는 것이다.

3) 평가

신제도주의는 공유자원을 공동으로 이용하는 개인들이 직면하게 되는 유인의 문제를 다루는 데 적합하다는 효용도 있지만 다음과 같은 비판도 있다.

(1) 제도에 치우친 연구는 제도적 결정론의 오류를 범할 수 있다.

(2) 제도의 독자성을 지나치게 강조한다.

(3) 제도의 중요성을 강조하지만 제도적 제약과 개인행동 사이의 구체적인 인과관계를 명확히 설명하지 못한다.

5. 공공선택론적 접근방법

1) 의의

(1) 비시장 분야에 경제학적 분석방법을 적용하는 것이다.

(2) 정부를 공공재의 공급자, 국민은 공공재의 소비자로 간주한다. 시민의 편익을 극대화할 수 있는 서비스의 공급과 생산은 공공부문의 시장경제화를 통해서 가능하다고 주장한다.

(3) 행정에 대한 소비자 보호운동: 소비자의 효용을 극대화하기 위한 선택을 강조한다.

2) 기본 가정과 특징

(1) 방법론적 개체주의: 분석의 단위가 개인으로, 집단의 고유성을 인정하지 않는다. 이것은 모든 사회 현상에 대한 분석의 출발점을 개인으로 인식하는 데에서 출발한다.

(2) 연역적 접근방법: 개인의 선택행위이든 집단의 선택행위이든 논리적, 연역적 설명이 가능하다고 본다.

(3) 탈관료제적 조직의 처방: 관료제 조직은 공공서비스의 공급과 생산에 바람직한 제도적 장치가 되지 못하며, 정부의 각 수준에 맞는 분권적이고 다양한 규모

의 제도적 장치가 마련되어야 한다고 본다.

3) 주요 모형

(1) 니스카넨(W. A. Niskanen)의 예산극대화가설: 관료들은 자신의 이익을 극대화하는 행동을 하고 그 결과 정부의 산출물은 적정 수준보다 2배의 과잉생산이 이루어진다.

정치가는 유권자의 지지를 확보하려고 총사회적 편익과 총비용(즉, 세금)의 차이가 극대화되는 산출량을 택하려 한다. 이는 한계편익과 한계비용이 일치되는 점에서 이루어지는데, 그 이유는 MR=MC의 법칙(이윤극대화 산출량은 한계수익=한계비용인 점에서 이루어진다) 때문이다. 그러나 관료들은 예산의 극대화가 목적인 경우 사무실의 크기나 비품, 스태프진 등의 증대를 통해 자신들의 위신과 체면을 높이려고 한다. 따라서 비용은 생각하지 않고 주어진 예산으로 총비용을 부담할 수만 있으면 총편익이 극대화되는 산출량, 즉 적정 수준보다 2배의 과잉 생산을 고집한다.

(2) 애로(K. J. Arrow)의 불가능정리(Arrow's impossibility theorem): 투표의 역설로 인해 개개인이 합리적 선택을 하더라도 다수결 원칙으로는 합리적인 집단적 선택을 도출해 낼 수 없다는 것을 말한다.

노벨 경제학상 수상자인 애로는 자신의 저서 『사회적 선택과 개인의 가치(*Social Choice and Individual Values*)』에서 사회적 선택 규칙이 수용될 수 있기 위해 최소한으로 준수되어야 할 조건들로서 다섯 가지를 제시했다.

① 최소한의 합리성: 개인들이 어떠한 선호 체계에 대해서도 완전성과 이행성을 충족하는 선호의 순서매김이 가능해야 한다. 여기서 완전성이란 모든 사회적 결과를 비교해 순서지을 수 있어야 한다는 것을 뜻하며, 이행성이란 대안 x, y 간의 집합적 선호가 x>y이고, 대안 y, z 간의 집합적 선호가 y>z일 경우 대안 x, z 간의 집합적 선호는 x>z이어야 한다는 것을 뜻한다.

② 무관한 대안과의 독립성: 어떠한 집합적 선택도 의사결정과 직접적으로 무관한 다른 대안에 의해 좌우되어서는 안 된다. A와 B에 대한 선호의 우열을 결정하

는 데 현재 안건에 상정되지 않은 C는 A, B에 대한 선호 결정에 영향을 주지 않는다.

③ 파레토 원칙: 어떠한 집단적 선택 규칙에서도 개인의 선호가 왜곡된 형태로 반영되어서는 안 된다. 모든 사람이 B보다 A를 선호하면 A는 사회적 선호가 되어야 한다. 또한 그 사회 내에서 최소한 한 사람은 x를 y보다 선호하지만 그를 제외한 다른 사람은 x와 y에 무차별적일 때도 x는 y보다 사회적으로 선호되어야 한다.

④ 개인의 선호에 대한 비제약성: 보편성의 원칙이라고도 하는데, 의사결정에 참여하는 각 개인의 선호에 어떠한 제약도 주어져서는 안 된다. 따라서 어떤 특정 형태의 선호를 가진 사람들도 사회적 선택 과정에서 배제되어서는 안 된다.

⑤ 비독재성: 집합적 선호를 결정할 때 어떤 특정인의 선호가 그를 제외한 다른 모든 사람의 선호에는 상관없이 언제나 사회적 선호로 된다면, 그 특정 개인은 독재자라고 불린다. 민주적인 집합적 의사결정에서는 이와 같은 독재자가 존재해서는 안 된다.

그런데 이들 다섯 가지 조건을 모두 만족시켜주는 어떠한 사회적 선택 규칙도 존재하지 않는다는 것이 그의 불가능정리이다. 불가능정리는 한마디로 민주적 사회에서 합리적 이론의 조건을 충족시키는 것이 불가능하다는 것이다.

4) 공헌과 한계

(1) 공헌

① 연구 범위의 확대: 경제학적 연구방법을 활용한 정치행정연구로 행정학의 연구 범위를 확대시켰다.

② 정부실패의 원인 분석과 대책 제시: 정부실패의 원인을 분석하고 공공부문에 시장 원리, 경쟁 개념을 도입해서 시민들의 다양한 요구와 선호에 민감하게 반응할 수 있는 제도적 장치 마련의 계기가 되었다.

(2) 한계

① 연역적 · 수학적인 방법으로 문제에 접근하기 때문에 이해하기 쉽지 않다.

② 인간은 경제적인 이해관계로만 움직이지 않는다.

6. 현상학적 접근방법

1) 의의

현상학은 후설(Edmund Husserl)에 의해 체계화된 철학 사조 중의 하나이다. 현상학은 인간의 마음속에서 일어나는 현상의 본질을 중요시하는 이론으로, 인간의 내면세계는 겉으로 나타난 표출에 대한 관찰만으로 포착되는 것이 아니라는 것이다. 이 접근방법은 인간의 의도적 행위(action)와 표출된 외면적 행태(behavior)를 구별하고, 정작 관심을 기울여야 할 분야는 전자인 의도적 행위라는 것이다.

2) 특징

현상학에서는 현상의 두 가지 의미, 즉 정신 현상으로는 행위자의 내면적인 의도가 중요하며, 수동적 자아가 아닌 능동적 자아를 도출한다. 또 사회 현상으로는 원자적 자아가 아닌 사회적 자아를 도출한다.

행정학 연구에 현상학적 접근방법을 도입한 연구는 하몬(M. Harmon)의 행위이론(action theory)이다. 행정학 연구에 이 방법을 적용한 예를 들어 보면, 공공부문 혁신에 대한 현상학적 접근을 들 수 있다. 공공부문 혁신에 대한 현상학적 접근은 조직이 얼마나 생산적이며 효율성을 달성하고 있는가를 묻기 이전에, 조직이 인간의 의미세계를 올바로 반영하고 있고, 인간의 지향적 의지가 조직행동 과정에서 소외되지 않고 실현되고 있는지를 먼저 주목한다.

7. 포스트모더니티 이론

1) 의미와 배경

포스트모더니티(postmodernity)는 진리의 기준은 상대적이라고 간주하면서 인간의 이성과 주체성에 대한 신뢰 및 합리성을 반대한다.

2) 이론의 특징

포스트모더니티는 상상, 해체, 탈영역화, 타자성 등의 핵심 개념을 포함한다. 포스터모더니티 행정이론은 실증주의 행정이론의 한계와 모순을 인식했고, 담론을 통한 발전 가능성을 모색하는 촉매 역할을 했다는 점에서 그 의의를 찾을 수 있다. 모더니즘이 만들어진 '안정된 존재와 결과'를 중시한다면 포스트모더니즘(post-moderism)은 '행동과 만들어져 가는 과정'을 중시한다.

3) 주요 이론

(1) 폭스와 밀러(C. J. Fox & H. T. Miller)의 담론이론

소비자주의와 초현실성으로 대표되는 포스트모던적 현실 속에서는 대의민주주의는 더 이상 작동하지 않는다. 공동체주의로도 시민적 공동체를 만드는 데 기여하지 못한다며 '담론'을 통해 정책을 펼쳐야 한다고 주장한다. 참여의 수에서는 적정 수 담론을 강조한다. 하버마스(J. Habermas)의 의사소통이론에 의하면 행정현상이 관료제가 아니라 담론을 통해서 창조되어야 한다고 주장한다. 즉, 담론을 통해 시민적 공동체를 형성해야 한다는 것이다. 하지만 급박한 정책결정 상황에서는 공론이나 토론이 제약을 받고 담론 과정에서 모든 정보를 확보하기가 사실상 불가능하다는 한계가 지적되기도 한다.

(2) 파머(D. J. Farmer)의 성찰적 언어분석

합리적 해석이란 자기모순성을 지니기 때문에 상상력, 해체, 탈영역화, 타자성이라는 것을 통해 행정을 이행할 것을 촉구했다.

① 상상: 합리성이 중요했던 모더니즘과 달리 규칙에 얽매이지 않으며 상상에 의해 문제의 특수성을 인정한 것이다. 상상은 규칙에 얽매이지 않는 행정의 운영을 기반으로 한다. 고정되고 보편적인 행정이 아니라 각 상황에 맞는 특수한 행정

을 의미한다. 베버(M. Weber)의 관료제 모형에서 합리성이 인간 사고의 촉매적 역할을 하듯이 포스트모더니티에서는 '상상'이 그 역할을 할 수 있다는 것이다.

② 해체: 텍스트의 근거를 파헤치는 것이다. 보이는 것이 진실이 아닌 상황에서 객관성이나 실증주의를 추구하는 것이 무슨 의미가 있는지를 묻는다.

③ 탈영역화: 지식의 경계가 사라짐에 따라 학문 교류와 다양한 접근을 할 수 있게 된다. 모더니티에서는 지식의 구조가 뿌리를 중심으로 통합되어 있었다면 포스트모더니티에서는 뿌리는 없고 지식은 분산화되어 있으며 다원적 차별성을 인정한다.

④ 타자성: 타인을 인식적 타인이 아닌 도덕적 타자로 인정한 것이다. 특히 타자성은 경직된 관료제의 모든 의사결정을 공동체에게 개방하고 시민들의 요구에 더욱 가까이 다가갈 수 있게 한다.

4) 비판

과학에 대한 지나친 비판은 자칫 좌절과 무기력으로 흐를 수 있다. 포스트모더니즘이 순수한 해방의 가능성을 훼손함으로써 사람들을 허무주의, 정적주의(quietism), 혹은 무관심의 세계로 초대하고 있다고 지적하고 있다. 현실 비판은 뛰어나나 불합리한 행정 현상에 대해 구체적인 대안을 제시하지 못하는 한계를 지닌다.

객관식 문제

■ 기본문제

01 행정학의 접근방법에 대한 설명으로 옳지 않은 것은? (2012 해경간부)

① 생태학적 접근방법은 후진국의 행정 현상을 설명하는 데 크게 기여했으며, 행정의 보편적 이론의 구축을 통한 행정의 과학화에 기여했다.

② 행태론적 접근방법은 집단의 고유한 특성을 인정하지 않는 방법론적 개체주의의 입장이다.

③ 행정학 분야에서 각종 제도나 직제에 대한 자세한 기술에 관심을 갖는 것은 제도론적 접근방법에 따른 것이다.

④ 역사적 접근방법은 각종 정치 행정제도의 진정한 성격과 그 제도가 형성되어 온 특수한 방법을 인식하는 유일한 수단을 제공했다.

해설 ① 행정의 보편적 이론이 아니라 중범위이론에 영향을 미쳤다.
④ 역사적 접근방법은 보편성보다는 특수성의 특징을 지닌다.

| 정답 ①

02 체제론적 접근방법에 대한 설명으로 틀린 것은? (2007 경찰간부)

① 체제론적 접근방법은 발전도상국의 행정보다는 선진국의 행정 현상을 연구하는 데 적합하다.

② 개방 체제는 가치판단을 통해서 인간 간 상호작용을 중시한다.

③ 정부가 제공하는 물적 및 인적자원정책에 대한 국민의 요구, 지지, 반대 등은 개방 체제의 구성 요소 중 투입에 해당한다.

④ 체제론적 접근방법은 상호의존적이며 상호작용적인 관계 하에 일정한 통일성과 질서를 유지하면서 환경과 끊임없이 영향을 주고받는 구성 요소들 혹은 전체를 강조하는 접근방법이다.

해설 ② 가치판단을 중시하면서 인간 간 상호작용을 중시하는 것은 현상학과 같은 후기행태론에 대한 설명이다.
③ 투입에는 크게 요구와 지지가 있다.
④ 체제론은 전체성의 시각에서 본다는 것이다. 부분이 체제 전체의 목표 달성과 어떠한 관계를 가지고 있는가의 관계적 측면에서 부분을 바라보는 것이다. 그리고 체제 내 구성 요소 간의 상호 연관성을 강조한다. 체제는 부분들 간의 유기적 관계로써 형성된다. 체제론은 이들 부분의 관계를 거시적·전체적 관점에서 순환적이며 상호작용적으로 파악한다.

| 정답 ②

03 행정에 대한 법률적·제도론적 접근방법에 대한 설명으로 부적절한 것은?

① 행정학 연구의 초기 접근방법
② 법률에 기반을 둔 제도 강조
③ 행정의 규범적 측면에 초점
④ 정치 실제에 대한 연구에 관심
⑤ 행정의 동태적 측면 파악 강조

해설 ⑤ 공식적 제도나 법률에 기반을 두고 있어 제도 이면의 행정의 동태적 측면을 파악하기 어렵다.

| 정답 ⑤

04 행태론적 접근방법에 대한 설명 중 틀린 것은?

① 사회 현상도 자연과학과 마찬가지로 엄밀한 과학적 연구가 가능하다고 본다.

② 사회 현상을 관찰 가능한 객관적 대상으로 보며 인간의 주관이나 의식을 배제해야 하며 인식론적 근거로서 논리실증주의를 신봉하고 있다.
③ 명백한 자극과 반응으로 볼 수 있는 행위 또는 행동만을 연구 대상으로 삼는다.
④ 행태의 규칙성, 상관성 및 인과성을 경험적으로 입증하고 설명할 수 있다고 본다.
⑤ 집단의 고유한 특성을 인정하지 않은 방법론적 개체주의의 입장을 취한다.

해설 ④ 행태주의는 명백한 자극과 반응으로 볼 수 있는 행위 또는 행동만을 연구 대상으로 삼는 심리학적 행동주의(psychological behaviorism)와는 달리 특정 질문에 따른 반응을 통해 파악해 볼 수 있는 태도, 의견, 개성 등도 행태에 포함시키고 있다.

| 정답 ④

05 후기행태주의에 대한 기술 중 잘못된 것은?

① 1960년대 미국 사회의 혼란기를 배경으로 탄생한 학문 사조이다.
② 이스턴(D. Easton)은 후기행태주의의 성격을 '적실성의 신조'와 '실천'이라고 주장했다.
③ 후기 행태주의자들은 과학적 연구는 적실성이 없다고 해서 전적으로 반대했다.
④ 가치중립적인 과학적 연구보다는 가치평가적인 정책연구를 지향하고 있다.
⑤ 새로운 행정 이념으로서의 사회적 형평성 등의 문제에 많은 관심을 갖게 되었다.

해설 ③ 후기행태주의자들이 과학적 연구를 반대한 것은 아니며, 오히려 그들은 통계학과 컴퓨터 분석 등 계량적 분석방법에 매우 뛰어난 능력을 갖추고 있었다.

| 정답 ③

06 행정학의 생태론적 접근방법에 대한 설명 중 가장 옳지 않은 것은? (2015 경찰간부)

① 생태론적 접근방법은 기본적으로 유기체와 환경과의 상호관계를 기초로 행정학을 연구하고자 한다.
② 생태론적 접근에 따르면, 행정도 일종의 유기체로서 정치 · 경제 · 사회환경과 상호의존적 존재로 본다.
③ 생태론자들은 서구의 행정제도가 후진국에 잘 적용되지 못하는 이유를 사회 · 문화적 환경의 이질성에 있다고 주장한다.
④ 생태론적 접근의 분석 수준은 유기체로서의 개인에 초점을 맞추며, 미시적 차원에서 행정 현상을 분석하고자 한다.

해설 ④ 생태론적 접근방법은 행정과 환경과의 상호작용 관계를 연구하는 거시적인 접근방법으로 개인이 아닌 유기체 전체에 대한 거시적 분석을 시도한다. 생태론적 접근방법은 행정을 하나의 유기체로 파악하고, 행정 현상을 환경과 관련시켜 이해하려는 접근방법이다.

| 정답 ④

07 체제적 접근방법에 대한 비판적인 기술 중 잘못된 것은?

① 정태성과 현상 유지적 성격을 띠고 있어 목적성을 띤 변화나 정치·사회의 변화 또는 발전을 잘 설명하지 못한다.

② 변동의 소용돌이 속에 있는 발전도상국의 행정 현상을 연구하는 데 적합하다.

③ 체제의 구체적인 운영이나 행태적인 측면은 잘 다루지 못한다.

④ 경치·행정 현상에서 특수한 인물의 성격, 개성, 리더십 등이 큰 비중을 차지하는 경우 이를 과소평가하기 쉽다.

⑤ 행정 현상에서 중요한 권력, 의사 전달, 정책결정 등의 문제나 혹은 행정의 가치문제를 고려하지 못한다.

해설 ② 체제적 접근방법은 환경과의 교호작용을 강조하지만 발전도상국이나 후진국의 경우 행정의 환경에 대한 독립변수적인 성격을 충분히 설명하지 못한다는 비판을 받고 있다. 즉, 변동의 소용돌이 속에 있는 발전도상국의 행정보다는 선진국의 행정 현상을 연구하는 데 적합한 접근방법이다.

| 정답 ②

08 다음은 행정학의 접근방법 중 하나를 설명하고 있다. 아래 설명에 가장 가까운 접근방법은?

- 각종 정치·행정제도의 진정한 성격과 그 제도가 형성되어 온 특수한 방법을 인식하는 수단을 제공한다.
- 그 결과 이들 연구는 일종의 사례연구가 된다.
- 소위 발생론적 설명(genetic explanation) 방식을 주로 사용하게 된다.

① 법률적·제도론적 접근방법 ② 관리기능적 접근방법
③ 생태론적 접근방법 ④ 역사적 접근방법
⑤ 행태론적 접근방법

해설 ④ 보기의 내용은 역사적 접근방법에 관한 설명이다.

| 정답 ④

09 다음 중 공공선택론에 대한 내용으로 가장 옳지 않은 것은? (2015 국회직 9급)

① 공공선택론은 뷰캐넌, 니스카넨 등 경제학자들이 발전시켰다.

② 공공선택론에서 분석의 단위는 개인이며, 개인은 자기 이익을 중심으로 행동하는 사람들이다.

③ 공공선택론의 사상적 연원은 정부 서비스 공급에서 시민의 선택을 존중해야 한다는 생각이다.

④ 정부서비스 일부의 민영화 등은 공공선택론자들의 이론에 큰 영향을 받았다.

⑤ 공공선택론은 지나치게 공평한 재원의 배분만 강조한 나머지 행정의 효율성을 무시한다.

해설 ⑤ 공공선택론은 오로지 효율성만 따지므로 형평성 등은 고려 대상이 아니다.
① 공공선택론은 경제학자들에 의해 주도되었다. 공공선택론이란 것이 비시장 분야에 대한 경제학적 분석방법을 적용한 것임을 생각하면 풀 수 있는 지문이다.
② 방법론적 개체주의이다.
③ 정부는 공공재의 공급자이고 시민은 공공재의 수요자로 본다. 당연히 소비자의 선택이 중시된다.
④ 민영화는 공공부문에 시장 원리의 도입으로 해석되는데, 이는 공공선택론자의 주장에 힘입은 바 크다.

| 정답 ⑤

10 신행정학의 특징으로 가장 옳지 않은 것은? (2015 서울시 7급)

① 정치행정일원론보다는 정치행정이원론에 가까운 입장이다.
② 행정학 연구에 있어 적실성을 강조한다.
③ 행정의 고객지향성을 강조한다.
④ 분권화와 참여를 강조한다.

해설 ① 사회문제 해결에 너무 무기력한 데 대한 비판에서 신행정학이 태동했다고 볼 때 행정을 관리 수준에 머물게 하는 정치행정이원론이 해당되는 것이 아니라, 행정을 정치 과정의 일부로 인식하는 정치행정일원론이 해당한다.

| 정답 ①

11 공공선택론에 대한 설명으로 옳지 않은 것은? (2018 지방직 9급)

① 사회의 비시장적인 영역들에 대해서 경제학적 방식으로 연구한다.
② 시민들의 요구와 선호에 민감하게 부응하는 제도 마련으로 민주행정의 구현에도 의의가 있다.
③ 전통적 관료제를 비판하고 그것을 대체할 공공재 공급 방식의 도입을 강조한다.
④ 효용극대화를 추구한다는 합리적 개인에 대한 가정은 현실적합성이 높다고 평가받는다.

해설 ④ 합리적 경제인 가정이 언제나 타당한 것은 아니고 현실적합성이 낮다고 지적되기도 한다.

| 정답 ④

12 행정학의 접근방법 중 현상학적 접근방법에 관한 설명으로 옳지 않은 것은?

① 행정 현실을 이해하는 데 과학적 방법보다 해석학적 방법을 선호한다.
② 조직을 인간의 의도적인 행위에 의해 구성되는 가치함축적인 행위의 집합물로 이해한다.

③ 인간행위의 가치는 행위 자체보다 그 행위가 산출한 결과에 있다.
④ 조직 내외의 인간들은 자신 또는 다른 사람의 행위에 의미를 부여함으로써 조직을 설계한다.

해설 ③ 현상학적 접근방법은 근본적으로 행정학 연구를 행정가의 일상적인 실제적 측면을 강조하는 미시적 관점으로의 방향 전환을 시도하는 것이며, 많은 거시적인 문제들은 인간의 상호작용과 이해를 통해 해결될 수 있다는 것이다. 현상학적 접근방법은 인간행위의 가치는 행위가 산출한 결과(행태론)보다 행위 자체에 있다고 본다.

| 정답 ③

13 니스카넨의 예산극대화모형에 대한 설명으로 옳지 않은 것은? (2011 지방직 7급)

① 정치가는 사회후생의 극대화를 추구한다고 가정한다.
② 정치가는 총편익과 총비용의 차이인 순편익이 최대가 되는 수준에서 공공서비스를 공급하려 한다고 본다.
③ 관료는 자신의 효용을 극대화하려는 합리적 경제인이라고 가정한다.
④ 관료는 한계편익곡선과 한계비용곡선이 교차하는 점에서 공공서비스를 공급하려 한다고 본다.

해설 ④ 예산이 총비용보다 큰 지점까지는 생산이나 공급을 하려고 하므로 평균 2배의 과잉 공급이 이루어진다.

| 정답 ④

14 다음 중 던리비의 '관청형성모형'에 대한 설명으로 옳지 않은 것은? (2016 국회직 8급)

① 니스카넨의 예산극대화모형을 비판한 모형이다.
② 관료들의 효용은 소속기관이 통제하는 전체 예산액 중 일부분에만 관련된다.
③ 고위직 관료는 금전적 편익보다는 수행하는 업무의 성격과 업무환경에서 오는 효용을 증진시키는 데 더 큰 관심을 갖는다.
④ 합리적 관료들은 소규모의 엘리트 중심적이고, 정치 권력의 중심에 접근해 있는 부서에서 참모 기능의 수행을 원한다.
⑤ 통제기관인 경우 예산이 증가할수록 권력이 커지기 때문에 예산을 증액하려는 성향이 높게 나타난다.

해설 ⑤ 관청의 형태를 자신의 선호에 맞는 것으로 변화시킨다(shaping). 던리비(Patrick Dunleavy)는 통제기관의 경우 예산극대화의 동기가 생기지 않는다고 했다.

| 정답 ⑤

15 이스턴이 정치체제모형에서 주장하는 '가치의 권위적 배분'과 가장 관련이 깊은 것은?
(2011 국가직 7급)

① 투입 ② 산출
③ 전환 ④ 요구와 지지

해설 ② 정치 체제 산출로서의 정책은 정치적 상호작용의 결과물이다. 산출은 정책을 집행해 다른 체제나 국민의 생활에 영향을 주는 과정이다.

| 정답 ②

16 가우스가 지적한 행정에 영향을 미치는 환경 요인에 포함되지 않는 것은?
(2012 국가직 9급)

① 국민 ② 장소
③ 대화 ④ 재난

해설 ③ 가우스(J. M. Gaus)는 행정에 영향을 미치는 생태환경적 요인으로 국민, 장소, 물리적 기술, 사회적 기술, 욕구·시상·이념, 재난, 인물 등을 제시했다.

| 정답 ③

■ 심화문제

17 던리비의 관청형성 모형에 대한 설명으로 가장 옳은 것은?
(2018 지방직 9급)

① 고위관료의 선호에 맞지 않는 기능을 민영화나 위탁계약을 통해 지방정부나 준정부기관으로 넘긴다.
② 합리적인 고위직 관료들은 소속기관의 예산극대화를 추구한다.
③ 중하위직 관료는 주로 관청예산의 증대로 이득을 얻는다.
④ 관료들이 정책결정을 할 때 사적 이익보다는 공적 이익을 우선시한다.

해설 ① 던리비(P. Dunleavy)에 따르면 합리적인 고위관료는 예산극대화 동기보다 관청형성 동기가 더 강하다고 주장했다. 통제 대상이 되는 집행 기능을 책임운영기관 또는 준정부조직 형태로 분리시키거나 소관부서를 소규모 참모적 기관으로 재구성함으로써 계선적 책임에서 벗어나고자 한다.
②, ④ 고위관료들이 예산극대화 동기를 가진다는 데 대해 동의하지 않고 있다.
③ 중하위직 관료들은 주로 핵심 예산의 증가로부터 이익을 얻는 반면에, 고위직 관료들은 주로 핵심 예산을 제외한 관청예산의 증대로 이득을 얻는다.

| 정답 ①

18 니스카넨의 예산극대화모형에 대한 설명으로 옳지 않은 것은? (2011 지방직 7급)

① 정치가는 사회후생의 극대화를 추구한다고 가정한다.

② 정치가는 총편익과 총비용의 차이인 순편익이 최대가 되는 수준에서 공공서비스를 공급하려 한다고 본다.

③ 관료는 자신의 효용을 극대화하려는 합리적 경제인이라고 가정한다.

④ 관료는 한계편익곡선과 한계비용곡선이 교차하는 점에서 공공서비스를 공급하려 한다고 본다.

해설 ④ 한계비용과 한계편익이 아니라 총비용과 총편익이 같아지는 점까지는 공급을 계속하려고 한다. 그들은 왜 공급을 늘리려고 하는가? 관료들은 공급 과정에서 별도 이득을 챙길 수도 있고 공급 규모가 커지게 되면 별도의 산하기관을 만들게 되고 그 기관은 나중 퇴임 후 자신의 자리 보장 수단이 될 수도 있기 때문이다.

| 정답 ④

19 아래 기술된 항목 중 후기행태주의적 접근방법에 관한 설명으로 짝지은 것은?

ㄱ. 배경은 1960년대 흑인에 대한 인종차별, 월남전에 대한 반전데모 및 강제집행에 대한 저항 등 미국 사회의 혼란이라고 볼 수 있다.
ㄴ. 1960년대 중반부터 존슨 행정부가 '위대한 사회'의 건설이라는 기치를 내걸고 하류층－소외계층의 복지 향상을 위해 사회복지 정책을 추진하면서 이의 추진에 지적 자원을 제대로 제공하지 못했던 정치학에 대한 비판
ㄷ. 인간을 경제적 이윤을 추구하는 합리적 존재로 가정하고 행정의 원리들을 발견하는 데 주된 관심을 기울임
ㄹ. 사회과학자들은 그 사회의 급박한 문제를 연구 대상으로 삼아서 사회의 개선에 기여하기보다는 과학적 방법을 적용할 수 있는 것을 연구 대상으로 삼아야 한다.
ㅁ. 가치평가적인 정책연구보다 가치중립적인 과학적 연구를 지향하고 있으며 정책학의 발전과는 무관하다.

① ㄱ, ㄴ　　② ㄴ, ㄷ　　③ ㄹ, ㅁ
④ ㄱ, ㄴ, ㅁ　　⑤ ㄱ, ㄹ, ㅁ

해설 ① 후기행태주의적 접근방법의 등장 배경은 1960년대 흑인에 대한 인종차별, 월남전에 대한 반전데모 및 강제징집에 대한 저항 등 미국 사회의 혼란이라고 볼 수 있다. 이러한 상황 속에서 1960년대 말 원로 정치학자인 이스턴(D. Easton)은 정치학의 새로운 혁명으로서 후기행태주의가 시작되었음을 선언했고, '적실성의 신조(credo of relevance)'와 '실천(action)'을 주장했다. 즉, 사회과학자들은 과학적 방법을 적용할 수 있는 것을 연구 대상으로 삼기보다는 그 사회의 급박한 문제를 연구 대상으로 삼아서 연구 결과가 사회의 개선에 기여할 수 있는 적실성 있는 연구가 이루어져야 한다는 것이다.

| 정답 ①

20 **행태주의의 연구방법에 대한 설명으로 가장 옳지 않은 것은?** (2015 경찰간부)

① 행정 현상 중 가치판단적인 요소의 존재를 인정하지 않았다.
② 현상과 현상 사이에 존재하는 인과관계 법칙을 규명하는 것이 연구의 목적이 된다.
③ 법칙 발견을 위해 인과관계에 대한 가설을 설정하고 이를 검증해야 하는데, 설정되는 가설은 이미 확립된 기존의 이론으로부터 연역적으로 도출되어야 한다.
④ 가설검증을 위해 현상들을 경험적으로 관찰해야 하고, 관찰할 수 없는 현상은 연구 대상에서 제외한다.

해설 ① 행정연구에서 가치를 배제하고 사실 중심의 연구를 추구한다는 것이지(value free), 가치판단적인 요소의 존재까지 부정하는 것은 아니다. 행정의 정책결정 기능을 부인하지 않는 점에서 정치행정새이원론으로 설명된다.

| 정답 ①

21 **역사적 신제도주의의 특징으로 옳지 않은 것은?** (2015 지방직 9급)

① 행정기관, 의회, 대통령, 법원 등 유형적인 개별 정치제도가 주된 연구 대상이다.
② 제도를 이해하는 데 있어 역사적·사회적 맥락의 중요성을 강조한다.
③ 제도가 형성되면 안정성과 경로의존성을 갖는다고 본다.
④ 제도란 공식적 법규범뿐만 아니라 비공식적 절차, 관례, 관습 등을 포함한다.

해설 ① 개별 정치제도를 연구 대상으로 삼는 것은 신제도주의가 아니라 구제도주의의 입장이다.

| 정답 ①

22 **다음 중 포스트모더니티 이론 및 그에 입각한 행정에 대한 설명으로 가장 옳지 않은 것은?** (2016 서울시 7급)

① 행정은 객관적으로 연구될 수 있다는 설화를 해체해야 한다.
② 인권, 인간 이성과 인간 중심적 관점에서의 행정을 강조했다.
③ 진리의 기준은 맥락 의존적이다.
④ 행정에서의 상상, 해체, 타자성 등을 강조했다.

해설 ② 포스트모더니티이론은 과거의 인간·이성 중심적 관점에서의 거시적 관점과 절대주의·보편주의를 부정하고, 상대주의적·다원주의적 세계관을 지향한다.
③ 포스트모더니즘에 기초한 행정이론은 시공을 초월해서 적용되는 보편적인 진리가 아닌 시대와 상황에 따라 적용되는 진리가 다르다는 맥락 의존적인 특성을 가진다.

| 정답 ②

23 다음 내용은 신제도주의 중 어느 것을 말하는가?

> "신제도주의(New Institutionalism)에서 제도의 개념을 가장 넓게 해석하는 입장이다. 제도를 규칙이나 절차뿐만 아니라 전통과 관습 그리고 문화를 포함해서 이해한다. 사회구조가 행위자에 우선하는 것으로서, 개인에 의해 사회가 만들어지는 것이 아니라 사회가 개인을 창조한다는 것이다"

① 역사적 제도주의 ② 합리적 선택제도주의 ③ 신문화주의
④ 사회학적 제도주의 ⑤ 현상학적 접근

해설 ④ 위의 설명은 사회학적 제도주의에 대한 것이다. 사회학적 제도주의는 문화를 포함하므로 그 범위가 가장 넓다. 그리고 사회구조가 행위자에 우선한다고 본다.

| 정답 ④

24 오스본과 게블러의 정부재창조론에서 제시된 기업가적 정부 운영의 원리에 관한 내용으로 가장 옳지 않은 것은? (2017 서울시 9급)

① 시민에 대한 봉사 지향적 정부 ② 지역사회가 주도하는 정부
③ 분권적 정부 ④ 촉진적 정부

해설 ① 시민에 대한 봉사 지향적 정부는 신공공서비스론에서 말하는 정부이다. 기업가형 정부는 정부의 역할을 방향잡기(steering)로 본다.

| 정답 ①

25 공공선택론에 대한 비판적 시각으로 가장 적절하지 않은 것은? (2016 서울시 7급)

① 행정은 가치중립적인 것이며 정치의 영역 밖에 있다고 가정하는데, 이는 현실적합성이 매우 떨어진다.
② 시민과 기업의 참여를 통한 서비스의 공동 공급을 주장하지만, 이는 실현 불가능한 이상향에 가깝다.
③ 현실 세계가 효용극대화를 추구하고 있으며 합리적인 개인들로 구성되어 있다고 가정하는데, 이는 현실적이지 못하다.
④ 자유경쟁시장의 논리를 공공부문에 도입하고자 하는데, 그 논리 자체가 현상 유지나 균형이론에 집착하는 것이며 시장실패라는 고유한 한계 또한 가지고 있다.

해설 ② 시민과 기업의 참여를 통한 서비스의 공동 공급은 신공공서비스론의 주장이다. 공공선택론은 정부와 기업의 경쟁을 통해 서비스의 생산과 공급을 유도하는 정치경제학적 접근방법이다.
① 공공선택론은 현실의 정치 현상을 설명하는 데 거의 기여하지 못한다.

| 정답 ②

제 2 절 최근의 주요 행정이론

1. 신공공관리론

1) 특성

신공공관리(New Public Management: NPM)의 가장 중요한 특성은 행정에 시장 원리와 민간부문의 경영기법을 도입해서 좀 더 효율적이고 국민의 요구에 더 잘 대응할 수 있도록 하는 것이다. 신공공관리론에서는 새로운 정부모형을 오스본(David Osborne)과 게블러(Ted Gaebler)가 제시한 '기업가적 정부'로 규정하고 있다. 관료제 정부와 기업가적 정부를 비교하면 〈표 3-1〉과 같다.

표 3-1 관료제 정부와 기업가적 정부의 비교

기준	전통적인 관료제 정부	기업가적 정부
정부의 역할	노젓기 역할	방향 잡아주기 역할
행정의 가치	형평성, 민주성	효율성, 효과성
서비스 공급 방식	독점적 공급, 행정 메커니즘	경쟁 도입, 시장 메커니즘
행정 주도 주체	관료 및 행정기관 중심	고객 중심

2) 한계

첫째, 가장 큰 한계는 효율성을 지나치게 강조하는 과정에서 민주주의 책임성이 결여될 수 있다는 우려이다. 신공공관리는 기업가형 공공 리더(public entrepreneur)를 강조하지만 그것은 기업에 적합한 것이지 행정에 적합한 것은 아니다. 행정은 시간이 걸리더라도 이해당사자의 동의를 구하는 절차적 민주성이 중요하기 때문이다.

둘째, 신공공관리론은 시민들을 단순히 행정기관의 고객으로 격하시키는 심각한 위험을 내포하고 있다.

3) 신공공관리에 대한 도전: 블랙스버그선언

블랙스버그선언(Blacksburg Manifesto)은 관료제를 변호하고 있으며, '작고 아름다운 정부'를 반대하고 있다. 굿셀(Charles T. Goodsell) 교수가 집필한 『*The Case for Bureaucracy*』(1994)를 토대로 상호 간에 토론을 거쳐 만들어진 이 선언의 주된 내용을 보면, 첫째, 관료집단에는 대표성과 전문적 권위가 있다. 민주정치에서 관료집단의 대표성은 민선 단체장이나 국회의원에 비교해 결코 떨어지지 않는다고 본다. 둘째, 시장 메커니즘이 만능이 아니다. 시장이 결코 만능이 아니며 정부는 반드시 개입해야 한다는 입장이다. 따라서 작고 아름다운 정부나 작지만 효율적인 정부를 반대하고 있다.

2. 뉴거버넌스론

1) 개념

거버넌스(governance)는 전통적 행정국가의 정부실패와 신공공관리(NPM)의 시장실패 가능성을 극복하기 위한 새로운 대안이다.

한편, 피터스(B. Guy Peters)는 전통적 정부모형에 대비되는 뉴거버넌스에 기초한 정부개혁 모형으로 시장적 정부모형, 참여적 정부모형, 신축적 정부모형, 탈내부규제 정부모형을 제시하고 있다.

(1) 시장적 정부모형

이 모형에서는 독점을 문제로 진단한다. 이 경우 구조의 면에서 분권화를 이룩하고, 관리의 면에서 성과 중심의 관리기법을 적용하고 민간부문의 관리기법을 도입하며, 공익의 기준으로는 비용이 적게 드는 상태로 간주한다.

(2) 참여적 정부모형

이 모형에서는 계층제의 존재를 문제로 진단한다. 이 경우 구조의 면에서 공공조직을 평면조직으로 개편해 최상위층과 최하위층 간의 단계를 줄이려 하고, 관리의 면에서 조직의 하위계층의 참여를 통한 총체적 품질관리와 팀제를 중시하며, 정책결정의 면에서 탈계층화된 체제를 지향한다. 공익의 기준은 행정 체제가 산출해 내는 산출이 아니라 산출 과정에서 상하 관료의 참여 및 협의를 잘 확보하는 것으로 본다.

(3) 신축적 정부모형

이 모형에서는 영속성의 존재를 문제로 진단한다. 과거부터 현재까지 제도화되어 있는 조직이나 이 조직 내의 정책들은 빠르게 변화하는 사회환경 속에서 탄력적으로 대처하지 못해 경직되어 있는 상태로 존재하게 되어 있다. 신축성 있게 대처하기 어려운 이러한 정부 운영 방식에 신축적 정부운영모형의 구조는 가상조직의 형태를 갖추어야 하며, 관리방식은 일시적(temporary)이며 적응적인 인사관리의 형태가 될 것이다. 공익의 기준으로는 정부의 적은 활동비용과 조정을 삼는다.

(4) 탈내부규제모형

이 모형에서는 관료제 내부의 지나친 규제를 문제로 진단한다. 내부규제라는 말은 아마도 번문욕례(red tape)와도 동일한 생각으로 볼 수 있다. 이 경우 구조의 면에서 특정한 제안은 없으나, 관리의 면에서 관리의 재량권을 확대하고, 정책결정의 면에서 기업가적인 정부의 결정 방식을 강조한다. 공익의 기준으로는 창의성과 활동주의를 삼는다. 이상 설명한 피터스의 정부개혁모형에서 주요 내용을 정리하면 〈표 3-2〉와 같다.

표 3-2 피터스의 정부개혁모형

구분	시장모형	참여모형	신축모형	탈내부규제모형
기존 정부의 문제점	독점	계층제	영속성	내부규제
구조적 대안	분권화	수평적 조직 (평면조직)	가상조직	(특정 제안 없음)
관리적 대안	성과급, 민간부문의 기법	TQM, MBO, 팀제	가변적 인사관리	관리 재량권 확대

2) 특성

(1) 신공공관리가 정부 내부의 관리 문제를 다루는 반면, 뉴거버넌스는 시장 및 시민사회의 외부 주체와의 관계에서 정부의 역할과 기능을 다룬다. 다시 말해 신공공관리가 프로세스 개혁과 같은 행정개혁 차원이라면, 뉴거버넌스는 외부 주체들과의 관계 변화와 같은 정부개혁 차원의 논의로 비교할 수 있다.

(2) 신공공관리와 뉴거버넌스는 모두 노젓기(rowing)보다 정부의 방향잡기(steering) 역할을 중시하지만 신공공관리는 정부를 방향잡기의 중심부에 놓는다. 이에 반해 뉴거버넌스는 기본적으로 권위·집권·주도와 같은 불평등한 힘의 관계가 아니라 평등한 관계에서 함께 하기를 추구한다. 신공공관리가 수직적 구조와 위에서 아래로(top-down) 방식의 명령 체제였다면, 거버넌스는 수평적 구조와 네트워크에 기초한 조정의 통치 체제로 볼 수 있다.

3) 한계

이상에서처럼 거버넌스는 정부 주도적 행정을 보완하며 현대 행정의 새로운 맥락으로 대두되고 있는 것은 사실이다. 그러나 아직은 하나의 생성적 개념(a emerging concept)이자 초기 형태의 이론(proto-theory)으로서, 행정의 모든 부문에 골고루 적용될 수 있을 만큼의 보편적 가치를 가지지 못한다는 한계를 갖고 있다.

3. 신공공서비스이론

1) 의의

덴하트(R. Denhardt)와 덴하트(J. Denhardt)는 2003년에 저서 『*The New Public Service: Serving, not Steering*』을 발간해 전통적 공공행정과 신공공관리와 비교하면서 신공공서비스의 의미를 더욱더 명확히 하고 있다. 신공공관리가 행정의 역할을 방향잡기(steering)라고 하는 것에 반해 신공공서비스는 이에 동의하지 않고 서비스를 제공하는 것(serving)이 가장 중요한 행정의 역할이라고 본다. 양자의 주요 특징을 비교하면 다음 표와 같다.

표 3-3 신공공관리론과 신공공서비스이론의 비교

구분	신공공관리론	신공공서비스이론
관료의 반응 대상	고객	시민
정부의 역할	방향잡기	봉사
관료의 동기 유발	기업가정신	사회에 기여하려는 욕구

이것은 정부로 하여금 기업가를 닮으라며 지나친 능률성 이념을 강조해 온 신공공관리적 사조에 대한 반작용의 결과로 등장한 패러다임이라고 할 수 있다. 즉, 경영적 방식으로 정부가 운영되어서는 안 되고 대신, 관료와 시민들의 참여와 민주적인 방식에 의해 운영되어야 한다는 입장이다.

2) 내용

주요 내용을 보면, 이 이론은 기업가적 정신보다 시민정신(citizenship)과 공익이 지니는 가치가 좀 더 상위 개념임을 강조한다. 관료의 반응 대상도 신공공관리론에서는 고객이었지만 신공공서비스이론에서는 시민으로 본다. 그들은 상호 보완적인 일곱 가지의 기본 원칙을 제시하고 있다.

(1) 고객이 아닌 시민에 봉사: 시민은 단지 고객이 아니라 정부의 주인이다.

(2) 공익의 추구: 시민들의 공유된 가치에 근거해서 공익을 정의내리는 역할을 행정가들이 해야 한다고 본다.

(3) 시민의식(citizenship)의 강조: 정부는 정책 과정에 대한 적극적인 시민 참여의식을 촉진시키는 역할을 담당해야 한다.

(4) 전략적인 사고와 민주적인 행동: 신공공서비스론은 정책집행 과정에서의 시민 참여와 공동체사회 구축에 초점을 두고 있다.

(5) 책임성이 단순하지 않음을 인식: 민주적 정책 과정에서의 궁극적인 책임성 시스템이 갖는 목적은 시민의 선호와 필요에 대해 정부의 대응성을 보장하는 것

이다.

(6) 방향잡기보다는 봉사: 통제 중심인 전통적 리더십이 아닌 시민에게 봉사하는 책임성을 발휘해야 한다.

(7) 생산성보다는 사람에게 가치 부여: 조직은 인간을 존경하는 가운데 협동 과정과 공유된 리더십을 통해 운영될 때만이 성공할 수 있다.

3) 평가

이처럼 신공공서비스이론은 다른 모형들에 비해 규범적 모형에 속하는데, 효율성이나 생산성 등의 가치가 중요한 것이 아니라 민주적 시민정신이나 공익 같은 규범적 가치가 더 중시되기 때문이다. 따라서 신공공서비스이론은 참여행정 · 민주행정의 실현에 일정 정도의 기여를 하리라 생각된다.

객관식 문제

■ 기본문제

01 기업가 정신과 기업경영 원리를 행정에 도입함으로써 정부의 효율성과 효과성을 높여 나갈 수 있음을 강조한 오스본과 게블러의 정부재창조 원리에 대한 설명으로 옳지 않은 것은? (2015 경찰간부)

① 촉진적 정부: 노젓기보다 방향잡아주기
② 지역사회가 주도하는 정부: 권한부여보다 서비스 제공
③ 경쟁적 정부: 서비스 제공에 경쟁 도입
④ 고객 지향적 정부: 관료제가 아닌 고객 요구의 충족

해설 ② 공급자 위주의 행정에서 벗어나 지역주민들을 서비스 공급 주체로 참여시키는 것이다. 기업가적 정부는 정부 활동의 초점을 직접적인 서비스 제공에 두지 않고, 할 수 있는 권한부여(empowering)에 둔다.

| 정답 ②

02 다음 중 신공공관리론과 뉴거버넌스론에 대한 설명으로 가장 옳은 것은? (2016 서울시 7급)

① 신공공관리론의 인식론적 기초는 민주주의이다.
② 뉴거버넌스론의 인식론적 기초는 공동체주의이다.
③ 신공공관리론은 관료의 역할로 조정자의 역할을 강조했다.
④ 뉴거버넌스론은 관료의 역할로 공공기업가의 역할을 강조했다.

해설 ② 뉴거버넌스란 시민을 고객이 아닌 정부의 동반자이자 국정의 주인으로 인식하고 공동체주의적 입장에서 함께 국정을 관리하는 것이다.
① 신자유주의가 기초이다.
③ 관료의 역할로 공공기업가의 역할을 강조했다.
④ 뉴거버넌스론은 관료의 역할로 조정자의 역할을 강조했다.

| 정답 ②

03 피터스(B. Guy Peters)의 뉴거버넌스 정부개혁모형에 대한 설명으로 가장 옳지 않은 것은? (2016 서울시 9급)

① 시장모형은 구조개혁 방안으로 평면조직을 상정한다.
② 참여정부모형의 관리개혁 방안은 총품질관리, 팀제이다.
③ 유연조직모형의 정책결정 개혁 방안은 실험이다.
④ 저통제정부모형의 공익 기준은 창의성과 활동주의이다.

해설 ① 피터스의 개혁모형에서 평면조직을 구조개혁 방안으로 보는 모형은 참여적 정부모형이다. 시장모형은 구조적 개혁 방안으로 분권화를 주장한다.

| 정답 ①

04 피터스의 정부개혁모형 중 다음이 설명하는 것은? (2011 국가직 7급)

- 정책 기능 수행에서 기업가적 정부의 역할이 강조된다.
- 조직구조에 대한 특징적 처방은 없다
- 관리작용의 자율성이 높다
- 거버넌스의 평가 기준은 창의성과 행동주의이다.

① 탈규제적 정부모형 ② 신축적 정부모형
③ 시장적 정부모형 ④ 참여적 정부모형

해설 ① 관료의 창의성을 중시해 규제를 줄이게 되면 기업가적 정부 운영이 가능하다고 본다.

| 정답 ①

05 피터스가 제시한 정부개혁모형에 대한 설명으로 옳은 것은? (2017 국가직 9급)

① 시장모형에서는 조직의 통합을 통한 집권화를 처방한다.

② 참여정부모형에서는 조직 하층부 구성원이나 고객들의 의사결정 참여 기회가 확대될수록 조직이 효과적으로 가능하다고 본다.

③ 신축적 정부모형에서는 정규직 공무원의 확대를 통해 비용을 절감하고 공익을 증진시킬 수 있다고 본다.

④ 탈규제적 정부모형에서는 경제적 규제 완화를 통한 시장활성화를 추구하기 위해 정부의 권한을 축소해야 한다고 본다.

해설 ② 참여모형은 문제의 진단 기준을 계층제에 두고 있다. 따라서 평면조직을 구조적 개혁 방안으로 본다. 조직 하층부 구성원이나 고객들의 의사결정 참여 기회가 확대될수록 조직이 효과적으로 기능한다고 본다.
① 시장모형에서는 분권화를 강조한다.
③ 가변조직이나 임시고용제도를 통한 노동의 유연화를 강조하고, 비용 절감도 가능하다고 봤다.
④ 내부규제를 철폐해 재량을 부여하자는 것이 탈규제적 정부모형이므로 경제적 규제 완화는 내부규제와 관계가 없는 민간에 대한 정부규제이다.

| 정답 ②

06 신공공서비스이론에 대한 설명으로 옳지 않은 것은? (2013 지방직 7급)

① 기업주의 가치를 추구한다.

② 고객이 아닌 시민을 위해 봉사한다.

③ 전략적으로 생각하고 민주적으로 행동한다.

④ 공익을 찾으려고 노력한다.

해설 ① 기업주의 가치를 추구하는 것은 신공공관리론이다. 신공공서비스이론은 시민정신을 추구한다.

| 정답 ①

▣ 심화문제

07 신공공관리론의 원리에 해당하는 것은?

① 서비스 공급의 효율화를 위해 유연한 조직 운영을 추구한다.

② 업무 효율성을 높이기 위해 단일의 직무에 특화된 분업 시스템을 가동한다.

③ 형평성의 확보를 위해 명확한 통제 시스템을 활용한다.

④ 형평성을 중요한 가치로 삼기 때문에 서비스 제공의 단일성을 꾀한다.

⑤ 자율성을 최대한 보장해 통제를 용이하게 한다.

해설 ① 공급효율화를 위해 유연한 조직 운영이 필요하다.

② 신공공관리론은 문제 제기형 분업 시스템보다는 문제 해결형 통합 시스템을 가동한다.
③ 통제보다는 자율에 따른 성과를 중심으로 통제한다.
④ 신공공관리론은 형평성보다는 생산성 및 성과 중심의 행정을 추구한다.
⑤ 자율성의 보장으로 통제가 어려워지기도 한다.

| 정답 ①

08 포스트모더니즘 시대에 요구되는 행정의 형태는?

① 대규모 기계적 생산　② 유연한 생산 체계　③ 표준화된 작업기술
④ 소품종 대량생산　⑤ 인력관리의 정형화

해설 ④ 산업사회에서는 소품종 대량생산이 이루어졌지만 탈산업사회에서는 다품종 소량생산이 강조되고 따라서 유연한 생산 체제가 필요하다.

| 정답 ④

09 다음 중 신공공서비스이론에 대한 설명으로 옳지 않은 것은? (2015 경찰간부)

① 담론이론은 신공공서비스론의 지적 기반이 된다.
② 정부의 역할은 방향잡기보다는 봉사에 있다고 본다.
③ 공무원들은 시민이 아니라 고객에 대해 봉사해야 한다고 본다.
④ 전략적 사고와 민주적 행동을 강조했다.

해설 ③ 공무원은 고객이 아니라 시민에게 봉사해야 한다.
① 담론이론은 담론을 통해 시민적 공동체를 형성해야 한다고 주장한다.
④ 신공공서비스이론은 전략적으로 사고하고, 민주적으로 행동하는 것을 강조했다.

| 정답 ③

10 〈보기〉는 신공공관리론과 신공공서비스이론에 관한 설명이다. 옳은 것만으로만 묶은 것은? (2015 교육행정직)

> 가. 신공공서비스이론은 시민에 대한 봉사를 강조한다.
> 나. 신공공관리론은 정부의 역할을 노젓기보다 방향잡기로 본다.
> 다. 신공공서비스이론이 추구하는 가치는 행정의 민주성과 충돌 가능성이 있다.
> 라. 신공공관리론은 신공공서비스이론이 간과하거나 경시한 행정의 공공성을 재조명한다.

① 가, 나　② 나, 다
③ 다, 라　④ 가, 라

해설 ① 다: 신공공서비스이론이 추구하는 가치가 바로 민주적 실천이다. 라: 주어가 바뀌었다. 신공공서비스이론은 신공공관리론이 경시하는 행정의 공공성을 재조명한다.

| 정답 ①

11 **다음 중 뉴거버넌스와 NPM(New Public Management)의 차이가 아닌 것은?**

① NPM이 정부 내부의 관리의 문제를 다루는 반면 뉴거버넌스는 시장 및 시민사회의 외부 주체와의 관계에서 정부의 역할과 기능을 다룬다.

② NPM이 외부 주체들과의 관계 변화와 같은 정부개혁 차원이라면, 뉴거버넌스는 프로세스 개혁과 같은 행정개혁 차원의 논의로 비교할 수 있다.

③ NPM과 뉴거버넌스는 모두 노젓기(rowing)보다 정부의 방향잡기(steering) 역할을 중시하지만 NPM은 정부를 방향잡기의 중심부에 놓는다.

④ 뉴거버넌스는 기본적으로 권위·집권·주도와 같은 불평등한 힘의 관계가 아니라 평등한 관계에서 함께하기를 추구한다.

⑤ NPM은 정부와 시장을 경쟁적이고 배타적인 시각에서 접근하지만 뉴거버넌스는 정부와 시장 그리고 시민사회까지 포함한 협력적 상호조정과 합의를 강조한다.

해설 ② NPM이 행정개혁 차원이고 뉴거버넌스가 정부개혁 차원이다. 따라서 후자의 차원이 더 높다.
⑤ 뉴거버넌스는 수평적 구조와 네트워크에 기초한 조정의 통치 체제로 볼 수 있다.

| 정답 ②

12 **오스본과 게블러의 정부재창조론에서 제시된 기업가적 정부 운영의 원리에 관한 내용으로 가장 옳지 않은 것은?** (2017 서울시 9급)

① 시민에 대한 봉사 지향적 정부
② 지역사회가 주도하는 정부
③ 분권적 정부
④ 촉진적 정부

해설 ① 시민에 대한 봉사 지향적 정부는 신공공서비스론에서 말하는 정부이다. 기업가형 정부는 정부의 역할을 방향잡기(steering)로 본다. 신공공관리론에서는 새로운 정부모형을 '기업가적 정부'로 규정하고 있다. 기업가적 정부모형으로 우리에게 잘 알려져 있는 오스본(David Osborne)과 게블러(Ted Gaebler)가 제시한 열 가지 정부개혁의 내용은 다음과 같다. 정부는 노젓기 대신에 '방향잡기'로, 직접 서비스 전달 대신에 '권한 위임'으로, 투입보다는 '결과' 지향적 정부로, 지출보다는 '수익형 정부'로 변화해야 한다는 것이다.

| 정답 ①

제 3 장 행정학의 접근방법과 최근의 주요 행정 이론 실전테스트

01 행태주의적 연구방법의 한계로 옳지 않은 것은?

① 가치 배제의 비현실성
② 행정 현실문제의 해결성 부족
③ 환경을 무시한 폐쇄 체제
④ 현상학적 방법을 통한 합리성 부족

해설 ④ 가치와 사실을 구분해 가치가 주관적이어서 연구 대상에서 제외함. 현상학은 행태주의와 대립되는 입장을 취하고 있다.

| 정답 ④

02 리그스의 프리즘적 모형에서 설명하는 프리즘적 사회의 특성이 아닌 것은?

① 고도의 분화성
② 이질성
③ 기능의 중첩
④ 다규범성

해설 ① 고도의 분화성은 프리즘적 사회가 아니라 선진국과 같은 다원화된 분화사회의 특징에 해당한다. 리그스(Fred W. Riggs)가 말하는 프리즘적 사회는 사회적 가치가 분화되는 과정에 있는 신생국의 사회를 뜻한다.

| 정답 ①

03 개방체제이론에 관한 설명 중 가장 옳지 않은 것은?

① 개방 체제는 총체주의적 관점을 가진다.
② 개방 체제는 5단계의 순환(환경－투입－전환－산출－환류)을 거친다.
③ 개방 체제는 엔트로피를 추구한다.
④ 개방 체제는 유일 최선책을 부정하는 등종국적 입장이다.

해설 ③ 개방 체제는 부의 엔트로피를 추구한다. 엔트로피는 사물의 소멸을 의미하므로 개방 체제는 소멸을 방지하는 의미의 부의 엔트로피를 추구한다.

| 정답 ③

04 신제도주의에 대한 설명으로 가장 옳은 것은?

① 합리적 신제도주의에 의하면 행위자의 선호는 개인들 간 상호작용을 통해 형성된다.
② 역사적 신제도주의는 분석 수준 측면에서 방법론적 개체주의적 입장을 취한다.
③ 사회학적 신제도주의에서 경로의존성이 강조되었다.
④ 사회학적 신제도주의에서 제도는 제도적 동형화 과정의 결과물로 본다.

해설 ④ 사회학적 신제도주의에서 닮아가는 과정인 동형화가 이루어진다.

① 개인들 간의 상호작용이 아니라 개인의 전략적인 판단에 따라 선호가 정해진다.
② 역사적 신제도주의는 방법론적 전체주의의 입장을 취한다.
③ 경로의존성은 역사적 신제도주의에서 강조된다.

| 정답 ④

05 체제론적 접근방법에 대한 설명으로 틀린 것은? (2007 경찰간부)

① 체제론적 접근방법은 발전도상국의 행정보다는 선진국의 행정 현상을 연구하는 데 적합하다.
② 개방 체제는 가치판단을 통해서 인간 간 상호작용을 중시한다.
③ 정부가 제공하는 물적 및 인적 자원정책에 대한 국민의 요구, 지지, 반대 등은 개방 체제의 구성 요소 중 투입에 해당한다.
④ 체제론적 접근방법은 상호의존적이며 상호작용적인 관계 하에 일정한 통일성과 질서를 유지하면서 환경과 끊임없이 영향을 주고받는 구성 요소들 혹은 전체를 강조하는 접근방법이다.

해설 ② 가치판단을 중시하면서 인간 간 상호작용을 중시하는 것은 현상학과 같은 후기행태론에 대한 설명이다.

| 정답 ②

06 행정에 대한 법률적 · 제도론적 접근방법에 대한 설명으로 부적절한 것은?

① 행정학 연구의 초기 접근방법
② 법률에 기반을 둔 제도 강조
③ 행정의 규범적 측면에 초점
④ 정치 실제에 대한 연구에 관심
⑤ 행정의 동태적 측면 파악 강조

해설 ⑤ 공식적 제도나 법률에 기반을 두고 있어 제도 이면의 행정의 동태적 측면을 파악하기 어렵다.

| 정답 ⑤

07 행태론적 접근방법에 대한 설명 중 틀린 것은?

① 사회 현상도 자연과학과 마찬가지로 엄밀한 과학적 연구가 가능하다고 본다.
② 사회 현상을 관찰 가능한 객관적 대상으로 보며 인간의 주관이나 의식을 배제해야 하며 인식론적 근거로서 논리실증주의를 신봉하고 있다.
③ 명백한 자극과 반응으로 볼 수 있는 행위 또는 행동만을 연구 대상으로 삼는다.
④ 행태의 규칙성, 상관성 및 인과성을 경험적으로 입증하고 설명할 수 있다고 본다.
⑤ 집단의 고유한 특성을 인정하지 않은 방법론적 개체주의의 입장을 취한다.

해설 ③ 행태주의는 명백한 자극과 반응으로 볼 수 있는 행위 또는 행동만을 연구 대상으로 삼는 심리학적 행동주의(psychological behaviorism)와는 달리 특정 질문에 따른 반응을 통해 파악해 볼 수 있는 태도, 의견, 개성 등도 행태에 포함시키고 있다.

| 정답 ③

08 **체제론적 접근방법에 대한 비판적인 기술 중 잘못된 것은?**

① 정태성과 현상 유지적 성격을 띠고 있어 목적성을 띤 변화나 정치 · 사회의 변화 또는 발전을 잘 설명하지 못한다.

② 변동의 소용돌이 속에 있는 발전도상국의 행정 현상을 연구하는 데 적합하다.

③ 체제의 구체적인 운영이나 행태적인 측면은 잘 다루지 못한다.

④ 경치 · 행정 현상에서 특수한 인물의 성격, 개성, 리더십 등이 큰 비중을 차지하는 경우 이를 과소평가하기 쉽다.

⑤ 행정 현상에서 중요한 권력, 의사전달, 정책결정 등의 문제나 혹은 행정의 가치문제를 고려하지 못한다.

해설 ② 체제론적 접근방법은 환경과의 교호 작용을 강조하지만 발전도상국이나 후진국의 경우 행정의 환경에 대한 독립변수적인 성격을 충분히 설명하지 못한다는 비판을 받고 있다. 즉, 변동의 소용돌이 속에 있는 발전도상국의 행정보다는 선진국의 행정 현상을 연구하는 데 적합한 접근방법이다.

| 정답 ②

09 **행태론적 접근방법에 대한 설명으로 가장 옳지 않은 것은?** (2017 서울시 7급)

① 행태주의는 사회과학이 행태에 공통된 관심을 갖고 있기 때문에 통합된다고 보고 있다.

② 행정의 실체는 제도나 법률이 아니라고 주장하며 행정인의 행태에 초점을 맞춘다.

③ 논리실증주의를 강조한 사이먼(H. A. Simon) 이후 행정학 분야에서 크게 발전했다.

④ 사회적 문제의 개선에 기여할 수 있는 연구와 가치평가적 정책연구를 지향한다.

해설 ④ 4번 지문은 후기행태주의나 신행정론의 입장과 같다. 행태론적 접근방법은 사회적 문제에 대한 관심보다 과학화를 위해 사실에 근거한 연구를 지향한다.

| 정답 ④

10 **다음은 행정학의 접근방법 중 하나를 설명하고 있다. 아래 설명에 가장 가까운 접근방법은?**

- 각종 정치 · 행정제도의 진정한 성격과 그 제도가 형성되어온 특수한 방법을 인식하는 수단을 제공한다.
- 그 결과 이들 연구는 일종의 사례연구가 된다.
- 소위 발생론적 설명(genetic explanation) 방식을 주로 사용하게 된다.

① 법률적 · 제도론적 접근방법　② 관리기능적 접근방법
③ 생태론적 접근방법　④ 역사적 접근방법
⑤ 행태론적 접근방법

해설 ④ 보기는 역사적 접근방법에 관한 설명이다.

| 정답 ④

11 다음 중 개방 체제적 특성에 해당하는 것은 모두 몇 개인가? (2010 국회직 8급)

가. 등종국성	나. 정(+) 엔트로피
다. 항상성	라. 선형적 인과관계
마. 구조 · 기능의 다양성	바. 체제의 진화

① 2개　② 3개
③ 4개　④ 5개

해설 ③ 개방 체제는 정(+)의 엔트로피가 아니라 부(−)의 엔트로피이다. 엔트로피는 사물의 소멸을 의미한다. 그리고 개방 체제는 선형적 인과관계, 즉 방법론적 개체주의를 부정한다. 개방 체제는 유일 최선의 해결 수단이 있다는 선형적 인과관계를 반대한다.

| 정답 ③

12 티부모형(Tiebout model)의 가정으로 옳지 않은 것은? (2016 국가직 9급)

① 충분히 많은 수의 지방정부가 존재한다.
② 공급되는 공공서비스는 지방정부 간에 파급효과 및 외부효과를 발생시킨다.
③ 주민들은 언제나 자유롭게 이동할 수 있다.
④ 주민들은 지방정부들의 세입과 지출 패턴에 관해 완전히 알고 있다.

해설 ② 티부모형에서 공공서비스는 지방정부 간에 파급효과 및 외부효과를 발생시키지 않는다고 전제한다. 외부효과가 발생하게 되면 지역 간 이동의 필요성이 낮아지기 때문이다.

| 정답 ②

13 행태론적 접근방법에 대한 설명으로 가장 옳지 않은 것은? (2017 서울시 7급)

① 행태주의는 사회과학이 행태에 공통된 관심을 갖고 있기 때문에 통합된다고 보고 있다.
② 행정의 실체는 제도나 법률이 아니라고 주장하며 행정인의 행태에 초점을 맞춘다.
③ 논리실증주의를 강조한 사이먼 이후 행정학 분야에서 크게 발전했다.
④ 사회적 문제의 개선에 기여할 수 있는 연구와 가치평가적 정책연구를 지향한다.

해설 ④ 행태주의는 학문의 과학화에 우선적인 관심을 둔다. 따라서 사회적 문제의 해결에 기여할 수 있는 연구와는 거리를 둔다. 세련된 연구방법에 더 치중하는 행태를 보이고 있다. 지문의 내용은 신행정론의 입장이다.

| 정답 ④

14 행태적 접근방법에 대한 설명으로 옳지 않은 것은? (2018 국가직 7급)

① 집단의 고유한 특성을 인정하지 않는 방법론적 개체주의의 입장을 취한다.

② 행태의 규칙성, 상관성 및 인과성을 경험적으로 입증하고 설명할 수 있다고 본다.

③ 연구에서 가치와 사실을 구분하지 않는다.

④ 사회 현상을 관찰 가능한 객관적 대상으로 보며, 인간의 주관이나 의식을 배제하고 인식론적 근거로서 논리실증주의를 신봉한다.

해설 ③ 행태적 접근방법은 가치와 사실 중에서 사실만 연구 대상으로 한다. 우리는 이를 가치 배제(value free)라고 부른다. 여기서 free는 자유의 의미가 아니고 배제의 뜻으로 사용된다.

| 정답 ③

15 행태주의 연구방법에 대한 설명으로 가장 옳지 않은 것은? (2016 경찰간부)

① 행정 현상 중 가치판단적인 요소의 존재를 인정하지 않았다.

② 현상과 현상 사이에 존재하는 인과관계 법칙을 규명하는 것이 연구의 목적이 된다.

③ 법칙 발견을 위해 인과관계에 대한 가설을 설정하고 이를 검증해야 하는데, 설정된 가설은 이미 확립된 기존의 이론으로부터 연역적으로 도출되어야 한다.

④ 가설검증을 위해 현상들을 경험적으로 관찰해야 하고, 관찰할 수 없는 현상은 연구 대상에서 제외한다.

해설 ① 행태주의가 가치는 배제하고 연구를 하지만, 행정에서의 가치판단 요소의 존재마저 부정한 것은 아니다.

| 정답 ①

16 신공공서비스이론에 대한 설명으로 적절하지 않은 것은? (2012 지방직 9급)

① 민주주의이론, 비판이론, 포스트모더니즘 등이 인식론적 토대이다.

② 공익은 공유하고 있는 가치에 대해 대화와 담론을 통해 얻은 결과물이다.

③ 시장의 가격 메커니즘과 경쟁 원리를 적극적으로 도입한다.

④ 내외적으로 공유된 리더십을 갖는 협동적인 구조가 바람직하다.

해설 ③ 신공공서비스이론은 지나친 시장주의를 경계한다. 3번 지문의 내용은 신공공관리론의 입장이다.

| 정답 ③

17 조직의 배태성과 제도적 동형화에 대한 설명으로 옳지 않은 것은? (2017 지방직 9급)

① 조직 배태성의 특징은 조직구성원들이 정당성보다 경제적 이익을 추구하는 행위를 하려는 것이다.

② 조직의 제도적 동형화는 특정 조직이 환경에 있는 다른 조직을 닮는 것을 말한다.

③ 제도적 동형화에는 강압적 동형화, 모방적 동형화, 규범적 동형화 등이 있다.
④ 제도적으로 조직이 동형화될 경우 조직이 교란되는 것을 막을 수 있다.

해설 ① 조직의 배태성은 개인이 자신의 이익을 위해 제도를 선택한 것이 아니라 제도에 의해 자신의 선호가 결정되고 이에 따라 행동하는 것을 말한다.

| 정답 ①

18 포스트모더니즘에 기초한 행정이론의 특징으로 가장 옳지 않은 것은?(2018 서울시 9급)

① 맥락 의존적인 진리를 거부한다.
② 타자에 대한 대상화를 거부한다.
③ 고유한 이론의 영역을 거부한다.
④ 지배를 야기한 권력을 거부한다.

해설 ① 포스트모더니즘에 기초한 행정이론은 시공을 초월하여 적용되는 보편적인 진리가 아닌 시대와 상황에 따라 적용되는 진리가 다르다는 맥락 의존적인 특성을 가진다.

| 정답 ①

19 딜레마이론에 대한 설명 중 옳지 않은 것은?

① 딜레마의 유형 중 '의사 딜레마'는 객관적인 상황이 딜레마가 아님에도 주관적으로 딜레마라고 인식하는 경우이다.
② 딜레마 상황의 구성 요소로는 선택불가피성, 분절성, 균등성, 상충성 등이 있다.
③ 딜레마는 양립 불가능한 두 대안 간의 선택 상황에서 한 대안의 선택으로 인해 다른 대안이 가져올 기회손실이 크기 때문에 선택이 곤란한 상황을 의미한다.
④ 딜레마 상황은 정책결정의 어려움을 야기하는 불확실성, 복잡성, 모호성 등의 요인에 의해 야기된다.

해설 ④ 딜레마 상황은 불확실성, 복잡성, 모호성 등의 요인으로 인한 정책결정의 어려움과는 달리 상충하는 이해관계의 가치 간 갈등이나 가치 간 비교의 어려움으로 인해 정책결정 자체가 원천적으로 어려워지는 경우를 의미한다.

| 정답 ④

제 4 장 행정 이념과 행정윤리

제 1 절 행정 이념

1. 본질적 가치

1) 공익

공익(public interest)이란 공공의 이익으로서 행정이 지향하는 최고의 가치라고 할 수 있다. 공익에 대한 정의는 실체설과 과정설로 나눠진다.

(1) 실체설: 공익을 이상적인 규범으로 간주하고 사익을 초월하는 절대적인 선(善)과 같은 것으로 본다. 실체설은 사익과 구별되는 공익이 있어야 한다는 점에서 행정의 지향점을 분명히 하는 장점이 있다.

(2) 과정설: 공익은 다수 이해관계자의 타협의 산물이며 민주적 조정 과정을 통해 얻어진 것이 된다. 이 경우 공무원의 행동은 스스로 무엇이 사회에 가장 이익을 가져올 수 있는가를 결정하는 것이 아니라, 서로 경쟁 관계에 있는 모든 이해당사자들의 이익을 조정하고 타협시켜 만족스러운 결과가 나오도록 돕는 촉매자 내지 조정자 역할에 그치게 된다.

2) 형평성

(1) 의의

형평성(equity)은 정책효과나 정책비용이 누구에게 얼마만큼 돌아가느냐를 고려하는 기준이다. 형평성의 의미는 여러 가지로 사용될 수 있으나 일반적으로 형평성이란 "정책효과와 정책비용의 사회적 배분이 배분적 정의에 합치되는 정도"로 볼 수 있다.

(2) 규범적 정당성

롤스(John Rawls)는 1971년에 펴낸 『정의론(*A Theory of Justice*)』에서 '공정(公正)으로서의 정의(justice as fairness)'를 제시했다.

① 제1원리: 평등한 자유의 원칙(principle of equal liberty)으로서, 모든 사람은 다른 이들이 향유할 수 있는 것과 같이 가장 기본적인 자유의 권리를 최대한 향유할 동등한 권리를 가지고 있다는 것이다.

② 제2원리: 사회경제적 불평등은 다음 두 조건에 맞도록 조정되거나 허용될 수 있다는 것이다. 즉, 차등의 원리와 공정한 기회 균등의 원리이다. 먼저 차등의 원리는 '최소 극대화의 원칙(maximin principle)'으로 불리는데, 사회적·경제적 불평등은 가장 불리한 위치에 있는 자의 후생을 극대화하고 기회의 평등을 확보할 수 있도록 이루어져야 한다는 것이다. 공정한 기회 균등의 원리는 모든 사람에게 직위와 장소 등의 기회가 개방되어 있을 때, 사회적이고 경제적인 불평등은 정당화될 수 있다는 원칙이다.

③ 원리 간 충돌: 제1원리와 제2원리가 충돌할 때에는 제1원리가 우선한다. 그것은 제1원리에 담긴 인간의 기본적 자유의 권리는 어떠한 사회경제적 이익과도 교환할 수 없기 때문이다. 그리고 제2원리 내 충돌 시는 기회 균등의 원칙이 차등의 원칙보다 우선한다.

2. 수단적 가치

1) 합법성

합법성(legitimacy)은 행정이 법의 테두리 안에서 이루어져야 함을 말한다. 국민의 의사를 대표하는 의회가 제정하는 법에 의해 행정권의 자의적 발동을 억제함으로써 법적 안정성을 확보하려고 했다.

2) 능률성

능률성(efficiency)은 투입과 산출의 비율을 나타내는 개념이다. 즉, 정책을 집행하는 데 투입되어야 할 비용과 이러한 정책의 집행으로 산출될 산출의 비율로 정의된다. 이 기준에서는 목표가 아무리 많이 달성되었다고 해도 비용이 지나치게 많이 소요되면 그 대안은 바람직하지 못하다고 판단하게 된다.

3) 민주성

절차적 민주성은 절차적으로 적법성과 타당성을 가지고 있느냐는 것이고, 실체적 민주성은 참여의 정도, 숙의의 정도, 합의의 정도 등을 가지고 평가하게 된다.

3. 민주성 · 형평성과 능률성 간의 갈등

민주성을 무시하고 능률성만을 추구하면 장기적으로 볼 때 결국 비효율적인 결과를 가져온다. 형평성과의 관계는 배타적으로 볼 수 있다. 효율성은 총이익의 극대화를 강조하고 있고 그 안에서 분배의 불균형이 무시되는 것이 일반적이다. 단기적으로는 능률성이 우세해 보이지만 장기적으로 이러한 차등이 사회적 불만을 초래한다.

형평성과 능률성이 충돌할 경우의 해결 방안에 대해 오쿤(A. Okun)은 형평성을 지나칠 정도로 희생시키면서까지 능률성을 추구하는 것은 수단이 목표보다 중시되는 '목표의 전환' 현상을 초래할 수 있다고 본다. 이러한 맥락에서 능률성은 형평성의 제약 하에서 추구되어야 하며, 그것을 희생시켜서는 안 된다는 것이 그의 주장이다. 그는 완전한 평등을 주장한 것이 아니라 사회구성원으로서의 정상적인 생활을 훼손할 정도의 빈곤이나 박탈을 해소하는 것이 중요하다고 보았다.

그는 평등에 합리성을 부여하고 효율에 인간적인 면을 더하는 방식으로 둘의 상충적인 관계를 타협시켜야 한다고 주장한다. 그 해결책은 평등 제고로 인한 편익이 효율 감소로 인한 비용과 일치한 지점까지 평등을 제고함으로써 효용을 극대화하는 해결책에서 찾는다. 그 이상으로 평등을 추구하면 비용이 과도해지기 때문에 전체 사회의 효용이 떨어진다는 것이다.

객관식 문제

▣ 기본문제

01 행정가치 중 본질적 가치와 거리가 먼 것은? (2016 사회복지직 9급)

① 정치적 자유 ② 가치의 평등한 배분
③ 민주적 의사결정 ④ 사회적 형평

해설 ③ 민주적 의사결정은 수단적 가치에 해당한다. 본질적 가치에는 정의, 자유, 평등 등이 해당하며, 수단적 가치로는 민주성, 합법성, 능률성 등이 있다. 만약 문제에서 민주성과 능률성의 관계를 물으면 이때는 민주성을 본질적, 능률성은 수단적 가치로 보아야 한다.

| 정답 ③

02 롤스(J. Rawls)의 정의론과 거리가 먼 것은?

① 기본적 자유의 평등 원리 ② 최대극대화의 원리
③ 차등의 원리 ④ 공정한 기회 균등의 원리

해설 ② 사회적 · 경제적 불평등은 공정한 기회 균등의 조건 아래에서 최소 수혜자들에게 최대 이득, 즉 최소극대화가 될 때에만 허용될 수 있다. 다시 말해, 원초 상태의 결정된 원칙이 아닌 불평등한 가치 배분을 하려면 이는 최소 수혜자에게 유리한 경우에만 그 정당성을 인정받을 수 있다는 것이다.

| 정답 ②

03 **행정가치 중 사회적 형평에 관한 설명으로 옳지 않은 것은?** (2015 교육행정직 9급)

① 행정이 중립적이어야 한다는 신념에 바탕을 두고 있다.
② 능률 중심의 전통적 행정에 대한 비판과 함께 강조되었다.
③ 사회적・경제적 약자에게 더 많은 혜택을 제공해야 한다고 주장한다.
④ 현재 차별을 하지 않을 뿐만 아니라 과거의 차별로 인한 결과의 시정까지 요구한다.

해설 ① 형평성은 행정이 중립적이어야 한다는 소극적인 의미가 아니라 사회적 약자를 배려해야 한다는 적극적인 의미를 포함하고 있다.

| 정답 ①

▣ 심화문제

04 **공익에 대한 설명으로 가장 옳지 않은 것은?** (2018 서울시 9급)

① 과정설은 공익을 서로 충돌하는 이익을 가진 집단들 사이에서 상호 조정 과정을 거쳐 균형 상태의 결론에 도달했을 때 실현되는 것이라고 본다.
② 실체설에서도 전체 효용의 극대화를 강조한 입장에서는 사회구성원의 효용을 계산한 다음에 전 구성원의 총효용을 극대화함으로써 공익에 도달할 수 있다고 본다.
③ 실체설에서는 도덕적 절대가치를 공익의 실체로 보는 관점에서는 사회공동체나 국가의 모든 가치를 포괄하는 절대적인 가치가 있다고 가정한다.
④ 실체설에서는 적법절차의 준수를 강조하며 국민주권 원리에 의한 행정의 중심적 역할을 강조한다.

해설 ④ 과정설에서는 적법절차의 준수를 강조하며 국민주권 원리에 의한 행정의 중심적 역할을 강조한다.
① 과정설은 사익을 초월한 별도의 공익은 존재하지 않으며, 공익이란 사익의 종합이거나 사익 간의 타협 또는 집단 상호작용의 산물로 본다. 공익은 여러 사회집단의 대립・투쟁・타협 등을 통해서 결과적으로 다수의 이익에 일치되는 공동의 이익으로 간주된다. 최근 다원화되고 민주화되어 가는 행정환경에서 볼 때 공익을 실체보다는 과정설의 입장에서 바라보는 것이 적절하다. 이처럼 과정설에 따르면 공익은 다수 이해관계자의 타협의 산물이며 민주적 조정 과정을 통해 얻어진 것이 된다. 이 경우 공무원의 행동은 스스로 무엇이 사회에 가장 이익을 가져올 수 있는가를 결정하는 것이 아니라 서로 경쟁 관계에 있는 모든 이해당사자의 이익을 조정하고 타협시켜 만족스런 결과가 나오도록 돕는 촉매자 내지 조정자 역할에 그치게 된다.
③ 실체설에서는 공익을 이상적인 규범으로 간주하고 사익을 초월하는 절대적인 선(善)과 같은 것으로 본다. 실체설에서는 공익은 사익의 단순한 총화가 아니다. 실체적이고 적극적인 공익 개념인 것이다.

| 정답 ④

05 **롤스의 정의론에 대한 설명으로 옳지 않은 것은?** (2018 국가직 9급)

① 원초적 자연 상태 하에서 구성원들의 이성적 판단에 따른 사회 형태는 극히 합리적일 것이라고 가정하는 사회계약론적 전통에 따른다.

② 현저한 불평등에서는 사회의 총체적 효용극대화를 추구하는 공리주의가 정당화될 수 없다고 본다.

③ 사회의 모든 가치는 평등하게 배분되어야 하며, 불평등한 배분은 그것이 사회의 최소 수혜자에게도 유리한 경우에 정당하다고 본다.

④ 자유와 평등의 조화를 추구하는 중도적 입장보다는 자유방임주의에 의거한 전통적 자유주의 입장을 취하고 있다.

해설 ④ 롤스는 자유방임주의자로부터는 개인의 자유와 권리를 침해한다는 비판을, 사회주의자로부터는 완전한 평등을 추구해야 한다는 비판을 받는다.

| 정답 ④

06 **다음 중 롤스의 사회 정의와 관계 없는 것은?**

① 평등한 자유의 원칙은 모든 사람은 다른 이들이 향유할 수 있는 것과 같이 가장 기본적인 자유의 권리를 최대한 향유할 동등한 권리를 가지고 있다는 것이다.

② 최소극대화의 원칙은 가장 불리한 위치에 있는 자의 후생을 극대화하고 기회의 평등을 확보할 수 있도록 이루어져야 한다는 것이다. 다시 말해, 원초 상태의 결정된 원칙이 아닌 불평등한 가치배분을 하려면 이는 최소 수혜자에게 유리한 경우에만 그 정당성을 인정받을 수 있다는 것이다.

③ 최소극대화의 원칙은 이들 계층에 적극적 배려를 하지 않을 경우 다시 사회 불안은 증대된다는 것으로 그의 이론은 현실 민주정치 운영에 이론적 근거를 제시한 것으로 볼 수 있다.

④ 공정한 기회 균등의 원리는 모든 사람에게 직위와 장소 등의 기회가 개방되어 있을 때, 사회적이고 경제적인 불평등은 정당화될 수 있다는 원칙이다.

⑤ 인간은 누구나 자유와 평등이라는 기본적 권리를 가지고 태어나지만 태어난 가문, 지역, 성별, 부 등에 따라 불공정한 차등 대우를 받을 수 있다. 이러한 것은 당연한 것으로 행정이 특별한 관심을 가질 필요가 없다고 본다.

해설 ⑤ 인간은 누구나 자유와 평등이라는 기본적 권리를 가지고 태어나지만 태어난 가문, 지역, 성별, 부 등에 따라 불공정한 차등 대우를 받을 수 있다. 이때 이러한 요소 때문에 사회적으로 불리한 위치에 놓인다면 그것은 시정되어야 하며 행정이 관심을 가져야 한다.

| 정답 ⑤

제 2 절 행정윤리

1. 행정윤리의 의의와 중요성

행정윤리(administrative ethics)란 공무원이 행정 업무를 수행하면서 지켜야 할 행동규범이다. 그리고 윤리이론에서는 전통적으로 상대주의와 절대주의로 분류해서 살펴볼 수 있다. 상대주의는 옳고 그름을 판단할 때 절대적인 기준은 존재하지 않는다는 것이고, 이와 반대로 절대주의는 옳고 그름을 판단하는 절대적 기준이 존재한다는 것이다. 전자의 경우에 해당하는 것이 국가마다 다른 사형제도나 낙태, 동성애 문제 등이 해당된다. 후자에 속하는 이론으로 목적론, 의무론, 직관론 등이 있다. 목적론은 옳고 그름이 최종 결과에 의해 평가되는 것을 말한다. 의무론은 결과에 따른 판단이 아니라 응당 해야 할 의무를 다 수행했는지가 판단의 중요한 기준이 된다. 직관론은 옳고 그름을 판단하기 위해 도덕적 감각을 이용하는 것을 말한다. 자신의 경험, 성장 배경 등을 바탕으로 형성된 도덕적 감각이 작동해서 옳고 그름을 느끼게 된다는 것이다. 공무원은 국민 일부의 봉사자가 아니라 국민 전체에 대한 봉사자로서 공익을 추구해야 한다는 것 이외에 공무원은 전문적 지식의 함양을 통해 행정의 질을 높여야 한다는 의무도 준수해야 한다.

2. 공무원 부패

1) 유형

부패의 영향에서 보면, 백색부패와 흑색부패 그리고 회색부패로 나뉜다.

(1) 백색부패(white corruption): 선의의 거짓말처럼 선의의 목적으로 행하는 부패행위를 백색부패라고 한다. 예를 들면 국민의 동요를 막기 위해 경제 상황이 심각한데도 불구하고 금융위기가 전혀 없다고 하는 것이다.

(2) 흑색부패(black corruption): 부당하게 사익을 추구해 사회 체제에 명백하고

심각한 해를 끼치는 부패로 구성원 모두가 처벌을 원한다.

(3) 회색부패(gray corruption): 백색부패와 흑색부패의 중간 점이지대에서 발생하는 유형의 부패로서 사회구성원 가운데 일부 집단은 처벌을 원하지만 다른 일부 집단은 처벌을 원하지 않는다.

2) 우리나라 관료부패의 현황

2016년 부패 인식지수에서 우리나라는 52위를 기록해 아시아의 네 마리 용(龍) 중에서도 가장 부패한 것으로 나타나고 있다. 같은 조사에서 싱가포르는 7위, 홍콩은 15위, 대만은 31위를 기록했다. OECD 회원국 35개국 중에는 29위라는 부끄러운 성적을 기록해 이에 대한 개선책이 시급히 요구된다고 하겠다. 개선을 필요로 하는 점들을 보면 다음과 같다.

(1) 윤리법의 시행에 있어 현재 공직자윤리위원회는 공직자윤리법을 담당하고 국민권익위원회는 부패방지법과 관련된 업무를 당당하고 있다. 이처럼 공무원 윤리법의 집행을 담당하는 기구가 공직자윤리위원회와 국민권익위원회로 양분되어 있어 전문성이 상실되고 정책 추진에 상승 효과를 기대할 수 없다.

(2) 공직자윤리법은 각 기관의 장에게 상당한 권한을 위임하고 있으며 행정안전부 장관에게 총괄 업무를 관장하게 하고 있어 집행기관의 분산이 문제되고 있다. 구체적인 실태를 보면, 공직자윤리법 제17조에 의하면 해당 공직자(일반직은 4급 이상, 조세 업무 등은 7급 이상)는 퇴직일로부터 3년간 퇴직 전 5년 이내에 소속한 부서의 업무와 밀접한 관련이 있는 사기업이나 법인, 단체에 취업할 수 없다고 되어 있지만 현실은 지켜지지 않고 있는데, 그 이유는 취업 승인 여부를 각 기관장이 판단하게 되어 있기 때문이다.

3. 행정윤리의 확보 방안

1) 백지신탁(blind trust)

「공직자윤리법」 제14조의4(주식의 매각 또는 신탁)를 보면, 주식백지신탁 대상자들은 재산공개 대상자와 기획재정부, 금융 관련 부서 및 금융감독위원회 소속의 4급 이상 공무원들은 본인 및 그 이해관계자 모두가 보유한 주식의 총 가액이 1천만 원 이상 5천만 원 이하의 범위에서 대통령령으로 정하는 금액을 초과할 때에는 초과하게 된 날부터 1개월 이내에 주식을 매각하거나 등록기관에 신고해야 한다.

2) 재산등록 및 공개제도

일반직 공무원의 경우 4급 이상 공무원은 모두 등록의무자이고, 1급 이상이 되면 공개의무자가 된다. 세무공무원의 경우 7급 이상이면 등록의무자가 되고, 3급 이상이 되면 공개의무자가 된다. 등록할 재산은 본인, 배우자, 직계 존비속 소유의 모든 재산이다.

3) 취업제한제도

해당 공무원과 공직 유관단체의 임직원은 퇴직일부터 3년간 퇴직 전 5년 동안 소속했던 부서 또는 기관의 업무와 밀접한 관련이 있는 일정 규모 이상의 영리를 목적으로 하는 영리사기업체나 또는 영리사기업체의 공동 이익과 상호 협력 등을 위해 설립된 법인·단체에 취업할 수 없다고 규정하고 있다.

객관식 문제

■ 기본문제

01 취업제한제도를 보면, 개정된 「공직자윤리법」 제17조에서 해당 공무원과 공직 유관단체의 임직원은 퇴직일부터 (가)년간 퇴직 전 (나)년 동안 소속했던 부서 또는 기관의 업무와 밀접한 관련이 있는 일정 규모 이상의 영리를 목적으로 하는 영리사기업체나 또는 영리사기업체의 공동이익과 상호 협력 등을 위해 설립된 법인 · 단체에 취업할 수 없다고 규정하고 있다. 빈칸에 들어갈 수치가 맞는 것은?

	(가)	(나)		(가)	(나)
①	3년	3년	②	5년	5년
③	3년	5년	④	2년	4년

해설 ③ 퇴직일로부터 3년간 퇴직 전 5년 동안이다.

| 정답 ③

02 사회구성원 가운데 일부 집단은 처벌을 원하지만 다른 일부 집단은 처벌을 원하지 않는다와 관련이 있는 것은?

① 적색부패　　② 회색부패
③ 백색부패　　④ 흑색부패

해설 ② 회색부패는 백색부패와 흑색부패의 중간 점이지대에서 발생한다. 지문의 내용은 옳은 내용이다.

| 정답 ②

■ 심화문제

03 다음의 도덕규범에 관한 것 중 성격이 다른 하나를 고르면?

① 의무론　　② 보편적 규칙
③ 칸트　　④ 공리주의

해설 ④ 공리주의는 목적론에 속하지만 나머지 항목은 의무론과 관련 있다. 윤리이론에서 주요한 역사적 전통은 상대주의와 절대주의로 분류되는데, 상대주의는 옳고 그름을 판단하는 데 하나의 보편적 기준이 존재하지 않는다는 관점이며, 절대주의는 옳고 그름을 판단하는 절대적 기준이 있다는 접근방법이다. 절대주의에 속하는 이론들에 목적론과 의무론이 있다. 목적론은 어떤 행위나 규정의 옳고 그름이 최종 결과에 의해서 평가되어지는 것을 말한다. 이에 속하는 대표적인 이론은 '최대 다수의 최대 행복'을 말하는 공리주의가 있다. 의무론은 행위 그 자체의 중요한 특징이 옳고 그름을 판단하는 기준이 된다. 결과에 따른 판단이 아니라 해야 할 의무를 다했는지가 판단의 중요한 기준이 된다. 칸트주의가 대표적인 의무론에 속한다.

| 정답 ④

04 윤리의 역사적 전통 중 하나에 속하는 의무론에 대한 설명으로 옳지 않은 것은?

① 결과보다는 행위 그 자체의 중요성에 의미를 둔다.

② 일관성 있는 행위가 원칙의 중요한 요소이다.

③ 정의론과 그 맥을 같이한다.

④ 칸트주의가 의무론의 대표적인 사례이다.

해설 ③ 정의론과는 관련이 없다.
④ 의무론은 행위 그 자체의 중요한 특징이 옳고 그름을 판단하는 기준이 된다. 결과에 따른 판단이 아니라 해야 할 의무를 다했는지가 판단의 중요한 기준이 된다. 칸트주의가 대표적인 의무론에 속한다.

| 정답 ③

제 4 장 행정이념과 행정윤리 실전테스트

01 공익을 보는 관점으로 적합하지 않은 것은? (2007 서울시 9급)

① 실체설에 의하면 사회나 국가는 개인과 구별되는 스스로의 인격을 가지는 것으로 본다.

② 과정설에 의하면 공익을 사익 간의 협상과 조정을 통한 집단 과정의 결과로 본다.

③ 실체설은 공익을 단순히 개인들의 집합이 아니라고 보아 집단주의적 성격을 띤다.

④ 과정설에 의하면 협상과 조정 과정에서 약자가 희생되는 결과를 초래할 수 있다.

⑤ 실체설에 의하면 공익 결정은 다수에 의해 민주적으로 이루어지는 것으로 본다.

해설 ⑤ 실체설은 공익 결정 과정이 비민주적이다. 다수에 의해 민주적으로 공익이 결정되는 것은 과정설의 입장이다.
② 과정설은 공익을 사익의 합으로 이해한다. 실체설은 사익의 합이 아니라고 본다.
④ 과정설은 조직화되지 못한 개인이나 집단의 이익 반영이 어렵다.

| 정답 ⑤

02 다음 중 행정 이념에 관한 설명으로 올바르지 않은 것은?

① 형평성은 1970년대 신행정론자들에 의해서 주장되었다.

② 신뢰성은 집단행동의 딜레마를 극복해 줄 수 있는 장치가 된다.

③ 롤스(J. Rawls)의 정의는 차등 조정의 원리보다 기회 균등의 원리가 먼저이다.

④ 능률성과 정치적 중립성은 대체로 상충관계로 본다.

해설 ④ 정치적 중립성은 행정을 관리로 인식하는 것이므로 능률성을 중시한다.
① 사회적 형평성은 신행정론자들에 의해 주장되었다.
③ 우선순위가 제1원리>기회 균등의 원리>차등 조정의 원리의 순이다.

| 정답 ④

03 실증주의적 합리성을 설명하는 것으로 옳지 않은 것은?

① 행위는 평가될 수 있다.

② 인과관계를 규명하기 위해서는 그에 맞는 특정한 질문을 해야 한다.

③ 여러 가지 관계들은 가능한 많은 계량적인 정보를 얻기 위해 표준화되어야 한다.

④ 모든 가치는 인과관계로 평가될 수 있다.

해설 ④ 실증주의적 합리성에서는 가치의 문제를 배제한다.

| 정답 ④

04 **행정의 가치에 대한 설명으로 적절하지 않은 것은?**

① 능률성은 투입과 산출의 비율로 표현된다.
② 행정이 추구하는 가치들은 상호 양립과 대립의 관계를 보인다.
③ 롤스의 정의론은 기본적 자유의 평등 원리와 차등 조정의 원리를 설명한다.
④ 절대적 평등과 수평적 형평의 원리에서 정당한 불평등이 논의된다.
⑤ 효과성은 목표 달성의 정도를 말한다.

해설 ④ 절대적 평등과 수평적 형평이 아니라 상대적 평등, 수직적 평등, 차등의 원리에서 정당한 불평등이 논의된다.

| 정답 ④

05 **아래의 내용은 어떤 접근방법의 한계를 지적하는가?**

> 첫째, 인간행동은 역사적이며 문화적으로 결정되어 일반화와 법칙적 진술이 곤란하다. 둘째, 인간행동에서 주관적인 경험과 가치, 의도가 중요한 역할을 담당하므로 객관화에 문제가 있다.

① 해석학적 접근
② 기능주의적 접근
③ 변증법적 접근
④ 현상학적 접근

해설 ② 기능주의적 접근은 인간의 동기와 행태는 예측 가능하며, 가정과 변수 간의 검증을 통해 경험적으로 설명 가능하다고 파악한다.

| 정답 ②

06 **다음 중 성격이 다른 하나를 고르면?**

① 의무론적 관점
② 목적론적 관점
③ 직관론적 관점
④ 상대론적 관점

해설 ④ 의무론, 목적론, 직관론, 덕론 등은 절대주의적 관점에 속하는 것으로 상대주의와는 구별된다.

| 정답 ④

07 **행정에서 윤리적 가치문제를 다루게 된 계기와 관련이 없는 것은?**

① 과학적 관리
② 정치행정이원론의 포기
③ 의사결정이론의 새로운 역할
④ 행정이 비인간적 · 기술적 · 비인격적이라는 비판에 직면

해설 ① 과학적 관리는 행정에 가치의 문제를 배제하는 것과 맥락을 같이하기 때문에 관련이 없다.

| 정답 ①

08 콜버그(Lawrence Kohlberg)의 도덕발달이론에서 가장 상위 단계에 해당하는 것은?

① 협조와 상호호혜성에 관심 ② 원칙에 입각한 사고
③ 개인 간의 관계 지속에 관심 ④ 법과 의무에 관심

해설 ② 콜버그의 도덕발달이론은 복종과 처벌에 관심, 협조와 상호호혜성에 관심, 개인 간의 관계 지속에 관심, 법과 의무에 관심, 원칙에 입각한 사고 등의 순서로 이루어진다.
전인습 수준에서는 외부적 보상이나 처벌에 근거해서 도덕 판단을 한다. 인습적 수준은 타인이나 관습 등의 외부 요인에 의해 규정된 도덕관을 내면화하는 시기이다. 후인습적 수준은 도덕적 가치를 완전히 내면화해서 외부 기준이 필요 없는 시기를 말한다.

수준	단계
수준1: 전인습 수준	단계1: 벌과 복종의 지향 단계2: 개인적 보상 지향
수준2: 인습적 수준	단계3: 대인관계 조화 지향 단계4: 법과 질서 지향
수준3: 후인습 수준	단계5: 사회 계약정신 지향 단계6: 보편적 도덕 원리 지향

| 정답 ②

09 다음 중 행정 이념에 대한 설명으로 가장 적절하지 않은 것은?

① 형평성-사회적 평등과 경제적 평등으로 나뉘기도 하며, 공공서비스의 공급과 수요의 분배에 대한 적절성을 의미한다.
② 가외성-행정 기능의 중복을 뜻하고 안정적인 상황에서 정형적 집행을 도모한다는 목적이 있다.
③ 효율성-경제적인 타당성으로서 능률성이라고 부르기도 한다.
④ 효과성-투입에 대한 산출 비율보다는 목표 달성 정도에 대한 판단이다.

해설 ② 가외성은 불확실한 상황에서 결정할 때 필요하다.

| 정답 ②

10 윤리의 역사적 전통 중 하나에 속하는 목적론에 대한 설명으로 옳지 않은 것은?

① 공리주의가 목적론의 대표적인 예이다.
② 행위 그 자체의 중요성보다는 결과를 중시한다.
③ 사람들이 서로 다른 이해(interest)를 갖고 있을 경우 균형점을 찾기가 어려운 점이 있다.
④ 양적 행복만을 강조하고 질적 수준의 행복은 고려하지 않는다.

해설 ④ 밀(J. S. Mill)에 의해 행복의 질에 대한 고려의 필요성이 제기되었다.

| 정답 ④

11 **윤리의 역사적 전통 중 하나에 속하는 상대주의에 대한 설명으로 옳지 않은 것은?**

① 모든 사람에게 항상 적용될 수 있는 단일한 윤리적 기준은 존재하지 않는다.

② 일부다처제, 사형제도, 낙태, 동성애자의 권리 등이 상대주의의 예에 속한다.

③ 상대주의자는 윤리적 기준의 선택에 대해 보편적으로 타당한 근거의 존재 가능성을 남긴다.

④ 상대주의자라고 주장하는 사람들은 실제로 상대주의자에 속하지 않는다.

해설 ③ 상대주의자는 윤리적 기준의 선택에 대해 보편적으로 타당한 근거의 존재 가능성을 제거해 버린다. 때로는 윤리적 기준을 선택할 때 보편적으로 타당한 근거를 인정해야 하는데 그럴 경우 상대주의자라고 할 수가 없다. 또는 상대주의를 대표하는 내용이 "그 누구도 자신의 도덕적 믿음을 다른 사람들에게 강요해서는 안 된다."고 하는데 이 표현 자체가 보편성을 내포하고 있다.

| 정답 ③

12 **행정윤리에서 국가공무원법에 규정된 의무가 아닌 것은?** (2002 선관위 9급)

① 직장 이탈 금지 의무　② 퇴직 공무원의 취업 제한 의무

③ 공정의무　④ 정치적 중립성의 의무

해설 ② 취업 제한 의무는 공직자윤리법에 규정된 의무이다.

| 정답 ②

13 **정부가 환경 보호 의견을 무시한 채 관련 법규에서 개발 업자나 목재회사 측의 편을 들어 벌목을 허용하는 것은 어떤 유형의 행정권 오용에 속하나?**

① 입법 의도의 편향 해석　② 무사안일

③ 법규의 경시　④ 강임

해설 ① 정부가 환경 보호를 위해 벌목을 허가할 수도 하지 않을 수도 있다. 하지만 객관적이고 중립적인 시각이 중요하며 어느 편을 들면 곤란하다.

| 정답 ①

14 **공무원 개인의 가치와 태도를 토대로 공직사회 전체의 부패 정도를 설명하려는 경우에 발생하기 쉬운 오류는?** (2011 지방직 7급)

① 환원주의 오류　② 표본추출 오류

③ 통계적 회귀 오류　④ 생태적 오류

해설 ① 방법론상 환원주의란 분석 단위를 개인으로 축소해 개인에 대한 분석 결과를 전부 합한 것이 개인이 속한 전체의 특성으로 이해하는 입장이다. 이러한 방식은 개인의 종합이 전체의 특성과는 다른 차이를 보일 수 있다는 점을 간과한다는 비판을 받게 된다.

| 정답 ①

15 행정윤리에 대한 설명으로 옳지 않은 것은? (2016 지방직 9급)

① 제도적 책임성이란 공무원이 전문가로서의 직업윤리와 책임감에 기초해서 자발적인 재량을 발휘해 확보되는 행정책임을 의미한다.

② 행정윤리는 사익보다는 공익과 밀접한 관계가 있다.

③ 결과주의에 근거한 윤리평가는 사후적인 것이며, 문제의 해결보다는 행위 혹은 그 결과에 대한 처벌에 중점을 둔다.

④ 공무원 부패의 원인을 사회문화적 접근으로 보는 관점에서는 특정한 지배적 관습이나 경험적 습성이 부패를 조장한다는 입장이다.

해설 ① 1번 지문의 내용은 자율적 책임성에 관한 것이다. 제도적 책임성이란 외부로부터 부과되는 의무에 의한 책임으로 합법적 책임이 이에 해당한다. 반면 자율적 책임은 행위자의 주관적 기준에 의한 책임이다.

| 정답 ①

16 행정윤리의 특징에 대한 설명으로 옳지 않은 것은? (2014 지방직 7급)

① 공직자 윤리나 책임성을 평가하기 위해서는 결과주의와 의무론이 균형 있게 결합되어야 한다.

② 공무원들은 국민생활에 심대한 영향을 미칠 수 있는 독점적 권력을 행사하기 때문에 높은 직업윤리를 요구받게 된다.

③ OECD는 정부의 '신뢰 적자(confidence deficit)' 문제를 해결하기 위한 방안으로 윤리의 확보를 제시하고 있다.

④ 행정윤리는 특정 시점이나 사실과 관계없이 규범성과 당위성을 가지고 작동되어야 한다.

해설 ④ 행정윤리는 정부조직에 근무하는 공무원들이 준수해야 할 행동규범과 가치 기준을 의미하는데, 이것은 절대적인 것이 아니라 시대 상황이나 국가 이념에 따라 달라질 수 있다.

| 정답 ④

17 공직자윤리법과 그 시행령에 근거해 재산등록 의무를 갖는 공무원이 아닌 것은?

① 건축·토목·환경·식품위생 분야의 대민 관련 인·허가 담당 지방자치단체 소속 7급 일반직 공무원

② 예산의 편성 및 심사를 담당하는 지방자치단체 소속 7급 일반직 공무원

③ 조세의 부과·징수·조사 및 심사를 담당하는 지방자치단체 소속 7급 일반직 공무원

④ 감사원 소속의 7급 일반직 공무원

해설 ② 예산의 편성 및 심사를 담당하는 지방자치단체 소속 7급 일반직 공무원은 등록 대상이 아니

다. 그리고 여기서 재산공개 의무자를 보면, 소방정감 이상, 중장 이상, 경찰은 치안감 이상이다.

| 정답 ②

18 다음 빈칸에 들어갈 내용으로 옳은 것은?

> 공직자윤리법에서는 퇴직공직자의 취업 제한 및 행위 제한 등을 규정하고 있는데, 취업 심사 대상자는 퇴직일로부터 (가) 간 퇴직 전 (나) 동안 소속했던 부서 또는 기관의 업무와 밀접한 관련성이 있는 취업제한기관에 취업할 수 없다.

	(가)	(나)		(가)	(나)
①	3년	5년	②	5년	3년
③	2년	3년	④	2년	5년

해설 ① 퇴직일로부터 3년간 퇴직 전 5년 동안 소속했던 부서 또는 기관의 업무와 밀접한 관련성이 있는 취업제한기관에 취업할 수 없다. 한 가지 유의해야 할 것은 비위 면직자는 퇴직 후 5년간 공・사기업체 모두 취업할 수 없다. 등록 의무자는 근거 법률이 공직자윤리법이나 비위 면직자는 부패방지법이 근거 법률로 적용된다.

| 정답 ①

제 5 장 행정책임과 행정통제

제 1 절 행정책임과 행정통제의 의의

1. 행정책임의 의의

행정책임은 공무원이 일정한 행동을 해야 할 의무를 전제로 해서, 행정상의 일정한 자유재량 권한과 의무를 전제로 해서 발생하게 되는데, 그 책임은 행동의 결과에 대한 책임뿐만 아니라 과정책임도 포함된다.

듀브닉(Melvin J. Dubnick)과 롬젝(Barbara Romzek)은 행정책임을 통제의 원천과 통제의 강도라는 두 기준에 따라 위계적, 법률적, 정치적 그리고 전문적이라는 네 가지 유형으로 구분한다.

첫째, 위계적 책임(hierarchical accountability)은 하위관료가 자신의 업무 성과에 대한 상위자의 기대에 부응할 의무이다. 군대가 전형적인 예로 엄격한 감독·보고 체계에 따른 위계적 책임을 강조한다.

둘째, 법률적 책임(legal accountability)은 관료제의 외부기관, 즉 입법부나 사법부에서 만든 헌법, 법률 등을 준수해야 하는 의무를 말하며, 이를 어길 경우에는 강력한 법적 제재를 받게 된다.

셋째, 정치적 책임(political accountability)은 관료와 상호작용하는 외부 행위자들의 기대에 대한 대응성을 의미한다. 행정을 고객에 대한 서비스로 본다면 대응성의 중요성은 더욱 강조된다.

넷째, 전문적 책임(professional accountability)은 고위 정책결정자는 적절한 정책적 판단을 할 것으로 기대된다.

표 5-1 듀브닉과 롬젝의 행정책임성 유형

구분		통제의 원천	
		내부	외부
통제의 정도	높음	관료적 책임성	법률적 책임성
	낮음	전문적 책임성	정치적 책임성

한편, 쿠퍼(Terry Cooper)는 책임 있는 행위를 구성하는 요인을 네 가지 범주로 나누어 설명한다. 개인적 속성, 조직구조, 조직문화, 사회적 기대 등이 그것인데, 개인적 속성에는 윤리적 의사결정 기술, 정신적 태도, 덕(virtues), 전문직업적 가치 등이 포함된다. 조직구조에는 분명한 책임, 협조적 배열, 다양한 채널, 참여 절차 등이, 조직문화에는 본보기, 행위를 위한 규범, 상징 등이 포함되며, 마지막으로 사회적 기대에는 일반대중의 참여와 법과 정책 등이 영향을 미치는 요인으로 논의된다.

또한 행정책임은 제도상의 책임성(accountability)인가 아니면 그때 그때의 행동에서 공동사회의 민중 감정에 직접 대응하는 책임(responsibility)으로 자각해야 하는지에 대해 논란이 있다.

2. 행정통제의 의의

행정통제(administrative control)는 행정의 책임성을 확보하기 위한 수단으로서, 공무원 개인 또는 행정 체제의 일탈에 대한 감시와 처벌을 통해 행정 성과를 달성하려는 활동을 말한다. 이처럼 행정통제는 공무원이 업무 수행 중에 생길 수 있는 잘잘못을 따져보고 잘못이 있으면 시정해 나가는 것이다. 사실 정부의 일은 대부분 경쟁 사각지대에 있고, 이러한 상황에서 행정관료들이 주어진 책임성을 자율적으로 행한다는 보장이 없기 때문에, 이를 확실히 하도록 하기 위해 여러 가지의 통제방법이 강구되고 있다.

객관식 문제

▣ 기본문제

01 **다음은 쿠퍼(Terry Cooper)가 설명하는 책임 있는 행동에 영향을 미치는 요인들이다. 성격이 다른 하나를 고르시오.**

① 협동적 배치 ② 명확한 책무 관계
③ 행위규범 ④ 참여 절차

해설 ③ 행위규범은 행정조직문화 차원과 관련되고, 나머지는 공직구조 차원에 속한다.

| 정답 ③

02 **다음은 쿠퍼가 설명하는 책임 있는 행동에 영향을 미치는 요인들이다. 성격이 다른 하나를 고르시오.**

① 윤리적 의사결정 기술 ② 정신적 태도
③ 전문적 가치 ④ 공공 참여

해설 ④ 공공 참여는 사회적 기대 차원에 속하지만, 나머지는 공무원 개개의 특성 차원에 속한다.

| 정답 ④

03 **통제의 원천과 강도에 따른 행정책임성의 유형 구분과 거리가 먼 것은?**

① 정치적 책임성 ② 관료적 책임성
③ 수단적 책임성 ④ 전문가적 책임성
⑤ 법률적 책임성

해설 ③ 듀브닉(M. J. Dubnick)과 롬젝(B. S. Romzek)은 통제의 원천과 조직의 자율성 정도에 따라 행정책임성을 관료적, 법률적, 전문적, 정치적 책임성 등 네 가지로 구분했다.

| 정답 ③

04 **공직자의 책임 있는 행동을 확보하기 위한 수단으로서 내적 통제의 단점에 속하지 않는 것은?**

① 공직자가 어떤 가치를 채택해야 하는지 합의에 도달하기 어렵다.
② 내적 통제는 완전히 신뢰할 수 있는 수단이 아니다.
③ 경쟁하는 서로 다른 가치 사이에 갈등의 소지가 있다.
④ 장기적이고 근본적인 통제수단이 되지 못한다.

해설 ④ 내적 통제는 외적 통제보다 더 장기적이고 근본적인 통제수단이다.

| 정답 ④

05 **신행정학(New Public Administration)과 프리드리히(Carl Friedrich)의 공통된 관점에 속하지 않는 것은?**

① 공직자들은 불가피하게 정치와 정책결정에 개입하게 된다.
② 어떤 형태로든 관료제에 대한 정치적 통제의 필요성을 말한다.
③ 행정책임을 확보하기 위해서 주로 외적 정치통제 수단을 사용해야 한다.
④ 공직자의 책임 있는 행동을 위해서는 공공관리기법, 전문직업적 기준, 민주적 정부 등이 또한 중요한 요소가 된다.

해설 ③ 신행정학과 내적 통제의 중요성을 주장한 프리드리히(Carl Friedrich)는 외적 통제수단에만 의존하는 것의 부당성을 주장했다.

| 정답 ③

▣ 심화문제

06 **제도적 책임성과 대비되는 자율적 책임성에 대한 설명으로 가장 적합하지 않은 것은?** (2010 국가직 9급)

① 전문가로서의 직업윤리와 책임감에 기초해서 적극적・자발적 재량을 발휘해 확보되는 책임
② 객관적으로 기준을 확정하기 곤란하므로 내면의 가치와 기준에 따르는 것
③ 국민들의 요구와 기대를 정확하게 인식해서 이에 능동적으로 대응하는 것
④ 고객 만족을 위해 성과보다는 절차에 대한 책임을 강조

해설 ④ 고객 만족을 위한 절차적 책임성의 확보는 제도적 통제에 의해 확보되는 책임이다.
③ 자율적 책임은 국민들의 요구를 인식해서 능동적으로 대응하는 주관적・자율적 책임이다.

| 정답 ④

07 듀브닉과 롬젝의 행정책임성 유형 중 내부지향적이고 통제의 정도가 높은 책임성은? (2010 서울시 7급)

① 정치적 책임성　② 법적 책임성　③ 전문가적 책임성
④ 관료적 책임성　⑤ 시민적 책임성

해설 ④ 관료적 책임성은 조직의 통제 정도가 높고, 관료조직 통제의 소재가 내부에 있다.

| 정답 ④

08 행정통제의 과정을 순서대로 바르게 나열한 것은? (2013 국가직 7급)

가. 실제 행정 과정에 대한 정보의 수집 나. 목표와 계획에 따른 통제 기준의 확인 다. 통제 주체의 시정조치 라. 과정평가, 효과평가 등의 실시

① 가－나－라－다　② 나－가－라－다
③ 나－다－가－라　④ 다－나－가－라

해설 ② 통제 기준의 확인－정보 수집－평가－시정행동의 순이다.

| 정답 ②

제 2 절 행정통제의 유형

1. 외부통제

1) 입법통제

입법통제는 국민의 대표기관에 의한 통제이기 때문에 다른 어느 통제보다도 더 중요한 의미를 가진다. 입법통제는 대통령제와 의원내각제와 같은 국가의 통치구조에 따라 상이한 형태를 보이고 있으나 대체로 ① 입법활동, ② 예산심의 등에 의한 재정통제, ③ 행정에 대한 비판·감독과 조사, ④ 해임건의·탄핵소추와 인사에 대한 동의 등을 통해 민주통제에 가장 중요한 역할을 담당한다.

2) 사법통제

사법통제에는 크게 두 가지가 있는데, 하나는 국민이 행정에 의해 위법 또는 부당하게 권익을 침해당한 경우 이를 구제하는 것이며, 다른 하나는 행정명령의 위헌·위법 여부를 심사함으로써 사법부가 행정을 통제하는 것이다.

사법통제에는 한계도 있는데, 사법통제는 행정기관의 행위에만 국한되므로 행정기관의 부작위나 비능률에 대해서는 법원의 통제가 미치지 못하며, 구제된다 하더라도 행정이 이미 이루어지고 난 후의 사후조치에 그친다는 점이다.

3) 민중통제

민중통제란 일반 국민들이 서비스 공급자들에게 압력을 가함으로써 행정활동에 대한 책임성을 확보하도록 하는 것이다. 그 방법으로는 첫째, 선거권의 행사, 둘째, 이익단체의 구성, 셋째, 시민단체 활동, 넷째, 여론의 조성과 작용, 다섯째, 시민의 행정 참여 등을 통해서 행정을 주로 간접적·비공식적으로 통제하는 것을 의미한다.

4) 옴부즈만제도

옴부즈만(Ombudsman)은 정부에 의해 부당한 취급을 당한 개별 시민의 행정불만을 조사하고, 그 불만에 정당성이 있을 때 구제책을 강구해 주는 의회의 고급직원들을 말한다.

1809년 스웨덴에서 실시된 이후 여러 나라에서 효과적인 행정통제 방법으로 도입하고 있다. 옴부즈만은 법적으로 확립되고, 기능적으로는 자율적이며, 입법부와 행정부로부터 독립되어 있다. 그 권한을 보면 독립적 조사권, 시찰권, 소추권 등이 있다. 세 가지 중 전자의 두 가지는 대부분의 나라에서 인정하고 있지만 소추권은 인정하지 않는 것이 보통이다. 우리나라의 경우 국민권익위원회의 고충처리부가 옴부즈만적 기능을 수행하고 있지만, 국민권익위원회가 행정부 내에 설치되어 본래의 옴부즈만과는 거리가 있다는 점에서 개선을 필요로 한다.

2. 내부통제

1) 상부 기관에 의한 통제

감사원은 대통령 직속기구로서 헌법적 지위를 보장받고 있다. 한국의 감사원은 회계검사와 직무감찰을 수행하는데, 최근에는 여기에 추가해서 성과감사의 강화가 요청되고 있다.

청와대와 국무총리실에 의한 통제를 보면, 대통령은 국무총리나 중앙행정기관의 장의 명령이나 처분이 위법 또는 부당하다고 인정할 때에는 이를 중지 또는 취소할 수 있다(정부조직법 제11조).

2) 규칙과 절차에 위한 통제

행정은 법률 이외에도 행정입법에 의해서도 통제를 받는다. 행정입법에는 대통령령, 부령 이외에도 훈령, 예규, 고시, 공고, 지침 등 형태가 다양하다. 전자를 법규명령, 후자를 행정규칙이라 부른다. 법규명령은 각 부처 → 법제처 → 국무회의를 거쳐 제정되지만, 행정규칙은 각 부처가 자체적으로 제정하기 때문에 제정 절차가 간편한 대신 잘못될 가능성도 그만큼 커진다는 점에 유의해야 한다.

이 밖에 국민감사청구제도가 있다. 2001년에 도입된 것으로 19세 이상의 국민이 300인 이상의 연서(連署)로써 감사원에 청구한다. 청구된 사항에 대해서는 국민감사심사위원회가 감사 실시 여부를 결정한다.

객관식 문제

■ 기본문제

01 주민감사청구에서 청구인 수가 바르게 연결된 것은?

	시·도	50만 이상 대도시	시·군 및 자치구
①	500	300	200
②	300	200	100
③	700	500	300
④	300	250	150

해설 ① 청구인 수는 시·도는 500명, 인구 50만 이상의 대도시는 300명, 그 밖의 시·군 및 자치구는 200명을 넘지 아니하는 범위에서 조례로 정하는 주민 수 이상의 연서로써 감사를 청구할 수 있다.

| 정답 ①

02 옴부즈만제도의 일반적 특징에 관한 설명으로 옳은 것은?

① 행정 결정을 취소, 변경할 수 있는 권한은 없고 간접적 통제권을 지닌다.
② 정부 내에 속해 있지만 직무 수행 시에는 정치적 독립성을 지닌다.
③ 신청에 의한 조사만 가능하며 직권조사권이 없다.
④ 옴부즈만이 조사할 수 있는 행위는 불법행위뿐이다.

해설 ① 결정을 무효화하거나 취소, 변경할 수 없다.
② 입법부에 속해 있다.
③ 직권에 의한 조사활동도 가능하다.
④ 불법행위뿐 아니라 공직의 요구에서 이탈된 모든 행위라고 할 수 있다.

| 정답 ①

03 아래의 행정통제 유형 중 외부통제 방안을 전부 포함한 것은? (2008 서울시 9급)

가. 입법부에 의한 통제	나. 사법부에 의한 통제
다. 감사원에 의한 통제	라. 청와대에 의한 통제
마. 중앙행정부처에 의한 통제	바. 시민에 의한 통제
사. 여론과 매스컴	아. 옴부즈만제도

① 가, 나　　② 가, 나, 다

③ 가. 나, 다, 라, 마　　　④ 가, 나, 다, 아
⑤ 가, 나, 바, 사. 아

해설 ⑤ 유의할 것은 대체로 옴부즈만제도는 외부통제기관에 속하는데, 우리나라는 국무총리 소속의 국민권익위원회가 담당하기 때문에 내부통제 수단으로 분류된다.

| 정답 ⑤

04 다음 중 외부통제기관으로만 구성된 것은?

가. 국민권익위원회	나. 기획재정부
다. 법원	라. 국회
마. 시민단체	바. 감사원

① 가, 나, 라　　　② 가, 나, 바
③ 다, 라, 마　　　④ 다, 마, 바

해설 ③ 국민권익위원회, 기획재정부, 감사원은 내부통제기관에 속한다. 내부－공식적 통제기관에 해당된다.

| 정답 ③

05 공익신고자에게 공익신고를 이유로 어떠한 신분상 · 행정적 · 경제적 불이익 조치를 할 수 없으며, 위반 시 처벌 조항은?

① 최대 2년 이하의 징역 또는 2,000만 원 이하의 벌금
② 최대 3년 이하의 징역 또는 2,000만 원 이하의 벌금
③ 최대 2년 이하의 징역 또는 5,000만 원 이하의 벌금
④ 최대 3년 이하의 징역 또는 1,000만 원 이하의 벌금

해설 ① 2011년에 제정된 현행「공익신고자 보호법」제14조는 누구든지 공익신고자에게 공익신고를 이유로 어떠한 신분상 · 행정적 · 경제적 불이익 조치를 할 수 없으며, 위반 시 최대 2년 이하의 징역 또는 2,000만 원 이하의 벌금에 처한다고 규정하고 있다.

| 정답 ①

06 입법예고기간과 행정예고기간이 바르게 연결된 것은?

	입법	행정		입법	행정
①	30	20	②	40	20
③	30	15	④	90	50

해설 ② 입법예고기간이 40일 이상, 행정예고기간은 20일 이상이다.

| 정답 ②

■ 심화문제

07 길버트(C. E. Gilbert)는 행정통제를 통제자의 위치와 제도화 여부에 따라 다음과 같이 네 가지 유형으로 구분했다. 각 유형에 해당되는 우리나라의 행정통제 방법으로 옳지 않은 것은? (2015 사회복지직 9급)

	외부	내부
공식적	가	나
비공식적	다	라

① 가-청와대에 의한 통제　　② 나-감사원에 의한 통제
③ 다-이익집단 및 언론에 의한 통제　　④ 라-직업윤리에 의한 통제

해설 ① 청와대에 의한 통제는 공식적인 통제임과 동시에 행정부의 수반인 대통령이 주도하는 내부 통제에 해당한다. 그러므로 위의 표에서 (나)에 해당한다. (가)는 입법부와 사법부에 의한 통제, (다)는 민중통제, 시민 참여에 의한 통제, 언론에 의한 통제가 해당한다. (라)는 행정윤리의 확립, 비공식집단에 의한 통제가 해당한다.

| 정답 ①

08 옴부즈만제도에 대한 설명으로 옳지 않은 것은? (2011 국가직 7급)

① 옴부즈만의 개인적 신망과 영향력에 의존한 바가 크다.
② 비용이 적게 들고 간편하게 문제 해결이 가능하다.
③ 다른 통제기관들이 간과하는 통제의 사각지대를 감시하는 데 유용하다.
④ 옴부즈만은 직권으로 조사활동을 개시하는 것이 일반적이지만, 예외적으로 국민의 요구나 신청에 의해 활동을 개시하기도 한다.

해설 ④ 국민의 요구나 신청에 의해 활동을 개시하는 것이 일반적이며, 예외적으로 직권으로 조사활동을 개시할 수 있다.

| 정답 ④

09 국민권익위원회에 관한 설명으로 옳지 않은 것은? (2013 행정사)

① 국무총리 소속기관이다.
② 국민권익위원회 위원 임기는 3년이며, 연임할 수 없다.
③ 국민권익위원회 위원은 재직 중 지방의회의원을 겸직할 수 없다.
④ 고충민원의 조사와 처리 및 이와 관련된 시정권고 업무를 수행한다.
⑤ 정당의 당원은 국민권익위원회 위원이 될 수 없다.

해설 ② 위원 임기는 3년으로 하되, 1차에 한해 연임이 가능하다.
④ 정당의 당원은 국민권익위원회 위원이 될 수 없다.

| 정답 ②

10 옴부즈만제도에 대한 설명으로 옳은 것만을 모두 고른 것은? (2016 지방직 9급)

가. 옴부즈만제도는 설치 주체에 따라 크게 의회 소속형과 행정기관 소속형으로 구분된다. 나. 옴부즈만제도는 정부 행정활동의 비약적인 증대에 따른 시민의 권리 침해 가능성에 대해 충분한 구제제도를 두기 위해 핀란드에서 최초로 도입되었다. 다. 옴부즈만은 행정행위의 합법성뿐만 아니라 합목적성 여부도 다룰 수 있다. 라. 우리나라의 경우 대통령 직속의 국민권익위원회가 옴부즈만에 해당한다.

① 가, 나　　② 가, 다
③ 다, 라　　④ 나, 라

해설 ② 가: 옴부즈만제도는 의회 소속형과 행정기관 소속형으로 구분되며, 우리나라는 행정기관 소속형에 해당한다.
다: 옴부즈만제도는 행정행위의 합법성(불법행위)은 물론 합목적성(부당행위) 여부까지 종합적으로 다룰 수 있다.
나: 핀란드가 아니고 스웨덴에서 최초로 도입되었다.
라: 우리나라의 국민권익위원회는 대통령 직속이 아니라 국무총리 직속의 기관이다. 그리고 직권조사권을 가지고 있지 않다.

| 정답 ②

11 옴부즈만제도의 일반적 특징에 대한 설명으로 옳지 않은 것은? (2017 지방직 7급)

① 옴부즈만은 비교적 임기가 짧고 임기 보장이 엄격하게 적용되지 않는다.
② 옴부즈만에게 민원을 신청할 수 있는 사안은 행정관료의 불법행위와 부당행위를 포함한다.
③ 옴부즈만은 행정기관의 결정에 대해 직접 취소, 변경할 수 있는 권한을 갖지 않는다.
④ 업무 처리를 할 때 절차상의 제약이 크지 않아 옴부즈만에 대한 시민들의 접근이 용이하다.

해설 ① 옴부즈만은 신분 보장을 강하게 받는다. 그 이유는 직무 수행상 독립성을 갖는 기관이기 때문이다.
③ 직접 취소나 변경할 수 있는 권한은 없다.

| 정답 ①

제 5 장 행정책임과 행정통제 실전테스트

01 공익에 대한 실체설의 입장과 거리가 먼 것은?

① 이익의 상호 조정 ② 효용의 극대화
③ 도덕적 절대가치 ④ 공유하는 이익
⑤ 칸트주의

해설 ① 상충하는 이익의 상호 조정 과정은 공익의 과정설에 해당하는 설명이다.

| 정답 ①

02 공직자의 윤리적 행위를 확보하기 위한 수단으로서 '윤리법규'의 장점으로 옳지 않은 것은?

① 윤리법규는 특정 직무군에 적합하게 만들어진다.
② 윤리법규는 윤리적 갈등과 딜레마를 해결할 수 있는 제약의 범위를 제시한다.
③ 윤리법규는 공직자를 처벌할 수 있는 제재 수단을 제공한다.
④ 윤리법규는 공직자들이 하지 말아야 하는 행위의 사례를 보여주는 수단이 될 수 있다.

해설 ① 윤리법규는 보편적 상황을 다룰 수 있도록 만들어지고, 윤리강령이 직무군에 따라 더 구체적으로 작성된다.

| 정답 ①

03 윤리법규의 단점에 대한 설명으로 옳지 않은 것은?

① 특별한 상황에 적합한 행동의 방향을 제시하는 것이 부족하다.
② 공직자의 재량을 위축시키고, 능력 발휘를 제한할 수 있다.
③ 일반적으로 집행하기가 어렵다.
④ 윤리법규의 철저한 집행은 공직자의 사기를 저하시킨다.

해설 ② 공직자의 재량 위축과 능력 발휘의 제한은 윤리강령의 단점이다.

| 정답 ②

04 행정책임과 행정통제에 대한 설명으로 옳은 것은?

① 행정책임은 시민의 요구에 대한 능률성을 의미한다.
② 행정책임은 행정행위의 과정 및 결과에 대한 책임을 의미한다.
③ 행정통제는 행정 체제의 일탈에 대한 감시를 통해 처벌을 목적으로 한다.

④ 행정의 책임성은 명문의 규정보다 공익과 행정 이념을 우선으로 해야 한다.

해설 ② 과정과 결과에 대한 책임이다.
① 행정책임은 민주성, 대응성과 관련된다.
③ 행정통제는 행정 성과를 달성하려는 것이고 처벌이 주된 목적이 아니다.
④ 명문 규정이 있는 경우 우선적 기준이 되고 규정이 없는 경우 공익과 행정 이념을 기준으로 적용한다.

| 정답 ②

05 제도적 책임성(accountability)과 대비되는 자율적 책임성(responsibility)에 대한 설명으로 가장 적합하지 않은 것은?

① 전문가로서의 직업윤리와 책임감에 기초해서 적극적, 자발적 재량을 발휘해서 확보되는 책임
② 객관적으로 기준을 확정하기 곤란하므로 내면의 가치와 기준을 따르는 것
③ 국민들의 요구와 기대를 정확하게 인식해서 이에 능동적으로 대응하는 것
④ 고객 만족을 위해 성과보다는 절차에 대한 책임 강조

해설 ④ 자율적 책임은 행정인의 내면적·주관적 기준에 의한 내재적 책임이며, 절차에 대한 책임을 강조하는 것은 제도적 책임이다.

| 정답 ④

06 행정가치 중 본질적 가치와 가장 거리가 먼 것은? (2016 사회복지직 9급)

① 정치적 자유　② 가치의 평등한 배분
③ 민주적 의사결정　④ 사회적 형평

해설 ③ 민주적 의사결정은 민주성을 확보하기 위한 것으로서, 여기서 민주성은 행정의 수단적 가치에 해당한다. 행정의 본질적 가치에는 자유와 평등, 형평 및 정의, 공익, 복지 등이 해당한다.

| 정답 ③

07 행정가치 중 사회적 형평에 관한 설명으로 옳지 않은 것은? (2015 교육행정직 9급)

① 행정이 중립적이어야 한다는 신념에 바탕을 두고 있다.
② 능률 중심이 전통적 행정에 대한 비판과 함께 강조되었다.
③ 사회적·경제적 약자에게 더 많은 혜택을 제공해야 한다고 주장한다.
④ 현재 차별을 하지 않을 뿐만 아니라 과거의 차별로 인한 결과의 시정까지 요구한다.

해설 ① 형평성은 소극적인 의미가 아니라 좀 더 적극적인 의미를 내포하고 있다. 사회적 약자 보호 등이 이에 속한다.

| 정답 ①

08 행정이 추구하는 가치에 대한 설명으로 옳은 것을 보기에서 모두 고른 것은?

(2018 서울시 7급)

> 가. 효과성을 추구하는 과정에서 능률성의 희생이 발생될 수 있다.
> 나. 민주성은 국민과의 관계뿐만 아니라 정부관료제 내부의 의사결정 과정의 두 가지 측면에서 논의된다.
> 다. 절차적 합리성의 목표에 비추어 적합한 행동이 선택되는 정도를 의미한다.
> 라. 투명성은 정보공개뿐만 아니라 정보에 대한 접근권까지 포함하는 개념이다.
> 마. 제도적 책임성은 자율적이고 적극적인 행정책임을 의미한다.

① 가, 다, 마 ② 나, 다, 마
③ 가. 나. 라 ④ 나, 다, 라

해설 ③ 다: 목표에 비추어 적합한 행동이 선택되는 정도는 내용적 합리성이다. 절차적 합리성은 의식적인 사유 과정을 통해 더 나은 수단을 찾는 것을 의미한다.
마: 제도적 책임성은 타율적이고 소극적인 행정책임을 의미한다.

| 정답 ③

09 행정책임 확보 방안으로 성격이 다른 하나를 고르면?

① 이익집단 ② 직업윤리강령
③ 시민 참여 ④ 여론

해설 ② 직업윤리강령은 행정책임 확보를 위한 내부적·비공식적 접근방법이고, 나머지는 외부적·비공식적 접근방법이다.

| 정답 ②

10 행정가치 중 수단적 가치에 대한 설명으로 가장 옳지 않은 것은? (2017 서울시 9급)

① 대외적 민주성을 확보하기 위해 행정통제가 필요하다.
② 수단적 가치는 본질적 가치의 실현을 가능하게 하는 가치들이다.
③ 전통적으로 책임성은 제도적 책임성과 자율적 책임성으로 구분되어 논의되었다.
④ 사회적 효율성은 과학적 관리론의 등장과 함께 강조되었다.

해설 ④ 기계적 능률성은 과학적 관리론에서, 사회적 능률성은 과학적 관리론이 아니라 인간관계론의 등장과 함께 강조되었다.

| 정답 ④

11 공직자의 윤리적 행위를 확보하기 위한 수단으로서 '윤리법규'의 장점으로 옳지 않은 것은?

① 윤리법규는 특정 직무군에 적합하게 만들어진다.

② 윤리법규는 윤리적 갈등과 딜레마를 해결할 수 있는 제약의 범위를 제시한다.

③ 윤리법규는 공직자를 처벌할 수 있는 제재 수단을 제공한다.

④ 윤리법규는 공직자들이 하지 말아야 하는 행위의 사례를 보여주는 수단이 될 수 있다.

해설 ① 윤리법규는 보편적 상황을 다룰 수 있도록 만들어지고, 윤리강령이 직무군에 따라 더 구체적으로 작성된다.

| 정답 ①

12 공직윤리 확보를 위한 행동강령에 대한 설명으로 옳지 않은 것은? (2016 국가직 9급)

① 행동강령은 공무원에게 기대되는 바람직한 가치판단이나 의사결정을 담고 있으며, 공무원이 준수해야 할 행동 기준으로 작용한다.

② 공무원행동강령은 「부패방지법」 제8조에 근거해 대통령령으로 제정되었다.

③ 공무원행동강령은 중앙행정기관의 장 등에게 공무원행동강령의 시행에 필요한 범위에서 해당 기관의 특성에 적합한 세부적인 기관별 공무원행동강령을 제정하도록 규정하고 있다.

④ OECD 국가들의 행동강령은 1970년대부터 집중적으로 제정되었으며, 주로 법률 형식으로 규정하고 있다.

해설 ④ OECD 국가들의 행동강령은 1990년대부터 집중적으로 제정되었으며 주로 대통령령 형식을 취하고 있다. 법률에 비해 상대적으로 변경이 용이한 대통령령으로 규정하는 경우 시대적 상황을 그때그때 반영할 수 있기 때문이다.

| 정답 ④

13 우리나라의 행정통제에 대한 설명으로 옳은 것은? (2015 지방직 9급)

① 행정기관 및 공무원의 직무에 관한 감찰을 하기 위해 대통령 소속 하에 감사원을 두고 있다.

② 권위주의적 정치·행정문화 속에서 행정의 내·외부통제가 좀 더 효과적으로 이루어졌다.

③ 헌법재판소는 행정에 대한 통제 기능은 수행하지 못한다.

④ 입법부의 구성이 여당 우위일 경우에 효과적인 행정통제 기능을 수행할 수 있다.

해설 ① 감사원은 회계검사와 직무감찰을 한다.
② 권위주의적 정치·행정문화 속에서 내·외부통제가 효과적으로 이루어지지 못했다.
③ 헌법재판소는 위헌법률심판, 탄핵심판, 권한쟁의심판 등을 통해 행정에 대한 통제 기능을 수행한다.
④ 입법부의 구성이 여당 우위일 경우에는 효과적인 행정통제가 어려울 수 있다.

| 정답 ①

14 **행정책임과 행정통제에 대한 설명으로 옳지 않은 것은?** (2013 서울시 9급)

① 행정통제의 중심 과제는 궁극적으로 민주주의와 관료제 간의 조화 문제로 귀결된다.
② 행정통제는 설정된 행정 목표와 기준에 따라 성과를 측정하는 데 초점을 맞추면 별도의 시정 노력은 요구되지 않는 특징이 있다.
③ 행정책임은 행정관료가 도덕적 · 법률적 규범에 따라 행동해야 하는 국민에 대한 의무이다.
④ 행정통제란 어떤 측면에서는 관료로부터 재량권을 빼앗는 것이다.
⑤ 행정책임은 국가적 차원에서 국민에 대한 국가 역할의 정당성을 확인하는 것이다.

해설 ② 목표와 기준에 따라 성과를 측정해서 문제가 있으면 시정하려는 개선조치가 반드시 뒤따라야 한다.

| 정답 ②

15 **다음 아래의 사례는 행정책임의 어떤 유형에 속하는가?**

부산시의 공공체육관 붕괴사고에 대한 담당자의 관리 소홀에 대한 책임으로 부산시장이 자리에서 물러나게 되었다.

① 법적 책임 ② 도의적 책임
③ 관료적 책임 ④ 기능적 책임

해설 ② 도의적 책임에 해당한다. 도의적 책임은 국민의 요구에 대한 대응이 핵심이다. 부하의 잘못으로 인한 책임도 이에 근거한다.

| 정답 ②

제 6 장 정 책

제 1 절 정책학의 기초이론

1. 정책의 의의

1) 개념

사회 변화는 바람직한 방향으로 이루어지기도 하고 어떤 때는 바람직하지 못한 방향으로 변화되기도 하는데, 이러한 경우 정부가 사회적 상황이나 조건들을 유지 또는 변경하고자 사용하는 개입의 수단이 바로 정책(public policy)이다.

2) 구성 요소

정책목표(policy goal), 정책대상집단(policy target group), 정책수단(policy instruments), 이 정책의 3대 구성 요소이다.

(1) 정책목표

정책을 통해 만들고자 하는 바람직한 미래 상태이다. 예를 들면 보건의료정책의 목표가 국민보건 수준의 향상인 것과 같다. 목표 간의 관계는 다양한 형태로 나타난다. 목표들이 상호 보완 관계에 있을 수도 있고, 혹은 경쟁 관계에 있을 수도 있다. 그뿐만 아니라 정책목표들 간에 상·하의 관계가 형성되기도 하는데, 이러한 관계를 '목표-수단의 연쇄'라 한다.

(2) 정책대상집단

정책에 의해 어떠한 형태로든 영향을 받는 집단을 의미한다. 정책대상집단은 수혜집단과 비용부담집단으로 구분할 수 있는데, 수혜집단이란 정책에 의해 서비스나 재화상의 편익을 얻게 되는 집단이고, 비용부담집단은 지원을 위한 세금을 부담해야 하는 집단들이다.

(3) 정책수단

설정된 정책목표를 달성하기 위해 정부가 사용하는 각종 실제 수단 또는 장치(actual means or devices)이다.

① 베덩(Evert Vedung): 정책수단의 종류로 규제(regulations), 경제적 수단(economic means) 및 정보(information) 등 세 가지를 들고 있다.

② 후드(Christopher Hood): 정부자원의 특징에 따라 정보(nodality)적 도구, 권한(authority)적 도구, 재원(treasure)적 도구, 조직(organization)적 도구와 같은 네 가지 범주로 유형화하고 있다. 이 네 가지의 앞 글자를 따서 NATO로 부르고 있다.

③ 살라몬(Lester M. Salamon): 정책수단을 직접적 수단과 간접적 수단으로 구분하고 있다. 직접적 정책수단에는 전통적 정부 소비, 경제적 규제, 대출, 정보 제공, 공기업 등이 있으며, 간접적 정책수단에는 사회적 규제, 계약, 대출보증, 조세지출, 사용료, 보험, 바우처 등이 있다.

표 6-1 살라몬의 정책수단 유형

직접성 정도	정책수단
저	보조금, 지급보증, 정부지원기업, 불법행위책임, 바우처
중	조세감면, 시회규제, 라벨 부착 요구, 교정조세, 부과금,
고	직접 시행, 공기업, 공공정보, 직접 대부, 보험

2. 정책의 유형

1) 로위의 유형

로위(Theodore J. Lowi)에 따르면, 이전에는 정책과정이 어떠하냐에 따라 정책이 결정되는, 즉 정책을 종속 변수로 인식했으나, 1970년대부터는 정책 내용 또는 정책 유형에 따라 정책과정이 달라진다고 본다.

(1) 분배정책

분배정책(distributive policy)이란 정부가 국민들에게 권리나 이익 또는 서비스를 분배하는 내용을 지닌 정책으로, 사회간접자본의 구축이나 정부의 각종 지원에 관련된 정책이 이에 해당한다. 분배정책의 특징은 정책의 내용이 쉽게 세부 단위로 분할될 수 있고 정책비용이 국민의 세금으로 충당되므로 분배정책의 결정 및 집행과정의 참여자들 간에는 정면대결보다는 갈라먹기식(pork−barrel)의 결정이 이루어져 승자와 패자 간의 정면 대결의 필요성은 없게 된다.

(2) 규제정책

규제정책(regulatory policy)이란 개인이나 집단에 대한 규제를 통해 다른 사람들을 보호하는 정책을 말한다. 대부분의 규제가 피규제자가 원하지 않는데도 규제되는 것이므로 규제자와 피규제자 간의 갈등이 심해서 양자 간에는 제로섬 게임의 관계가 형성된다. 수혜자는 수혜자대로 피해자는 피해자대로 지지 세력을 확보하려고 노력하는데, 이렇게 됨으로써 정책결정은 다원적으로 결정된다.

(3) 재분배정책

재분배정책(redistributive policy)은 누진세, 직업훈련사업, 영세민 생활보호사업, 노인 · 장애자 보호사업 등과 같이 고소득층으로부터 저소득층으로의 소득 이전에 관련된 정책을 말한다. 이 정책은 가진 자들한테 손실을 감수할 것을 노골적으로 요구하는 정책이므로 강력한 이해 대립을 야기한다.

(4) 구성정책

구성정책(constituent policy)이란 정책을 결정하게 되는 환경이나 체제 또는 제도에 관한 것으로, 좀 더 광범위하고 장기적으로 그 영향이 구체적인 정책에 미치게 되는 정책이다. 이는 헌정을 수행하는 데 필요한 운영규칙에 관련된 정책을 말하는데, 주로 정부기구의 조정과 관련된 정책으로 새로운 기구의 설립, 공직자 보수와 군인퇴직연금에 관한 정책 등이 해당한다.

2) 라이플리와 프랭클린의 유형

라이플리(Randall B. Ripley)와 프랭클린(Grace A. Franklin)은 로위의 규제정책을 보호적 규제정책과 경쟁적 규제정책으로 나누고 있다.

(1) 보호적 규제정책

다수의 국민을 보호하기 위해 개인의 행동을 통제하는 정책으로서 최저임금제도, 공정거래법, 식품위생법 등이 이에 해당한다.

(2) 경쟁적 규제정책

국가가 다수의 경쟁자 중에서 특정한 개인이나 집단에게 서비스나 재화를 제공할 수 있도록 허가하는 반면 공익을 위해 서비스 제공과 관련해 규제도 가하는 정책이다. TV 방송권, 버스 노선, 항공 노선 등을 정부가 허가하는 정책이 이에 해당하는데, 경쟁적 규제정책은 분배정책과 보호적 규제정책의 성격을 함께 지니고 있다.

3. 정책의 필요성

1) 시장실패

(1) 의의

시장실패(market failure)는 완전경쟁이 전제되지 않을 때 시장에 의한 자원 배분이 효율성을 가질 수 없게 되는 것을 말한다.

(2) 시장실패를 가져오는 요인

① 공공재의 존재

공공재(public goods)는 비배타성(非排他性), 즉 서비스가 한 개인이나 집단에 공급되었을 경우 그 혜택을 타인이나 다른 집단으로부터 배제시킬 수 없다는 속성을 가지며, 이로 인한 무임승차자(free rider)의 문제가 발생한다. 그리고 어떤 재화가 비경합적이라면, 그 재화에 대해 조그만 효용이라도 느끼는 사람이면 누구든지 그것을 이용할 수 있도록 허용되어야 한다. 비경합적인 재화의 효율적 가격은 제로가 되므로 그러한 재화는 제로의 가격으로는 시장에서 공급되지 못한다.

② 외부효과

가. 개념: 어떤 사람의 행동이 비의도적으로 또 그것에 대한 대가의 교환 없이 다른 사람에게 이득이나 손해를 가져다주는 것을 말한다.

나. 종류: 외부효과(externalities)는 외부경제와 외부불경제 두 유형으로 구분할 수 있다. 먼저 외부경제는 과수원 주인과 양봉업자 관계에서 한 예를 생각할 수 있는데, 과수원 주인이 과일나무를 심으면 인근에 있는 양봉업자는 자연히 더 많은 꿀을 딸 수 있게 되는 경우이다. 문제는 개인적인 편익이 사회적인 편익보다 적어서(PB<SB) 이러한 행위는 사회적으로 바람직한 수준만큼 이루어지지 않는다는 점이다. 이와 반대로 외부불경제는 개인적인 비용이 사회적 비용보다 적어서(PC<SC) 사회적으로 바람직한 수준보다 과다 공급(過多供給)된다. 예를 들어 세탁 행위를 보면 개인적인 비용은 세탁제 구입 비용에 불과하지만, 세탁 행위의 사회적 비용은 세탁제 구입 비용에다 수질 정화 비용까지 더 들게 되는 것이다.

③ 정보의 비대칭성

시장에서 생산자와 소비자 간의 정보의 불균형을 말한다. 정보의 비대칭이 심할수록 자원 배분의 효율성도 크게 손상된다고 할 수 있는데, 정보의 비대칭(asymmetric information)에는 '역선택(adverse selection)'과 '도덕적 해이(moral hazard)' 두 가지 유형이 있다. 역선택 방지 수단으로는 신호보내기와 선별이 있으며, 도덕적 해이의 방지 수단으로는 감시감독의 강화와 인센티브 제공 등이 있다.

④ 불완전한 경쟁

현실 시장에는 자신의 공급량을 변동시킴으로써 가격에 영향을 미치는 공급자들이 있다. 이들 독과점 기업들은 가격을 한계비용보다 높은 선에서 결정하므로 자원 배분의 효율성은 달성되지 않는다.

2) 정부개입

전통적인 시장실패는 보이지 않는 손에 의한 파레토 효율성(Pareto optimum)이 이루어지지 않는 상황을 말하는데, 이 경우 정부개입이 이루어진다.

(1) 공공재의 공급

공공재는 시장을 통해 자체적으로 이루어지기 어렵다. 과소 공급의 문제가 있으므로 정부는 국민들로 하여금 강제로 세금을 내게 하고 이 돈으로 사회에 공급하게 된다.

(2) 외부효과

외부효과에 따른 과소 공급과 과다 공급의 문제를 해결하기 위해 정부 간여가 불가피하다. 외부효과가 있는 경제활동에 정부가 개입해서 자원 배분의 왜곡을 시정함으로써 자원 배분의 효율성을 높이게 된다.

(3) 시장정보의 불완전

이 때 인적, 물적 자원의 배분이 왜곡되어 사회 전체적으로 생산성을 저하시키고 산업구조를 왜곡시키게 된다. 따라서 불완전한 정보로 인해 야기되는 문제를 해결하기 위해서 정부가 적극 개입하게 되는 것이다.

(4) 독점

독점으로 인해 시장이 불완전하면 자원 배분의 효율성이 확보되지 않는다. 따라서 독점산업에 정부개입이 필요하게 되는데, 일반적인 독점산업의 경우 반독점, 경쟁 제한적 불공정 거래 등에 대한 규제를 가하고 있고, 자연독점산업의 경우에는 가격과 이윤을 직접 규제한다.

3) 정부실패

(1) 개념

정부실패(government failure)란 시장에 대한 정부의 개입이 자원의 최적 배분 등 본래 의도한 결과를 가져오지 못하거나 기존의 상태를 오히려 더욱 악화시키는 경우를 말한다.

(2) 실패 이유

① 내부성: 공공기관이 개발하는 내부 기준을 내부성이라 부르는데 정부조직이 갖게 되는 구체적 내부 목표에는 니스카넨이 말하는 예산극대화 원칙, 정보의 취득과 통제 등이 있다.

② 파생적 외부성: 시장실패를 시정하려는 정부개입이 초래하는 예기치 못한 부작용을 말한다. 이는 정책결정의 조급성과 근시안적인 사고방식 때문에 발생한다. 파생적 외부성은 대체로 늦게 나타난다. 정치가나 관료들은 그들의 좁은 시계와 높은 시간할인율 때문에 이와 같은 파생적 외부성을 간과하는 경향이 있다.

객관식 문제

▣ 기본문제

01 분배정책에 대한 설명으로 옳지 않은 것은? (2015 서울시 9급)

① 이해당사자 제로섬 게임이 벌어지고 갈등이 발생될 가능성이 규제정책에 비해 상대적으로 더 크다.

② 일반적으로 포크배럴(pork barrel) 현상이 발생한다.
③ 도로, 다리의 건설, 국공립학교를 통한 교육서비스의 제고 등이 분배정책에 해당한다.
④ 정책 과정에서 이해당사자들이 서로 협력하는 로그롤링(log rolling) 현상이 발생한다.

해설 ① 분배정책의 재원이 일반 국민의 세금으로 충당되기 때문에 당사자 간의 직접적인 갈등 소지는 적다. 갈등이 심한 것은 가진 자로부터 가지지 못한 자로의 소득이전과 관련되는 재분배정책에서 심하다. 재분배정책의 예로는 저소득층 세금 공제, 근로장려금제도, 누진소득세제도 등이 해당된다.

| 정답 ①

02 시장실패의 원인에 적합하지 않은 것은?

① 공공재의 존재
② 외부효과의 존재
③ 이익집단에 의한 포획
④ 독과점문제의 존재
⑤ 시장 메커니즘의 작동 부재

해설 ③ 이익집단에 의한 포획은 정부실패의 원인이다.

| 정답 ③

03 시장실패의 원인이 아닌 것은? (2013 국가직 7급)

① 규모의 경제
② 정보의 비대칭성
③ X비효율성
④ 외부효과의 발생

해설 ③ X비효율성은 시장실패가 아니라 정부실패의 원인이다. X비효율성은 경쟁이 없어서 게으르고 방만한 경영을 하는 것을 말한다.

| 정답 ③

04 로위(T. J. Lowi)의 정책 유형의 분류에 관한 설명 중 틀린 것은?

① 분배정책은 정부가 국민들에게 권리나 이익 또는 서비스를 분배하는 내용을 지닌 정책으로 사회간접자본의 구축이나 정부의 각종 지원에 관련된 정책이 이에 해당한다.
② 규제정책이란 개인이나 집단에 대한 규제를 통해 다른 사람들을 보호하는 정책을 말한다. 대부분의 규제가 피규제자가 원하지 않는데도 규제되는 것이므로 규제자와 피규제자 간의 갈등이 심해서 양자 간에는 제로섬 게임의 관계가 형성되어 두 집단 사이의 갈등이 치열하다.
③ 재분배정책은 누진세, 직업훈련사업, 영세민 생활보호사업, 노인・장애자 보호사업 등과 같이 고소득층으로부터 저소득층으로의 소득 이전에 관련된 정책을 말한다.
④ 분배정책의 결정 및 집행 과정의 참여자들 간에는 서로의 이익을 위해 정면대결이 치열하게 전개된다.
⑤ 구성정책은 헌정을 수행하는 데 필요한 운영규칙에 관련된 정책을 말하는데, 주로

정부기구의 조정과 관련된 정책으로 새로운 기구의 설립, 공직자 보수와 군인퇴직 연금에 관한 정책 등이 해당한다.

해설 ④ 분배정책의 비용은 국민의 세금으로 충당하므로 참여자 간에 경쟁과 대립이 적다.

| 정답 ④

05 후드(C. C. Hood)가 말했던 정책도구의 네 가지에 해당되지 않는 것은?

① 정보적 도구 ② 권한적 도구

③ 재원적 도구 ④ 규제적 도구

해설 ④ 후드는 정부자원의 특징에 따라 정보(nodality)적 도구, 권한(authority)적 도구, 재원(treasure)적 도구, 조직(organization)적 도구와 같은 네 가지 범주로 유형화하고 있다. 정보적 도구에는 자문, 교육 · 훈련, PR, 보고, 등록 등이 포함되고, 권한적 도구에는 규제, 사용료, 면허 등이, 재원적 도구에는 대출, 보조금, 조세지출 등이 포함되며, 마지막으로 조직적 도구에는 관료조직, 공기업 등이 포함된다. 그는 이 네 가지의 앞 글자를 따서 이들을 NATO로 부르고 있다.

| 정답 ④

06 외부효과(externalities) 중 외부경제에 해당하지 않는 것은?

① 사회적으로 바람직한 수준보다 과다 공급된다.

② 다른 이에게 득을 주는 행위이다.

③ 과수원 주인이 과일나무를 심으면 옆에 있는 양봉업자가 득을 보는 것이 이에 해당한다.

④ 정부가 활동에 대한 대가를 보상해 줘야 한다.

⑤ 사립학교에 대한 재정 지원이 이에 해당한다.

해설 ① 외부경제에 해당하는 행위는 내가 힘들여 일하지만 남 좋은 일만 시킨다는 생각을 들게 하고 거기서 오는 행위자의 의기소침으로 과소 공급된다.

| 정답 ①

▣ 심화문제

07 정책 유형과 사례를 바르게 연결한 것만을 모두 고른 것은? (2014 국가직 7급)

가. 추출정책 – 부실기업 구조조정	나. 상징정책 – 노령연금제도
다. 규제정책 – 최저임금제도	라. 구성정책 – 정부조직 개편
마. 분배정책 – 신공항 건설	바. 재분배정책 – 지방자치단체에 지원되는 국고보조금

① 가, 나, 마 ② 가, 라, 바

③ 나, 다, 바　　　　　　④ 다, 라, 마

해설 ④ 가: 규제정책이다.
나: 재분배정책이다.
바: 분배정책이다.

| 정답 ④

08 시장실패의 원인에 대한 정부의 대응으로 적절하지 않은 것은? (2015 교육행정직)

① 공공재의 경우 원칙적으로 정부가 직접 공급한다.
② 독점의 폐해를 막기 위해 정부는 서비스를 직접 공급하거나 규제를 한다.
③ 외부불경제에서 나타나는 문제에 대응하기 위해 정부는 보조금을 지원한다.
④ 정보의 비대칭성에 기인하는 문제에 대응해 정부는 보조금을 지원하거나 규제한다.

해설 ③ 외부불경제행위 예를 들어 길거리에서 담배를 피우는 행위에 정부가 보조금을 지원할 수는 없고 처벌이나 벌금 등을 통해 규제를 가해야 할 것이다.

〈시장실패의 해결〉

구분	공적 공급(조직)	공적 유도(보조금)	정부규제(법적 권위)
공공재의 존재	○		
외부효과의 발생		○	○
자연독점	○		○
불완전경쟁			○
정보의 비대칭성		○	○

위의 표에서 우리는 정부규제는 공공재를 제외한 모든 시장실패의 원인에 대한 대응 방안이 됨을 알 수 있다. 또 외부효과에 대한 대응 방안은 외부불경제와 외부경제의 경우가 다른데, 외부불경제의 경우 과잉 생산의 문제를 억제하기 위해 조세 부과 등 정부규제를 강화해야 하고, 반면 외부경제의 경우에는 과소 생산의 문제를 해결하기 위해 보조금 지급, 인센티브 제공 등의 방법이 고려되어야 함을 보여준다.

| 정답 ③

09 시장실패에 대한 설명 중 가장 옳지 않은 것은? (2015 서울시 7급)

① 자원 배분의 효율성을 저해하는 불완전경쟁은 시장실패의 원인이다.
② 제3자에게 의도하지 않은 이득이나 손해를 주는 현상은 시장실패의 원인이 되기도 한다.
③ 공공조직의 내부성은 시장실패의 원인이다.
④ 시장실패에 대응하기 위해 정부는 공적 유도를 통한 시장에의 개입을 시도한다.

해설 ③ 공공조직 내의 내부성은 정부실패의 원인이 된다. 공공조직의 내부성이란 관료들이 공익과 같은 전체 목표보다는 조직 내부의 목표를 우선시하는 현상을 뜻한다.

| 정답 ③

10 **다음 중 시장실패 또는 정부실패를 야기하는 원인과 그에 대한 정부의 대응으로 옳은 것은?** (2017 국회직 8급)

① 공공재－정부보조 삭감
② 정보의 비대칭성－정부규제
③ 자연독점－규제 완화
④ 관료의 사적 목표의 설정－공적 유도
⑤ 정부개입에 의한 파생적 외부효과－공적 공급

해설 ② 정보의 비대칭성에 의한 시장실패는 정부의 보조금이나 정부규제로 대응한다.
① 공공재는 공적 공급으로 대응한다.
③ 자연독점은 공적 공급 또는 정부규제로 대응한다.
④ 관료의 사적 목표의 설정은 민영화로 대응한다.
⑤ 정부개입에 의한 파생적 외부효과는 정부보조 삭감 또는 규제 완화로 대응한다.

| 정답 ②

11 **다음 중 정부실패의 원인으로 적절하지 않은 것은?**

① 관료들의 사익 추구
② 정책 수립 과정에서의 정치적 타협
③ 외부불경제의 존재
④ 가변적인 정책 시차의 발생
⑤ 정치인의 높은 시간 할인율

해설 ③ 3번 지문은 시장실패의 원인이다.
④ 정책을 집행하는 과정에서 시차가 발생하는 것은 피할 수 없는데, 시차가 가변적이라면 정부 정책이 오히려 바람직스럽지 못한 결과를 초래할 수 있다.

| 정답 ③

12 **정부실패에 대한 정부의 대응 방식으로 옳지 않은 것은?** (2009 서울시 7급)

① 사적 목표의 설정에 대한 방안에는 민영화가 있다.
② X비효율성에 대한 방안에는 민영화, 정부 보조 삭감, 규제 완화 등이 있다.
③ 파생적 외부효과에 대한 방안으로 정부 보조 삭감, 규제 완화 등이 있다.
④ 권력의 편재에 대한 방안으로 정부 보조 삭감, 규제 완화 등이 있다.
⑤ 최근 시장실패와 정부실패를 함께 교정할 수 있는 제도로서 네트워크 거버넌스가 제기되고 있다.

해설 ④ 권력의 편재에 대한 방안으로는 정부 보조 삭감이 아니라 민영화, 규제 완화 등이 있다.

〈정부실패의 원인별 해결 방안〉

구분	민영화	보조 삭감	규제 완화
사적 목표 설정	○		
X비효율, 비용체증	○	○	○
파생적 외부효과		○	○
권력의 편재, 지대 추구	○		○

그밖에 우리는 위의 표에서 파생적 외부효과에 대한 대응 방안으로 정부 보조 삭감, 규제 완화 등이 있음을 알 수 있다. 파생적 외부효과는 정치적 개입에 의한 졸속행정이 원인이 되어 발생한다고 본다. 또 사적 목표의 설정에 대한 대응 방안에는 민영화가 있음을 알 수 있다.

| 정답 ④

13 다음 중 완전경쟁시장과 관계없는 것은?

① 동질적인 상품이 거래되어야 한다.
② 자원의 완전한 이동성이 보장되어야 한다.
③ 독과점적 주체가 존재하지 않는다.
④ 가격은 한계비용보다 높은 선에서 정해진다.

해설 ④ 완전경쟁시장에서는 P=MC가 성립한다.

| 정답 ④

14 시장실패의 원인에 대응하는 정부의 방식에 대한 설명으로 가장 옳지 않은 것은? (2016 서울시 9급)

① 외부효과 발생에 대해서는 보조금 혹은 정부규제로 대응할 수 있다.
② 자연독점에 대해서는 공적 공급 혹은 정부규제로 대응할 수 있다.
③ 정보의 비대칭성에 대해서는 보조금으로 대응할 수 있다.
④ 불완전경쟁에 대해서는 보조금 혹은 공적 공급으로 대응할 수 있다.

해설 ④ 4번 지문에서 말하는 보조금 혹은 공적 공급은 긍정적 효과를 유발하는 행위에 대한 지원을 통해 그 행위를 더욱 활성화시키고자 하는 것이고, 불완전경쟁과 같은 부정적 효과에 대해서는 정부규제로 대응함으로써 억제시키고자 한다.

| 정답 ④

15 정부실패의 요인에 해당하지 않는 것은? (2017 지방직 7급)

① 공공서비스에서의 비용과 편익의 분리
② 경제활동에 영향을 주는 외부불경제
③ 비공식적 목표가 공식적 조직목표를 대체하는 현상
④ 의도하지 않은 파생적 외부효과

해설 ② 외부불경제는 시장실패의 원인이다.

| 정답 ②

16 다음 중 정보의 비대칭성에 대한 설명으로 옳지 않은 것은?

① 정보의 비대칭에는 역선택과 도덕적 해이가 있다.
② 그레셤의 법칙은 도덕적 해이와 관련된다.

③ 신호보내기와 선별은 역선택을 방지하기 위한 수단이다.

④ 건강보험 가입자가 지나치게 병원을 찾는 것은 도덕적 해이에 해당한다.

해설 ② '악화는 양화를 구축한다'는 그레샴의 법칙(Gresham's Law)은 역선택과 관련된다.

| 정답 ②

제 2 절 정책환경과 정책과정 참여자

1. 정치 체제와 정책환경

1) 정책환경의 의의

정책과 환경은 상호 밀접한 관계를 가지고 영향을 주고받는 관계이기 때문에, 정책은 환경과 분리해서 생각할 수 없다. 특정 사회의 지형학적 특성과 인구학적 특성은 그 사회의 정책에 큰 영향을 미치는 환경 요인이 된다.

2) 정책결정요인론

(1) 개념

정책결정요인론(policy determinants theory)이란 정책의 내용을 결정하는 요인이 무엇인가를 밝히는 이론으로, 주로 사회·경제적 요인과 정치적 요인 중 어느 것이 더 큰 비중을 차지하는가를 설명한다.

(2) 정책결정요인론의 전개

① 키 등의 전통적 정치학자

전통적 정치학자들은 정치적 요인을 강조하고 있다. 키(Vladimer O. Key, Jr.)는 미국 남부에서 백인 농장주들은 저소득층의 정치적 영향력 증대를 막기 위해 정당 간 경쟁을 축소시켜 흑인에 대한 사회보장비 지출을 적게 만들었다. 그들은 정당 간 경쟁이 치열할수록 투표자의 다수를 차지하는 저소득층의 영향력이 증대될 수 있다고 생각했다.

② 경제학자들의 환경 연구

미국의 재정학자 패브리칸트(Solomon Fabricant)는 1인당 소득, 인구밀도, 도시화 정도의 세 가지 변수로 주 및 지방정부의 1인당 정부 총 지출액의 차이를 72% 정도 설명할 수 있음을 밝혔고, 이 중에서도 특히 1인당 소득이 가장 강한 상관관계를 가지고 있음을 발견했다.

③ 정치학자들의 환경 연구

1963년에 도슨(Richard E. Dawson)과 로빈슨(James A. Robinson)은 정당 간 경쟁이라는 정치적 변수와 복지사업 간에 강한 상관관계를 발견했으나 도시화, 산업화, 소득 등을 통제한 후에 나타나는 부분 상관관계는 유의미하지 못했다. 즉, 정치적 변수와 정책 간 관계는 허위 상관에 불과하다는 것을 의미하는데, 이를 '의사모형(spurious model)'이라고도 부른다.

④ 직접모형

일부 정치학자들은 사회경제적 변수의 상대적 우월성을 인정했으나, 정치 체제와 정책 간의 상관관계가 사회경제적 변수의 영향에 전적으로 의지한다는 주장에는 도저히 동의할 수 없었다. 이들은 정치적 변수도 정책에 독립적인 영향을 미친다는 것을 증명하려 했고, 이러한 견해를 더욱 발전시킨 이가 루이스벡(M. S. Lewis-Beck)으로 그는 경로분석을 사용해 효과 계수를 계산해 냈다. 사회경제적 변수의 효과 계수는 정치적 변수의 효과 계수보다 크지만, 정치적 변수도 독립적으로 정책에 영향을 미친다는 것이다.

(3) 정책결정요인론의 한계

정책에서 사회·경제적 환경이 차지하는 비중이 얼마나 중요한가를 부각시켰다는 점에서 의의가 크다. 물론 이전에도 환경의 중요성에 대한 강조가 있었지만, 정책결정요인론에서는 과학적 방법을 사용해 환경의 중요성을 강조한 점이 차이가 있다. 그러나 정치적 변수는 과소평가되고 사회경제적 변수는 과대평가된 면이 있다.

2. 정책 과정과 참여자

1) 정책 과정의 단계

정책 과정은 정책과정 단계론에 따라 정책의제 설정 단계, 정책결정 단계, 정책집행 단계, 정책평가 단계, 정책변동 단계 등으로 나눌 수 있다.

2) 정책 과정의 참여자

(1) 의의

정책 과정에의 참여자를 공식적 권한 여부에 따라서 공식적 참여자와 비공식적 참여자로 구분하고 있다.

(2) 공식적 참여자

① 대통령

우리나라는 대통령의 권한으로 법률안 제출권 및 법률안 거부권과 행정입법권을 부여하고 있다. 또한, 대통령은 대법원장과 대법원판사에 대한 임면권을 갖고 있기 때문에 실질적으로 사법부에 영향력을 행사하고 있다고 볼 수 있다.

② 의회

의회는 법안 발의와 심의를 통해 특정 대안을 지지 혹은 반대한다. 또한 여러 가지 정치적 상황으로 입법권이 행정부에 의해 제한을 받는다면 의회는 예산심의를 통해 자신들의 결정 권한 확보를 꾀한다. 그리고 의회는 국정감사와 국정조사권을 통해 행정부의 잘못된 부분을 감시 감독한다.

③ 관료집단

현실 속에서 관료들은 실제 정책을 만드는 정책결정자(policy－maker)이고, 정치가는 단지 관료들이 만든 정책을 수용하는 정책수용자(policy－taker)일 뿐이다. 특히 정책결정이 골격 입법(skeleton legislation)만 할 경우 구체적인 세부 정책결정은 행정조직에 일임하는 경향이 증대됨에 따라 행정조직의 재량권은 더 커지고 있다.

④ **사법부**

정책집행을 보면, 사법부는 행정부의 정책집행을 통제할 수 있는 직접적인 정책수단을 보유하는 데에는 한계가 있다. 하지만 우리나라는 명령심사권과 행정재판권을 사법부가 보유하고 있으므로, 특정 정책의 집행이 법률적인 쟁송이 되어 있는 경우 사법부는 정책의 지속과 중단 등에 대한 판단을 통해 집행 과정에 개입할 수 있는 권한을 가진다.

(3) 비공식적 참여자

① **정당**

정당(political party)은 헌법상의 기관은 아니지만 각종 사회집단의 요구나 일반국민들의 요망을 수렴해 정책대안으로 전환시키는 이익결집(interest aggregation)의 기능을 수행한다는 점에서 중요한 역할을 한다.

② **이익집단**

이익집단(interest group)이란 "집단구성원의 공동 이익을 증진함을 목적으로 하는 집단"을 말한다. 미국에서는 상·하원에 이은 제3원(third house)으로 불릴 정도로 막강한 힘을 행사하고 있다.

③ **시민단체**

NGO(non-governmental organization)는 i) 자발성에 입각해서, ii) 경제적 이익 대신에 공익을 추구하고, iii) 사회운동 차원에서 활동하는, iv) 민간결사체이다. 이러한 역할을 하는 NGO에 대한 국민들의 신뢰는 적지 않다. 윌슨(James Q. Wilson)의 네 가지 정치 상황 중 고객정치 상황에서 NGO의 역할은 필수적이다. 하지만 NGO도 한계를 가지고 있는데 이에 대해 살라몬(Lester M. Salamon)은 다음 네 가지를 제시하고 있다.

가. 박애적 불충분성: 활동에 필요한 자원을 지속적이고 안정적으로 획득하기 어렵다는 것을 말한다.

나. 박애적 배타주의: NGO가 제공하는 서비스를 도움을 필요로 하는 모든 대상에게 전달하기 어렵다는 것을 말한다.

다. 박애적 온정주의: NGO의 활동 내용과 방식을 결정하는 것이 NGO에게 가장 많은 자원을 공급하는 개인이나 집단의 결정에 의해 좌우될 수 있다는 것을 말한다.

라. 박애적 아마추어리즘: NGO의 부족한 재원으로는 전문성을 지속적이고 충분하게 확보하기 어렵다는 것을 말한다.

④ 언론

언론은 현대 사회에서 정부기구 중 '제4부(the fourth branch of government)'로 불릴 만큼 중요한 역할을 담당하고 있다. 언론은 여론의 형성을 통해 정책의제 설정에 중요한 영향을 미친다. 즉, 언론은 사회에서 일어난 문제를 국민에게 알려서 그들의 관심을 끌게 하거나 해설을 통해 그 문제의 중요성을 인식시키는 방법 등을 통해 여론을 형성하게 된다.

(4) 정책네트워크모형

① **의의**: 정책네트워크는 정책 과정에 참여하는 개인이나 조직 등 행동 주체들이 만드는 상호의존적 연계망을 말한다.

② 유형

가. 하위정부모형

가) 개념

철의 삼각지대(iron triangle)로 불리는 이것은 소수의 엘리트 행위자 즉 관료, 의회상임위원회, 이익집단의 참여와 협력으로 정책결정을 지배한다.

나) 특징

- 정책 영역별로 정부의 하위 체제가 형성되며 하위정부에 의해 정책의 내용과 성격이 결정된다.
- 공통의 이해관계 때문에 이들 간에는 갈등 관계가 형성되지 않는다. 연계관계의 안정성과 자율성이 높다.

• 정책은 '담배연기 자욱한 골방'에서 이루어지는 조용한 협상에 의해 결정된다.

나. 정책공동체모형

가) 개념

정책공동체모형은 폐쇄적인 하위정부모형의 한계를 인식하고, 이에 대한 비판적인 대안으로 제시된 모형이다. 우선 정책공동체모형에서 가정하는 주요 참여자는 하위정부모형과 차이가 있다. 그것은 전문가 집단의 추가이다. 이로 인해 전문적 지식 제공자로서 행정관료의 역할은 축소되었다.

나) 특징

• 참여자가 제한적이다.
• 참여자들 사이에 권력 균형이 이루어져 있다.
• 참여자들이 기본 가치를 공유하며 그들 사이의 접촉 빈도는 높다.
• 정책결정을 둘러싼 권력게임은 승패가 아니라 공동의 이익을 추구하는 '포지티브섬 게임(positive-sum game)'이다.

다. 이슈네트워크모형

가) 개념

이슈 네트워크는 공통의 기술적 전문성을 가진 대규모의 참여자들을 함께 묶는 지식공유집단으로서 그 규모가 크다. 이들 사이에서는 전문성이 매우 중시되는데, 여기에서 전문성이란 고도의 지식을 의미한다. 그러므로 구성원들은 현안 쟁점에 관한 전문성의 수준에 따라 영향력의 정도가 결정되는 것으로 보고 있다.

나) 특징

• 참여자의 범위가 넓고 경계의 개방성이 높다.
• 교환할 자원을 가진 참여자는 한정적이다.
• 참여자들 사이의 권력 배분은 불균등하다.
• 참여자들의 공동체의식은 약하며 그들 사이의 접촉빈도는 유동적이다.
• 참여자들 사이에 갈등이 있고 지배적 집단이 일방적으로 정책을 결정하는 경우가 많기 때문에 권력게임은 '제로섬 게임(zero-sum game)'이다.

객관식 문제

■ 기본문제

01 다음은 윌슨(J. Q. Wilson)의 네 가지 상황 중 어느 것을 말하고 있나?

> 정부 규제로 인해 발생되는 비용은 이질적인 불특정 다수에게 분산되어 그 크기는 상대적으로 작은 반면 편익은 동질적인 소수의 특정 집단에게 집중되는 상황을 말한다. 여기에서의 정부의 고객이란 곧 정책 편익의 수혜자들로서 정치가들은 이들 고객, 즉 강력한 이익집단들의 요구에 즉각적으로 반응하게 된다.

① 고객정치 상황 ② 이익집단 정치 상황
③ 기업가 정치 상황 ④ 대중정치 상황

해설 ① 위의 상황은 고객정치 상황이다.

| 정답 ①

02 정책공동체에 대한 설명 중 틀린 것은?

① 전문가 외에 다양한 이해관계자가 참여하는 공식적, 비공식적 집단이다.
② 장점으로는 정책의 합리성이 제고된다.
③ 상당한 토론으로 정책 혼란의 정도가 감소된다.
④ 정책 또는 인물에 대한 객관적인 평가가 가능하다.

해설 ① 정채공동체는 다양한 이해관계자가 참여하는 것이 아니다.
③ 정책대안에 대한 상당한 토론이 이루어지기 때문에 담당자의 교체에 따른 정책 혼란의 정도가 감소된다.

| 정답 ①

03 정책 과정 참여자에 대한 설명으로 옳지 않은 것은? (2017 지방직 7급)

① 의회는 중요한 정부 정책을 결정하는 공식적 참여자이다.
② 헌법재판소는 위헌심사를 통해 정책 과정 전반에 영향을 미친다.
③ 정책전문가는 정책을 분석·평가해서 정책대안을 제시한다.
④ 정당은 공식적 참여자로서 정책을 통제하기 위해 노력한다.

해설 ④ 정당은 비공식적 참여자이다.

| 정답 ④

04 정책결정요인론에서 직접모형과 관계 없는 내용은?

① 사회경제적 변수의 효과 계수는 정치적 변수의 효과 계수보다 크다고 본다.
② 정치적 변수도 독립적으로 정책에 영향을 미친다.
③ 루이스벡(M. S. Lewis–Beck)이 경로분석을 사용해서 효과 계수를 계산해 낸 것이 대표적이다.
④ 정치적 변수는 정책에 독립적인 영향을 미치지 못한다는 것을 증명했다.

해설 ④ 정치행정학자들은 정치 체제와 정책 간의 상관관계가 사회경제적 변수의 영향에 전적으로 의지한다는 주장에는 도저히 동의할 수 없었다. 연구에서 정치적 변수는 정책에 독립적인 영향을 미친다는 것을 증명했다.

| 정답 ④

05 다음 정책참여자 중 공식적 참여자가 아닌 것은?

① 정당 ② 대통령
③ 대법원 ④ 사법부

해설 ① 정당은 비공식적 참여자이다.

| 정답 ①

▣ 심화문제

06 정책네트워크모형에 대한 설명으로 옳지 않은 것은? (2015 지방직 7급)

① 로즈와 마쉬에 따르면 이슈네트워크는 비교적 폐쇄적이고 안정적인 반면 정책공동체는 개방적이고 유동적이다.
② 헤클로는 하위정부모형에 대한 비판적 입장에서 이슈네트워크모형을 제안했다.
③ 많은 학자들은 1980년대에 등장한 하위정부모형이나 1970년대에 등장한 이슈네트워크모형이 정책네트워크모형의 기원이라고 본다.
④ 정책공동체의 경우, 모든 참여자가 자원을 가지며 참여자 사이의 근본적인 관계는 교환관계이다.

해설 ① 지문이 반대로 되어 있다. 정책공동체가 지속적이며 장기적이고 안정적이다.
② 헤클로(Hugh Heclo)는 하위정부모형을 비판하고 이슈네트워크모형을 제시했다.
④ 정책공동체의 경우 공동이익을 추구하는 포지티브섬 게임의 속성이 강하다.

| 정답 ①

07 정책네트워크에 대한 설명으로 옳지 않은 것은? (2012 국가직 7급)

① 참여자 간 교호작용 속에서 형성되는 연계가 중요하고 참여자와 비참여자를 구분하

는 경계가 없다.

② 정책형성뿐만 아니라 정책집행까지 설명하는 유용한 도구이다.

③ 정책네트워크 유형에는 하위정부, 정책공동체, 정책문제망 등이 있다.

④ 행위자들 사이에 나타나는 상호작용의 패턴을 찾아내는 데 사용된다.

해설 ① 정책네트워크는 모두 경계를 갖는다. 다만, 경계가 안정적인지 불안정적인지는 정책네트워크 유형에 따라 달라진다.

| 정답 ①

08 정책네트워크(policy network)에 대한 다음 설명 중 틀린 것은? (2007 충남 9급)

① 정책네트워크는 비공식적인 의사결정 과정이다.

② 정책네트워크는 정책 과정 전반을 포괄적으로 지배하는 거시적 틀로 작용한다.

③ 정책네트워크는 참여자들 간 상호작용이 반복되면서 변화되지 않는 제도로 존재한다.

④ 정책네트워크는 수평적이다.

해설 ③ 정책네트워크가 고정되고 불변하는 것은 아니다. 여러 형태의 정책네트워크가 공존할 수 있으며, 정책네트워크 형태가 전환되기도 한다.

| 정답 ③

09 다음 중 살라몬(L. M. Salamon)의 NGO의 한계에 대한 설명 중 틀린 것은?

① 박애적 불충분성: 활동에 필요한 자원을 지속적이고 안정적으로 획득하기 어렵다는 것을 말한다.

② 박애적 배타주의: NGO가 제공하는 서비스를 도움을 필요로 하는 모든 대상에게 전달하기 어렵다는 것을 말한다.

③ 박애적 온정주의: NGO는 찾아오는 모든 사람들을 따뜻하게 온정적으로 보살피기에는 역부족이다.

④ 박애적 아마추어리즘: NGO의 부족한 재원으로는 전문성을 지속적이고 충분하게 확보하기 어렵다는 것을 말한다.

해설 ③ 박애적 온정주의란 NGO의 활동 내용과 방식을 결정하는 것이 NGO에게 가장 많은 자원을 공급하는 개인이나 집단의 결정에 의해 좌우될 수 있다는 것을 말한다.

| 정답 ③

제 3 절 정책의제 설정

1. 의의

어떤 사회문제가 정책화되기 위해서는 먼저 그 사회문제가 정책의제로 채택되어야 한다. 정책의제 설정(agenda setting)은 정부가 여러 가지 사회문제 중에서 정책문제로 채택하는 정치적 과정 또는 행위를 말한다.

2. 정책의제 설정의 과정

사회문제는 여러 단계를 거쳐 정책문제로 채택된다. 이에 대해 많은 학자들이 다양한 견해를 소개하고 있으나 아이스턴(Robert Eyeston)은 정책의제 설정 과정을 사회문제→사회적 이슈→공중의제→공식의제로 설명하고 있는데, 일단 공식의제로 채택되면 문제의 해결책을 강구하는 것이 쉬워진다고 한다.

1) 사회문제의 인지

사회문제의 인지란 어떠한 문제가 관련된 개인이나 집단에 의해 사회문제로 인식되는 것을 의미한다. 여기서 사회문제란 "개인 문제가 불특정 다수에게 장기간에 걸쳐 반복적으로 일어나는 문제"를 말한다.

2) 문제의 사회적 쟁점화

사회적 쟁점화 단계란 그 사회 문제에 대해 부정적 견해를 가지거나, 해결 방법에 대해 다른 견해를 가지는 다수의 집단이 나타나, 문제 해결에 합의점을 찾지 못하고 갈등이 야기되는 단계를 말한다. 어떤 사회문제가 사회적 쟁점이 되기 위해서는 쟁점화시키려는 주도자(initiator)가 있어야 하고, 사람들의 주목을 끌 수 있는 사건과 같은 점화장치(triggering event)가 있어야 한다.

3) 쟁점의 공중의제화

공중의제(public agenda) 혹은 체제의제(systemic agenda)란 일반 대중의 주목을 받을 가치가 있으며, 정부가 문제 해결을 하는 것이 정당한 것으로 인정되는 사회문제이다. 많은 사람의 관심이 집중되어 있으며, 정부가 그것을 해결할 수 있는 것으로 인정하는 사회문제인 것이다.

4) 쟁점의 공식의제화

이것은 공중의제화된 사회문제에 대해서 정부가 그 해결을 위한 관심과 행동을 집중함으로써 이루어진다. 즉, 공중의제가 정부 내부로 진입해 들어감으로써 정부의제화되는데, 공중의제가 정부의제로 변화하는 과정이 정책의제설정론의 핵심이다. 여기서 정부의제란 "정부의 공식적인 의사결정에 의해 그 해결을 위해서 심각하게 고려하기로 공식적으로 밝힌 문제"로서 공식의제라고도 한다.

3. 정책의제 설정의 유형

1) 외부주도모형

외부주도모형은 사회문제 → 사회적 이슈 → 공중의제 → 정부의제로 진행된다.

(1) 외부주도모형(outside initiative model)이란 정부 외부에 있는 집단들이 주도해서 정책의제 채택을 정부에 강요하는 모형이다.

(2) 외부집단이 주도해서 정책의제의 채택을 강요하는 경우로 허시맨(A. O. Hirshman)이 말하는 '강요된 정책문제'에 해당한다.

(3) 이익집단의 요구에 민감하게 반응하는 선진국에서 나타나는 유형이다.

2) 동원모형

동원모형은 사회문제 → 정부의제 → 공중의제로 진행된다.

(1) 동원모형(mobilization model)은 이슈가 정부 내부에서 생성되어 자동적으

로 정부의 정책의제가 되고 성공적인 정책집행을 위해 공중의제로 확산시키는 과정을 설명하는 모형이다. 허시맨은 이를 '채택된 정책문제'라고 했다.

(2) 전문가의 영향이 크고, 정책결정 과정과 내용이 좀 더 분석적이다.

(3) 정부의 힘이 강하고 민간부문의 힘이 취약한 후진국에서 많이 나타는 유형이다.

3) 내부접근모형

내부접근모형은 사회문제 → 정부의제로 진행된다.

(1) 내부접근모형(inside access model)은 정부 내의 관료집단이나 정책결정자에게 쉽게 접근할 수 있는 외부집단에 의해 주도되어 최고정책결정자에게 접근해서 문제를 정부의제화하는 경우이다. 이 모형은 공중의제화를 막음으로써 일반 공중의 참여를 배제하고자 시도하는 모형이다.

(2) 국민이 사전에 알면 곤란한 문제를 다룰 때나 시간이 급박할 때, 의도적으로 국민을 무시하는 정부에서 나타난다.

(3) 부(富)와 권력이 소수에게 집중된 나라에서 주로 나타나는 유형이다. 이동통신사업자 선정, 무기 도입 계약 등이 그 예이다.

한편 메이(P. J. May)는 정책의제 설정 과정을 아래 네 가지 유형으로 구분했다. 그는 정책의제 설정에서 중요한 것은 국가와 사회행위자 중 누가 과정을 주도하는가와 문제 해결에 보내는 일반 대중의 지지도가 어느 정도인가라는 것이다.

표 6-2 정책 형태(policy type)에 의한 의제설정모형

주도자	공중의 지지의 성격(nature of public support)	
	높다	낮다
사회행위자(societal actors)	외부 주도(outside-initiation)	내부 접근(inside-access)
국가(state)	공고화(consolidation)	동원(mobilization)

여기서 공고화(鞏固化)는 정부가 문제 해결에 착수하려고 하는데 이미 광범위한 일반 대중의 지지가 있는 경우에 일어난다. 이와 같은 경우에는 주도나 동원이

필요 없고 단지 존재하는 지지를 그대로 공고화함으로써 의제 설정을 하면 되는 것이다.

4. 정책의제 설정에 영향을 미치는 요인

1) 주도집단

주도집단은 정책의제 설정의 주체로서 의제 설정에 많은 영향을 미친다. 이들의 영향력은 두 가지 측면에서 좌우되는데, 하나는 그들이 정치 체제 내부에 있느냐 혹은 외부에 있느냐이며, 다른 하나는 그들이 가지고 있는 정치적 자원이 많은가 혹은 적은가 하는 변수이다. 내부에 있고 정치적 자원이 많을수록 영향력이 커지게 된다.

2) 정치적 요인

정책담당자가 문제 해결에 어떤 태도를 가지느냐에 따라 방관적 태도(let it happen), 후원적 태도(encourage it happen), 주도적 태도(make it happen)로 나눈다. 만약 정책담당자가 주도적 입장을 취하면 의제화가 쉬워지고, 방관적 태도를 취하면 의제화가 어려워진다.

3) 문제의 특성

문제가 사회에 미치는 영향(impact)의 정도를 의미한다. 즉, 문제가 극히 한정된 사람에게만 적용되는 것이 아니고 문제로 인한 피해자 수가 많고 피해의 강도가 클 때 사회적 유의성이 크다.

객관식 문제

■ 기본문제

01 다음 중 어떠한 정책문제가 정책의제로 채택될 가능성이 가장 낮은 경우는?
(2015 국가직 9급)

① 정책문제의 해결가능성이 높은 경우
② 이해관계자의 분포가 넓고 조직화 정도가 낮은 경우
③ 선례가 있어 관례화된 경우
④ 정책의제화를 요구하는 집단의 규모가 큰 경우

해설 ② 조직화 정도가 높아야 정책의제로 채택될 가능성이 높아진다. 이해관계자의 분포가 넓고 조직화 정도가 낮다면 그 문제에 대한 해결 요구가 없거나 그 강도가 약하다. 이럴 경우 정책의제로 채택될 가능성은 낮아지게 된다.

| 정답 ②

02 다음 중 동원모형과 관련이 없는 것은?

① 이슈가 정부 내부에서 생성되어 자동적으로 정부의 정책의제가 된다.
② 성공적인 정책집행을 위해 공중의제로 확산시킨다.
③ 사회문제 → 정부의제 → 공중의제로 진행된다.
④ 선진국에서 흔히 볼 수 있는 모형이다.

해설 ④ 선진국이 아니라 후진국에서 흔히 볼 수 있다.

| 정답 ④

03 아래 내용이 가리키는 것은 무엇인가?

정부 내의 관료집단에 의해 주도되어 사회문제가 공식의제로 채택되는 형태의 모형이다. 이 모형은 일반 공중의 참여를 배제하고자 시도하는 모형이다.

① 외부주도모형 ② 동원모형
③ 내부접근모형 ④ 쓰레기통모형

해설 ① 위의 내용은 내부접근모형이다. 이 모형은 일반적으로 국민을 무시하는 정부에서 흔히 나타난다.

| 정답 ①

■ 심화문제

04 주도집단은 정책의제 설정의 주체로서 의제 설정에 많은 영향을 미친다. 다음 중 의제 설정이 가장 어려운 유형은?

		정치 체제	
		내부	외부
정치적 자원	많음	Ⅰ	Ⅱ
	적음	Ⅲ	Ⅳ

① Ⅰ ② Ⅱ ③ Ⅲ
④ Ⅳ ⑤ 차이 없음.

해설 ④ 정책의제 설정은 주도집단이 외부에 있고 정치적 자원도 적은 경우, 길고 어려운 과정을 거쳐 정책문제화된다.

| 정답 ④

05 정책의제 설정에 영향을 미치는 요인으로 볼 수 없는 것은?

① 집단적 토의기법의 발달
② 위기사태의 발생
③ 정권 교체
④ 문제 해결을 위한 새로운 정책수단의 대두
⑤ 인지집단의 크기와 응집력

해설 ① 집단적 토의법은 브레인스토밍(brainstorming)을 말하는데, 이것은 정책의제로 선정된 후 대안을 탐색할 때 사용되는 것으로 정책의제 설정과는 관련이 없다.

| 정답 ①

08 메이(P. J. May)는 정책의제 설정의 주도자와 대중의 관여 정도에 따라 정책의제 설정 과정을 네 가지 유형(A~D)으로 구분했는데, 이에 대한 설명으로 옳지 않은 것은?
(2016 지방직 7급: 수정)

주도자	공중의 지지의 성격(nature of public support)	
	높다	낮다
민간	A	B
정부	C	D

① A는 외부집단이 주도해서 정책의제 채택을 정부에게 강요한 경우로 허쉬맨(A. O. Hirshman)이 말하는 '강요된 정책문제'에 해당한다.
② B의 경우 정책결정에 영향력을 가지는 집단은 대중들에게 정책을 공개해서 지지를

획득하려고 한다.

③ C에서는 이미 민간집단의 광범위한 지지가 형성된 이슈에 대해 정책결정자가 지지의 공고화(consolidation)를 추진한다.

④ D에서는 정부의 힘이 강하고 이익집단의 역할이 취약한 후진국에서 일반적으로 많이 나타난다.

해설 ② 내부접근형에서는 은밀하게 정책결정이 이루어지므로 대중들에게 정책을 공개하려고 하지 않는다. 국민을 무시하는 정부에서 흔히 나타나며, 음모형에 속한다.

| 정답 ②

07 다음 정책의제 설정모형에 대한 설명으로 맞는 것은?

① 내부접근형은 사회문제 담당자들이 정부 내부의 인맥을 통해서 정책의제를 형성하는 것이다.

② 외부주도형은 정부조직 외부에서 정책문제가 제기되는 것이다.

③ 외부주도형은 주로 사회문제 당사자 외의 외부 세력이 의제형성을 주도한 것을 말한다.

④ 동원모형은 민간이 정부를 동원해서 정책의제를 형성하는 것이다.

⑤ 내부접근형이 가장 민주적인 의제형성 과정이다.

해설 ② 이익집단이 발달한 선진국에서 많이 볼 수 있다.
① 정부 내부의 관료나 정책결정자에게 쉽게 접근할 수 있는 외부집단에 의해 제기된다.
③ 사회문제 당사자를 포함한 외부집단이 정책의제 형성을 주도한 것이다.
④ 동원모형은 정부가 민간을 동원하는 것이다.
⑤ 가장 민주적인 유형은 외부주도형이다.

| 정답 ②

제 4 절 정책결정

1. 정책결정 과정

1) 정책문제의 인지와 정의

(1) 제3종 오류

정책문제의 정의는 '무엇이 문제인지'를 찾아내는 것인데, 제3종 오류는 메타오류로서 잘못된 문제 진단을 하고, 그것에 근거해서 문제를 해결하려고 하는 것이다.

(2) 정책문제의 분석기법

① 경계분석: 문제의 위치, 존속기간, 문제를 형성해 온 역사적 사건 등을 구체화하는 것이다.

② 분류분석: 문제시된 상황을 정의하고 분류하는 데 사용되는 각종 개념을 명확히 하는 기법이다.

③ 계층분석: 문제 상황의 가능성 있는 원인을 식별하기 위한 방법이다. 계층분석은 분석가가 가능성 있는 원인, 개연적 원인, 행동 가능한 원인을 식별하는 데 도움을 준다.

④ 시네틱스(synetics): 유추분석이라고도 하는데, 유사한 문제의 인식을 촉진하기 위해 고안된 방법이다. 개인적 유추, 직접적 유추, 상징적 유추, 환상적 유추 등의 형태가 있다.

⑤ 가정분석: 정책문제에 관한 서로 대립되는 가정의 창조적 종합을 목표로 한다.

2) 정책목표의 설정

정책목표는 정책을 통해서 달성하고자 하는 바람직한 상태를 의미한다. 정책목표는 ① 최적의 정책대안을 선정한 기준, ② 정책집행의 지침, ③ 정책평가의 기준이 된다.

3) 정책대안의 탐색

정책대안을 탐색하고 개발하는 방법은 크게 두 가지로 분류할 수 있는데, 하나는 점진적 방법으로 한정된 수의 대안만 탐색하게 되는데, 그것도 기존 정책에 약간의 수정만 가하는 형식으로 이루어진다. 다른 하나는 새로운 방법으로 창조적 대안 탐색을 들 수 있다. 브레인스토밍(brainstorming)이 이에 해당한다. 이것은 이름 그대로 머리에 폭풍을 일으키는 기법을 말하며, 기발하고 다양한 아이디어를 자유롭게 제안할 수 있도록 함으로써 가능한 한 많은 아이디어를 얻기 위해 사용되는 방법이다.

4) 정책대안의 결과 예측

(1) 결과 예측

선별된 정책대안들이 나중에 정책으로 채택되어 집행되었을 경우 나타날 결과를 미리 예측해 보는 것을 정책대안의 결과 예측이라고 한다. 이 작업은 여러 가지 예측기법을 사용해야 하므로 복잡하고 어려운 과정이라고 할 수 있다.

결과 예측에 사용되는 근거로는 경향치의 투사와 이론적 가정, 그리고 주관적 판단 등이 있다. 경향치 투사에는 시계열분석이, 이론적 가정에는 시뮬레이션이나 회귀분석이, 그리고 주관적 판단에는 임팩트 시스템분석, 미래 예측 델파이와 교차영향분석 등이 있다. 미래 예측 델파이는 전통적 델파이라고도 불리는데, 집단토의 같은 대면적인 회의 진행의 단점을 극복하기 위해서 개발된 것으로 주요 특징으로는 ① 완전익명성: 누가 어떤 의견을 제시했는지 모르도록 의견 제시가 서면으로 이루어진다. ② 반복과 환류: 제시된 의견들은 다른 모든 사람에게 제공된다. 다른 사람들의 의견을 검토 후 다시 자신의 의견을 제시하는 이런 과정을 반복한다.

(2) 결과 예측의 한계: 불확실성의 존재

① 불확실성의 발생 원인

정책문제의 복잡성, 정책목표와 수단 간의 인과관계의 부재, 정보 부족, 시간이나 비용의 부족 등이 그 원인이다. 대체로 문제 상황이 복잡할수록 또 정책문제의 상황이 급격히 변화할 경우에 불확실성의 정도가 커지게 된다.

② 불확실성의 대처 방안

가. 적극적 대처 방안

상황에 대한 정보를 획득하거나 모형을 개발해 정책대안이 가져올 결과를 확실하게 예측하는 방법과 불확실성을 발생시키는 상황 자체를 통제하는 방법이 있다.

나. 소극적 대처 방안

가) 보수적인 접근 방법: 불확실성 하에서 전개될 최악의 상태를 전제로 정책결정을 하는 것을 말한다. 위험회피형 정책결정자들의 태도가 여기에 해당된다.

나) 가외성(redundancy) 확보: 가외적 조치를 중복적으로 더 확보해 놓음으로써 불확실성에 대처하는 방법인데, 학교시설을 다른 용도로 전환할 수 있는 다용도시설로 설계하는 것도 한 예에 속한다. 이럴 경우 비용 증가라는 문제가 수반된다.

다) 민감도분석(sensitivity analysis): 불완전한 정보를 가지고 있는 모형 내의 파라미터(회귀계수, 경로계수, 확률 등)에 대해 이들의 값이 달라질 때 대안의 결과가 어떻게 변화되는가를 보는 방법이다.

라) 악조건 가중분석: 최선의 대안은 최악의 상황을 , 나머지 다른 대안들은 최선의 상황을 가정해 보는 분석이다.

마) 분기점분석: 악조건 가중분석의 결과 대안의 우선순위가 달라질 경우 대안들이 동일한 결과를 가져오기 위해서는 어떤 가정이 필요한지를 밝히는 분석이다.

5) 비교 · 평가 및 최적 대안의 선택

정책대안들의 결과가 예측되고 나면 어떤 대안이 더 바람직한가를 비교 · 평가함으로써 정책대안들 간의 우선순위를 정해야 한다. 비교 · 평가방법은 여러 가지가 있으나 주로 비용편익분석을 이용한다. 비용편익분석(cost−benefit analysis)은 각 정책대안의 비용과 편익을 비교 · 평가해서 최선의 선택을 할 수 있게 도와주는 기법이다. 비용편익분석은 정책평가 기준의 두 축인 효율성과 형평성 중에서 특히 효율성에 대한 해답을 얻는 데 유용한 방법이다. 분석 절차는 다음과 같다.

(1) 대안의 식별과 분류

설정된 목표를 달성하기 위한 모든 대안을 식별하는 것이다.

(2) 편익과 비용의 추정

인건비, 자재비 등의 비용은 비교적 쉽게 파악되나 편익은 파악하기가 어려운데 금전적 가치로 계량화하기 위해 '소비자 잉여' 개념을 이용한다. 소비자 잉여란 재화를 얻고자 소비자가 지불할 의사가 있는 최대한의 지불 용의액과 그가 실제로 지불하는 지불액과의 차이를 의미한다.

(3) 할인율의 선택

공공사업에 대한 타당성 여부는 현재 시점에서 평가되어야 하므로 미래에 발생하는 편익과 비용은 모두 현재가치로 환산시켜 비교할 필요가 있다. 미래의 편익과 비용을 현재가치로 환산할 때 적용되는 이자율이 할인율(discount rate)이다. 할인계수는 다음 공식으로 구해진다.

$$\text{할인계수} = \frac{1}{(1+i)^n} \quad i\text{: 사회적 할인율, } n\text{: 연수}$$

(4) 효과성 측정

각 대안의 효과성을 측정할 방법으로는 순현재가치, 비용 · 편익비, 내부수익률 등의 세 가지가 있다. 순현재가치(net present value: NPV)는 편익의 총현재가치에서 비용의 총현재가치를 제외한 것으로 정의한다. 따라서 순현재가치가 0보다 클 경우 그 사업은 타당성이 있다고 판단할 수 있다. 비용 · 편익비(B/C ratio) 기준은 편익의 총현재가치를 비용의 총현재가치로 나눈 결과를 선택 기준으로 사용한다. 따라서 비용 · 편익비가 1보다 큰 사업은 경제적으로 타당성이 있다고 볼 수 있다. 내부수익률(internal rate of return: IRR)이란 사업에서 발생하는 편익의 현재가치의 총합과 비용의 현재가치의 총합을 같게 하는 비율을 1로 만드는 할인율이다. 즉, NPV를 0으로 만드는 할인율, 쉽게 말해 투자사업이 원만히 진행되어 총비용을 회수해서 최소한 손익분기점(break-even) 상황을 유지한다고 할 때 기대되는 예상 수익률이다. 그리고 내부수익률이 사회적 할인율보다 크다면 그 투자사업은 타당성이 있는 것으로 평가된다.

2. 정책결정 모형

1) 개인적 차원의 모형

(1) 합리모형

① 의의

정책결정자를 전지전능한 존재로 가정해서, 완전한 합리성에 근거해 정책을 결정한다는 이론이다. 즉, 주어진 목적 달성의 극대화를 위해 최대한의 노력을 한다는 주관적 합리성에 근거한 경제인(經濟人, homo economicus)과 같은 합리적 인간을 전제로 한 이론모형인 것이다.

② 특징

- 완전한 합리성: 정해진 목표나 가치를 가장 완전하게 달성할 수 있는 대안을 절대적 합리성이나 경제적 합리성에 근거해서 결정한다.
- 목표수단분석: 목표－수단 연계를 인정하지 않고 목표와 수단은 반드시 구별되고 목표는 주어진 것이며 단일하고 고정되어 있는 것으로 본다.
- 분석적 · 단발적 문제 해결: 의사결정이 분석적이며 단발적이다. 점증모형이 지속적인 것과 차이가 있다.
- 수리적 · 연역적 분석: 계량적 방법이나 수학적 지식에 의존하고 연역적으로 이론을 전개한다.
- 전체적 최적화 추구: 모든 대안이 비용편익분석, 비용효과분석 등을 통해 총체적, 종합적으로 비교, 탐색된다.

(2) 만족모형

① 의의

만족모형(satisficing model)은 사이먼(H. A. Simon)과 마치(J. G. March)가 합리모형의 현실적 제약점을 극복하기 위해 제시하는 모형이다.

② 특징

- 제한적 합리성(bounded rationality): 여러 제약 때문에 극대화를 추구하지 못하고 만족화 수준에 머물게 된다는 것이다. 여기서 만족화란 Satisfy+Sufficing을 합친 Satisficing, 즉 '만족하기에 충분한 정도'가 된다.
- 만족대안의 선택: 모든 대안을 탐색하지 않고 무작위적이고 순차적으로 몇 개의 대안만을 탐색하며, 만족할 만한 대안이 나타나면 의사결정을 종료한다.

③ 평가

만족화의 기준이 결정자의 주관적인 기대 수준에 달려 있어 규범적 의사결정의 기준으로는 바람직하지 않다.

(3) 점증모형

① 의의

린드블럼(Charles E. Lindblom)과 윌다브스키(Aaron Wildavsky) 등이 제시한 이론으로서, 현재의 정책에 약간의 변화만을 대안으로 고려해서 정책을 결정하는 것이다.

② 특징

- 기존 정책±α식 결정; 현존의 정책에 약간의 수정을 가하는 형태로 정책을 결정한다.
- 목표와 수단의 상호의존성: 목표와 수단의 명확한 구분이 불가능하고, 양자는 계속적으로 조정된다고 보아 목표와 수단의 연쇄관계를 인정한다. 즉, 목표수단분석은 실시하지 않는다.
- 정치적 합리성 축구: 정책결정은 경제적 합리성에 의해 결정되기보다는 관련 이해집단들의 이익과 가치를 고려한 정치적 조정의 결과로 본다.
- 분석의 제한: 능력과 정보의 부족으로 한정된 수의 대안만 검토하고 한꺼번에 획기적인 정책결정을 하지 않고 조금씩 수정·보완해 간다.

③ **평가**

현실적으로 정책결정권자의 입장에서는 합리적인 방법으로 모든 정보와 자원과 대안을 전부 다 고려하기란 불가능하다. 또 기존의 정책에 많은 비용, 즉 매몰비용(sunk cost)이 투자되어 있는 상황에서는 가장 현실적인 방식이다. 그러나 점증모형은 다음과 같은 측면에서 비판을 받고 있다.

- 잘못된 기존 정책이 있을 때는 근본적인 수정이 어렵고 정책의 악순환을 가져온다.
- 혁신을 저해한다. 점증모형은 지나치게 보수적이어서 쇄신을 저해한다. 현재의 상태(status quo)를 지나치게 옹호하려는 성향이 있으므로 이는 정치적 강자의 입장을 대변해서 사회적 약자를 억압하는 이념적 무기로 악용될 우려가 있다.

(4) 혼합탐사모형

① **의의**

혼합탐사모형(mixed scanning)은 에치오니(Amitai W. Etzioni)가 제창한 것으로서, 합리모형과 점증모형을 혼합·절충한 제3의 모형이다. 즉, 합리모형은 비현실적이라는 것인데, 인간의 지적 능력의 한계로 인해 합리모형대로 정책문제를 해결할 수 없다는 이유이다. 또한 점증모형도 보수적인 관점에서 지배계층의 이해관계를 중시하고 나머지 계층을 무시하는 것을 정당화시키는 이론이라고 했다. 그래서 이 양자를 변증법적으로 통합하려는 것이다.

② **내용**

혼합탐사모형에서 정책결정은 근본적 결정과 세부적 결정의 지속적인 교호작용에 의해 이루어진다. 근본적 결정이란 세부적 결정이 이루어질 테두리를 결정하는 것으로, 세세한 내용이나 구체적인 것들은 의식적으로 제외함으로써 개괄적인 검토가 가능하게 한다. 이러한 개관은 전반적이고 근본적인 방향을 올바로 설정하려는 목적을 지닌 것이다. 세부적 결정은 근본적 결정이 설정한 맥락 안에서 점증적으로 결정되는데, 성질상으로 보면 근본적 결정의 구체화 내지 집행에 해당된다.

③ **평가**

혼합탐사모형은 모든 결정을 동일한 수준으로 보지 않고 근본적인 결정과 세부적인 결정 그리고 양 극단 사이에 존재하는 많은 결정으로 구분한 것과 합리모형의 지나친 엄밀성과 점증주의의 보수성을 극복할 수 있는 전략을 제시했다는 점에서 정책결정이론의 발전에 크게 기여한 것으로 평가할 수 있다. 그러나 다음의 비판도 받고 있다.

- 이 모형은 새로운 것이 아니라 두 개의 대립되는 극단의 모형을 절충·혼합한 것에 불과하다는 비판도 받고 있는데, 그 이유는 현실적으로 이 이론을 적용할 때 어디에서 합리적인 접근방법과 점증적인 방법을 사용해야 할 것인가에 관해서 모호한 입장을 취하고 있기 때문이다.
- 현실적으로 근본적 결정과 세부적 결정을 구별하기가 곤란하다.

(5) 최적모형

① **의의**

드로어가 점증모형의 보수적 성격과 합리모형의 비현실성을 비판하면서 새로운 요소들을 가미해 규범적 모형으로 최적모형(optimal model)을 제시했다.

② **내용**

드로어(Yehezkel Dror)는 점증모형을 타성을 조장하고 쇄신을 저해하는 정책결정 방법이라고 비판한 바 있다. 그는 합리모형의 비현실성과 점증모형의 보수성에 비판을 가하고 현실주의와 이상주의를 통합한 최적모형을 제시하고 있다. 주된 내용은 합리성의 제고, 정책 과정의 환류성 및 정책결정 체제의 구조 등으로 구성된다.

가. 합리성의 제고

가) 경제적 합리성: 합리성의 제고가 중요하긴 하지만 그것은 어디까지나 "경제성을 감안한 합리성"이어야 한다는 것이다. 즉, 다음의 경우와 같이 합리적 결정의 효과가 비용보다 클 경우에만 합리모형을 적용해야 한다.

$$\text{합리적 결정의 효과} \geq \text{합리적 결정의 비용}$$

이때 합리적 결정의 효과는 합리모형에 따라서 분석적으로 정책을 결정할 때 그 결과로서 정책의 질이 향상되는 효과를 말하며, 합리적 결정의 비용은 결정에 소모되는 노력, 시간, 정보수집비 등의 분석경비를 의미한다.

나) 초합리성의 강조: 선례가 없거나 매우 중요한 비정형적 결정에서는 직관·창의·판단 등과 같이 인간 의식의 저변에 존재하는 반(半)무의식적 요소인 '초합리적 요소'가 정책결정 과정에 개입해야 한다.

나. 정책 과정의 환류성

정책 과정의 환류성을 보면, 최적모형은 4단계 18개 국면으로 구성되어 있다. 이들 4단계는 메타정책결정 단계(meta-policymaking stage), 정책결정 단계, 정책결정 이후 단계와 환류 등이다. 이들 4단계는 메타정책결정 단계(meta-policymaking stage), 정책결정 단계, 정책결정 이후 단계와 환류 등이다. 이들 4단계 중에서 드로어가 특히 강조하는 단계는 메타정책결정 단계이다. 메타정책결정은 "정책결정을 어떻게 해야 할 것인가에 대한 결정"을 말한다.

다. 정책결정 체제의 구조

가) 정책결정 체제는 중첩성이 있어야 한다. 특히 중요한 국면일수록 과오의 위험을 극소화하기 위해 기관이 여러 개 있어야 한다.

나) 집행을 용이하게 하기 위해 집행에 영향을 미치는 주체는 정책결정 체제 내에 포함시켜야 한다.

③ 평가

최적의 의미가 불분명하다는 지적과 함께 초합리성의 성격이 명확하지 않고 초합리성의 구체적 달성 방법이 명확치 않다는 점, 그리고 초합리성이 지나치게 강조될 경우 신비주의에 빠질 위험성이 높다는 점이 지적되고 있다.

2) 집단적 차원의 모형

(1) 회사모형

① 의의

회사모형(firm model)은 연합모형(coalition model)이라고도 불리는데, 개인적 차원의 '만족모형'을 발전시켜 조직에서의 의사결정 차원에 적용시킨 것이다. 회사모형은 철저하게 기업조직 내부의 의사결정에 초점을 맞추고 있다. 고전적 경제학에서 기업이 합리모형에 따라 의사결정을 하는 것으로 전제하고 있는데, 회사모형은 이에 대한 비판에서 출발한다.

② 특징

가. 갈등의 불완전한 해결: 갈등은 완전 해결보다는 잠정적으로만 해결되고 갈등은 항상 잠재해 있는, 즉 갈등은 불완전 해결 상태로 머물고 만다.

나. 문제 중심의 탐색: 조직에 무슨 문제가 없나 항상 탐색하는 것처럼 적극적으로 문제를 발견하는 것이 아니라, 문제가 발생한 후 비로소 문제를 탐색하기 시작하고 그 문제를 해결하기 위한 대안을 탐색하게 된다.

다. 불확실성의 회피: 장래에 일어날 사건들과 그 발생 확률을 예측해서 불확실성에 대응하기보다는 그러한 불확실성 자체를 회피하려고 한다.

라. 조직의 학습: 결정 과정이 반복되는 과정에서 결정자들은 점차 많은 경험을 쌓게 된다. 시간이 흐르고 경험이 많아짐에 따라 결정은 좀 더 세련되고 목표달성도는 높아진다.

마. 표준운영절차(Standard Operating Procedure: SOP)의 중시: 경험이 축적되어 감에 따라 가장 효율적이라고 생각되는 결정 절차를 마련해 두고 이를 활용해 결정을 한다.

③ 한계

이 모형은 권한의 하위조직 위임이라는 민주적·분권적 조직관에 입각하고 있기 때문에 모든 결정권이 최고층에게 집중되어 있는 권위주의적 조직에는 적용하기 어렵다.

(2) 사이버네틱스모형

① 의의

가. 사이버네틱스모형(cybernetics model)은 설정된 목표를 달성하기 위해 정보와 환류 과정을 통해 자신의 행동을 스스로 조정해 나간다고 가정한다.

나. 분석적 합리성이 완전히 존재하지 않는 상태에서의 결정으로 합리모형과 가장 대립되는 모형이다.

② 특징

가. 적응적 의사결정

달성하고자 하는 목표가 먼저 존재하는 것으로 전제하는 합리모형과 달리, 사이버네틱스모형에서는 고차원의 목표가 반드시 사전에 존재하는 것으로 전제하지 않으며, 일정한 주요 변수의 유지를 위한 끊임없는 적응에 초점을 둔다. 이 모형은 주요 변수를 일정한 범위 내에서 유지하는 데 관심을 가지는데, 일례로 자동온도조절장치를 보면, 이 장치는 방 안의 온도를 일정한 범위 내에서 유지하는 기계라고 할 수 있다. 온도가 미리 정해진 범위보다 낮아지면 난방기구를 작동하고 반대로 그보다 높아지면 냉방기구를 작동시킴으로써 방 안 온도를 항상 일정한 범위 내로 유지한다는 것이다.

나. 불확실성의 통제

의사결정자에게 부닥친 상태가 사전에 설정된 범위를 벗어났는가 아닌가의 여부만을 판단해 그에 상응한 행동을 반응 목록에서 찾아내어 조치를 취한다. 이처럼 사이버네틱 의사결정자들은 미리 정해진 일정한 변수에 대해서만 집중적으로 모니터한다. 그리하여 허용할 만한 수준(acceptable level)에 미달하는 경우가 발생하면 일상적인 표준운영절차를 검토해서 수정하게 되고 새로운 해결 방식을 모색하게 된다.

다. 집단적 의사결정

조직이란 다양한 목표를 가진 개인들의 연합이므로 개인의 의사결정 논리가 그대로 적용되지 않고, 집단적 의사결정이 필요하다고 본다.

라. 도구적 학습

합리모형처럼 결과를 미리 예측해 합리적 대안을 선택하는 인과적 학습이 아니라 시행착오적 학습에 의존한다. 즉, 어떤 대안이 좋은 효과를 보면 계속해서 그 대안을 채택하는 반면, 나쁜 효과를 보면 다른 대안을 채택해 보는 식으로 학습이 이루어진다.

③ **평가**

이 모형은 분석적 합리성이 완전히 존재하지 않는 상태에서의 의사결정을 설명해 줄 수 있지만, 사이버네틱스 패러다임 자체만으로는 복잡한 의사결정 문제를 분석하기에 불완전하므로 이를 인지이론(cognitive theory)으로 보완해야 한다는 주장도 있다.

(3) 쓰레기통모형

① **의의**

쓰레기통모형(garbage can model)은 코헨(Michael D. Cohen) 등이 창안한 개인이 아닌 집단적 의사결정 이론으로서, 조직구성원의 응집성이 아주 약한 혼란 상태인 '조직화된 무정부 상태(organized anarchies)'에 있는 조직체의 비합리적 의사결정 과정을 분석하기 위한 모형이다.

② **특징**

가. 복합적이고 급격한 변화가 일어나는 혼란 상태에서는 정책결정이 합리모형에서처럼 체계적으로 이루어지는 것이 아니라, 쓰레기통 속의 쓰레기처럼 뒤죽박죽되다가 우연히 결정된다.

나. 합리성을 극도로 제약하는 세 가지 전제 조건(조직화된 혼란 상태의 속성) 하에서 의사결정의 네 가지 요소가 우연히 결합되어 의사결정이 이루어진다고 본다. 세 가지 전제 조건은 선호의 불명확성(problematic preferences), 불명확한 기술(unclear technology), 일시적 참여자(fluid participation) 등이다.

③ **의사결정의 방식**

쓰레기통 모형에 의한 의사결정은 다음과 같은 세 가지 유형으로 구분할 수 있다.

가. 간과(oversight): 관련된 다른 문제들이 제기되기 전에 재빨리 의사결정을 하는 방법이다.

나. 문제 해결(problem resolution): 해결되어야 할 문제가 의사결정의 기회와 연계되어 있는 경우. 충분한 에너지를 갖게 되어 의사결정이 비교적 쉽게 이루어진다.

다. 탈피(flight): 다수의 문제가 하나의 의사결정 기회에 연계되어 있는 경우, 필요 에너지가 모자라 의사결정을 할 수 없게 된다. 이러한 경우, 문제들이 마냥 못 기다려 다른 의사결정 기회를 찾아 떠나게 되면, 즉 탈피하게 되면 처음의 의사결정 기회는 의사결정으로 이어지게 된다.

④ **평가**

조직적 혼란 상태는 오늘날 공공조직이나 교육기관 등에서 쉽게 발견할 수 있는 것인 만큼 현실의 결정문제를 좀 더 적실성 있게 분석할 수 있다는 장점을 가진다.

(4) 앨리슨모형

① **의의**

가. 앨리슨(Graham T. Allison)은 쿠바 미사일 위기에 대한 미국의 대응정책 결정을 분석했다.

나. 미국 정부의 정책결정 과정을 설명하기 위해서 세 가지 모형으로서 합리모형, 조직과정모형 및 정치모형을 제시했다. 앨리슨모형(Allison model)은 비교적 소홀하게 취급되던 '정치적 결정'을 세 번째 모형으로 보완하고 있다.

② **주요 내용**

이들 세 가지 모형을 구분하는 중요한 기준의 하나가 정책결정에 참여하는 집단의 응집성이다. 합리모형에서는 정부를 잘 조정된 유기체로 보고, 조직모형에서는 정부를 반독립적인 하위조직들이 느슨하게 연결되어 있는 집합체로 간주하며, 정치모형에서는 정부를 서로 독립적인 정치적 참여자들의 집합체로 간주한다.

가. 합리모형(Model Ⅰ): 국가는 국익을 극대화시키는 최선의 대안을 선택하는 합리적 결정을 한다. 따라서 정책결정에 참여하는 모든 사람은 국가 전체의 이익을 위해 행동하며 개인적인 사심(私心)은 작용하지 않는다는 것이다.

나. 조직모형(Model Ⅱ): 정부는 하위조직들의 집합체이며 이들 하부조직의 내부절차(SOP)에 의해서 국가정책이 결정된다. 정부지도자는 집합체의 정상에 있으나 정책은 전문성을 가지고 있는 하위조직들의 내부절차에 따라 결정된다. 따라서 서로 다른 목표를 가진 하위조직들이 문제 해결을 둘러싸고 발생하는 갈등을 협상을

통해 완전 해결이 아닌 준해결(quasi-resolution)하는 상태에 머물게 된다.

다. 정치모형(Model Ⅲ): 국가정책의 결정 주체는 단일 주체로서의 정부(합리모형)나 하위조직으로서의 부처들의 연합체(조직모형)가 아니고 참여자들 개개인이라고 본다. 즉, 정부의 정책이란 조직 전체가 부딪친 문제에 대한 최선의 해결책이라기보다 참여자들 간의 갈등과 타협에 의한 정치적 게임의 결과로 간주하는 것이다.

② 평가

이 모형은 합리모형 일변도에 입각한 이론과 실제의 괴리를 줄이고자 종합적인 시각을 강조했다. 이는 의사결정을 위한 고도의 합리적 기법이 개발된다고 해도 의사결정의 정치적 성격을 완전히 배제할 수 없다는 점을 시사해준다.

(5) 공공선택모형

① 의의

공공선택모형(public choice model)은 비시장적(non-market) 분야에 대해서 경제학적 분석방법을 적용한 것이다. 공공선택론에서는 정부를 공공재의 생산자로, 시민들은 공공재의 소비자로 규정한다. 이러한 관점에서 시민의 편익을 극대화할 수 있는 서비스의 공급과 생산은 공공부문의 시장경제화를 통해 가능하다고 본다. 전제 조건으로는, ① 방법론적 개인주의(methodological individualism), ② 경제인(homo economicus), ③ 교환으로서의 정치(politics-as-exchange) 등을 들 수 있다.

② 대표 모형: 니스카넨의 예산극대화 원칙

이 모형의 대표적 요소인 니스카넨(W. A. Niskanen)의 예산극대화 원칙을 보면, 관료와 정치가가 극대화하고자 하는 것은 국가 이익이 아니라 사익에 불과하다는 것이다. 관료들은 국가 이익이나 전체 복지를 위해 일하는 것이 아니며 오히려 다른 요인들이 작용하는데, 이 요인이란 봉급, 명성, 권력 후원 등이다. 그는 예산극대화를 통해 관료들이 자신들의 효용을 극대화한다고 생각하는데, 그 주장의 근거는 다음과 같다.

정치가는 유권자의 지지를 확보하려고 총사회적 편익과 총비용(즉, 세금)의 차이가 극대화되는 산출량을 택하려 한다. 이는 한계편익과 한계비용이 일치되는 점에서 이루어지는데, 그 이유는 MR=MC의 법칙(이윤극대화 산출량은 한계수익=한계비용인 점에서 이루어진다) 때문이다. 그러나 관료들은 예산의 극대화가 목적인 경우 사무실의 크기나 비품, 스태프진 등의 증대를 통해 자신들의 위신과 체면을 높이려고 한다. 따라서 비용은 생각하지 않고 주어진 예산으로 총비용을 부담할 수만 있으면 총편익이 극대화되는 산출량을 고집해 그 결과 정부 산출물은 적정 생산 수준보다 2배의 과잉 생산이 이루어진다.

③ **평가**

기존의 정부관료제의 문제점을 극복하고 시민들의 다양한 요구와 선호에 민감하게 부응할 수 있는 제도적 장치를 마련하는 데 관심을 가지고 있어 민주행정의 구현이라는 관점에서 높이 평가된다. 이처럼 공공선택이론은 정부의 비효율적인 측면들을 분석하는 데 대단히 유용한 접근방법이다. 그러나 공공선택이론은 가치를 결정할 때 시장이 정부보다 더 합리적이라고 가정한다. 이러한 가정은 경제적 가치를 분석한다는 점에서 타당할지 모르나 경제적 기준으로 계량화하기 어려운 가치들에 대해서는 문제가 있다.

객관식 문제

▣ 기본문제

01 정책결정모형 중에서 합리적인 요소와 초합리적인 요소의 조화를 강조하는 모형은?
(2013. 지방직 9급)

① 최적모형　　② 점증주의
③ 혼합탐사모형　　④ 만족모형

해설 ① 전례가 없거나 매우 중요한 비정형적 결정에서는 직관·창의·판단 등과 같이 인간 의식의 저변에 존재하는 반(半)무의식적 요소인 '초합리적 요소'가 정책결정 과정에 개입해야 한다.

| 정답 ①

02 **합리모형과 점증모형에 대한 설명으로 옳은 것은?**

① 점증모형은 목표수단분석을 활용하고, 합리모형은 목표수단분석을 활용하기 곤란하다.

② 점증모형은 단발적이지만, 합리모형은 계속적이다.

③ 점증모형은 매몰비용이 고려되지만, 합리모형은 매몰비용이 고려되지 않는다.

④ 혼합모형은 양자와 아무런 관련이 없다.

해설 ③ 매몰비용은 기존에 사업을 시행하는 데 들어간 비용인데, 점증모형은 매몰비용을 고려하지만 합리모형은 매몰비용을 고려하지 않는다.
① 합리모형은 목표수단분석을 활용하고, 점증모형은 목표수단분석을 활용하기 어렵다.
② 점증모형은 계속적인 분석이고, 합리모형은 단발적인 분석이다.
④ 혼합모형은 양자의 장점을 결합시키려는 노력과 관련된다.

| 정답 ③

03 **킹던(John W. Kingdon)이 주장한 정책창문이론에 대한 설명으로 옳지 않은 것은?**

① 정책창문은 문제의 흐름, 정치적 흐름, 정책적 흐름 등이 함께 할 때 열리기 쉽다.

② 정책창문은 정책의제 설정에서부터 최고의사 결정에 이르기까지 필요한 여러 가지 여건이 성숙될 때 열린다.

③ 정책창문은 한번 열리면 문제에 대한 대안이 도출될 때까지 상당한 기간 동안 열림.

④ 정책창문은 한번 닫히면 다음에 다시 열릴 때까지 많은 시간이 걸리는 편이다.

해설 ③ 정책창문(policy window)은 정책 과정의 세 가지 흐름 즉 문제, 정책, 정치의 흐름에 의해 열리게 되는데 한번 열리면 계속 열려 있는 것이 아니라 아주 짧은 기간 동안만 열려 있게 된다.

| 정답 ③

04 **사이버네틱스(cybernetics)모형의 특징으로 가장 거리가 먼 것은?** (2008, 국회사무처)

① 습관적 의사결정 ② 적응적 의사결정 ③ 인과적 학습 강조
④ 불확실성의 통제 ⑤ 집단적 의사결정

해설 ③ 인과적 학습은 합리적 모형에서 강조되는 사항이다. 사이버네틱스모형은 시행착오적인 도구적 학습을 강조한다. 사이버네틱스모형은 합리모형과 극단적으로 대립되는 적응적·관습적·기계적 의사결정모형으로, 인간의 두뇌를 계산기와 같은 정보와 환류에 의한 제어장치로 보고 이를 의사결정에 적용한 것이다.

| 정답 ③

05 **쓰레기통모형의 세 가지 전제 조건에 대한 설명으로 옳지 않은 것은?**

① 문제성 있는 선호 ② 불명확한 기술
③ 흐름들 간 상호의존성 ④ 유동적 참여자

해설 ③ 합리성을 극도로 제약하는 세 가지 전제 조건은 첫째, 선호의 불명확성(problematic preferences)으로서, 의사결정에 참여하는 구성원들 간에 무엇을 선택하는 것이 바람직한지에 대한 합의가 없으며, 참여자 개인들은 자신의 선호가 무엇인지도 모르고 의사결정에 참여함을 말한다.
둘째, 불명확한 기술(unclear technology)로서, 어떤 목표를 달성하기 위해 무엇을 수단으로 선택해야 할지 잘 모르는 경우이다. 즉, 목표와 수단 간의 인과관계가 불분명한 것을 말한다.
셋째, 일시적 참여자(fluid participation)로서, 결정 과정에 참여하는 사람들은 그 자신의 시간적 제약 때문에 일시적으로 참여하게 되며, 개개인으로 볼 때 그는 결정 전체에 대해 극히 부분적으로만 관여하게 되는 것이다. 다시 말해 문제에 따라 참여자가 다르며, 참여도 간헐적이고 일회적이다.

| 정답 ③

06 정책결정모형 중에서 점증모형을 주장하는 논리적 근거로 적절하지 않은 것은? (2014. 국가직 9급)

① 정치적 실현 가능성　② 정책쇄신성
③ 매몰비용　④ 제한적 합리성

해설 ② 정책쇄신성은 합리모형의 특징이다. 점증모형은 약간 향상된 대안을 중시하기 때문에 점진적인 변화를 추구한다.

| 정답 ②

07 쓰레기통모형에 대한 설명으로 옳지 않은 것은? (2015. 사회복지 9급)

① 명확하지 않은 인과관계를 토대로 해결책이 제시되는 경우가 많다.
② 이해관계자들의 지속적인 의사결정 참여가 어렵다.
③ 목표나 평가 기준이 명확하지 않은 경우가 많다.
④ 현실적합성이 낮아 이론적으로만 설명이 가능한 모형이다.

해설 ④ 4번 지문은 합리모형에 대한 설명이다. 쓰레기통모형은 조직화된 무정부 상태에서 흔히 일어나는 의사결정 과정을 현실성 있게 설명하고 있다.

| 정답 ④

08 정책결정모형에 대한 설명 중 가장 옳지 않은 것은? (2017. 서울시 9급)

① 만족모형은 제한된 합리성을 반영하고 있다.
② 점증모형은 기존 정책을 중요시한다.
③ 회사모형은 의사결정자에 의해 조직의 의사결정이 통제된다고 본다.
④ 앨리슨(G. T. Allison)은 관료정치모형의 중요성을 언급했다.

해설 ③ 의사결정자에 의해 조직의 의사결정이 통제된다고 보는 이론은 합리모형이다. 회사모형은 조직이 상이한 목표를 지닌 하위 단위들의 상호작용에 의해 움직이는 것으로 파악하고 정책결정자에 의해 조직의 의사결정이 완전하게 통제되지 못한다고 본다.

| 정답 ③

09 정책결정모형에 대한 설명으로 옳지 않은 것은? (2012 국가직 7급)

① 점증주의적 정책결정모형은 합리주의적 정책결정모형의 현실적 한계를 비판하면서 등장한 모형으로서 다원적 정치 체계의 정책결정에 대한 설명력이 높다.

② 에치오니의 혼합탐색모형에서는 세부적 결정 단계에서 대안의 종류를 한정적으로 고려하고 대안들에 대한 분석은 개략적으로 한다.

③ 쓰레기통모형에서는 문제, 해결책, 선택 기회, 참여자의 네 가지 요소가 독자적으로 흘러다니다가 어떤 계기로 교차해 만나게 될 때 결정이 이루어진다고 본다.

④ 사이먼은 현실적 제약 조건을 고려해서 제한된 합리성을 추구하는 모형을 제시했다.

해설 에치오니가 주장한 혼합탐색모형은 합리모형과 점증모형을 절충하여 개발한 모형으로 세부적 결정은 근본적 결정의 테두리 안에서 선정된 소수의 대안에 대해서만 검토하는 점증모형을 따른다. 그러나 그 결과에 대해서는 세밀하게 분석한다.

구분	대안 탐색	결과 예측
근본적 결정	포괄적	한정적
세부적 결정	제한적	포괄적

| 정답 ②

10 정책딜레마에 대한 설명으로 옳지 않은 것은? (2009 국가직 7급)

① 상호 갈등적인 정책대안들이 구체적이고 명료하지 못할 때 나타나는 경향이 있다.

② 정책대안들 가운데 반드시 하나를 선택해야 할 경우에 발생한다.

③ 갈등집단들의 내부응집력이 강할 때 딜레마가 증폭된다.

④ 새로운 딜레마 상황을 조성하는 것도 정책딜레마에 대한 대응방안이다.

해설 ① 정책딜레마란 상호 갈등적인 대안들이 구체적이고 명료하지만, 상호 절충이 불가능해 분명한 선택이 어려운 상태를 말하며 상충되는 대안의 내용이 뚜렷할수록 심화되는 것이다.

| 정답 ①

11 앨리슨모형 중 정치모형에 대한 설명으로 맞지 않는 것은?

① 정치모형(Model Ⅲ)에서 국가정책의 결정 주체는 단일 주체로서의 정부(합리모형)나 하위조직으로서의 부처들의 연합체(조직모형)가 아니고 참여자들 개개인이라고 본다.

② 결정 주체는 극도로 다원화된 참여자 개개인이다.

③ 참여자들은 자신의 목표를 우선적으로 추구하지 않고 전체 조직의 목표를 강조하므로 목표의 공유 정도 및 정책결정의 일관성이 매우 강하다.

④ 정부의 정책이란 조직 전체가 부딪친 문제에 대한 최선의 해결책이라기보다 참여자

들 간의 갈등과 타협에 의한 정치적 게임의 결과로 간주하는 것이다.

해설 ③ 목표의 공유 정도 및 정책결정의 일관성이 매우 약하다.

| 정답 ③

12 다음은 쓰레기통모형에서 의사결정의 구성 요소에 관한 설명이다. 다음 중 틀린 부분이 들어 있는 것은?

① 문제의 흐름이다. 쓰레기통모형의 경우에 문제는 의사결정 기회와는 별도로 자체적으로 등장해서 변화한다. 즉, 사회문제가 등장하지만 정책의제화에 시간이 많이 걸려 사회문제는 의사결정 기회를 만날 때까지 독자적으로 흘러가는 것이다.

② 해결책의 흐름이다. 사회문제가 심각해지면 정책공동체에서 여러 가지 정책대안이 제시되고 이에 대한 비교·평가가 이루어진다. 그리고는 정책결정의 기회가 올 때까지 기다리는데, 그동안 해결책은 혼자 흘러간다.

③ 참여자의 흐름으로 참여자가 없으면 의사결정이 이루어질 수 없다. 그런데 이들 참여자는 의사결정의 모든 과정을 계속해서 참여하게 된다.

④ 의사결정 기회의 흐름이다. 정책결정의 기회는 무수히 많다. 그러나 이러한 기회가 있어도 사회 문제가 정책의제화되지 않았거나 또는 해결책으로서의 정책대안이 마련되어 있지 않으면 문제 해결을 위한 결정을 하지 못한다.

⑤ 현실적으로는 해결책이 먼저 발견되고, 이것이 오히려 해결해야 할 문제를 찾으려고 하는 경우도 많다.

해설 ③ 참여자들이 모든 과정을 계속해서 참여하는 것이 아니다. 자신의 시간적 제약 때문에 일시적으로 참여하게 된다.

| 정답 ③

13 다음 중 전자정부에서 사용되는 DSS(Decision Support System)의 특징과 가장 거리가 먼 것은?

① 관리와 절차가 공식적이다.

② 조직의 전략이 분명하다.

③ 합리적인 조직문화를 가지고 있다.

④ 정치적 요인 등 비합리적인 요인이 존재한다.

⑤ 시스템에서 다루고 있는 정보는 객관적이다.

해설 ④ 정치적 요인 등 비합리적인 요인이 존재하지 않는다. DSS는 의사결정지원시스템으로 데이터베이스 시스템, 모델베이스 시스템, 사용자 인터페이스, 사용자 등으로 시스템이 구성된다. 문제가 정형적이면 즉시 해결 방안을 제시하고 비정형적이면 분석을 통해 각종 요인을 검토 후 제시한다.

| 정답 ④

14 **정책결정모형에 관한 아래 설명 중 옳지 않은 것은?**

① 합리모형은 매몰비용을 전제로 한다.
② 만족모형은 인간의 절대적 합리성보다는 제한된 합리성을 전제로 한다.
③ 점증모형은 정책의 실현 가능성을 전제로 한다.
④ 최적모형은 합리적 요소와 초합리적 요소를 동시에 고려한다.

해설 ① 매몰비용을 전제로 하는 것은 점증모형이고 이에 반해 합리모형은 매몰비용을 고려하지 않는다.

| 정답 ①

15 **다음 중 만족모형과 관련이 없는 것은?**

① 합리모형의 현실적 제약점을 극복하기 위해 제시되었다.
② 인간의 결정은 제한적 합리성(bounded rationality)의 조건 하에서 이루어진다.
③ 만족모형은 극대화를 추구하고 있다.
④ 정책결정의 기준은 결정자의 주관적인 만족이 된다.

해설 ③ 만족모형(satisficing model)은 합리모형의 현실적 제약점을 극복하기 위해 제시되었다. 즉, 현실성에 토대를 둔 현실적 이론이다. 사이먼(H. A. Simon)은 인간의 결정은 제한적 합리성(bounded rationality)의 조건 하에서 이루어진다. 이 경우 극대화를 추구하지 못하고 만족화 수준에 머물게 된다는 것이다. 여기서 만족화란 Satisfy + Sufficing을 합친 Satisficing 즉 '만족하기에 충분한 정도'가 된다. 이때 정책결정의 기준은 결정자의 주관적인 만족이 된다.

| 정답 ③

16 **AHP법에서 상대적 중요성을 나타내는 수치 중 '절대적으로 중요'를 나타내는 수치는?**

① 3 ② 5 ③ 7 ④ 9

해설 ④ 절대적으로 중요한(absolutely important)은 숫자 9이다. AHP법은 분석적 계층화 과정 방법(analytical hierachy process)을 말하는데, 계량적 접근이 어려운 분야의 의사결정을 하는 경우 경험을 조직화, 구조화 및 체계화해 평가 요소의 가중치를 설정하는 방법으로 의사결정 단계에서 수학적 모형으로 적합하도록 고안한 의사결정 기법이다. 이 기법은 전체의 대안을 한 번에 평가하는 것이 아니라 각 대안들을 분석을 위한 계층구조로 분류한 후 두 대안씩 조를 만들어 상대적인 중요성을 비교하고 있다.

| 정답 ④

17 **내부수익률(internal rate of return: IRR)은 순현재가치(Net Present Value: NPV)를 (   )으로 만드는 할인율인가?**

① 0 ② 1 ③ 2
④ 4 ⑤ 3

해설 ① 내부수익률이란 사업에서 발생하는 편익의 현재가치의 총합과 비용의 현재가치의 총합을 같게 하는 비율을 1로 만드는 할인율이다. 즉, NPV를 0으로 만드는 할인율, 쉽게 말해 투자사업이 원만히 진행되어 총비용을 회수해서 최소한 손익분기점(break-even) 상황을 유지한다고 할 때 기대되는 예상 수익률이다. 그리고 내부수익률이 사회적 할인율보다 크다면 그 투자사업은 타당성이 있는 것으로 평가된다.

| 정답 ①

18 비용편익분석에 관한 다음 설명 중 틀린 것은?

① 높은 할인율일 경우 단기사업이 유리하다.
② 순편익을 순현재가치법에 의해 현재가치로 전환해서 투자대안을 평가한다.
③ 할인율이 높아지면 미래에 발생하는 비용과 편익의 현재가치가 높아진다.
④ 순현재가치는 편익의 총현재가치에서 비용의 총현재가치를 뺀 것이다.

해설 ③ 할인율이 높아지면 미래에 발생하는 비용과 편익의 현재가치는 낮아진다.

| 정답 ③

19 다음 중 공공선택론의 접근방법에 관한 내용으로 옳지 않은 것은?

① 방법론적 개인주의(methodological individualism)
② 경제인(homo economicus)
③ 교환으로서의 정치(politics－as－exchange)
④ 행정인

해설 ④ 공공선택이론은 정부나 국가를 유기체적 관점으로 보지 않고 개인 선호의 집합페로 보는 방법론적 개체주의를 기본적 특성으로 한다. 또 공공선택이론은 인간을 각자 자신의 이익을 추구하는 합리적 이기주의자로 가정하고 있다. 즉, 합리적 경제인관이다.

| 정답 ④

20 다음 중 브레인스토밍(brainstorming)에서 지켜야 할 규칙과 관계없는 것은?

① 비판 엄금의 원칙(nonevaluation)
② 자유분방의 원칙(expressiveness)
③ 질보다 양의 원칙(quantity breeds quality)
④ 결합 환영의 원칙(building)
⑤ 최소극대화의 원칙

해설 ⑤ 브레인스토밍에는 네 가지 지켜야 할 규칙이 있다. 첫째는 참가자는 다른 사람의 아이디어를 비판해서는 안 된다는 '비판 엄금의 원칙(nonevaluation)'이다. 둘째는 참가자는 자유로운 분위기에서 어떠한 아이디어라도 거리낌 없이 발표할 수 있어야 한다는 '자유분방의 원칙(expressiveness)', 셋째는 참가자가 아이디어를 제출할 때 질적으로 훌륭한 아이디어만을 제출하도록 하면 심리적으로 위축될 수 있으므로 더 많은 양을 낼 수 있도록 양에 치중해야 한다는

'질보다 양의 원칙(quantity breeds quality)'이다. 넷째는 다른 사람의 아이디어를 개선, 확장하거나 결합하는 것을 환영한다는 '결합 환영의 원칙(building)'이다.

| 정답 ⑤

■ 심화문제

21 통계적 결론의 타당성 확보에 있어서 발생할 수 있는 오류와 그에 대한 설명을 바르게 연결한 것은? (2015 국가직 9급)

> 가. 정책이나 프로그램의 효과가 실제로 발생하였음에도 불구하고 통계적으로 효과가 나타나지 않은 것으로 결론을 내리는 경우
> 나. 정책의 대상이 되는 문제 자체에 대한 정의를 잘못 내리는 경우
> 다. 정책이나 프로그램의 효과가 실제로 발생하지 않았음에도 불구하고 통계적으로 효과가 나타난 것으로 결론을 내리는 경우

	제1종 오류	제2종 오류	제3종 오류
①	가	나	다
②	가	다	나
③	나	가	다
④	다	가	나

해설 ④ 가: 제2종 오류의 설명이다. 정책효과가 있는데 없다고 판단해서 선택하지 않은 경우이다.
나: 문제 자체를 잘못 정의한 것은 근본적인 오류 즉 메타오류인 제3종 오류이다.
다: 제1종 오류에 대한 설명이다. 정책효과가 없는데 있다고 잘못 판단해서 틀린 대안을 선택하는 경우이다.
참고로 많은 학생이 제3종 오류는 잘 알아내고 있으나 제1종과 제2종의 구별에 어려워한다. 이렇게 비유적으로 기억하면 도움이 된다. 제1종 오류는 정책효과가 없는데 잘못 판단해서 대안을 선택한 것인데, 회사의 입장에서는 능력 없는 사람(정책효과 없음)을 채용한 것이 가장 큰 실수라고 할 수 있으므로 그것이 제1종 오류, 즉 제일 중요한 오류라고 생각하면 된다.

| 정답 ④

22 정책결정모형 중에서 회사모형에 대한 설명으로 옳지 않은 것은? (2015 국가직 9급)

① 회사조직이 서로 다른 목표를 지닌 구성원들의 연합체라고 가정한다.
② 연합모형 또는 조직모형이라고 불리기도 한다.
③ 조직이 환경에 대해 장기적으로 대응하고 환경 변화에 수동적으로 적응한다고 본다.
④ 문제를 여러 하위문제로 분해하고 이들을 하위조직에게 분담시킨다고 가정한다.

해설 ③ 회사모형에서 의사결정자들은 가능한 한 불확실성을 회피하거나 통제하려는 경향을 보인다. 이는 장기 전략보다는 단기 전략에 치중하는 것을 의미한다. 불확실성 때문에 장기적 대응이

어렵기 때문에 불확실성을 극복하기보다는 회피하는 방법으로 환경을 통제한다.

| 정답 ③

23 윌슨(J. Q. Wilson)의 네 가지 정치 상황 중 아래 내용이 가리키는 것은?

> "이것은 정부 규제로 인해 발생되는 비용은 이질적인 불특정 다수에게 분산되어 그 크기는 상대적으로 작은 반면 편익은 동질적인 소수의 특정 집단에게 집중되는 상황을 말한다."

① 고객정치 상황　② 대중정치 상황　③ 이익집단정치 상황
④ 기업가정치 상황　⑤ 정당정치 상황

해설 ① 고객정치 상황으로 특정 집단에 매우 우호적인 방향으로 정책이 결정될 우려가 있다. 이 점이 NGO가 존재해야 하는 이유이다.

| 정답 ①

24 다음 정책문제 구조화의 기법을 설명한 것 중 옳지 않은 것은? (2005, 국가직 7급)

① 계층분석은 문제 상황의 가능성 있는 원인을 식별하기 위한 기법이다.
② 시네틱스(synetics)는 유사한 문제의 인식을 촉진하기 위해 고안된 방법이다.
③ 브레인스토밍(brainstorming)은 문제 상황을 식별하고 개념화하는 데 도움을 주는 아이디어, 목표, 전략을 끌어내기 위한 방법이다.
④ 경계분석은 문제 상황을 정의하고 분류하기 위해 사용되는 개념을 명백하게 하기 위한 기법이다.

해설 ④ 계층분석은 원인을 발견하기 위한 기법이다. 그리고 문제 상황을 정의하고 분류하기 위해 사용되는 개념을 명백하게 하기 위한 기법은 경계분석이 아니라 분류분석이다.

| 정답 ④

25 다음 중 정책델파이의 장점으로 볼 수 없는 것은?

① 대면적 회의에서 나타날 수 있는 부작용을 최소화한다.
② 통제된 환류의 효과를 갖는다.
③ 다른 방법들에 비해 경제적이다.
④ 표본추출이나 설문지 설계, 응답자의 신뢰성 등에서 완벽하다고 할 수 있다.

해설 ④ 두 번째 설문부터는 전회의 결과를 참고한 후 회답을 하게 됨으로써 환류의 효과를 갖게 된다. 참여자들 간의 대면적 접촉을 필요로 하지 않기 때문에 비용 면에서 다른 방법들에 비해 경제적이다. 그러나 이 방법도 조사연구 방법의 한 유형이기 때문에 표본추출이나 설문지 설계, 응답자의 신뢰성 등에서 문제를 안고 있다.

| 정답 ④

26 다음의 경우 매몰비용의 정확한 액수는 얼마인가?

저수지를 건설하고자 하는데 후보지 A, B 두 지역 중 건설비용이 A는 50억 원, B는 40억 원이 소요된다. 합리적으로 결정한다면 B 지역으로 결정해야 할 것이지만, A지역 국회의원의 세력이 강해서 그곳으로 결정하고 15억 원 정도의 공사가 이미 진척되었다. 그 후 A 지역 국회의원이 낙선해서 다시 B지역으로 바꾸면 40억 원이 들지만, A지역에서는 35억 원만 더 투입하면 된다.

① 10억 ② 15억 ③ 20억 ④ 17억

해설 ② 이미 투입된 15억 원이 매몰비용이다.

| 정답 ②

27 선형계획(linear programming)은 다음 중 어떠한 분석기법인가? (2004, 부산9급)

① 주어진 한계 하의 최적화모형
② 대안별 비용－효과성 분석
③ 일정의 조정과 관리계획
④ 갈등적 의사결정 상황 하에서 상대방의 행태에 따른 대응전략 분석

해설 ① 선형계획법(linear programming)은 여러 가지 정책분석 기법 중에서도 가장 많이 활용되는 것 중의 하나이다. 정책결정에는 여러 가지 제약이 따른다. 예를 들어 어떤 하위직 공무원이 한 여인과 데이트를 한다고 가정하자. 이 혼기가 찬 공무원은 상대 여성을 좋은 음식, 편안한 교통수단 등으로 대접해서 호감을 사고 싶지만 호주머니 사정을 감안해 식사 종류도 결정해야 하고 교통수단을 택시로 할 건지 아니면 버스로 할 것인지를 결정해야 한다. 이 경우 어떻게 하면 이러한 제약 조건들을 잘 충족시키면서 가장 즐거운 데이트를 할 수 있는가를 도와주는 결정 기법이 선형계획법이다.

| 정답 ①

29 다음 중 티부(C. Tiebout) 가설의 설명 중 틀린 부분이 들어 있는 것은?

① 지방자치단체에서 지방공공재를 생산하는 데 드는 단위당 평균비용은 모두 동일하다고 가정한다.
② 지방자치단체에서 생산하는 지방공공재는 원칙적으로 외부효과가 있어야 한다.
③ 지역 내 동질성은 확보되지만 지역 간 형평성은 저해될 가능성이 있다.
④ 지방공공재는 분권화된 체제가 더 효율적인 자원 배분을 가져온다.
⑤ 지역 간의 자유로운 이동이 가능하다는 '주민의 이동성'을 전제로 한다.

해설 ② 외부효과가 있어서는 안 되고 그 지역주민만 혜택을 얻어야 한다.

| 정답 ②

30 하이예스(M. Hayes)는 정책결정 상황을 참여자들 간 목표 합의 여부, 수단적 지식 합의 여부에 따라 아래 표와 같이 구분한다. 다음 설명 중 옳지 않은 것은?

(2013. 지방직 7급)

<정책결정 상황의 분류>

구분	목표 갈등	목표 합의
수단적 지식 갈등	Ⅰ	Ⅱ
수단적 지식 합의	Ⅲ	Ⅳ

① 상황 Ⅰ에서는 점증주의적 결정이 불가피하며, 점증적이지 않은 대안은 입법 과정에서 제외될 수밖에 없다.

② 상황 Ⅱ에서는 사이버네틱스(cybernetics)모형에 따라 정책이 결정된다.

③ 상황 Ⅲ에서는 수단에 대한 합의로 인하여 합리적 의사결정이 이루어진다.

④ 상황 Ⅳ에서는 비교적 기술적, 행정적 문제가 포함되어 큰 변화가 일어날 수 있다.

해설 ③ 상황 Ⅰ에서는 목표에 대한 합의가 존재하지 않은 상태에서 수단에 대한 타협을 이끌어내기 위해 점증모형이 적용된다. 상황 Ⅱ는 불확실성이 높은 경우이다. 목표는 합의되어 있으나 최적 대안에 대한 합의가 어려운 것은 각 대안에 대한 예측이 어려운 상황이기 때문이다. 다양한 정보에 대한 분석이 필요하며, 도구적 학습을 통해 수단을 수정해 가는, 즉 적응적 결정을 하는 사이버네틱스모형이 효과적이다. 상황 Ⅲ에서는 수단은 합의가 되지만 목표는 합의가 되지 않기 때문에 가치갈등이 일어날 수 있다. 어떤 대안을 채택했을 때 결과는 확실한 상황이지만 문제는 이에 대해 찬성 집단과 반대 집단으로 나뉘는 경우가 이에 해당한다. 서구의 경우 사회복지 영역에서 그 비용을 누가 부담할 것인지와 관련해서 나타나며, 우리의 경우 이념갈등을 수반하는 정책들이 이에 속할 것이다. 이 경우 관련 집단 간의 타협이나 협상전략이 타당할 것이다. 합리적 의사결정은 목표와 수단이 모두 합의되는 상황 Ⅳ에서 적용되며 목표수단분석이 가능하다.

| 정답 ③

31 계층화분석법(AHP)에 대한 설명으로 옳지 않은 것은? (2009 지방직 7급)

① 1970년대 사티(T. Saaty) 교수에 의해 개발되어 광범위한 분야의 예측에 활용되어 왔다.

② 불확실성을 나타내는 데 확률 대신에 우선순위를 사용한다.

③ 두 대상의 상호 비교가 불가능한 경우에도 사용할 수 있다는 장점을 지니고 있다.

④ 기본적으로 시스템이론에 기초를 두고 있다.

해설 ③ 계층화분석법(analytical hierachy process: AHP)은 계량적 접근이 어려운 분야의 의사결정을 하는 경우 경험을 조직화, 구조화 및 체계화해 평가 요소의 가중치를 설정하는 방법으로 의사결정 단계에서 수학적 모형으로 적합하도록 고안한 의사결정 기법이다. 이 기법은 전체의 대안을 한 번에 평가하는 것이 아니라 각 대안들을 분석을 위한 계층구조로 분류한 후 두 대안씩 조를 만들어 상대적인 중요성을 비교하고 있다. 따라서 두 대상의 상호 비교가 불가능한 경우에는 이 방법을 사용할 수 없다.

| 정답 ③

32 비용편익분석에 대한 내용으로 옳지 않은 것은? (2018 국가직 7급)

① 재화에 대한 잠재가격의 측정과정에서 실제 가치를 왜곡할 수 있다.
② 내부수익률은 순현재가치를 영으로 만드는 할인율을 말한다.
③ 칼도-힉스 기준은 재분배적 편익의 문제를 중시한다.
④ 정책대안이 가져오는 모든 비용과 편익을 측정하려고 하며, 화폐적 비용이나 편익으로 쉽게 측정할 수 없는 무형적인 것도 포함된다.

해설 ③ 칼도-힉스 기준은 형평성이나 분배적 측면을 다루지 못하고 단지 능률성 판단 기준에 속한다. 사회 총편익이 사회 총비용보다 크면 그 사업은 타당성이 있다고 판단한다.

| 정답 ③

33 다음 빈칸에 들어갈 숫자가 맞는 것은?

비용・편익비가 (　　)보다 큰 사업은 경제적으로 타당성이 있다고 볼 수 있다. 물론 사업대안이 둘 이상인 경우에는 그들 가운데 비용・편익비가 가장 큰 사업대안이 선택될 것이다. 내부수익률은 사업에서 발생하는 편익의 현재가치의 총합과 비용의 현재가치의 총합을 같게 하는 비율을 (　　)(으)로 만드는, 즉 B/C ratio를 (　　)로 만드는 할인율이다. 또 NPV를 (　　)으로 만드는 할인율이라 할 수 있다.

① 2, 1, 4, 7　　② 1, 1, 1, 0　　③ 1, 2, 0, 1　　④ 2, 0, 1, 1

해설 ② 비용편익비는 비용분의 편익이므로 1보다 커야 타당성이 있다. 내부수익률은 비용편익비를 1로 만드는 할인율이고, 또 순현재가치를 0으로 만드는 할인율이다. 따라서 편익의 현재가치의 총합과 비용의 현재가치의 총합을 같게 하는 비율이 1이 된다.

| 정답 ②

34 정책결정모형에 관한 설명으로 보기에서 옳은 것을 모두 고른 것은? (2016 교육행정직 9급)

가. 점증모형은 집단의 합의 과정이 반영되는 장점이 있다.
나. 만족모형은 대안 선택의 객관적 기준을 제시하기가 어렵다.
다. 회사모형은 조직이 단일한 목표를 지닌 구성원들의 연합체라고 가정한다.
라. 합리모형은 정치적 합리성에 기반하기 때문에 현실에 대한 설명력이 높다.

① 가, 나　　② 가, 라
③ 나, 다　　④ 다, 라

해설 ① 다: 조직을 다양한 목표를 지닌 하부조직의 연합체로 본다.
라: 정치적 합리성은 점증모형이 높고 합리모형은 경제적 합리성이 높다.

| 정답 ①

제 5 절 정책집행

1. 의의

정책집행은 정책결정과 정책평가를 연결하는 고리 역할을 하는 과정으로서 정책의 성패가 결정되는 중요한 정책 과정이다.

2. 접근방법

1) 하향적 접근방법

하향적 접근방법(top-down approach)은 정책집행을 주어진 정책 목표의 달성을 위한 수단적 행위로 파악한다. 정책의 결정도 중앙정부가 결정하고 집행도 상부의 지시에 따라 이루어진다는 것이다. 그들은 성공적 정책집행의 전제 조건으로 분명한 목표, 정책 내용의 합리성을 보장하는 적절한 인과이론, 집행관료와 대상집단의 순응을 확보하기 위한 법적 구조화 능력, 헌신적이고 숙련된 집행관료 집단, 이해관계자 및 통치자의 지지 및 안정적 집행환경 등을 제시하고 있다. 하향적 접근방법은 숲만 보고 나무는 보지 못하는 우를 범할 수 있다.

2) 상향적 접근방법

상향적 접근방법(bottom-up approach)은 집행을 다수의 참여자 사이에서 발생하는 상호작용으로 이해한다. 집행 과정에 가장 큰 영향력을 미치는 집단은 결정권자가 아니라 정책문제 해결에 필요한 전문성과 지식을 가진 집행권자이므로 집행 과정에 대한 정확한 이해는 일선관료 집단과 대상 집단의 행태를 고찰해야만 가능하다고 본다. 또 분명한 정책목표의 존재 가능성을 부인하고 정책목표 대신 집행문제 해결에 논의의 초점을 맞춘다. 그리고 실제의 정책결정은 일선 집행권자의 집행 과정에서 구체화되므로 결정과 집행 간 구분에 의문을 제기한다. 상향적 접근방법은 나무만 보고 숲은 보지 못하는 우를 범할 수 있다.

3) 통합모형

(1) 엘모어의 상호가역적 논리

엘모어(Richard F. Elmore)의 상호가역적 논리란 정책결정자들이 정책결정 시 하향적 접근방법에 의해 정책목표를 결정하되, 상향적 접근법에서 제시하는 집행가능성이 높은 정책수단을 선택하자는 논의를 말한다.

(2) 사바티어의 정책지지 연합모형

사바티어(Paul A. Sabatier)의 정책지지 연합모형(Advocacy Coalition Framework: ACF)은 다양한 집행 관련자들을 분석 단위로 한 상향적 접근방법을 채택하고, 여기에 사회경제적 조건과 법적 수단이 어떻게 참여자들의 행태를 제한하는지를 살피는 하향적 접근방법의 관점을 결합하는 것이다.

3. 정책집행의 유형

나카무라(R. T. Nakamura)와 스몰우드(F. Smallwood)는 정책결정자와 정책집행자의 관계를 중심으로 다음과 같이 분류하고, 고전적 기술자형에서 관료적 기업가형으로 갈수록 정책집행자의 재량이 커진다고 했다.

1) 고전적 기술자형

이 유형은 정책결정자가 결정한 정책 내용을 정책집행자가 충실히 집행하는 유형을 말한다. 결정자가 명확한 정책 목표를 제시하고 집행자는 수단 선택을 위한 약간의 기술적 권한만을 가지고 있을 뿐이다.

2) 지시적 위임자형

각종 행정적 조치를 취할 수 있는 권한을 집행자에게 위임함으로써 집행자는 더 많은 정치적 재량권을 행사하게 된다. 이 유형은 수단에 관해 결정자와 집행자 간에 의견 불일치가 일어나 실패로 끝날 가능성이 높은데, 미국 경제개발처(EDA)의 오클랜드(Oakland) 사업의 실패가 대표적인 예이다.

3) 협상자형

미국에서 정책결정자로서의 연방정부와 정책집행자인 주정부 사이에서 자주 나타나는 유형으로서, 양자가 수단뿐 아니라 목표에 대해서도 합의가 이뤄지지 않고 있다. 이 점이 결정자와 집행자 모두가 정책목표의 소망성에 대해 동의했던 고전적 기술관료형이나 지시적 위임형과 다른 점이다. 결정자와 집행자는 협상・흥정함으로써 상호 적응하게 되는데, 협상이 원활히 이루어지지 못하면 정책집행은 실패한다.

4) 재량적 실험가형

정책결정자가 상세한 정책결정을 할 수 없어 추상적인 목표 결정만 하고, 집행자에게 구체적인 목표와 수단 결정에 필요한 광범위한 재량권을 위임한다. 이런 유형이 나타나게 되는 이유는 정책결정자의 지식 부족과 골치 아픈 문제를 정책집행자에게 떠넘기려는 것이다.

5) 관료적 기업가형

이 유형은 고전적 기술관료형과 정반대적인 성격을 지닌 것으로서, 집행자가 결정권을 장악하고, 정책 과정 전반을 완전히 통제하기 때문에 집행자가 정책목표를 결정해 결정자에게 받아들이도록 설득・강제한다.

4. 성공적 정책집행을 좌우하는 요인

사바티어(Paul A. Sabatier)와 매즈매니안(Daniel Mazmanian)은 성공적인 정책집행 요건으로 ① 명확하고 일관성을 지닌 정책목표, ② 타당성을 지닌 인과이론, ③ 정책집행자 및 정책대상집단의 순응을 확보할 수 있는 제재와 유인 수단, ④ 능력을 보유한 의욕적인 정책집행자, ⑤ 정책 관련 집단의 지지 등을 제시하고 있다. 여기서는 정책집행에 영향을 미치는 요인으로 정책 자체 요인, 집행 체제 요인, 환경적 요인으로 구분해서 설명하고자 한다.

1) 정책 자체 요인

정책집행은 정책 내용을 실현하는 활동이기 때문에 정책 내용의 성질에 따라 집행의 성공 여부도 크게 달라진다.

(1) 정책 내용

먼저 소망성 측면에서 보면, 정책이 바람직하면 집행 성공의 가능성이 커진다. 또한 정책 내용은 명확해야 하는데 이는 정책목표와 수단이 구체적이고 정확하게 제시되어야 함을 말한다.

(2) 정책집행 수단

정책집행의 효과를 거두기 위해서는 집행에 필요한 적정 수준의 예산과 인원은 물론 집행을 강요할 수 있는 권한을 확보해야 한다. 그리고 정책대상집단의 순응을 확보하기 위해 정책집행자에게 설득, 유인과 강압의 방법을 행사할 수 있는 권한이 부여되어야 한다.

2) 집행 체제 요인

집행을 담당하고 있는 집행 주체의 의욕과 능력, 집행조직의 구조 등은 정책집행의 성패에 큰 영향을 미친다.

(1) 집행자의 능력과 태도

정책의 집행 주체가 의욕을 가지고 노력하면 집행상의 어려움을 어느 정도 극복할 수 있다. 부족한 자원이나 외부 환경으로부터의 지지의 부족 등 집행을 저해하는 요소가 있더라도 집행자의 노력에 따라서는 상당 정도 완화할 수 있다. 그리고 집행자의 전문적 능력도 성공적 집행에 중요한 요인으로 작용한다.

(2) 집행조직의 구조

정책의 성공적 집행을 위해 어떤 조직구조가 필요한가에 대한 문제는 그동안 많은 논의의 대상이 되어 왔다. 기존 입장은 분산되어 있는 것이 아닌 계층적으로 통합된 조직구조가 단순화하여 집행 과정을 능률화한다고 본다. 이에 해당하는 학자들인 호그우드(Brian W. Hogwood)와 건(Lewis A. Gunn) 등은 완전한 집행을 위해 다른 기관에 의존하지 않는 단일의 집행기관이 필요하다고 했다.

3) 환경적 요인

(1) 사회경제적 · 정치적 상황

사회경제적 · 정치적 여건이 정책집행에 영향을 미치는 경우는 다음의 두 가지로 나누어 볼 수 있다.

첫째는 한 나라의 국민 경제가 고도화되고 정책대상집단의 경제적 능력이 높아질수록 규제정책과 같이 비생산적인 비용이 수반되는 정책의 집행이 용이해질 수 있다는 것이다.

둘째는 정치적 상황의 변화가 정책집행 전략의 변화를 요구하는 것이다. 즉, 권위적 · 집권적 정치 체제하에서는 중앙통제적 집행 전략이 지배적이나, 민주적 · 분권적 정치 체제 하에서는 집행 과정에서 관련 집단의 요구를 충족시키고 지역적 특수성에 부합할 수 있는 현지 적응적 집행전략으로 방향을 수정해야 한다.

(2) 대중 및 매스컴의 반응

성공적인 집행을 위해서는 지속적인 대중의 지지나 여론의 반응이 중요하다. 특히 여론을 일으키는 매스컴은 정책의 목표나 그 중요성을 부각시킴으로써 일반 대중의 지지를 얻어내는 반면에, 집행 과정상의 문제점을 지적함으로써 대중들의 비판적인 여론을 조성하고 집행담당자로 하여금 집행 과정상의 장애를 조기에 극복하도록 노력하게 한다.

(3) 정책결정자의 지지 및 태도

대통령, 장·차관, 국회의원 등 정책결정자는 집행에 필요한 인력, 예산 및 권한 등을 지원해 줄 수 있는 지배기관(sovereigns)으로서, 집행담당자들을 감독·통제할 수 있기 때문에 집행에 강력한 영향력을 행사한다. 특히 우리의 경우 대통령의 관심과 지지는 정책집행의 성공에 결정적인 영향을 미친다고 할 수 있다.

(4) 정책대상집단의 태도

정책의 영향을 받는 정책대상집단은 정책의 혜택을 보는 수혜집단과 희생을 감수해야 하는 비용부담집단으로 나뉘는데, 성공적인 정책집행을 위해서는 수혜집단의 강력한 지지가 있어야 하고 희생집단의 저항이 약해야 한다.

객관식 문제

■ 기본문제

01 정책집행연구의 하향식 접근에서 효과적인 정책집행의 조건이 아닌 것은? (2016 사회복지직 9급)

① 정책목표와 정책수단 사이에 타당한 인과관계가 있어야 한다.
② 일선 공무원의 재량과 자율을 확대해야 한다.
③ 정책과 관련된 이익집단, 주요 입법가, 행정부의 장 등으로부터 지속적인 지지를 받아야 한다.
④ 정책이 집행되는 동안 정책목표의 우선순위가 변하지 않아야 한다.

해설 ② 일선공무원의 재량과 자율을 확대하는 것은 정책집행연구의 상향식 접근에서 효과적인 정책집행의 조건이다. 하향식 접근에서 일선공무원들의 재량과 자율이 확대된다면 효율적인 정책집행이 이루어지기 곤란하다.

| 정답 ②

02 **사바티어와 마즈매니언이 효과적인 정책집행을 위해서 필요하다고 본 전제 조건에 해당되지 않는 것은?** (2011 지방직 9급)

① 정책결정의 내용은 타당한 인과이론에 바탕을 둔 것이어야 한다.
② 법령은 명확한 정책지침을 가지고 대상집단의 순응을 극대화시켜야 한다.
③ 정책목표의 집행 과정에서 우선순위를 탄력적이고 신축적으로 조정해야 한다.
④ 유능하고 헌신적인 관료가 정책집행을 담당해야 한다.

해설 ③ 성공적인 정책집행 요건으로 ⅰ) 명확하고 일관성을 지닌 정책목표, ⅱ) 타당성을 지닌 인과이론, ⅲ) 정책집행자 및 정책대상집단의 순응을 확보할 수 있는 제재와 유인 수단, ⅳ) 능력을 보유한 의욕적인 정책집행자, ⅴ) 정책 관련 집단의 지지 등이 있다.

| 정답 ③

03 **나카무라(Robert T. Nakamura)와 스몰우드(Frank Smallwood)가 제시한 가장 광범위한 재량을 갖는 정책집행자의 유형은?**

① 지시적 위임자형
② 관료적 기업가형
③ 협상가형
④ 재량적 실험가형

해설 ② 미국의 FBI 국장을 역임했던 후버(John E. Hoover) 국장이 대표적인 예이다. 그는 8명의 대통령을 거치면서 재직했다. 집행자가 광범위한 재량을 가지는 순서는 관료적 기업가형 > 재량적 실험가형 > 협상가형 > 지시적 위임자형 > 고전적 기술자형이다.

| 정답 ②

04 **정책집행에 관한 연구 중에서 하향적 접근방법이 중시하는 효과적 정책집행의 조건으로 옳은 것만을 모두 고른 것은?** (2013. 지방직 9급)

가. 일선관료의 재량권 확대	나. 지배기관들의 지원
다. 집행을 위한 자원의 확보	라. 명확하고 일관성 있는 목표

① 가, 나
② 가, 다
③ 나, 라
④ 나, 다, 라

해설 ④ 하향적 접근방법에서는 일선관료들의 재량권이 축소된다. 하향적 접근방법은 상급자가 정책을 일방적으로 결정해서 하급 구성원들의 재량권 행사를 제약한다.

| 정답 ④

05 정책옹호연합모형에 대한 설명으로 옳지 않은 것은? (2011 국가직 9급)

① 신념 체계별로 여러 개의 연합으로 구성된 정책행위자 집단이 자신들의 신념을 정책으로 관철하기 위해서 경쟁한다는 점을 강조한다.

② 사바티어 등에 의해 종전의 정책 과정 단계모형의 한계를 극복하기 위해서 개발되었다.

③ 정책문제나 쟁점에 적극적으로 관심을 가지는 공공 및 민간조직의 행위자들로 구성되는 정책 하위 체계라는 개념을 활용한다.

④ 정책 변화 또는 정책학습보다 정책집행 과정에 초점을 맞추는 이론이다.

해설 ④ 이 모형은 신념 체계를 가지고 있는 정책하위연합들 간의 상호작용을 통해 정책 변화를 추구하는 정책지향학습을 강조한다.

| 정답 ④

06 사바티어의 옹호연합모형(advocacy coalition framework)과 관계 없는 것은?

① 다양한 집행 관련자들을 분석 단위로 한 상향적 접근방법을 채택하고, 여기에 사회경제적 조건과 법적 수단이 어떻게 참여자들의 행태를 제한하는지를 살피는 하향적 접근방법의 관점을 결합하는 것이다.

② 정부가 아닌 정책 하위 체제 내의 지지연합 간 갈등과 타협 과정을 강조한다. 정책 하위 체제 내의 행위자 간에 집단별로 동일한 신념 체계를 가지는 수 개의 지지연합을 형성해서 정부활동 프로그램에 대한 전략을 수립해 정책집행에 참여한다.

③ 만일의 경우 지지연합 간에 갈등이 생기면 정책중개자(broker)가 나서서 중재한다.

④ 이 모형은 완전한 상향적 접근방법을 취하고 있다.

해설 ④ 상향적 접근방법이 아니라 통합적 모형이다.

| 정답 ④

07 성공적인 정책집행에 영향을 주는 데는 맥락적 변수와 내용적 변수가 있다. 다음 중 내용적 변수가 아닌 것은?

① 예산 규모

② 정책집행자의 책임감

③ 정책집행 관련 기술의 변화

④ 집행기관의 다양한 이해관계

⑤ 정책이 요구하는 변화

해설 ③ 정책집행 관련 기술의 변화는 기술적 조건의 변화를 말하며, 이는 맥락적 변수에 해당한다.

| 정답 ③

08 정책집행 연구 중 하향적 접근방법(top-down approach)에 대한 설명으로 틀린 것은?

① 후향적 집행 내지는 적응적 집행을 중요하게 생각한다.

② 집행 과정의 법적 구조화가 중요하다.

③ 하향적 접근방법은 정책집행을 주어진 정책 목표의 달성을 위한 수단적 행위로 파악한다.

④ 정책의 결정도 중앙정부가 결정하고 집행도 상부의 지시에 따라 이루어진다는 것이다.

해설 ③ 버만(Paul Berman)의 적응적 집행은 상향적 접근에 해당한다. 성공적 정책집행의 전제 조건으로 분명한 목표, 정책 내용의 합리성을 보장하는 적절한 인과이론, 집행관료와 대상 집단의 순응을 확보하기 위한 법적 구조화 능력, 헌신적이고 숙련된 집행 관료집단, 이해관계자 및 통치자의 지지 및 안정적 집행환경 등을 제시하고 있다.

| 정답 ③

09 정책집행 연구 중 상향적 접근방법(bottom-up approach)에 대한 설명으로 틀린 것은?

① 집행을 다수의 참여자 사이에서 발생하는 상호작용으로 이해한다.

② 집행 과정에 가장 큰 영향력을 미치는 집단은 결정권자가 아니라 정책문제 해결에 필요한 전문성과 지식을 가진 집행권자이다.

③ 분명한 정책목표의 존재 가능성을 부인하고 정책목표 대신 집행문제 해결에 논의의 초점을 맞춘다.

④ 실제의 정책결정에서 결정과 집행 간 구분이 명확하게 이루어진다.

해설 ④ 결정과 집행 간 구분이 어렵다.

| 정답 ④

10 나카무라(R. T. Nakamura)와 스몰우드(F. Smallwood) 제시한 가장 광범위한 재량을 갖는 정책집행자의 유형은? (2017 지방직 7급)

① 지시적 위임자형 ② 관료적 기업가형

③ 협상가형 ④ 재량적 실험가형

해설 ② 집행자가 갖는 재량의 순서는 관료적 기업가형 > 재량적 실험가형 > 협상가형 > 지시적 위임가형 > 고전적 기술자형이다.

| 정답 ②

▣ 심화문제

11 정책집행연구의 하향적 접근에서 효과적인 정책집행의 조건이 아닌 것은? (2016 사회복지직 9급)

① 정책목표와 정책수단 사이에 타당한 인과관계가 있어야 한다.

② 일선공무원의 재량과 자율을 확대해야 한다.

③ 정책과 관련된 이익집단, 주요 입법가, 행정부의 장 등으로부터 지속적인 지지를 받아야 한다.

④ 정책이 집행되는 동안 정책목표의 우선순위가 변하지 않아야 한다.

해설 ② 일선공무원의 재량을 확대하는 것은 상향식 접근방법에서 요구되는 사항이다.

| 정답 ②

12 정책집행의 상향적 접근방법에 대한 설명으로 옳은 것은? (2017 국가직 9급)

① 대표적인 모형은 사바티어의 정책지지 연합모형이다.

② 정책결정과 정책집행은 뚜렷하게 구분된다고 본다.

③ 집행 현장에서 일선관료의 재량과 자율을 강조한다.

④ 안정되고 구조화된 정책 상황을 전제로 한다.

해설 ③ 립스키(Michael Lipsky)의 일선관료제 모형은 상향식 접근법의 대표적 모형이다. 일선관료제 모형에서는 집행현장의 일선관료들의 재량을 강조한다.
① 정책지지 연합모형은 통합적 모형이다. 법률이나 사회경제적 여건들로부터 하향적 접근이 되고, 하위 체제 내의 연합으로부터 올라가 정부의 결정을 이끌어 내는 상향식 방법이 혼합되어 있는 통합모형이다.

| 정답 ③

13 매틀랜드(Richard E. Matland)가 모호성과 갈등이라는 두 차원에 따라 분류한 네 가지 정책집행 상황 중에서, 모호성이 낮고 갈등이 높은 상황에 대한 설명으로 옳지 않은 것은? (2015 지방직 7급)

① 갈등은 매수나 담합 등과 같은 방식으로 해결되기도 한다.

② 순응을 확보하기 위해서는 강압적 또는 보상적 수단이 중요해진다.

③ 정책집행 과정은 대립적 이해관계를 가진 집행조직 외부의 행위자에 의해 영향을 많이 받는다.

④ 정책목표가 명확하지 않기 때문에 집행 과정은 목표의 해석 과정으로 이해될 수 있다.

해설 모호성이 낮고 갈등이 높은 상황은 정치적 집행이다. 4번 지문은 집행 과정이 목표의 해석 과정으로 이해될 수 있는 상징적 집행에 해당한다.

〈매틀랜드의 통합모형〉

구분		갈등	
		낮음	높음
정책목표의 모호성	낮음	관리적 집행	정치적 집행
	높음	실험적 집행	상징적 집행

| 정답 ④

14 정책집행의 유연화에 직접적인 영향을 미치는 요인이 아닌 것은?

① 정책실명제 ② 정책공동체의 참여
③ 상황적응적 집행 ④ 상향적, 분권적 집행

해설 ① 정책실명제는 집행의 투명성을 제고할 수 있지만 집행공무원의 유연성을 저해할 가능성이 있다.

| 정답 ①

15 순응의 유형 중 다음이 가리키는 유형은?

> 타산적 순응으로 사람들이 순응하는 것이 불응하는 것보다 더 이익이 된다고 믿는 경우의 순응이다. 이때 개인의 순응을 확보하기 위해 제공되는 이익이 유인이다.

① 강제적 순응 ② 타산적 순응
③ 상황적 순응 ④ 규범적 순응

해설 ② 타산적 순응은 사람들이 순응하는 것이 불응하는 것보다 더 이익이 된다고 믿는 경우의 순응이다. 이때 개인의 순응을 확보하기 위해 제공되는 이익이 유인(inducement)이다.

| 정답 ②

16 정책집행의 성공가능성에 대한 설명으로 옳지 않은 것은? (2017 지방직 9급)

① 정책집행연구의 하향론자들은 복잡한 조직구조가 정책의 성공적 집행을 도와준다고 주장한다.
② 정책목표와 정책수단이 구체적일수록 정책집행의 성공가능성이 커진다는 주장이 있다.
③ 불특정 다수인이 혜택을 보는 경우보다 특정한 집단이 배타적으로 혜택을 보는 경우에 강력한 지지를 얻을 수도 있다.
④ 배분정책은 규제정책이나 재분배정책에 비해 표준운영절차에 따라 원만한 집행이 이루어질 가능성이 더 크다.

해설 ① 복잡한 조직구조보다 단순한 조직구조가 성공적 집행을 가져온다고 본다. 조직구조는 단순해야 하므로 복잡한 조직구조가 정책의 성공적 집행에 도움이 되지 않는다고 주장한다.

| 정답 ①

제 6 절 정책평가

1. 의의와 유형

정책평가(policy evaluation)란 원래 가지고 있던 의도와 결과를 정책이 얼마나 효과적으로 달성했는가를 측정하는 활동이다. 정책 대상을 기준으로 정책평가를 구분하면 총괄평가와 과정평가로 나뉜다. 총괄평가(summative evaluation)는 정책이 집행되고 난 후에 정책이 사회에 미친 영향을 추정하는 활동을 말하며, 정책영향평가라고도 불린다. 일반적으로 정책평가라고 하면 바로 이 총괄평가를 말할 정도로 널리 활용되고 있는 방법이다.

과정평가(process evaluation)는 형성적 평가(formative evaluation)로도 불리는데, 집행이 이루어지는 과정을 평가 대상으로 한다. 이는 정책집행이 끝난 후에 집행 과정상에서 나타난 집행계획, 집행절차, 투입 자원, 집행활동 등을 검토해서, 여러 가지 문제점을 해결하고 바람직한 집행전략을 수립하는 데 도움을 주고자 하는 활동이다.

2. 정책평가의 논리

1) 인과관계

과학의 역사 자체가 원인과 결과 간의 관계를 규명하는 활동의 역사로 설명되므로 이러한 인과관계(causation)의 추론은 중요하다는 것을 짐작 가능케 한다. 정책평가에서도 핵심은 인과관계의 파악이다. 인과관계는 원인과 결과 간의 관계로서 정책평가에서는 어떤 정책이나 사업이 어떤 정책효과를 낳았는가에 초점이 모아진다.

2) 허위 변수와 혼란 변수

(1) 허위 변수

허위 변수(spurious variable)란 원인 변수와 결과 변수 사이에 전혀 관계가 없는데도, 두 변수 간에 인과관계가 있는 것처럼 나타나도록 만드는, 두 변수의 뒤에 숨어 작용하는 제3의 변수를 말한다.

(2) 혼란 변수

독립 변수가 종속 변수에 부분적으로 영향을 미치고, 또 뒤에 숨어 있는 변수가 독립 변수와 종속 변수에 영향을 미칠 때, 이런 제3의 변수를 혼란 변수(confounding variable)라고 한다. 혼란 변수가 존재한 경우에는 원인 변수의 결과 변수에 대한 영향을 과대 추정하거나 또는 과소 추정할 수 있다.

3) 타당성

(1) 타당성의 의미

우리가 정책평가를 연구하는 목적은 정책의 효과에 대해 정확하고 타당성이 높은 정보를 산출해서 앞으로의 정책에 반영하는 것이다. 타당성(validity)이란 얼마나 정확하게 측정하고자 하는 변수의 내용을 측정할 수 있도록 조작되었나를 뜻하며, 정확성이라고도 한다.

(2) 내적 타당성과 저해 요인

정책수단의 실현과 정책효과 사이의 인과관계가 있으면 내적 타당성이 있는 것이다. 즉, 내적 타당성(internal validity)이란 인과 관계의 적합성의 정도를 의미한다. 정책평가, 특히 총괄평가의 초점은 정책이 집행된 후에 정책효과가 있었는지 여부를 판단하는 데 있으므로 내적 타당성은 정책평가가 갖추어야 할 첫 번째 요소라 하겠다.

내적 타당성을 저해하는 요인에는 여러 가지가 있으나, 여기서는 선정 요인, 회귀인공 요인, 성숙 요인 등을 중심으로 살펴본다.

① 선정(selection) 요인: 실험집단과 통제집단을 구성할 때 구성원들의 성격이 다르면 정책효과가 정책으로 인한 것인지를 구별하기 어렵다. 예를 들어 영어회화 특강의 효과를 측정할 때 수강자들의 높은 성취 동기가 문제가 된다.

② 회귀인공(regression) 요인: '평균으로의 회귀'와 관련된다. 극단적인 사전측정치는 나중에 다시 측정하면 평균값으로 회귀하려는 경향이 있다. 이러한 회귀 현상 때문에 극단치를 가지는 구성원으로 실험집단을 구성하면 실제로는 정책효과가 없어도 효과가 있는 것으로 나타나게 되어, 정책효과를 과대 혹은 과소 추정하게 된다.

③ 성숙(maturation) 요인: 시간이 경과함에 따라 대상 집단의 특성이 변화하는 것을 말한다. 한 예로 1년간 초등학교 학생을 대상으로 한 우유 급식 효과로 평균 체중이 5kg 늘었다면 이것에는 자연 발육에 의한 성장이 포함된 것이다.

(3) 외적 타당성과 저해 요인

외적 타당성(external validity)은 실험 결과를 어떤 다른 상황에서도 적용할 수 있는가 하는 일반화를 의미한다. 정책평가에서 외적 타당성은 사회 현실 문제의 해결 가능성과 관련되어 중요하다.

외적 타당성을 저해하는 요인은 특정 시기에 집행된 정책의 효과를 가지고 이를 다른 시기에 실시해도 유사한 결과를 얻을 수 있는가, 연령이나 사회계급 같은 특정 대상집단에 실시된 정책을 다른 집단에도 일반화할 수 있는가 등의 문제가 있다.

4) 신뢰성

(1) 의의

신뢰성(reliability)은 동일한 대상에 대해서 유사한 측정도구를 사용해 반복 측정할 경우 유사한 결과를 얻을 수 있는 정도를 뜻하는데, 예를 들어 어떤 측정기구가 온도 변화에 민감해서 아침에 철판 두께를 재면 0.05mm이고 한낮에는 0.08mm면 이 측정기구의 신뢰성은 낮다고 할 수 있다.

(2) 신뢰성 평가방법

신뢰성을 측정하는 방법으로는 재검사법, 복수양식법, 반분법, 내적 일관성 분석 등이 있다.

① 재검사법(test-retest): 어떤 대상을 일차로 측정한 다음 일정 기간이 지난 후 같은 측정방법으로 같은 대상을 다시 측정해서 결과를 비교하는 방법이다.

② 복수양식법(parallel forms techniques): 재검사법의 한계를 극복하기 위한 방법이다. 동일한 측정 대상에게 동일한 내용을 측정하는 유사한 형태의 두 가지 측정수단을 동시에 실시해서 그 측정값이 동일하다면 측정 수단은 신뢰성이 있다고 평가하는 방법이다.

③ 반분법(半分法, split-half method): 측정수단을 복수로 구성해야 하는 복수양식법의 어려움을 극복하기 위한 방법이다. 하나의 측정수단에 동일한 내용을 측정할 수 있도록 문항을 두 개로 구성하는 방법으로 조사 항목의 반을 가지고 조사하고, 항목의 다른 반을 동일한 대상에 적용해서 결과를 비교한다.

⑤ 내적 일관성 분석: 동일한 개념을 여러 문항으로 질문해서 이 항목들이 유사한 값을 갖는지를 측정하는 것이다. 보통 크론바흐 알파(Cronbach's Alpha) 계수를 이용해서 측정하는데, 보통 0.6 이상이면 신뢰도가 높다고 할 수 있다.

3. 정책평가의 방법

1) 의의

타당성 있는 정책평가를 위해서는 과학적 방법에 의한 정책평가가 이루어져야 한다. 타당성 있는 정책평가를 하는 방법에는 실험적 방법과 비실험적 방법이 있다. 전자는 진실험(true experiment)과 준실험(quasi-experiment)으로 구분되는데, 양 집단의 동질성을 확보하고 실시하는 실험을 진실험이라 하고, 동질성을 확보하지 못한 실험을 준실험이라 한다.

2) 비실험적 방법

(1) 의의

비실험적 방법은 비실험적 설계에 의한 자료를 수집하고, 다중회귀분석과 인과관계분석, 요인분석, 시계열분석 등의 통계적 방법으로 분석하는 방법을 말한다. 그런데 인과모형을 통계적으로 검증하는 방법으로 경로분석이 자주 이용된다. 경로분석(path analysis)은 회귀분석 방법을 반복적으로 사용함으로써 변수들 간에 존재할 것으로 상정하고 있는 인과관계의 크기를 추정해 내는 방법이다.

(2) 종류

① 정책 실시 전후 비교 방법: 하나의 정책대상집단에 대해서 정책을 실시하기 전후의 상태를 단순 비교해 정책효과를 판단하는 방법이다.

② 의사 비교집단 설정에 의한 비교 방법: 정책이 실시되고 난 후 임의로 집단을 선정해서 비교하는 것이다.

(3) 평가

정책평가의 목적은 정책효과를 정확하게 파악하는 것이고, 이를 위해 허위 변수와 혼란 변수의 영향을 제거해야 한다. 그러나 비실험설계는 고도의 통계분석 기법을 적용한다고 하더라도 허위 변수와 혼란 변수를 정확하게 가려내기가 어렵다.

3) 진실험적 방법

(1) 의의

진실험은 실험집단과 통제집단의 동질성을 확보해서 행하는 실험이다. 양 집단을 서로 동질적인 것으로 구성하기 위해서는 실험 대상을 무작위로 두 집단에 배정해야 한다.

(2) 실험방법

솔로몬 4집단설계는 가장 강력한 실험설계 유형으로, 고전적 진실험설계에서 나타날 수 있는 사전 측정에 의한 영향, 즉 검사 효과를 통제하기 위해 솔로몬(R. L. Solomon)이 제안한 것이다. 여기서는 두 개의 실험집단과 두 개의 통제집단으로 4개 집단을 구성한 후, 하나의 실험집단과 통제집단에 대해서는 사전 측정을 하고, 또 다른 실험집단과 통제집단에 대해서는 사전 측정을 하지 않은 채 실험을 해서 각 집단들 간의 결과 변수값의 차이를 비교하기 때문에 검사 효과까지도 통제할 수 있다.

(3) 평가

일단 내적 타당성 면에서 진실험은 매우 우수하지만 진실험으로도 극복하지 못하는 몇 가지 문제가 있는데, 모방효과, 정책 내용의 누출 및 체제의 변화 등이 그것이다.

① 모방효과(imitation effect): 정책의 효과로 실험집단의 사람들이 태도 변화가 있을 경우 통제집단 구성원들이 실험집단 구성원의 태도나 행동 등을 모방하게 되는 현상을 말한다.

② 누출효과: 실험집단에게만 제공하기로 되어 있는 정책 내용이 통제집단에게도 제공되는 누출효과가 있다면 정확한 정책효과를 측정할 수 없게 된다.

③ 체제의 변화: 한 체제 내에 존재하는 대상들이 공유하고 있는 것으로서 결과변수에 영향을 미치는 요소를 말한다.

다음으로, 외적 타당성은 특정한 상황에서 추진된 정책이 일정한 효과를 냈을 때 이 효과가 다른 상황에서 동일한 정책을 추진했을 때도 그대로 나타나는 정도를 말한다. 그러면 외적 타당성이 높은 것이 된다. 그러나 호손 효과(Hawthorne effect) 때문에 다르게 나타나기도 하는데 호손 효과란 실험 대상자가 자신들이 관찰되고 있다는 사실을 알게 되어 평소와는 다른 행동을 함으로써 발생하는 효과를 말한다.

4) 준실험적 방법

(1) 의의

준실험은 실험집단과 통제집단이 무작위 배정에 의한 완전한 동등성을 확보할 수 없거나, 통제가 진실험설계와 같이 완전하게 이루어지지 못하는 경우에 적절히 사용하는 방법이다. 준실험적 방법은 동질성을 확보하기 위한 무작위 배정에 의한 방법을 사용하지 않지만 가능한 한 실험집단과 유사한 비교집단을 구성하려고 노력한다.

(2) 설계방법

준실험에서는 통제집단이 실험집단과 동질적이 아니므로 비교집단으로 불린다. 실험집단과 비교집단은 실험 전 측정치가 서로 다르다. 준실험설계의 대표적인 예로 비동질적 통제집단 설계를 볼 수 있다. 준실험에서는 두 집단의 성숙 효과를 같은 것으로 간주한다. 만약 우유 급식을 한 두 집단의 체중 증가가 똑같이 5kg라면 실험집단의 체중 증가 5kg에서 비교집단의 성숙 효과 3kg을 제외한 2kg이 진정한 우유 급식의 효과로 추정된다.

(3) 평가

장점은 준실험에서는 실험 대상자로 하여금 자기가 원하는 대로 실험집단이나 통제집단 중 어느 것이든 선택할 수 있는데, 그것은 준실험은 양 집단을 동질적으로 구성할 필요가 없기 때문이다.

반면, 준실험은 비동질적 양 집단이어서 두 집단의 성숙 효과가 다르게 나타나는데도 불구하고 두 집단의 성숙 효과를 같은 것으로 전제하고 정책효과를 추정하기 때문에 내적 타당성에서 큰 약점을 가지고 있다.

객관식 문제

■ 기본문제

01 일반적인 정책평가의 절차를 순서대로 연결한 것은? (2017. 사회복지직 9급)

가. 인과모형의 설정	나. 자료 수집 및 분석
다. 정책목표의 확인	라. 정책평가 대상 및 기준의 확정
마. 평가 결과의 환류	

① 가－나－다－라－마 ② 나－다－가－라－마
③ 다－라－가－나－마 ④ 라－가－나－다－마

해설 ③ 일반적인 정책평가의 절차는 정책목표의 확인→정책평가 대상 및 기준의 확정→인과모형의 설정→평가설계→자료 수집 및 분석→평가 결과의 환류 및 활용의 순이다.

| 정답 ③

02 정책평가에서 신뢰성을 측정하는 방법에 관한 설명 중 틀린 부분이 들어 있는 것은?

① 재검사법(test－retest)은 어떤 대상을 일차로 측정한 다음 일정 기간이 지난 후 같은 측정방법으로 같은 대상을 다시 측정해서 결과를 비교하는 방법이다. 즉, 동일 측정 대상자에게 동일한 측정 수단을 사용해서 자료를 수집한 결과가 동일하다면 신뢰성이 있는 것이다.

② 복수양식법(parallel forms techniques)은 동일한 측정 대상에게 동일한 내용을 측정하는 유사한 형태의 두 가지 측정 수단을 동시에 실시하여 그 측정값이 동일하다면 측정수단은 신뢰성이 있다고 평가하는 방법이다.

③ 반분법(半分法, split－half method)은 하나의 측정수단에 동일한 내용을 측정할 수 있도록 문항을 두 개로 구성하는 방법으로 조사 항목의 반을 가지고 조사하고, 항목의 다른 반을 동일한 대상에 적용해서 결과를 비교한다.

④ 내적 일관성에 의한 신뢰성 방법은 동일한 개념을 여러 문항으로 질문해 이 항목들이 유사한 값을 갖는지를 측정하는 것이다. 보통 결정계수 R2 값을 이용해서 측정하는데, 보통 1.0 이상이면 신뢰도가 높다고 할 수 있다.

⑤ 일반적으로 복수양식법이 재검사법보다 더 우수한 방법으로 인식되고 있다.

해설 ④ 결정계수가 아니라 크론바흐 알파값(Cronbach Alpha Coefficient)이며, 보통 0.6 이상을 요구한다.

| 정답 ④

03 아래 글과 관련 있는 것은 무엇인가?

> 영어 성적 10점이 향상된 것은 특별교육 때문에 2점이 향상되었고, 나머지 8점은 의욕이 커서 평소에 공부를 많이 했기 때문에 향상된 것이라면 10점 모두를 특별반 때문이라고 하는 것은 정책효과를 과대평가하는 것이 된다.

① 허위 변수　　② 매개 변수
③ 혼란 변수　　④ 경과 변수

해설 ③ 혼란 변수이다.

| 정답 ③

04 아래 내용은 내적 타당성의 저해 요인 중 어느 것을 가리키는 것인가?

> 이것은 '평균으로의 회귀'와 관련된다. 극단적인 사전측정치는 나중에 다시 측정하면 평균값으로 회귀하려는 경향이 있다. 이러한 회귀 현상 때문에 극단값을 가지는 구성원으로 실험집단을 구성하면 실제로는 정책효과가 없어도 효과가 있는 것으로 나타나게 되어, 정책효과를 과대 혹은 과소 추정하게 된다.

① 회귀인공 요인　　② 성숙 요인
③ 역사 요인　　④ 도구 요인

해설 ① 회귀인공 요인이다.

| 정답 ①

05 아래의 내용이 가리키는 것은 무엇인가?

> 실험 대상자들이 자신들이 관찰되고 있다는 사실을 알게 되어 평소와는 다른 행동을 함으로써 발생하는 효과를 말한다.

① 호손 효과　　② 성숙 효과
③ 회귀인공　　④ 관찰 효과

해설 ① 호손 효과(Hawthorne effect)이다.

| 정답 ①

06 다음 중 내적 타당성을 저해하는 요인이 아닌 것은?

① 선정 요인　　② 회귀인공 요인
③ 성숙 요인　　④ 비교 요인

해설 ④ 내적 타당성을 저해하는 요인에는 선정 요인, 회귀인공 요인, 성숙 요인 등이 있다. 첫째, 선정(selection) 요인은 실험집단과 통제집단을 구성할 때 구성원들의 성격이 다르면 정책효과가 정책으로 인한 것인지를 구별하기 어렵다. 예를 들어 영어회화 특강의 효과를 측정할 때 수강자들의 높은 성취 동기가 문제가 된다. 둘째, 회귀인공(regression) 요인은 '평균으로의 회귀'와 관련된다. 극단적인 사전측정치는 나중에 다시 측정하면 평균값으로 회귀하려는 경향이 있다. 이러한 회귀 현상 때문에 극단 값을 가지는 구성원으로 실험집단을 구성하면 실제로는 정책효과가 없어도 효과가 있는 것으로 나타나게 되어, 정책효과를 과대 혹은 과소 추정하게 된다. 셋째, 성숙(maturation) 요인은 시간이 경과함에 따라 대상 집단의 특성이 변화하는 것을 말한다. 한 예로 1년간 초등학교 학생을 대상으로 한 우유 급식 효과로 평균 체중이 5kg 늘었다면 이것에는 자연 발육에 의한 성장이 포함된 것이다.

| 정답 ④

07 아래 내용이 의미하는 바는 무엇인가?

실험 결과를 어떤 다른 상황에서도 적용할 수 있는가 하는 일반화를 의미한다. 정책평가에서 이것은 사회 현실 문제의 해결 가능성과 관련되어 중요하다.

① 내적 타당성 ② 외적 타당성
③ 구성타당성 ④ 내용타당성

해설 ② 외적 타당성이다.

| 정답 ②

08 정책평가의 내적 타당성을 저해하는 요인 중 실험집단과 통제집단을 구성할 때 발생할 수 있는 것은?

① 선정 요인 ② 도구 요인
③ 상실 요인 ④ 오염 요인

해설 ① 선정 요인을 말한다.

| 정답 ①

09 BSC의 네 가지 관점 중 아래 내용이 가리키는 것은?

이것의 관점은 고객과 주주가 원하는 목표를 달성하기 위해 기업 내부의 일처리 방식을 어떻게 할 것인가에 대한 질문과 답이다. 조직 전체 차원에서 통합적인 일처리 절차를 어떻게 할 것인가에 초점을 맞춘다.

① 업무 처리 관점 ② 재무적 관점
③ 고객 관점 ④ 학습과 성장 관점

해설 ① 업무 처리 관점이다. 첫째, 재무적 관점은 성과지표의 최종 목표이다. 순이익이나 매출액이 가장 대표적이다. 둘째, 고객 관점은 기업의 비전과 전략으로 봤을 때 고객들에게 무엇을 어떻게 보여주어야 하는가를 검토할 것을 요구한다. 일반적으로 고객만족도, 신규고객 증가 수, 고객충성도 등으로 성과를 측정할 수 있다. 셋째, 학습과 성장 관점은 네 가지 관점 중에서 가장 하부구조에 해당한다. 직무 만족과 같은 주로 인적자원에 대한 성과를 포함한다. 전통적인 관리에서는 이에 대한 투자를 기피했으나 BSC는 장기적인 관점에서 이를 중시한다.

| 정답 ①

■ 심화문제

10 정책평가의 타당성에 관한 설명으로 가장 옳지 않은 것은?

① 우리가 정책평가를 연구하는 목적은 정책의 효과에 대해 정확하고 타당성이 높은 정보를 산출해서 앞으로의 정책에 반영하는 것이다.
② 타당성(validity)이란 얼마나 정확하게 측정하고자 하는 변수의 내용을 측정할 수 있도록 조작되었나를 뜻한다.
③ 일명 정확성이라고도 한다.
④ 정책의 효과가 있을 때 효과가 없다고 말하고, 정책의 효과가 없을 때 효과가 있다고 말할 수 있다면 타당성이 높은 것이다.

해설 ④ 4는 표현이 바뀌었다. 효과가 있을 때 효과가 있다고 말하고, 정책의 효과가 없을 때 효과가 없다고 말할 수 있다면 타당성이 높은 것이다.

| 정답 ④

11 정부업무평가기본법에 의한 정부업무평가제도에 관한 설명으로 옳지 않은 것은?
(2017 국가직 9급)

① 김포시와 도로교통공단은 평가 대상에 포함된다.
② 관세청장은 자체평가위원회를 운영한다.
③ 행정안전부 장관은 지방자치단체합동평가위원회의 당연직 위원장이다.
④ 기획재정부 장관은 정부업무평가위원회의 위원이다.

해설 ③ 민간위원 중에서 행정안전부 장관이 지명한다(정부업무평가기본법 시행령 제18조 제2항).
① 지방자치단체는 평가 대상에 포함된다.
② 중앙행정기관의 장인 관세청장은 자체평가운영위원회를 운영하게 된다.
④ 기재부 장관, 행정안전부 장관, 국무조정실장 등은 위원으로 포함된다.

| 정답 ③

12 예비타당성 조사의 분석 내용을 경제적 분석과 정책적 분석으로 구분할 때 경제적 분석에 해당하는 것은? (2015 국가직 9급)

① 상위계획과의 연관성 ② 지역경제에의 파급효과
③ 사업 추진 의지 ④ 민감도분석

해설 ④ 예비타당성 조사는 경제성 분석과 정책적 분석이 있는데, 전자는 비용편익분석 등 계량적 분석기법을 사용하고, 후자는 계층화분석기법(AHP) 등 질적 분석법을 사용한다. 정책적 분석에서는 경제적 타당성보다는 국가재정 전반적 관점에서 상위계획과의 연관성, 지역경제에의 파급효과 등을 고려해서 분석한다.

〈타당성조사와 예비타당성 조사의 차이〉

구분	타당성조사	예비타당성조사
주체	주무사업부	기획재정부
조사의 초점	기술적 측면	경제적 측면(비용편익분석 등) 정책적 측면(계층화분석기법 등)
조사기간	장기(3~4년)	단기(수개월)

| 정답 ④

13 솔로몬 4집단설계에 대한 설명으로 틀린 것은?

① 검사 효과의 통제가 가능하다.

② 두 개의 실험집단과 두 개의 통제집단으로 4개 집단을 구성한다.

③ 하나의 실험집단과 통제집단에 대해서는 사전 측정을 하고, 또 다른 실험집단과 통제집단에 대해서는 사전 측정을 하지 않은 채 실험한다.

④ 실험집단에 대해서만 사전 측정을 하지 않는다.

해설 ④ 솔로몬(R. L. Solomon)은 두 개의 실험집단과 두 개의 통제집단으로 4개 집단을 구성한 후, 하나의 실험집단과 통제집단에 대해서는 사전 측정을 하고, 또 다른 실험집단과 통제집단에 대해서는 사전 측정을 하지 않은 채 실험을 하여 각 집단들 간의 결과 변수값의 차이를 비교하기 때문에 검사 효과까지도 통제할 수 있었다.

| 정답 ④

제 7 절 정책변동 및 정책종결

1. 의의

정책활동의 변화를 통해 정책은 변동하게 된다. 이처럼 정책 과정의 단계에서 산출된 정보들은 이전 단계로 환류되어 정책활동의 변화를 야기하는데, 이러한 과정을 통해 정책은 변동하게 된다. 정책변동은 정책 과정 전반에 걸쳐 발생하는 여러 가지 변화의 양태를 말하는데, 정책 내용뿐만 아니라 정책집행 방법의 변화를 포괄한다. 이 중에서도 특히 강조되는 부분은 정책종결로서 우리나라 행정기구의 개혁, 작은 정부의 지향 등의 논의가 정책종결과 직결된다.

2. 정책변동의 유형

정책변동(policy change)의 대표적인 유형으로 정책혁신, 정책유지, 정책승계 및 정책종결 등 네 가지를 들 수 있다.

1) 정책혁신

정책혁신(policy innovation)이란 문민정부 시절의 금융실명제 실시처럼 정부가 관여하지 않던 분야에 개입할 목적으로 새로운 정책을 결정하는 것을 말한다. 즉, 사회문제가 처음으로 정책문제로 전환되어 이를 해결하고자 정부가 정책을 결정하는 것이다.

2) 정책유지

정책유지(policy maintenance)란 현재의 정책을 새로운 정책으로 대체하는 것이 아니라 본래의 정책목표 달성을 위해 정책의 기본 골격은 유지하되 상황의 변화에 따라 적응하는 것을 말한다. 이 형태에서는 정책의 기본적 특성이 변경되지 않고 정책수단의 부분적인 변화만 이뤄진다.

정책유지는 정책 원형과 정책 변형 두 가지로 분류한다. 정책의 기본 성격, 수단, 예산액과 과목이 원형대로 유지되는 경우는 '정책 원형'으로 보고, 반대 세력의 저항에 의한 비합리적 정책변동은 '정책 변형'으로 본다.

3) 정책승계

정책승계(policy succession)는 현존하는 정책의 기본적 성격을 바꾸는 것으로 실제 정책 과정에서 가장 많이 나타난다. 즉, 정책승계는 정책의 기본 목표는 그대로 유지하면서 정책을 근본적으로 수정하는 경우나 또는 기존의 정책을 없애고 새로이 대체하는 경우 등을 포함한다. 어느 경우이거나 기본 정책목표가 변하지 않는다는 점에서 정책종결과 다르고, 사업이나 예산 항목 등에서 중대한 변화가 일어난다는 점에서 정책유지와 다르다.

4) 정책종결

정책종결(policy termination)이란 현존하는 정책을 완전히 소멸시키는 것이다. 정책수단이 되는 사업들을 지원하는 예산이 완전히 소멸되고 이들을 대체할 다른 정책도 결정하지 않는 경우이다.

3. 유형들 간의 상호관계

다음 그림이 나타내는 바는 처음으로 정책이 만들어지면 환경에 변화가 있어도 정책 내용을 변화에 적응시켜 수정·보완함으로써 정책유지의 형태로 그 기본 골격을 유지한다. 정책유지에는 앞에서 본 대로 정책 원형과 정책 변형 두 종류가 있다. 그러다가 변화가 더욱 누적되면 정책승계로써 정책의 대폭적 수정·변경을 하거나 그것으로 부족하면 정책을 새로운 것으로 대체하게 된다. 이렇게 승계된 정책은 다시 변화에 적응하면서 유지되어 나간다. 한편 환경의 변화에 따라 필요 없는 정책으로 판단되면 정책은 폐지되어 종결된다.

그림 6-1 정책변동 유형 간의 관계

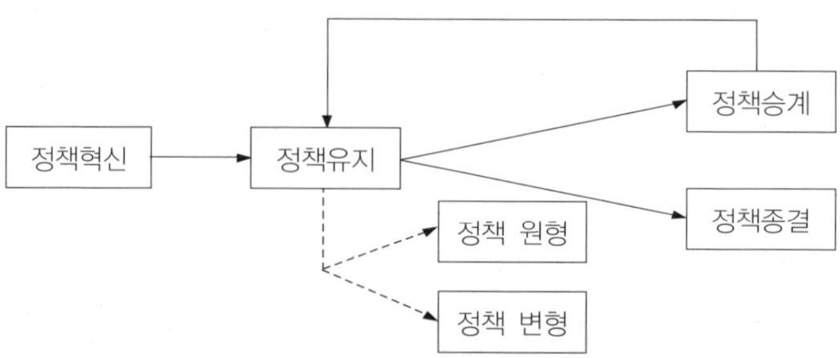

객관식 문제

■ 기본문제

01 아래의 내용이 가리키는 것은?

> 해를 띄우면서 어느 때에 해가 질 것인지(sun-set)를 미리 결정하는 제도로서 정부의 조직, 법규, 사업, 예산 등에 대해 폐지 기한을 정해 주기적으로 평가해, 재승인 절차를 통과하지 못할 경우 자동적으로 해당 사업이나 제도, 심지어 조직 자체까지 종결시키는 제도를 의미한다.

① 일몰법 ② 비용편익분석
③ 감축관리 ④ BSC

해설 ① 일몰법이다.

| 정답 ①

02 다음의 내용이 가리키는 것은 무엇인가?

> 현재의 정책을 새로운 정책으로 대체하는 것이 아니라 본래의 정책목표 달성을 위해 정책의 기본 골격은 유지하되 상황의 변화에 따라 적응하는 것을 말한다. 이 형태에서는 정책의 기본적 특성이 변경되지 않는다.

① 정책유지 ② 정책종결
③ 정책집행 ④ 정책평가

해설 ① 정책유지의 설명이다.

| 정답 ①

03 다음의 내용이 가리키는 것은 무엇인가?

> 정책수단이 되는 사업들을 지원하는 예산이 완전히 소멸되고 이들을 대체할 다른 정책도 결정하지 않는 경우이다. 따라서 그 분야에 대한 정부의 개입을 완전히 중단하는 것이다.

① 정책종결 ② 정책집행
③ 정책평가 ④ 정책개선

해설 ① 정책종결이다.

| 정답 ①

▣ 심화문제

04 호그우드와 피터스의 정책변동 유형 중 정책 목적은 유지하되 세부적 정책수단을 변화시키는 유형은? (2013 서울시 7급)

① 정책창안 ② 정책종결 ③ 정책유지
④ 정책승계 ⑤ 정책전환

해설 ④ 정책승계는 정책변동 중 가장 중요한데, 이것은 기존 정책의 목표는 변경시키지 않고 내용의 일부 또는 전부를 변경시키는 것이다.

| 정답 ④

05 정책승계의 유형에 대한 설명으로 가장 옳지 않은 것은? (2018 서울시 7급)

① 선형승계: 새로운 정책이 과거의 정책을 대체해서 양자의 관계가 명확하게 나타나는 가장 단순한 형태의 정책승계
② 부분적 종결: 하나의 정책이 다수의 새로운 정책으로 분할되는 형태의 정책승계
③ 정책통합: 같은 분야의 정책이 합해짐으로써 새로운 정책이 나타나는 형태의 정책승계
④ 우발적 승계: 타 분야의 정책변동에 연계해서 우발적인 변화가 나타나는 형태의 정책승계

해설 ② 2번 지문은 정책분할을 말한다. 부분적 종결이란 정책의 일부를 폐지한 것을 말한다.

| 정답 ②

06 호그우드와 피터스의 정책변동에 대한 설명으로 옳지 않은 것은? (2018 국가직 7급)

① 정책혁신은 기존의 조직과 예산을 활용해서 이전에 관여한 적이 없는 새로운 정책분야에 개입하는 것이다.
② 정책종결은 현존하는 정책을 완전히 소멸시키는 것으로 정책수단이 되는 사업과 지원 예산을 중단하고 이들을 대체할 다른 수단을 결정하지 않는 경우이다.
③ 과속차량 단속이라는 목표를 변경하지 않고 기존에 경찰관이 현장에서 직접 단속한 수단을 무인감시 카메라 설치를 통한 단속으로 대체하는 것은 정책승계 중 선형적 승계에 해당한다.
④ 정책유지는 현재의 정책을 기본적으로 유지하면서 정책수단의 부분적인 변화만 이루어지는 경우를 말한다.

해설 ① 정책혁신은 완전히 아무것도 없는 상태에서 새로운 정책을 만들기 때문에 기존의 조직과 예산을 활용하지 않는다.

| 정답 ①

제 6 장 정책 실전테스트

01 정책결정모형에 대한 설명으로 옳지 않은 것은? (2012 국가직 7급)

① 점증주의적 정책결정모형은 합리주의적 정책결정모형의 현실적 한계를 비판하면서 등장한 모형으로서 다원적 정치 체계의 정책결정에 대한 설명력이 높다.

② 에치오니의 혼합탐색모형에서는 세부적 결정 단계에서 대안의 종류를 한정적으로 고려하고 대안들에 대한 분석은 개략적으로 한다.

③ 쓰레기통모형에서는 문제, 해결책, 선택 기회, 참여자의 네 가지 요소가 독자적으로 흘러다니다가 어떤 계기로 교차해 만나게 될 때 결정이 이루어진다고 본다.

④ 사이먼은 현실적 제약조건을 고려해서 제한된 합리성을 추구하는 정책결정모형을 제시했다.

해설 에치오니가 주장한 혼합탐색모형은 합리모형과 점증모형을 절충해서 개발한 모형으로 세부적 결정은 근본적 결정의 테두리 안에서 선정된 소수의 대안에 대해서만 검토하는 점증모형을 따른다. 그러나 그 결과에 대해서는 세밀하게 분석한다.

구분	대안 탐색	결과 예측
근본적 결정	포괄적	한정적
세부적 결정	제한적	포괄적

| 정답 ②

02 정책딜레마에 대한 설명으로 옳지 않은 것은? (2009 국가직 7급)

① 상호 갈등적인 정책대안들이 구체적이고 명료하지 못할 때 나타나는 경향이 있다.

② 정책대안들 가운데 반드시 하나를 선택해야 할 경우에 발생한다.

③ 갈등집단들의 내부응집력이 강할 때 딜레마가 증폭된다.

④ 새로운 딜레마 상황을 조성하는 것도 정책딜레마에 대한 대응 방안이다.

해설 ① 정책딜레마란 상호 갈등적인 대안들이 구체적이고 명료하지만, 상호 절충이 불가능해서 분명한 선택이 어려운 상태를 말하며, 상충되는 대안의 내용이 뚜렷할수록 심화되는 것이다.

| 정답 ①

03 예비타당성 조사의 분석 내용을 경제적 분석과 정책적 분석으로 구분할 때 경제적 분석에 해당하는 것은? (2015 국가직 9급)

① 상위 계획과의 연관성　　② 지역경제에의 파급효과

③ 사업 추진 의지　　④ 민감도분석

해설 ④ 예비타당성 조사는 경제성 분석과 정책적 분석이 있는데, 전자는 비용편익분석 등 계량적 분석기법을 사용하고, 후자는 계층화분석기법(AHP) 등 질적 분석법을 사용한다. 정책적 분석에서는 경제적 타당성보다는 국가재정 전반적 관점에서 상위계획과의 연관성, 지역경제에의 파급효과 등을 고려해서 분석한다. 민감도분석은 투입 요소의 변동 시 정책대안의 순현재가치가 얼마나 변할 수 있는지를 분석하는 것을 말하며, 민감도가 클 경우 순현재가치의 변화 정도가 커서 위험성이 높은 대안이 된다. 비용편익분석과 더불어 예비타당성 조사에서 경제성 분석에 사용된다.

| 정답 ④

04 사바티어의 옹호연합모형(advocacy coalition framework)과 관계 없는 것은?

① 다양한 집행 관련자들을 분석 단위로 한 상향적 접근방법을 채택하고, 여기에 사회경제적 조건과 법적 수단이 어떻게 참여자들의 행태를 제한하는지를 살피는 하향적 접근방법의 관점을 결합하는 것이다.
② 정부가 아닌 정책 하위 체제 내의 지지연합 간 갈등과 타협 과정을 강조한다. 정책 하위 체제 내의 행위자 간에 집단별로 동일한 신념 체계를 가지는 수개의 지지연합을 형성해서 정부 활동 프로그램에 대한 전략을 수립해 정책집행에 참여한다.
③ 만일의 경우 지지연합 간에 갈등이 생기면 정책중개자(broker)가 나서서 중재한다.
④ 이 모형은 완전한 상향적 접근방법을 취하고 있다.

해설 ④ 상향적이 아니라 통합적 모형이다.

| 정답 ④

05 앨리슨(Allison)모형 중 정치모형에 대한 설명으로 맞지 않는 것은?

① 정치모형(Model Ⅲ)에서 국가정책의 결정 주체는 단일 주체로서의 정부(합리모형)나 하위조직으로서의 부처들의 연합체(조직모형)가 아니고 참여자들 개개인이라고 본다.
② 결정 주체는 극도로 다원화된 참여자 개개인이다.
③ 참여자들은 자신의 목표를 우선적으로 추구하지 않고 전체 조직의 목표를 강조하므로 목표의 공유 정도 및 정책결정의 일관성이 매우 강하다.
④ 정부의 정책이란 조직 전체가 부딪친 문제에 대한 최선의 해결책이라기보다 참여자들 간의 갈등과 타협에 의한 정치적 게임의 결과로 간주하는 것이다.

해설 ③ 목표의 공유 정도 및 정책결정의 일관성이 매우 약하다.

| 정답 ③

06 다음 중 의사결정의 쓰레기통모형과 거리가 먼 것은?

① 참여자의 선호는 분명하다.
② 시행착오로 인한 갈등이 발생하기도 한다.

③ 정책결정에 대한 참여는 일시적 혹은 부분적으로 이루어진다.

④ 조직화된 불안정과 불확실성이 높은 상황을 전제로 한다.

해설 ① 무엇을 선택하는 것이 바람직한가에 대해 구성원들 간에 합의가 없으며, 참여자 개인들은 자신의 선호가 무엇인지도 모르고 의사결정에 참여한다.

| 정답 ①

07 다음은 쓰레기통모형에서 의사결정의 구성 요소에 관한 설명이다. 다음 중 틀린 부분이 들어 있는 것은?

① 문제의 흐름이다. 쓰레기통모형의 경우에 문제는 의사결정 기회와는 별도로 자체적으로 등장해서 변화한다. 즉, 사회문제가 등장하지만 정책의제화에 시간이 많이 걸려 사회문제는 의사결정 기회를 만날 때까지 독자적으로 흘러가는 것이다.

② 해결책의 흐름이다. 사회문제가 심각해지면 정책공동체에서 여러 가지 정책대안이 제시되고 이에 대한 비교·평가가 이루어진다. 그리고는 정책결정의 기회가 올 때까지 기다리는데, 그동안 해결책은 혼자 흘러간다.

③ 참여자의 흐름으로 참여자가 없으면 의사결정이 이루어질 수 없다. 그런데 이들 참여자들은 의사결정의 모든 과정을 계속해서 참여하게 된다.

④ 의사결정 기회의 흐름이다. 정책결정의 기회는 무수히 많다. 그러나 이러한 기회가 있어도 사회문제가 정책의제화되지 않았거나 또는 해결책으로서의 정책대안이 마련되어 있지 않으면 문제 해결을 위한 결정을 하지 못한다.

⑤ 현실적으로는 해결책이 먼저 발견되고, 이것이 오히려 해결해야 할 문제를 찾으려고 하는 경우도 많다.

해설 ③ 참여자들이 모든 과정을 계속해서 참여하는 것이 아니다.

| 정답 ③

08 다음 중 니스카넨(W. A. Niskanen)의 예산극대화 원칙에 관한 설명으로 맞지 않는 것은?

① 관료와 정치가가 극대화하고자 하는 것은 국가 이익이 아니라 사익에 불과하다는 것이다.

② 관료들은 국가 이익이나 전체 복지를 위해 일하는 것이 아니며 오히려 다른 요인들이 작용하는데 이 요인이란 봉급, 명성, 권력 후원 등이다.

③ 정부 산출물은 적정 생산 수준보다 3배의 과잉 생산이 이루어진다.

④ 정치가는 유권자의 지지를 확보하려고 총사회적 편익과 총비용의 차이가 극대화되는 산출량을 택하려 한다.

⑤ 관료들은 비용은 생각하지 않고 주어진 예산으로 총비용을 부담할 수만 있으면 총

편익이 극대화되는 산출량을 고집한다.

해설 ③ 3배가 아니라 2배의 과잉 공급이 이루어진다.

| 정답 ③

09 로위(T. J. Lowi)의 정책 유형의 분류에 관한 설명 중 틀린 것은?

① 분배정책은 정부가 국민들에게 권리나 이익 또는 서비스를 분배하는 내용을 지닌 정책으로 사회간접자본의 구축이나 정부의 각종 지원에 관련된 정책이 이에 해당한다.

② 규제정책이란 개인이나 집단에 대한 규제를 통해 다른 사람들을 보호하는 정책을 말한다. 대부분의 규제가 피규제자가 원하지 않는데도 규제되는 것이므로 규제자와 피규제자 간의 갈등이 심해서 양자 간에는 제로섬 게임의 관계가 형성되어 두 집단 사이의 갈등이 치열하다.

③ 재분배정책은 누진세, 직업훈련사업, 영세민 생활보호사업, 노인・장애자 보호사업 등과 같이 고소득층으로부터 저소득층으로의 소득이전에 관련된 정책을 말한다.

④ 분배정책의 결정 및 집행 과정의 참여자들 간에는 서로의 이익을 위해 정면 대결이 치열하게 전개된다.

⑤ 구성정책은 헌정을 수행하는 데 필요한 운영규칙에 관련된 정책을 말하는데, 주로 정부기구의 조정과 관련된 정책으로 새로운 기구의 설립, 공직자 보수와 군인퇴직 연금에 관한 정책 등이 해당한다.

해설 ④ 분배정책의 비용은 국민의 세금으로 충당하므로 참여자 간에 경쟁과 대립이 적다.

| 정답 ④

10 정부업무평가기본법에 의한 정부업무평가제도에 관한 설명으로 옳지 않은 것은?
(2017. 국가직 9급)

① 김포시와 도로교통공단은 평가 대상에 포함된다.

② 관세청장은 자체평가위원회를 운영한다.

③ 행정안전부 장관은 지방자치단체합동평가위원회의 당연직 위원장이다.

④ 기획재정부 장관은 정부업무평가위원회의 위원이다.

해설 ③ 민간위원 중에서 행정안전부 장관이 지명한다(정부업무평가기본법 시행령 제18조 제2항).
① 지방자치단체는 평가 대상에 포함된다.
② 중앙행정기관의 장인 관세청장은 자체평가운영위원회를 운영하게 된다.
④ 기획재정부 장관, 행정안전부 장관, 국무조정실장 등은 위원으로 포함된다.

| 정답 ③

11 정책평가에서 조건이 양호한 집단을 대상으로 정책수단을 실시한 후, 그 결과가 좋게 나타난 정책수단을 다른 상황에 적용하려고 하는 경우에 나타나는 외적 타당성의 문제는? (2017 추가채용 9급)

① 크리밍 효과 ② 성숙 효과
③ 허위상관 ④ 호손 효과

해설 ① 크리밍 효과는 원하는 대상들 즉, 성적이 좋게 나오는 대상들을 실험집단으로 구성하는 경우에 발생한다.

| 정답 ①

12 '국공립학교를 통한 교육서비스의 제공'은 로위의 정책 유형 중 어느 정책에 해당하는가? (2014 사회복지직 9급)

① 배분정책 ② 규제정책
③ 재분배정책 ④ 구성정책

해설 ① 국공립이니 정부가 서비스를 직접 제공하는 것이다.

| 정답 ①

13 호그우드와 피터스의 정책변동 유형 중 정책 목적은 유지하되 세부적 정책수단을 변화시키는 유형은? (2013 서울시 7급)

① 정책창안 ② 정책종결
③ 정책유지 ④ 정책승계
⑤ 정책전환

해설 ④ 정책승계는 정책변동 중 가장 중요한데, 이것은 기존 정책의 목표는 변경시키지 않고 내용의 일부 또는 전부를 변경시키는 것이다.

| 정답 ④

14 사바티어의 옹호연합모형(advocacy coalition framework)과 관계 없는 것은?

① 다양한 집행 관련자들을 분석 단위로 한 상향적 접근방법을 채택하고, 여기에 사회경제적 조건과 법적 수단이 어떻게 참여자들의 행태를 제한하는지를 살피는 하향적 접근방법의 관점을 결합하는 것이다.
② 정부가 아닌 정책 하위 체제 내의 지지연합 간 갈등과 타협 과정을 강조한다. 정책 하위 체제 내의 행위자 간에 집단별로 동일한 신념 체계를 가지는 수 개의 지지연합을 형성해 정부활동 프로그램에 대한 전략을 수립해서 정책집행에 참여한다.
③ 만일의 경우 지지연합 간에 갈등이 생기면 정책중개자(broker)가 나서서 중재한다.
④ 이 모형은 완전한 상향적 접근방법을 취하고 있다.

해설 ④ 상향적 접근방법이 아니라 통합적 모형이다.

| 정답 ④

15 합리모형과 점증모형에 대한 설명으로 옳은 것은?

① 점증모형은 목표수단분석을 활용하고, 합리모형은 목표수단분석을 활용하기 곤란하다.

② 점증모형은 단발적이지만, 합리모형은 계속적이다.

③ 점증모형은 매몰비용이 고려되지만, 합리모형은 매몰비용이 고려되지 않는다.

④ 혼합모형은 양자와 아무런 관련이 없다.

해설 ③ 매몰비용은 기존에 사업을 시행하는 데 있어서 들어간 비용인데, 점증모형은 매몰비용을 고려하지만 합리모형은 매몰비용을 고려하지 않는다.
① 합리모형은 목표수단분석을 활용하고, 점증모형은 목표수단분석을 활용하기 어렵다.
② 점증모형은 계속적인 분석이고, 합리모형은 단발적인 분석이다.
④ 혼합모형은 양자의 장점을 결합시키려는 노력과 관련된다.

| 정답 ③

16 정책집행연구의 하향적 접근에서 효과적인 정책집행의 조건이 아닌 것은? (2016 사회복지직 9급)

① 정책목표와 정책수단 사이에 타당한 인과관계가 있어야 한다.

② 일선공무원의 재량과 자율을 확대해야 한다.

③ 정책과 관련된 이익집단, 주요 입법가, 행정부의 장 등으로부터 지속적인 지지를 받아야 한다.

④ 정책이 집행되는 동안 정책목표의 우선순위가 변하지 않아야 한다.

해설 ② 일선공무원의 재량을 확대하는 것은 상향식 접근방법에서 요구되는 사항이다.

| 정답 ②

17 정책의 유형과 관련된 설명으로 옳지 않은 것은? (2015 교육행정직 9급)

① 한글날의 공휴일 지정은 상징정책에 속한다.

② 최저임금제도의 시행은 재분배정책에 속한다.

③ 규제정책은 분배정책보다 정책결정 과정에서 갈등이 더 심하다.

④ 밀어주기, 나눠먹기 등의 문제가 발생하는 정책은 분배정책이다.

해설 ② 최저임금제도는 재분배정책이 아니라 규제정책 중에서 보호적 규제정책에 속한다.

| 정답 ②

18 **티부가설(Tiebout hypothesis)의 기본 가정 및 전제 조건에 대한 설명으로 틀린 것은?**

① 공공재와 조세에 대한 정보가 공개되어 주민이 알 수 있을 것
② 지방정부를 주민 스스로 선택해 자유롭게 이동할 수 있을 것
③ 공공서비스로 인한 외부효과가 클 것
④ 모든 정부는 최적 규모를 추구할 것

해설 ③ 공공서비스로 인한 외부 효과가 없어야 한다. 왜냐하면 외부효과가 존재하면 이동이 불필요하기 때문이다.
④ 각 지방정부는 최적 규모를 추구한다. 따라서 최적 규모보다 적은 지방정부는 더 많은 주민을 유입시키려는 노력을 할 것이다.
①, ③ 티부(C. M. Tiebout)는 효율적인 자원배분이 이루어지기 위해 다음과 같은 조건들을 만족해야 존재할 수 있다고 했다.
(1) 주민들은 언제든지 자유롭게 이동할 수 있다(완전이동성).
(2) 충분히 많은 수의 지방정부가 존재한다(충분한 선택의 기회).
(3) 각 지방정부의 공공재는 외부효과를 갖지 않는다(공공재 편익의 지역 간 분리).
(4) 개인은 모든 공공재와 세금조합에 관해 알고 있다(정보의 완전성).
(5) 공공재 공급에는 규모의 경제가 없다(일정한 단위당 공급비용).
(6) 공공재의 재원인 세금은 비례재산세이다(재산세에 의한 비용 충당).
(7) 지방정부는 배타적 구역설정법을 설정할 수 있다(배타적 구역 설정).
이상의 내용 중 배타적 구역 설정에 대해 설명하면, 배타적 구역 설정을 할 수 없다면 효율적인 자원배분을 할 수 없다고 본다. 가난한 사람들은 더 나은 공공재를 공급하는 지역으로 이동하려는 유인이 커지는 반면, 이러한 이동이 많아질수록 공공재 공급에 대한 비용 충당이 더 어려워져 주민들의 평균적인 효용은 낮아지게 된다. 이러한 문제를 방지하기 위해, 이주민을 받는 지역의 지방정부는 자치구역 내의 모든 주택이 일정 규모 이상이 될 것을 의무화함으로써 공공재 비용 분담에 충분히 기여할 수 있는 사람만이 이주할 수 있도록 만드는 것이다. 즉, 거주 요건 등을 강화해서 타 지역 이주민들의 구역 진입에 대한 배타성을 높이는 것이다.

| 정답 ③

19 **정책결정요인론 중 도슨(R. Dawson)과 로빈슨(J. Robinson)이 주장한 '경제적 자원모형'의 내용으로 옳지 않은 것은?** (2014 국가직 9급)

① 소득, 인구 등의 사회경제적 요인이 정책 내용을 결정한다.
② 정치적 변수는 정책에 단독으로 영향을 미치지 못한다.
③ 정치체제는 환경변수와 정책내용 간의 매개변수가 아니다.
④ 사회경제적 변수, 정치체제, 정책은 순차적 관계에 있다.

해설 ④ 사회경제적 변수, 정치체제, 정책 간의 순차적 관계를 부정했다. 사회경제적 변수가 정치체제와 정책 모두에 대해 영향을 미치고 이것이 정치체제와 정책 간에 상관관계가 있는 것처럼 보이게 한다는 것이다. 결론적으로 정치적 변수와 정책은 허위관계라는 것이다.

| 정답 ④

20 다음 정산표에서 평균기대치 기준(Laplace 기준)에 의해 선택될 최적대안은? (2007 국가직 9급)

대안 　 상황	S_1	S_2	S_3
A_1	50	20	−10
A_2	30	24	15
A_3	25	25	25

① A_1 ② A_2
③ A_3 ④ 대안선택 불가능

해설 ③ 라플라스 기준은 불확실한 상황에서 각 상황이 발생할 확률은 모두 동일하다고 가정하고, 발생 가능한 조건부 상황들의 평균치를 도출해 구한 평균 기대치를 비교해 최선의 대안을 선택하는 기준이다. A_1은 19.8, A_2는 22.77, A_3는 24.75로 A_3 대안이 최선의 대안이다. 불확실한 상황하에서의 의사결정에 사용되는 기준은 다음 다섯 가지가 있다.

(1) 비관적 기준(맥시민 기준): 최소한의 수익 상황에서 가장 큰 값을 갖는 대안을 최종적으로 선택한다.
(2) 낙관적 기준(맥시맥스): 낙관적으로 생각해서 가장 큰 값을 갖는 대안 중 예상가능수익이 가장 큰 대안을 선택한다.
(3) 후르비츠(Hurwicz) 기준: 비관적 기준과 낙관적 기준의 중간 형태를 취한다. 낙관계수가 α이고, 최대예상수익에 α를 곱한 것과 최소예상수익에 $(1-\alpha)$를 곱한 것의 합을 구한 후 가장 큰 수익을 갖는 대안을 선택한다.
(4) 사베지(L. J. Savage, 후회 기준, minimax regret criterion) 기준: 위의 세 가지 방법은 대안별 성과를 기준으로 의사결정을 한다. 그러나 이 기준은 특정 대안을 선택함으로써 미래에 느끼게 되는 후회를 기준으로 한다. 후회표(regret table)를 이용해 각 대안별 최대의 후회치를 구하고, 이들 중 가장 적은 값을 갖는 대안을 선택한다.
(5) 라플라스(Laplace) 기준: 미래의 상황 발생 확률을 전혀 모르기 때문에 모든 상황이 동일한 확률로 발생한다고 가정한다. 기댓값 중 기장 큰 값을 갖는 대안을 선택한다.

| 정답 ③

21 정책 과정에서 정책결정자가 불확실한 것을 확실하게 하려는 '불확실성의 적극적 극복 방안'에 해당하는 것만을 있는 대로 고른 것은? (2017 교육행정직 9급)

가. 민감도분석	나. 이론 개발
다. 정책델파이	라. 정보의 충분한 획득

① 가, 다 ② 가, 나, 라
③ 나, 다, 라 ④ 가, 나, 다, 라

해설 ③ 적극적 극복 방안은 불확실성을 인정하지 않고 이를 파악해 확실하게 통제하려는 노력을 하는 것이다.
가: 민감도분석은 불확실성을 주어진 것으로 보고 이를 감안해 대안을 찾는 소극적 극복 방안이다.

나: 이론을 개발해 인과관계를 예견하는 적극적 극복 방안이다.
다: 정책델파이는 정책대안의 개발을 모색하는 적극적 극복 방안이다.
라: 상황이 좀 더 명확해질 때까지 추가적으로 정보를 충분히 획득하는 적극적 방안이다.

| 정답 ③

22 내적 타당도의 위협 요인에 대한 설명을 바르게 연결한 것은? (2016 국가직 7급)

가. 실험효과　　나. 회귀효과
다. 성숙효과　　라. 역사효과

A. 순전히 시간의 경과 때문에 발생하는 조사대상집단의 특성 변화가 나타나는 경우
B. 정책 및 프로그램의 실시 전후 유사한 검사를 반복하는 경우에 친숙도가 높아져 측정치에 영향을 미치는 경우
C. 특정 프로그램 처리가 집행될 즈음에 발생한 다른 어떤 외부적 사건 때문에 나타난 효과
D. 극단적인 점수를 얻은 실험 대상들이 시간의 흐름에 따라 좀 덜 극단적인 상태로 표류하게 되는 경향

	가	나	다	라
①	B	A	D	C
②	B	D	A	C
③	D	C	B	A
④	D	C	A	B

해설 ② A는 성숙효과, B는 실험효과, C는 역사효과, D는 회귀효과에 해당한다.

| 정답 ②

23 점증주의적 정책변동과 가장 관련이 깊은 것은?

① 티핑 포인트(tipping point)　② 수확체감의 법칙
③ 자기강화 기제　④ 단절적 균형모형

해설 ② 수확체감의 법칙이 작용하는 영역에서는 점증주의적 변동기제가 작동한다.
① 티핑 포인트란 커다란 정책변동이 초래되는 특정 분기점이다.
③ 자기강화 기제는 긍정적 환류기제를 통해 예측하기 어려운 급격한 변화를 초래한다.
④ 단절적 균형모형은 점진적 변동에 따른 안정과 급격한 변동에 따른 단절을 포괄적으로 다루고 있다.

| 정답 ②

24 A사업을 집행하기 위해서 소요된 총비용은 80억 원이고, 1년 후의 예상총편익은 120억 원일 경우에 내부수익률은 얼마인가? (2014 서울시 9급)

① 67%　② 50%　③ 40%

④ 25%　　　　　　　　⑤ 20%

해설 ② 내부수익률은 NPV(순현재가치)가 0일 때의 할인율이므로, $\frac{120}{1+i}=80$에서 i=0.5가 된다.

| 정답 ②

25 다음 중 정책문제의 구조화 방법의 일종인 브레인스토밍(brainstorming)에 대한 설명으로 옳지 않은 것은? (2014 국회직 8급)

① 브레인스토밍 집단은 조사되고 있는 문제 상황의 본질에 따라 구성되어야 한다.

② 아이디어 평가의 마지막 단계에서 아이디어에 우선순위를 부여한다.

③ 아이디어 평가는 첫 단계에서 모든 아이디어가 총망라된 다음에 시작되어야 한다.

④ 아이디어 개발 단계에서의 브레인스토밍 활동의 분위기는 개방적이고 자유롭게 유지되어야 한다.

⑤ 아이디어 개발과 아이디어 평가는 동시에 이루어져야 한다.

해설 ⑤ 브레인스토밍에서는 아이디어 개발과 아이디어 평가를 분리해 수행한다. 모든 아이디어가 제안되고 나면 그 후에 이들 대안에 대해 평가하고 종합하게 된다. 그러나 브레인스토밍을 마치자마자 바로 평가를 해서는 안 된다. 먼저 아이디어를 깨끗이 타이핑해서 아이디어 목록을 만들어 며칠 후에 평가에 참여할 사람들에게 배부하는 것이 좋다. 이 단계에서는 유사 아이디어의 통합, 전혀 실현 가능성 없는 대안의 제거 및 아이디어에 대한 서열매김 등을 통해 몇 가지 대안을 제시함으로써 토론이 끝나게 된다.

이 기법의 세 가지 특성은 다음과 같다. 첫째, 연쇄반응 효과(chain reaction effect)이다. 이것은 하나의 방안이 다른 방안의 출현을 자극한다. 둘째, 라이벌 충격(rivalry impact)이다. 어떤 이가 제시하는 의견은 다른 견해의 출현을 자극한다. 셋째, 긍정적 강화(positive reinforcement)이다. 창의적인 관점을 제시하는 사람을 포상하고 비평을 최대한 억제함으로써 대안의 질을 제고한다.

그리고 브레인스토밍에는 지켜야 할 네 가지 규칙이 있다. 첫째는 참가자는 다른 사람의 아이디어를 비판해서는 안 된다는 '비판 엄금의 원칙(non evaluation)'이다. 둘째는 참가자는 자유로운 분위기에서 어떠한 아이디어라도 거리낌없이 발표할 수 있어야 한다는 '자유분방의 원칙(expressiveness)'이다. 셋째는 참가자가 아이디어를 제출할 때 질적으로 훌륭한 아이디어만을 제출하도록 하면 심리적으로 위축될 수 있으므로 더 많은 양을 낼 수 있도록 양에 치중해야 한다는 '질보다 양의 원칙(quantity breeds quality)'이다. 넷째는 다른 사람의 아이디어를 개선, 확장하거나 결합하는 것을 환영한다는 '결합 환영의 원칙(building)' 등이다.

| 정답 ⑤

26 다음은 윌슨(J. Q. Wilson)의 규제정치 유형에 대한 설명이다. 각 유형별 사례를 바르게 짝지은 것은? (2014 지방직 9급)

가. 정부규제로 인해 발생되는 비용은 상대적으로 이질적인 불특정 다수집단에 부담되나 그 편익은 매우 크며 동질적인 소수집단에게 귀속되는 상황

나. 정부규제로 인해 감지된 비용과 편익이 쌍방 모두 이질적인 불특정 다수에게 미치기 때문에 개개인으로 보면 그 크기가 작은 상황

다. 규제로부터 예상되는 비용과 편익이 모두 소수의 동질적인 집단에 국한되고, 쌍방이 모두 조직적인 힘을 바탕으로 이익 확보를 위해 첨예하게 대립하는 상황
라. 피규제집단에게는 비용이 좁게 집중되지만, 규제로 인한 편익이 일반시민을 포함해 넓게 분포되는 상황

	가	나	다	라
①	수입규제	음란물규제	한약규제	원자력 발전규제
②	원자력 발전규제	수입규제	한약규제	음란물규제
③	한약규제	원자력 발전규제	수입규제	음란물규제
④	수입규제	한약규제	음란물규제	원자력 발전규제

해설 ① '가'는 고객정치 상황, '나'는 대중정치 상황, '다'는 이익집단 정치 상황, '라'는 기업가 정치상황에 각각 해당한다. 고객정치 상황이란 정부 규제로 인해 발생되는 비용은 이질적인 불특정 다수에게 분산되어 그 크기는 상대적으로 작은 반면 편익은 동질적인 소수의 특정 집단에 집중되는 상황을 말한다. 우리나라의 경우 변호사법, 농산물 유통 및 가격안정법, 항공운송사업진흥법 등이 이에 해당한다. 개개인의 비용 부담이 그다지 크지 않으므로 이러한 정책을 반대하기 위해 조직화되거나 정치적 행동을 취하려는 유인을 갖지 못한다. 따라서 이 경우 특정 집단에게 매우 우호적인 방향으로 정책이 결정될 우려가 있으므로 이를 견제하고 감시하는 역할을 NGO가 하게 된다.

대중정치 상황은 비용과 편익이 이질적인 불특정 다수에게 광범위하게 분산되지만 그 크기는 상대적으로 작은 경우를 말한다. 즉, 어느 누구도 특별히 큰 이익이나 큰 손해를 보는 것이 아닌 것이다. 종교활동에 대한 규제, 신문・방송・출판물의 윤리규제 등이 그것이다.

기업가 정치 상황은 비용은 소수의 동질적 집단에게 집중되는 반면 수혜자가 받는 편익은 광범위하게 분산되는 경우를 말한다. 식품위생법, 수질환경보전법 등이 이에 해당한다. 특히 수질환경보전법은 이익집단들의 강력하고 가시적인 반대 활동이 있었음에도, 당시의 사회적 사건들에 의해 동기 부여된 정부 내 정책기업가들의 추진력에 의해 성공적으로 입법이 이루어질 수 있었다.

이익집단정치 상황은 비용과 편익의 크기는 크며 소수의 동질적 집단에 집중되는 경우를 말한다. 따라서 비용을 부담해야 하는 집단은 그 정책에 강력하게 반대하는데, 혜택을 보는 집단은 정책을 채택하라는 입장을 강력하게 행사할 것이다. 이러한 상황 하에서는 양 집단 간에 첨예한 갈등이 전개될 것이다. 이익집단정치 상황에서는 정부는 적극적인 문제 해결보다는 관망하는 자세로 정책문제를 다루는 경향이 크다.

| 정답 ①

제 7 장 조 직

제 1 절 조직일반론

1. 조직의 의의

스콧(Richard W. Scott)은 조직을 "참여자 연합이 상호 의존하는 활동 체제"로 정의하면서, 이들 체제는 그것이 작용하는 환경 중에 존재하고 환경과 지속적으로 교류하면서 구성된다고 했다.

2. 조직의 분류

1) 조직의 사회적 기능

파슨스(Talcott Parsons)는 사회 체제 전체가 수행해야 할 기능을 ① 적응(adaptation), ② 목표 성취(goal attainment), ③ 통합(integration), ④ 체제유지(latency)로 분류했다. 그는 위의 네 가지 사회적 기능(social functions) 가운데서 어떤 범주에 주로 기여하는가에 따라 네 가지의 조직 유형을 분류했다.

(1) 경제적 생산을 지향하는 조직: 이 유형은 적응 기능에 기여한 조직이다. 이 유형은 사회가 소비하는 재화·용역을 생산하는 조직으로서 사기업체를 예로 들

수 있다.

(2) 정치적 목표를 추구하는 조직: 이것은 목표 성취에 기여한 조직이다. 이 유형은 사회 내에서 권력을 창출·분배하며, 사회가 바람직한 목표를 달성할 수 있도록 보장하려는 조직으로 행정기관과 은행을 그 예로 들 수 있다.

(3) 통합 기능적 조직: 이것은 통합 기능에 기여한 조직이다. 이 유형은 사회 내의 갈등을 해결하고 사회의 구성 부분들이 공존·협동할 수 있게 하며, '제도적 기대'의 실현에 기여하도록 사회구성원들의 동기를 유발하는 기능을 수행하는 조직으로 법원, 정당 등을 예로 들 수 있다.

(4) 체제 유지적 조직: 이것은 체제 유지 기능에 기여하는 조직이다. 이 유형은 교육·문화 등의 활동을 통해서 사회의 지속성을 유지하려는 조직이다. 교육기관, 종교단체 등을 그 예로 들 수 있다.

2) 복수 국면적 접근방법에 의한 분류

민츠버그(Henry Mintzberg)는 조직이란 다섯 가지 기본 부문으로 이루어져 있으며, 각 부문별로 힘을 발휘해 각각 자기 쪽으로 조직을 몰고 가려는 힘이 작용한다고 했다. 이에 따라 다섯 부문 중 어디에 무게 중심이 놓여 있는지에 따라서 조직의 형태는 달라진다는 것이다.

(1) 전략 부문: 조직의 가장 정상에 있는 최고경영자를 중심으로 조직을 관리하고 전략계획을 수립한다. 조직에는 집권화하기 위해 최고경영층에서 행사하는 힘이 있다. 이 힘은 직접 감독에 의한 조정을 통해 발휘되고 단순구조에서 이 힘이 강하게 작용한다.

(2) 핵심운영 부문: 조직 목표에 직결되는 업무를 실제로 담당하는 실무 작업자들이 있는 곳에 조직의 힘이 집중된다. 조직에는 전문화하기 위해 핵심운영층에서 행사하는 힘이 있다. 이 힘은 작업기술의 표준화에 의한 조정을 통해 발휘된다. 이 힘은 전문적 관료제 구조에서 강하게 작용한다.

(3) 기술전문가 부문: 조직 내의 과업 과정과 산출물이 표준화되는 시스템을 설계하는 분석가들을 포함하고 있다. 조직에는 표준화를 하기 위해 기술전문가들이

행사하는 힘이 있다. 이 힘은 과업과정의 표준화에 의한 조정을 통해 발휘된다. 기계적 관료제 구조에서 이 힘이 강하게 작용한다.

(4) 중간라인 부문: 전략 부문과 핵심운영 부문을 직접적으로 연결시킨다. 조직에는 사업단위를 분할하기 위해 중간관리층에서 행사하는 힘이 있다. 이 힘은 산출물의 표준화에 의한 조정를 통해 발휘된다. 사업부제 구조에서 이 힘이 강하게 작용한다.

(5) 지원스태프 부문: 기본적인 과업과는 직접 상관이 없지만 그 과업이 제대로 달성되도록 지원한다. 인시부서, 홍보부서 등 매우 다양하다. 조직에는 협조 및 혁신을 하기 위해 지원스태프에서 행사하는 힘이 있다. 이 힘은 상호조정을 통해 발휘된다. 애드호크라시(adhocracy) 구조에서 이 힘이 강하게 작용한다.

3. 조직이론의 전개 과정

조직이론의 변천에 대해서는 여러 견해가 있으나, 보편적으로 고전적 이론, 신고전적 이론, 현대적 이론으로 분류하고 있다.

1) 고전적 조직이론

과학적 관리법의 영향 아래 1930년대에 완성된 조직이론으로, 과학적 관리론, 행정관리론 및 관료제론 등으로 구성된다.

2) 신고전적 조직이론

신고전적 조직이론은 메이요(George Elton Mayo)의 호손실험(Hawthorne experiment)이 계기가 된 인간관계론이 핵심이다. 과학적 관리론의 기계적 능률을 비판하고, 대신 사회적 능률을 가치 기준으로 제시했으며, 인간의 심리적 측면과 비공식 관계를 중시했다.

3) 현대적 조직이론

현대적 조직이론은 조직이 처한 상황이 조직의 발전과 변동에 중대한 영향을 미치는 것으로 이해했다. 고전적 조직이론이 조직의 구조에, 신고전적 이론이 인간에 주목했다면 현대적 조직이론은 환경에 주목하고 있다.

(1) 구조적 상황이론

상황적합이론은 보편적으로 가장 좋은 방법(one best way)을 찾는 이론보다는 각 조직들에게 적합한 방법은 각 조직들이 직면하고 있는 상황에 의존한다는 것이다.

① 최선의 유일한 방법은 없다: 상황 조건에 따라 결정되는 사항이므로 모든 조직에 적용할 수 있는 일반 원칙은 있을 수 없다는 것이다.

② 조직설계의 지침 제공: 환경으로부터의 요청과 유연성이 조직의 구조 변화를 일으키고, 조직이 채택하는 기술이 조직구조를 결정한다는 명제를 제시함으로써 조직설계의 효과적인 방법을 알 수 있게 한다.

③ 환경에 적합한 조직: 안정적인 환경에서는 형식화되고 계층적인 조직이 적합하고 변화가 심한 환경에서는 덜 형식화되고 유기적인 조직이 적합하다는 것이다.

(2) 개방체제이론

개방체제이론은 전통적 이론과는 달리 조직을 개방 체제로 인식한다. 행정조직도 사회 체제의 하위 체제로서 다른 체제나 환경과의 상호작용에 의해 유지된다는 것을 강조하는 이론이다.

① 동태적 항상성(homeostasis): 환경을 중시해서 환경의 변화에 따라 조직을 적응시키면서 동태적 항상성을 유지하려고 한다. 마치 우리가 어떤 날은 물을 많이 마시고 또 어떤 날은 한 모금도 안 마셔도 체내에 수분이 일정량 유지되는 것과 같다.

② 등종국성(equifinality): 폐쇄체제이론은 최선의 방법만을 강조한다. 그러나 개방체제이론은 확정적 상황에서만 최선의 방법을 인정하고 그 외에는 등종국성을

중요시한다. 등종국성이란 출발 상태나 발전 경로가 다르더라도 결국은 동등한 상태에 도달할 가능성을 말하는 것으로 목표에 도달하는 경로가 여러 개 있음을 의미한다.

개방체제론은 복잡한 조직 현상을 통합적으로 접근할 수 있는 틀을 제공했다고 본다. 그러나 이 이론은 추상화의 수준이 높은 거대이론에 토대를 두고 있기에 실제 연구에의 활용에는 한계가 있다.

객관식 문제

■ 기본문제

01 민츠버그가 제시한 조직구조 유형에 대한 설명으로 옳은 것은? (2011 지방직 9급)

① 기계적 관료제는 막스 베버의 관료제와 유사하다.
② 임시조직은 대개 단순하고 반복적인 문제를 해결하기 위해 생성된다.
③ 폐쇄 체제적 관점에서 조직이 수행하는 기능을 기준으로 유형을 분류했다.
④ 사업부조직은 기능별·서비스별 독립성으로 인해 조직 전체 공통관리비의 감소 효과가 크다.

해설 ① 기계적 관료제는 막스 베버의 관료제와 유사하다.
② 임시조직은 복잡하고 비정형적인 문제를 해결하는 데 적합하다.
③ 민츠버그는 개방 체제적 조직을 유형화했다.
④ 사업부 조직은 중복적인 기능 수행으로 공통관리비를 절감하기 어렵다.

| 정답 ①

02 민츠버그의 조직 유형에서, '조직의 가장 정상에 있는 최고경영자를 중심으로 조직을 관리하고 전략계획을 수립한다. 조직에는 집권화하기 위해 최고경영층에서 행사하는 힘이 있다. 이 힘은 직접 감독에 의한 조정을 통해 발휘되고 단순구조에서 이 힘이 강하게 작용한다.' 이 내용이 적용되는 부분은?

① 전략 부문　　② 중간라인 부문
③ 핵심운영 부문　　④ 전문기술자

해설 ① 전략 부문에 해당하는 내용이다.

| 정답 ①

03 신고전 조직이론의 특징으로 가장 옳지 않은 것은? (2015 서울시 9급)

① 사회적 능력과 사회적 규범에 의한 생산성 결정
② 계층적 구조와 분업의 중시
③ 비경제적 요인과 비공식집단의 중시
④ 의사소통과 참여의 중시

해설 ② 2번 지문 내용은 고전적 조직이론의 특징이다. 신고전이론은 고전적 조직이론에 대한 반발로 등장한 것이다.

| 정답 ②

■ 심화문제

04 민츠버그의 조직구조 유형 분류를 기준으로 할 때, 다음 특징을 지닌 조직이 해당하는 유형은?

> 조직 목표에 직결되는 업무를 실제로 담당하는 실무 작업자들이 있는 곳에 조직의 힘이 집중된다. 조직에는 전문화하기 위해 행사하는 힘이 있다. 이 힘은 작업기술의 표준화에 의한 조정을 통해 발휘된다.

① 단순구조 ② 애드호크라시
③ 전문적 관료제 ④ 기계적 관료제
⑤ 사업부제 구조

해설 ③ 핵심운영 부문: 조직 목표에 직결되는 업무를 실제로 담당하는 실무 작업자들이 있는 곳에 조직의 힘이 집중된다. 조직에는 전문화하기 위해 핵심운영층에서 행사하는 힘이 있다. 이 힘은 작업기술의 표준화에 의한 조정을 통해 발휘된다. 이 힘은 전문적 관료제 구조에서 강하게 작용한다.

| 정답 ③

05 조직이론에 대한 설명 중 옳지 않은 것은? (2014 국가직 9급)

① 고전적 조직이론에서는 조직 내부의 효율성과 합리성이 중요한 논의 대상이었다.
② 신고전적 조직이론은 인간에 대한 관심을 불러 일으켰고 조직행태론 연구의 출발점이 되었다.
③ 신고전적 조직이론은 인간의 조직 내 사회적 관계와 더불어 조직과 환경의 관계를 중점적으로 다루었다.
④ 현대적 조직이론은 동태적이고 유기체적인 조직을 상정하며 조직발전(OD)을 중시해 왔다.

해설 ③ 인간관계론은 인간의 조직 내 사회적 관계를 중시해으나 조직과 환경과의 관계는 다루지 못했다.

| 정답 ③

06 조직구조모형을 유기적인 성격이 약한 것에서부터 강한 것의 순서로 바르게 배열한 것은? (2012 국가직 7급)

① 네트워크구조 < 매트릭스구조 < 수평구조 <사업구조 <기능구조

② 기능구조 < 사업구조 < 수평구조 <매트릭스구조 <네트워크구조

③ 기능구조 < 사업구조 < 매트릭스구조 <수평구조 <네트워크구조

④ 기능구조 < 매트릭스구조 < 사업구조 <수평구조 <네트워크구조

해설 ③ 대프트(R. L. Daft)는 수직적 성격의 기계적 조직과 수평적 성격의 유기적 조직 사이에 기능구조－사업구조－매트릭스구조－수평구조－네트워크구조 등의 순서로 배열된다고 했다.

| 정답 ③

07 민츠버그의 조직성장 경로모형에 따르면, 조직 내에서 어떤 부문을 강조할 것인가에 따라 조직의 구조가 달라진다. 강조된 조직구성 부문과 이에 상응하는 구조의 연결로 옳지 않은 것은? (2018 지방직 7급)

① 전략적 정점－기계적 관료제 구조

② 핵심 운영－전문적 관료제 구조

③ 중간계선－사업부제 구조

④ 지원참모－애드호크라시

해설 ① 전략적 정점이 강조되는 조직구조는 단순구조이다. 기계적 관료제 구조에서는 기술구조 부문이 강조된다.

| 정답 ①

08 수평적 전문화와 수직적 전문화에 대한 설명으로 옳지 않은 것은? (2013 국가직 7급)

① 전문가적 직무는 수평적 전문화와 수직적 전문화의 수준이 모두 높은 경우에 효과적이다.

② 직무확장(job enlargement)은 기존의 직무에 수평적으로 연관된 직무 요소 또는 기능들을 추가하는 수평적 직무재설계의 방법으로서, 수평적 전문화의 수준이 낮아지는 것이다.

③ 고위관리 직무는 수평적 전문화와 수직적 전문화의 수준이 모두 낮은 경우에 효과적이다.

④ 직무풍요화(job enrichment)는 직무를 맡는 사람의 책임성과 자율성을 높이고, 직무수행에 관한 환류가 원활히 이루어지도록 직무를 재설계하는 방법으로서, 수직적

전문화의 수준이 낮아지는 것이다.

해설 ① 전문가적 직무는 수직적 전문화는 낮으나, 수평적 전문화의 수준이 높은 경우에 효과적이다.

〈수평적 · 수직적 분화에 따른 직무의 효과성 간의 관계〉

구분		수평적 전문화	
		높음	낮음
수직적 전문화	높음	비숙련 직무	일선관리 직무
	낮음	전문가적 직무	고위관리 직무

① 수직적 전문화: 과업 수행방법이나 결과에 대해 책임을 지는 정도－직무충실과 반대
② 수평적 전문화: 과업범위의 세분화 정도로서 한 사람이 한 가지의 일만 반복해서 수행하는 정도－직무확장과 반대

| 정답 ①

09 민츠버그는 조직을 단순구조, 기계적 관료제, 전문적 관료제, 할거적 양태(사업부제), 임시 체제 등으로 구분했다. 이 중 전문적 관료제의 특징으로 가장 옳지 않은 것은? (2015 서울시 7급)

① 높은 수평적 분화 수준　② 복잡하고 불안정적인 환경
③ 낮고 불명확한 공식화 수준　④ 높은 연결 · 연락 수준

해설 ② 전문적 관료제는 복잡하고 안정적인 환경에 적합하다.

| 정답 ②

10 조직구조에 대한 다음 설명 중 틀린 것은? (2013 교육행정직 9급)

① 조직구조는 복잡성, 공식성, 집권성 등 구조변수와 조직의 문화를 고려해서 설계된 결과이다.
② 수평구조라 함은 조직을 핵심 과정 중심으로 설계한 팀제를 말한다.
③ 수평적 전문화는 업무의 단순화를 초래한다.
④ 직무충실은 수직적 전문화를 강화시키려는 것이다.

해설 ④ 직무충실은 조직구성원의 자율성을 높이는 것이므로 수직적 전문화의 수준을 완화시키려는 것이다. 이에 반해 직무확대는 수평적 전문화의 수준을 완화시키는 것이다.

| 정답 ④

11 블라우(P. M. Blau)와 스콧(R. W. Scott)의 조직 유형에 대한 설명으로 맞지 않는 것은?

① 호혜적 조직으로 기업, 이익단체 등이 있다.
② 봉사조직은 참여에 의한 민주적 절차를 중시한다.
③ 기업조직은 구성원의 이익 제고가 가장 중요하다.
④ 공익조직은 국민의 외재적 통제를 위한 민주적 장치가 가장 중요하다.

해설 ④ 군, 경찰서 등이 공익조직이며 국민의 외재적 통제를 위한 민주적 장치가 필요하다.

| 정답 ④

12 고전적 조직이론이 갖고 있는 특징에 대한 설명으로 가장 부적합한 것은?

① 조직은 경제적 목표를 중시한다.
② 구성원들은 동기부여의 외재적 요인을 중시하지 않는다.
③ 조직 운영에 있어 능률의 극대화를 추구한다.
④ 조직이 합법적 규칙과 권위에 기초할 때 개인의 오류 제거가 가능하다고 본다.

해설 ② 고전적 조직이론은 X 이론적 관점에서 구성원을 경제적 인간으로 보기 때문에 물질적 보상과 같은 동기부여의 외재적 요인만을 중시했다.

| 정답 ②

제 2 절 조직문화

1. 조직문화의 의의

조직문화란 특정 조직의 생활양식이며, 조직 구성원들이 공유하고 있는 정신적 활동이다.

2. 조직문화의 유형

퀸(R. E. Quinn)과 킴벌리(J. R. Kimberly)는 조직문화 유형에서 조직구조에 대한 선호를 반영하는 신축 지향과 통제 지향을 한 축으로 하고, 또 내부 지향과 외부 지향을 다른 축으로 해서 조직문화 유형을 아래 네 가지로 구분했다.

1) 집단문화

집단문화(group culture)는 구성원들의 신뢰, 팀워크를 통한 참여, 충성, 사기

등의 가치를 중시한다. 이러한 문화 유형에서는 무엇보다 조직 내 가족적인 인간 관계의 유지에 최대의 역점을 둔다.

2) 발전문화

발전문화(development culture)는 조직의 변화와 유연성을 강조하면서, 조직이 당면하고 있는 외부 환경에의 적응 능력에 중점을 둔다.

3) 위계문화

위계문화(hierarchial culture)는 공식적 명령과 규칙, 집권적 통제와 안정지향성을 강조하는 관료제의 가치와 규범을 반영한다.

4) 합리문화

합리문화(rational culture)는 조직의 성과 목표 달성과 과업 수행에서의 생산성을 강조하는 문화 유형이다. 이러한 문화적 특성이 지배적인 조직은 목표 달성, 계획, 능률성, 성과보상의 가치를 강조한다. 구성원 간의 경쟁이 주된 자극제가 된다.

3. 조직문화의 구성 요소

1) 피터스와 워터맨의 7S 모형

피터스(T. J. Peters)와 워터맨(R. H. Waterman, Jr.)의 7S 모형이란 일본과 미국의 조직문화 연구에서 제시되었다. 7S는 조직문화의 구성 요소로서 영문자의 'S'로 시작되는 일곱 가지 단어를 뜻하는 것으로서, 공유가치(shared values), 전략(strategy), 구조(structure), 제도와 절차(systems), 조직구성원(staffs), 관리기술(skill), 관리 스타일(style) 등이다.

2) 샤인의 조직문화 모형

샤인(Edgar H. Schein)의 조직문화 모형은 조직문화를 이해하는 데 가장 많은 도움을 주고 있다. 그는 조직문화의 구성 요소를 세 가지 수준에서 파악했다. 즉, 조직활동에 대한 기본적인 믿음, 이러한 기본적 믿음으로부터 파생되는 가치관, 가치관이 표출되어 나타나는 가시적이고 인공적인 창작물 등이다.

4. 조직문화와 조직효과성

퀸과 킴벌리의 네 가지 조직문화 유형에서 각 유형별로 조직효과성을 높이기 위해서 어떠한 노력이 경주되어야 하는가에 대해 알아본다.

1) 집단문화

조직 내 구성원들 상호간의 신뢰와 팀워크를 통한 참여 의식이 높다. 집단문화의 가치를 개발하는 관리전략은 구성원들의 직무만족과 조직몰입을 강화해준다.

2) 발전문화

구성원들의 창의성과 기업가정신을 장려한다. 구성원들은 어느 정도 위험을 감수하면서 자신의 성장과 조직의 발전을 위해 자발적이고 적극적인 노력을 수행한다.

3) 위계문화

조직관리에서 통제와 감독을 강화하므로 안전지향성과 무사안일 행태가 만연한다. 이러한 상황 조건은 조직구성원들의 조직몰입과 직무만족을 향상시키기 어려운 요인으로 작용한다.

4) 합리문화

목표 달성을 강조화고 경쟁을 장려하지만, 인간적 배려와 인간관계를 기본으로 하는 직무만족에는 소홀해질 수 있다.

객관식 문제

▣ 기본문제

01 조직문화가 강할 때의 순기능으로 가장 거리가 먼 것은?

① 다른 조직과의 경계를 명확히 인식하게 해서 경계를 둘러싼 갈등을 최소화한다.
② 구성원의 사고와 행동에 유연성 및 창의성을 촉진한다.
③ 조직에 바람직하지 않은 행동이 강제 수단 없이도 억제될 수 있다.
④ 구성원에게 소속감과 안정감을 가지게 해준다.

해설 ② 획일적인 집단사고의 확립으로 구성원의 사고와 행동의 유연성 및 창의성을 저해하는 단점이 있다.

| 정답 ②

02 다음 중 피터스와 워터맨의 7S에 해당하지 않는 것은?

① 공유가치(shared values) ② 전략(strategy) ③ 구조(structure)
④ 관리기술(skill) ⑤ 잉여(surplus)

해설 ⑤ 7S는 공유가치(shared values), 전략(strategy), 구조(structure), 제도와 절차(systems), 조직구성원(staffs), 관리기술(skill), 관리 스타일(style) 등이다.

| 정답 ⑤

03 다음 중 샤인(Edgar H. Schein)의 조직문화 모형과 관련이 없는 것은?

① 조직활동에 대한 기본적인 믿음
② 기본적 믿음으로부터 파생되는 가치관
③ 가치관이 표출되어 나타나는 가시적이고 인공적인 창작물
④ 인공적인 창작물의 분해

해설 ④. 지문 ①, ②, ③은 샤인의 모형이 포함하고 있는 내용이다.

| 정답 ④

04 행정문화의 특성에 대한 설명으로 옳지 않은 것은? (2012 서울시 9급)

① 구성원의 사고와 행동을 결정하는 요인이다.
② 개인에 의해 표현되지만 문화는 집합적이고 공유적이다.
③ 통합성을 유지하면서 하위문화를 포용한다.
④ 인간의 본능이 아니라 학습을 통해서 익힌 것이다.
⑤ 시간이 흘러도 변하지 않는 지속성을 지닌다.

해설 ⑤ 행정문화는 쉽게 변하지 않는 지속성을 지니지만 시간이 흐르면 다양한 요인에 의해 변화한다. 따라서 행정문화의 지속성은 시간이 흘러도 변함없는 절대적인 것을 의미하지는 않는다.

| 정답 ⑤

▣ 심화문제

05 조직문화의 일반적 기능에 관한 설명으로 가장 옳지 않은 것은? (2018 서울시 9급)

① 조직문화는 조직구성원들에게 소속 조직원으로서의 정체성을 제공한다.
② 조직문화는 조직구성원들의 행동을 형성시킨다.
③ 조직이 처음 형성되면 조직문화는 조직을 묶어 주는 접착제 역할을 한다.
④ 조직이 성숙 및 쇠퇴 단계에 이르면 조직문화는 조직혁신을 촉진하는 요인이 된다.

해설 ④ 조직문화는 지속성을 가지기 때문에 조직이 쇠퇴에 직면해서도 개혁을 저해하게 된다.

| 정답 ④

06 더글라스(Mary Douglas)의 문화이론 중 개인주의적 문화와 가장 거리가 먼 것은? (2007 부산 7급)

① 사회적 위험 의식이 충분히 개발되어 있다.
② 시장에 필요한 서비스 충족이 활성화되어 있다.
③ 제도적 사회복지가 적절하게 개발되기 힘들다.
④ 기본 욕구의 충족 책임은 개인에게 있다.

해설 ① 개인주의적 문화는 개인의 사회적 역할과 집단성이 모두 약한 유형으로 사회적 위험 의식이 충분히 개발되어 있지 않다.
③ 기본 욕구의 충족은 개인 책임으로 보며 사회복지는 불필요한 것으로 본다.

| 정답 ①

제3절 조직구조론

1. 조직구조의 의의

조직구조란 특정의 역할이 부여된 조직구성원 간에 유형화된 상호작용이라고 정의할 수 있다. 즉, 조직구성원들이 행동 또는 상호작용을 되풀이해서 형성한 일정한 유형이 곧 조직구조이다.

2. 조직구조의 결정 요인

1) 기본 변수

(1) 분업화 또는 전문화: 조직의 기능이 확대되고 그 규모가 커질수록 조직구조상의 분업 체제는 촉진된다.

(2) 계층제: '통솔 범위의 한계'를 극복하고 조직 내 각 과업을 전체에 합치되도록 통제하기 위해 형성되는 것이다.

(3) 공식화: 업무가 표준화되어 있는 정도를 말한다. 즉, 누가 어떤 일을 어떻게 언제 수행할 것인가가 정해져 있다는 것이다.

(4) 집권화: 조직 내의 권력 배분에 관한 것으로 의사결정의 권한이 어느 개인, 집단, 계층에 집중되는 정도를 말한다.

2) 상황 변수

(1) 규모

조직구성원의 수, 조직예산의 규모, 투입 및 산출의 규모 등을 구성 요소로 한다. 일반적으로 조직의 규모가 커질수록 구성원들의 행동은 공식화된다.

(2) 기술

기술이란 조직의 여러 투입물을 환경이 원하는 산출물로 변환시키는 데 이용되는 지식, 도구, 변환 방식, 활동 등의 일체를 말한다.

① 우드워드의 연구

우드워드(J. Woodward)는 조직이 사용하고 있는 조직기술과 구조 간의 적합성이 조직의 효과성을 결정한다고 주장한다. 대량 생산 기술을 사용하고 있는 조직에서는 기계적 구조가 사용될 때, 단위 소량 생산 기술이나 연속공정 생산 기술을 사용하고 있는 조직에서는 유기적 구조를 가지고 있을 때 높은 효과를 달성한다는 것이다.

② 페로의 연구

페로(C. Perrow)는 예외의 발생빈도라는 '다양성' 차원과 대처 가능이라는 '분석가능성' 차원, 이 두 개 차원을 축으로 해서 네 가지의 기술 유형을 도출하고 있다.

첫째, 장인기술은 분석 불가능한 탐색과 소수의 예외가 결합된 기술이다. 직무수행은 복잡하지 않지만 문제 해결이 어려운 편이다. 문제가 터지면 비일상적이라서 분석과 해결이 어렵다. 그러므로 문제 해결을 위한 의사결정권이 업무를 수행하는 담당자에게 주어진다.

둘째, 일상적 기술은 분석 가능한 탐색과 소수의 예외가 결합된 기술이다. 집권화가 초래되고 기계적 구조에 적합하다. 관리자는 조직 효율을 높이기 위해 표준화·공식화된 절차만 지키도록 통제하면 된다. 석유화학공장, 철강생산 공장, 대형

그림 7-1 페로의 기술 분류

		과업의 다양성: 낮음	과업의 다양성: 높음
문제의 분석가능성	낮음	장인 기술 (craft)	비일상적 기술 (nonroutine)
	높음	일상적 기술 (routine)	공학적 기술 (engineering)

자동차산업이 해당된다.

셋째, 비일상적 기술은 분석 불가능한 탐색과 다수 예외가 결합된 기술이다. 직무 수행이 복잡하고 문제 해결도 매우 어렵다. 문제 발생 시 분석가능성이 매우 낮아서 해결하려면 탐색 절차도 매우 복잡하고 많은 시간과 노력을 기울여야 한다. 오랜 경험을 가진 자가 축적된 해결책을 이용해서 접근할 수 있도록 분권화가 잘 되어 있을 것이다. 항공산업에서 볼 수 있다.

넷째, 공학적 기술은 분석 가능한 탐색과 다수 예외가 결합된 기술이다. 직무 수행 과정에서 다양한 문제들이 발생하지만 대개의 문제는 분석가능성이 높기 때문에 이미 정해진 공식과 절차에 의해 해결이 가능하다. 건축업, 회계법인에 종사하는 사람들의 경우 중요한 의사결정권은 집권화되어 있지만 사소한 업무 처리는 실무자가 맡는다.

3. 조직구조의 유형

1) 관료제

(1) 의의

베버(Max Weber)는 조직 운영에 필요한 명령을 구성원들이 수행하도록 보장하기 위해 일종의 권위의 계층제(hierarchy of authority)가 필요하다고 했다. 그는 권위가 의존하는 근거를 합리적·합법적 규칙, 전통의 힘에 의한 권위, 카리스마 등으로 구분했다. 이 가운데 관료제(bureaucracy)라고 하는 조직구조의 기초를 제공하는 것이 합리적·합법적 규칙의 세계이다.

(2) 순기능과 역기능

① 순기능

- 법 앞의 평등: 정실을 배제하고 법규에 따라 공정하며 예측 가능한 행정 확보
- 상승 욕구의 충족 수단: 계층제를 통한 승진제도는 인간 본성인 권력 욕구와 상승 욕구 충족

• 신속하고 효율적인 행정: 질서 있고 책임 있는 의사전달 체계를 수립해서 신속한 행정 구현

② 역기능

• 동조과잉(overconformity): 관료가 목표가 아닌 수단인 규칙이나 절차에 지나치게 동조하는 것을 말한다.
• 번문욕례(red tape): 책임과 한계를 명확히 하기 위해 문서 형식에 의존해서 사무를 처리하는 형식주의 현상이 나타났다.
• 인간성의 상실: 구성원들이 주어진 업무를 매일 기계적으로 처리하기 때문에 부속품화되어 인간성을 상실하게 된다.

2) 애드호크라시

애드호크라시(adhocracy)는 특정 문제 해결을 위한 전문가들로 팀을 구성해서 운영하는 조직으로 매우 탄력적이고 상황 적응력이 높은 조직이다. 이것의 특징을 보면 고정된 계층구조가 없고, 영구적인 부서도 없고, 공식화된 규칙도 없고, 일상적인 문제를 처리하기 위한 표준화된 절차도 없는 조직구조이다.

애드호크라시에 속하는 대표적 유형으로는 태스크 포스, 프로젝트 팀, 매트릭스 조직, 그리고 네트워크조직 등을 들 수 있다.

(1) 태스크 포스

구성의 본래 목적을 달성하면 해체되는 임시조직이다. 대학에서 교과목을 개편하기 위해 기존의 여러 단과 대학교수로 태스크 포스(task force: TF)를 구성하는 것이 이에 해당한다.

(2) 프로젝트 팀

프로젝트 팀(project team)은 조직에서 중요한 프로젝트를 진행시키기 위해 여러 부서에서 프로젝트 목적에 가장 적합한 사람들을 선발해서 구성한 조직모형이다.

(3) 매트릭스조직

① 의의

매트릭스조직(matrix organization)은 기존의 기능부서에다 프로젝트 조직을 결합시킨 이중 지휘의 조직구조이다. 다시 말해, 매트릭스 조직은 전통적인 수직적 계층구조에 수평적인 팀을 공식화함으로써 양자간에 균형을 추구하고 있다.

② 장점

- 신축성과 적응성이 요구되는 불안정하고 급변하는 조직환경에 효과적이다.
- 계층제의 기능조직의 능률성과 새로운 프로젝트조직의 전문화를 통합할 수 있다.
- 기존의 조직구조 내에서 인적 자원을 경제적으로 활용하고 동원할 수 있다.

③ 단점

- 이중적 권한 체계로 인해 무질서와 혼란이 발생할 수 있다.
- 구성원의 권한이나 책임 한계가 명확하지 않아 조정이 어렵고 의사결정이 지연된다.
- 조직의 공식화 정도가 낮아 관리상의 객관성과 예측성을 확보하기 어렵다.

(4) 네트워크조직

네트워크조직(network organization)은 IT 기술의 발전에 힘입어 결정과 기획 등과 같은 핵심 기능을 수행하는 소규모의 조직을 중심에 놓고 다수의 협력업체들을 네트워크로 묶어 업무를 수행하는 조직을 말한다.

(5) 학습조직

① 개념

생게(Peter Senge)는 외재적 조건보다 사람들의 사고방식과 교호작용 양태를 더 중요시한다. 학습조직(learning organization)은 지식을 창출하고 획득하고 전달하는 데 익숙하며, 새로운 지식과 통찰력을 경영에 반영하기 위해 기존의 행동방식을 바꾸는 데 능숙한 조직이다.

② 학습조직의 다섯 가지 수련

생게는 학습조직의 성립에 필요한 다섯 가지 수련을 제시했다.

- 자기완성: 각 개인은 원하는 결과를 창출할 수 있는 자기 역량의 확대 방법을 학습해야 한다.
- 사고의 틀: 뇌리에 깊이 박힌 전제 또는 정신적 이미지를 성찰하고 새롭게 하는 것이다.
- 공동의 비전: 조직구성원들이 공동으로 추구하는 목표와 원칙에 관한 공감대를 형성하는 것이다.
- 집단적 학습: 구성원들이 진정한 대화와 집단적인 사고의 관점을 통해 개인적 능력의 합계를 능가하는 지혜와 능력을 구축할 수 있게 하는 것이다.
- 시스템 중심의 사고: 체제를 구성하는 여러 연관 요인들을 통합적인 이론 체계 또는 실천 체계로 융합시키는 능력을 키우는 통합적 노력이다.

3) 계선조직과 막료조직

계선은 명령통일의 원칙 아래 조직의 존립 목적이 되는 업무를 수행하면서 권한과 명령권을 독점하는 기관을 말한다. 막료조직은 현대 행정에서 그 중요성이 더해지고 있다. 막료(staff)는 지휘명령권이나 결정권을 가지지 않고 운영에 대한 책임을 지지 않고 오로지 조직의 책임자나 계선책임자에게 전문적인 지식이나 의견을 제공할 뿐이다.

4) 위원회

위원회(committee)는 합의제 독립 행정조직이다. 경직된 계층조직의 의사결정에 융통성을 보완하기 위해 만들어지며, 집단적 의사결정이라는 합의제이기 때문에 민주적 행정 구현에 도움이 된다. 그러나 결정이 더디고, 기밀 유지가 어려우며, 경비가 많이 들고, 복수의 구성원에 의한 합의제 조직이므로 책임 한계가 모호하다는 문제점이 있다.

위원회의 유형은 기능의 성격에 따라 자문위원회, 조정위원회, 행정위원회, 독립규제위원회 등으로 세분된다.

(1) 자문위원회: 법적 구속력을 가지지 않는다. 국무총리 소속의 정부업무평가위원회 등 대다수의 정부위원회가 이에 속한다.

(2) 조정위원회: 위원회에 따라 건의 정도만 할 수 있는 위원회도 있고, 법적 구속력을 갖는 위원회도 있다.

(3) 행정위원회: 결정은 법적 구속력을 가진다. 방송통신위원회, 국민권익위원회 등이 이에 속한다.

(4) 독립규제위원회: 행정부로부터 독립해서 규제 기능을 수행하는 위원회로서 '머리 없는 제4부'라고도 한다. 우리나라는 공정거래위원회, 국가인권위원회 등이 이에 속한다.

5) 공기업

(1) 의의

공기업이란 국가나 지차단체가 수행하는 사업 중 기업적인 성격을 지니는 사업을 말한다. 공기업으로 규정되기 위해서는 정부 지배 하의 조직, 공공복리의 추구, 수익적 사업의 허용 등의 요건을 충족해야 한다.

(2) 유형

① 정부부처형 공기업

양곡관리사업, 조달사업, 우편사업, 책임운영기관 등이 해당된다.

② 공공기관

가. 공기업

공공기관 중 시장성이 큰 기관으로 정부가 자체수입 비율·업무 특성 등을 감안해서 공기업으로 지정하고, 통상 자체수입 비율이 50% 이상인 기관이다.

- 시장형 공기업: 자산 규모가 2조 원 이상이고, 자체수입 비율이 85% 이상인 공기업이다.
- 준시장형 공기업: 시장형 공기업이 아닌 공기업이다.

나. 준정부기관

공공기관 중 시장성보다 공공성이 강조되는 기관으로 정부가 준정부기관으로 지정하고, 통상 자체수입 비율이 50% 미만인 기관이다.

- 기금관리형: 국가재정법에 따라 기금을 관리하거나 기금관리를 위탁받은 준정부기관이다.
- 위탁집행형: 기금관리형 준정부기관이 아닌 준정부기관이다.

다. 기타 공공기관

한국산업은행, 대한법률구조공단 등이 해당된다.

표 7-1 공공기관의 분류

공공기관		정의
공기업	시장형	자산 규모가 2조 원 이상이고, 총수입액 중 자체수입액이 85% 이상인 공기업
	준시장형	시장형 공기업이 아닌 공기업
준정부기관	기금관리형	「국가재정법」에 따라 기금을 관리하거나 기금의 관리를 위탁받은 준정부기관
	위탁집행형	기금관리형 준정부기관이 아닌 준정부기관
기타 공공기관		공기업과 준정부기관을 제외한 기관

공공기관 지정 현황(2017년 기준)

공기업(35개)	시장형(14개)	한국광물자원공사, 한국석유공사, 한국수력원자력, 인천국제공항공사 등
	준시장형(21개)	한국조폐공사, 한국마사회, 한국수자원공사, 인천항만공사 등
준정부기관(89개)	기금관리형(16개)	공무원연금공단, 예금보험공사, 한국자산관리공사, 국민연금공단 등
	위탁집행형(73개)	한국장학재단, 한국농어촌공사, 국립공원관리공단, 한국산업인력공단, 한국가스안전공사, 대한무역투자진흥공사, 한국고용정보원 등

6) 책임운영기관

(1) 의의

① 공공성을 유지하면서도 경쟁 원리에 따라 운영하는 것이 바람직한 사무에 대

해 자율성을 부여하고 책임을 지도록 하는 행정기관을 말한다.

② 기획이나 결정기관이 아니라 집행 중심의 조직으로서 정책집행 및 서비스 전달 기능을 수행한다. 선진국에서 각종 집행업무를 별도의 넥스트스텝(next steps) 사업소로 조직하고, 이들에게 재량권을 부여해서 독립적인 회계 시스템을 가지도록 했다. 사업소장은 인사와 재정상의 상당한 재량권을 가지는데, 소장은 공개경쟁을 통해 민간전문가를 영입하고 있다.

(2) 우리나라의 책임운영기관

우리나라는 2000년부터 10개의 책임운영기관을 시범운영했는데 2006년 특허청을 포함해 27개 기관을 추가 지정하고, 2007년에는 국립문화재연구소, 통계개발원 등 2개 기관이 추가되어 2018년 현재 기관의 지위에 따라 중앙책임운영기관 1개(특허청), 소속책임운영기관 49개 등 총 50개 기관이 운영 중이다. 이 가운데 35개 기관이 일반회계로, 13개 기관이 책임운영기관특별회계기관으로, 2개 기관이 다른 법률에 따라 설치된 특별회계로 운영되고 있다.

책임운영기관은 기관의 사무 성격에 따라 ① 조사연구형 책임운영기관, ② 교육훈련형 책임운영기관, ③ 문화형 책임운영기관, ④ 의료형 책임운영기관, ⑤ 시설관리형 책임운영기관, ⑥ 그 밖에 대통령령으로 정하는 유형의 책임운영기관이 있다.

책임운영기관의 정원관리를 보면, 총정원은 대통령령으로 규정하고, 종류별・계급별 정원은 총리령 또는 부령으로 그리고 직급별 정원은 기관장이 기본운영규정으로 정한다. 구성원의 신분은 공무원이다.

객관식 문제

■ 기본문제

01 시장형 공기업의 기관장에 대한 원칙적인 임명권자는?

① 대통령　　② 주무기관의 장

③ 해당 공기업의 장　　　　　　　　④ 기획재정부 장관

해설 ① 공기업의 기관장은 대통령이 임명한다.
② 준정부기관의 기관장은 주무기관장이 임명한다.
③ 공기업의 상임이사는 해당 공기업의 장이 임명한다.
④ 공기업의 비상임이사는 기획재정부 장관이 임명한다.

| 정답 ①

02 **애드호크라시(adhocracy)에 대한 설명 중 가장 옳지 않은 것은?**

① 일상적 업무 수행의 내부 효율성을 제고한다.
② 구성원의 능력을 최대한 발휘하게 해서 혁신을 촉진할 수 있다.
③ 동태적이고 복잡한 환경에 적합한 조직구조이다.
④ 낮은 수준의 공식화를 특징으로 하는 유기적 조직구조이다.

해설 ① 내부 효율성 제고는 기계적 구조와 관련 있는 사항이다.
② 애드호크라시는 비일상적이고 창의적인 업무에 적합한 조직이다.

| 정답 ①

03 **공기업의 설립 목적으로 가장 옳지 않은 것은?**

① 이익은 부족하나 공공성이 강한 경우
② 정부가 재정을 충당해야 하는 경우
③ 기업가형 정부로의 정부재창조의 경우
④ 민간자본이 부족한 경우

해설 ③ 기업가형 정부로의 재창조는 공기업의 설립 배경이 아니라 공기업 민영화의 근거가 된다.
① 이익은 약하나 공공성이 요구된다면 적자를 보더라도 정부가 운영해야 하는 경우가 있다.

| 정답 ③

04 **페로(C. Perrow)의 과제기술 유형에서 가장 높은 수준의 유기적 조직구조가 효과적인 경우 어떠한 기술을 사용하는가?**

① 장인기술　　　　　　　　② 일상적 기술
③ 비일상적 기술　　　　　　④ 공학기술

해설 ③ 비일상적 기술은 과제의 다양성이 높고 분석가능성이 낮기 때문에 유기적 구조가 적합하다.

| 정답 ③

05 **매트릭스구조에 대한 설명으로 옳지 않은 것은?** (2012 지방직 7급)

① 기능부서의 신속한 대응성과 사업부서의 전문성에 대한 필요에 의해 결합된 조직이다.

② 기능부서 통제 권한의 계층은 수직적으로 흐르고, 사업부서 간 조정 권한의 계층은 수평적으로 흐르게 된다.

③ 조직구성원은 동시에 두 명의 상관에게 보고하는 체계를 가진다.

④ 개인들이 다양한 경험을 할 수 있기 때문에 전문기술의 개발과 더불어 넓은 시야를 갖출 수 있는 기회가 된다.

해설 ① 매트릭스구조란 기능부서의 전문성과 사업부서의 신속한 대응성을 결합한 조직이다.

| 정답 ①

06 조직구조의 유형 중에서 기능별 구조와 비교해서 사업별 구조가 가지는 장점으로 보기 어려운 것은?

① 사업부서 내의 기능 간 조정이 용이하고 변화하는 환경에 신속하게 대응할 수 있다.

② 성과책임의 소재가 분명해 성과관리 체제에 유리하다.

③ 특정 산출물별로 운영되기 때문에 고객만족도를 제고할 수 있다.

④ 중복과 낭비를 예방하고 기능 내에서 규모의 경제를 구현할 수 있다.

해설 ④ 4번 지문의 내용은 사업별 구조가 아니라 기능별 구조의 장점이다. 사업별 구조는 각 사업부서들이 여러 가지 기능을 중복적으로 수행함으로써 중복과 낭비의 비효율이 초래된다.

| 정답 ④

07 보조기관과 보좌기관에 대한 설명으로 옳지 않은 것은? (2014 지방직 7급)

① 보조기관은 위임·전결권의 범위 내에서 의사결정과 집행의 권한을 가진다.

② 보좌기관은 정책에 대한 최종적인 책임을 지지 않는 경우가 많으며 보조기관과 갈등을 유발할 수도 있다.

③ 보좌기관이 보조기관보다는 더 현실적이고 보수적인 속성을 가질 가능성이 높다.

④ 보좌기관은 목표 달성 및 정책 수행에 간접적으로 기여한다.

해설 ③ 보조기관은 국장, 과장 등 책임의 한계가 명확한 계층적 형태를 띠며 보좌기관보다는 더 현실적이고 보수적이다. 보좌기관은 상대적으로 개혁적이고 이상적이다.

| 정답 ③

08 특별지방행정기관에 해당하지 않는 것은? (2013 지방직 9급)

① 농촌진흥청 ② 유역환경청

③ 국립검역소 ④ 지방국토관리청

해설 ① 농촌진흥청은 중앙행정기관 중 '청'에 해당한다. 참고로 농촌지도소는 농촌진흥청 산하 특별지방행정기관에 해당된다.
② 유역환경청은 환경부 산하 특별지방행정기관이다.
③ 국립검역소는 식품의약품안전처 산하 특별지방행정기관이다.

④ 지방국토관리청은 국토교통부 산하 특별지방행정기관이다.

| 정답 ①

09 책임운영기관에 대한 설명으로 옳은 것은?

① 직원은 공무원 신분을 유지한다.
② 일반회계에 의해 예산이 운영된다.
③ 성과평가를 위해 기획재정부에 별도의 평가위원회를 둔다.
④ 프랑스에서 국방, 보건, 교도소 등 140개 부서를 지정하면서 도입되었다.

해설 ① 정부와 민간을 연속선상에서 볼 때 책임운영기관은 정부조직의 범주에 속하는 정부기업에 해당한다. 따라서 우리나라의 책임운영기관은 정부조직이며 구성원도 공무원 신분이다.
② 책임운영기관은 정부기업예산법에 의한 정부기업으로서 특별회계로 예산이 운영된다.
③ 책임운영기관의 존속 여부를 심의하기 위해 행정안전부 장관 소관으로 책임운영기관운영위원회를 둔다.

| 정답 ①

10 페로(C. Perrow)의 기술 유형 중 과업의 다양성과 분석 가능성이 모두 높은 유형은?

① 장인기술 ② 비일상적 기술 ③ 일상적 기술
④ 공학적 기술 ⑤ 중개적 기술

해설 ④ 공학적 기술에 해당한다.

| 정답 ④

11 막스 베버(Max Weber)의 관료제 개념과 거리가 먼 것은?

① 근대 사회의 특성 ② 지배의 정당성 개념 ③ 문서주의
④ 기능주의 ⑤ 구조 중심

해설 ④ 기능주의는 비교행정론 등에서 사용한 개념으로 관료제이론과는 거리가 멀다.

| 정답 ④

12 다음 중 미국의 독립규제위원회에 대한 설명으로 옳은 것은?

① 사법적 기능을 수행한다.
② 독립성이 없고 대통령의 지시를 따른다.
③ 경제사회적 규제 기능을 주로 수행했다.
④ 브라운로위원회는 미국의 독립규제위원회를 '머리 없는 제4의 정부'라 하여 그 활성화를 촉구했다.

해설 ③ 자본주의 발달에 따라 야기된 경제, 사회문제를 규제하기 위해 설치되었다.
① 사법적 기능은 아니고 준사법적 기능이다.
② 독립성을 가진다.

④ 브라운로위원회는 독립규제위원회의 폐지를 건의했다.

| 정답 ③

13 책임운영기관에 대한 설명으로 옳은 것은?

① 신공공서비스론과 직접 관련된다.

② 정부조직 범위에서 경쟁의 원리를 추구하며, 구성원의 신분은 공무원이다.

③ 책임운영기관은 공공성이 높기 때문에 민간과 경쟁할 수 없다.

④ 책임운영기관은 성과보다 과정에 대한 책임을 진다.

해설 ② 구성원의 신분은 공무원이다.
① 신공공서비스론이 아니라 신공공관리론과 관련이 있다.
③ 시장성을 추구하며 민간과 경쟁하기도 한다.
④ 성과에 대한 책임을 진다.

| 정답 ②

14 다음 중 행정기관에 대한 설명이 잘못된 것은?

① 국세청은 기획재정부 소속이다.

② 조달청은 기획재정부 소속이다.

③ 통계청은 기획재정부 소속이다.

④ 중소기업청은 기획기재정부 소속이다.

⑤ 관세청은 기획재정부 소속이다

해설 ④ 중소기업청과 특허청은 산업통상자원부 소속이다.

| 정답 ④

15 다음의 우리나라 공기업에 대한 설명으로 부적절한 것은? (2006 국회직 8급)

① 공기업의 유형은 정부부처형, 공사형, 주식회사형으로 구분할 수 있다.

② 정부부처형 공기업은 정부기업예산법의 적용을 받는다.

③ 정부부처형 공기업은 국가재정법의 적용을 받지 않는다.

④ 공사형 공기업은 공공기관의 운영에 관한 법률의 적용을 받는다.

⑤ 공사형 공기업은 특별법에 의해 설립된다.

해설 ③ 정부부처형 공기업은 정부기업예산법에 규정된 것을 제외하고는 국가재정법을 적용한다.

| 정답 ③

■ 심화문제

16 매트릭스조직의 특징에 대한 설명으로 틀린 것은? (2018 지방직 7급)

① 조직활동을 기능 부문으로 전문화하는 동시에 전문화된 부문들을 프로젝트로 통합하기 위한 장치이다.

② 정보화시대에서 팀제가 '규모의 경제'를 구현한 방식이라면, 매트릭스조직은 '스피드의 경제'를 보장하는 방식이다.

③ 기존 조직구조 내의 인력을 활용할 수 있기 때문에 인력 사용에서 경제성을 확보할 수 있다.

④ 기능부서와 사업부서 간에 할거주의가 존재할 경우 원만하게 조정하기가 어려운 경우가 많다.

해설 ② 정보화시대에서 팀제가 '스피드의 경제'를 구현한 것이라면, 매트릭스조직은 '규모의 경제'와 외부환경 변화에 대한 신속한 대응을 추구한 것이다.

| 정답 ②

17 기술에 관한 우드워드(J. Woodward)의 연구와 차이가 나는 내용은?

① 조직이 사용하고 있는 조직기술과 구조 간의 적합성이 조직의 효과성을 결정한다.

② 대량 생산기술을 사용하고 있는 조직에서는 유기적 구조가 사용될 때 높은 효과를 낸다.

③ 단위 소량 생산 기술이 있는 조직에서는 유기적 구조를 가지고 있을 때 높은 효과를 달성한다.

④ 연속공정 생산 기술을 사용하는 조직에서는 유기적 구조를 가지고 있을 때 높은 효과를 달성한다.

해설 ② 대량 생산 기술을 사용하고 있는 조직에서는 기계적 구조가 사용될 때 높은 효과를 낸다.

| 정답 ②

18 지식정보화 시대에 필요한 학습조직의 특성에 대한 설명으로 옳은 것만 묶은 것은? (2010 국가직 9급)

가. 조직의 기본 구성 단위는 팀으로, 수직적 조직구조를 강조한다.
나. 불확실한 환경에 요구되는 조직의 기억과 학습의 가능성에 주목한다.
다. 리더에게는 구성원들이 공유할 수 있는 미래 비전 창조의 역할이 요구된다.
라. 체계화된 학습이 강조됨에 따라 조직구성원의 권한은 약화된다.

① 가, 나　　② 가, 라

③ 나, 다 ④ 다, 라

해설 ③ 나: 개인학습을 능가하는 조직의 학습 가능성에 주목한다.
다: 리더는 구성원들이 공유하는 미래 비전을 창조하는 역할을 해야 한다.
가: 학습조직은 수평적 구조를 강조한다.
라: 체계적으로 학습된 능력을 바탕으로 조직구성원의 자율적 권한은 강조된다.

| 정답 ③

19 학습조직의 특성에 대한 설명으로 옳지 않은 것은? (2008 선관위 9급)

① 기본 단위는 통합 기능팀이며 구성원의 권한 강화를 강조한다.
② 부서 간 경계를 최소화해야 한다는 조직문화가 중요하다.
③ 선발된 조직구성원이 문제 인지와 해결에 관여하는 실험조직이다.
④ 신축성을 제고할 수 있는 네트워크조직과 가상조직을 활용한다.

해설 ③ 선발된 조직구성원이 아니라 모든 구성원이 문제의 인지와 해결에 참여하는 것을 강조한다.
① 조직의 문제를 인지하고 해결하는 학습조직의 기본 단위는 통합기능팀이다.
④ 불확실한 환경에 필요한 신축성을 제고하기 위해 네트워크조직과 가상조직을 활용한다.

| 정답 ③

20 톰슨(J. D. Thompson)의 기술모형 중 설명이 틀린 것은?

① 길게 연결된 기술, 중개적 기술, 집약형 기술로 구분한다.
② 집약적 기술을 사용하는 부서의 의존관계는 교호적 상호작용이다.
③ 길게 연결된 기술을 사용하는 경우 순차적 의존관계를 가진다.
④ 중개적 기술은 종합병원과 같은 곳에서 사용한다.

해설 ④ 종합병원 같은 곳에서는 집약적 기술이 사용된다. 중개적 기술은 은행, 부동산 거래기관 같은 곳에서 사용하며 표준화를 추구한다. 상호의존 상태에 있거나 서로 의존하기를 원하는 고객들을 연결짓는 활동에 쓰이는 기술이 중개적 기술이다.

| 정답 ④

21 학습조직을 구현하기 위한 조직관리 기법으로 가장 옳은 것은? (2010 지방직 9급)

① 정책집행의 합법성을 강조한 책임행정의 확립
② 부분보다 전체를 중시하고 의사소통을 원활하게 하는 공동체문화의 강조
③ 성과주의를 제고하기 위한 성과급제도의 강화
④ 신상필벌을 강조한 행정윤리 강화

해설 ② 부분보다 전체가 중요하며 부서 간 경계는 최소화한다는 조직문화가 중요하다.
①, ③, ④ 합법성의 강조, 상과급제도의 강화, 신상필벌 등은 기계적 조직에서 강조되는 사항이다.

| 정답 ②

22 **조직구조에 대한 설명으로 옳은 것은?** (2017 국가직 7급)

① 복잡성은 '조직이 얼마나 나뉘고 흩어져 있는가'의 분화 정도를 말한다.
② 고객에 대한 신속한 서비스 제공 요구는 집권화를 촉진한다.
③ 통솔 범위가 넓은 조직은 일반적으로 고층구조를 갖는다.
④ 공식화의 수준이 높을수록 조직 구성원들의 재량이 증가한다.

해설 ① 복잡성은 조직 분화의 정도를 말하며, 수직적 분화, 수평적 분화, 장소적 분화가 있다.
② 고객에 대한 신속한 서비스 제공 요구는 분권화를 추구한다.
③ 통솔 범위가 넓은 조직은 일반적으로 저층 구조를 갖는다.
④ 공식화의 수준이 낮을수록 조직 구성원들의 재량이 증가한다.

| 정답 ①

23 **우리나라 위원회조직에 대한 설명으로 옳은 것은?**

① 공정거래위원회 – 국무총리 소속 – 중앙행정기관 아님
② 국민권익위원회 – 대통령 소속 – 중앙행정기관
③ 방송통신위원회 – 대통령 소속 – 중앙행정기관
④ 금융위원회 – 국무총리 소속 – 중앙행정기관 아님
⑤ 원자력안전위원회 – 국무총리 소속 – 중앙행정기관 아님

해설 ③ 방송통신위원회는 대통령 소속이다.
① 중앙행정기관이다
② 국무총리 소속기관이다.
④ 금융위원회는 중앙행정기관이다.
⑤ 원자력안전위원회는 중앙행정기관이다.

| 정답 ③

24 **세이어(F. C. Thayer)가 주장하는 '계서제 없는 조직'의 특징으로 옳지 않은 것은?** (2011 국가직 7급)

① 소집단의 연합체 형성
② 책임과 권한에 따른 보수의 차등화
③ 집단 또는 집단 간 협동적 과정을 통한 의사결정
④ 모호하고 유동적인 집단과 조직의 경계

해설 ② 2번 지문은 전통적 관료제의 특징 중 하나이다. 세이어는 탈관료제의 입장에 서 있는데, 그는 계서제를 유지한 상태에서 계서제로 인한 문제를 해결하기 위한 분권화는 미봉책에 불과하다며 계서제의 완전한 타파를 강조했다. 세이어의 '계서제 없는 조직'은 의사결정권의 이양, 조직경계의 개방, 보수 차등의 원칙들이 특징이다.

| 정답 ②

25 **탈관료제의 특징으로 가장 타당한 것은?**

① 조직관리의 효율성을 중시한다.
② 기능과 권한 등에서 공식구조의 전문화를 강조한다.
③ 계층제적 통제를 통한 효율적 행정을 강조한다.
④ 탈관료제는 조직구조의 유연화로 학습조직에 적합하다.

해설 ④ 낮은 집권성 등 조직구조의 유연화를 강조한다.
② 전문가들의 편협한 시각을 극복하고자 한다.

| 정답 ④

26 **다음 중 학습조직의 성립에 필요한 다섯 가지 수련에 들어가지 않는 것은?**

① 자기완성 ② 사고의 틀 ③ 공동의 비전
④ 개별적 학습 ⑤ 시스템 중심의 사고

해설 ④ 자기완성, 사고의 틀, 공동의 비전, 시스템 중심의 사고 외에 집단적 학습이 포함된다.

| 정답 ④

27 **생게(Peter Senge)의 학습조직의 성립에 필요한 다섯 가지 수련 중에서 다음이 가리키는 것은?**

“각 개인은 원하는 결과를 창출할 수 있는 자기 역량의 확대 방법을 학습해야 한다.”

① 개별적 학습 ② 자기완성
③ 사고의 틀 ④ 공동의 비전

해설 ② 자기완성을 말하는 것이다.

| 정답 ②

28 **조직의 이중 순환고리 학습(double loop learnung)에 대한 설명으로 옳은 것은?**
(2011 지방직 7급)

① 모건의 홀로그래픽 조직설계를 위해 개발된 '학습을 위한 학습 원칙'과 관련성이 높다.
② 학습과정의 안정성이 필요하므로 개방적인 조직보다는 폐쇄적인 조직 하에서 발생할 가능성이 높다.
③ 학습과정에서 높은 수준의 통찰력을 요구하지만 학습효과는 빠르고 국소적으로 나타난다.
④ 기존의 운영규범 및 지식 체계 하에서 오류를 발견하고 수정해 나가는 것이다.

해설 ② 운영규범의 적절성 자체에 의문을 제기하고 학습활동을 이중 순환고리 학습이라고 할 수 있다. 규범이 행동의 지침이 될 수 있는 적절한 기반을 제공해 주는가에 대해 항상 의문을 제기해 볼 수 있도록 해준다. 조직은 이중 순환학습의 능력을 개발함으로써 스스로 진화해 갈 수 있다. 학습하기 위한 학습을 조장하는 방안으로는 내부자 고발을 활성화시킬 필요가 있다. 폐쇄적인 관료 체제 하에서는 이중 순환고리 학습을 기대하기 어렵다.
④ 이것은 단일 순환고리 학습에 대한 설명이다.

| 정답 ①

29 지식정보화사회에서의 다양한 정부 논의에 대한 설명으로 적절한 것은?

① 혼돈정부－조직 내의 혼돈을 제거함으로써 질서를 확보하는 조직
② 공동조직－정부의 업무가 미치지 않는 영역까지 영역이 확장된 확대조직
③ 후기 기업가조직－신속성, 창의성보다는 안정성과 지속성을 강조하는 조직
④ 삼엽조직－소규모 전문적 근로자, 계약직 근로자, 신축적 근로자로 구성된 조직

해설 ④ 삼엽(三葉)조직에 대한 바른 설명이다. 삼엽조직은 직접적인 구성원의 수를 소규모로 유지하면서 산출물의 극대화를 가능하게 한다. 이러한 구조는 규모가 크지 않으면서 계층수가 적은 저층형 조직을 가능하게 한다.
① 혼돈정부는 혼돈을 제거한 것이 아니라 혼동 속에 숨겨진 질서를 발견하고, 혼돈을 발전의 조건으로 활용하는 정부이다.
② 공동조직은 서비스 생산 업무를 제3자에게 위임하고 정부는 핵심 업무만 수행하는 형태이다.
③ 후기 기업가정부는 지문이 거꾸로 되어 있다. 안정성이나 지속성보다는 창의성을 강조한다.

| 정답 ④

제 4 절 조직행태론

1. 동기부여

1) 의의

동기부여(motivation)이론은 욕구가 결핍되었을 때 어떻게 이를 충족시키려는 활동이 일어나는가를 보여준다. 동기부여이론에는 크게 내용이론과 과정이론이 있는데, 전자는 무엇이(what) 동기를 부여하는가와 관련되고, 후자는 어떻게 하면(how) 동기가 부여되는가와 관련된다.

2) 내용이론

(1) 머슬로의 욕구단계이론

머슬로(A. H. Maslow)의 이론의 핵심은 인간 욕구는 계층을 형성하고 있으며, 고차원의 욕구는 저차원의 욕구가 충족될 때 동기부여 요인으로서 작용한다는 것이다. 이미 충족된 하위 단계의 욕구는 동기부여 요인이 되지 못한다.

인간은 공통적인 욕구를 가지고 있고 이 욕구들은 계층적으로 배열되어 있다는 것을 이론화했다. 계층상 높은 욕구는 낮은 욕구가 만족될 때까지 나타나지 않는다는 것이다. 그의 모델에서 욕구는 다섯 단계로 소개된다. 생리적 욕구→안전 욕구→소속감과 존경 욕구→긍지와 존경에 대한 욕구→자아실현 욕구로 이어진다.

(2) 맥그리거의 X-Y이론

맥그리거(D. M. McGregor)는 인간 욕구의 저수준에 기초한 인간에 대해서는 X이론을, 인간의 고수준의 욕구에 기초한 인간에 대해서는 Y이론을 적용하고 있다. X이론은 성악설(性惡說)에 기초해서 인간을 본질적으로 게으르기 때문에 가능한 한 적게 일하려고 하는 존재로 본다. 이에 반해 Y이론은 인간 본성에 대해 성선설(性善說)의 입장을 취한다. 처벌이나 외부적 통제만이 사람을 노력하게 만드는 유일한 수단이 아니다. 사람들은 자기들이 몰입하고 있는 목표를 수행하는 데 스스로 자신을 규율하고 통제할 수 있다고 본다.

(3) 앨더퍼의 ERG 이론

앨더퍼(C. R. Alderfer)는 인간의 욕구를 조사하고 머슬로의 5단계 욕구들을 간결하게 세 가지 욕구, 즉 생존욕구(existence), 관계욕구(relatedness), 성장욕구(growth)로 설명하고 있다. 머슬로의 욕구단계론과의 차이는 크게 두 가지이다.

첫째, 한 가지 이상의 욕구가 동시에 작용할 수 있다는 점을 주장했다.

둘째, 머슬로는 저차원의 욕구가 만족되면 고차원의 욕구로 올라가는 이른바 '만족-진행 과정(satisfaction-progression)'만을 주장한 데 반해, 앨더퍼는 만족-진행과 아울러 고차원적 욕구에서 저차원적 욕구로 하향 이동하는 이른바 '좌절-퇴행 과정(frustration－regression)'을 가미했다.

(4) 허즈버그의 2요인이론

허즈버그(F. Herzberg)의 2요인이론(two factor theory)의 주요 내용은 다음과 같다. 욕구 충족이 동기부여의 효과를 가져 오면 동기요인(motivators)으로, 단순히 불만 예방 효과만 가져오면 위생요인(hygiene factors)으로 구분한다. 동기요인은 성취, 인정, 업무 그 자체, 책임감, 성장 등이다. 한편 위생요인은 기업의 정책과 행정, 감독, 상호 인간관계, 작업 조건, 봉급, 지위 그리고 안전 등이다.

만족의 반대 개념은 불만(dissatisfaction)이 아니라 만족 없음(no－satisfaction)이고, 불만의 반대 개념은 만족(satisfaction)이 아니라 불만 없음(no－dissatisfaction)이며, 이들 중에서 동기부여에 영향을 미치는 것은 만족 요인이라는 것이다. 즉, 만족 요인은 동기 부여를 해주지만 불만 요인은 별 관련이 없다는 것이다.

(5) 직무특성이론

이 이론은 동기를 유발하는 근원이 구성원 개인에게 있다기보다 수행되는 직무의 내용에 있다는 것이다.

해크먼(J. R. Hackman)과 올드햄(G. Oldham)에 의해 제시된 이론으로 다섯 가지 핵심 직무 차원이 중요한 심리 상태를 유발해서 구성원들이 동기부여된다고 보았다. 이 과정에서 종업원의 성장 욕구 강도가 주요 변수로 작용한다는 것이다.

핵심 직무 차원의 내용을 보면, 기술다양성은 직무를 수행하는 데 요구되는 기술의 정도가 얼마나 되는지를 뜻한다. 과업정체성은 직무가 독립적으로 완결되는 것을 확인할 수 있는 정도를 말한다. 과업중요성은 직무가 다른 사람의 생명 또는 다른 사람의 업무에 중대한 영향을 미치는 정도를 가리킨다. 자율성은 개인이 자신의 직무에 대해 개인적으로 느끼는 책임감의 정도를 말한다. 작업 일정과 작업 방식에서 가지는 재량권의 정도를 뜻한다. 마지막으로 피드백은 직무가 요구하고 있는 활동의 수행 결과에 관해 작업자가 그 효과성 여부에 대해 직접적이고 명확한 정보를 얻을 수 있는 정도를 말한다.

위의 다섯 가지 핵심 직무 특성이 결합해 직무의 세 가지 의미를 창출하게 된다.

① 의미감: 개인이 자신의 직무에 대해서 '해볼 만하다', '가치 있다'라고 느끼고 있는 정도를 말한다.

② 책임감: 개인이 수행하는 일의 결과에 대해 개인적으로 느끼는 책임감과 부담감의 정도를 의미한다.

③ 직무 수행 결과에 대한 지식: 개인이 직무 수행 과정에서 직무를 얼마나 효과적으로 수행하고 있는지를 알고 이해하는 정도를 뜻한다.

동기유발 잠재력 지수는 다음 공식으로 구한다.

$$\text{MPS} = \frac{\text{기술다양성} + \text{과업정체성} + \text{과업중요성}}{3} \times \text{자율성} \times \text{피드백}$$

위의 공식에서 중요한 것은 자율성과 피드백 두 요소를 강조하고 있는 점이다. 이들 중 하나가 0에 가까워지면 다른 요소들이 아무리 높은 점수를 얻는다고 하더라도 전체 점수는 낮아지게 되는 것이다.

3) 과정이론

(1) 공정성이론

애덤스(J. Stacy Adams)의 공정성이론(equity theory)에 의하면 개인의 행위는 타인과의 관계에서 공정성을 유지하는 방향으로 동기부여가 된다고 한다.

이 이론에 따르면, 아래 두 가지를 생각할 수 있다. 하나는, 성과가 집단활동에 의해서 이루어졌다고 하더라도 보상은 구성원의 개별적인 성과공헌도에 따라 이루어져야 한다는 것이다. 다른 하나는, 보상을 할당하는 데 공정성 문제가 직무 수행 노력에 영향을 줄 수 있다는 점이다. 불공정한 보상 처리는 결국 가장 훌륭한 종업원을 잃게 된다.

(2) 브룸의 기대이론

브룸(Victor H. Vroom)의 기대이론이란 어떤 개인의 동기를 유발하는 계기는 단순하게 욕구가 주어진다고 동기가 유발되는 것이 아니고, 욕구가 주어지고 그 결과로서 장래에 어떤 보상(reward) 혹은 보강(reinforcement)이 주어질 것이라는 기대감에 의한다는 것이다.

① **유인가**

유인가(valence)란 행동 대안들의 결과에 대해 개인이 가지는 매력의 강도를 말한다. 즉, 직무상 받을 수 있는 보상에 대해 개인이 느끼는 중요성이다.

② **수단성**

수단성(instrumentality)은 개인이 지각하는 목표 달성과 같은 1차적 결과와 승진과 같은 2차적 결과와의 상관관계를 말한다.

③ **기대치**

기대치(expectancy)란 어떤 행동을 하면 어떤 특정한 결과가 나올 것이라는 가능성을 의미한다. 예컨대 열심히 일하면 높은 성과를 올릴 수 있고, 그 보상으로 승진될 것이라고 믿는 것을 기대라고 한다.

브룸은 이러한 여러 개념의 상호연관성을 M(motivation) = V ×I × E로 설명하고 있다.

2. 리더십

1) 리더십의 개념

리더십(leadership)은 "무엇을 해야 하고 그것을 어떻게 하는 것이 효과적인가를 다른 사람들이 이해하고 동의하도록 영향력을 행사하는 과정과 이렇게 공유된 목표를 달성할 수 있도록 개인 및 집단의 노력을 촉진하는 과정이다."

2) 리더십 이론의 전개

리더십 이론은 자질론→행태론→상황적응론으로 진행된다.

(1) 자질론

자질론(trait theory)은 리더의 개인적 속성이 리더십의 성패를 결정하는 핵심적 요소라는 점에서 시작하며, 1950년대 이전 연구가 이에 속한다. 우리는 이순신, 세종대왕, 김구 등을 리더라 부른다. 이들은 일반인과 비교해서 어떤 공통된 특성이나 자질을 가지고 있다고 본다.

(2) 행태론

행태론(behavioral theory)은 눈에 보이지 않는 능력과 같은 속성보다 리더들이 실제 어떤 행동을 하는가에 초점을 맞춘 접근방법이다. 이 접근방법은 리더의 어떠한 행동이 리더십 효과성과 관계가 있는가를 파악하고자 하는 접근방법이다.

(3) 상황적응론

상황적응론(contingency theory)은 모든 조직에 적용할 수 있는 가장 효과적인 지도자 유형은 존재하지 않으며, 상황에 따라 그 유형은 다르게 나타난다는 것에서 출발한다.

① 허시와 블랜차드 모형

허시(P. Hersey)와 블랜차드(K. H. Blanchard)는 리더십은 리더, 추종자, 그리고 상황과 함수관계가 있다고 말한다. 이들은 리더십 유형의 분류 기준인 인간관계 중심적 행태와 임무 중심적 행태를 동일선상이 아니라 별개의 축으로 나타내야 할 두 가지의 차원이라고 규정한 다음, 거기에 효율성이라는 하나의 차원을 추가해서 리더십 유형 연구의 삼차원적 모형을 정립했다. 이들의 주장 내용을 알기 쉽게 나타내면 [그림 7-2]와 같다.

이들은 리더십의 효과에 영향을 미치는 상황 요소로 관리의 대상인 부하의 성숙도를 들었다. 여기에서 성숙도(maturity)란 목표 달성에 대한 열정, 업무 숙련도 등을 의미한다.

그림 7-2 허시와 블랜차드의 리더십이론

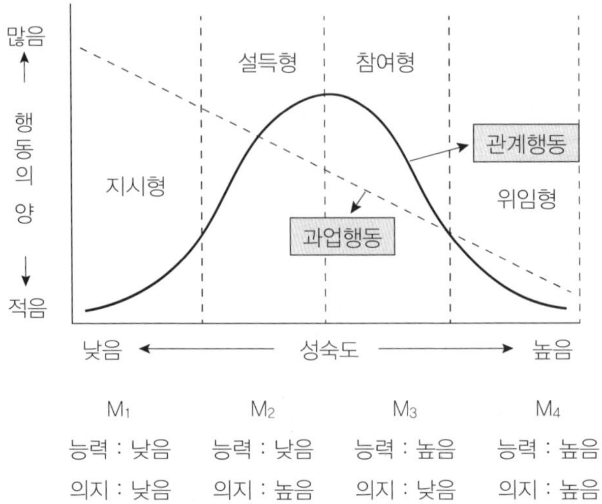

② 피들러의 모형

피들러(F. E. Fiedler)에 의하면 리더십의 효과성, 즉 집단의 업적은 리더의 행태와 그가 처해 있는 상황적 요소의 상호작용에 의해 좌우된다는 것이다. 상황적 요소인 매개변수로는 리더와 부하의 관계, 과업구조, 그리고 리더의 직위에서 나오는 권력(position power)을 들고 있다.

그는 이상의 세 가지 요소의 결합이 리더에 대한 '상황의 호의성(favorableness of the situation)'을 결정하게 된다고 한다. 피들러에 의하면 호의성이란 "그 상황이 리더로 하여금 자기 집단에 대해 자신의 영향력을 행사할 수 있게 하는 정도"라고 한다. 분석 결과는 상황의 유리 · 불리함에 따라 리더십의 효율성이 달라진다는 것이다. 즉, 상황이 매우 유리하거나 매우 불리할 때는 과업지향형이 더 효과적이고, 중간 정도일 때는 관계지향형이 더 효과적이다.

3) 기타 리더십 이론: 리더십 대체이론

(1) 개념

기존 이론들은 어떠한 상황에서라도 리더의 행동은 구성원의 태도에 중요한 영향을 미친다는 암묵적인 가정을 하고 있다. 그러나 커(S. Kerr)와 저미어(J. Jermier)는 대체이론에서 리더십의 효과성에 영향을 주는 상황적 요소를 리더십 향상 요인, 리더십 중화 요인, 그리고 리더십 대체 요인으로 분류하고 있다.

① 리더십 향상 요인: 리더의 구성원에 대한 영향력을 증진시키는 환경이나 부하의 특성

② 리더십 중화 요인: 리더의 부하에 대한 영향력의 효과성을 감소시키는 환경이나 부하의 특성

③ 리더십 대체 요인: 특정한 리더십 행동의 필요성을 대체하는 것으로, 그 행동을 불필요하게 만드는 환경이나 부하의 특성

(2) 대체 요인과 중화 요인

리더십 대체 요인은 리더의 행동을 불필요하거나 불가능하게 만드는 변수들을 말한다. 즉, 구성원들이 자신의 역할을 명확히 이해하고, 업무를 수행하는 방법을 잘 알며 높은 동기가 유발되는 것이 해당한다. 구조화되고 일상적이며 모호하지 않은 과업도 리더십 대체 요인이다. 또 부하의 경험, 능력, 훈련 수준이 높은 것, 수행하는 과업의 결과에 대한 환류가 빈번한 것도 리더십 대체 요인이다.

리더십 중화 요인은 리더가 특정한 방식으로 행동하는 것을 방해하거나 리더의 행동이 미치는 영향을 무력화시키는 구성원의 특성과 과업 특성을 말한다. 예를 들면, 리더가 성과를 많이 올린 부하에게 상을 줄 수 있는 권한을 갖고 있지 않다면 이런 상황변수가 중화 요인이다. 또 조직이 제공하는 보상에 대한 무관심은 리더십 중화 요인이 된다.

3. 의사전달

1) 의의

의사전달(communication)은 사람들 간에 정보를 주고받는 과정으로 볼 수 있다. 공·사조직의 관리에서 의사전달은 대단히 중요한 역할을 한다. '쇠귀에 경 읽기'라는 말에서 짐작할 수 있듯이 효율적인 관리를 위해서는 효과적인 의사전달이 필수적이라고 하겠다.

2) 의사전달의 체제

의사전달 체제란 의사전달이 어떤 과정을 통해 이루어지는가에 관한 것으로, 이는 의사전달 과정과 의사전달망으로 나누어 볼 수 있다. 전자는 정보원→발신자→경로→수신자와 같은 의사전달의 연속적 과정을 말하고, 후자는 조직 내에서 전달자로부터 피전달자에게로 메시지가 전달되는 의사전달 경로의 구조, 즉 원형, 윤형 등과 같은 것을 말한다.

(1) 의사전달 과정

샤논(C. Shannon)과 위버(W. Weaver)는 정보원, 전달자, 신호, 수신자, 목적지 등의 의사전달의 다섯 가지 구성 요소를 제시했다. 벌로(D. K. Berlo)는 종전 모형들의 통합을 시도해 의사전달 과정을 "전달자(sender)가 메시지(message)를 특정한 경로(channel)를 통해 수신자(receiver)에게 전달하는 것"으로 언급해 S－M－C－R 모형으로 단순화하고 있다.

(2) 의사전달망

의사전달망의 형태는 다양하지만, 여기서는 원형, 선형 또는 연쇄형, Y형, 윤형, 전체 경로형 또는 개방형, 혼합형 등에 대해 알아보고자 한다.

① 원형

원형은 집단 내에서 구성원들이 양 옆의 두 사람과 의사전달을 할 수 있게 되어 있는 형태이며 중심적인 인물이 없다.

② 선형 또는 연쇄형

단순한 계서적 의사전달망으로 조직 내의 직위 또는 연결점들이 한 줄로 이어지는 형태이다.

③ Y형

의사전달망의 최상층에 두 개의 대등한 직위가 있는 경우이다.

④ 윤형

바퀴형이라고도 하며, 집단 내에 중심적 인물 또는 리더가 존재해 구성원 간의 의사전달이 그 리더를 통해서 이루어지는 형태이다.

⑤ 개방형

가장 민주적인 의사전달의 형태로서, 각 구성원들은 집단 내의 누구하고나 서로 의사전달을 할 수 있다.

⑥ 혼합형

윤형과 개방형이 혼합되어 있는 형태로서, 구성원들이 서로 자유스럽게 의사전달을 하지만 리더인 한 사람이 중심적인 위치를 차지한다.

객관식 문제

■ 기본문제

01 허즈버그가 주장한 만족요인 · 동기요인으로만 구성된 것은? (2007 국회직 8급)

① 보수, 대인관계, 작업조건 ② 성취감, 책임감, 직무내용
③ 보수, 직무내용, 작업조건 ④ 승진, 직무내용, 대인관계
⑤ 성취감, 대인관계, 작업조건

해설 ② 모두가 동기요인에 해당된다.

① 모두 위생요인에 해당한다.
③ 보수, 작업조건은 위생요인이고 직무내용은 동기요인이다.
④ 대인관계는 위생요인이고 승진과 직무내용은 동기요인이다.
⑤ 성취감만 동기요인이다.

| 정답 ②

02 머슬로의 욕구단계이론에 대한 설명으로 옳은 것은?

① 가장 낮은 안전의 욕구부터 시작해 다섯 가지의 위계적 욕구 단계가 존재한다.
② 안전의 욕구와 사회적 욕구는 앨더퍼의 ERG이론의 첫 번째 욕구 단계인 존재 욕구에 해당한다.
③ 어느 한 단계의 욕구가 완전히 충족되어야만 다음 단계의 욕구를 추구하게 되는 것은 아니다.
④ 사회적 욕구는 어떤 일을 행함으로써 느끼게 되는 자신감, 성취감 등을 의미한다.

해설 ③ 하위 욕구가 어느 정도 충족되면 이미 충족된 욕구는 동기부여 요인으로서의 의미를 상실하게 되어 욕구의 강도가 약해지며, 다음의 상위 욕구로 진행하게 된다고 본다. 이를 상대적 충족이라고 부른다.
① 가장 낮은 요구는 생리적 요구이다.
② 존재 욕구는 생리적 욕구와 안전 욕구 중 물리적 안전이 해당되고, 관계 욕구는 안전 욕구 중 신분보장과 사회적 요구가 해당한다.
④ 사회적 욕구는 소속감도 해당된다.

| 정답 ③

03 허즈버그의 욕구충족요인이원론에서 제시하는 동기요인 내지 만족요인과 가장 거리가 먼 것은? (2010 국가직 9급)

① 더 많은 책임을 부여받는다.
② 상사로부터 직무 성취에 대한 인정을 받는다.
③ 더 많은 개인적 성장과 발전을 경험하고 있다.
④ 원만한 대인관계를 유지하고 있다.

해설 ④ 원만한 대인관계는 위생요인에 불과하다.

| 정답 ④

04 리더십이론에 대한 설명으로 옳지 않은 것은? (2015 지방직 9급)

① 피들러는 리더의 행태에 따라 권위주의형, 민주형, 자유방임형의 세 가지 유형으로 구분했다.
② 행태이론은 리더의 자질보다 리더의 행태적 특성이 조직 성과에 영향을 미친다고 본다.
③ 허시와 블랜차드는 부하의 성숙도에 따라 리더의 역할이 달라져야 한다고 본다.

④ 하우스의 경로－목표이론에 의하면 참여적 리더십은 부하들이 구조화되지 않은 과업을 수행할 때 필요하다.

해설 ① 피들러는 과업 지향과 인간관계 지향으로 구분했다.
④ 참여적 리더십은 부하들이 구조화되지 않은 과업을 수행할 때 필요한 리더십 유형이다. 즉, 부하가 과업목표, 계획, 절차, 방법 등에 관한 의사결정에 참여함으로써 과업과 그들에 대한 역할기대를 학습하게 된다.

| 정답 ①

05 **해크만과 올드햄의 직무특성이론에서 업무 결과에 대한 책임성 인식을 제고하는 직무설계의 측면은?** (2010 서울시 7급)

① 기술 다양성
② 과제 정체성
③ 과제 중요성
④ 자율성
⑤ 환류

해설 ④ 자율성이란 개인이 자신의 직무에 대해 개인적으로 느끼는 책임감의 정도를 말한다.

| 정답 ④

06 **다음 인간모형 중 그 성격이 유사한 것끼리 바르게 연결된 것이 아닌 것은?**

① 합리적 경제인관－X이론
② X이론－미성숙인간
③ 불만요인－체제 Ⅰ·Ⅱ
④ 위생요인－동기부여요인

해설 ④ 위생요인은 불만족을 해소시킨다고 해서 동기가 부여되는 것은 아니다.
③ 허즈버그의 불만요인은 위생요인으로서 리커트(R. Likert)의 4체제 중 체제 Ⅰ·Ⅱ에 해당한다. 리커트는 체제Ⅰ은 착취적 권위형, 체제Ⅱ는 온정적 권위형, 체제Ⅲ은 협의적 민주형, 체제Ⅳ는 참여적 민주형이라고 했다. 조직의 형태는 체제Ⅰ에서 체제Ⅳ형으로 발전해 가는 것이며 체제Ⅳ형이 가장 이상적인 조직설계 형태라고 했다.

| 정답 ④

07 **머슬로의 욕구계층론에 관한 설명 중에 적절하지 않은 것은?**

① 인간 행동의 동기를 계층을 가진 욕구로 나누어 설명했다.
② 다섯 가지의 욕구는 순차적으로 유발된다.
③ 충족된 욕구는 동기로서의 힘을 상실한다.
④ 가장 상위의 욕구는 자긍심의 욕구이다.
⑤ 인간은 다섯 가지 욕구를 항상 완전히 충족되지 못했다.

해설 ④ 가장 상위의 욕구는 자아실현의 욕구이다. 자아실현의 욕구, 존경의 욕구, 소속 욕구, 안전 욕구, 생리적 욕구 순이다.

| 정답 ④

08 **머슬로의 욕구계층이론에 대한 비판으로 적절하지 않은 것은?**

① 다섯 가지 욕구 단계는 고정적이기보다는 가변적이다.
② 이미 충족된 욕구도 욕구로서 작용한다.
③ 욕구가 개별적으로 작용하기 보다는 복수의 욕구가 복합적으로 작동한다.
④ 인간의 행동이 반드시 욕구 충족을 위해 동기가 수행되는 것이 아니다.
⑤ 인간의 욕구를 위생 요인과 동기 요인으로 나눈 것은 매우 인위적인 구분이다.

해설 ⑤ 인위적인 구분이 아니라 위생요인과 동기요인은 서로 다른 요인으로서 인간의 행동에 미치는 영향이 다르다고 해서 구분한 것이다.

| 정답 ⑤

09 **다음 중 리더십에 대한 설명으로 옳지 않은 것은?** (2017 국회직 8급)

① 행태론적 접근법은 효과적인 리더의 행동은 상황에 따라 다르다는 사실을 간과한다.
② 특성론적 접근법은 성공적인 리더는 그들만의 공통적인 특성이나 자질을 가지고 있다고 전제한다.
③ 상황론적 접근법은 리더의 어떠한 행동이 리더십 효과성과 관계가 있는가를 파악하고자 하는 접근법이다.
④ 거래적 리더십은 합리적 과정이나 교환과정의 중요성을 강조한다.
⑤ 변혁적 리더십은 카리스마, 개별적 배려, 지적 자극, 영감 등을 강조한다.

해설 ③ 지문 내용은 행태론적 접근법이다. 상황론적 접근법은 모든 상황에서 효과적인 단일 리더십은 없고 그때 그때 상황에 따라 적합한 리더십이 있다는 것이다. 이처럼 지도자가 가지는 특성과 행동이 조직 간의 상황 속에서 상호작용한다고 보고, 효과적인 리더의 행동 특성을 파악하는 것이 연구의 초점이 된다.

| 정답 ③

10 **조직의 의사전달에 관한 설명으로 옳지 않은 것은?** (2015 교육행정직 9급)

① 조직구조상 지나친 계층화는 수직적 의사전달을 저해한다.
② 지나친 전문화와 할거주의는 수평적 의사전달을 저해한다.
③ 비공식적 의사전달은 공식적 의사전달에 비해 조정과 통제가 곤란하다.
④ 공식적 의사전달은 비공식적 의사전달에 비해 신속하지만 책임 소재가 불명확하다.

해설 ④ 공식적 의사전달은 비공식적 의사전달에 비해 책임소재가 명확하지만, 융통성과 신속성이 낮다.

| 정답 ④

11 **리더십에 대한 설명으로 옳은 것은?** (2017 지방직 7급)

① 피들러는 리더십 유형을 결정하는 조건으로 부하의 성숙도를 중시한다.

② 번스의 거래적 리더십은 영감, 개인적 배려에 치중하고 조직에서 변화를 주도한 리더십이다.
③ 하우스의 참여적 리더는 부하와 상담하고 의사결정 전에 부하들의 의견을 반영하려고 한다.
④ 블레이크와 머튼은 직원 지향적 리더십이 가장 이상적인 리더십 유형이라고 규정한다.

해설 ③ 하우스의 참여적 리더는 부하의 의사를 존중한다.
① 이 내용은 허시와 블랜차드의 이론의 설명이다.
② 거래적이 아니라 변혁적 리더십에 대한 설명이다.
④ 과업과 인간 모두를 중시하는 단합형 즉 (9, 9) 형을 가장 효과적인 관리 유형으로 보았다.

| 정답 ③

12 바스(B. M Bass) 등이 제시한 변혁적 리더십의 주된 요인으로 옳지 않은 것은?
(2010 국가직 9급)

① 영감적 리더십　　② 합리적 과정
③ 카리스마적 리더십　　④ 개별적 배려

해설 ② 합리적 과정은 거래적 리더십의 특징이다. 변혁적 리더십은 1), 3), 4)가 해당되고, 그 외에 지적 자극, 촉매적 리더십 등이 포함된다.

| 정답 ②

13 브룸(V. H. Vroom)의 기대이론에서 동기 결정의 요인이 아닌 것은?

① 자신의 노력이 일정한 수준의 성과로 이어진다는 기대
② 성과가 보상을 가져올 거라는 주관적 믿음
③ 보상에 대한 주관적 가치판단
④ 자신이 그 일에 성공하고 싶은 욕구의 강도

해설 ④ 동기결정요인에는 기대감, 수단성, 유의성 등이 있다. 기대치(expectancy)는 어떤 행동을 하면 어떤 특정한 결과가 나올 것이라는 가능성을 의미한다. 예컨대 열심히 일하면 높은 성과를 올릴 수 있고, 그 보상으로 승진될 것이라고 믿는 것을 기대라고 한다. 수단성(instrumentality)은 개인이 지각하는 목표 달성과 같은 1차적 결과와 승진과 같은 2차적 결과와의 상관관계를 말한다. 유의성(valence)은 행동 대안들의 결과에 대해 개인이 가지는 매력의 강도를 말한다. 즉, 직무상 받을 수 있는 보상에 대하여 개인이 느끼는 중요성이다. 사람들이 봉급, 승진, 인정 등과 같은 보상에 부여하는 가치를 의미한다.
Motivation(동기부여) = E · Σ(I · V)가 된다. 여기서 시그마(Σ)를 사용한 이유는 목표 달성이 가져올 수 있는 보상이 여러 개일 수 있고 그 각각에 가치를 부여해서 더해야 하기 때문이다.

| 정답 ④

▣ 심화문제

14 애덤스(J. S. Adams)의 공정성이론에 대한 설명으로 가장 옳지 않은 것은?

① 과소보상보다는 과대보상에서 동기 유발이 더 잘 일어난다.

② 처우의 공평성은 자신의 투입·산출을 준거인의 투입·산출과 비교해서 평가하게 된다.

③ 불공정성을 줄이기 위해 조직원은 투입과 산출의 수준과 방향에 변화를 주어 공정한 지각이 되도록 한다.

④ 동기부여에서 조직원의 지각의 중요성을 인식한다.

해설 ① 과다보상이 아닌 과소보상에서 불공정성을 더욱 예민하게 인식해서 불공정성을 해결하기 위한 행동을 취한다. 그러나 과다보상 상황에서는 불공정을 해결하기 위한 행동을 하지 않는다.

| 정답 ①

15 동기이론에 대한 설명으로 옳지 않은 것은? (2016 사회복지직 9급)

① 머슬로의 욕구계층론에 대해서는 각 욕구 단계가 명확히 구분되지 않는다는 비판이 있다.

② 앨더퍼는 ERG이론에서 두 가지 이상의 욕구가 동시에 작용되기도 한다고 주장한다.

③ 허즈버그의 욕구충족요인이원론에 대해서는 개인의 욕구 차이에 대한 충분한 고려가 없다는 비판이 있다.

④ 맥클레랜드의 성취동기이론은 개인의 욕구를 성취욕구, 친교욕구, 권력욕구로 분류하고, 권력욕구가 높을수록 생산성이 높아진다고 주장한다.

해설 ④ 권력욕구가 아니라 성취욕구가 높을수록 생산성이 높아진다. 성취욕구는 우수한 결과를 얻기 위해 높은 기준을 설정, 이를 달성하려는 욕구이다.

| 정답 ④

16 해크만과 올드햄의 직무특성모형에 대한 설명으로 옳지 않은 것은? (2011 지방직 9급)

① 잠재적 동기지수 공식에 의하면 제시된 직무 특성들 중 직무정체성과 직무중요성이 동기부여에 가장 중요한 역할을 한다.

② 허즈버그의 욕구충족요인이원론보다 진일보한 것으로 이해할 수 있다.

③ 직무정체성이란 주어진 직무의 내용이 하나의 제품 혹은 서비스를 처음부터 끝까지 완성시킬 수 있도록 구성되어 있는지에 관한 것이다.

④ 이 모형은 기술다양성, 직무정체성, 직무중요성, 지율성, 환류 등 다섯 가지 의 핵심 직무 특성을 제시한다.

해설 ① 자율성과 환류가 동기부여에 가장 중요한 역할을 한다.
동기유발 잠재력 지수는 다음 공식으로 구한다.

$$MPS = \frac{\text{기술다양성} + \text{과업정체성} + \text{과업중요성}}{3} \times \text{자율성} \times \text{피드백}$$

위의 공식에서 중요한 것은 자율성과 피드백 두 요소를 강조하고 있는 점이다. 이들 중 하나가 0에 가까워지면 다른 요소들이 아무리 높은 점수를 얻는다고 하더라도 전체 점수는 낮아지게 되는 것이다.

| 정답 ①

제 5 절 조직과 환경

조직환경은 조직의 경계의 바깥에 놓여 있는 모든 것으로서 사람, 다른 조직, 경제적 요소, 사건 등 모든 요소를 포함한다. 여기서는 조직환경의 복잡성과 변화율을 중심으로 환경 유형을 분류하는 이론으로 에머리(F. Emery)와 트리스트(E. Trist)의 이론을 소개하고, 이어서 이러한 환경과 조직 간의 관계를 다루는 두 가지 이론을 소개하고자 한다. 하나는 스콧(W. G. Scott)의 조직이론이며, 다른 하나는 애스틀리(W. Astley)와 반드벤(A. Van de Ven)의 조직이론이다.

1. 조직환경의 유형 분류: 에머리와 트리스트의 분류

에머리와 트리스트는 조직 환경의 복잡성과 변화율을 중심으로 환경 유형을 분류했다. 그들은 환경 유형을 다음과 같이 네 가지로 분류하고 있다.

1) 정태적 – 우연적 환경

환경 요소들이 매우 안정적이고 서로 간에 아무 관련성도 없이 무작위적으로 분산된 유형이다. 요소들 상호간에 아무런 영향 관계가 없으므로 한 가지 요소에 문제가 발생해도 다른 쪽은 변화가 없기 때문에 조직의 환경으로서 가장 단순한 환경이다.

2) 정태적 – 응집적 환경

환경이 비교적 정태적이고 평온하나 그 구성 요소들이 일정하게 정해진 방식으로 무리를 짓고 편재하는 현상이 발생한다. 따라서 환경이 급변하지는 않지만 환경 요소 간에 어떤 사태를 발생시킬 수 있는 인과관계의 개연성이 있다.

3) 교란 – 반응 환경

환경의 여러 요소가 한 부문에 집중되어 있으면서 상호 연관성과 경쟁 관계가 크므로 환경은 매우 복잡하며 불확실성이 크다. 한쪽에서 변화가 일면 연속적으로 다른 부문에 반사적으로 영향을 미치기 때문에 환경은 삽시간에 교란된다.

4) 격동 환경

환경 요소들끼리의 상호작용도 크지만 각 요소들이 매우 가변적이라서 환경 자체가 끊임없이 변화한다. 더구나 환경의 한쪽에서 일부 요소가 변화하면 곧바로 주변의 다른 환경 요소에 영향을 미쳐서 불확실성은 매우 커진다.

2. 환경과 조직 간의 관계

1) 스콧의 조직이론

(1) 조직이론의 구분 기준

스콧(W. G. Scott)은 조직에서 조직환경의 고려 여부와 인간에 대한 관심을 기준으로 조직이론을 네 가지로 분류했다. 여기서 환경의 고려 여부란 조직을 외부 환경과 고립된 폐쇄 체제로 보는지의 여부를 뜻하고, 인간에 대한 관심은 합리적 인간관인지 아니면 사회적 인간관인지의 여부를 의미한다. 사회적 인간관은 자연적 인간관이라 불리기도 한다.

(2) 폐쇄-합리적 모형

조직을 폐쇄된 체제로 보았으며, 조직을 구성한 인간들을 합리적으로 사고하거나 행동하는 존재로 인식했다. 즉, 인간을 기계적 존재로 인식했는데, 테일러(F. W. Taylor)의 과학적 관리법이 이에 해당한다.

(3) 폐쇄-사회적 모형

조직을 폐쇄된 체제 속에서 구성원들의 인간적 측면을 고려했다. 구성원들이 가진 사회적 욕구를 충족시키고 이를 통해 조직의 생산성 향상을 추구했다. 호손(Hawthorne) 연구를 통한 인간관계론이 대표적 이론이다.

(4) 개방-합리적 모형

인간을 합리적인 존재로 보는 견해의 후퇴를 보이고 있으나, 경쟁적 환경을 반영해 조직을 외부 환경의 변화에 영향을 받는 존재로 인식했다. 조직의 생존을 위해서는 환경과의 상호작용을 통한 적절한 관계를 유지해야 하며, 이러한 시스템적 접근이 강조되었는데 챈들러(A. Chandler)와 톰슨(J. D. Thompson)의 이론이 대표적이다. 시스템적 접근은 특히 ① 개방 체계로서의 환경, ② 상호 연결된 하위 시스템, ③ 시스템들 간의 조화를 중시한다.

(5) 개방-사회적 모형

이 이론은 조직이 목표 달성보다는 생존을 중시하고 조직을 공식성과 합리성만이 아닌 비합리적 동기적 측면을 중요시한다. 환경의 중요성을 강조하면서 조직의 합리적인 목적 수행보다는 조직의 생존을 위하는 비합리성을 반영하고 있다. 웨이크(K. Weick)의 이론이 대표적이다. 그는 조직환경은 단순히 주어진 것이 아니라 구성원 사이의 상호작용에 의해 재구성된다고 본다.

2) 애스틀리와 반 드 벤의 조직이론

(1) 개요

애스틀리(W. Astley)와 반 드 벤(A. Van de Ven)은 조직이론을 결정론적 혹은 임의론적 관점, 그리고 개별 조직 혹은 조직군 수준이라는 두 개의 상호 배타적인 차원에 의해 아래 네 가지 관점으로 구분한다.

그림 7-3 애스틀리와 반 드 밴의 조직이론

분석 수준		환경 인식: 결정론	환경 인식: 임의론
	조직군	자연적 선택 관점 - 조직군생태학이론 - 조직경제학	집단적 행동 관점 - 공동체생태학이론
	개별조직	체제구조적 관점 - 구조적 상황이론	전략적 선택 관점 - 전략적 선택이론 - 자원의존이론

① 환경 인식

환경 인식에 대한 기본 가정은 결정론과 임의론으로 구분된다. 전자는 조직을 적극적으로 환경을 형성하는 주체로 본다. 반면 후자는 개인의 행동은 구조적 제약에 의해 결정되거나 단지 이에 수동적으로 반응하는 것으로 본다.

② 분석 수준

조직분석의 수준은 개별조직을 대상으로 하는 미시적 수준과 조직군을 대상으로 하는 거시적 수준으로 구별된다. 과거에는 개별조직이 주된 연구 대상이었으나 최근 들어서는 조직군이 독특한 동태성을 가진다는 가정 하에 조직군 대상 연구가 늘어나고 있다.

(2) 자연적 선택 관점

① 개요

이 관점은 환경결정론으로 개별조직의 적응행동에 초점을 두는 것은 잘못이며, 거시적 수준에서 분석이 불가피하다는 점을 강조하고 있다.

② 조직군생태학이론

조직이 환경과 상호작용하면서 조직의 생존을 결정하는 것은 결국 환경이라는 결정론적 입장을 취하고 있다. 다시 말해, 환경에 의해 선택되는 조직은 생존하고 그렇지 못한 조직은 도태당한다는 생물학적 자연도태나 적자생존의 법칙을 사회 현상에 적용한 것이다.

(3) 집단적 행동 관점

① 개요

조직은 능동적으로 지배할 수 있는 활동 영역에 따라 형성될 수 있다는 임의론을 따른다.

② 공동체생태학이론

조직을 생태학적 공동체 속에서 상호의존적인 조직군들의 한 구성원으로서 파악하고, 이에 따라 조직의 행동과 환경 적응 과정을 설명하려는 새로운 관점이다. 전국경제인연합회, 경영자총협회 및 각종 협회의 등장은 공동체생태학이론으로 설명할 수 있는 사례이다.

(4) 시스템-구조적 관점

① 개요

이 관점은 구조기능주의와 시스템 상황적합 관점을 결합한 것이다.

② 구조적 상황이론

모든 조직에 범용적으로 적용되는 조직구조는 없다. 조직구조는 상황 요인에 의해 결정되며 조직의 효과성은 조직의 구조적 특성과 상황적 특성이 얼마나 부합하는가에 달려 있다. 번스(T. Burns)와 스토커(G. Stalker)가 비교적 안정된 환경에서는 기계적 조직구조가 적합하고, 변동이 심한 환경에는 유기적 조직구조가 적합하다고 한 것이 이에 해당한다.

(5) 전략적 선택 관점

① 개요

개별조직을 분석 수준으로 하여 임의론적 관점에서 조직이 환경을 변화시키거나 또는 조직이 환경에 적극적으로 대응한다는 입장이다. 여기에는 전략적 선택이론, 자원의존이론 등이 해당한다.

② 전략적 선택이론

이 이론은 상황이론과 달리 조직이 관리자의 전략에 따라 선택된다고 본다. 환경결정론에 따르지 않고 조직이 상당한 재량을 가지고 스스로 설계하고 운영한다는 것이다. 전략적 선택은 여러 대안 중에서 자기에게 유리한 방향으로 선택한다는 말이다.

③ 자원의존론

자원의존이론은 조직과 환경의 관계에서 조직의 주도적·능동적 행동을 강조한다. 조직은 환경의 변화에 수동적으로 적응하기만 하는 것이 아니라 환경의 영향에 적극적으로 대처하고 환경을 조직에 유리하도록 관리하는 행동 주체라는 것이다.

이 이론에 따라 조직관리자가 취할 수 있는 효과적인 전략으로 완충(buffering)과 연계(bridging)를 들 수 있다. 전자는 조직이 환경의 혼란으로부터 조직을 보호하기 위해 조직구조와 주요 절차를 정비하는 방법으로서 내부 지향적이며 다소 수동적인 환경대응 전략이다. 분류, 비축, 형평화, 예측, 성장 등으로 이루어진다. 후자는 조직이 필요로 하는 주요 자원을 획득하기 위해서 환경의 다른 요소 또는 여타의 조직들과 협력 관계를 형성하고 발전시키는 전략으로서 외부 지향적이고 능동적인 조직의 변화대응 전략이다. 권위주의, 계약, 경쟁, 합병 등으로 이루어진다.

객관식 문제

■ 기본문제

01 조직군생태학이론에 대한 설명으로 옳지 않은 것은?

① 조직은 환경을 선택하는 능동적인 존재이다.

② 조직 변화는 종단적 분석에 의해서만 검증 가능하다고 전제한다.

③ 조직이 생겨나고 없어지는 원인을 환경적 적합도에서 찾는다.

④ 전략적 선택이나 집단적 행동의 중요성을 경시한다.

해설 ① 조직구조는 환경과의 적합도 수준에 따라 도태되거나 선택된다고 본다. 조직이 환경에 적응하는 것이 아니라 환경이 조직을 선택한다고 보는 극단적인 환경결정론의 관점을 취한다.

| 정답 ①

02 다음 중 거시적 조직이론에 대한 설명으로 가장 옳지 않은 것은? (2016 서울시 9급)

① 전략적 선택이론은 임의론이다.

② 조직군생태론은 자연선택론을 취한다.

③ 조직군생태론은 결정론적이다.

④ 전략적 선택이론의 분석 단위는 조직군이다.

해설 ④ 전략적 선택이론의 분석 단위는 조직군이 아닌 개별조직이다.
②, ③ 조직군생태론은 결정론적 관점이며, 자연적 선택 관점이다.

| 정답 ④

03 전략적 선택이론에 대한 설명으로 옳은 것은?

① 관리자의 재량적 결정이 환경을 능동적으로 결정한다.

② 조직이 처한 상황이 조직구조를 결정한다.

③ 희소자원에 대한 관리자의 통제 능력이 조직의 역량을 결정한다.

④ 조직은 종속변수로서 환경에 피동적으로 대응한다.

⑤ 거래비용의 최소화를 위해 M형 조직을 강조한다.

해설 ① 임의론의 입장이다.
② 상황적응론
③ 자원의존이론
⑤ 거래비용경제학에 해당한다. 조직 내의 거래비용을 줄이기 위해 조직은 어떻게 구조화되어야 하는가? 윌리엄슨(O. Williamson)은 여러 가지의 가능한 조직구조 중 M형(multidivisionalized form) 구조가 U형(unitary form) 구조보다 효율적인 구조라는 M형 가설을 주장했다. 사업부제

조직모형이 M형 구조에 해당한다.

| 정답 ①

■ 심화문제

04 거시조직이론에 대한 다음 설명 중 사실과 다른 것은?

① 구조적 상황이론은 유일·최선의 방법을 부인하고 조직은 상황 조건에 따라 수동적으로 적응되어야 한다는 이론이다.

② 전략적 선택이론은 관리자가 선택하는 전략이 조직구조를 결정하고 환경을 조직에 유리하도록 조정할 수 있다는 임의론이다.

③ 공동체생태학이론은 관리자들의 능동적 상호작용을 중시한다.

④ 자원의존이론은 관리자의 자원 확보 능력보다는 주어진 환경에 적응을 강조한다.

해설 ④ 자원의존이론은 관리자를 환경을 자신이 원하는 방향으로 만드는 주체로 간주한다.

| 정답 ④

05 조직군생태학이론에 대한 설명으로 옳지 않은 것? (2012 지방직 7급)

① 조직은 환경을 선택하는 능동적인 존재이다.

② 조직 변화는 종단적 분석에 의해서만 검증 가능하다고 전제한다.

③ 조직이 생겨나고 없어지는 원인을 환경적 적합도에서 찾는다.

④ 전략적 선택이나 집단적 행동의 중요성을 경시한다.

해설 ① 환경적합도에 따라 조직의 생성과 소멸을 결정하는 이론이다. 극단적인 환경결정론의 입장이므로 1번 지문은 틀린 내용이다.

| 정답 ①

06 조직이론에 대한 설명으로 옳지 않은 것은? (2017 국가직 9급)

① 자원의존이론에 따르면, 조직은 환경으로부터 필요한 자원을 획득하기 위해 환경에 피동적으로 순응해야 한다.

② 주인–대리인이론에 따르면, 주인과 대리인 간에는 정보의 비대칭으로 인해 대리인의 도덕적 해이와 주인의 역선택이 발생할 수 있다.

③ 거래비용이론에 따르면, 시장의 자발적인 교환행위에서 발생하는 거래비용이 관료제의 조정비용보다 클 경우 거래를 내부화하는 것이 효율적이다.

④ 상황론적 조직이론에 따르면 모든 상황에 적용되는 유일·최선의 조직구조나 관리방법은 없다.

해설 ① 자원의존이론은 임의론의 입장이다. 조직은 환경에 의존해서 자원을 획득하지만 관리자는 희소자원에 대한 통제를 통해 환경에 어느 정도 능동적으로 대응할 수 있다고 인식한다.
③ 시장실패의 경우 제한된 합리성, 불확실성 등으로 인해 누가 기회주의에 입각해서 행동할지 알 수 없다. 따라서 안전장치가 필요한데, 이러한 안전장치를 확립하는 데 드는 비용이 바로 거래비용이다. 이러한 거래비용이 관료제적 조정비용보다 크면, 거래비용을 최소화하기 위해서 거래의 내부화, 즉 통합이 효율적이다.

| 정답 ①

07 에머리와 트리스트는 조직환경의 복잡성과 변화율을 중심으로 환경 유형을 분류했다. 요소들 상호 간에 아무런 영향 관계가 없으므로 한 가지 요소에 문제가 발생해도 다른 쪽은 변화가 없기 때문에 조직의 환경으로서 가장 단순한 환경은 무엇인가?

① 정태적－우연적 환경　　② 정태적－응집적 환경
③ 교란－반응 환경　　④ 격동 환경

해설 ① 정태적-우연적 환경에 대한 설명이다. 가장 단순한 상태의 환경으로서 환경이 평온하며 그것을 구성하는 요소들이 우연하게 분산되어 있는 것이다.

| 정답 ①

08 거시적 조직이론에 대한 설명으로 옳지 않은 것은? (2005 전북 9급)

① 로렌스와 로쉬는 상황적응이론을 통해 분화와 통합을 강조했다.
② 자원의존이론은 조직이 외부자원에 의존적이라는 관점에서 환경결정론에 속한다.
③ 조직군생태학이론은 관리자를 주어진 환경에 무기력한 존재로 본다.
④ 공동체생태학이론은 관리자의 상호작용적 역할을 강조한다.

해설 ② 자원의존이론은 결정론에 속하지 않는다. 조직은 외부자원에 의존할 수밖에 없지만 자원을 획득하고 유지하는 능력을 조직생존의 핵심으로 본다. 조직은 상황적 제약 요건을 조직을 통해서 완화시킬 수 있다고 보기에 결정론에 속하지는 않는다.

| 정답 ②

09 윌리엄슨의 거래비용이론 관점에서 계층제가 시장보다 효율적일 수 있는 근거로 옳지 않은 것은? (2011 국가직 9급)

① 계층제는 연속적 의사결정을 용이하게 함으로써 인간의 제한된 합리성을 완화한다.
② 계층제는 집합적 의사결정의 외부비용을 감소시킨다.
③ 계층제는 불확실성을 감소시킨다.
④ 계층제는 정보밀집성의 문제를 극복할 수 있다.

해설 ② 거래비용을 최소화하기 위한 대안으로 계층제가 제시되었다. 조직 내부에서의 결정이 이루어지므로 내부 의사결정비용은 감소하고 관련자들을 설득하는 등의 외부비용은 늘어난다.

| 정답 ②

10 **거시적 조직이론에 대한 설명으로 가장 옳지 않은 것은?** (2016 서울시 9급)

① 전략적 선택이론은 임의론이다.
② 조직군생태론은 자연선택론을 취한다.
③ 조직군생태론은 결정론적이다.
④ 전략적 선택이론의 분석 단위는 조직군이다.

해설 ④ 전략적 선택이론의 분석 단위는 조직군이 아니라 개별조직이다.

| 정답 ④

제 6 절 조직변동론

1. 조직혁신

1) 의의

조직혁신이란 조직을 어느 한 상태에서 그보다 나은 다른 하나의 상태로 변동시키는 것을 말한다. 이처럼 조직혁신은 현상을 타파하고 변화를 인위적으로 유도하므로 저항이 수반된다. 그 결과 조직혁신은 성공보다는 실패의 확률이 훨씬 더 높다.

2) 조직혁신의 접근방법

첫째, 구조적 접근방법이다. 조직의 구조를 조직혁신의 주된 대상으로 하는 접근방법으로서 전통적 조직이론, 분권화 접근방법, 의사전달망 접근방법과 같은 종류가 있다.

둘째, 기술적 접근방법으로서 목표관리, MIS 등 관리기술을 대상으로 하며, 업무 처리와 의사결정 등의 합리화를 추구하는 접근방법이다. 최근 들어 조직의 문제 해결에 활용할 수 있는 소프트웨어 기술이 많이 개발되면서 조직혁신에 중요한 부분을 차지하고 있다.

셋째, 인간적 접근방법이다. 인간의 가치관이나 행태를 변화시킴으로써 조직혁신의 목표를 달성하고자 하는 것이다. 이 접근방법은 조직혁신에서 핵심적인 위치를 차지하고 있다.

3) 조직혁신의 과정

(1) 일반모형

레빈(Kurt Lewin)은 구성원들의 행동 변화를 해빙(unfreezing), 변화(changing), 재동결(refreezing) 의 세 단계로 구분해서 제시한다.

그림 7-5 조직 변화의 단계

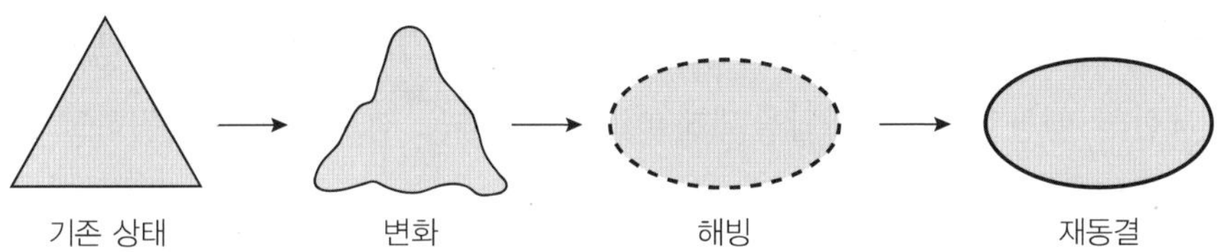

2. 조직발전

1) 의의

조직발전(Organization Development: OD)이란 조직의 대응 능력과 문제 해결 능력을 향상시키는 노력을 말한다. 1940년대에 있었던 실험실적 훈련기법과 태도 조사환류기법이 조직발전 성립 초기의 두 가지 원류로 평가되고 있다.

조직발전은 행태과학적 지식과 기술을 활용해서 조직의 목표와 개인의 성장 욕구를 결부시킴으로써 조직개혁을 성취하려는 과정이다.

2) 조직발전의 특징

조직발전의 주요 특징을 살펴보면, 첫째, 조직발전은 계획적 변화 노력(planned

change effort)이다. 둘째, 조직발전은 조직을 하나의 체제로 보고 전체 조직에 걸친 개혁 노력을 시도한다. 셋째, 조직발전의 노력은 최고관리층 으로부터 시작된다. 넷째, 조직발전은 행태과학의 지식과 기술을 응용한다. 다섯째, 조직발전은 인간의 성장과 자아실현적 측면을 중시한다

3) 조직발전의 기법

(1) 개인적 차원의 조직발전 기법

감수성훈련(sensitivity training)은 실험실훈련 또는 T－그룹 훈련이라고도 한다. 이 기법은 서로 모르는 10~20명 정도의 소수 인원으로 구성된 집단을 대상으로 조작된 상황 속에서 실시하는 훈련이다. 이 훈련에서는 참여자들이 지속적으로 접촉하면서 허심탄회하게 속마음을 털어놓게 함으로써 스스로의 태도와 행동을 반성하고 자신의 행동이 다른 사람들에게 미치는 영향을 검토하도록 지원하고 유도함으로써 태도와 행동의 변화를 초래하려고 한다.

(2) 집단적 차원의 조직발전 기법

팀형성(team building)은 조직발전을 실시할 때 가장 많이 사용하는 방법이다. 이 기법을 통해 응결성 있는 집단을 형성시키게 된다. 작업집단의 구성원들이 협조적인 관계를 형성해 임무 수행의 효율화를 도모할 수 있게 하려는 것이 이 기법의 목적이다. 이 기법에서 강조하는 것은 집단의 문제 진단, 가족적 팀 구축 회합, 역할분석 등이다.

(3) 조직적 차원의 조직발전 기법

관리망훈련(managerial grid training)은 개인적 차원의 기법인 감수성훈련을 한층 더 확대·발전시킨 조직발전의 개입 기법이다. 즉, 조직발전의 프로그램을 하나로 통합해서 개인→집단→조직의 차례로 조직 개선이 순차적으로 진행될 수 있도록 고안된 조직적 차원에 가장 체계적으로 접근하는 방법이다.

객관식 문제

▣ 기본문제

01 행정조직의 구조적인 측면에서 발생하는 갈등 요인이 아닌 것은? (2016 지방직 7급)

① 개인의 이기적인 태도
② 기능이나 업무의 특성에 따른 분업구조
③ 제한된 자원의 하위부서 간 공유
④ 업무의 연계성으로 인한 타인과의 협조 필요성 증가

해설 ① 개인의 이기적인 태도는 심리적 요인에서 비롯되는 인적 측면의 갈등 요인이다.

| 정답 ①

02 감수성훈련과 관계가 없는 항목으로 짝지어진 것은?

가. 과정보다 내용을 중시함	나. 인간관계 능력의 향상
다. 개방적인 인간관에 근거함	라. 가치관과 태도 변화
마. 인위적 훈련	바. 특정 감독자의 지도와 후견
사. 조직발전의 기법	

① 가, 마, 바　② 가, 바, 사
③ 나, 라, 마　④ 다, 마, 바
⑤ 마, 바, 사

해설 ① 가: 내용보다는 과정을 중시하고, 마: 인위적인 훈련이라기보다는 구성원들의 자발적 참여를 중시하고, 바: 감독자나 사회자가 없이 진행된다.

| 정답 ①

03 조직발전(OD)에 대한 설명으로 가장 옳은 것은? (2017 서울시 7급)

① 조직 전체의 변화를 추구하는 계획적 · 의도적인 개입 방법이다.
② 감수성훈련은 동료 간 · 동료와 상사 간의 상호작용을 진작시키기 위한 실제 근무 상황에서 실시하는 기법이다.
③ 블레이크와 머튼은 과업형 리더를 가장 효과적인 관리 유형으로 꼽았다.
④ 변화관리자의 도움으로 단기간에 급진적 조직 변화를 추구한다.

해설 ① 조직발전은 지속적이고 의도적인 관리전략이다.
② 감수성훈련은 실제 작업 현장에서 이루어지는 것이 아니고 격리된 인위적인 장소에서 행해

진다.

③ 생산과 인간 모두에 관심이 높은 단합형 즉 (9. 9) 형을 가장 이상적인 것으로 보았다.

④ 조직발전은 단기가 아니라 장기적이다.

| 정답 ①

04 다음 중 목표관리제가 성공하기 쉬운 조직은? (2010 지방직 9급)

① 집권화되어 있고 계층적 질서가 뚜렷하다.

② 성과와 관련 없이 보수를 균등하게 지급한다.

③ 목표를 계량적으로 측정하기 용이하다.

④ 업무환경이 가변적이고 불확실성이 크다.

해설 ③ 가시적이고 계량적인 목표를 수립하게 되므로 계량적으로 측정하기 쉽다.

① 참여적이고 분권적인 관리이므로 집권화된 조직에는 적용하기 어렵다.

② 목표 성취에 따른 인센티브가 지급된다.

④ 명확한 목표 설정이 강조되므로 업무환경의 가변성과 불확실성이 높으면 목표관리제가 성공을 거두기 어렵다.

| 정답 ③

05 전략적 관리(SM)의 특성으로 보기 어려운 것은? (2010 경찰승진)

① 환경의 변화가 급격히 이루어지기 때문에 단기적인 관점에서 계획기간을 설정한다.

② 환경 변화에 대한 이해를 강조하기 때문에 현재의 환경과 계획기간 중에 일어날 환경 변화를 체계적으로 분석한다.

③ 목표 지향적인 개혁적 관리기법이다.

④ 조직의 환경분석뿐만 아니라 조직역량 분석 역시 필수적이다.

해설 ① 전략적 관리는 장기적인 시각에서 계획기간을 설정한다.

④ SWOT분석을 통해 조직 내외적 상황 분석이 가능하다. 장점(strengths)과 약점(weakness)은 조직 내부에 관련된 것이고, 기회(opportcenities)와 위협(threats)은 외부 환경에 관련된 것이다.

| 정답 ①

■ 심화문제

06 조직발전에 대한 다음 설명 중 적절하지 않은 것은? (2009 부산소방)

① 조직발전은 구조, 형태, 기능 등을 바꾸고 조직의 환경 변화에 대한 대응 능력과 문제 해결 능력을 향상시키려는 관리전략이다.

② 심리적 요인에 치중한 나머지 구조적, 기술적 요인을 경시할 우려가 있다.

③ 외부의 전문가들이 참여하는 하향적 관리방식이다.

④ 감수성훈련은 조직발전의 주요 기법 중의 하나이다.

해설 ① 조직발전은 구조, 기능 등을 바꾸는 것이 아니라 구성원이 행태 변화를 통한 조직의 생산성과 환경 적응 능력을 향상시키려는 기법이다.
④ 감수성훈련, 팀빌딩 기법, 관리망훈련 등은 조직발전의 주요 기법에 해당한다.

| 정답 ①

07 MBO와 TQM의 내용 중 부적절한 것은?

① MBO는 인간이 자율 능력을 믿는 자기실현적 인간관의 영향을 많이 받았다.
② TQM의 시간관은 장기적이며, 통제 유형은 예방적·사전적 통제이다.
③ MBO는 역할모호성 및 역할 갈등을 감소시키고 일과 사람의 조화 수준을 높인다.
④ TQM의 기본 구성 요소는 목표 설정, 참여, 환류이다.

해설 ④ 목표 설정, 참여, 환류는 MBO의 기본 구성 요소이다.
① MBO는 Y이론적 인간관을 전제한다.
② TQM의 시간관은 장기적이며, MBO는 단기적이다. TQM은 예방적·사전적 통제인 반면, MBO는 사후적 관리를 중시한다.

| 정답 ④

08 균형성과지표(BSC)에 대한 설명으로 옳은 것만을 모두 고른 것은?
(2015 국가직 9급)

가. 조직의 비전과 목표, 전략으로부터 도출된 성과지표의 집합체이다.
나. 재무지표 중심의 기존 성과관리의 한계를 극복하기 위한 것이다.
다. 조직이 내부 요소보다는 외부 요소를 중시한다.
라. 재무, 고객, 내부 프로세스, 학습과 성장이라는 네 가지 관점 간의 균형을 중시한다.
마. 성과관리의 과정보다는 결과를 중시한다.

① 가, 나, 마
② 나, 다, 라
③ 가, 나, 라
④ 다, 라, 마

해설 ③ 다: 내부 요소와 외부 요소의 균형을 중시한다.
마: 과정보다 결과를 중시한 것이 아니라 과정과 결과의 균형을 중시한다.

| 정답 ③

09 SWOT 분석에 대한 설명으로 옳지 않은 것은? (2017 국가직 7급)

① 조직 내부 측성과 외부 환경의 조합에 따른 맞춤형 대응전략 수립에 도움이 된다.
② 조직 외부 환경은 기회와 위협으로, 조직 내부 자원·역량은 강점과 약점으로 구분한다.
③ 다양화전략은 조직의 강점을 활용해서 위협을 회피하거나 최소화하는 전략이라고

볼 수 있다.

④ 기존 프로그램의 축소 또는 폐지는 약점–기회를 고려한 방어적 정책이라고 볼 수 있다.

해설 ④ 약점–기회가 아니라 약점–위협이 맞다.

| 정답 ④

10 BSC, 즉 균형성과관리에 대한 설명이 잘못된 것은? (2006 충남 9급)

① BSC가 MBO보다 거시적이고 포괄적이다.

② 전통적 성과관리에 비해 재무적 관점보다 고객만족 등을 중시하는 고객 중심적인 성과관리 체제이다.

③ 거버넌스에 입각한 전략적인 성과관리 체제이다.

④ 부서별 목표(하위계층 성과표)를 먼저 설정하고 그것을 토대로 조직 전체의 목표(상위계층 성과표)를 작성한다.

해설 ④ 이 지문은 MBO에 대한 설명이다. BSC는 MBO에 비해 거시적이고 하향적인 관리 체제이다.

| 정답 ④

사례 균형성과표(Balanced Score Card: BSC)와 정부부문

1. 의의

이것은 재무적 시각뿐만 아니라 비재무적 시각에서 기업의 성과를 좀 더 균형 있게 평가하고, 나아가 기업의 장기적인 전략을 중심으로 성과지표를 도출해서 이를 토대로 조직을 관리하고 그 성과를 평가하는 전략적 성과관리 내지 전략적 성과평가 시스템을 의미한다. 그리고 BSC를 정부부문에서 운영 시 운영구조에서 우선적으로 중요한 것은 설정된 조직의 비전과 전략이 명확해야 하며, 이를 운영하는 주체인 공무원들의 인식이 분명해야 한다.

2. BSC의 4대 관점

BSC는 재무적 관점, 고객 관점, 업무 처리 관점, 그리고 학습과 성장 관점에서 성과를 접근한다.

첫째, 재무적 관점은 성과지표의 최종 목표이다. 순이익이나 매출액이 가장 대표적이다.

둘째, 고객 관점은 기업의 비전과 전략으로 봤을 때 고객들에게 무엇을 어떻게 보여주어야 하는가를 검토할 것을 요구한다. 일반적으로 고객만족도, 신규 고객 증가 수, 고객 충성도 등으로 성과를 측정할 수 있다.

셋째, 업무 처리 관점은 고객과 주주가 원하는 목표를 달성하기 위해 기업 내부의 일처리 방식을 어떻게 할 것인가에 대한 질문과 답이다. 조직 전체 차원에서 통합적인 일처리 절차를 어떻게 할 것인가에 초점을 맞춘다.

넷째, 학습 · 성장 관점은 네 가지 관점 중에서 가장 하부구조에 해당한다. 직무만족과 같은 주로 인적 자원에 대한 성과를 포함한다. 전통적인 관리에서는 이에 대한 투자를 기피했으나 BSC는 장기적인 관점에서 이를 중시한다.

3. 특성

첫째, 재무적 관점과 비재무적 관점의 균형을 강조한다. 무형자산의 가치를 계량적으로 측정하지는 못하지만 이들이 재무 성과와 어떻게 연계되어 기업의 장기적 가치 창출 내지 전략 달성에 기여하는지를 분석한다.

둘째, 단기적 목표와 장기적 목표 간의 균형을 강조한다. 재무적 관점에서 현재의 자산 흐름을 중시하지만 무형자산을 장기적 전략과 연계시킴으로써 장기적 관점을 견지한다.

셋째, 과정과 결과의 균형을 강조한다. 성과주의 예산제도가 과정 중심에서 결과 중심으로 초점을 옮겼다면, BSC는 과정과 결과의 통합을 강조한다. 과정과 결과 중 어느 하나를 강조하는 것이 아니라 이들 간의 인과성을 바탕으로 통합적 균형을 추구한다.

넷째, 내부의 관점과 외부의 관점 간에도 균형을 강조한다. 내부적 시각은 4대 관점

그림 7-5 BSC 성과관리의 기본 관점

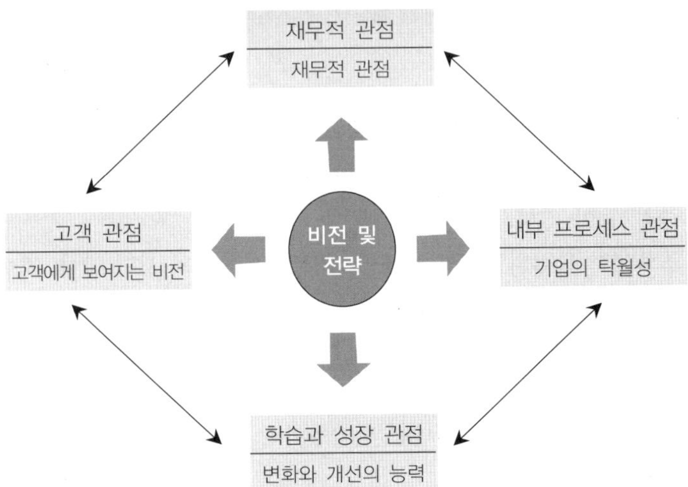

중에서 학습·성장 관점과 업무 처리 관점이, 외부적 시각은 재무적 관점과 고객 관점이 해당한다.

다섯째, 성과지표와 전략 간의 연계를 그대로 받아들인다. 즉, 비전, 전략, 성과지표로 이어지는 목표-수단 또는 원인-결과의 논리구조를 유지하므로 비전과 전략이 모든 성과평가의 지침이 되도록 한다.

여섯째, BSC는 시스템적이다. 4대 관점의 성과지표와 전략을 시스템적으로 연결시킨다. 그뿐만 아니라 네 개 관점에 속하는 성과지표들 간의 상호작용 관계를 시스템적으로 분석한다.

11 다음 중 그라이너(L. E. Greiner)가 주장한 조직의 성장 단계별 위기대응전략이 틀리게 연결된 것은? (2006 경북소방)

① 제1단계-창조의 단계-문화의 위기

② 제2단계-지시의 단계-자율성의 위기

③ 제3단계-위임의 단계-통제의 위기

④ 제5단계-협동의 단계-탈진의 위기

해설 ① 제1단계는 창조를 통한 성장을 하며, 리더십의 위기가 발생한다. 즉, 창업자에 의한 리더십의 위기가 발생하며, 이를 극복하기 위해 공식적 조직설계를 통한 부서별 전문화가 필요하다. 제2단계는 전문성 있는 담당부서에 지시를 통한 성장을 하며, 자율성의 위기가 발생한다. 제3단계에서는 위임을 통해 자율성의 위기를 극복하고 성장한다. 통제의 위기가 발생한다. 제4단계에서는 효과적인 조정기제를 통한 성장을 하며, 관료주의의 위기가 발생한다. 제5단계에서는 관료주의의 위기를 극복하기 위해 협동을 바탕으로 성장한다. 탈진의 위기가 발생한다.

| 정답 ①

12 균형성과표(BSC)의 성과지표에 대한 설명 중 옳지 않은 것은? (2014 지방직 9급)

① 고객 관점에서의 성과지표에는 고객만족도, 정책순응도, 민원인의 불만율, 신규 고객의 증감 등이 있다.

② 내부 프로세스 관점의 성과지표에는 의사결정 과정의 시민 참여, 적법절차, 커뮤니케이션 구조 등이 있다.

③ 재무적 관점의 성과지표는 전통적인 선행지표로서 매출, 자본수익률, 예산 대비 차이 등이 있다.

④ 학습과 성장 관점의 성과지표에는 학습동아리 수, 내부 제안 건수, 직무만족도 등이 있다.

해설 ③ 매출, 자본수익률, 예산 대비 차이 등은 선행지표가 아니라 후행지표이다.

| 정답 ③

13 린덴(R. M. Linden)의 '이음매 없는 행정서비스'에 관한 설명으로 옳지 않은 것은?

① 소비자의 다양한 욕구를 반영해서 주문생산적 산출물의 성격을 갖는다.

② 전통적 조직과 달리 조직 내 역할 구분이 비교적 명확하지 않고 총체적 구조를 갖는다.

③ 신공공관리론의 BSC를 비롯한 성과관리 방식과는 다르다.

④ 행정조직의 구성원들은 시민에게 좀 더 향상된 서비스를 직접 제공한다.

해설 ③ 이음매 없는 행정서비스는 시민들에게 향상된 서비스를 제공하고자 하는 신공공관리론적 성과관리와 밀접한 관련이 있다.

| 정답 ③

제 7 장 조직 실전테스트

01. 변혁적 리더십에 관한 설명으로 틀린 것은?

① 거래적 리더십과 대조되는 것이다.
② 카리스마적 리더십을 기반으로 한다.
③ 예외에 의한 관리에 치중해서 부하의 입장을 존중한다.
④ 리더십의 행태·상황과 아울러 리더의 개인적 특성·자질에도 관심을 가진다.
⑤ 부하들이 비전 성취를 위해 해야 할 일과 그 의미가 무엇인지를 인식하게 한다.

해설 ③ 예외에 의한 관리는 거래적 리더십과 관련되는 것이다.

| 정답 ③

02 조직발전과 거리가 먼 것은?

① 조직의 계획적 변화를 위한 개입 방법이다.
② 행태과학의 이론을 응용한 것이다.
③ 조직의 부분적 체제의 변화를 위한 노력이다.
④ 조직의 효과성을 증진시키는 데 목적이 있다.
⑤ 최고관리층의 적극적인 관심과 지지가 있어야 한다.

해설 ③ 조직발전은 조직 전체의 계획적 변화를 위한 노력이다.

| 정답 ③

03 머슬로의 욕구단계이론에 대한 설명으로 옳은 것은? (2017 국가직 7급)

① 가장 낮은 안전의 욕구부터 시작해 다섯 가지의 위계적 욕구 단계가 존재한다.
② 안전의 욕구와 사회적 욕구는 앨더퍼의 ERG이론의 첫 번째 욕구 단계인 존재 욕구에 해당한다.
③ 어느 한 단계의 욕구가 완전히 충족되어야만 다음 단계의 욕구를 추구하게 되는 것은 아니다.
④ 사회적 욕구는 어떤 일을 행함으로써 느끼게 되는 자신감, 성취감 등을 의미한다.

해설 ③ 어느 정도 충족되면 다음 단계의 욕구가 발생한다. 이를 '상대적 충족'이라고 부른다.

| 정답 ③

04 **맥그리거의 X이론 측면에서 조직의 관리전략에 적합하지 않은 것은?**

(2014 서울시 7급)

① 경제적 보상 체계의 강화
② 권위주의적 리더십의 확립
③ 목표에 의한 관리 체계의 구축
④ 상부책임제도의 강화
⑤ 고층적 · 계층적 조직구조의 확립

해설 ③ MBO는 Y이론에 해당한다.

| 정답 ③

05 **허즈버그의 욕구충족요인이원론의 설명으로 옳지 않은 것은?**

① 만족의 반대는 불만족이 아니라 만족이 없는 상태를 의미한다.
② 위생요인은 충족되더라도 조직구성원의 직무 수행 동기를 유발시키는 것은 아니다.
③ 동기요인은 더 나은 직무 수행과 노력을 위한 동기부여의 요인이 된다.
④ 만족을 주는 요인과 불만족을 주는 요인은 상호 독립되어 있는 것으로 본다.
⑤ 조직의 방침과 관행은 동기요인의 하나로 볼 수 있다.

해설 ⑤ 조직의 방침과 관행은 위생요인이다.

| 정답 ⑤

06 **허즈버그의 욕구충족요인이원론에 대한 설명으로 옳지 않은 것은?**

(2017 국가직 9급)

① 욕구의 계층화를 시도한 점에서 머슬로의 욕구단계이론과 유사하다.
② 불만을 주는 요인과 만족을 주는 요인은 서로 다르다고 주장한다.
③ 무엇이 동기를 유발하는 가에 초점을 두는 내용이론으로 분류된다.
④ 작업 조건에 대한 불만을 해소한다고 하더라도 근무 태도에 장기적인 영향은 미치지는 않는다고 본다.

해설 ① 머슬로의 단계이론과 앨더퍼의 ERG이론은 공통적인 요소를 가지고 있지만, 허즈버그이론은 욕구의 계층화를 시도한 이론이 아니다.
④ 위생요인의 제거는 소극적이고 단기적인 효과를 가질 뿐이다.

| 정답 ①

07 **공공기관의 운영에 관한 법률에 따른 유형과 그 사례가 옳은 것은?**

① 준시장형 공기업 – 한국마사회
② 준시장형 공기업 – 한국가스공사

③ 기금관리형 준정부기관－대한석탄공사

④ 위탁집행형 준정부기관－한국철도공사

해설 ① 준시장형 공기업에 해당하는 것이 한국마사회, 한국조폐공사, 한국관광공사 등이다.
② 한국가스공사는 시장형 공기업이다.
③ 대한석탄공사는 준시장형 공기업이다.
④ 한국철도공사는 준시장형 공기업이다.

| 정답 ①

08 주요 동기부여이론과 그로부터 도출할 수 있는 올바른 동기부여 방안이 가장 바르게 연결된 것은? (2017 서울시 7급)

① 브룸의 기대이론－개인의 선호에 부합하는 결과물을 유인으로 제시한다.

② 로크의 목표설정이론－평이하고 구체적인 목표를 제시한다.

③ 허즈버그의 2요인이론－낮은 보수를 인상한다.

④ 애덤스의 형평성이론－프로젝트에 참여한 모든 사람에게 동일한 보상을 한다.

해설 ① 개인이 선호에 부합하는 결과물을 제시해서 유인가를 높이는 것은 올바른 동기부여의 방안이 될 수 있다.
② 로크의 목표설정이론-목표가 도전적(높은 난이도)이고 명확할 때(높은 구체성) 동기가 유발된다.
③ 동기요인을 충족시킨다
④ 자신의 노력과 산출 간 불일치를 자각하면 이를 제거하는 방향으로 동기가 부여된다.

| 정답 ①

09 팀의 주요 사업에 기여도가 약한 사람에게는 팀에 주어지는 성과 포인트를 배정하지 않음으로써 성실한 참여를 유도하는 방식은 다음 중 어디에 해당하는가? (2010 서울시 9급)

① 긍정적 강화 ② 소거 ③ 처벌

④ 부정적 강화 ⑤ 타산적 몰입

해설 ② 소거는 바람직한 결과를 제거하는 것으로 급여 인상 철회가 이에 해당한다.
① 긍정적 강화는 바람직한 결과를 제공하는 것이다.
③ 처벌은 바람직하지 않은 결과를 제공하는 것이다. 강등이 이에 해당한다.
④ 부정적 강화는 바람직하지 않은 결과를 제거하는 것이다.

| 정답 ②

10 조직구조 형태의 하나인 복합구조(matrix structure)가 유용하게 쓰일 수 있는 조건에 해당하지 않는 것은? (2015 사회복지직 9급)

① 조직의 규모가 너무 크거나 너무 작지 않은 중간 정도의 크기일 것

② 기술적 전문성이 높고 산출의 변동도 빈번해야 한다는 이원적 요구가 강력할 것

③ 조직이 사용하는 기술이 일상적일 것

④ 사업부서들이 사람과 장비 등을 함께 사용해야 할 필요가 클 것

해설 ③ 복합구조는 비일상적인 기술을 사용하는 조직에서 유용하다. 복합구조는 사업구조와 기능구조를 결합시킨 혼합구조로, 구성원은 사업구조와 기능구조에 중복적으로 소속되어 있다. 조직 내 인적 · 물적 자원의 효율적 활용이 가능하다는 장점이 있으나 기능부서와 사업부서 간 권력 경쟁 가능성도 상존한다.

| 정답 ③

11 **의사전달의 장애 요인에 대한 설명으로 옳지 않은 것은?** (2010 국가직 7급)

① 어의상 문제, 의사전달 기술의 부족 등 매체의 불완전성으로 인해 의사전달의 장애가 발생할 수 있다.

② 수신자의 선입관은 준거틀을 형성해서 발신자의 의도를 왜곡할 수 있다.

③ 환류의 차단은 의사전달의 정확성을 제고할지 모르나 신속성이 우선되는 상황에서는 장애가 될 수 있다.

④ 시간의 압박, 의사전달의 분위기, 계서제적 문화는 의사전달에 영향을 미칠 수 있다.

해설 ③ 환류는 의사전달의 정확성을 제고한 반면, 신속성을 저해한다. 그러므로 환류를 차단하게 되면 신속성은 제고될지 모르나 정확성은 낮아지게 된다.

| 정답 ③

12 **다음 중 위원회조직에 대한 설명으로 옳지 않은 것은?** (2017 국회직 8급)

① 의결위원회는 의사결정의 구속력과 집행력을 가진다.

② 자문위원회는 의사결정의 구속력이 없다.

③ 토론과 타협을 통해 운영되기 때문에 상호 협력과 조정이 가능하다.

④ 위원 간에 책임이 분산되기 때문에 무책임한 의사결정이 발생할 수 있다.

⑤ 다양한 정책전문가들의 지식을 활용할 수 있으며 이해관계자들의 의견 개진이 비교적 용이하다.

해설 ① 의결위원회는 자문위원회와 행정위원회의 중간 조직으로 의결만 담당하는 위원회이므로, 국민의 권리와 의무에 관련된 사무에 대한 의사결정의 구속력은 있으나 집행력을 가지지 않는다.

| 정답 ①

13 **골렘뷰스키(Robert Golembiewski)의 견인이론(pull theory)에 대한 설명으로 옳은 것끼리 묶은 것은?** (2014 해경간부)

가. 기능 중심으로 구성원들을 관리한다.
나. 조직 내에 자유로운 업무 분위기를 조성한다.

다. 조직의 통합보다는 분화를 강조한다.
라. 직무 수행과 욕구 충족의 조화를 추구한다.

① 가, 나 ② 가, 다
③ 나, 다 ④ 나, 라

해설 ④ 견인이론은 조직 내에 자유스러운 분위기를 조성하고 구성원들로 하여금 일하면서 보람과 만족을 느끼도록 처방하는 이론이며, 압력이론(push theory)은 구성원들로 하여금 다만 고통스러운 결과를 피하기 위해 일하도록 만드는 방안을 처방하는 이론을 말한다. 지문에서 '나'와 '라'는 견인이론에 해당한다.
가: 견인이론은 기능보다는 일의 흐름을 선호한다.
다: 견인이론은 분화보다는 통합을 추구한다.

| 정답 ④

14 동기부여에 관한 과정이론 중의 하나인 애덤스의 형평성이론에 대한 설명으로 옳지 않은 것은?

① 직무에 대한 공헌도와 보상을 다른 사람과 주관적으로 비교·평가한다.
② 형평하게 대우받으려고 하는 욕망이 개인에게 동기를 갖게 한다고 가정한다.
③ 조직에서 공정한 보상의 중요성을 강조한다.
④ 잘못된 행동에 수반되는 제재를 철회함으로써 바람직한 행동을 유도할 수 있다.
⑤ 불형평성을 해소시키기 위한 행동에는 투입과 산출에 대한 본인의 지각을 바꾸는 것, 준거인물을 바꾸는 것 등이 있다.

해설 ④ 애덤스의 형평성이론은 한 개인의 바람직한 행동을 유도하는 것이 아니라 개인 자신과 타인을 투입-성과 비율 비교로 행동 결정함으로써 동기부여를 준다.

| 정답 ④

15 커(S. Kerr)와 저미어(J. Jermier)가 주장한 '리더십 대체물 접근법'에 대한 설명으로 옳은 것만을 모두 고른 것은? (2014 지방직 7급)

가. 구조화되고, 일상적이며, 애매하지 않은 과업은 리더십의 대체물이다.
나. 조직이 제공하는 보상에 대한 무관심은 리더십의 대체물이다.
다. 부하의 경험, 능력, 훈련 수준이 높은 것은 리더십의 중화물이다.
라. 수행하는 과업의 결과에 대한 환류가 빈번한 것은 리더십이 대체물이다.

① 가, 다 ② 가, 라
③ 나, 다 ④ 나, 라

해설 ② 나: 조직이 제공하는 보상에 대한 무관심은 리더십의 중화물이다. 중화물은 리더의 행동의 효과를 약화시키는 요인을 의미한다. 리더가 성과를 많이 올린 부하에게 상을 줄 수 있는 권한을 갖고 있지 않다면 이런 상황 변수도 중화 요인이 된다.
다: 부하의 전문지식, 능력 등이 높은 것은 리더십의 대체물이다. 대체물은 리더의 행동을 필요 없게 만드는 특성이다. 조화되고 일상적이며 애매하지 않은 과업도 리더십 대체 요인이다.

| 정답 ②

16 **조직이론에 대한 설명으로 옳지 않은 것은?** (2017 국가직 9급)

① 자원의존이론에 따르면, 조직은 환경으로부터 필요한 자원을 획득하기 위해 환경에 피동적으로 순응해야 한다.
② 주인－대리인이론에 따르면, 주인과 대리인 간에는 정보의 비대칭으로 인해 대리인의 도덕적 해이와 주인의 역선택이 발생할 수 있다.
③ 거래비용이론에 따르면, 시장의 자발적인 교환행위에서 발생하는 거래비용이 관료제의 조정비용보다 클 경우 거래를 내부화하는 것이 효율적이다.
④ 상황론적 조직이론에 따르면 모든 상황에 적용되는 유일·최선의 조직구조나 관리방법은 없다.

해설 ① 자원의존이론은 임의론의 입장이다. 조직은 환경에 의존해서 자원을 획득하지만 관리자는 희소자원에 대한 통제를 통해 환경에 어느 정도 능동적으로 대응할 수 있다고 인식한다.

| 정답 ①

17 **다음 조직구조의 유형들을 수직적 계층을 강조하는 구조에서 수평적 조정을 강조하는 구조로 옳게 배열한 것은?** (2017 사회복지직 9급)

가. 네트워크구조	나. 매트릭스구조
다. 사업부제 구조	라. 수평구조
마. 관료제	

① 다－마－나－라－가
② 다－마－라－가－나
③ 마－다－나－라－가
④ 마－다－라－나－가

해설 ③ 대프트(R. L. Daft)는 기계적 구조와 유기적 사이에 기능구조－사업구조－매트릭스구조－수평구조－네트워크구조의 순으로 이루어지는 모형을 제시했다. 관료제는 기능구조의 대표적이 예이다.

| 정답 ③

18 **조직이론 발달의 체계에 대한 설명으로 옳지 않은 것은?**

① 과학적 관리론 등 고전적 이론은 폐쇄－합리모형에 속한다.
② 인간관계론 등 신고전적 이론은 패쇄－자연모형에 해당한다.
③ 학습조직이론은 개방－합리모형에 속한다.
④ 혼돈이론은 개방－자연모형에 속한다.

해설 ③ 학습조직이론은 개방－자연모형에 속한다.
④ 혼돈이론도 개방－자연모형에 속한다.

| 정답 ③

19 **관료제와 민주주의의 조화 방안과 가장 거리가 먼 것은?**

① 공개행정의 확대
② 대표관료제를 통한 행정의 책임성 제고
③ 팀제, 매트릭스조직 등 조직구조의 다양화
④ 표준화를 통한 행정의 전문성 향상

해설 ④ 표준화를 통한 전문성의 향상은 능률성 측면에서는 기여 할 수 있으나 관료제를 통한 민주주의 확보를 위한 방안과는 거리가 멀다.

| 정답 ④

20 **조직의 강화 일정 중 초기 단계의 학습에서 바람직한 행동의 빈도를 늘리는 데 가장 효과적인 방법은?**

① 고정 비율 강화
② 변동 간격 강화
③ 변동 비율 강화
④ 연속적 강화

해설 ④ 초기 단계의 학습에서 바람직한 행동의 빈도를 늘리는 데 가장 효과적인 방법은 연속적 강화이다. 연속적 강화란 바람직한 행동이 나올 때마다 강화하는 것으로 초기 단계 학습에 효과적이지만 강화 효과가 빨리 소멸된다는 단점도 있다.

| 정답 ④

21 **지식정보사회의 리더십에 대한 탭스콧(D. Tapscott)의 주장으로 옳지 않은 것은?**
(2009 서울시 7급)

① 정보화사회의 리더십은 특정 상관이 아닌 여러 가지 원천을 기반으로 하기 때문에 상호 연계의 리더십을 체득해야 한다.
② 정보화사회의 조직구성원은 각자가 복잡한 정보사회에 대한 이해를 바탕으로 한 명백하고 공유된 비전을 가져야 하고, 이를 위해 조직구성원 전체가 끊임없는 학습 의지를 지녀야 한다.
③ 정보화사회의 조직은 상호 연계적 리더십의 발휘를 통해 다양한 개인들의 역량이 효과적으로 결합되어야 한다.
④ 정보화사회에서 상호 연계적 리더십을 형성하고 발휘하는 데 중간관리자의 지원과 관심은 필수적이다.
⑤ 조직구성원 누구나 리더로서의 기능을 수행해야 하는 네트워크화된 지능의 시대에 적절하게 효과적으로 기술을 사용하는 것은 획기적 변혁의 원동력이 된다.

해설 ④ 중간관리자가 아니라 최고관리자의 지원과 관심이다. 탭스콧은 지식정보사회의 리더십으로 아래 다섯 가지를 들고 있다.
1) 상호 연계적 리더십: 특정 상관만이 아니라 여러 가지 원천을 기반으로 한다.
2) 공유된 비전과 학습 의지: 구성원들은 끊임없는 학습의지를 지녀야 한다.
3) 개인 역량의 결합: 조직은 상호 연계적 리더십을 통해 다양한 개인들의 역량이 효과적으로 결합되어야 한다.
4) 최고관리자의 지원과 관심: 상호 연계적 리더십 형성에 최고관리자의 지원과 관심은 필수적이다.
5) 구성원 모두가 리더(셀프리더십): 구성원 누구나 리더로서의 기능을 수행해야 한다.

| 정답 ④

22 다음 중 주인-대리인이론에 대한 설명으로 옳은 것은?

① 관료들이 피규제집단의 입장을 옹호하는 소위 관료포획 현상은 역선택의 사례이다.
② 도덕적 해이는 대리인의 업무 처리 능력과 지식을 충분히 알지 못해 기준 미달의 대리인을 선택하는 현상이다.
③ 공기업의 민영화는 시장의 경쟁 요소를 도입함으로써 역선택을 방지하고자 하는 노력의 일환이다.
④ 정보비대칭을 줄이기 위한 방안으로는 주민 참여, 내부고발자 보호제도, 입법예고제도 등이 있다.
⑤ 주인-대리인이론은 대리인의 책임성을 확보할 수 있는 방안을 주로 내부통제에서 찾고 있다.

해설 ④ 정보의 비대칭으로 인한 주인(국민)-대리인(공무원) 문제를 해결하기 위해서는 주인이 직접 참여하거나, 내부 고발자 보호제도를 통해 공무원들 간의 감시, 입법예고 제도를 통한 정보 제공 등을 실시한다.
1) 관료포획 현상은 역선택이 아니라 도덕적 해이의 사례에 속한다.
2) 역선택에 대한 설명이다.
3) 공기업의 민영화는 시장의 경쟁 요소를 도입함으로써 도덕적 해이를 방지하고자 하는 것이다.
5) 대리인의 책임성 확보는 주로 외부통제에서 찾는다.

| 정답 ④

23 다음 중 고전적 조직이론과 신고전적 조직이론의 공통적인 특징으로 옳은 것만을 모두 고른 것은?

① 생산성 향상　② 인간의 피동성　③ 폐쇄체제
④ 동기부여의 외재성　⑤ 사회적 능률성

해설 ⑤ 사회적 능률성은 신고전적 조직이론에 해당한다.

| 정답 ⑤

24 베버(Max Weber)의 관료제모형에 대한 설명으로 옳지 않은 것은? (2015 국가직 7급)

① 관료에게 지급되는 봉급은 업무 수행 실적에 대한 평가에 따라 결정된다.

② 관료제모형은 계층제의 원리를 근간으로 한다.

③ 베버는 정당성을 기준으로 권위의 유형을 전통적 권위, 카리스마적 권위, 법적·합리적 권위로 나누었는데, 근대적 관료제는 법적·합리적 권위에 기초를 두고 있다고 주장한다.

④ 관료제모형은 '전문화로 인한 무능' 등 역기능을 초래할 수도 있다.

해설 ① 베버의 관료제모형에서 관료의 봉급은 업무 수행 실적에 대한 평가로 결정되는 것이 아니라, 관료의 근속연수에 따라 정해진 보수를 지급하는 연공서열로 봉급이 결정된다.

| 정답 ①

25 전통적 관료제의 역기능을 극복하기 위해 맥커디(H. E. McCurdy) 등이 제시한 후기 관료제모형의 특징으로 볼 수 없는 것은?

① 후기 관료제에서는 문제 해결 능력을 가진 사람이 권한을 행사한다.

② 문제 해결과 의사결정은 집단사고나 집단과정보다는 분업화의 원리에 의존한다.

③ 업무 수행의 과정과 절차는 상황적응적 원리에 따른다.

④ 시민과의 관계는 비정의적이 아니라 고객처럼 대한다.

해설 ② 문제 해결에서 분업화를 강조하는 것은 근대적 관료제의 방식이고, 후기 관료제모형에서는 집단사고를 중요시한다. 그리고 전통적 관료제는 계층제를, 후기 관료제는 평면(flat)조직을 운영한다.

| 정답 ②

제 8 장 인 사

제 1 절 인사행정의 기초

1. 인사행정의 의의

인사행정은 정부기관이 자신의 사명을 완성하기 위해 필요한 인원을 선발하고 임용하며 관리하는 등의 제도를 말한다.

2. 인사행정의 발달

1) 엽관주의

(1) 의의

엽관주의(獵官主義, spoils system)란 정당에의 충성도와 공헌도를 관직의 임용기준으로 삼는 인사행정제도를 말한다. 마치 전쟁의 전리품처럼 선거에서 이긴 정당이 공직을 전리품으로 차지하는 것을 의미한다(To the victors, belong the spoils). 즉, 특정한 정당을 위한 정치적 봉사에 대한 보상으로 분배하는 것이 된다.

(2) 장단점

엽관주의의 장점은 다음과 같다. 첫째, 민주정치의 근간이 되는 정당정치의 발달에 기여한다. 정당에 대한 기여도가 공직 임명의 기준이 되기 때문이다. 둘째, 선거를 통해 집권한 정당에 정부관료제를 예속시킴으로써, 국민의 요구에 대한 관료적 대응성(bureaucratic responsiveness)을 향상시킨다.

다음으로 엽관주의의 단점으로는 첫째, 행정의 계속성 저해이다. 정권이 교체될 때마다 공무원의 대량 교체로 인해 정책의 일관성, 행정의 안정성·계속성을 저해한다.

2) 실적주의

(1) 의의

엽관주의에 대한 비판에서 실적주의가 대두되었다. 실적주의(merit system)란 공직 임용의 기준을 개인의 객관적인 능력·자격·성적에 두는 인사행정제도이다. 1883년 펜들턴법(Pendleton Act)이 제정되어 엽관주의적 요소를 청산하고 실적주의에 입각해서 발전하기 시작했다. 팬들턴법의 주요 내용은 다음과 같다. ① 초당적·독립적 중앙인사행정기관(인사위원회)의 설치, ② 공개경쟁시험에 의한 임용 등이다. 이러한 실적주의는 생애직으로서의 직업공무원제를 확립하기 위한 기반이 된다.

(2) 장단점

실적주의의 장점은 행정의 합리화이다. 엽관제의 폐단인 정실이나 당파성을 배제하고 공무원의 정치적 중립을 요구하기 때문에 행정의 합리화를 지향할 수 있다.

단점은 비인간화이다. 객관적인 인사행정에 주력하는 나머지 인사행정의 형식화를 초래했으며, 공직자로서의 사명감이나 직업 정신보다는 실력에만 중점을 두기 때문에 인간적 요인이 상당히 무시되었다.

3) 직업공무원제

(1) 의의

직업공무원제(career civil service system)는 젊은 나이에 공직에 들어와 정부에서 근무하는 것을 보람 있는 하나의 생애직(生涯職, a life work)으로 생각하며, 노동 능력이 있는 동안의 전 생애를 공무원으로 보내도록 하는 인사제도이다.

직업공무원제는 일반적으로 계급제에 입각해 폐쇄성을 채택하고 있는 국가에서 확립되고 있는데, 그 주된 특징으로 ① 유능한 인재가 공직에 유치되어 공무원의 질이 높아진다, ② 높은 지위로 성장 기회를 가지게 되어 공무원의 사기가 오른다, ③ 직업공무원제는 채용 당시의 직무 수행 능력보다 장기적인 발전 가능성을 더 중시한다 등을 들 수 있다.

(2) 직업공무원제와 실적주의

직업공무원은 실적주의에 의해 임용도 되고 관리된다. 직업공무원제가 정실주의에 의해 관리된다면 누구도 공직을 보람과 명예로 생각하지 않을 것이다. 실적주의가 잘 되어야 직업공무원제가 성공할 수 있다. 실적주의는 직업공무원제의 필요조건이며, 직업공무원제는 실적주의의 충분조건이다. 실적주의와 직업공무원제는 공무원제도의 양대 축이고 상호 보완적이다.

4) 대표관료제

(1) 의의

대표관료제(representative bureaucracy)란 관료를 사회의 주요 구성집단으로부터 인구 비례에 따라 충원함으로써 사회의 모든 계층과 집단에 공평하게 대응하도록 하는 제도를 말한다.

(2) 효용과 한계

대표관료제의 효용으로는 ① 민주행정: 관료제의 대표성을 높임으로써 소수집단의 욕구를 잘 반영하게 된다. ② 책임행정의 구현: 자기 출신집단의 가치와 이익에 대한 심리적 책임을 지려하기 때문에 서로 견제해서 내적 통제를 강화한다.

반면 폐해로는 ① 실제로는 할당제를 강요하는 결과를 초래한다. 할당제는 공직에의 임용 기준을 개인의 능력이 아니라 그가 속한 집단에 둠으로써, 자유주의 원리에 어긋나고, 실적제를 침해할 위험이 있다. ② 할당제는 역차별(reverse discrimination)의 문제를 야기한다. 임용할당제가 적용되면 능력 있는 자가 단지 그가 종래에 혜택을 받아온 집단출신이라는 이유만으로 채용이나 승진 등에서 불이익을 받게 되는 역차별 현상이 초래되어 도리어 사회분열을 초래하게 된다.

(3) 우리나라의 대표관료제

① 여성

가. 양성평등 채용목표제

이는 남성 혹은 여성 중에서 합격자가 채용목표 비율에 미달한 경우 하한성적 이상인 해당 성(性)의 응시자 중에서 성적순으로 추가 합격시키는 제도이다.

공무원임용시험령 제20조는 한시적으로 여성 또는 남성이 시험 실시 단계별로 선발 예정 인원의 일정 비율 이상이 될 수 있도록 선발 예정 인원을 초과해서 여성 또는 남성을 합격시킬 수 있다.

나. 여성관리자임용목표제

정부 전체 5급 이상 관리직 공무원 중 여성의 비율이 5%에 미치지 못하는 현실을 반영해서, 2002년부터 '5급 이상 여성관리자 임용 확대 5개년계획'을 수립·시행하고 있다. 이는 종래 여성채용목표제에서 한 걸음 더 나아가 여성 공무원들을 적극적으로 관리직 공무원으로 육성·지원하기 위한 새로운 제도이다.

② 장애인

현행 「장애인고용 촉진 및 직업재활법」 제27조 제1항에서는 국가와 지방자치단체의 장은 장애인을 소속 공무원 정원의 100분의 3 이상 고용해야 한다고 규정하고 있다.

2018년 현재 정부와 지방자치단체, 공공기관 등의 장애인 의무고용 비율은 3.2%,

민간기업(300인 이상 사업장)은 2.9%이다. 그런데 2019년부터는 각각 3.4%와 3.1%로 상향 조정되었다.

③ 지방

날로 심화되고 있는 중앙과 지방 간 격차를 해소하기 위해 정부는 각종 조치를 강구하고 있다.

가. 지역인재추천채용제

각 지역의 우수한 인재들에게 공직 진출의 기회를 확대하기 위해 2005년에 처음 도입한 제도로 현재 대학 졸업자 및 졸업 예정자를 대상으로 하는 7급 수습직과 고등학교·전문대학 졸업자 및 졸업 예정자를 대상으로 하는 9급 수습직 제도가 운영되고 있다.

나. 지방인재채용목표제

선발 예정 인원의 일정 비율을 지방학교 출신의 지방인재로 임용하는 방안으로 서울 이외 지역 출신 합격자가 20% 이상이 되도록 합격자 수를 조정하는 계획이다. 추가 합격자 결정 과정에서 지방인재채용목표제와 양성평등채용제가 경합할 경우 지방인재채용목표제가 우선한다고 규정하고 있다.

④ 저소득층 우대제도

정부는 공무원 채용시험에서 저소득층을 우대하는 제도를 도입하고 있는데, 9급 공개경쟁채용시험과 경력경쟁채용시험에서 선발 예정 인원의 1%를 「국민기초생활보장법」에 따른 수급자 또는 「한부모가족지원법」에 따른 보호 대상자로 충원해야 한다고 규정하고 있다.

객관식 문제

■ 기본문제

01 실적주의의 주요 구성 요소로 보기 어려운 것은? (2012 지방직 9급)

① 공직 취임의 기회 균등 ② 공무원 인적 구성의 다양화
③ 신분 보장 및 정치적 중립 ④ 실적에 의한 임용

해설 ② 공무원 인적 구성의 다양화는 대표관료제의 특징이다. 사회적 약자, 소외계층을 할당 임용하는 제도로서 공직 구성의 다양성을 확보하기 위한 것이다.

| 정답 ②

02 엽관제의 장점에 해당하지 않는 것을 〈보기〉에서 모두 고른 것은? (2018 서울 7급)

> 가. 부정부패를 방지하기가 쉽다.
> 나. 행정의 안전성과 지속성을 확보하기 쉽다.
> 다. 정부관료제의 민주화에 기여한다.
> 라. 정치적 책임을 확보하기 용이하다.
> 마. 직업공무원제 정착에 도움이 된다.
> 바. 공무원들의 충성심을 확보하기 용이하다.

① 가, 나, 마 ② 나, 다, 바
③ 다, 라, 마 ④ 가, 나, 라

해설 ① 가. 엽관제는 공직의 사유화를 가져오기 때문에 부정부패가 생기기 쉽다.
나. 엽관제는 대량의 공직 교체가 이루어지기 때문에 행정의 안정성과 지속성을 확보하기 힘들다.
마. 엽관제는 관료의 신분 보장이 이루어지지 않기 때문에 강력한 신분 보장을 전제로 하는 직업공무원제의 정착이 어렵다.
다. 엽관제는 민주정치의 근간이 되는 정당정치의 발달에 기여한다. 정당에 대한 기여도가 공직 임명의 기준이 되기 때문이다. 정권 교체에 의해 공무원들이 교체되는 것은 행정에 대한 민주적 통제를 강화하는 것이다.
라. 선거 결과에 따른 정치적 책임을 확보하기 용이하다.
바. 통제력의 강화로 공무원들의 높은 충성심을 확보할 수 있다.

| 정답 ①

03 직업공무원제에 대한 설명으로 옳지 않은 것은?

① 학력, 경력, 연령에 의한 기회 균등의 제약이 나타난다.

② 행정의 전문화, 효율성을 높인다.
③ 유능한 인재의 장기근속과 신분 보장을 통해서 행정의 안정성을 구현하기 용이하다.
④ 계급제에 의한 공직 구분이 이루어진다.

해설 ② 직업공무원제는 일반행정가 양성에 유리하므로 전문성 확보와는 거리가 멀다.
③ 강한 신분 보장 탓에 종종 '철밥통'으로 비유되기도 한다.

| 정답 ②

04 엽관주의 인사의 단점에 대한 설명 중 가장 옳지 않은 것은? (2015 서울 9급)

① 행정의 안정성을 저해할 수 있다.
② 공무원의 정치적 중립을 저해한다.
③ 행정의 전문성을 저하시킬 수 있다.
④ 행정에 대한 민주적 통제를 약화시킨다.

해설 ④ 엽관주의의 단점과 관련 없는 내용이다. 엽관주의 인사 하에서 정권이 바뀌게 되면 정부의 고위공무원들 역시 대부분 바뀌기 때문에 행정에 대한 민주적 통제가 강화된다.

| 정답 ④

05 대표관료제와 관련이 적은 것은? (2013 지방직 9급)

① 양성평등채용목표제
② 지방인재채용목표제
③ 총액인건비제
④ 장애인고용촉진제

해설 ③ 총액인건비제는 중앙예산기관이 총정원과 인건비 예산의 상한선을 정해주면 각 부처는 그 한도 내에서 자율성을 발휘해 인사 업무를 수행하는 것이다.

| 정답 ③

06 다음 중 실적주의의 장점이 아닌 것은? (2008 서울시 9급)

① 행정의 대응성 확보
② 공직 취임의 기회 균등 보장
③ 공무원의 신분 보장
④ 행정의 전문화 촉진
⑤ 공무원의 자질 향상과 업무 능률 증진

해설 ① 행정의 대응성 확보는 엽관주의의 장점 중의 하나이다. 실적주의는 신분 보장으로 인한 행정의 경직성이 문제가 된다.

| 정답 ①

07 대표관료제에 대한 설명으로 옳지 않은 것은? (2017 국가직 9급)

① 엽관주의의 폐단을 시정하기 위해 등장했다.
② 관료의 국민에 대한 대응성과 책임성을 형상시킨다.

③ 형평성을 제고할 수 있으나 역차별의 문제가 발생할 수 있다.

④ 우리나라도 대표관료제적 임용정책을 시행하고 있다.

해설 ① 엽관제의 폐단을 시정하기 위해 등장한 것은 실적주의이다. 대표관료제는 엽관주의가 아니라 실적주의의 폐단을 시정하기 위해 등장했다. 대표관료제(representative bureaucracy)란 관료를 사회의 주요 구성 집단으로부터 인구 비례에 따라 충원함으로써 사회의 모든 계층과 집단에 공평하게 대응하도록 하는 제도를 말한다.

| 정답 ①

08 인사행정의 근간이라 할 수 있는 3대 변수는?

① 모집, 시험, 채용

② 채용, 능력 발전, 사기

③ 모집, 임명 , 사기

④ 정치적 중립, 신분 보장, 실적주의

해설 ② 인사행정의 3대 변수는 채용, 능력 발전, 사기이다.

| 정답 ②

09 엽관주의의 장점 또는 정당화 근거로 볼 수 있는 것은?

① 행정의 전문성을 증진시킬 수 있다.

② 행정의 대응성을 향상시킬 수 있다.

③ 행정의 능률성을 제고할 수 있다.

④ 행정의 안정성을 확보할 수 있다.

해설 ② 엽관주의는 선거를 통해 관료집단을 통제할 수 있으므로 행정의 대웅성, 책임성, 민주성 등을 확보할 수 있다.

| 정답 ②

10 적극적인 인사행정 개념이 아닌 것은?

① 정치적 임용 배제

② 실적주의 단점 보완

③ 특별채용 확대

④ 개방형임용제 실시

⑤ 인사권의 분권화

해설 ① 적극적 인사행정은 실적주의에 정치적 임용을 가미한 것이다.

| 정답 ①

11 직업공무원제의 확립 요건이 아닌 것은?

① 공직에 대한 높은 사회적 평가

② 보수의 적정화

③ 행정의 전문화

④ 교육훈련제도의 확립

⑤ 장·단기 인력계획의 수립

해설 ③ 직업공무원제는 일반행정가 양성에 유리하므로 행정의 전문화는 어렵다.

| 정답 ③

■ 심화문제

12 엽관주의에서 나타날 수 있는 병폐와 가장 거리가 먼 것은? (2004 서울시 9급)

① 국민 요구에 대한 비대응성 ② 공무원 임명의 자의성
③ 정책의 비일관성 ④ 행정의 비능률성

해설 ① 국민에 대한 대응성 향상과 책임성 강화는 엽관제의 장점이다.
③ 선거 결과에 따라 관료의 대량 교체가 행해지면 정책의 일관성을 유지하기 어렵다.

| 정답 ①

13 다음 중 실적주의의 장점으로 볼 수 없는 것은?

① 공직 취임의 기회 균등을 보장한다.
② 공무원의 직업적 안정성을 유지하는 데 기여한다.
③ 공무원의 정치적 중립을 확립하는 데 기여한다.
④ 정부관료제의 대표성 증진에 기여한다.

해설 ④ 관료제의 대표성 증진은 대표관료제에 해당하는 설명이다. 실적주의는 능력 중심의 인사이므로 사회적 약자들을 등용하기 어려워 대표성 확보가 어렵다.

| 정답 ④

14 다음 중 1883년 미국에서 제정된 펜들턴법(Pendleton Act)의 내용에 속하는 것으로 옳게 묶인 것은? (2009 서울시 7급)

가. 공무원의 중립성	나. Merit Pay System
다. 공무원의 교육 · 훈련 의무	라. 연방중앙인사위원회(FCSC) 설치
마. 공개경쟁시험 실시	

① 가, 나, 다 ② 가, 나, 라 ③ 가, 나, 마
④ 가, 다, 라 ⑤ 가, 라, 마

해설 ⑤ 나: Merit Pay System은 성과급제로서 펜들턴법과 무관한 사항이다.
다: 교육 · 훈련 의무도 무관한 사항이다.
라: 독립적이고 초당적인 인사위원회가 설립되었다.

| 정답 ⑤

15 **대표관료제이론이 상정하는 효과를 모두 고른 것은?** (2013 지방직 7급)

가. 다양한 집단을 참여시킴으로써 정부관료제를 민주화하는 데 기여한다. 나. 공무원 신분 보장을 통해 행정의 안정성과 계속성을 확보한다. 다. 기회 균등 원칙을 보장함으로써 사회적 형평성을 제고한다. 라. 정당의 대중화와 정당정치 발달에 기여한다. 마. 국민의 다양한 요구에 대한 대응성을 제고한다.

① 가, 나, 다　　② 가, 다, 마
③ 나, 다, 라　　④ 다, 라, 마

해설 ② 나: 직업공무원제의 효과이다. 직업공무원제에서 공무원 전체는 하나의 전문직업 분야로 인식된다. 따라서 공무원들의 단결심과 충성심이 강화되고 사기가 높아지는 요인이 된다. 그리고 공무원의 능력 발전이 폭넓게 이루어지므로, 정책결정 및 행정관리 기능을 담당하는 고급 공무원의 양성에 유리하다.
라: 엽관주의의 효과이다.

| 정답 ②

16 **실적주의 발전이 인사행정에 초래한 현상으로 옳지 않은 것은?**

① 인사행정의 분권화　　② 인사행정의 소극화
③ 인사행정의 형식화　　④ 인사행정의 집권화

해설 ① 실적주의는 중앙에서 만든 엄격한 기준에 의하여 인사행정을 통일적이고 집권적으로 수행한다.

| 정답 ①

17 **다음 중 인사제도에 대한 설명으로 옳지 않은 것은?**

① 실적주의는 정치적 중립을 강조함으로써 인사행정을 소극화·형식화시켰다.
② 대표관료제는 관료들이 출신집단의 가치와 이익을 대변하리라는 기대에 기반한다.
③ 엽관주의는 신분 보장으로 인해 국민들의 통제가 어렵다.
④ 폐쇄형 인사제도는 내부승진의 기회가 개방형보다 더 많이 제공된다.

해설 ③ 선거에 의한 교체가 가능하므로 공무원에 대한 국민적 통제가 이루어진다.
① 실적주의는 정치적 중립을 강조해 국민에 대한 대응성을 저하시켰다.

| 정답 ③

18 **다음 중 대표관료제의 한계로 옳은 것만을 모두 고른 것은?**

가. 국민주권의 원리 위반	나. 피동적 대표성 확보의 어려움
다. 능동적 대표성 확보의 어려움	라. 재사회화에 대한 고려 미흡

① 가, 나　　② 나, 라
③ 나, 다, 라　　④ 가, 나, 다, 라

해설 ④ 가. 공직 내부의 자율통제는 국민 주권의 원리에 어긋난 비민주적이다.
나. 동태적인 관료제, 동태적인 인구 변화 상황에서 대표성을 확보하기가 어렵다.
다. 공무원의 결정행위는 단지 출신 집단의 이익에 의해서만 영향을 받는 것이 아니라 다양한 이해관계에 의해 영향을 받게 된다. 피동적 대표성이 능동적 대표성을 보장하지는 않는다.
라. 공직 임용 후의 재사회화 가능성에 대한 검토가 미흡하다.

| 정답 ④

19 **실적주의와 엽관주의에 대한 설명으로 적절하지 않은 것은?**

① 실적주의는 공직 임용의 기회 균등을 보장한다.
② 실적주의는 소극적 실적주의에서 적극적 실적주의로 전환되고 있다.
③ 엽관주의는 각 개인의 능력차를 인정하는 상대적 평등주의를 취한다.
④ 엽관주의는 최고관리층의 리더십을 강화한다.

해설 ③ 상대적 평등주의는 실적주의의 입장이다.

| 정답 ③

20 **직업공무원제와 실적주의의 차이에 대한 설명으로 옳지 않은 것은?**

① 직업공무원제는 폐쇄형, 실적주의는 개방형으로 충원한다.
② 실적주의는 채용 시 당사자의 업적성을 중시하나, 직업공무원제는 공직을 평생의 보람으로 생각하는 생애성을 중시한다.
③ 직업공무원제는 능력 발전의 기회를 강조하지만 실적주의는 그렇지 않다.
④ 실적주의는 반드시 공무원의 정치적 중립성을 요구하지 않지만 직업공무원제는 정치적 중립이 필수적이다.

해설 ④ 실적주의에서는 공무원의 정치적 중립이 엄격히 요구되나 직업공무원제는 중립성이 완화되어 있다.

| 정답 ④

21 **대표관료제의 한계점을 모두 고른 것은?**

가. 국민 주권 원리 위반
나. 수평적 형평성 침해
다. 역할론적 대표성과 구성론적 대표성 확보의 어려움
라. 재사회화와 새로운 준거집단 미고려

① 가, 나　　② 나, 라
③ 나, 다, 라　　④ 가, 나, 다, 라

해설 ④ 모두 한계점에 해당한다.

| 정답 ④

제 2 절 인사행정의 제도적 기반

1. 인사행정기관

중앙인사기관은 정부 전체의 인사행정을 총괄하는 범정부적 인사행정기관을 말한다. 이 점에서 각 부처의 인사를 분권적으로 행사하는 부처 인사기관과는 성격이 다르다.

(1) 조직 형태와 기능

조직 형태는 독립성과 합의성 두 기준에 따라 여러 형태로 구분할 수 있다. 전자는 행정수반으로부터의 독립성이 어느 정도인가로, 후자는 한 사람에 의한 의사결정이냐 아니면 집단적 의사결정이냐에 따라 구분된다.

① 독립합의형

이는 인사행정의 정실주의를 방지하고 인사행정의 정치적 중립성을 보장하기 위한 조직 형태로서 위원회 형태를 띤다. 1883년부터 1978년까지 존속했던 미국 연방인사위원회가 대표적으로, 이것의 장점은 다수 위원이 참여함으로써 신중한 의사결정을 할 수 있다. 단점은 결정 주체가 확연히 드러나지 않아 책임 소재가 불분명해진다는 것과 중요한 인사정책이 합의 과정을 통해서 결정되므로 결정이 지나치게 지연된다는 점이다.

② 비독립단독형

이러한 중앙인사기관은 행정수반으로부터 독립되지 않아 행정수반의 직접적 통제를 받으며, 의사결정도 행정수반에 의해 임명된 한 사람의 기관장이 하는 일반행정부처와 같은 조직 형태를 말한다. 정치적 중립성이 결여되므로 인사행정의 정실화를 막기 어렵다는 단점을 가지게 된다.

(2) 현재 우리나라의 중앙인사기관

2014년 11월 박근혜 정부는 새로이 인사혁신처, 국민안전처를 신설해 발족시켰다. 인사혁신처는 2014년 4월에 발생한 세월호 침몰사고를 계기로 공직사회의 개방성과 전문성을 강화하고 공직개혁을 추구한다는 목적으로 설립되었다. 인사혁신처의 소속기관으로는 국가공무원인재개발원과 소청심사위원회가 있다. 국가공무원인재개발원은 2016년에 중앙공무원교육원이 명칭이 변경된 것이다. 인사혁신처는 국무총리 소속의 중앙인사기관이며, 대통령과 국무총리를 거쳐 인사혁신처장이 국가공무원의 인사관리에 대한 최종 책임을 지는 비독립단독형의 독임제 기관이다.

2. 공직구조의 형성

1) 공직의 분류

(1) 경력직 공무원과 특수경력직 공무원

공무원은 신분 보장의 정도에 따라 경력직 공무원과 특수경력직 공무원으로 구별된다.

경력직 공무원(career service)은 실적과 자격에 의해 임용되고 그 신분이 보장되며 평생토록 공무원으로서 근무할 것이 예정되는 공무원을 말한다(국가공무원법 제2조 2항). 경력직 공무원은 다시 일반직, 특정직 공무원으로 나뉜다. 일반직 공무원은 우리가 통상적으로 말하는 공무원으로서, 1급에서 9급까지의 계급으로 구분된다. 특정직 공무원은 법관, 검사, 외무공무원, 경찰공무원, 소방공무원, 교육공무원, 군인, 군무원 및 국가정보원의 직원과 특수 분야의 업무를 담당하는 공무원이다. 우리나라에서 가장 수가 많은 공직은 특정직이다.

다음으로 특수경력직 공무원은 공무원법이나 실적주의의 획일적 적용을 받지 않으며, 정치적 임용이 필요하거나 특수한 직무를 담당하는 공무원이다. 특수경력직 공무원에게는 특별한 규정이 없는 한 국가공무원법이 적용되지 않는다. 특수경력직 공무원은 정무직 공무원, 별정직 공무원으로 구분된다. 정무직 공무원은 장관급에서 1급 공무원까지가 해당하는데, 권한과 책임의 정도가 높고 고도의 정치적 · 정책적 업무를 담당하는 공무원으로, 국회의원, 국무총리, 장 · 차관, 감사원장 등이다. 별정직 공무원은 특정 업무를 담당하기 위하여 일반직과 다른 방법에 의해 임용된 공무원으로, 국회 수석전문위원, 각급 노동위원회 상임위원, 비서관 · 비서 등이 해당된다.

(2) 고위공무원단

① 의의

고위공무원단제도는 미국, 영국 등 OECD 혁신 선도국가들이 고위공무원 역량강화를 통한 정부효율성 제고를 위해 시행하고 있는 제도이다. 실 · 국장급 공무원을 범정부적 차원에서 적재적소에 활용하고자 하는 목적을 가진다. 고위공무원단의 대상자는 꾸준히 증가해서 2010년에 46개 기관 1,473명에서 2015년에는 50개 기관 1,515명으로 증가했다.

고위공무원단은 개방형 직위를 통한 민간과의 경쟁뿐만 아니라 공모직위제도를 도입해서 부처 간 경쟁을 통해 적격자를 충원한다.

② 인사관리

지금은 고위공무원단 직급이 종전 5등급에서 '가－나급' 2등급으로 변경됨에 따라, 보수 체계도 함께 조정됐다. 또 1년 단위로 직무성과 계약을 체결하며, 목표달성도를 매년 5개 등급(매우 우수, 우수, 보통, 미흡, 매우 미흡)으로 구분해서 평가받는다. 정부는 관대화 경향을 개선하기 위해 2009년 2월에 상대평가적 요소를 도입했다. 그리고 2016년에는 이를 더욱 강화해 최상위는 20% 이하, 하위(미흡, 매우 미흡)의 경우도 10% 이상을 부여하기로 했다. 그리고 적격심사 결과 부적격 결정이 나면 직권면직을 시킬 수 있다. 적격심사는 2년 이상 근무성적평정에서 연속 최하위 등급을 받거나, 정당한 사유 없이 직위를 부여받지 못한 기간이 총 1년에 이른 자를 대상으로 한다. 그리고 근무성적평정에의 최하위 등급을 1년 이상 받은 사실이 있으면서 정당한 사유 없이 6개월 이상 직위를 부여받지 못했거나, 조건부 적격자가 교육훈련을 이수하지 아니하거나 연구과제를 수행하지 아니한 때는 적격 심사를 받아야 한다.

2) 공직 분류 체계의 형성

공직은 사람과 업무로 구성된다. 사람을 기준으로 하는 것이 계급제, 업무를 중심으로 분류하는 것이 직위분류제이다. 우리나라는 기본적으로 계급제 중심의 분류를 따르고 있으며, 임용・시험・승진 등에서 직위분류제 요소를 보완적으로 활용하고 있다.

(1) 계급제

① 의의

계급제(rank classification)는 각 공무원의 학력・경력・능력을 기준으로 삼아 계급으로 구분하는 제도를 의미한다. 따라서 동일한 계급에 속한 사람들은 그들이 어떤 업무를 수행하든지 간에 모두 동일한 자격과 능력을 갖춘 것으로 간주된다.

② 특징

첫째, 계급제는 일반행정가(generalist)를 중시하는데, 일반행정가는 축구에서 말하는 올라운드 플레이어와 비슷하다. 업무에 대한 기술적 전문성을 중시하는 직위분류제에 비해 계급제는 폭넓은 이해력과 조정 능력을 갖추고 업무의 통합 능력이 뛰어난 일반행정가를 선호한다.

둘째, 계급제 하에서는 공무원의 신분이 강하게 보장된다. 자리와 생존을 같이 해야 하는 직위분류제와는 크게 구분된다.

셋째, 계급제에서는 외부 인사가 동일 계급의 중간계층에 신규임용되는 것을 허용하지 않는 폐쇄형 충원 체제로 되어 있다.

③ 장단점

장점은 첫째, 계급제는 일반적으로 폐쇄 체계로 운영되어 장기간 근무하게 되고 내부승진을 통해서 장기근속이 보장되므로 공무원의 신분 보장과 직업공무원제를 확립하는 데 용이하다.

둘째, 계급제는 당해 직위가 요구하는 지식과 기술을 가진 특정 분야의 전문가를 요구하지 않고 폭넓은 안목과 이해력을 가진 일반행정가의 양성에 유리하다. 따라서 인적 자원을 탄력적으로 운용할 수 있다.

단점은 첫째, 계급제는 동일 계급에 대해서 직무의 종류나 성격과 관계없이 동일한 보수가 지급되므로 직무급 체계를 확립하기 어려워지면서 보수와 업무 부담의 형평성을 결여하기 쉽다.

둘째, 폐쇄적인 계급제는 공무원에게 신분 보장을 해주므로 관료들이 무사안일에 빠지거나, 동일 계급에 있는 공무원들이 직무 수행보다 행정 권력을 이용해서 국민을 지배하거나 자신들의 집단이익을 보호하려는 특권집단화할 가능성이 높다.

(2) 직위분류제

① 의의

직위분류제(position classification)는 조직에 있는 수많은 직위(position)를 직무의 종류와 수준에 따라 분류해 관리하는 제도이다. 계급제는 사람을 대상으로, 직위분류제는 사람이 하는 일을 대상으로 한다.

② 요소 개념

직위분류제는 직위를 직무의 종류 · 성질을 기준으로 삼아 직렬 · 직군별로 종적 분류를 한 다음, 이를 다시 직무의 곤란성 · 책임도를 기준으로 삼아 등급별 · 직급별로 횡적 분류를 하는 것이다. 직위분류제의 구성 요소는 다음과 같다.

가. 직위(職位, position)

한 사람의 공무원이 수행하는 직무와 책임을 말하며, 직위분류제에서 가장 작은 조직 단위이다. 우리가 흔히 말하는 '자리'에 해당한다.

나. 직급(職級, class)

직위가 내포하는 직무의 종류와 책임도 및 곤란도가 유사한 직위의 군(群)을 말한다. 직급은 임용자격 · 시험 · 보수 등에서 동일하게 취급한다.

다. 직렬(職列, series of classes)

직렬이란 직무의 종류는 유사하지만 곤란도, 책임도가 상이한 직급의 군(群)을 의미한다.

라. 직류(職類, sub-series)

동일한 직렬 내에서 직무의 성질이 더욱 유사한 것끼리 모아 세분류한 것이다. 직렬을 다시 세구분한 것이 직류이다.

마. 직군(職群, occupational group)

직무의 종류가 광범위하게 유사한 직렬의 군을 말한다. 직군은 유사한 성격을 가진 직렬들을 모아 놓은 직위 분류의 대단위이다.

바. 등급(等級, grade)

직무의 종류와 성질은 다르지만 곤란도·책임도에서 유사한 직급들을 계층화한 것으로 동일한 보수를 지급할 수 있는 모든 직위를 말한다.

③ 직위분류제의 수립 절차

일반적인 절차는 준비작업, 직무조사, 직무분석 및 평가, 직급명세서 작성, 정급 및 관리의 5단계로 구분할 수 있다.

가. 준비작업

직위분류제에 관한 기본 정책과 계획의 결정, 필요한 법령의 제정, 주관기관의 결정, 분류전문가의 확보, 작업 절차의 입안, 분류될 직위의 범위 결정 등이 행해진다.

나. 직무조사

분류 대상 직위에 대한 자료 수집의 단계로, 직무의 내용, 책임도, 곤란성, 자격요건 등에 관한 자료가 수집된다. 직무조사에서 자료 수집의 가장 중요한 수단은 재직자가 직무기술서(職務記述書)에 직접 기입하는 방법이다.

다. 직무분석

가) 의의

직무분석은 직무기술서에 기재된 자료를 기초로 직무의 종류에 따라 직렬과 직군을 형성하는 분류작업이다. 즉, 직무분석은 유사한 직무를 모아 직렬을 형성하고 다시 유사한 직렬들을 모아 직군을 형성하는 수직적 분류구조를 결정하는 작업이다.

나) 직무분석의 절차

직무분석의 절차는 크게 예비작업, 본작업, 정리분석작업으로 나뉘며, 예비작업에서는 예비조사와 직무 단위 결정이, 본작업에서는 직무정보 수집작업이, 정리분석작업에서는 직무기술서와 직무명세서 작성이 각각 이루어지게 된다.

라. 직무평가

직무평가는 직무의 비중 또는 수준에 따라 직급과 등급을 결정하는 분류작업이다. 직무평가는 수평적 분류구조를 형성하는 절차이며, 직무급의 실현을 위한 중요한 기반이 된다. 직무평가의 방법에는 서열법, 분류법, 점수법, 요소비교법 등이 있는데, 정부부문에서는 분류법을 많이 사용한다. 각각의 방법을 간단히 설명하면 다음과 같다.

가) 서열법: 직무평가방법 중 가장 간단한 방법으로, 각 직위가 지고 있는 직무의 곤란성이나 책임성을 전체적으로 평가해 직위 간의 서열을 정하는 방법이다.

나) 분류법: 분류법은 직무를 여러 가지 수준이나 등급으로 분류해서 표현하는 방법이다. 분류법은 서열법보다 한 단계 발전된 것으로 사전에 등급기준표를 미리 정해 놓고 각 직위를 등급기준표에 따라 적절한 등급을 결정한다.

다) 점수법: 점수법은 각 직무를 기초적인 요소의 척도에 따라 계량적으로 계측하는 방법으로, 직무평가방법들 중에서 가장 많이 사용되는 방법이다. 그러나 각 요소에 대한 평가점수를 합리적으로 결정하기가 어렵다는 단점도 가지고 있다.

라) 요소비교법: 요소비교법은 기술, 정신적 수준, 신체적 수준, 책임감, 근무 상황 등의 다섯 가지 요소로 구성되어 있다. 조직 내 중심이 되는 기준직무(key job)를 선정해서, 평가하고자 하는 직무와 기준 직무의 평가 요소들을 상호 비교해 상대적 가치를 계량분석적으로 판단하는 방법이다.

마. 직급명세서의 작성

직급명세서는 각 직위의 직급별 특성을 설명한 것으로, 직급명세서에는 직급의 명칭, 당해 직급의 직무와 책임, 업무의 예시, 최저 자격기준 등이 기술된다. 직위를 직급에 배치할 때 분명한 지표를 제시해 줄 수 있도록 직급을 규정하는 데 목적이 있다.

바. 정급 및 관리

정급(定級)이란 직급명세서를 기준으로 해서 실제의 직위들을 직급에 배치하는 것을 말하며 이로써 직위분류제는 형태상 완성되는 것이다. 그리고 공무원이 갖고 있는 자격과 직급명세서 상의 자격기준과 일치하지 않을 때 적절한 인사 조치를 해야 한다.

객관식 문제

■ 기본문제

01 중앙인사기관의 형태에는 독립합의형, 비독립단독형, 절충형 등이 있다. 비독립단독형 중앙인사기관에 관한 설명으로 옳지 않은 것은?

① 미국의 인사관리처(OPM)가 이 유형에 속한다.
② 인사행정의 공정성과 중립성이 저해될 가능성이 있다.
③ 인사행정의 책임 소재가 분명해진다.
④ 정부 인적 자원을 안정적·합리적으로 관리하기 어렵다.
⑤ 인사정책의 결정이 지나치게 지연되는 경우가 많다.

해설 ⑤ 인사정책의 결정이 지나치게 지연되는 경우는 독립합의형 인사기관의 단점에 해당한다.

| 정답 ⑤

02 직업공무원제에 대한 설명으로 가장 옳은 것은? (2011 경정승진)

① 직위분류제에 입각한 공직 분류 구조가 필수적이다.
② 폐쇄형 임용제도와 밀접한 관련성을 가진다.
③ 전문가적 행정인 양성에 유리하다.
④ 완전한 기회 균등을 보장한다.

해설 ② 직업공무원제는 일명 철밥통이라고 불리는 폐쇄형 임용 체계이다.
① 직업공무원제는 계급제에 입각한 공직 분류가 필수적이다.
③ 일반행정가 양성에 유리하다.
④ 직업공무원제는 학력과 연령 등을 제한하므로 완전한 기회 균등을 보장하지 못한다.

| 정답 ②

03 **우리나라 고위공무원단제도에 대한 설명으로 옳지 않은 것은?**

① 계급제의 폐쇄성과 직위분류제의 전문가 중심의 경직성을 극복하고 양자를 결합시키기 위헤 도입했다.

② 개방형 임용방법, 직위공모 방법, 자율 임용방법을 실시한다.

③ 국가공무원으로 보하는 부시장, 부지사, 부교육감 등은 해당되지 않는다.

④ 원칙적으로 직무성과급적 연봉제를 적용한다.

해설 ③ 국가직으로 보하는 지방자치단체의 행정부시장, 행정부지사, 부교육감 등도 고위공무원단에 포함된다.

| 정답 ③

04 **다음 중 중앙인사기관에 대한 설명으로 옳지 않은 것은?** (2016 국회직 8급)

① 영국의 내각사무처는 비독립단독형 인사기관 형태를 채택하고 있다.

② 독립합의형 인사기관은 인사행정의 책임 소재를 명확히 할 수 있다.

③ 중앙인시기관의 기능은 준입법·준사법 기능과 집행·감사 기능을 모두 포함한다.

④ 비독립단독형 인사기관은 주요 인사정책의 신속한 추진을 가능하게 한다.

⑤ 독립합의형 인사기관은 인사행정의 공정성 확보가 용이하다는 장점이 있다.

해설 ② 독립합의형 인사기관은 결정에 대한 책임이 모호하고 분산된다. 따라서 책임 소재를 명확히 하기 어렵다. 책임 소재를 명확히 할 수 있는 것은 비독립 단독형 인사기관의 장점이다.
①, ④ 영국 내각사무처는 비독립 단독형 인사기관의 형태를 채택하고 있으며, 이러한 비독립 단독형 인사기관은 책임 소재가 분명하고 신속한 의사결정이 가능하다는 장점이 있다.
③ 중앙인사행정기관은 준입법, 준사법, 집행, 감사 기능을 모두 포함한다.
⑤ 독립합의형 인사기관은 결정을 합의제를 통해 실시하므로 신중한 의사결정이 가능하며, 인사행정의 공정성 확보가 용이하다.

| 정답 ②

05 **고충처리제도와 소청심사제도에 대한 설명으로 옳지 않은 것은?** (2015 지방직 9급)

① 양자 모두 공무원의 권익 보호를 위한 제도이다.

② 고충심사위원회와 소청심사위원회의 결정은 관계기관장을 기속한다.

③ 중앙고충심사위원회의 기능은 인사혁신처 소청심사위원회에서 관장한다.

④ 소청심사제도는 공무원이 징계처분 기타 그 의사에 반하는 불이익 처분에 대해 이의를 제기하는 경우 이를 심사·결정하는 특별행정심판제도이다.

해설 ② 고충심사위원회의 결정은 법적 구속력이 없다. 징계처분에 대한 소청심사에서는 원래의 징계처분보다 무거운 징계를 결정하지는 못하며, 위원회의 결정은 처분행정청을 기속한다.

| 정답 ②

06 ( ) 안에 들어갈 말을 바르게 나열한 것은? (2016 국가직 7급)

국가공무원법상 행정 각부의 차관은 (가) 공무원 중 (나) 공무원이다.

	(가)	(나)		(가)	(나)
①	경력직	일반직	②	경력직	특정직
③	특수경력직	별정직	④	특수경력직	정무직

해설 ④ 국가공무원법상 행정 각부의 차관은 특수경력직 공무원 중 정무직 공무원이다.

| 정답 ④

07 공직 분류에 대한 설명으로 가장 옳은 것은? (2018 서울시 9급)

① 직무의 종류는 다르나 곤란도와 책임도가 상당히 유사한 직위의 군을 직렬이라고 한다.

② 직무의 종류는 유사하지만 곤란도와 책임도가 서로 다른 직무의 군을 직급이라고 한다.

③ 비슷한 성격의 직렬들을 모은 직위 분류의 대단위는 직군이라고 한다.

④ 동일한 직급 내에 담당 분야가 동일한 직무의 군으로 세분화하는 것을 직류라고 한다.

해설 ③ 직군은 동일 직렬 내에서 담당 직책이 유사한 직무의 군으로 비슷한 성격의 직렬들을 모은 직위 분류의 대단위이다.
① 등급
② 직렬
④ 직류는 동일한 직렬 내에서 세분화한 것이다.

| 정답 ③

08 비독립단독형 중앙인사기관에 관한 설명으로 옳지 않은 것은? (2012 국회직 8급)

① 미국의 인사관리처(OPM)가 이 유형에 속한다.

② 인사행정의 공정성과 중립성이 저해될 가능성이 있다.

③ 인사행정의 책임 소재가 분명해진다.

④ 정부가 인적 자원을 안정적·합리적으로 관리하기 어렵다.

⑤ 인사정책의 결정이 지나치게 지연되는 경우가 많다.

해설 ⑤ 인사정책의 결정이 지나치게 지연되는 경우가 많은 것은 독립합의형 인사기관의 단점에 해당한다.

| 정답 ⑤

09 공무원의 구분에 대한 설명으로 옳은 것은? (2017 지방직 9급)

① 일반직 공무원은 경력직과 특수경력직으로 구분된다.
② 지방소방사는 특정직 공무원에 해당된다.
③ 행정부 국가공무원 중에서는 일반직 공무원의 수가 가장 많다.
④ 국가정보원 7급 직원은 특수경력직 공무원에 해당된다.

해설 ② 지방소방사는 소방공무원으로 특정직 공무원에 해당된다.
① 일반직 공무원은 경력직 공무원이다.
③ 특정직이 가장 많다.
④ 경력직 공무원 중 특정직에 해당된다.

| 정답 ②

10 계급제와 비교할 때 직위분류제의 특성과 가장 거리가 먼 것은? (2016 사회복지직 9급)

① 업무의 전문화로 인해 상위 직급에서의 업무 통합이 쉽다.
② 인사관리의 탄력성과 신축성이 저해되기 쉽다.
③ 동일 직무에 대한 동일 보수의 원칙을 적용하기 쉽다.
④ 각 직무를 담당하고 있는 직원들의 교육훈련 수요를 파악하기 쉽다.

해설 ① 전문성 확보에 도움이 되는 것이 직위분류제인데 그러다보니 전문가들의 성격상 지나친 경직성으로 인해 조직의 조정과 협조가 곤란해서 업무 통합이 어렵다. 직위분류제 하에서는 폭넓은 안목을 갖춘 관리자를 양성하기 곤란하다.

| 정답 ①

11 고위공무원단제도에 대한 설명으로 옳지 않은 것은? (2016 국가직 9급)

① 전(全) 정부적으로 통합 관리되는 공무원집단이다.
② 계급제나 직위분류제적 제약이 약화되어 인사 운영의 융통성이 강화된다.
③ 고위공무원단에 속하는 모든 일반직 공무원의 신규채용 임용권은 각 부처의 장관이 가진다.
④ 성과계약을 통해 고위직에 대한 성과관리가 강화된다.

해설 ③ 고위공무원단에 속하는 모든 일반직 공무원의 신규채용 임용권은 각 부처의 장관이 아니라 대통령이 가진다.

| 정답 ③

■ 심화문제

12 우리나라 개방형 직위제도에 대한 설명으로 옳은 것은? (2009 지방직 7급)

① 모든 직급과 계급에서 직위를 지정해서 임용할 수 있다.

② 개방형 직위의 규모는 중앙행정기관과 지방자치단체에서 동일하다.

③ 개방형 직위는 업무 수행상 고도의 전문성이 요구된다고 판단되는 직위에 한정하고 있다.

④ 개방형 직위는 공직 내부와 외부에서 적격자를 공개모집에 의한 시험을 거쳐 선발한다.

해설 ④ 공직 내부 또는 외부에서 적격자를 임용할 수 있다.
① 중앙행정기관의 경우 과장급 직위 이상에 한해서 인정된다.
② 중앙행정기관은 고위공무원단 총수의 20% 범위 안에서 지명하며, 자치단체의 경우, 시・도별 1~5급의 10%와 시・군・구의 2~5급 직위의 10%로 되어 있다.
③ 고도의 전문성이 요구되거나 효율적인 정책 수립이 필요할 경우 이를 개방형 직위로 지정해서 운영할 수 있다.

| 정답 ④

13 우리나라 고위공무원단제도의 운영의 효과에 대한 설명으로 옳지 않은 것은? (2018 지방직 7급)

① 민간전문가의 고위직 임용가능성이 증가했다.

② 연공서열에 의한 인사관리를 강화해서 직위의 안정을 도모했다.

③ 고위직 공무원이 다른 부처로 이동할 가능성이 증가했다.

④ 공무원 개개인의 능력 발전과 성과관리의 중요성이 더욱 커졌다.

해설 ② 고위공무원단제도는 연공서열 중심의 인사관리를 타파하고 능력과 성과 중심의 인사관리를 중시하는 제도이다.

| 정답 ②

14 직위분류제의 장점에 대한 설명으로 옳지 않은 것은? (2015 국가직 7급)

① 동일 직렬에서 장기간 근무하기 때문에 전문가 양성에 도움이 된다.

② 동일 직무를 수행하는 직원이 동일한 보수를 받도록 하는 직무급 체제를 확립하는 것이 용이하다.

③ 직무의 성질・내용에 따라 공직을 분류하므로 채용・승진 등 인사 배치를 위한 합리적 기준을 제공해준다.

④ 특정 지위에 맞는 사람을 배치하는 제도이기 때문에 직위나 직무의 변화 상황에 신속히 대처할 수 있는 상황적응적인 인사제도라고 할 수 있다.

해설 ④ 자리에 맞는 사람을 배치하는 것은 계급제의 장점이다. 직위분류제는 탄력적 인사 운용이 어렵고 신축성이 부족하며 환경 변화에 효과적으로 대응하기 어렵다.

| 정답 ④

15 **직무평가방법에 대한 설명으로 옳은 것은?** (2017 지방직 9급)

① 서열법은 직무와 직무를 직접 비교하기 때문에 주관성 배제에는 유리하지만 비용이 많이 든다는 장점이 있다.

② 점수법은 직무평가표에 따라 구성 요소별 점수를 매기고 이를 합계해 총점을 계산하므로 시간과 노력이 적게 든다는 장점이 있다.

③ 요소비교법은 점수법과 같이 시행의 단순성과 편의성으로 인해 가장 광범위하게 사용되고 있다.

④ 분류법에서는 등급기준표가 완성되기까지 직무평가가 이루어져서는 안 된다.

해설 ④ 분류법에서는 등급기준표가 완성된 후 직무평가가 이루어져야 한다.
① 서열법은 주관적인 판단이 개입할 여지가 많다.
② 점수법은 시간과 노력이 많이 든다.
③ 요소비교법은 가장 늦게 고안된 방법으로 시간이나 비용이 많이 소요된다. 일반적으로 점수법이 가장 많이 사용된다.

| 정답 ④

16 **직무평가방법과 설명이 바르게 연결된 것은?** (2016 국가직 9급)

A. 서열법	B. 분류법	C. 점수법	D. 요소비교법

가. 직무 전체를 종합적으로 진단해 미리 정해 놓은 등급기준표와 비교해 가면서 등급을 결정한다.
나. 대표가 될 만한 직무들을 선정해서 기준 직무로 정해 놓고 각 요소별로 평가할 직무와 기준 직무를 비교해 가며 점수를 부여한다.
다. 비계량적 방법을 통해 직무기술서의 정보를 검토한 후 직무 상호간에 직무 전체의 중요도를 종합적으로 비교한다.
라. 직무평가표에 따라 직무의 세부 구성 요소들을 구분한 후 요소별 가치를 점수화해서 측정하는데, 요소별 점수를 합산한 총점이 직무의 상대적 가치를 나타낸다.

	A	B	C	D
①	가	나	다	라
②	가	다	라	나
③	다	나	가	라

④ 다　　　　가　　　　라　　　　나

해설 ④ '가'는 분류법, '나'는 요소비교법, '다'는 서열법, '라'는 점수법에 해당된다.

| 정답 ④

17 다음 빈칸에 적합한 내용끼리 잘 배열한 것은? (2014 경찰간부)

구분	장 · 단점	
	계급제	직위분류제
행정전문화	저해	촉진
외부 환경 변화 대응력	약함	강함
현직자의 근무 의욕	( )	( )
제도 유지비용	저렴함	비싼 편임
부서 간 협조와 교류	( )	( )

① 낮음－높음－원활함－원활하지 못함
② 높음－낮음－원활하지 못함－원활함
③ 높음 －낮음－원활함－원활하지 못함
④ 낮음－높음－원활하지 못함－원활함

해설 ③ 현직자의 근무 의욕: 계급제는 외부로부터의 수혈이 없는 폐쇄 체제로 운영되기 때문에 현직자의 근무 의욕에 기여한다.
부서 간 협조와 교류: 탄력적인 인사 운영이 이루어지면서 부서 간 협조와 조정이 용이하다.

| 정답 ③

18 공직의 분류 혹은 구조에 관한 설명으로 옳은 것은?

① 계급제는 직무보다는 사람을 중심으로 공직을 분류하며, 규모가 크고 복잡한 조직에 적합하다.
② 직위분류제에서 각 계층의 구성원들은 자기 집단이익의 옹호에 집착할 가능성이 높다.
③ 직위분류제는 잠정적 · 비정형적 업무로 구성된 역동적이고 불확실한 상황에 불리하다.
④ 계급제 하에서는 인적 자원 활용의 수직적 융통성은 높으나 수평적 융통성은 낮은 편이다.

해설 ③ 직위분류제는 융통성이 부족하고 역동적이고 불확실한 상황에 불리하다.
① 계급제는 규모가 작고 단순한 조직에 적합하다.
② 직위분류제 하에서는 조직보다 직무 중심이므로 집단이익의 옹호에 집착할 가능성은 낮다.
④ 계급제는 계급 간 승진이나 이동이 용이하지 않아 수직적 융통성은 낮은 편이다.

| 정답 ③

19 **개방형 직위제도에 대한 설명으로 옳지 않은 것은?**

① 공직 내·외의 경쟁을 유도하기 위한 임용제도이다.
② 실·국·과장급 직위와 책임운영기관장을 대상으로 한다.
③ 개방형 직위에의 임용은 전원 계약직으로 한다.
④ 개방형 직위에는 연봉제를 적용한다.
⑤ 개방형 직위의 지정 범위는 소속 장관이 행정안전부 장관과 협의해서 정한다.

해설 ③ 개방형 직위는 공직 외부에서 임용될 경우 계약직으로 임용하지만 공직 내부에서 임용될 경우 재직자가 희망 시 경력직 공무원으로 보할 수 있다.

| 정답 ③

20 **직무분석에 관한 설명으로 잘못된 것은?**

① 유사한 직무를 수행하는 직위 등을 모아 직렬을 형성한다.
② 유사한 직렬들을 모아 직군을 형성한다.
③ 각 직위의 상대적인 비중을 판별해서 등급을 정한다.
④ 논리적 판단에 따른 분류이다.
⑤ 직렬의 폭을 결정할 때 직무의 공통성, 각 직렬에 포함될 직위 수의 분포, 직업 분화에 따른 직무의 전문성 등을 고려한다.

해설 ③ 3번 지문의 내용은 직무평가에 해당하는 설명이다. 직무분석은 직무를 종류별로 구분하는 작업이다.

| 정답 ③

21 **직위분류제의 올바른 수립 절차는?**

① 직무조사－직무분석－직무평가－직급명세서 작성－정급
② 직무조사－직무평가－직무분석－직급명세서 작성－정급
③ 직무조사－직무분석－직무평가－정급－직급명세서 작성
④ 직무분석－직무조사－직무평가－직급명세서 작성－정급

해설 ① 직위분류제는 직무조사－직무분석－직무평가－직급명세서 작성－정급의 순서로 이루어진다.

| 정답 ①

22 **우리나라 국가공무원제도에 대한 설명으로 옳지 않은 것은?** (2011 국가직 9급)

① 현재 시행하고 있는 고위공무원단제도는 일반직 공무원만을 대상으로 하고 있다.
② 계급제를 기본으로 직위분류제적 요소를 가미해서 운영하고 있다.
③ 예산의 범위 안에서 기구, 정원, 보수 및 예산에 관한 자율성을 가지되 그 결과에 대해 책임을 지는 총액인건비제를 운영할 수 있다.

④ 결원이 발생했을 때 정부 내 공개모집을 통해서 해당 기관 내부 또는 외부의 공무원 중에서 적격자를 임용할 수 있는 공모직위제도를 운영할 수 있다.

해설 ① 일반직뿐만 아니라 별정직 및 일부 특정직 공무원도 그 대상이 된다.

| 정답 ①

23 직위분류제에 관한 설명이 아닌 것은?

① 공무원 배치전환이 제한적이다.
② 보수의 공정성 확립에 적합하다.
③ 신축성이 높아 상호 조정과 인적 자원의 융통이 가능하다.
④ 개방형의 충원인사제도를 확립하는 데 적합하다.

해설 ③ 직위분류제는 전문가 중심이므로 인적 자원의 융통성이 곤란하다.

| 정답 ③

24 다음 중 직위분류제 수립과 관련해서 옳지 않은 것은?

① 직무분석은 직군, 직렬, 직류별로 종적인 분류이다.
② 직무평가는 곤란도·책임도 등 직무의 상대적 비중 및 가치에 따라 횡적으로 분류된다.
③ 직급명세서의 작성은 공무원 선발, 훈련, 근무성적평정 등의 인사관리의 기준으로 활용된다.
④ 직위분류제에서 구성원의 몰입 대상은 조직 자체이다.

해설 ④ 몰입 대상은 조직 자체가 아니라 직무 그 자체이다.

| 정답 ④

제 3 절 인적자원의 관리

1. 인력계획

1) 인력계획의 의의와 중요성

인력계획은 현재의 인력자원에 관한 정보를 수집·분석해 미래의 인력 수요를 예측해 정부에서 필요한 행정인력을 공급하고 관리하는 방안을 제시하는 계획을 의미한다고 본다.

정부가 인력을 활용하지 못한다면 국가에 큰 손실을 안겨주게 되므로 정부는 유능한 인력을 동원하고 활용할 수 있는 인력계획을 반드시 세울 필요가 있다.

2) 인력계획의 과정

인력계획의 과정은 일반적으로 인력 수요 예측 단계, 인력 공급 대안 결정 단계, 시행 단계, 평가 단계로 나누고 있다.

(1) 인력 수요 예측 단계

예산 총액의 증가에 따라 인력 총수요를 예측할 수 있고, 추세분석이나 회귀분석 등의 통계학적 기술을 이용해서 예측할 수도 있다. 질적 인력 수요 예측을 위해 시나리오 기법이 동원된다. 이 기법은 대개 전문가집단의 브레인스토밍에 의해 미래 환경의 변화, 미래의 기회와 위협에 대한 분석 등이 행해진다.

(2) 인력 공급 예측 단계

예측과 관련되는 구체적인 기법으로는 추세분석(trend analysis)과 마코브 분석(Markov analysis)이 있다. 추세분석은 과거의 자료에 의한 변화 추세를 찾아서 이것을 미래에 적용하는 것이다. 다음으로 마코브 분석의 핵심은 전이행렬인데 전이행렬(transition probability matrix)은 예측기간 동안 구성원들이 그의 직무에 계속 재직할 가능성, 조직 내의 다른 직무로 이동할 가능성, 조직을 이탈할 가능성 등을 표시해 준다.

참고로 오른쪽 괄호 안의 55가 어떻게 계산되어 나오는지를 간단히 설명한다. $(61\times0.70)+(75\times0.15)+(50\times0.00)+(45\times0.00)$ 하면 첫 번째 숫자인 55가 구해진다. 여기서 55의 의미는 time2에서 직무 A에 공급될 인력이 55명이라는 것이다.

그림 8-1 전이행렬의 개발

		time 2(연말)				
time 1(연초)		직무 A	직무 B	직무 C	직무 D	퇴직
직무 A	62	44(0.70)	6(0.10)	3(0.05)	0(0.00)	9(0.15)
직무 B	75	11(0.15)	45(0.60)	4(0.05)	8(0.10)	7(0.10)
직무 C	50	0(0.00)	0(0.00)	40(0.80)	2(0.05)	8(0.15)
직무 D	45	0(0.00)	0(0.00)	2(0.05)	38(0.85)	5(0.10)

$$(62\ 75\ 50\ 45) \times \begin{pmatrix} 0.70 & 0.10 & 0.05 & 0.00 & 0.15 \\ 0.15 & 0.60 & 0.05 & 0.10 & 0.10 \\ 0.00 & 0.00 & 0.80 & 0.05 & 0.15 \\ 0.00 & 0.00 & 0.05 & 0.85 & 0.10 \end{pmatrix} = (55\ 51\ 49\ 48\ 29)$$

2. 확 보

1) 모집

(1) 의의

모집(recruitment)이란 사회 각 기관에서 키워진 유능한 사람이 공직에 지원하도록 유인하는 인사 기능을 말한다. 우수한 인재가 공직에 흡수되어야 높은 수준의 공무원제도가 확립될 수 있을 것이다.

(2) 모집방법

공무원 모집에는 소극적 모집과 적극적 모집이 있다. 소극적 모집이란 공무원의 모집에 있어서 공직지망자 중에서 무자격자를 제거하거나 정실을 배제하는 것으로 그치는 종래의 모집방법을 의미한다. 이에 반해 적극적 모집이란 잠재 능력을 가진 유능한 젊은 인재가 사기업 조직보다는 공직에 적극적으로 지망할 수 있도록 제반 유인책을 제공하는 모집방법을 의미한다.

(3) 자격 요건

① 국적

우리나라에서는 대한민국 국적을 가진 내국인에 한해 공무원으로 선발되고, 외국인의 경우에는 국가안보 및 보안·기밀에 관계되는 분야를 제외하고 대통령령으로 정하는 바에 따라 외국인을 공무원으로 임용할 수 있다(국가공무원법 제26조의3).

② 학력

우리나라는 1972년까지 학력 제한을 했으나, 공직을 희망하는 사람에게 학력에 관계없이 균등한 기회를 부여하기 위해 1973년부터 학력 제한을 철폐했다.

③ 연령

응시 연령 상한제가 폐지되지만 5급과 7급은 20세, 9급은 18세로 되어 있는 응시 연령 하한제는 그대로 유지된다.

(4) 결격 사유

공무원 임용 결격 사유는 피성년후견인 또는 피한정후견인, 금고 이상의 형을 받고 그 집행이 종료되거나 집행을 받지 아니하기로 확정된 후 5년을 경과하지 아니한 자, 금고 이상의 형을 받고 그 집행유예의 기간이 완료된 날로부터 2년을 경과하지 아니한 자, 징계에 의해 파면의 처분을 받은 때로부터 5년을 경과하지 아니한 자, 징계에 의해 해임의 처분을 받은 때로부터 3년을 경과하지 아니한 자, 금고 이상의 형의 선고유예를 받은 경우 그 선고유예기간 중에 있는 자 등이다.

당연퇴직 사유는 위의 사유가 모두 해당되나, 금고 이상의 형의 선고유예를 받은 경우 그 선고유예기간 중에 있는 자는 헌법재판소의 위헌 결정(2003년)으로 인해 임용 결격 사유에는 해당되지만 당연퇴직 사유에서는 제외되었다. 다만 업무상 배임·횡령죄로 금고 이상의 형의 선고유예를 받은 경우에는 당연퇴직 사유에 해당한다.

2) 시험

(1) 의의

시험이란 지원자들 가운데서 적격자를 선발하기 위한 수단이다. 실적주의에서 경쟁시험만이 능력과 자격이 있는 자를 선발하고, 정실주의를 배제할 수 있다.

(2) 종류

시험의 종류는 다양하게 분류할 수 있으나 보통은 필기시험과 면접으로 구분된다.

(3) 시험의 효용도

시험이 올바른 역할을 수행하기 위해서는 먼저 어떠한 능력을 갖춘 사람을 선발할 것인가 하는 시험의 목표가 명확하게 설정되어야 하고, 그러한 목표에 적합한 시험의 방법이 동원되어야 한다. 그러할 때 시험의 효용도가 높아지는 것이다.

효용도란 시험이 잣대로서의 역할을 제대로 했는가를 여러 가지 점에서 확인하는 것이다. 길이를 재는 데 체중계를 이용하면 아무 쓸모없는 것처럼 시험도 효용도가 높아야 한다. 여기에는 여러 가지가 있으나, 가장 중요한 것은 타당도와 신뢰도이다. 타당도(validity)란 측정하고자 하는 요소를 정확하게 측정하는 정도를 말한다. 신뢰도(reliability)는 같은 시험을 반복해서 시행할 때, 같은 결과가 나타나도록 하는 것이다. 이는 측정도구로서 가지는 일관성을 지칭하는 것으로, 시험이 측정환경에 의해 영향을 받지 않는 정도를 말한다. 신뢰성이 없는 시험은 타당성을 지닐 수 없다. 그러나 신뢰성이 높다고 해서 반드시 타당성이 높은 시험이라고는 할 수 없다.

(4) 우리나라의 공무원 시험 제도

우리나라의 국가공무원임용시험은 국가공무원법을 근간으로 삼아 각종 관계법령에 따라 직급별로 실시하되, 특수한 직렬에 대하여는 직렬별로 분리해서 실시할 수 있다.

국가공무원임용시험은 공개경쟁 채용시험 · 특별 채용시험, 승진시험 · 전직시험으로 구별된다. 승진시험은 6급에서 5급으로 승진할 때의 일반 승진시험과 공개경쟁 승진시험이 있는데, 현재 일반승진시험제도의 문제점으로 인한 보완책으로 인사권자가 원칙을 정하고 심사승진제도를 선택해서 실시할 수 있게 되었다.

3) 임용

(1) 의의

임용(staffing)은 정부조직에서 사람을 선발해서 쓰는 활동이다. 즉, 결원을 보충하는 활동이다. 그런데 공무원임용령(제2조)에서 임용을 "신규채용 · 승진임용 · 전보…해임 및 파면을 말한다."고 규정하고 있으므로 임용의 의미를 신규채용뿐만 아니라 해직까지 포괄하는 것으로 보아야 한다.

(2) 임용의 절차

신규채용은 공개경쟁채용과 특별채용으로 구분된다. 공개경쟁채용은 자격 있는 모든 사람에게 평등하게 지원 기회를 부여하고 공개된 경쟁시험을 통해 임용 후보자를 선발하는 시험이다. 공개경쟁채용을 통해서는 필요한 인재를 충원할 수 없거나, 그 실시가 곤란한 경우에는 경쟁이 제한된 별도의 선발절차인 특별채용에 의해 신규채용이 이루어지게 된다.

특별채용은 공개경쟁채용제도를 보완하고 임용 체제에 필요한 융통성과 적응성을 부여하는 제도이나, 이것이 정파적 개입이나 정실에 의해 왜곡되고 오용되는 경우에는 실적 체제에 손상을 주는 결과를 초래할 수도 있다. 따라서 특별채용의 요건과 절차는 엄격히 규정할 필요가 있으며, 국가공무원법 제28조에서는 특별채용의 사유와 조건을 명문화하고 있다.

① 신규채용

가. 채용후보자명부에 등재

시험 합격자가 결정되면 중앙인사기관장은 합격자들을 직급별로 시험 성적순에 따라 임용후보자명부에 등재해야 한다. 공무원임용령(제11조)에서는 '등록(登錄)'

이라고 표기하고 있고, "등록을 하지 아니하는 경우에는 임용될 의사가 없는 것으로 본다."고 규정하고 있다. 우리나라 채용후보자명부의 유효기간은 공개채용시험의 경우 그 유효기간은 2년의 범위 내에서 정하도록 되어 있다(국가공무원법 제38조 제2항).

나. 추천

시험실시기관의 장은 각 기관의 결원 및 결원 예상 인원을 감안해서 채용후보자를 추천해야 한다. 우리나라는 단일추천제와 지정추천제(특정 자격을 갖춘 자를 성적에 관계없이 추천)를 채택하고 있다. 그리고 공개경쟁채용시험 합격자를 임용함에 있어서는 이를 다른 결원보충 방법에 우선해서 임용 또는 임용 제청한다(공무원임용령 제10조).

다. 시보임용(試補任用)

시보임용기간에는 일반 공무원에게 인정되는 신분 보장이 없으므로 임용권자가 그를 공무원으로서 적합하지 않다고 판단한 때에는 언제든지 신분 조치를 취할 수 있다. 즉, 시보임용기간 중에 있는 공무원이 근무성적 또는 교육훈련성적이 불량한 때에는 면직시키거나 면직을 제청할 수 있다. 이런 경우에도 시보 공무원에게는 소청 등의 구제수단이 없다. 시보기간은 보통 5급 공무원은 1년, 6급 이하 및 기능직은 6개월이다.

라. 보직(배치)

시보기간이 끝나고 정규 공무원이 되면 임명과 동시에 보직이 부여된다. 임명이 공무원의 신분을 얻는 것이라면 보직은 직급에 상응하는 특정의 직위에 배치하는 행위를 말한다.

② 특별채용

공개경쟁채용이 부적절할 경우에 제한 경쟁의 방법에 의한 경력경쟁채용, 즉 특별채용을 허용하고 있다. 관련 자격증의 소지자. 외국어 능통자, 특수목적학교의 졸업자, 도서·벽지 등 특수지역에 근무할 자 등으로 제한하고 있다.

(4) 승진

① 의의

승진(promotion)이란 하위 직급에서 직무의 책임도와 곤란도가 높은 상위 직급으로, 또는 하위 계급에서 상위 계급으로 수직적인 인사이동을 의미한다.

② 종류

승진에는 일반승진과 특별승진이 있다. 또 시험에 의한 승진과 시험에 의하지 않는 승진으로 구분할 수 있다. 일반승진은 후보자명부의 순위에 따라 승진 임용하는 방법이고, 특별승진은 특별한 공적이 있는 경우 순위에 관계없이 승진 임용하는 방법이다. 일반승진에서 승진을 위해서는 각 계급별로 승진소요 최저연수가 필요한데, 일반직의 경우 4급은 3년 이상, 5급은 4년 이상, 6급은 3년 6개월 이상, 7~8급은 2년, 9급은 1년 6개월 등이다(공무원임용령 제31조).

③ 승진의 기준: 경력과 실적

승진의 기준으로 대부분의 국가에서 실적과 경력을 이용한다. 실적에는 근무성적, 승진시험 성적, 교육훈련의 이수, 상벌의 유무 등이 있다. 이 방법은 승진의 공정성을 확보할 수 있고 인사의 정실화 여지가 적으나, 근무보다 시험 준비에 주력하고, 성실한 장기근속자의 사기가 저하된다는 단점도 있다. 한편 경력에는 선임순위(seniority)와 학력의 두 가지가 있다. 경력 위주로 승진을 결정하면 행정의 안정성을 유지할 수 있지만 행정이 침체되고 유능한 인재의 등용이 어려워진다.

우리나라는 일반 승진시험의 경우에는 시험성적 및 승진후보자명부의 평점 점수를 합산해서 결정한다. 시험에 의하지 않는 일반 승진은 승진후보자명부의 순위에 따라 적격자를 승진 임용한다. 승진후보자명부는 5급 이하 및 기능직 공무원에 대해 근무성적평가 점수의 반영 비율 80%, 경력평정점의 반영 비율 20%로 해서 작성하되, 근무성적평가 점수의 반영 비율은 95퍼센트까지 가산해서 반영할 수 있고, 경력평정점의 반영 비율은 5퍼센트까지 감산해서 반영할 수 있다(2015. 12. 30 개정).

(4) 배치전환: 전직과 전보

전직(轉職)은 상이한 직렬의 동일한 직급으로 수평 이동하는 것을 말하며, 전보(轉補)는 동일한 직렬 · 직급 내에서 직위만 바꾸는 것을 의미한다. 전직과 전보는 이와 같이 직렬이 상이하냐의 여부에 따라 구분되며, 또한 직렬을 바꾸는 전직에는 시험이 요청된다는 점에서 차이가 있다. 전직과 전보의 구분 의미는 무분별한 배치전환에서 오는 부작용을 막기 위해서이다. 즉, 직무의 성격이 다른 직렬까지 아무런 제약 없이 이동이 가능하면 전문화를 저해하고 청탁이 개입될 여지가 많아진다. 따라서 직렬을 변경하는 전직의 경우에는 시험에 합격한 경우로 한정함으로써 전직의 남용을 차단시키고 있다. 전직과 전보가 승진과 다른 점은 전직과 전보는 승진과 같은 수직적 이동과는 달리 동일 계급 또는 동일한 직급 간의 수평적 이동이라는 점이다. 그리고 전직과 전보의 오용과 남용을 막기 위해 일정한 제한을 두고 있다. 전보와 관련해서 임용권자는 소속 공무원을 해당 직위에 임용된 날로부터 '필수보직기간'이 지나야 다른 직위에 전보할 수 있도록 하고 있다. 이 경우 필수보직기간은 3년으로 하되 실국장 밑에 두는 보조기관 또는 보좌기관인 직위에 보직된 3급 또는 4급 공무원과 고위공무원단 직위에 재직 중인 공무원의 필수보직기간은 2년으로 한다(공무원임용령 제45조 제1항).

3. 능력 발전

1) 경력 개발

(1) 의의

경력개발제도(Career Development Program: CDP)는 조직구성원의 장기적인 능력 개발을 돕는 인적자원 관리과정이라 할 수 있다. 이 제도는 1955년 미국 연방정부에 의해 최초로 도입된 이래 우리나라에서도 2005년 12월 공무원의 전문성 강화를 위해 도입된 바 있다.

(2) 단계

경력 개발의 단계는 조직 차원과 개인 차원의 두 가지로 구분해서 살펴볼 수 있다. 조직 차원에서는 '직무설계－경력설계－경력관리－평가 및 보완'의 네 단계로 나누어 볼 수 있고, 개인 차원의 단계는 '자기평가－관심 있는 경력 탐색－경력 목표 설정－실행계획 수립－경력관리'의 5단계로 나누어 볼 수 있다.

(3) 우리나라의 실시 현황

우리나라는 2005년에 공무원의 전문성을 강화하기 위해서 전문 분야별 보직관리제도를 운영했고, 2006년부터 경력개발제도의 시행에 따른 운영 매뉴얼을 발간해서 지속적인 보완·발전시켜 나가고 있다. 또 공무원의 전문성을 강화하기 위해서 공무원 임용령을 개정(2006. 7. 1)해서 전보의 제한 연수를 1년에서 2년으로 확대한 바 있다. 그리고 2017년 7월 전문직 공무원 인사규정을 제정해서 전보의 범위가 특정 분야로 제한되는 전문직 공무원을 두게 되었다. 전문지 공무원은 고도의 전문성과 장기 재직이 필요한 업무 분야에 종사하는 공무원으로 계급은 일반직 공무원 3급 내지 4급에 해당하는 수석전문관과 일반직 공무원 5급에 해당하는 전문관의 2개 계급으로 구분한다.

2) 교육훈련

(1) 교육훈련의 방법

① 현장훈련

교육훈련 방법에는 교육훈련이 이루어지는 장소에 따라 현장 교육훈련과 현장 외 교육훈련(off the job training)이 있다. 현장훈련(on the job training: OJT)은 피훈련자가 자기 직책을 수행하면서 상급자나 감독자로부터 훈련을 받는 방법으로서, 직무의 실제적인 환경 속에서 배울 수 있다는 장점이 있고 특히 기술 연마에 효과가 있다. 그러나 다수인을 동시에 훈련시킬 수 없으며 상관 또는 감독자의 많은 시간이 요구되는 단점이 있다.

② **현장 외 교육 훈련**

실제 직무 수행의 현장을 떠나서 직무 수행에 관한 지식과 기술을 배우는 것을 말한다. 현장 외 훈련에는 다음과 같은 것들이 있다.

가. 토의

토의(discussion)는 참여자들이 서로 자신들의 아이디어와 정보를 교환하는 데 가장 좋은 방법이다. 주어진 논제에 대해 5~6명의 전문가가 자유롭게 토론하는 패널토의(panel discussion)가 대표적이다.

나. 모의연습

모의연습(simulation)은 직장의 현실에 가까운 환경 속에서 직무 수행 중 직면하게 될 어떤 상황을 설정해 놓고 피훈련자가 거기에 대처하도록 하는 것이다.

다. 신디케이트

신디케이트(syndicate)란 피훈련자를 10인 내외의 소집단으로 나누어 집단별로 동일한 문제를 토론해서 문제 해결 방안을 찾은 다음 전원이 한 장소에 모여 발표·토론함으로써 합리적인 최종안을 모색하는 것이다.

라. 감수성훈련

실험실훈련이나 T 집단훈련으로도 불리는 감수성훈련(sensitivity training)은 사전에 과제나 사회자를 정해 주지 않고 10명 내외의 이질적이거나 동질적인 피훈련자끼리 자유로운 토론을 통해 거기서 어떤 문제의 해결 방안이나 상대방에 대한 이해를 얻도록 하는 방법이다. 이 방법은 집단 내에서의 자기와 타인의 성격·행동을 이해하는 것을 도울 수 있다.

마. 바스켓게임

바스켓게임(in-basket game)은 정해진 시간 내에 바구니에 공을 집어넣는 것에서 연유한 것으로 피훈련자들에게 일상적으로 수행하는 직무 내용과 동일하거나 또는 유사한 여러 가지 미해결 문제와 관계 자료를 부여하고 이들을 제한된 시간 내에 처리하도록 하는 방법으로서 일종의 의사결정게임이다.

(2) 한국의 공무원 교육훈련의 문제점

우선 공무원 교육기관의 인프라 미흡을 지적할 수 있다. 현재 공무원교육훈련기관은 인사혁신처 소속 국가공무원인재개발원과 각 중앙행정기관 소속 32개 교육훈련기관, 각 시도 소속 15개 지방공무원교육원 및 각 시도 교육청 소속 16개 지방공무원연수원으로 구성되어 있다. 하지만 이들 각급 교육훈련기관이 질적으로나 양적으로 충분한 인프라를 갖추고 있다고 보기 어렵다. 특히 순환보직제에 의해 운영되는 교수요원의 문제를 지적하지 않을 수 없다. 그리고 교육훈련기관의 관리와 운영의 자율성 및 책임성이 미약하다. 그리고 대체로 교육훈련기관의 장이 일반직 공무원으로 임용됨으로써 전문성이 약하다.

이 밖에 교육훈련 체제가 수요자 중심이 아닌 공급자 중심으로 이루어지고 있다는 점을 들 수 있다. 교과목의 백화점식 나열과 일방적인 강의식 교육으로 수요자 중심 교육훈련이라 볼 수 없다. 즉, 수요자의 선택권이 매우 제한되어 있다고 할 수 있다.

3) 근무성적평정

(1) 의의

근무성적평정은 개별 공무원의 직무 수행에 관한 실적, 능력, 그리고 태도 등을 공식적이고 체계적으로 평가하는 것을 의미한다. 근무성적평정제도는 실적주의와 함께 발전했는데, 그것은 실적주의가 발전하면서 객관적인 평가가 중요해졌기 때문이다.

(2) 평정방법

도표식 평정척도법을 기본으로 자기평정법과 다면평정법, 서술법, 감점법, 목표관리제 평정법, 그리고 강제배분법을 보완적으로 적용하고 있다.

① 도표식 평정척도법

도표식 평정척도법은 도표로 된 평정표를 사용하는 방법이다. 이 방법은 가장 많이 이용되고 있으며, 평정자는 피평정자를 평정 요소별로 관찰해서 해당되는 등급에 표시한다. 우리 정부는 도표식 평정척도법을 기본형으로 채택하고 여기에 다른 방법을 보완해 사용하고 있다.

② **자기평정법, 서술법**

현행 근무성적평정서는 업무 추진 내용을 평정 대상자가 직접 서술하도록 함으로써 자기평정법과 서술법을 채택했다. 자기평정은 자신의 직무 수행에 대한 체계적 반성의 기회를 제공함으로써 직원의 능력 발전을 도모할 수 있으나, 평정의 객관성 확보에는 어려움이 있다. 동료평정, 감독자 평정과 병행하면 결함을 어느 정도 보완할 수 있다.

③ **강제배분법**

강제배분법(forced distribution)은 근무성적의 분포가 정상분포곡선을 유지하도록 강제로 배분하는 것을 말한다. 이것은 도표식에서 나타나기 쉬운 집중화 경향이나 관대화 경향 등의 오류를 시정하고자 사용하는 방법이다. 분포 비율을 정하는 방법은 여러 가지가 있으나, 5등급인 경우 10, 20, 40, 20, 10의 비율로 종형(鐘型)인 정상 분포곡선(normal curve)이 되도록 나누는 것이 일반적이다.

강제배분법은 피평정자 수가 많을 때는 관대화 경향에 따르는 평정 오차를 방지할 수 있는 장점이 있으나, 피평정자 수가 적거나 특별히 선발한 사람으로 구성된 조직에서는 문제가 있다. 또한 평정자가 미리 강제 배분 비율에 따라 평정 대상자를 각 등급에 분포시키고, 그 다음에 역으로 등급에 해당하는 점수를 부여하는 소위 역산식 평정을 할 가능성이 높다.

우리나라는 5급 이하 공무원 근무성적 평가에서 성과평가서상 평가자의 평정과정에는 강제배분법을 적용하지 않고 평가 단위별 평가 대상 공무원의 순위를 정하기 위한 평가 등급 및 근무성적평정위원회에서 기관의 전체 평정 대상자를 대상으로 직급별 또는 계급별 평가 등급 및 평가점을 정할 때 적용하고 있다.

(3) 평정상의 오류

근무성적평정 과정에는 평정 결과를 왜곡시키는 오류가 생길 가능성이 있다. 평정상의 오류는 대부분 평정방법과 평정자에 기인하므로 평정방법의 개선과 평정자 훈련을 통해서 오류의 가능성을 줄일 수 있다. 평정 과정에서 생기는 오류에는 다음과 같은 것들이 있다.

① 연쇄효과

연쇄효과(halo effect)는 한 평정 요소에 대한 평정자의 판단이 연쇄적으로 다른 요소의 평정에도 영향을 주는 현상을 말한다. 예컨대 1번 항목에서 탁월을 받은 경우 2번 항목에서 원래는 미흡 수준이지만 1번에서 워낙 좋은 평가를 받고 나면 보통 정도의 점수가 주어지는 경우이다.

② 논리적 착오

연쇄효과는 어느 하나에 대한 인상이 다른 모든 평정 요소에 영향을 미치는 것인데 반해, 논리적 착오(logical error)는 두 가지의 평정 요소 간에 논리적인 상관관계가 있는 경우, 어느 한 요소가 우수하면 다른 요소도 우수하다고 쉽게 판단해 버리는 경향이다.

③ 집중화 경향

집중화 경향(central tendency)은 평정자가 모든 피평정자들에게 대부분 중간 수준의 점수를 주는 심리적 경향을 말한다. 즉, 평정자가 아주 높은 평정 또는 아주 낮은 평정을 피하는 경향성을 말하는데, 이는 비공식 집단적 유대 때문에 부하의 평가에 심리적 부담을 느끼는 평정자가 책임 회피의 수단으로 모든 피평정자에게 비슷한 점수를 줄 때 나타나는 현상이다.

④ 관대화 경향 및 엄격화 경향

관대화 경향(leniency)은 평정결과의 분포가 우수한 쪽에 집중되는 경향을 말하며, 엄격화 경향(strictness)은 관대화 경향과 반대로 평정 결과의 점수 분포가 낮은 쪽에 집중되는 경향을 말한다. 이러한 경향의 폐단을 막기 위해서는 집중화 경향에서와 마찬가지로 강제배분법을 활용할 수 있다.

⑤ 선입견에 의한 오류

선입견(personal bias)에 의한 오류는 평정의 요소와 관계가 없는 성별・출신학교・출신지역・종교・연령 등에 대해 평정자가 갖고 있는 편견이 평정에 영향을 미치는 것을 의미한다. 근무 연한이 긴 선임자에 대해 후한 평가를 하고자 하는 근속 연한의 오류도 일종의 선입견에 의한 오류로 볼 수 있다.

⑥ 대비효과

대비효과(contrast error)란 평정되는 대상의 배열 순서가 달라짐에 따라 발생하는 편정의 오류를 말한다. 예를 들면, 시험의 채점에서 60점 정도의 답안지가 여러 장 계속된 후에는 실제로는 75점 정도의 답안지일지라도 80점 또는 그 이상으로 보이고, 반대로 80점이 계속된 후에는 실제로 65점 정도일지라도 60점으로 보이는 경향이다.

(4) 근무성적평정 절차

평정 절차는 4급 이상과 5급 이하로 구분해서 살펴보고자 한다. 4급 이상 공무원은 평가 항목에 따른 평가(성과계약 등 평가)를 하고, 5급 이하 공무원은 근무실적 및 능력에 대한 평가(근무성적 평가)를 실시하고 있다.

① 4급 이상 공무원의 경우

정부는 2005년에 제도 개선 차원에서 직무성과계약제를 도입했다. 직무성과 관리제도는 직무분석을 통해 도출된 성과책임을 바탕으로 성과 목표를 설정 · 관리 · 평가하고, 그 평가 결과를 보수 혹은 처우 등에 적용하는 일련의 과정을 말한다.

4급 이상을 대상으로 하는 성과계약 등 평가의 세부절차는 전략계획 → 목표 설정 및 성과계약 체결 → 중간점검 → 최종평가로 나타낼 수 있다. 최종평가에서는 최상위 등급의 인원은 평가 대상 공무원 수의 상위 20% 이하, 최하위 등급의 인원은 평가 대상 공무원 수의 하위 10% 이상으로 한다. 다만, 고위공무원의 경우에는 '매우 우수', '우수', '보통', '미흡', '매우 미흡' 등 5개 등급으로 평가하는데, 최상위 즉 '매우 우수'는 평가 대상 공무원 수의 20% 이하, 하위 2개 등급 즉 '미흡'과 '매우 미흡'은 10% 이상이다.

② 5급 이하 공무원의 경우

5급 이하 공무원 및 기능직 공무원의 근무성적평정은 근무 실적 및 능력에 대한 평가를 실시하며, 세부 절차는 다음과 같다.

가. 성과 목표 선정 및 성과계획서 작성

매년 초 평가 대상 공무원은 본인의 1년간의 업무 목표에 관한 성과계획을 작성해서 평가자 및 확인자의 면담을 통해 합의된 성과 목표 등을 선정한다.

나. 평가 항목 및 구성 비율

근무성적평가의 평가 항목은 근무 실적과 직무 수행 능력을 기본 항목으로 하며, 평가 항목의 총점은 100점으로 한다. 다만 소속 장관이 필요하다고 인정하는 경우에는 직무 수행 태도를 평가 항목에 추가할 수 있다. 평가 항목 간의 균형 유지를 위해서 어느 하나의 비율이 70%를 초과하지 않도록 하고, 추가 항목을 지정할 경우 직무 수행 태도는 10%, 부서 단위의 운영평가는 20% 이내로 하고 있다.

다. 근무 실적 및 능력에 대한 평가

먼저 근무 실적에 대한 평가는 연초에 수립한 성과계획서, 해당 기간 동안의 업무 실적 등을 참고해서 평가 요소별로 평가한다. 근무실적 평가 요소로는 업무 난이도(10점), 완성도(20점), 적시성(20점) 등이 있으며, 각 평가 요소별로 '매우 미흡', '미흡', '보통', '우수', '매우 우수'의 5단계 중 하나의 등급으로 평가한다. 다음으로 직무 수행 능력에 대한 평가는 평가 요소별로 배점을 정해 평가한다.

라. 평가자의 평가

평가자는 주기적 성과관리 기록을 작성하고, 성과 면담 결과를 기록한다. 성과 면담 결과에는 우수한 점, 미흡한 점 등이 기록된다.

마. 평가 단위에서의 평가

평가 단위의 확인자는 평가자가 평가한 평가 등급 등을 확인하고 평가자와 함께 평가 단위별로 순위 등의 평가 결과를 작성해서 근무성적평가위원회에 제출한다. 평가는 상대평가로 이루어지며, 평가 등급의 수는 3개 이상으로 하고, 최상위 등급은 20%, 최하위 등급은 10%의 인원 비율로 분포하게 된다.

바. 근무성적평가위원회서의 평가

근무성적평가위원회는 전체 평가 대상 공무원을 상대 평가해서 평가점수를 부여하되, 근무성적 평가점수의 총점은 70점을 만점으로 하고 평가 등급은 3단계 이상으로 정할 수 있다. 근무성적 평가점수는 관대화를 방지하기 위해 최상위 등급의 비율이 상위 20%를 초과하지 않도록 하고, 최하위 등급의 인원은 하위 10%의 비율로 분포되도록 한다. 이러한 근무성적 평가점수는 승진후보자명부 작성 시 80~95% 반영한다. 지방공무원의 경우, 평정 항목은 국가직과 동일하지만 항목별 배점 비율에서 근무실적 50%, 직무 수행 능력 50%이다. 직무 수행 태도는 평정 시 능력에 포함해 10%이다. 평정 등급은 수, 우, 양, 가의 비율을 2 : 4 : 3 : 1로 하되, '가'에 해당하는 자가 없을 경우 수, 우, 양의 비율을 2 : 4 : 4로 할 수 있다.

(5) 평가 결과의 공개 및 이의 신청

근무성적평정이 완료되면 평정 대상 공무원에게 해당 근무성적평정 결과를 알려주어야 한다.

근무성적평정 대상 공무원은 평가자의 근무성적평정 결과에 이의가 있는 경우에는 확인자에게 이의를 신청할 수 있다.

4) 경력평정과 가점평정

경력평정은 평정 기준일 현재 승진소요 최저연수에 도달한 5급 이하 공무원을 대상으로 실시한다. 정기평정은 6월 30일과 12월 31일을 기준으로 실시한다. 경력평정점은 환산 경력 기간(월 단위)에 월 경력평정 점수를 곱해 산출한다. 경력평정 결과는 승진후보자명부에 5~20% 적용한다.

가점평정은 자격증 소지 여부, 특수지역 근무 경력 등에 대해 가점하는 것이다. 소속 장관은 5점의 범위 안에서 가점을 부여할 수 있다. 자격증에 대해 1점 범위 내에서 가점을 부여한다. 특정 직위 근무 경력은 해당 직위에서 1년 이상 근무한 경력에 대해 월 0.03점의 가점을 부여하고, 특수지역 근무는 1점의 범위 내에서 특수지 가 · 나, 다, 라 지역에 따라 월별로 각각 0.04점, 0.03점, 0.02점의 가점을 부여할 수 있다.

4. 보 상

1) 보수

(1) 의의

보수(報酬)란 공무원이 국가로부터 정기적으로 받는 금전적 보상이다. 공무원 보수는 봉급과 각종 수당을 합친 것이다(공무원보수규정 제4조). 공무원 보수는 두 가지 성격을 지니고 있다. 하나는 직무 수행에 대한 반대급부로서의 보수이고, 다른 하나는 공무원과 그 가족의 생계를 위한 생활보장적 급여이다.

(2) 구성

공무원의 보수구조는 크게 세 가지 형태로 구분할 수 있다. 첫째, 보수가 기본적인가 부가적인가에 따라 기본급과 부가급으로 나뉜다. 기본급(基本給)은 모든 공무원에게 기본적으로 지급되는 보수를 말한다. 기본급은 봉급이라고 하며, 직종별로 12개 봉급표에서 볼 수 있는데, 공무원의 자격 · 능력 · 학력 · 연령 · 근무연한 · 계급 · 직무의 곤란도 · 책임도 등에 따라 결정된다. 우리가 흔히 본봉이라고 부르는 부분이다. 부가급(附加給)은 기본급을 보충하는 성질을 가진 것으로서 특수한 근무조건이나 생활조건을 고려하거나, 또는 능률 증진을 목적으로 지급되는 부수적 보수를 의미한다. 흔히 말하는 수당이 이에 해당한다. 수당은 2017년 10월 현재 상여수당(3종), 가계보전수당(4종), 특수지 근무수당, 특수근무수당(4종), 초과근무수당(2종) 등 총 14종으로 구성되어 있다.

둘째, 보수를 직무 수행에 대한 반대급부로 보느냐 생활보장적 급부로 보느냐에 따라 직무급과 생활급으로 나뉜다. 직무급(職務給)은 직위분류제를 채택하고 있는 나라에서 실시하는 보수제도이다. 생활급(生活給)은 보수 결정의 기준을 공무원과 그 가족의 생계 유지에 두는 제도이다.

셋째, 보수가 근무기간에 기초한 것인가 근무 성과에 기초한 것인가에 따라 연공급과 성과급으로 나눌 수 있다. 연공급(年功給)은 성과에 관계없이 근무기간에 따라 지급되는 보수를 말한다. 가장 일반적으로 사용되고 있으며, 이를 근속급 또는 호봉급이라고도 한다. 성과급(成果給)은 성과에 따라 보수가 달라지는 것으로서, 업적급 또는 능률급이라고도 한다. 성과급은 개인 성과급과 집단 성과급으로 나뉜다. 전자에는 복률성과급과 할증성과급이 있고, 후자는 이윤분배제도와 생산성이득분배제도로 구분하는데, 특히 생산성이득분배제도의 유형으로 스캔론 플랜(Scanlon plan)과 러커 플랜(Rucker plan)이 있다. 스캔론 플랜은 생산성 향상을 노사 협조의 결과로 보고 총매출액에 대한 노무비 절약분을 상여금으로 종업원에게 배분하는 비용 절감 인센티브제도이다. 이에 반해 러커 플랜은 기업이 창출한 부가가치에서 인건비가 차지하는 비율을 기준으로 배분액을 결정하는 제도이다.

2) 연금

(1) 의의

연금은 장기간에 걸쳐 충실히 근무한 대가를 퇴직 후에 금전적으로 보상받게 되는 인사행정의 보상 체계 중 하나이다. 퇴직연금의 성격에 관해서는 거치보수설에 따라 보수의 일부가 지급되지 않고 적립되었다가 퇴직 이후에 지급되는 것으로 보는 것이 일반적이다.

(2) 연금기금의 조성과 관리

① 기여제와 비기여제

연금재원을 어떻게 조달하는가에 따라 기여제와 비기여제로 나눌 수 있다. 기여제는 정부와 공무원이 공동으로 기금 비용을 부담하는 것이고, 비기여제는 기금 조성에 필요한 비용을 정부만이 부담하는 것이다.

② 기금제와 비기금제

재원을 관리하는 방법은 기금제와 비기금제가 있다. 영국과 프랑스에서는 연금 지급에 소요되는 재원을 별도로 마련하지 않고 소요금액을 세출예산에 계상해서 지출한다. 이것을 비기금제 또는 현금지출제라고 한다. 이에 반해 한국과 미국에서는 미리 기금을 마련하고 그 기금 또는 기금의 운영이익금으로 충당한다. 이것은 기금제 또는 보험적립제라고 한다.

(3) 한국의 공무원 연금제도

① 공무원 연금제도의 연혁

공무원연금은 기금으로 운영하며, 공무원연금기금은 특별회계가 아니며 행정안전부 장관이 설치해서 공무원연금공단에 관리를 위탁한 공공기금이다.

2015년에 공무원연금 개혁 법안이 통과되어 2016년 1월부터 시행에 들어갔다.

연금 지급 개시 연령이 신규임용자부터 종전 60세에서 65세로 연장되었다. 또 연금보수의 산정 기준을 종전 보수월액에서 변경 후에는 기준소득으로 전환했다. 연금지급률은 20년에 걸쳐 현행 재직기간 1년당 1.90%에서 1.70%로 인하하고, 공무원이 부담하는 보험료율인 기여율과 정부가 부담하는 부담률은 기준소득월액의 7.0%에서 9.0%로 높였다.

② 재원의 조성 방법

연금기금의 재원은 정부의 부담금과 공무원의 기여금에 의해 조성되고 있다. 즉, 기금제 및 기여제를 채택하고 있다. 공무원기여금 비율은 1986년에 5.5%였던 것이 2001년에는 8.5%로 지속적으로 인상되어 왔다. 그러다가 최근 공무원연금법 개정을 통해 공무원이 내는 기여금은 종전의 보수월액의 1,000분의 85에서 기준소득월액의 1,000분의 90으로 바뀌었으며, 이 경우 기준소득월액은 공무원 전체의 기준소득월액 평균액의 100분의 160을 초과할 수 없다(공무원연금법 제66조). 그리고 국가나 지방자치단체가 내는 부담금 부분에서는 매 회계연도 대통령령으로 정하는 보수예산의 1,000분의 70에서 1,000분의 90으로 변경되었다(공무원연금법 제69조).

객관식 문제

▣ 기본문제

01 근무성적평정 시 평가자가 모든 피평가자들에게 대부분 중간 범위의 점수를 주는 심리적 경향으로 옳은 것은? (2008 지방직 9급)

① 연쇄효과 ② 관대화 경향
③ 집중화 경향 ④ 선입견에 의한 오류

해설 ③ 집중화 경향이다.

| 정답 ③

02 개별 보수 체계의 결정 원칙에서 노동력의 가치를 기준으로 하여 임금을 결정하는 방식은? (2005 경기도 7급)

① 직무급
② 직능급
③ 근속급
④ 성과급

해설 ② 근로자의 능력에 따른 보수는 직능급이다.

| 정답 ②

03 전략적 인적자원관리에 대한 설명으로 옳지 않은 것은? (2017 국가직 9급)

① 장기적이며 목표·성과 중심적으로 인적 자원을 관리한다.
② 개인의 욕구는 조직의 전략적 목표 달성을 위해 희생해야 한다는 입장이다.
③ 인사 업무 책임자가 조직전략 수립에 적극적으로 관여한다.
④ 조직의 전략 및 성과와 인적자원관리 활동 간의 연계에 중점을 둔다.

해설 ② 개인의 성과와 전략 간의 통합성을 강조하는데, 개인 욕구와 조직의 전략적 욕구를 동시에 충족시키는 방향을 관리하고자 한다.

| 정답 ②

04 근무성적평가제에 대한 설명 중 가장 옳은 것은? (2017 서울시 9급)

① 4급 이상 공무원을 대상으로 한다.
② 매년 말일을 기준으로 연 1회 평가가 실시된다.
③ 평가 단위는 소속 장관이 정할 수 있다.
④ 공정한 평가를 위해 평가자와 피평가자의 사전 협의가 금지된다.

해설 ③ 우리나라는 평가 항목과 평가 단위를 부처 특성에 따라 달리 정할 수 있도록 하고 있다.
① 근무성적평가는 5급 이하 공무원이 대상이 된다.
② 근무성적평가는 연 2회 실시한다.
④ 평가자는 공정한 평가를 위해 평가 대상 공무원과 의견 교환을 할 수 있다.

| 정답 ③

05 공무원 근무성적평정제도에 대한 설명으로 옳은 것을 모두 고른 것은? (2010 지방직 7급)

가. 근무성적평정의 목적 중에는 공무원의 능력 발전, 시험의 타당성 측정 등이 있다.
나. 우리나라는 평정상의 오차나 편파적 평정을 시정하기 위해 이중평정제를 실시한다.
다. 근무성적평정의 기준이 일정하지 않은 경우에 발생하는 오류를 시간적 오류라고 한다.
라. 근무성적평정 요소 간의 상대적 비중은 근무성적 50%, 직무 수행 능력 30%, 직무 수행 태도 20%이다.

① 가, 나 ② 가, 다
③ 나, 라 ④ 다, 라

해설 ① 다. 기준이 일정하지 않은 경우에 발생하는 오류를 총계적 오류라 한다.
라. 근무실적 및 직무 수행 능력이 평정 항목이 되고, 직무 수행 태도는 필요 시 10% 의 범위 내에서 추가한다.

| 정답 ①

06 임용에 대한 설명으로 옳지 않은 것은? (2014 국가직 7급)

① 징계로 해임처분을 받은 때부터 5년이 지나지 아니한 경우 공무원으로 임용될 수 없다.
② 승진의 기준으로 공무원 근무경력만을 중시하는 경우 행정의 능률성을 저하시킬 수 있다.
③ 전직과 전보는 부처 간 할거주의의 폐단을 타파하고 부처 간 협력 조성을 위한 기반을 마련해 줄 수 있다.
④ 임용권자는 직제 또는 정원이 변경되거나 예산의 감소 등으로 직위가 폐지되었을 경우, 또는 본인이 동의한 경우에는 소속 공무원을 강임할 수 있다.

해설 ① 해임처분을 받으면 3년 간 재임용이 제한되며, 파면은 5년간이다.

| 정답 ①

07 교육 참가자들이 팀을 구성해 실제 현안 문제를 해결하면서 동시에 문제 해결 과정에 대한 성찰을 통해 학습하도록 지원하는 행동학습으로써 주로 관리자훈련에 사용되는 교육 방식은? (2015 지방직 7급)

① 멘토링 ② 감수성훈련
③ 액션 러닝 ④ 워크아웃 프로그램

해설 ③ 액션 러닝은 피교육생들이 조직의 실제 현안문제를 해결하는 과정에서 성찰과 학습을 통해 개인과 조직의 역량을 향상시키는 학습방법이다.

| 정답 ③

08 다음 괄호에 맞는 말을 찾으시오. (2007 제주 9급)

(가)는 시험이 측정하려고 하는 바를 실제로 측정할 수 있는 정도를 말하고, (나)는 시험 시기나 도구, 형식, 순서 등에 따라 점수가 영향을 받지 않는 정도를 말하며, 시기 등을 다르게 해도 일정한 점수를 나타내면 (나)이 높다고 할 수 있다. (다)는 어려운 문제와 쉬운 문제의 배합의 적정성을 말하며, (라)는 어느 누가 채점을 해도 동일한 결과를 나타내는 것을 말한다.

① 가－타당도, 나－신뢰도, 다－난이도, 라－객관성
② 가－타당도, 나－실용도, 다－난이도, 라－객관성
③ 가－정확도, 나－신뢰도, 다－난이도, 라－객관성
④ 가－정확도, 나－객관성, 다－난이도, 라－신뢰도

해설 ① 측정하려는 바를 정확히 측정했는가는 타당도를 말한다.

| 정답 ①

09 공무원연금제도에 대한 설명으로 옳지 않은 것은? (2011 국가직 7급)

① 우리나라 공무원연금법의 적용 대상에는 장관도 포함된다.
② 우리나라의 공무원 연금제도는 기금제를 채택하고 있다.
③ 기금제는 운용·관리비용이 적게 든다는 장점이 있다.
④ 기금제를 채택하는 경우 기금 조성의 비용을 정부에서 단독 부담하는 제도를 비기여제라 한다.

해설 ③ ① 기여제와 비기여제: 연금재원을 어떻게 조달하는가에 따라 기여제와 비기여제로 나눌 수 있다. 기여제는 정부와 공무원이 공동으로 기금 비용을 부담하는 것이고, 비기여제는 기금 조성에 필요한 비용을 정부만이 부담하는 것이다.
② 기금제와 비기금제: 재원을 관리하는 방법은 기금제와 비기금제가 있다. 영국과 프랑스에서는 연금 지급에 소요되는 재원을 별도로 마련하지 않고 소요금액을 세출예산에 계상해서 지출한다. 이것을 비기금제 또는 현금지출제라고 한다. 비기금제는 퇴직연금제도를 처음 실시하는 데 드는 비용이 기금제에 비하여 적게 들며 운용이 간단하고 관리비용도 적게 든다. 한국과 미국에서는 미리 기금을 마련하고 그 기금 또는 기금의 운영이익금으로 충당한다. 이것은 기금제 또는 보험적립제라고 한다.

| 정답 ③

10 우리나라 공무원 보수에 관한 설명으로 옳은 것은? (2015 교육행정직 9급)

① 보수에 대한 정치적 통제가 미약해서 민간기업 보수보다 경직성이 약하다.
② 성과급 연봉제는 실적평가 결과를 반영해서 보상의 차등화를 지향한다.
③ 전통적으로 생활급 중심의 보수 체계로 인해 공무원 보수의 공정성이 높다.
④ 공무원의 노동삼권이 보장되어 동일 노동·동일 보수의 원칙이 적용되고 있다.

해설 ② 성과급적 연봉제는 기본연봉에 성과연봉을 추가해서 지급한 것으로 5급 이상 공무원에게 적용된다.
① 공무원 보수는 정치적·사회적 통제가 강하기 때문에 민간기업 보수보다 경직성이 강하다.
③ 전통적으로 생활급 중심의 보수 체계로 인해 공무원 보수의 공정성이 낮다.
④ 공무원의 노동3권 중 단체행동권이 인정되지 않는다.

| 정답 ②

11 **공무원 보수에 관한 설명으로 옳지 않은 것은?**

① 한국은 보수곡선의 J 커브 형으로 인해 상위직과 장기근속을 우대한다.
② 한국은 생활급 중심의 보수 체계로서 보수의 공정성이 높다.
③ 공무원은 일반적으로 정부의 재정력을 상한선으로, 공무원의 생계비를 하한선으로 해서 결정한다.
④ 직위분류제에서는 기본급 중심이며, 계급제에서는 수당 중심 체제이다.

해설 ② 보수의 공정성 확보는 직위분류제가 적합하다. 생활급에서는 직무에 관한 요소가 반영되지 않는다.

| 정답 ②

12 **배치전환의 유용성이 아닌 것은?**

① 조직의 활성화
② 공직사회의 침체 방지
③ 공무원의 관리 능력 배양
④ 비공식집단의 폐해 제거
⑤ 행정의 전문성 증진

해설 ⑤ 배치전환은 동일 계급이나 동일 등급 내의 인사이동으로 전직, 전보, 파견근무 등을 포함한다. 조직의 활성화에는 도움이 되나 전문성을 저해할 요소가 있다.

| 정답 ⑤

13 **승진의 기준에서 가장 객관성이 낮은 것은?**

① 훈련성적
② 경력
③ 근무성적평정
④ 상벌 기록
⑤ 근무연한

해설 ③ 근무성적평정은 상급자의 주관적인 기준과 판단에 따라 평정하는 것이므로 주관적인 성격을 띤다.

| 정답 ③

14 **집단원 간에 서로 좋아하고 싫어하는 심리작용을 파악해서 사기를 조사하는 방법은?**

① 투영법
② 면접법
③ 질문지법
④ 사회측정법
⑤ 태도조사

해설 ④ 사회측정법은 sociometry라고 하는데, 집단 내의 인간관계를 측정하는 기법으로 조직 내 인간관계를 소시오그램으로 작성해서 분석한다.

| 정답 ④

■ 심화문제

15 임용에 대한 설명으로 옳지 않은 것은?

① 정직처분을 받아도 신분은 보유한다.
② 승진 기준으로 근무경력만 중시하면 관료주의화 경향이 나타난다.
③ 순환보직제도는 행정부패의 여지를 축소시키는 순기능을 한다.
④ 직제 변경으로 직위가 폐직되어 본인이 동의한 경우에도 소속 공무원을 강임할 수 없다.

해설 ④ 이 경우 본인이 동의하면 강임할 수 있다.

| 정답 ④

16 다음 중 우리나라의 총액인건비제도에 대한 설명으로 옳지 않은 것은? (2014 국회직 8급)

① 성과관리와 관리 유인 체계를 제공하기 위한 신공공관리적 시각을 반영한다.
② 직급 인플레이션을 발생시킬 수도 있다.
③ 국 단위 기구까지 자율성이 인정된다.
④ 계급에 따른 인력 운영 및 기구 설치에 대한 재량권이 인건비 총액 한도 내에서 인정된다.
⑤ 성과상여금에 대한 지급액의 증감이 가능하다.

해설 ③ 국 단위 이상 기구는 대통령령에 규정되어 운영하며 과 단위 기구에서만 자율성이 인정된다. 우리나라의 총액인건비제도는 2005년 7월 처음 도입되었으며, 도입 당시부터 국 단위 기구 이상의 경우에는 총액인건비제도가 실시되기 전의 방식대로 대통령령(직제)에 의해 결정되며, 과 단위 기구에서만 자율성이 인정된다.

| 정답 ③

17 경력평정을 하는 경우 경력을 갑 경력, 을 경력, 병 경력, 정 경력으로 구분하고 있는 것은 경력의 어떤 원칙을 판단하기 위한 것인가?

① 근시성의 원칙　② 친근성의 원칙　③ 습숙성의 원칙
④ 발전성의 원칙　⑤ 접근성의 원칙

해설 ② 이것은 유사한 경력을 우대하는 친근성의 원칙이다. 갑 경력은 동일 직렬의 동일 계급 이상의 경력, 을 경력은 동일 직군의 동일 계급 이상의 경력, 병 경력은 직군이 다른 동일 계급 이상의 경력, 정 경력은 직군이 다른 바로 하위 계급의 경력을 말한다.

| 정답 ②

18 **공무원승진제도에 관한 설명으로 옳지 않은 것은?**

① 승진 기준을 선임 순위에 중점을 두는 경우 객관성을 확보할 수 있다.
② 승진 경쟁의 범위를 당해 부처의 직원으로 한정시키면 행정의 침체를 초래하기 쉽다.
③ 승진임용은 일반적으로 근무성적평정, 경력평정, 기타 능력의 입증을 기준으로 한다.
④ 국가공무원의 경우 5급으로의 승진에는 시험을 거쳐야 한다.
⑤ 승진 기준으로 가장 비중이 큰 것은 근무성정평정이다.

해설 ④ 국가공무원의 경우 5급으로의 승진의 경우 종전에는 모두 시험을 거치도록 했으나 현재는 원칙적으로 시험을 거치되 필요 시에는 심사를 거쳐 임용할 수 있도록 하고 있다. 따라서 소속 장관이 시험과 심사 중 선택해서 실시할 수 있다. 그러나 대부분의 중앙부처의 경우 심사에 의한 승진을 실시하고 있다.
③ 근무성적평정, 경력평정, 기타 능력의 입증을 기준으로 승진후보자명부 순위의 고순위자 중 2 내지 7배수 범위 안에서 승진임용하도록 하고 있다(국가공무원법 제40조).

| 정답 ④

19 **채용시험의 타당성에 대한 설명으로 올바르게 짝지어진 것은?** (2010 경정승진)

A 내용 타당도	B. 구성 타당도	C. 기준 타당도

가. 시험성적과 업무 수행 실적 간의 상관관계
나. 직무 수행에 필요한 능력 요소와 시험문제의 부합 정도
다. 이론적으로 추정한 능력 요소와 시험문제의 부합 정도

① 가－A, 나－B, 다－C　　② 가－C, 나－A, 다－B
③ 가－A, 나－C, 다－B　　④ 가－B, 나－A, 다－C

해설 ② ① 내용 타당성: 측정하고자 하는 변수의 내용을 얼마나 정확하게 측정할 수 있도록 조작되어 있는가를 말한다.
② 기준 타당성: 시험성적과 본래 시험에서 예측하고자 했던 기준 간의 상관관계 정도를 말한다. 기준타당성에는 동시타당성과 예측타당성이 있다. 동시타당성은 신입사원의 선발에 적용하려는 선발도구를 현직 종업원에게 실시해서 현직 종업원이 획득한 시험점수와 그들의 인사평가점수 간의 상관관계를 조사하는 방법이다. 이 방법은 현직 종업원의 시험성적이 현재까지의 직무 경험이나 노력과 같은 주관적 요소에 영향을 받을 수 있다는 한계가 있다. 그리고 예측타당성은 선발시험 후 합격자의 시험성적과 입사 후 어느 정도의 기간이 지난 후 그들이 달성한 직무 성과를 비교해서 그 상관관계를 조사하는 방법이다.
③ 구성 타당성: 타당도의 핵심으로 측정하고자 하는 것이 측정 도구에 의해 제대로 측정된 정도를 말한다. 구성 타당도는 이론적 측면에 관한 것이므로 이를 이론적 타당도라고도 한다. 예를 들어 '정보화사회의 정도'라는 변수를 측정하기 위해 세 가지 지수, 즉 정보설비 지수, 정보 이용 지수, 정보 투자 지수로 나눈다. 만약 이 지수들이 정보사회를 가장 잘 파악하는 측정수단이 된다고 평가되면 이때 사용된 정보화 지수는 구성 타당성이 있는 측정방법이라고 평가할 수 있다. 구성 타당성은 다시 수렴적 타당성과 차별적 타당성으로 구분된다. 수렴적 타당성은 동일한 개념

을 측정하는 둘 이상의 서로 다른 지표나 척도들이 비슷한 결과를 보이는 정도를 말한다. 즉, 같은 속성을 측정하는 경우 측정방법이나 도구가 다르더라도 측정 결과는 비슷하게 수렴해야 한다는 것이다. 차별적 타당성은 측정된 개념 구성이 다른 개념 구성들과 구별될 수 있는 정도를 말한다. 즉, 측정도구와 관계없이 서로 다른 속성들은 서로 다른 측정 결과를 나타내야 한다는 것이다. 예를 들어 소외 개념이 무기력감, 무규범성, 무의미성, 고립, 자아소외라는 다섯 가지 차원으로 구성되어 있다고 할 때 수렴적 타당성이 있다는 것은 무기력감이라는 동일한 속성을 측정하는 둘 이상의 척도를 사용하는 점수 간에는 높은 상관관계가 나타나며, 차별적 타당성이 있다는 것은 다섯 가지 차원이 서로 다른 차원이라면 각 차원의 측정치 간에는 서로 낮은 상관관계를 보인다는 것이다.

| 정답 ②

20 선발시험의 타당성과 신뢰성에 대한 설명으로 옳은 것은? (2017 지방직 7급)

① 시험의 신뢰성은 시험과 기준의 관계이며, 재시험법은 시험의 횡적 일관성을 조사하는 것이다.

② 동시적 타당성 검증에서는 시험 합격자를 대상으로 시험성적과 일정 기간을 기다려야 나타나는 근무실적을 시차를 두고 수집해서 비교하는 것이다.

③ 내용 타당성은 직무에 정통한 전문가 집단이 시험의 구체적 내용이나 항목이 직무의 성공적 임무 수행에 얼마나 적합한지를 판단해서 검증하게 된다.

④ 현재 근무하고 있는 재직자에게 시험을 실시한 결과 근무실적이 좋은 재직자가 시험성적도 좋았다면, 그 시험은 구성적 타당성을 갖추었다고 인정할 수 있다.

해설 ③ 내용 타당성은 특정한 직무 수행에 필요한 능력요소를 제대로 측정한 정도를 말한다.
① 시험과 기준의 관계는 기준 타당도이다. 신뢰성은 일관성을 의미하며 재시험법은 종적 일관성을 측정하는 신뢰도 검증방법이다.
② 일정 기간을 기다리는 것은 예측적 타당성에 관한 설명이다.
④ 동시적 타당성에 대한 설명이다. 구성적 타당도는 이론적으로 구성한 능력 요소를 제대로 측정한 정도를 의미한다.

| 정답 ③

21 채용시험의 구성 타당성에 관한 설명으로 옳은 것은? (2008 국가직 7급)

① 채용시험이 이론적으로 추정된 능력 요소를 얼마나 정확하게 측정할 수 있는가

② 채용시험이 장래의 직무 수행에 필요한 능력요소를 얼마나 정확하게 예측할 수 있는가

③ 채용시험이 특정한 직위의 직무 수행에 필요한 능력 요소를 어느 정도까지 측정할 수 있는가

④ 채용시험이 개인 간의 능력 차이를 어느 정도까지 식별할 수 있는가

해설 ① 구성 타당성은 시험이 이론적으로 구성된 능력 요소를 얼마나 정확히 측정할 수 있는가에 대한 타당성이다.

| 정답 ①

22 **공무원 임용시험의 효용성을 측정하는 기준에 대한 설명으로 옳지 않은 것은?**

(2018 국가직 7급)

① 시험의 타당성은 시험이 측정하고자 하는 것을 실제로 얼마나 정확하게 측정했는가를 의미하며, 그 종류에는 기준 타당성, 내용 타당성, 구성 타당성 등이 있다.

② 내용 타당성은 시험성적이 직무 수행 실적과 얼마나 부합하는가를 판단하는 타당성으로 두 요소 간 상관계수로 측정된다.

③ 측정 대상을 일관성 있게 측정한 정도를 신뢰성이라고 하며, 같은 사람이 여러 번 시험을 반복해서 치르더라도 결과가 크게 변하지 않을 때 신뢰성을 갖게 된다.

④ 신뢰도를 측정하는 방법으로 재시험법과 동질이형법 등이 사용된다.

해설 ② 시험성적이 직무 수행 실적과 얼마나 부합하는가를 판단하며 두 요소 간 상관계수로 측정되는 것은 기준 타당성이다. 내용 타당성은 특정한 직무 수행에 필요한 능력 요소를 제대로 측정한 정도를 의미한다.

| 정답 ②

23 **근무평가 과정에서 나타날 수 있는 오류의 유형에 대한 설명으로 옳지 않은 것은?**

(2018 지방직 7급)

① 집중화 경향－평가자가 모든 피평가자에게 대부분 중간 수준의 점수를 주는 심리적 경향이다.

② 관대화 경향－평가 결과의 분포가 우수한 쪽에 집중되는 경향이다.

③ 총계적 오류－어떤 평가자가 다른 평가자들보다 언제나 좋은 점수 또는 나쁜 점수를 주는 것이다.

④ 시간적 오류－근무평가 대상 기간 초기의 업적에 영향을 크게 받는 첫머리 효과와 최근 실적을 중심으로 평가하는 막바지 효과로 나타난다.

해설 ③ 어떤 평가자가 다른 평가자들보다 언제나 좋은 점수 또는 나쁜 점수를 주는 것을 규칙적 오류라고 한다. 총계적 오류는 평정자의 평정기준이 일정하지 않아 관대화·엄격화 경향이 불규칙적으로 나타나는 것이다.

| 정답 ③

24 **공무원 보수에 대한 설명으로 옳지 않은 것은?** (2016 사회복지직 9급)

① 직능급이란 직무의 난이도와 책임에 따라 결정되는 보수이다.

② 실적급(성과급)은 개인이나 집단의 근무실적과 보수를 연결시킨 것이다.

③ 생활급은 생계비를 기준으로 하는 보수로서 공무원과 그 가족의 기본적인 생활을 보장하기 위한 것이다.

④ 연공급(근속급)은 근속연수와 같은 인적 요소를 기준으로 하는 보수이다.

해설 ① 직무의 난이도와 책임에 따라 결정되는 것은 직무급이다. 즉, 직무가치에 따른 보수이다. 그에 비해 직능급은 직무 수행 능력을 기초로 하는 보수이다.
②, ④ 보수가 근무기간에 기초한 것인가 근무 성과에 기초한 것인가에 따라 연공급과 성과급으로 나눌 수 있다. 연공급(年功給)은 성과에 관계없이 근무기간에 따라 지급되는 보수를 말한다. 가장 일반적으로 사용되고 있으며, 이를 근속급 또는 호봉급이라고도 한다. 연공급은 보수가 안정적이고 보수의 계산이 쉽다는 장점이 있으나, 성과와 연계되지 않아 동기부여 효과가 없다는 단점이 있다. 성과급(成果給)은 성과에 따라 보수가 달라지는 것으로서, 업적급 또는 능률급이라고도 한다.

| 정답 ①

25 **공무원 교육훈련에 대한 저항 이유 중 저항 주체가 나머지와 다른 하나는?**
(2015 지방직 9급)

① 교육훈련 결과의 인사관리 반영 미흡
② 교육훈련 발령을 불리한 인사조치로 이해하는 경향
③ 장기간의 훈련인 경우 복귀 시 보직 문제에 대한 불안감
④ 조직 성과의 저하 및 훈련비용의 발생

해설 ④ 저항 주체를 공무원 개인과 교육훈련기관의 문제로 나눠 볼 수 있다. ①, ②, ③은 공무원 개인과 관련된 것이며, ④는 소속기관 및 훈련기관 등 조직적 차원의 문제이다.

| 정답 ④

26 **전문경력관제도에 대한 설명으로 옳지 않은 것은?**

① 소속 장관은 해당 기관의 일반직 공무원 직위 중 순환보직이 곤란하거나 장기 재직 등이 필요한 특수 업무 분야의 직위를 인사혁신처장과 협의해서 전문경력관 직위로 지정할 수 있다.
② 일반직 공무원과 마찬가지로 계급 구분과 직군 및 직렬의 분류를 적용한다.
③ 전문경력관 직위의 군은 직무의 특성·난이도 및 직무에 요구되는 숙련도 등에 따라 구분한다.
④ 임용권자는 일정한 경우에 전직시험을 거쳐 전문경력관을 다른 일반직 공무원으로 전직시킬 수 있다.

해설 ② 전문경력관은 일반직 공무원의 계급 구분을 적용하지 않고 직무의 특성 등에 따라 가군, 나군 및 다군으로 구분한다.

| 정답 ②

27 **우리나라 공무원연금제도에 관한 설명으로 옳지 않은 것은?**

① 퇴직수당의 지급에 소요되는 비용은 정부가 그 전액을 부담한다.
② 정부와 공무원의 공동 기여에 의해 기금을 조성한다.

③ 최근 들어 공무원 기여금과 정부 부담금의 비율이 모두 상향 조정되었다.
④ 공무원연금법에 따라 공무원연금기금특별회계를 설치해서 연금 집행업무를 수행하고 있다.

해설 ⑤ 공무원연금은 기금으로 설치해서 운영하나 특별회계로 운영하지는 않는다. 이에 반해 군인연금기금은 특별회계로 운영된다.

| 정답 ⑤

제 4 절 공무원의 행동규범

1. 공무원의 신분 보장과 징계

1) 신분 보장의 의의

공무원은 법이 정한 사유에 의하지 않고는 불이익을 받지 아니 하는데, 그것은 신분의 안정을 통해 국민에 대한 봉사의 질을 높이는 데 있다.

2) 징계제도

(1) 사유

공무원의 징계 사유는 징계처분의 대상이 되는 행동의 유형을 말한다. 우리의 경우, 「국가공무원법」 제78조에 규정되어 있는데, 그 사유는 ① 이 법 및 이 법에 의한 명령에 위반했을 때, ② 직무상의 의무에 위반하거나 직무에 태만했을 때, ③ 직무의 내외를 불문하고 그 체면 또는 위신을 손상하는 행위를 한 때로 규정되어 있다.

(2) 징계처분의 종류

국가공무원법에서 규정하고 있는 징계처분의 종류는 ① 파면, ② 해임, ③ 강등, ④ 정직(停職), ⑤ 감봉, ⑥ 견책(譴責)의 여섯 가지가 있다. 이 중 파면 · 해임 ·

강등 · 정직은 중징계에 해당하며, 감봉 · 견책은 경징계로 분류된다.

파면된 사람은 5년 동안 공무원으로 임용될 수 없고 해임의 경우에는 3년 동안 공무원으로 임용될 수 없다. 또한 파면의 경우에는 퇴직 급여액의 1/2이 삭감(5년 미만 근무자에게는 퇴직 급여액의 1/4이 삭감)된다. 그러나 해임의 경우에는 연금법상의 불이익이 없다. 단 금품 및 향응 수수, 공금의 횡령 유용으로 징계해임된 경우에 재직기간이 5년 미만인 사람의 퇴직급여는 8분의 1을 감액하고, 5년 이상인 사람은 4분의 1을 감액한다.

정직처분을 받은 공무원은 공무원의 신분을 보유하지만 직무에 종사하지 못한다. 강등은 1계급 아래로 직급을 내리고 공무원 신분은 보유하나 3개월간 직무에 종사하지 못하며 그 기간 중 보수는 전액을 감한다. 정직은 1개월 이상 3개월 이하의 기간으로 하고, 정직처분을 받은 자는 그 기간 중 공무원의 신분은 보유하나 직무에 종사하지 못하며 보수는 전액을 감한다. 그리고 감봉은 1월 이상 3월 이하의 기간 동안 보수의 1/3을 감하는 처분이며, 견책은 잘못된 행동에 대해서 훈계하고 회개하게 하는 처분으로서, 6개월간 승급을 정지하고 그 사실을 인사 기록에 남긴다. 징계처분 중 가장 가벼운 것이다.

3) 직위해제와 대기명령

(1) 직위해제

직위해제란 공무원에게 신분은 보존시키되 직위를 부여하지 않는 처분을 의미한다. 직무 수행 능력이 부족하거나 근무성적이 극히 나쁜 자, 파면 · 해임 · 강등 또는 정직에 해당하는 징계 의결이 요구 중인 자, 형사사건으로 기소된 자, 고위공무원 중 적격심사를 요구받은 자 등에 대해서는 직위를 부여해서는 안 된다고 규정하고 있다.

(2) 대기명령과 직권면직

① 대기명령

직무 수행 능력이 부족한 사람, 근무성적 불량자, 근무태도 불성실 공무원으로서 직위가 해제된 자에 대해 3개월 이내의 기간 동안 대기명령을 내리고 능력 회복이나 태도 개선을 위한 교육훈련 또는 특별한 연구과제의 부여 등 필요한 조치를 취하는 제도를 말한다. 기간 중 능력의 향상 또는 개전의 정이 없다고 인정된 때에 임용권자는 직권면직을 통해서 공무원의 신분을 박탈할 수 있다.

② 직권면직

직권면직(職權免職)의 사유는 첫째, 직제와 정원의 개폐 또는 예산의 감소 등에 따라 폐직(廢職) 또는 과원(過員)이 되었을 때, 둘째, 휴직기간이 끝나거나 휴직사유가 소멸된 후에도 직무에 복귀하지 아니하거나 직무를 감당할 수 없을 때 등이다.

4) 소청심사제도

(1) 소청심사제도의 의의

소청심사(訴請審査)제도는 징계처분과 신분상 불이익처분 등에 대해서 처분의 적법 타당성 여부를 심사 결정해 줄 것을 구하는 행위이다. 우리나라는 행정안전부에 독립성과 합의성을 지닌 소청심사위원회를 설치해 운영하고 있다. 자신의 의사에 반해 불이익 처분을 받은 공무원은 위법적 인사 처분에 한해서 소청을 제기할 수 있다. 신분상의 모든 불이익 처분이나 부작위가 소청심사 대상이며, 승진 탈락 및 근무성적평정 결과는 대상이 아니다.

「국가공무원법」 제16조 제2항은 소청심사위원회의 심사・결정을 거치지 아니하면 행정소송을 제기할 수 없다는 규정을 두고 있으므로, 소청심사는 행정소송을 제기하기 전에 반드시 거쳐야 하는 필요적 전심절차이다.

(2) 소청심사 절차

절차를 보면, 심사의 청구, 심사 그리고 결정의 3단계로 이루어진다. 심사가 청구되면 위원회는 지체 없이 심사해야 한다. 재적 위원 2/3 이상의 출석과 재적 위원 과반수의 합의에 의한다. 징계처분에 대한 소청심사에서는 원래의 징계처분보다 무거운 징계를 결정하지는 못하며, 위원회의 결정은 처분행정청을 기속한다.

2. 공무원단체

1) 공무원단체의 의의와 필요성

공무원단체란 공무원의 권익을 옹호하고 근무조건을 개선하기 위해서 조직되는 단체를 말하는 것으로 공무원은 이를 통해 스스로의 생존권을 보장해 나가려 한다. 대체적으로 보면, 대부분의 국가에서 단결권은 인정하고 있으나, 단체교섭권에 대해서는 부분적으로만 인정하고 단체행동권의 경우는 영국 등 일부 국가를 제외하면 대체로 금지하거나 엄격히 제한하고 있는 실정이다.

2) 공무원단체의 활동 내용

공무원단체의 활동 내용은 단체구성, 단체교섭 및 단체행동으로 구분된다. 단결권은 조합을 결성하는 것이고, 단체교섭권은 보수 등을 협의하는 것이며, 단체행동권은 협상이 결렬되었을 때 태업(怠業) 또는 파업(罷業)을 하는 것이다. 이들을 구체적으로 보면 다음과 같다.

단결권은 공무원이 공무원단체를 결성할 수 있는 권리이다. 2004년 공무원노동조합 설립 법률이 통과되어 6급 이하 일반직 공무원도 공무원노동조합을 결성할 수 있다. 특정직 공무원과 정무직, 5급 이상 공무원은 가입할 수 없다.

단체교섭권은 공무원이 보수와 근무조건 등을 관리층과 단체적으로 교섭하는 권리이다.

단체행동권은 공무원의 근무조건에 대한 단체교섭이 순조롭게 진행되지 않아 분쟁 상태가 생긴 경우 동맹파업 · 태업 · 직장폐쇄 등의 쟁의행위를 할 수 있는 권리를 말한다.

3) 우리나라의 공무원단체

(1) 진행 과정

우리나라 공무원단체는 현업기관 중심의 노동조합, 공무원직장협의회, 일반직 공무원노동조합으로 확대 발전되고 있다. 여기서는 공무원단체의 발전 과정을 3단계로 나누어 살펴보고자 한다.

① **현업기관 중심의 노동조합**

1987년 개정 헌법에서 공무원인 근로자의 노동3권을 법률에 위임함에 따라 사실상 노무에 종사하는 체신부·철도청 소속의 현업기관과 국립의료원의 작업 현장에서 노무에 종사하는 기능직 및 고용직 공무원에게만 제한적으로 노동권을 인정했다.

② **공무원직장협의회**

공무원직장협의회는 1999년 1월부터 설립이 허용되었다. 가입 대상은 6급 이하의 공무원이다. 협의기구로서 근무 여건의 개선을 당해 기관장과 협의할 수 있을 뿐이다. 즉, 공무원직장협의회는 근무환경 개선, 업무 능률 향상, 고충, 기관의 발전에 관한 사항 등을 협의할 수 있으나 단체교섭권은 없었다.

③ **일반직 공무원노동조합**

「공무원의 노동조합 및 운영 등에 관한 법률」이 2004년 12월 국회를 통과해서 2005년 1월 27일 법률 제7380호로 공포되고, 2006년 1월 28일부터 시행되었다. 이 법에 따라 교원 및 6급 이하 일반직 공무원 등도 '노동조합'과 '공무원직장협의회'를 동시에 결성할 수 있게 되었다.

(2) 부여된 권한

① **단결권**

2006년 1월 28일 발효된 「공무원의 노동조합 설립 및 운영 등에 관한 법률」에 따라 6급 이하의 일반직 공무원 등이 공무원노동조합을 결성할 수 있는 제도적 장치가 마련되었다.

② **단체교섭권**

우리나라는 전통적으로 '사실상 노무에 종사하는 공무원'에 대해서만 단결권과 단체교섭권을 인정해 왔다. 그러다가 교원 및 6급 이하 공무원으로 구성된 공무원

노동조합이 단결권과 단체교섭권을 갖게 되었다.

정부교섭대표는 단체교섭을 요구하는 노동조합이 2 이상인 경우에는 해당 노동조합에 대해 교섭창구 단일화를 요청할 수 있고, 교섭창구 단일화가 될 때까지 교섭을 거부할 수 있다.

③ **단체행동권**

단체행동은 단체교섭을 통한 합의가 이루어지지 않을 경우, 분쟁을 해결하기 위해 노동자 및 노동조합이 그 노동력의 제공을 집단적으로 통제해 벌이는 파업 또는 태업을 말한다.

우리나라의 경우, 쟁의행위의 금지를 규정하고 있으므로 공무원의 경우 노동기본권 중에서 단결권, 단체교섭권은 인정되나 단체행동권은 인정되지 않음을 분명히 하고 있다. 그것은 공무원의 단체행동이 국민의 일상생활에 심대한 영향을 미칠 수 있기 때문이다.

(3) 향후 과제

1996년에 「노동쟁의조정법」을 폐지하고 후속법 성격의 「노동조합 및 노동관계조정법」(1997년 3월 제정) 제41조 2항이 쟁의행위를 할 수 없는 자의 범위를 주요 방위산업체에 종사하는 근로자로 한정해 공무원 관련 문구를 삭제한 것은 법 규정의 일치를 지향한 진일보 조치라 할 수 있다. 그러나 우리나라 공무원 노동조합 관련 법규가 일원화되지 않고 산재해 각 법 규정에 따라 상이하게 구성된 공무원노조의 종류가 너무 많다는 점과 관련 법규의 해석이 모호하고 상충될 가능성이 있는 점 등은 향후 시정되어야 할 요소들이다.

객관식 문제

■ 기본문제

01 다음 중 공무원의 헌법상 의무에 해당하는 것은?

① 친절·공정의 의무　② 성실의 의무　③ 충성의 의무
④ 비밀 준수의 의무　⑤ 종교 중립의 의무

해설 ③ 3을 제외한 나머지는 국가공무원법상의 의무이다.

| 정답 ③

02 고충처리제도와 소청심사제도에 대한 설명으로 옳지 않은 것은?

① 양자 모두 공무원의 권익 보호를 위한 제도이다.
② 고충심사위원회와 소청심사위원회의 결정은 관계 기관의 장을 기속한다.
③ 중앙고충심사위원회의 기능은 인사혁신처 소청심사위원회에서 관장한다.
④ 소청심사제도는 공무원이 징계처분 기타 그 의사에 반하는 불이익처분에 대해 이의를 제기하는 경우 이를 심사·결정하는 특별행정심판제도이다.

해설 ② 소청심사위원회의 결정은 관계 기관의 장을 기속하지만, 고충심사위원회의 결정은 권고적인 것으로 관계 기관의 장을 기속하지 않는다.

구분	고충심사위원회	소청심사위원회
심사 대상	직무 조건, 신상문제	인사상의 불이익처분
결정의 구속력	권고적 성격으로 구속력 없음	구속력 있음

| 정답 ②

03 공무원의 노동조합 설립 및 운영 등에 관한 법률상 단체교섭 대상은?

(2017 국가직 7급)

① 기관의 조직 및 정원에 관한 사항
② 조합원의 보수에 관한 사항
③ 예산·기금의 편성 및 집행에 관한 사항
④ 정책의 기획 등 정책결정에 관한 사항

해설 ② 단체교섭 대상은 보수를 포함한 근무조건에 국한되며, 정책과 인사 등에 대한 내용은 대상이 아니다.

| 정답 ②

■ 심화문제

04 국가공무원법상에 규정된 직위해제 사유에 해당되지 않는 자는? (2015 행정사)

① 직무 수행 능력이 부족한 자
② 휴직 사유가 소멸된 후에도 직무에 복귀하지 않는 자
③ 근무성적이 극히 나쁜 자
④ 파면·해임에 해당하는 징계의결이 요구 중인 자
⑤ 정직에 해당하는 징계의결이 요구 중인 자

해설 ② 휴직기간이 만료되었음에도 불구하고 직무를 감당할 능력이 없는 자는 직권면직 사유가 된다.

〈직위해제와 직권면직의 비교〉

구분	직위해제	직권면직
개념	다음 사유에 해당하는 공무원에 대해 일정 기간(3개월 이내) 직위를 부여하지 않을 수 있는 처분	다음 사유에 해당하는 자를 직권으로 면직(신분 박탈)하는 인사처분
사유	1. 직무 수행 능력이 부족하거나 실적이 불량한 자 2. 징계의결 중인 자(중징계에 한함) 3. 형사사건으로 기소된 자 4. 고위공무원단에 속하는 자 중 근무성적이 불량해서 적격심사 요구를 받은 자	1. 직무 능력 부족 및 성적 불량으로 직위해제된 자가 직위해제 기간 중 그 향상이 기대될 수 없을 때 2. 전직시험에서 3회 이상 불합격한 자로서 직무 능력이 부족한 자 3. 직제·정원의 개폐 및 예산 감소로 인한 감원 시 4. 휴직기간 만료에도 직무 감당할 능력이 없을 때 등

| 정답 ②

05 국가공무원법상 징계에 대한 설명으로 옳은 것은?

① 징계는 파면, 해임, 강등, 정직, 감봉, 견책으로 구분한다.
② 정직은 1개월 이상 3개월 이하의 기간으로 하고, 정직처분을 받은 자는 그 기간 중 공무원의 신분은 보유하나 직무에 종사하지 못하며 보수의 3분의 2를 감한다.
③ 감봉은 1개월 이상 3개월 이하의 기간 동안 보수 전액을 감한다.
④ 감사원에서 조사 중인 사건에 대해서는 조사 개시 통보를 받은 후부터 징계의결의 요구나 그 밖의 징계절차를 진행할 수 있다.

해설 ① 징계는 6단계로 파면, 해임, 강등, 정직, 감봉, 견책으로 구분한다.
② 정직은 전액 삭감한다.
③ 감봉은 전액 삭감이 아니고 보수의 3분의 1을 감한다.
④ 감사원에서 조사 개시 통보를 받은 후부터는 징계의결의 요구를 할 수 없다.

| 정답 ①

06 **공무원 신분의 변경과 소멸에 대한 설명으로 옳은 것은?**

① 면직처분에 대해서는 소청심사를 청구할 수 있으나, 승진 탈락에 대해서는 청구할 수 없다.

② 직제와 정원규정이 바뀌어 현재의 공무원 수가 정원을 초과한 경우는 당연퇴직 요건에 해당한다.

③ 권고사직은 의원면직의 형식을 취하므로 강제퇴직이라고 볼 수 없다.

④ 직위해제를 받게 되면 직무를 담당하지 못하게 되어 공무원의 신분을 유지할 수 없다.

⑤ 강임은 승진과 반대로 현 직급보다 낮은 하위 직급에 임용되는 것으로 징계에 해당한다.

해설 ① 소청심사 대상에는 징계처분, 기타 의사에 불리한 처분이나 부작위, 즉 강임, 휴직, 면직, 전보 등이 해당한다. 따라서 근무성적평가 결과, 승진 탈락, 변상명령 등 불만족 사항에 대해서는 소청 대상으로 인정하지 않는다.
② 직제와 정원규정이 바뀌어 현재의 공무원 수가 정원을 초과한 경우는 직권면직 사유에 해당한다.
③ 권고사직은 임용권자의 권고에 의해 공무원이 그 직을 떠나게 되는 것으로 사실상의 강제퇴직에 해당한다.
④ 직위해제란 공무원에게 신분은 보존시키되 직위를 부여하지 않는 처분을 의미한다. 직무 수행 능력이 부족하거나 근무성적이 극히 나쁜 자, 파면·해임·강등 또는 정직에 해당하는 징계의결이 요구 중인 자, 형사사건으로 기소된 자, 고위공무원 중 적격심사를 요구받은 자 등에 대해서는 직위를 부여해서는 안 된다고 규정하고 있다.
⑤ 강임은 승진과 반대로 상위 직급에서 하위 직급으로 이동하는 것으로서 징계에 해당하지 않는다.

| 정답 ①

07 **다음 중 공무원 노조에 대한 설명 중 틀린 것은?**

① 정책결정, 인사정책 등은 교섭 대상이 아니다.

② 법령이나 예산에 관한 내용은 단체협약으로서의 효력을 인정하지 아니한다.

③ 공무원노조는 행정관리 개선에 기여한다.

④ 가입 대상 공무원은 일반직 공무원의 경우 7급 이하로 한다.

해설 ④ 일반직 6급 이하이다.

| 정답 ④

제 8 장 인사 실전테스트

01 동일한 보수를 지급할 수 있는 직위의 횡적인 군을 뜻하는 것은?

① 직류 ② 등급 ③ 직렬
④ 직무명세서 ⑤ 직급

해설 ② 등급이다.

| 정답 ②

02 공무원 신분의 변경과 소멸에 대한 설명으로 옳은 것은? (2014 서울시 7급)

① 면직처분에 대해서는 소청심사를 청구할 수 있으나, 승진탈락에 대해서는 청구할 수 없다.
② 직제와 정원규정이 바뀌어 현재의 공무원 수가 정원을 초과한 경우 당연퇴직 요건에 해당한다.
③ 권고사직은 의원면직의 형식을 취하므로 강제퇴직이라고 볼 수 없다.
④ 직위해제를 받게 되면 직무를 담당하지 못하게 되어 공무원의 신분을 유지할 수 없다.
⑤ 강임은 승진과 반대로 현 직급보다 낮은 하위 직급에 임용되는 것으로 징계에 해당한다.

해설 ① 소청심사 대상에는 징계처분, 기타 의사에 불리한 처분이나 부작위, 즉 강임, 휴직, 면직, 전보 등이 해당한다. 따라서 근무성적평가 결과, 승진 탈락, 변상명령 등 불만족 사항에 대해서는 소청 대상으로 인정하지 않는다.
② 직제와 정원규정이 바뀌어 현재의 공무원 수가 정원을 초과한 경우는 직권면직 사유에 해당한다.
③ 권고사직은 임용권자의 권고에 의해 공무원이 그 직을 떠나게 되는 것으로 사실상의 강제퇴직에 해당한다.
④ 직위해제는 공무원에게 신분은 보존시키되 직위를 부여하지 않는 처분을 의미한다. 직무 수행 능력이 부족하거나 근무성적이 극히 나쁜 자, 파면·해임·강등 또는 정직에 해당하는 징계의결이 요구 중인 자, 형사 사건으로 기소된 자, 고위공무원 중 적격심사를 요구받은 자 등에 대해서는 직위를 부여해서는 안 된다고 규정하고 있다.
⑤ 강임은 승진과 반대로 상위 직급에서 하위 직급으로 이동하는 것으로서 징계에 해당하지 않는다.

| 정답 ①

03 국가공무원법상 징계에 대한 설명으로 옳은 것은? (2018 국가직 9급)

① 징계는 파면, 해임, 정직, 감봉, 견책으로 구분한다.
② 정직은 1개월 이상 3개월 이하의 기간으로 하고, 정직처분을 받은 자는 그 기간 중 공무원의 신분은 보유하나 직무에 종사하지 못하며 보수의 3분의 2를 감한다.
③ 감봉은 1개월 이상 3개월 이하의 기간 동안 보수의 3분의 1을 감한다.
④ 감사원에서 조사 중인 사건에 대해서는 조사 개시 통보를 받은 후부터 징계의결의 요구나 그 밖의 징계절차를 진행할 수 있다.

해설 ③ 감봉은 전액 삭감이 아니고 보수의 3분의 1을 감한다.
① 징계는 6단계로 파면, 해임, 정직, 강등, 감봉, 견책으로 구분한다.
② 정직은 전액 삭감한다.
④ 감사원에서 조사 개시 통보를 받은 후부터는 징계의결의 요구를 할 수 없다.

| 정답 ③

04 채용시험의 구성 타당성에 관한 설명으로 옳은 것은? (2008 국가직 7급)

① 채용시험이 이론적으로 추정된 능력 요소를 얼마나 정확하게 측정할 수 있는가
② 채용시험이 장래의 직무 수행에 필요한 능력 요소를 얼마나 정확하게 예측할 수 있는가
③ 채용시험이 특정한 직위의 직무 수행에 필요한 능력 요소를 어느 정도까지 측정할 수 있는가
④ 채용시험이 개인 간의 능력 차이를 어느 정도까지 식별할 수 있는가

해설 ① 구성 타당성은 시험이 이론적으로 구성된 능력 요소를 얼마나 정확히 측정할 수 있는가에 대한 타당성이다.

| 정답 ①

05 직위분류제와 계급제의 특성에 대한 비교 설명으로 옳지 않은 것은? (2014 지방직 7급)

① 직위분류제는 조직계획의 단기적 합리성을 확보할 수 있다.
② 직위분류제에서는 직무의 종류나 성격에 관계없이 폭넓은 인사이동이 가능하다.
③ 계급제에서는 직업공무원제 확립이 용이하다.
④ 계급제에서는 공무원 간의 유대의식이 높아 행정의 능률성을 제고할 수 있다.

해설 ② 계급제는 순환보직을 통해 직무의 종류에 관계없이 탄력적 인력 운용이 가능하지만, 직위분류제는 직렬별 선발과 승진 임용을 원칙으로 한다.
① 계급제는 장기적 발전성을 중시하지만 직위분류제는 특정 시점의 능력을 중시한다.
③ 계급제에서는 직업공무원제 확립이 용이한 반면, 직위분류제는 실적제에 적합한 제도로 볼 수 있다.
④ 계급제는 공무원 간 유대의식을 높여준다.

| 정답 ②

06 직위분류제의 출발에 영향을 미친 것을 모두 고르면? (2013 국가직 7급)

가. 과학적 관리론	나. 종신고용 보장
다. 보수의 형평성 요구	라. 실적주의(merit system)의 요구

① 가, 다 ② 나, 라
③ 가, 다, 라 ④ 가, 나, 다, 라

해설 ③ 직위분류제는 실적제, 과학적 관리론, 동일 노동에 대한 동일 보수라는 합리적 사고에 기반을 둔 제도이다. 종신고용은 직업공무원제와 관련된다.

| 정답 ③

07 다음과 같은 방식으로 직무를 평가하는 방법은? (2017 추가채용 7급)

> 저는 각 답안지를 직관으로 평가하면서 우수한 순서대로 나열해 놓은 후 학점을 줍니다. 구체적으로 어떤 기준에서 그렇게 학점을 주었냐고 하면 금방 답하기는 어렵지만, 어쨌든 이 과정에서 중요한 것은 상대성입니다.

① 서열법 ② 분류법
③ 점수법 ④ 요소비교법

해설 ① 서열법은 직무평가방법 중 가장 간단한 방법으로, 각 직위가 지고 있는 직무의 곤란성이나 책임성을 전체적으로 평가해서 직위 간의 서열을 정하는 방법이다. 지문에서처럼 상대적 우열을 주관적으로 평가하는 방법은 서열법이다.

| 정답 ①

08 공무원 구분에 관한 설명으로 옳은 것은 보기에서 고른 것은? (2017 교육행정직 9급)

> 가. 헌법재판소 헌법연구관은 특정직 공무원이다.
> 나. 감사원 사무총장은 별정직 공무원이다.
> 다. 실적주의 적용과 신분 보장의 여부에 따라 경력직과 특수경력직 공무원으로 구분된다.
> 라. 임기제 공무원은 근무기간을 정해서 임용하는 특수경력직 공무원이다.

① 가, 나 ② 가, 다
③ 나, 라 ④ 다, 라

해설 ② 나: 감사원 사무총장은 정무직 공무원이며, 차장은 일반직 공무원이다.
라: 국가공무원법상 경력직 공무원을 임용할 때 임기제 공무원을 임용할 수 있다.

| 정답 ②

09 **공무원의 보수 수준은 ( )을 상한선으로 하고, ( )을 하한선으로 하여 결정되는 것이 바람직하다고 할 때 ( ) 안에 들어갈 내용으로 적합한 것은?** (2005 경기도 9급)

① 민간부문의 최고임금, 민간부문의 평균임금
② 공무원의 성과, 공직의 시장가격
③ 정부의 재정력, 공무원의 생계비
④ 민간부문의 평균임금, 공직의 시장가격

해설 ③ 상한은 경제적 요인에 의해 결정된다. 하한은 사회윤리 요인, 즉 최저생계비나 품위 유지 수준을 고려해서 결정한다.

| 정답 ③

10 **2016년 1월 27일부터 시행된 공무원연금제도에 대한 설명으로 옳지 않은 것은?** (2016 교육행정직 9급)

① 재직기간 상한을 최대 36년까지 인정한다.
② 유족연금 지급률을 모든 공무원에게 60%로 한다.
③ 연금 지급 개시 연령은 임용 시기 구분 없이 65세로 한다.
④ 연금지급률을 1.9%에서 1.5%로 2025년까지 단계적으로 인하한다.

해설 ③ 연금지급률은 1.9%에서 1.7%로 단계적으로 인하한다.
④ 연금 지급 개시 연령은 65세로 통일되었다. 다만 경과규정에서 계급정년으로 퇴직한 경우에는 퇴직한 때로부터 5년이 경과한 때 지급한다로 되어 있어 틀린 지문이 된다.

| 정답 ③, ④

11 **공무원의 노동조합 설립 및 운영 등에 관한 법률상 단체교섭 대상은?** (2017 국가직 7급)

① 기관의 조직 및 정원에 관한 사항
② 조합원의 보수에 관한 사항
③ 예산·기금의 편성 및 집행에 관한 사항
④ 정책의 기획 등 정책결정에 관한 사항

해설 ② 단체교섭 대상은 보수를 포함한 근무조건에 국한되며, 정책과 인사 등에 대한 내용은 대상이 아니다.

| 정답 ②

12 **공무원의 정치적 중립성과 관련이 없는 것은?** (2016 교육행정직 9급)

① 해치법(Hatch Act)
② 직업공무원제 확립
③ 국민 전체에 대한 봉사
④ 관료의 정책형성 기능 확대

해설 ④ 관료의 정책형성 기능은 관료의 정치적 개입을 의미한다.
① 해치법은 미국에서 공무원의 정당 가입을 금지해 정치적 중립을 보장하려고 했다.

| 정답 ④

13 평상시 근무하면서 일을 배우는 직장 내 교육훈련 방법으로 가장 옳지 않은 것은? (2015 서울시 7급)

① 실무지도
② 인턴십
③ 직무순환
④ 감수성훈련

해설 ④ 감수성훈련은 외부와 고립된 곳에 들어가서 훈련을 하게 된다.

| 정답 ④

14 다음 중 공무원의 당연퇴직 사유가 아닌 것은? (2005 경남 9급)

① 금고 이상의 형을 선고유예를 받은 경우, 그 선고유예기간 중인 자
② 금고 이상의 형을 받고 그 집행이 종료되거나, 혹은 집행을 받지 아니하기로 확정된 후 5년이 경과하지 아니한 자
③ 금고 이상의 형을 받고 그 집행유예기간이 완료된 날로부터 2년이 경과하지 않은 자
④ 징계에 의해 파면처분을 받은 때로부터 5년이 경고하지 않은 자

해설 ① 공무원이 결격 사유에 해당하면 당연퇴직되나, 형의 선고유예의 경우에는 업무상 배임·횡령죄로 금고 이상의 형의 선고유예를 받은 경우에만 적용된다.

| 정답 ①

15 다음 중 국가공무원법 및 지방공무원법상 특수경력직 공무원에 해당하는 사람을 보기에서 모두 고르면? (2017 국회직 8급)

가. 파출소에 근무하는 순경 갑
나. 국회의원 의원실에 근무 중인 비서관 을
다. 국토교통부에서 차관으로 근무 중인 병
라. 병무청에서 근무 중인 군무원 정
마. 청와대에서 대통령비서실 민정수석비서관으로 근무하는 무

① 가, 나, 다
② 가, 다, 라
③ 가, 라, 마
④ 나, 다, 마
⑤ 나, 라, 마

해설 ④ 파출소에 근무 중인 순경 갑은 경력직 공무원 중 특정직 공무원에 해당한다. 병무청에 근무 중인 군무원 정은 경력직 공무원 중 특정직 공무원이다. 국회의원 비서관은 특수경력직 공무원 중 별정직, 차관은 특수경력직 공무원 중 정무직, 민정수석비서관은 특수경력직 공무원 중 정무

직에 해당한다.

| 정답 ④

16 다음 중 직위분류제의 분류와 그 예시의 연결이 가장 옳지 않은 것은?

(2016 서울시 9급)

① 직류－일반행정, 법무행정, 국제통상
② 직렬－행정, 세무, 관세, 교정
③ 직군－행정, 공안, 시설
④ 직위－관리관, 이사관, 서기관

해설 ④ 직위는 한 사람이 담당하는 권한과 책임의 범위를 말한다. 이를테면 행정지원실장, 복지계장 등이 해당되고, 사무관, 이사관 등은 등급에 속한다. 관리관, 이사관, 서기관 등은 직위가 아닌 등급에 속한다. 등급은 직무의 종류는 다르지만 그 곤란성 · 책임도 및 자격 수준이 상당히 유사해서 동일한 보수를 지급할 수 있는 직위의 군을 말한다.

| 정답 ④

17 대표관료제의 논리가 지니는 문제점으로 옳지 않은 것은? (2010 국회8급)

① 내부통제의 강화
② 피동적 대표성이 능동적 대표성을 보장한다는 전제의 허구성
③ 천부적 자유의 개념과 상충
④ 할당제와 역차별로 인한 사회 분열의 조장
⑤ 대표의 집단이기주의화

해설 ① 내부통제의 강화는 대표관료제의 장점에 속한다.
② 임용된 소수집단이 관련 주류집단의 문화에 동화되는 경우 출신 집단의 이익을 위해 행동하지 않게 된다.
③ 대표관료제는 능력과 무관하게 출신에 따른 할당제를 적용하게 되는데 이는 기회 균등과 배치된다.
⑤ 대표가 자신의 출신집단의 이익을 위해 행동하는 것은 전체 국민에 대한 봉사자라는 공무원의 의무를 저버리는 행위라 할 수 있다.

| 정답 ①

18 다음 중 실적주의의 장점이 아닌 것은?

① 행정의 대응성 확보
② 공무원의 신분 보장
③ 행정의 전문화 촉진
④ 공무원의 자질 향상과 업무 능률 증진

해설 ① 실적주의는 정치적 중립을 강조함으로써 대응성 확보는 어렵다.

| 정답 ①

19 국가공무원법상 징계의 내용과 효력을 바르게 설명한 것은? (2017 사회복지직 9급)

① 강등은 1계급 아래로 직급을 내리고 공무원의 신분은 보유하나 3개월간 직무에 종사하지 못하며 그 기간 중 보수의 3분의 2를 감한다.

② 정직은 1개월 이상 3개월 이하의 기간으로 하고, 정직처분을 받은 자는 그 기간 중 공무원 신분은 보유하나 직무에 종사하지 못하며 보수의 3분의 2를 감한다.

③ 감봉은 1개월 이상 3개월 이하의 기간 동안 보수의 3분의 2를 감한다.

④ 파면 처분을 받은 때부터 5년이 지나지 아니하면 공무원으로 임용될 수 없다.

해설 ④ 파면은 5년, 해임은 3년이 지나지 아니하면 공무원으로 임용될 수 없다.
①, ② 강등과 정직은 보수 전액을 감한다.
③ 감봉은 1/3을 감한다.

| 정답 ④

20 역량기반 교육과정은 인재육성 차원과 인력관리 차원으로 기대 효과를 구분할 수 있다. 다음 중 인력관리 차원에서의 기대효과에 대한 설명은? (2011 서울시 7급)

① 신규인력의 채용 및 선발기준으로 활용이 가능하다.

② 성과 지향적 교육과정 개발의 근거를 제공한다.

③ 부처별 특성에 부합하는 인력육성 계획 수립 및 실행 방안을 제고할 수 있다.

④ 합리적 평가기준의 개발과 활용이 가능하다.

⑤ 타 부서의 필요 역량에 대한 정보 습득이 용이해 계획적 경력개발에 활용이 가능하다.

해설 ① 신규인력의 채용 및 선발기준으로 활용이 가능한 것은 인력관리 차원이고, 나머지는 모두 인재육성 차원이다. 인재육성 차원의 기대 효과를 보면, 성과 지향적 교육과정 개발의 근거를 제공하며, 부서별 특성에 부합하는 인력육성계획 수립 및 실행 방안을 제고한다. 또 타 부서의 필요 역량에 대한 정보 습득이 용이해서 계획적 경력개발에 활용이 가능하다. 다음으로 인력관리 차원의 기대효과는 신규인력의 채용 및 선발에 활용 가능하고, 기존 인력에 대한 승진이나 보상의 근거로 활용이 가능하다. 또 적절한 인력 배치에도 활용할 수 있다.

| 정답 ①

21 계급제와 직위분류제에 대한 설명으로 옳지 않은 것은?

	계급제	직위분류제
①	폐쇄적 충원	개방적 충원
②	낮은 보수 형평성	높은 보수 형평성
③	연공서열 중심 인사관리	실적 중심 인사관리
④	종합적 시각 확보 곤란	종합적 시각 확보 가능

해설 ④ 계급제는 종합적인 시각 확보가 가능해 올라운드 플레이어를 양성할 수 있다. 그러나 직위분류제는 전문 분야 중심이어서 종합적인 시각 확보가 어렵다.

| 정답 ④

22 **다음 중 현재 우리나라 5급 이하에 적용되는 승진후보자명부 작성 시 고려하는 요소가 바르게 연결된 것은?**

① 근무실적+ 직무 수행 능력+부서 단위의 운영평가+직무 수행 태도
② 근무성적평정+경력평정+교육훈련성적
③ 근무성적평정+경력평정
④ 근무성적평정

해설 ③ 승진후보자명부 작성 시에는 근무성적평정(70%)+ 경력평정(30%)이다. 참고로 근무성적평정 요소는 평가 항목 간의 균형 유지를 위해 근무실적과 직무 수행 능력의 평가점수는 어느 하나의 비율이 70%를 초과하지 않도록 하고 있으며, 추가 항목으로 지정할 경우 직무 수행 태도는 10%, 부서 단위의 운영평가는 20% 이내로 해야 한다. 정리하면, 승진후보자명부 작성은 근무성적평정(70%)+ 경력평정(30%)이고, 근무성적평정 요소는 근무실적+ 직무 수행 능력(필요 시 직무 수행 태도 또는 부서 단위의 운영평가 추가)

| 정답 ③

23 **다음 중 우리나라의 고위공무원단에 대한 설명으로 옳지 않은 것은?**

(2016 국회직 8급)

① 고위공무원단의 일부는 공모직위제도에 의해 충원된다.
② 고위공무원단제도는 지방자치단체의 지방공무원에 대해서는 도입되지 않고 있다.
③ 고위공무원단은 계급제가 아닌 직무등급제를 기반으로 운영된다.
④ 고위공무원단의 대상은 일반직 공무원이며 별정직 공무원은 그 대상에서 제외된다.
⑤ 고위공무원단의 성과연봉은 전년도 근무성과에 따라 결정된다.

해설 ④ 고위공무원단은 국가직 공무원을 대상으로 하며, 일반직과 별정직 공무원 모두 그 대상에 속한다.
① 고위공무원단은 개방형 직위(20/%), 공모직위(30%), 부처자율직위(50%)에 의해 충원된다.
② 고위공무원단은 국가직 공무원을 대상으로 하며, 지방공무원은 아직 도입되지 않았다.
③ 고위공무원단은 계급을 폐지하고 하나의 인력 풀로 활용하며, 직무 중심의 인사관리가 특징이다.
⑤ 고위공무원단은 직무성과급적 연봉제를 도입해 전년도 성과에 따라 결정된다.

| 정답 ④

24 **다음의 사례와 행정권 오용의 유형이 바르게 연결된 것은?**

① 부정행위－부여된 재량권이나 의무를 다하지 않고 적극적인 자세를 취하지 않는 행위
② 비윤리적 행위－영수증을 허위 작성하거나 공금 횡령 등
③ 무사안일－친구 또는 특정 집단을 후원하거나 이득을 주는 행위

④ 법규의 경시－자신의 행위를 정당화하기 위해 법규를 자의적으로 해석하는 행위

해설 ④ 법규의 경시는 법규를 무시하거나, 자신의 행위를 정당화하기 위해 법규를 자의적으로 해석하는 행위가 해당한다.
① 지문의 내용은 무사안일에 해당한다.
② 부정행위에 해당한다.

| 정답 ④

25 공무원의 정치적 중립성과 관련이 없는 것은?

① 행정의 공평성 확보
② 직업공무원제 확립
③ 실적주의의 정착
④ 관료의 정책형성 기능 확대

해설 ④ 공무원의 정치적 중립은 실적주의를 확립하는 데 필요하다. 관료의 정책형성 기능 확대는 행정의 정치적 성격을 말하는 것으로서 이는 정치적 중립을 저해한다.

| 정답 ④

제 9 장 재 무

제 1 절 예산의 일반이론

1. 예산의 개념

예산(豫算)이란 한 회계연도에 있어서 세입 · 세출의 예정적 계산이다. 미국이나 독일은 예산이 법률로써 성립하지만 우리나라의 중앙정부 예산은 국회의 '의결'을 통해서 성립한다.

1) 법률주의: 예산이 세입법 · 세출법과 같이 법률의 형식을 취하고, 세출예산과 세입예산이 법적 구속을 받게 되며 매년 법률로 제정된다.

2) 예산주의: 예산이 법률과는 다른 '예산'이라는 '의결' 형식을 취한다. 세출예산만이 법률적 구속을 받게 되고, 세입예산은 법적 구속을 받지 못한다.

2. 예산의 규모

세입 · 세출예산 총계는 일반회계 규모와 특별회계 총규모를 그대로 합한 규모이다. 세입 · 세출예산 규모의 순계는 일반회계 규모와 특별회계 내부의 계정 간 거래 — 계정 상호간 이중 계상 — 를 제외한 금액을 합한 것을 말한다. 세입 · 세출

예산 순계는 특별회계 내분의 계정 간 거래는 물론 회계 상호간의 전출·입에 의한 이중 계상을 모두 공제한 후의 순예산 규모이다. 일반회계 예산 규모는 글자 그대로 일반회계의 세입·세출예산액을 말한다. 그리고 통합 예산 규모는 일반회계 및 특별회계뿐만 아니라 정부관리기금까지 포함한 규모를 말한다.

우리나라 정부의 재정 규모는 회계기준에 따라 달라진다.

1) 통합재정 규모: 일반회계, 특별회계, 기금의 지출 규모에서 내부거래와 채무상환을 차감한 순수한 재정활동의 규모이다. 통합재정 규모는 국제통화기금(IMF)의 기준에 따르며, 통합재정 규모는 경상지출+자본지출+순융자(융자지출−융자회수)로 나타낸다.

2) 총지출 규모는 총계 개념: 통합재정 규모보다는 항상 규모가 크다. 총지출 규모는 경상지출+자본지출+융자지출로 산출한다.

3) 일반정부재정 규모는 OECD의 기준에 따른다. 정부 기능을 수행하는 민간관리기금과 비영리공공기관이 포함된다.

3. 예산의 원칙

1) 의의

예산의 원칙은 예산의 네 과정, 즉 예산안의 편성·심의·집행 및 회계검사 과정에서 지켜야 할 준칙을 말한다.

2) 전통적 예산 원칙

(1) 예산 공개의 원칙

① 의의

예산 운영의 모든 상태는 국민에게 공개되어야 한다는 원칙이다. 정부의 수입이 어떤 근거에서 얼마나 들어오고, 그것이 어떤 절차에 의해서 얼마나 지출되는가를 국민들이 알아야 한다.

② **예외**

가. 신임예산은 의회가 세부 내역을 정하지 않고 예산을 총액으로 승인해주는 제도로서 제2차 세계대전 때 영국 등에서 허용했다.

나. 우리나라는 국방비, 외교활동비, 국가정보원 예산 등에 대해 기밀상 이유로 공개하지 않는다.

(2) 예산 사전 의결의 원칙

① **의의**

행정부가 예산을 집행하기 전에 국민의 대표기관인 입법부의 사전 승인을 받아야 한다는 것이다. 행정부가 입법부에 제출한 예산은 늦어도 회계연도 개시 30일 전까지 입법부의 의결을 받아야 한다.

② **예외**

가. 재정상의 긴급명령(헌법 제76조): 국회의 소집을 기다릴 여유가 없을 때에 한해서 대통령이 긴급 재정처분의 실효성을 뒷받침하기 위한 긴급 입법 조치로서 발하는 명령으로 법률의 효력을 가진다.

나. 준예산(準豫算)제도: 본예산이 회계연도 개시 전까지 입법부를 통과하지 못하는 경우에 특정경비에 한해서 전년도 예산에 준해 지출할 수 있도록 만든 제도이다.

(3) 예산 한정성의 원칙

① **의의**

예산은 사용 목적 · 사용 범위 · 및 사용기간에서 명확한 한계가 있어야 한다는 원칙이다. 즉, 예산의 각 항목은 상호 명확한 경계를 지니고 있어서 i) 각 항목 간의 융통을 금하며, ii) 계상된 금액 이상의 지출을 금지하고, iii) 정해진 회계연도 내에 지출이 이루어져야 한다. 「국가재정법」 제3조와 제45조에서도 각각 회계연도 독립의 원칙과 예산의 목적 외 지출을 금지하고 있다.

② **예외**

가. 목적 외 사용 금지의 예외

가) 이용: 입법과목인 장·관·항 간의 상호 융통을 말한다.

나) 전용: 행정과목인 세항·목 간의 상호 융통을 말한다.

나. 초과지출 금지의 예외: 예비비는 총예산의 일정 비율을 예비해 두었다가 필요한 지출에 충당하는 제도이다.

다. 회계연도 독립의 원칙의 예외: 이월과 계속비 등이 이에 해당한다.

(4) 예산 통일성의 원칙

① **의의**

특정 수입으로 특정 지출을 하도록 되어 있는 것이 아니라, 모든 수입은 국고(國庫)에 편입되어 거기서 지출되어야 한다. 이것이 예산 통일의 원칙이며, '비영향(non-affection)의 원칙'이라고도 한다.

② **예외**

특별회계, 목적세 등이 이에 해당한다.

(5) 예산 단일성의 원칙

① **의의**

예산은 구조 면에서 가급적 단일해야 하며 추가경정예산이나 특별회계를 두어서는 안 된다는 원칙이다.

② **예외**

가. 특별회계: 특정한 수입과 지출을 구분해서 처리하기 위해 일반회계와 독립된 별개의 예산이다.

나. 기금: 국가의 특정한 목적을 실현하기 위해 예산 원칙의 일반적인 제약에서 벗어나 좀 더 신축적으로 운용될 수 있도록 특정 사업을 위해 보유·운용하는 자금이다.

다. 추가경정예산: 예산이 성립한 후에 생긴 사유로 인해 이미 성립된 예산에 변경을 가할 필요가 있을 때 편성하는 예산이다.

(6) 예산총계주의 원칙

한 회계연도의 모든 수입과 지출은 예산에 계상되어야 한다는 뜻이다. 예산 완전성의 원칙이라고도 부른다. 그래야 의회와 국민에 의한 재정 감독이 가능하기 때문이다.

3) 현대적 예산 원칙

현대적 예산 원칙은 행정국가 하에서 예산은 정책목표를 달성하기 위한 효과적인 수단으로 인식되면서 행정부가 신축성과 재량성을 가지고 예산 운영상의 책임을 져야 한다는 원칙이다.

(1) 계획의 원칙: 정부의 예산편성은 행정부의 사업계획과 연계되도록 해야 한다는 것이다.

(2) 적절한 예산수단 구비의 원칙: 정부가 책임 있게 예산을 관리하기 위해 편성·심의·집행 등에서 예산의 배정, 예비비 등 적절한 제도적 수단을 마련해야 한다는 원칙이다.

(3) 다원적 절차의 원칙: 현대의 행정활동은 매우 다양하므로 사업의 성격에 따라 예산절차를 다르게 해야 한다는 것이다.

(4) 시기의 신축성과 재량의 원칙: 경제 사정 등의 변화에 적응할 수 있도록 예산의 집행 시기를 적절하게 조절할 수 있어야 한다.

(5) 예산기구 상호성의 원칙: 예산이 효과적으로 집행되기 위해서는 모든 부처와 그 산하기관이 서로 협력해야 한다는 것이다.

4. 예산의 분류

예산은 기준에 따라 몇 가지로 구분할 수 있다. 일반적으로 예산을 유형화하는 기준으로는 회계별 분류, 성립 시기, 예산 불성립 시의 대처 방안 등을 들 수 있다.

1) 회계별 분류

(1) 일반회계예산

일반회계예산은 일반적 국가 활동에 관한 총세입·총세출을 망라해서 편성한 예산이다. 일반회계는 정부재정의 근간이 된다고 할 수 있는데, 일반적으로 정부예산이라고 하면 일반회계를 지칭한다.

(2) 특별회계예산

특별회계예산이란 국가의 회계 중에서 특정한 세입으로 특정한 세출에 충당함으로써 일반회계의 세입·세출과 구분해서 처리할 필요가 있을 때에 설치되는 회계이다.

일반회계와 특별회계의 비교해 보면, 일반회계예산은 영구적인데 비해서, 특별회계예산은 임시적이다. 특별회계예산은 철도·우편·의료 서비스 등 준공공재를 제공하기 위해서 존재하는 것으로 이것은 임시적인 것이므로 그 설치 요건이 소멸하면 없앨 수 있다. 적용 법규를 보면, 일반회계는 국가재정법의 적용을 받고 특별회계는 기업예산회계법의 적용을 받는다. 그리고 특별회계는 독립채산제를 채택할 수 있으나 일반회계는 허용되지 않는다. 마지막으로 일반회계는 공공성 추구에 역점을 두는 데 반해 특별회계는 기업성을 추구한다.

「국가재정법」(제14조)은 특별회계를 신설하고자 할 때에는 해당 법률안을 입법예고하기 전에 특별회계 신설에 관한 계획서를 기획재정부 장관에게 제출해서 신설의 타당성에 관한 심사를 받도록 하고 있다. 이때 적용되는 기준은 ① 일반회계나 기존의 특별회계보다 새로운 특별회계로 사업을 수행하는 것이 더 효과적일 것, ② 특정한 사업을 운영하거나 특정한 세입으로 특정한 세출에 충당함으로써 일반회계와 구분해 계리할 필요가 있을 것 등이다.

(3) 기금

특정한 분야의 사업에 대해 지속적이고 안정적인 자금 지원이 필요한 경우에 예산과는 별도로 정부가 직접 기금을 조성해서 운용하거나 민간이 조성해서 운용하는 기금에 출연함으로써 정부의 정책 목적을 달성하고 있다.

예산과 달리 한 해의 수입을 모두 지출하는 것이 아니고 원본(준비금)을 적립해 두고 원본을 운용해서 얻은 수익으로 사업을 수행한다. 그래서 기금은 세입・세출 예산에 의하지 아니하고 운용할 수 있다(국가재정법 제5조 제2항). 이때 기금은 반드시 법률에 따라 설치하도록 되어 있다.

기금은 특별회계에 비해 운용상 자율성이 다소 높다. 즉, 주요 항목 지출금액의 20%(금융성 기금의 경우 30% 범위 내)에서는 별도의 국회 심의 없이 변경이 가능하다. 반면, 개별 목적을 위한 각종 기금이 독자적으로 운용됨으로써 전체 재정 운용과의 연계성을 저하시키기도 한다.

2) 예산의 성립 시기별 분류

예산은 성립 시기를 중심으로 본예산・수정예산・추가경정예산으로 구분할 수 있다.

본예산은 국회의 의결을 얻어 확정・성립된 예산이다. 다음 회계연도의 모든 세입・세출을 계상한 예산안은 기획재정부의 사정과 국무회의의 심의를 거쳐 대통령의 승인을 얻은 후 회계연도 개시 120일 전까지 국회에 제출되며, 국회는 회계연도 30일 전까지 이를 의결한다.

수정예산은 예산안이 국회에 제출된 후 심의를 거쳐 성립되기 이전에 부득이한 사유로 인해 그 내용의 일부를 수정하고자 하는 경우 작성되는 예산을 의미한다.

추가경정예산은 예산안이 국회를 통과해 확정된 후 생긴 사유로 인해 필요한 경비의 과부족이 생길 때 본예산에 추가 또는 변경을 가한 예산을 말한다. 추경예산 편성이 가능한 경우는 다음의 세 가지 경우에 한정된다(국가재정법 제89조). ① 전쟁이나 대규모 자연재해가 발생한 경우, ② 경기 침체, 대량실업, 남북 관계의 변화, 경제 협력과 같은 대내・외 여건에 중대한 변화가 발생했거나 발생할 우려가 있는 경우, ③ 법령에 따라 국가 지급해야 하는 지출이 발생하거나 증가하는 경우 등이다.

3) 예산 불성립 시의 종류

행정부의 예산안은 입법부의 의결을 거쳐야 확정되는데, 회계연도 개시 때까지 의결이 못 될 경우에 대비해 아래와 같은 제도적 장치를 마련하고 있다.

(1) 잠정예산

잠정예산은 회계연도 개시 전까지 예산이 국회에서 의결되지 못했을 경우 몇 개월분에 해당하는 일정한 금액을 국고로부터 지출할 수 있도록 허가해주는 제도이다. 영국, 캐나다 및 일본 등에서 사용되며, 우리나라에서는 채택한 적이 없다.

(2) 가예산

가(假)예산은 새로운 회계연도가 개시될 때까지 예산안이 의결되지 못할 경우 예산 공백기간 중 최소한의 국정 운영을 위해 1개월 이내의 예산의 집행을 허용하는 제도로서 의회의 의결을 요한다.

(3) 준예산

준(準)예산은 새로운 회계연도가 개시될 때까지 예산안이 국회에서 의결되지 못할 때 ① 헌법이나 법률에 의해 설치된 기관 또는 시설의 유지·운영, ② 법률상의 지출의무 이행, ③ 이미 예산으로 승인된 사업의 계속을 위한 경비를 전년도 예산에 준해서 지출하도록 되어 있다. 주요 특징으로 국회 의결이 필요 없이 당해 연도의 예산이 성립할 때까지 제한 없이 사용할 수 있다.

4) 조세지출 예산제도

조세지출이란 개인이나 기업의 특정한 경제활동에 유인을 주기 위해, 비과세, 감면, 공제, 세율 인하 등의 세제상의 각종 유인 장치를 통해 포기된 세수로 정의된다.

조세지출 예산제도(tax expenditure budget)란 조세지출의 내용과 규모를 주기적으로 공표해 조세지출을 관리·통제하는 제도이다.

지원의 필요가 없어진 후에도 조세 감면이 계속되어 자원 배분의 비효율과 심각한 공평성의 문제를 드러내며 세수의 감소를 초래하고 있을 때 조세지출예산의 작성은 이와 같은 항목을 투명하게 드러내는 효과가 있다.

5) 우리나라의 예산 분류 체계

(1) 현행법상 분류 체계

세입 · 세출예산은 독립기관 및 중앙관서의 소관별로 구분하되, 세입예산은 성질별로 관 · 항으로 구분하고, 세출예산은 기능별 · 성질별 또는 기관별로 장 · 관 · 항으로 구분한다.

(2) 실제 현황

① 세입예산 과목구조는 관 · 항 · 목으로 구분된다.

② 세출예산 과목구조는 장 · 관 · 항 · 세항 · 목으로 구분된다.

5. 예산의 내용

국가재정법에서 예산은 그 형식적 내용을 중심으로 예산총칙, 세입 · 세출예산, 계속비, 명시이월비, 국고채무부담행위 등으로 구분하고 있다.

1) 세입 · 세출예산

이것은 예산의 가장 중심이 되는 것으로서 한 회계연도의 모든 수입과 지출의 예정액이 표시되며, 국가의 중요 정책이나 사업계획 및 경비 요소 내용 등이 모두 세입 · 세출예산을 통해서 계리 · 운용된다. 따라서 일반적으로 예산이라고 할 때에는 이 세입 · 세출예산을 총칭한다.

예산과목을 개관하면, 우선 세입예산은 관(款), 항(項), 목(目)으로 구성되는데, 관(내국세) – 항(소득세) – 목(신고분, 원천세)이 그 한 예이다. 세출예산은 장,

관, 항으로 구분한다. 실제 세출예산을 편성할 때에는 장(章), 관, 항, 세항, 세세항, 세사업, 목, 세목으로 구분하는데 장, 관, 항까지는 입법과목, 그 이하는 행정과목이다. 세출예산의 과목 구조를 교육부의 한 예산 항목을 예로 들어 보면 다음 도식과 같다.

소관 부처(교육인적자원부) – 장(교육) – 관(대학교육) – 항(사업별 대학교육) – 세항(대학정보화) – 목(용역비) – 세목(연구개발비)

2) 계속비

계속비란 완성에 수년을 요하는 공사나 제조 및 연구개발사업비처럼 한 회계연도를 넘어 계속해서 지출할 필요가 있는 경비이다. 정부 발주공사나 제조 및 연구개발사업에서 그 완성에 수년을 요하는 경우 소요 경비의 총액과 연도별 액수를 정해 미리 국회의 의결을 얻은 범위 안에서 다년도에 걸쳐 지출할 수 있는 경비를 말한다(국가재정법 제23조).

3) 명시이월비

세출예산 중 연도 내에 그 지출을 끝내지 못할 것이 예측될 때에 미리 국회의 의결을 얻어 다음 연도에 이월해 사용하는 것으로서, 회계연도 독립의 원칙에 대한 예외가 된다.

4) 국고채무부담행위

국가가 각종의 시책을 수행하고자 할 때에는 금전적 채무를 부담하는 행위를 국고채무부담행위라고 하며, 미리 국회의 의결을 얻어야 하는 예산집행상의 재정통제를 말한다.

6. 예산결정이론

이것은 왜 그러한 예산 배분이 이루어지는가에 관한 이론적 설명이다. 예산결정이론은 크게 총체주의와 점증주의로 구분할 수 있다. 전자는 합리적 선택모형에 입각한 예산상의 의사결정을 의미하며, 후자는 총체주의와 대비되는 결정모형으로서 상황의 불확실성과 인간 능력의 부족을 전제로 한 결정모형이다. 여기서는 다중 합리성 모형의 소개를 위해 루빈(I. S. Rubin)의 '실시간 예산운영(real time budgeting: RTB) 모형'을 설명하고자 한다. 루빈의 이 모형은 기본적으로 예산정치에 관한 모형이다. 그녀에 의하면 예산 운영은 변화하는 환경에 융통성을 가져야 하는데, 이러한 융통성은 느슨하게 연계된 다섯 개의 의사결정 흐름과 그와 관련된 의사결정자들, 각각의 예산 운영의 정치가 통합되는 의사결정 구조에 의해 생겨난다는 것이다. 다섯 개의 의사결정 흐름을 살펴보면 다음과 같다.

① 세입 흐름: 누가 얼마만큼 부담할 것인가의 질문에 답하는 것이다. 여기에는 설득(persuasion)의 정치가 내재해 있다.

② 세출 흐름: 예산 획득을 위한 경쟁과 예산의 배분에 관한 의사 결정이다. 선택(choice)의 정치로 특징지어진다.

③ 예산 균형 흐름: 제약조건(constraints)의 정치의 성격을 갖는다. 균형을 어떻게 정의하고 어떻게 달성할 것인지를 결정해야 한다.

④ 예산 집행 흐름: 책임성(accountability)의 정치의 성격을 갖는다. 예산계획에 따른 집행과 수정 및 일탈의 허용 범위 문제가 이 흐름에서 중요한 문제이다.

⑤ 예산 과정 흐름: 누가 예산을 결정하는가의 정치의 성격을 갖는다. 누가 참여하는가는 예산 결과에 영향을 미치는데, 이 흐름에서의 갈등은 결정 권한의 균형에 관한 것이다.

객관식 문제

■ 기본문제

01 다음 중 특별회계예산의 특징으로 가장 옳지 않은 것은? (2016 서울시 9급)

① 특별회계예산은 세입과 세출의 수지가 명백하다.
② 행정부의 재량이 확대된다.
③ 국가재정의 전체적인 관련성을 파악하기 곤란하다.
④ 입법부의 예산통제가 용이해진다.

해설 ④ 특별회계는 일반회계와 별도로 구분해서 경리하는 예산이기 때문에 국민들의 관심이 덜하고 입법부의 예산통제가 어렵다.
① 특별회계는 특정한 세입으로 특정한 세출에 충당하기 때문에 세입과 세출의 수지가 명백하다.
③ 특별회계를 설치하는 경우 예산제도가 복잡해져 정부의 세입과 세출의 전체 내용을 용이하게 파악할 수 없다.

| 정답 ④

02 예산 외 공공재원으로서의 기금에 대한 설명으로 옳지 않은 것은? (2014 국가직 7급)

① 정부는 매년 기금운용계획안을 마련해서 국무회의의 의결을 받아야 하며, 국회에 제출할 필요는 없다.
② 출연금, 부담금 등의 다양한 재원으로 융자사업 등을 수행한다.
③) 특정 수입과 지출을 연계한다는 점에서 특별회계와 공통점이 있다.
④ 합목적성 차원에서 예산에 비해서 운영의 자율성과 탄력성이 높다.

해설 ① 정부는 기금운용계획안을 회계연도 개시 120일 전까지 국회에 제출해야 한다.
④ 기금은 집행 단계에서 예산에 비해 자율성과 탄력성이 더 넓게 허용된다. 주요 항목 지출금액의 20~30%의 범위 안에서는 국회에 제출하지 아니하고 변경해 집행할 수 있다. 즉, 금융성 기금 외의 기금은 주요 항목 지출금액의 20% 이하, 금융성 기금은 30% 이하에서 변경할 수 있다.

| 정답 ①

03 통합재정 또는 통합예산에 대한 설명으로 가장 옳지 않은 것은? (2015 서울시 7급)

① 국가예산의 세입세출을 총계 개념으로 파악해서 재정건전성을 판단한다.
② 중앙재정을 일반회계와 특별회계 외에 기금 및 세입세출의 자금을 포함해 파악한다.
③ 통합재정은 중앙재정, 지방재정, 지방교육재정을 포함한다.
④ 재정이 국민경제에 미치는 효과를 효과적으로 파악하게 한다.

해설 ① 순계 개념으로 한다. 재정건전성 파악을 위해 회계 간 전출입거래 등 이중거래나 내부거래를 제거한 순세출· 순세입의 규모로 작성된다. 따라서 통합재정 수지를 통해 재정의 건전성 판단이 가능하다.

② 통합재정은 국가재정을 총체적으로 파악하기 위해 일반회계와 특별회계 외에 기금 및 세입세출외 자금을 포함해 좀 더 넓게 재정의 범위를 파악한다.

③ 통합재정은 중앙재정과 지방재정, 그리고 지방교육재정(교육비특별회계)을 포함한다.

④ 통합재정은 재정의 국민 경제적 효과를 분석할 수 있도록 세입과 세출을 경상거래와 자본거래로 구분하는 경제적 분류로 작성한다.

| 정답 ①

04 다음 중 우리나라 통합재정 범위에 포함되지 않는 것은? (2015 국회직 9급)

① 중앙정부(일반정부)　② 지방정부(일반정부)

③ 중앙정부 기업특별회계　④ 지방정부 공기업 특별회계

⑤ 중앙은행 등 공공금융기관

해설 ⑤ 통합재정의 기관 범위에는 중앙정부와 지방정부가 포함되고, 중앙은행 등 공공금융기관은 통합재정 범위에 포함되지 않는다.

| 정답 ⑤

05 예산집행 시 회계책임을 명확히 하기 위한 분류로 옳지 않은 것은? (2012 지방직 7급)

① 조직별 분류　② 기능별 분류

③ 활동별 분류　④ 품목별 분류

해설 ② 기능별 분류란 정부가 수행한 기능별로 예산 내용을 분류하는 것이다. 기능별 분류는 융통성이 지나쳐 회계책임 확보가 어렵다.

| 정답 ②

06 X달러는 B사업 대신 A사업에 배분하는 근거가 무엇이냐는 키(V. O. Key)의 문제 제기에 루이스(V. B. Lewis)가 제시한 대안적 예산제도로 볼 수 없는 것은? (2016 경찰간부)

① 기회비용에 입각한 상대적 가치

② 상이한 목표 간 비교평가를 위한 증가분 분석

③ 집단 간 게임규칙에 의한 상호 관계

④ 공동 목표에 대한 상대적 효과성

해설 ③ 루이스는 예산을 기회비용과 한계효용 개념에 입각해 각 대안의 상대적 가치의 비교를 통해 결정해야 함을 강조했다. 그는 예산결정의 세 가지 경제학적 명제를 제시했다. ⅰ) 기회비용에 입각한 상대적 가치, ⅱ) 증가분의 분석, ⅲ) 목표 달성을 위한 대안 간 상대적 효과성 등이다. 먼저 상대적 가치란 자원은 희소하기 때문에 예산분석의 기본 목표는 자금의 대체적 용도에서 얻을 결과의 상대적 가치를 비교하는 것으로, 기회비용의 개념으로 이해할 수 있다. 다음으로 증가분의 분석은 추가적 지출로부터 생기는 추가적 가치의 분석이 필요하다. 이것은 한계효용의 개념이 매우 유용하며, 상이한 목적 간의 상대적 가치를 비교할 수 있게 해 준다. 마지막으로 공통 목표 달성에서의 상대적 효과성에 의해서만 상대적 가치를 비교할 수 있다.

| 정답 3

07 기획재정부에서 국가재정 규모를 파악할 때 사용하는 '중앙정부 총지출' 산출 방식으로 옳은 것은?

① 일반회계+특별회계+기금

② 일반회계+특별회계+기금−내부거래

③ 경상지출+자본지출+융자지출

④ 경상지출+자본지출+융자지출−융자회수

해설 총지출 규모를 수입 측면에서 보면, 일반회계+특별회계+기금−내부거래−보전거래, 지출 측면에서 보면, 경상지출+자본지출+융자지출. 여기서 보전거래는 국채 발행 또는 상환, 차입 또는 차입금 상환 등을 의미한다. 총지출 규모는 국민의 입장에서 느끼는 정부의 지출 규모를 뜻한다.

| 정답 ③

08 예산과목의 분류 체계에 대한 설명 중 잘못된 것은?

① 세입예산과목은 내용의 성질별로 관, 항, 목으로 구분된다.

② 세입예산과목 중에서 관, 항은 입법과목인 반면에 목은 행정과목으로 분류된다.

③ 세출예산과목은 장, 관, 항, 세항, 목으로 구분된다.

④ 세출예산과목 중에서 장, 관, 항, 세항은 입법과목인 반면에 목은 행정과목으로 분류된다.

해설 ④ 세출예산과목 중에서 장, 관, 항은 입법과목이기 때문에 국가재정법에 의거해서 구분된다. 하지만 세항과 목은 행정과목으로 기획재정부 장관이 구분한다. 입법과목은 국회의 심의, 의결 대상이지만 행정과목은 행정부의 재량에 의해 운영된다.
① 세입예산과목은 관, 항, 목으로 구분된다. 이때 관・항은 입법 과목, 목은 행정과목이다. 그런데 세입예산 과목은 세입예산이 직접 예산에 의해 실현되는 것이 아니라 세법 등 법령의 규정에 의해 실현되기 때문에 입법과목, 행정과목의 구분을 할 실익은 없다.

| 정답 ④

09 국가재정법 및 지방자치법 상 정부와 지방자치단체의 장은 국회와 지방의회에 회계연도 개시 며칠 전까지 예산안을 제출해야 하는가? (2018 국가직 7급)

	정부	광역지방자치단체	기초지방자치단체
①	90일	40일	30일
②	90일	50일	30일
③	120일	50일	40일
④	120일	50일	30일

해설 국가재정법상 예산은 회계연도 개시 120일 전까지, 지방자치법상 지방정부 중 광역은 50일 전까지, 기초는 40일 전까지 제출해야 한다. 여기서 주목해야 할 부분은 헌법 조항이다. 헌법 제54조 제2항에는 확정된 정부예산안을 회계연도 개시 90일 전까지 국회에 제출하도록 되어 있다. 2013

년 「국가재정법」 제33조 개정에 의해 정부예산안을 회계연도 개시 120일 전까지 국회에 제출하도록 변경했다. 물론 이것은 국회의 예산심의 기간을 늘리기 위한 조치이다. 문제가 출제될 때 국가재정법인가 아니면 헌법인가 하는 부분을 잘 살펴보고 문제를 풀어야 한다.

| 정답 ③

10 예산 통일성의 원칙에 대한 예외가 아닌 것은? (2013 지방직 7급)

① 특별회계 ② 목적세

③ 계속비 ④ 수입대체경비

해설 ③ 계속비를 제외한 나머지는 예산 통일성 원칙에 대한 예외에 해당하며, 계속비는 예산 한정성 원칙의 예외에 해당한다.

| 정답 ③

11 예산 한정성 원칙의 예외로 볼 수 없는 것은?

① 예비비 편성 ② 추가경정예산

③ 특별회계 운용 ④ 예산의 이용 및 전용

해설 ③ 양적 한정성(초과지출 금지)는 예비비와 추가경정예산, 질적 한정성(목적 외 사용 금지)은 이용과 전용, 시간 한정성(회계연도 경과 지출 금지)에는 계속비, 이월 등이 있다. 특별회계는 단일성의 원칙과 통일성의 원칙의 예외에 해당한다.

| 정답 ③

12 우리나라 정부예산의 과목구조에 대한 설명으로 옳은 것은? (2013 서울시 7급)

① 우리나라 예산은 소관별로 구분된 후 목별로 분류되고 마지막으로 기능을 중심으로 분류된다.

② 성질별로 분류할 때 물건비는 목(성질)에 해당하고, 운영비는 세목에 해당한다.

③ 기능을 중심으로 장은 부문, 관은 분야, 항은 프로그램, 세항은 단위사업을 의미한다.

④ 장 사이의 상호 융통(전용)은 국회의 통제를 받는다.

⑤ 세항의 경우 입법과목이고, 목은 행정과목이다.

해설 ② 물건비는 목에, 운영비는 세목에 해당한다.
① 우리나라 예산은 소관별로 구분된 후 기능별로 분류하고 마지막으로 품목을 중심으로 분류한다.
③ 기능을 중심으로 장은 분야, 관은 부문, 항은 프로그램, 세항은 단위사업을 의미한다.
④ 장 사이의 상호 융통(이용)은 국회의 통제를 받는다.
⑤ 세항과 목은 모두 행정과목이다. 물론 세세항도 행정과목이다.

〈세출예산의 구조〉

구분	입법과목			행정과목	
소관	장	관	항	세항	목
중앙관서	분야	부문	프로그램	단위사업	편성품목

| 정답 ②

13 기금에 대한 설명 중 옳은 것은?

① 기금은 국회의 승인을 거치지 않아도 된다.
② 기금은 통합재정에서 제외된다.
③ 세입 · 세출예산으로 운영된다.
④ 통일성의 원칙의 예외가 된다.

해설 ④ 단일성 및 통일성의 원칙의 예외가 된다.
① 기금은 예산 외로 운영되지만 국회의 승인을 거쳐야 한다.
② 금융성 기금을 제외한 정부기금은 모두 통합재정에 포함된다.
③ 세입 · 세출예산 외로 운영된다.

| 정답 ④

14 다음 중 예산의 원칙과 그 예외에 대한 연결로 가장 옳은 것은? (2015 경찰간부)

① 예산 완전성의 원칙 – 수입대체경비, 현물출자, 전대차관
② 예산 단일성의 원칙 – 일반회계, 특별회계
③ 예산 사전 의결의 원칙 – 준예산, 이용, 전용
④ 예산의 질적 한정성의 원칙 – 이용, 계속비, 전용

| 정답 ①

해설 ① 완전성의 원칙은 정부의 세입과 세출은 빠짐없이 모두 예산에 계상되어야 한다는 원칙이다.
② 일반회계는 아니다.
③ 전용은 예외에 해당하지만 이용은 질적 한정성 원칙 즉 목적 외 사용 금지의 예외이다.
④ 계속비는 시간적 한정성의 원칙의 예외이다.

▣ 심화문제

15 예산 결정에 대한 공공선택론적 관점의 설명으로 옳은 것은? (2014 국가직 9급)

① 본질적 문제 해결보다는 보수적 방식을 통해 예산의 정치적 합리성이 제고될 수 있다.
② 니스카넨에 의하면 예산결정에 있어 관료의 최적 수준은 정치인의 최적 수준보다 낮다.
③ 정치인과 관료들은 개인효용함수에 따라 권력이나 예산 규모의 극대화를 추구한다.
④ 재원배분 형태는 장기 균형과 역사적 상황에 따른 단기의 급격한 변화를 반복한다.

해설 ① 점증주의 내용이다.
② 관료들의 최적 수준은 정치인의 최적 수준보다 높다.
④ 단절균형모형에서는 재원의 배분 형태가 항상 일정하게 유지되는 것이 아니라 균형 상태에서 급격한 변화가 발생하는 단절 현상이 발생하고 이후 다시 균형을 지속한다는 것이다.

| 정답 ③

16 공공부문에서 희소성의 법칙에 관한 설명으로 옳지 않은 것은? (2009 국회직 8급)

① 급성 희소성은 가용재원이 정부의 계속사업을 지속할 만큼 충분하지 못한 경우에 발생한다.

② 완화된 희소성의 상태는 정부가 현존 사업을 계속하고 새로운 예산 공약을 떠맡을 수 있는 충분한 자원을 가지고 있는 상황이다.

③ 만성적 희소성 하에서 예산은 주로 지출통제보다는 관리의 개선에 역점을 두게 된다.

④ 희소성은 '정부가 얼마나 원하는가'에 대해서 '정부가 얼마나 보유하고 있는가'의 양면적 조건으로 이루어져 있다.

⑤ 공공부문에서의 희소성의 법칙은 항상 절대적으로 받아들여지는 것은 아니다.

해설 ① 급성 희소성은 정부가 계속사업의 점증비용을 충당할 수 없는 상태이고, 총체적 희소성은 이미 존재하는 사업의 비용을 충당할 수 없는 조건이다.
②, ③ 완화된 희소성은 진행 중인 모든 사업의 정상비용 및 업무량 증가분뿐만 아니라 주요 사업을 새로이 추진할 충분한 자원이 존재하는 경우이다. 만성적 희소성은 신규 사업을 새롭게 추진할 자원이 부족한 상태이다.

〈쉬크의 희소성의 유형과 예산의 특징〉

구분	계속사업	증가분	신규사업	특징
완화된 희소성	○	○	○	• 사업 개발에 중점 • 예산제도로 PPBS 고려
만성적 희소성	○	○	×	• 지출통제보다 관리 개선에 역점 • 예산제도로 ZBB 고려
급성 희소성	○	×	×	• 단기적 · 임기응변적 예산편성 • 비용절감을 위한 관리상 효율 강조
총체적 희소성	×	×	×	• 회피형 · 반복적 예산편성 • 허위적 회계처리

| 정답 ①

17 다음 중 쉬크(A. Schick)의 예산의 희소성에 대해서 그 연결이 잘못된 것은?

① 완화된 희소성 – 사업 개발에 역점

② 급격한 희소성 – 사업의 분석 평가 소홀

③ 만성적 희소성 – 지출통제보다 관리 개선에 역점

④ 총체적 희소성 – 회피형 예산편성

해설 ② 2번 지문은 만성적 희소성에 대한 내용이다. 신규사업에 대한 분석과 평가가 소홀하다.

| 정답 ②

18 추가경정예산에 대한 설명으로 옳지 않은 것은? (2013 지방직 9급)

① 예산이 성립된 후에 생긴 사유로 이미 성립된 예산에 변경을 가할 필요가 있을 때

정부가 편성하는 예산이다.

② 예산 팽창의 원인이 될 수 있으므로 국가재정법에서 그 편성 사유를 제한하고 있다.

③ 과거에 추가경정예산이 편성되지 않은 연도도 있었다.

④ 본예산과 별개로 성립되므로 당해 회계연도의 결산에는 포함되지 않는다.

해설 ④ 추경은 본예산과 별개로 성립되지만 성립 후에는 본예산과 함께 운영되기 때문에 결산에는 당연히 포함된다.

② 국가재정법에서는 재정 건전성 확보 차원에서 추가경정예산 편성을 극히 제한적으로 허용하고 있다. 「국가재정법」 제89조에 의하면 ⅰ) 전쟁이나 대규모 자연재해 발생, ⅱ) 경기 침체, 대량 실업, 남북 관계의 변화, 경제 협력과 같은 대내·외 여건에 중대한 변화가 발생했거나 발생할 우려가 있는 경우, ⅲ) 법령에 따라 국가가 지급해야 하는 지출이 발생하거나 증가하는 경우에 편성이 가능하다.

| 정답 ④

19 루빈의 실시간 예산운영모형에 대한 설명으로 옳지 않은 것은? (2016 지방직 7급)

① 세입 흐름에서 의사결정－누가 얼마만큼 부담할 것인가에 관한 의사결정으로 의사결정의 흐름 속에는 설득의 정치가 내재해 있다.

② 세출 흐름에서 의사결정－누구에게 배분할 것인가에 관한 의사결정으로 선택의 정치로 특징지어지며, 참여자들은 지출의 우선순위가 재조정되기를 바라거나 현재의 우선순위를 고수하려고 노력한다.

③ 예산 균형 흐름에서 의사결정－예산 균형을 어떻게 정의할 것인가에 관한 의사결정으로 제약 조건의 정치라는 성격을 지니며, 예산 균형의 결정은 근본적으로 정부의 범위 및 역할에 결정과 연계되어 있다.

④ 예산 과정 흐름에서 의사결정－계획된 대로 수행할 수 있는가에 대한 의사결정으로 기술적 성격이 강하고 책임성의 정치라는 특성을 지니며, 예산계획에 따른 집행과 수정 및 일탈의 허용 범위에 대한 문제가 중요하다.

해설 ④ 예산 과정 흐름에서 의사결정이 아니라 예산 집행 흐름에서의 의사결정이다. 예산집행 흐름에서 의사결정은 책임성의 정치의 성격을 갖는다. 집행과 수정 및 일탈의 허용 범위 문제가 이 흐름에서 중요한 문제이다. i) 세입 흐름: 누가 얼마만큼 부담할 것인가의 질문에 답하는 것이다. ii) 세출 흐름: 예산 획득을 위한 경쟁과 예산의 배분에 관한 의사결정이다. iii) 예산 균형 흐름: 균형을 어떻게 정의하고 어떻게 달성할 것인지를 결정해야 한다. iv) 예산집행 흐름: 예산계획에 따른 집행과 수정 및 일탈의 허용 범위 문제가 이 흐름에서 중요한 문제이다. v) 예산과정 흐름: 누가 예산을 결정하는가의 정치다.

| 정답 ④

20 우리나라 기금 운영에 대한 설명으로 옳지 않은 것은?

① 기금이란 국가가 특정한 목적을 위해 특정한 자금을 신축적으로 운용할 필요가 있을 때에 한해 법률로써 설치한다.

② 기금운용계획안은 국회의 심의와 의결을 거쳐 확정된다.

③ 군인연금, 공무원연금, 국민연금은 기금으로 운영된다.

④ 주한 미군기지 이전, 행정중심 복합도시 건설 등 기존의 일반회계에서 처리하기 곤란한 대규모 국책사업을 실행하기 위해 운영된다.

해설 ④ 기존의 일반회계에서 처리하기 곤란한 대규모 국책사업을 실행하거나 기타 특정한 세입으로 특정한 세출을 담당함으로써 일반회계와 구분해서 경리할 필요가 있을 때에는 기금이 아니라 특별회계를 설치해서 운영한다.

| 정답 ④

21 다음 중 통합재정수지를 측정하기 위한 방법끼리 묶은 것은?

ㄱ. 순수재정수입－순수재정지출
ㄴ. 경상지출＋자본지출＋융자지출
ㄷ. (세입＋융자회수)－(세출＋융자지출)
ㄹ. 경상지출＋자본지출＋순융자(융자지출－융자회수)
ㅁ. 세입(경상수입＋자본수입)－세출(경상지출＋자본지출 및 순융자)

① ㄱ,ㄴ,ㄷ　　② ㄱ,ㄷ,ㅁ

③ ㄴ,ㄷ,ㅁ　　④ ㄱ,ㄷ,ㄹ

해설 ② "ㄴ"은 총지출 규모를 구하는 산식이고(앞의 7번 문제 참조 바람), "ㄹ"은 통합재정 규모를 구하는 산식이다. 총지출 규모와 통합재정 간의 차이는 총지출 규모는 총계 개념으로 파악하고, 통합재정은 순계 개념으로 파악한다. 통합재정에서는 융자거래를 융자 지출에서 융자 회수를 공제한 순융자 규모로 측정한 반면에, 총지출에서는 융자 지출이 융자 거래금액으로 산정된다.

| 정답 ②

22 다음 중 예비금에 대한 설명 중 잘못된 것은?

① 예비비의 지출은 사후에 별도로 국회의 승인 절차를 요하나 예비금은 당해 소관의 세출결산에 포함해서 세입·세출결산으로 처리된다.

② 예산편성 단계에서 세부 내용을 미리 확정하기 곤란한 사업의 경우 예비금을 이용해서 사업을 진행할 수 있다.

③ 헌법기관의 자체예비금 부족 시에는 일반회계의 예비비를 사용할 수 있다.

④ 국회, 법원, 헌법재판소 및 선거관리위원회 등 헌법상 독립기관의 자율성을 보장하기 위한 제도이다.

해설 ② 예산편성 단계에서 세부 내용을 미리 확정하기 곤란한 사업의 경우, 예산을 편성할 때에는 예산의 내역을 구체적으로 정하지 않고 포괄적인 총액만을 정하고 예산을 집행할 때에 실수요를 바탕으로 내역을 정하도록 하는 총액예산계상사업을 이용한다.
④ 예비금 제도는 국회, 법원, 헌법재판소 등의 독립기관에 대한 독립성을 보장하기 위해 별도로

예비비를 청구하지 아니하고도 내부에서 융통성 있게 사용할 수 있도록 한 제도이다.

| 정답 ②

23 우리나라 통합재정과 관련된 설명으로 옳지 않은 것은? (2016 교육행정직 9급)

① 국제통화기금(IMF)의 재정통계 작성 기준을 기초로 작성 및 발표한다.

② 금융 공공부문 및 비금융 공공부문의 일반회계와 특별회계 외에 기금과 세입세출외 자금을 포함한다.

③ 회계 간 내부거래와 보전거래를 세입과 세출에서 각각 제외한다는 점에서 기업의 연결재무제표와 유사하다.

④ 정부 전체의 재정 규모를 파악하고 재정이 국민경제에 미치는 영향을 효과적으로 파악하고자 하는 제도이다

해설 ② 통합재정에서는 금융적 성격이 강한 금융성 기금이나 외환형평기금은 제외한다.
① 우리나라에서 통합재정은 국제통화기금의 「정부재정통계편람」에 따라 1979년부터 도입되었다.
③ 통합재정은 순수 재정활동만을 대상으로 하므로 내부거래와 보전거래를 제외한다.
④ 맞는 지문이다.

| 정답 ②

24 예산의 원칙과 그 예외 사항에 대한 설명으로 옳은 것은? (2015 지방직 9급)

① 특정 수입과 특정 지출이 연계되어서는 안 된다는 것은 단일성의 원칙이다.

② 예산은 주어진 목적, 규모 그리고 시간에 따라 집행되어야 한다는 원칙은 예산총계주의 원칙이다.

③ 예산구조나 과목은 이해하기 쉽도록 단순해야 한다는 것은 통일성의 원칙이다.

④ 특별회계는 통일성의 원칙과 단일성의 원칙의 예외적인 장치에 해당한다.

해설 ④ 특별회계는 특정한 세입으로 특정한 세출에 충당하기 위해 일반회계와 별도로 구분·경리하는 예산이다. 특별회계는 예산 통일성의 원칙과 예산 단일성의 원칙의 예외에 해당한다.
① 단일성의 원칙이 아니라 통일성의 원칙에 해당한다. 단일성의 원칙은 단일회계 내 처리(단수예산)를 말하며 특별회계, 추가경정예산, 기금 등이 그 예외에 해당한다.
② 한정성의 원칙이다.
③ 명료성의 원칙이다.

| 정답 ④

25 우리나라 정부예산의 세출과목에 대한 설명으로 옳은 것은?

① 우리나라 예산은 소관별로 구분된 후 품목별로 분류되고 마지막으로 기능을 중심으로 분류된다.

② 성질별로 분류할 때 물건비는 목에 해당하고 운영비는 세목에 해당한다.

③ 기능을 중심으로 장은 부문, 관은 분야, 항은 프로그램, 세항은 단위사업을 의미한다.

④ 항의 경우 입법과목이고, 항 사이의 상호융통인 이용은 국회의 통제를 받지 않는다.

해설 ② 2008년 프로그램예산이 도입되기 전에는 인건비나 물건비 등 품목별 대항목이 관, 항 등의 분류 기준으로 사용되었으나 지금은 품목별 분류는 목에서만 활용되고 있다. 목에서는 물건비(목)>운영비(세목) 등으로 구분된다.

① 소관–기능–품목의 순이다.

③ 장은 분야, 관은 부문, 항은 프로그램, 세항은 단위사업이다.

④ 입법과목 간의 융통이므로 국회의 통제를 받는다. 행정과목이라면 기획재정부 장관의 승인을 얻으면 된다.

| 정답 ②

제 2 절 예산제도

1. 품목별 예산제도

1) 의의

(1) 개념

① 품목별 예산제도(line－item budgeting system: LIBS)는 지출 대상과 한계를 규정함으로써 예산지출의 통제를 기하려는 제도이다.

② 이 제도는 정부가 구입하고자 하는 지출 품목에 따라 예산을 편성하는 투입 중심의 예산제도로서, 선후진국을 막론하고 가장 많이 사용된다.

(2) 효용성

① 지출에 대한 근거를 요구하고 확인할 수 있기 때문에 회계책임이 명확해지고 재정통제가 용이하다는 장점을 가지고 있다.

② 예산 삭감이 이루어질 때 이익집단의 저항을 덜 초래한다는 측면에서 정치적인 장점이 있다.

③ 어떠한 예산제도를 채택하더라도 품목별 예산제도는 필수적으로 병용되어야

한다.

(3) 문제점

① 시업의 우선순위 파악 곤란: 정부가 무슨 사업을 어떻게 하고 있는지 전혀 알 수가 없다.

② 예산 운영의 신축성 제약: 지출 항목을 엄수해서 집행해야 하기 때문에 예산 운영의 신축성을 제약한다.

③ 성과나 산출의 확인 곤란: 지출만을 따지는 투입 중심의 예산제도이므로 사업의 효율성과 성과를 확인하기가 어렵다.

2. 성과주의 예산제도

1) 의의

(1) 성과주의 예산제도(performance budgeting system)는 정부가 '무엇'을 하는지에 대한 대답을 해주는 예산제도이다. 정부예산을 기능 · 사업 · 활동에 기초를 두고 편성하는 예산제도이다.

(2) 사업계획을 세부사업으로 분류하고 각 세부사업을 '단위원가×업무량=예산액'으로 표시해서 편성하는 예산을 말한다.

표 9-1 성과주의 예산편성의 예

사업명	사업 목적	측정 단위	단가	실적	금액	변화율
비상출동	아파트 화재 시 현장에 5분 내 출동	출동 횟수	10만 원	2,500건	2억 5,000만 원	+15.4%

2) 절차

(1) 정부의 주요 사업들을 세부사업으로 나누고 세부사업별로 업무측정 단위를 선정한다. 예를 들어 조림사업의 경우 조림이 완성된 면적, 즉 평방미터(㎡) 등을

업무측정 단위로 들 수 있다.

(2) 위의 업무측정 단위 1개를 생산하는 데 소요되는 인건비, 물건비 기타 간접비를 포함한 단위원가를 산출한다.

(3) 세부사업별로 달성하고자 하는 업무측정 단위의 양을 결정하고 그것에 1단위당 원가를 곱하면 사업별 예산액이 산출된다.

3) 효용성

(1) 성과주의 예산제도는 품목별 예산제도에 비해 사업을 관리하는 데 매우 효과적이다. 전년도 사업에 비해 금년도에 어느 분야의 사업에 중점을 두고 있는지를 알 수 있다.

(2) 기획의 중요성과 필요성을 인식시켜 기획을 개선시키며, 행정부의 장기적인 정책 · 계획의 수립 · 실시를 용이하게 한다.

4) 한계

(1) 단위원가의 산출이 어렵다. 결핵병원의 성과주의 예산제도의 경우, 환자의 연령, 상태, 치료방법 등에 따라 단위원가를 정하기 어렵다.

(2) 업무측정 단위를 선정하기가 곤란하다. 측정 단위는 동질성이 있어야 하고, 영속성이 있어야 하는데, 이러한 조건을 모두 구비한 측정 단위의 선정이 매우 힘들다.

3. 계획예산제도

1) 의의

(1) 당시 월남전을 수행하고 있던 국방성에서 무기 개발은 매우 중요한 사업이었고, 이들 무기 개발에는 지속적인 예산 지원이 필요했다. 따라서 1년 주기로 편성되던 기존의 품목별이나 성과주의 예산제도는 그 적합성이 떨어졌다.

(2) 계획예산제도(planning-programming budgeting system: PPBS)는 예산과 계획의 연계를 강조하는 예산제도이다. 장기계획 수립(planning)과 단기적 예산편성(budgeting)을 프로그램 작성(programming)을 통해 유기적으로 연결시킴으로써 자원 배분에 관한 의사결정의 일관성과 합리성을 도모하려는 예산제도이다.

2) 기본 요소와 과정

품목별 예산제도에서 장·관·항별로 예산을 분류하는데 비해, 계획예산제도에서는 한 성청(省廳)의 업무를 5~10개의 프로그램으로 대분류하고, 이를 다시 2차(중분류 사업)·3차(단위사업)로 분류하는 3층 분류구조를 갖는다. 이때 목표-수단의 논리성을 갖도록 사업을 구체화하는 과정이 비용편익 내지 비용효과분석을 통해 다수의 대안 중에서 예산 효과가 높은 대안을 선정하는 체계적인 분석에 의존한다.

형성된 사업구조는 기획에 의해 장기적인 시계(時界)를 갖도록 전환되는데, 이를 돕는 것이 사업-재정계획이다. 이 계획은 예산연도와 그 다음 4개년을 계획기간으로 하여 각 기관의 산출과 비용 및 재정 수요를 요약해서 제시하고 있는 장기종합계획의 총괄서이다. 마지막으로 사업구조화와 기획에 의해 다년간의 기대효과가 담긴 단위사업계획이 완성되면 각 단위사업별로 예산을 배정한다.

3) 평가

(1) 장점

① 의사결정의 일원화: 예산과 기획에 관한 의사결정을 일원화시킴으로써 최고관리층이 좀 더 합리적인 결정을 내릴 수 있게 한다.

② 장기사업계획에 대한 신뢰성: 장기적 시계 하에서 비용과 편익, 효과를 분석해 실현성 있는 계획을 작성함으로써 장기적인 사업계획의 신뢰성을 제고한다.

③ 계획과 예산의 일치: 사업계획과 예산편성 간의 불일치를 해소해 상호 밀접한 관련성을 가지게 한다.

(2) 단점

① 집권화 초래: 의사결정이 지나치게 집권화되고 전문화되어 외부통제가 어렵다. 이 예산제도는 비용편익분석 등 대안분석에 있어 계량분석을 동원하기 때문에 권한이 전문가에게 집중되므로, 입법부에서의 상대적 통제가 약화된다.

② 계량화의 어려움: 이 제도는 편익과 효과의 계량화에 중점을 두고 있으나, 정부의 사업계획은 계량화가 곤란한 무형적인 정치적·윤리적 편익이 존재한다.

4. 영기준 예산제도

1) 의의

영기준 예산제도(zero base budget: ZBB)는 지난 연도의 예산은 완전히 무시되고 모든 예산 항목을 새로이 재평가하게 되므로, 예산의 모든 항목의 총비용이 새롭게 정당화되고 승인받아야만 되는 제도이다. 즉, 과거의 관행을 고려하지 않고 사업에 대한 근본적인 재평가를 한다는 것이 영기준의 의미이다.

2) 절차

영기준 예산의 편성은 예산운영 단위(decision unit)의 선정, 단위사업 분석표(decision package)의 작성, 단위사업 분석표의 순위 결정(ranking) 순으로 이루어진다.

(1) 의사결정 단위의 선정

의사결정 단위(decision unit)란 예산을 가질 수 있는 최하위 수준의 단위로서 의미 있는 독립된 사업 단위 또는 과·계와 같은 조직 단위를 말한다.

(2) 의사결정 패키지의 작성

의사결정 패키지(decision package)란 의사결정 단위를 실현하기 위한 여러 가지 대안을 개발하고 비교·평가해서 우선순위를 결정할 수 있도록 필요한 정보를 자세히 담고 있는 문서를 말한다. 관리자는 의사결정 단위별로 대안을 선택하고 선택된 대안에 대해서는 비용편익분석 등을 통해 사업 수준을 결정해야 한다.

① 선택적 항목: 대안 패키지로서 사업 수행방법 중 가장 좋은 방법을 선택

② 점증적 항목; 점증 패키지로서 i) 전년도보다 못한 수준(최저 수준), ii) 전년도 수준(현행 수준), iii) 전년도보다 나은 수준(점증 수준) 등 세 가지 사업 수행 수준을 놓고 비용편익분석을 실시한다.

(3) 우선순위의 결정

상급관리자는 그의 관할 내에 있는 모든 의사결정 단위들이 제출한 의사결정 패키지에 대해 상대적인 우선순위(ranking)를 부여한다. 이러한 과정을 거쳐 소관 부처 차원의 우선순위표가 만들어지고 가용예산이 정해지면 그 예산 범위 안에서 사업이 선정된다.

(4) 실행예산 편성

의사결정 항목에 대한 우선순위가 결정되고 수행해야 할 사업이 확정되면 우선순위에 따라 예산 허용 범위 내에서 그에 관한 실행예산을 편성한다.

3) 영기준 예산제도의 공과

(1) 장점

① 예산 절감: 기존의 사업이라고 해서 당연히 예산이 인정되는 것이 아니라 분석을 통해서 그것이 정당성을 가질 때에 한해 인정함으로써 불필요한 지출을 억제할 수 있다.

② 감축관리: 영기준 예산은 행정조직을 운영해 나가는 과정에서 발생하는 역기능과 중복적 기능을 줄이고, 기능 · 기구 · 인력 · 정책을 의도적으로 축소해 나갈 수 있기 때문에 감축관리의 좋은 도구로 활용된다.

③ 조직구성원의 참여: 영기준 예산은 그 원리가 일선 관리자로부터 상부로 올라가면서 의사결정이 이루어지게 되어 있어 예산결정 과정에서 도외시되기 쉬운

실무계층의 참여를 증대시켜 합리성을 보장한다.

(2) 단점

① 사업 축소의 곤란: 공공부문은 지속적 사업이 많고 국민생활의 연속성이 고려되어야 하며, 법령의 제약 때문에 사기업과는 달리 사업의 축소・폐지가 어렵다.

② 새로운 프로그램 개발 곤란: 기존 프로그램을 현행의 경비 수준을 중심으로 재평가하는 일에 최대의 관심을 기울이기 때문에 새로운 프로그램의 개발을 소홀히 할 우려가 있다.

③ 우선순위 결정 곤란: 가치판단이 개입되는 영역에 적용하기 곤란하고 기준이 모호해서 분석 및 우선순위의 결정이 곤란하다.

5. 자본예산제도

1) 의의

(1) 이 제도는 세입과 세출을 경상적인 것과 자본적인 것으로 구분하고, 경상적인 지출은 경상적 수입으로 충당하고, 자본적 지출은 자본적 수입으로 지출하되 부족하면 공채 발행 등 차입으로 충당하는 일종의 복식예산제도를 말한다.

(2) 자본예산은 종래의 1년 단위의 균형예산 원칙을 포기하고, 순환적 균형예산을 채택했다는 데 그 의의가 있다.

2) 자본예산제도의 발달

자본예산(capital budget)은 1930년대의 공황기에 스웨덴에서 개발된 예산제도로서, 제2차 세계대전 후에 공공시설의 투자자금을 조달하기 위한 방안으로 미국 도시정부에서 채택되었다. 종전(終戰)과 함께 다시 공공사업과 시설 확충에 착수하게 되었지만 이 당시 미국의 도시정부는 조세의 세목과 세율에 제한이 있었고, 정부의 재정통제를 받아야 하는 관계로 조세 수입에만 의존할 수 없어 적자재정과 공채 발행에 의존하게 되었다. 이러한 여건 하에서 미국 도시정부에서 자본예산제도의 발달이 촉진되게 된 것이다.

3) 자본예산제도의 장단점

(1) 장점

① 자본지출에 대한 분석: 경상지출과 자본지출을 구분함으로써 자본지출에 대한 특별한 분석을 가능하게 한다.

② 세대 간 부담의 공평: 자본시설사업은 현 세대만이 혜택을 보는 것이 아니라 후세대에게도 편익이 돌아가기 때문에 세대 간에 투자비용을 분담하는 것이 바람직하다. 이를 위한 방안으로 공채 발행을 통한 재원 조달을 들 수 있는데, 이는 미래의 조세를 앞당겨 징수하는 것이다.

③ 정부 순자산 상태의 변동 파악 가능: 자본시설에 대해서는 감가상각을 하게 되므로 자산의 감모분(減耗分) 및 잔존 가치를 파악할 수 있다. 이는 정부의 순자산 상태가 해마다 어떻게 변해가고 있는가를 알려주는 것이다.

(2) 단점

① 적자재정 은폐: 경상예산의 불균형을 은폐하기 위해 경상예산에 속하는 각 항목을 자본예산으로 이전하거나 포함시켜 적자재정의 은폐 수단으로 이용될 수 있다.

② 인플레이션 조장: 시설재를 위한 투자는 국채 발행에 의해 충당해도 좋다는 관념이 확립되면 인플레이션을 더욱 조장할 우려가 있다.

③ 수익사업에의 치중: 수익이 있는 사업에만 치중하게 되고 그렇지 않은 학교 등 사회복지사업 등은 경시하게 된다.

객관식 문제

■ 기본문제

01 품목별 예산제도에 대한 설명으로 옳지 않은 것은? (2016 지방직 9급)

① 재정민주주의 구현에 유리한 통제 지향 예산제도이다.
② 정부활동의 중복 방지와 통합·조정에 유리한 예산제도이다.
③ 지출 대상에 따라 자세히 예산이 표시되어 있으므로 예산심의가 용이하다.
④ 정부가 수행하는 사업과 그 효과에 대한 명확한 정보를 제공하지 못한다.

해설 ② 예산을 품목별로 구분하기 때문에 전체 사업에 대한 정보를 확인할 수 없어 정부활동의 중복 여부를 판단하기 어렵고 통합이나 조정이 어려운 예산제도이다. 품목별 예산제도의 장점은 책임성 확보 및 통제가 용이하다는 것이고, 단점으로는 정부활동의 중복 파악이 곤란하다는 점을 들 수 있다.

| 정답 ②

02 예산의 법 형식은 크게 법률주의와 예산주의로 나누어 볼 수 있다. 이에 대한 설명으로 옳지 않은 것은? (2008 지방직 9급)

① 미국은 세입법을 의회에서 제정한다.
② 한국은 예산계정을 위한 근거법을 필요조건으로 하고 있지는 않다.
③ 미국은 잠정예산을 제외한 모든 예산에 대해 대통령이 거부권을 행사할 수 있다.
④ 한국은 예산에 의해 법률을 개폐할 수 없다.

해설 ③ 미국은 세입·세출예산법안에 대해서는 대통령이 거부권을 행사할 수 없다.

| 정답 ③

03 성과주의 예산제도가 성공적으로 도입·운영되기 위해 중시되어야 하는 것은? (2009 지방직 7급)

① 행정부제출 예산제도
② 합법성 위주의 예산심의
③ 회계검사기관의 기능 강화
④ 사업원가의 도출

해설 ④ 사업원가 도출이 성과주의예산에서 가장 중요한 부분이다. 나머지 ①, ②, ③은 모두 품목별 예산제도에서 중시되는 요소이다.

| 정답 ④

04 다음 중 프로그램 예산제도의 도입 효과로 타당하지 않은 것은?

① 품목별 투입 중심의 재정 운영에서 프로그램 중심의 성과, 자율, 책임 중심의 재정

운영으로 변화할 것이다.

② 프로그램을 중심으로 중앙정부와 지방정부 예산의 연계가 가능해진다.

③ 일반회계, 특별회계, 기금을 포괄하는 총체적 재정 배분 내용의 파악이 용이해진다.

④ 일반 국민들이 예산을 쉽게 이해하기 힘들어진다.

해설 ④ 프로그램 예산제도는 프로그램→단위사업→세부사업의 3단계 프로그램 구조가 예산 과목 체계에 장착되어 있는 것이다. 조직의 성과목표와 성과평가를 구현할 수 있도록 설계되고, 프로그램이 함축적이고 구체적으로 설계되기 때문에 일반 국민들이 예산을 이해하기 쉬워진다는 장점을 가지고 있다.
② 프로그램 예산 체계에서 기능별 분류를 중앙정부와 지방정부 간에 통일시킴으로써 중앙정부와 지방정부 예산의 연계가 가능해진다.
③ 프로그램 예산 체계 내에 일반회계, 특별회계, 기금이 모두 포괄적으로 표시됨으로써 총체적 재정 배분 내용을 파악할 수 있다. 일반회계, 특별회계, 기금 간 유사·중복사업의 파악이 가능해져 예산 낭비를 제거할 수 있다.

| 정답 ④

05 계획예산제도의 장점이 아닌 것은? (2006 강원도 9급)

① 정책의 목표를 명확하게 하고 수단을 목표에 연결하는 데 유용하다.

② 다원주의적 이해관계의 반영으로 목표간 갈등과 대립을 감소시킨다.

③ 기획에 대한 책임 소재가 분명하다.

④ 예산지출에 대한 최종 결과를 잘 파악할 수 있다.

해설 ② 이것은 정치적 합리성을 설명하는 것으로 계획예산제도는 경제적 합리성을 강조하는 제도이다.
③ 사업에 대한 정보와 결정 권한이 최고관리층에게 집중되므로 책임 소재가 분명해진다.

| 정답 ②

06 다음 중 영기준 예산제도의 단점으로 보기 어려운 것은?

① 사기업과는 달리 공공부문에서는 많은 이해관계가 복잡하게 얽혀 있어 사업 축소나 폐지가 곤란하다.

② 자신의 목표 달성만 염두에 두기 때문에 배타적 업무 수행이 초래된다.

③ 지나치게 효율성을 강조함으로써 차원 높은 목표를 지향하는 혁신적 행동을 억제하기 쉽다.

④ 인원이나 예산이 작은 조직은 우선순위에서 밀려 희생이 되기 쉽다.

해설 ② 자신의 목표 달성만 염두에 두어 배타적 업무 수행이 나타나는 예산제도는 목표관리 예산제도이다.
③ 영기준 예산은 관리의 능률은 어느 정도 달성할 수 있지만 진정으로 달성해야 할 목표를 등한시할 수 있다.

| 정답 ②

07 **품목별 예산제도(LIBS)와 계획예산제도(PPBS)에 대한 설명 중 옳지 않은 것은?** (2006 대전 9급)

	LIBS	PPBS
①	기본적 지향	지출통제 계획
②	관리책임 분산	중앙집중
③	대안 선택 총체적 결정	점증적 결정
④	통제 책임 중앙	운영 단위

해설 ③ 품목별 예산이 상향적·점증적 예산이라면 계획예산은 하향적·총체적 예산이다.
② 품목별 예산제도의 관리 책임은 각 부서별로 분산적이라면, 계획예산의 관리책임은 중앙집권적이다.

| 정답 ③

08 **품목별 예산제도에 대한 설명으로 옳지 않은 것은?** (2017 지방직 9급)

① 비교적 운영하기 쉬우나 회계 책임이 분명하지 않은 단점이 있다.
② 지출 품목마다 그 비용이 얼마인가에 따라 예산을 배정한 제도이다.
③ 예산 담당 공무원들에게 필요한 핵심적 기술은 회계기술이다.
④ 예산집행자들의 재량권을 제한함으로써 행정의 정직성을 확보하려는 제도이다.

해설 ① 통제 지향적 예산제도이다. 예산집행에 대한 회계책임이 명확하고 회계검사가 용이하다는 장점이 있다.

| 정답 ①

09 **영기준 예산제도의 장점으로 옳지 않은 것은?** (2015 사회복지직 9급)

① 국방비, 공무원의 보수, 교육비와 같은 경직성 경비가 많으면 영기준 예산제도의 효용이 커진다.
② 최고관리자는 각 기관의 업무 수행에 대한 좀 더 상세한 자료를 입수할 수 있다.
③ 예산 과정에 대한 관리자 및 실무자의 참여를 촉진한다.
④ 전년도 답습주의로 인한 재정의 경직성을 완화할 수 있다.

해설 ① 경직성 경비가 많아지면 영기준 예산제도의 적용이 어렵다. 영기준 예산제도는 예산편성 시 제로베이스에서 시작하는 제도이다. 그런데 예산 항목에 경직성 경비가 많다면 제로베이스에서 시작한다 하더라도 거의 비슷한 항목들이 포함되기 때문에 영기준 예산의 효용은 작아지게 된다.
② 관리자가 기관을 운영하는 데 이용할 수 있는 정보의 양과 질을 개선할 수 있다.

| 정답 ①

10 **자본예산의 장점에 대한 설명으로 옳지 않은 것은?**

① 자본적 지출의 경우 장기적 재정계획에 따라 일시적인 적자재정이 정당화된다.

② 경상적 지출과 자본적 지출을 분리·계리함으로써 재정의 기본구조를 이해하는 데 도움이 된다.
③ 세출 규모의 변동을 장기적 관점에서 조정하는 데 기여한다.
④ 경상적 지출에 대한 심도 있는 분석에 유리하다.

해설 ④ 자본예산제도는 반복적이고 단기적인 경상예산과 비반복적이고 장기적인 자본예산으로 구분해서 예산을 편성하는 복식예산제도이다. 자본적 지출에 대한 심도 있는 분석은 가능하지만 경상적 지출에 대한 명확한 구분이 없다는 단점이 있다.

| 정답 ④

11 **예산제도와 그 특성의 연결이 가장 옳지 않은 것은?** (2017 서울시 9급)

① 품목별 예산제도－통제 지향
② 성과주의 예산제도－관리 지향
③ 계획예산제도－기획 지향
④ 영기준 예산제도－목표 지향

해설 ④ 영기준 예산제도는 감축 지향의 예산제도이다. 목표 지향적인 예산제도는 목표관리 예산제도(MBO)이다.

| 정답 ④

12 **다음 중 참여와 분권을 본질적 특징으로 포함하는 제도와 거리가 먼 것은?** (2017 사회복지직 9급)

① 계획예산제도
② 목표관리제
③ 영기준 예산제도
④ 다면평가제

해설 ① 계획예산제도는 하향적인 예산제도이다. 계획예산제도는 대표적인 집권적인 예산제도라 할 수 있다. 전문막료 중심의 운영과 지나친 집권화가 이루어지고 하향적·집권적 예산제도이기 때문에 하위 구성원의 참여가 배제된다.

| 정답 ①

13 **계획예산제도에 관한 설명 중 적절하지 않은 것은?** (2007 국가직 7급)

① 도입 초기 행정부에 대한 의회의 통제력을 강화시킨다는 점에서 의회의 지지를 받았으나 이를 뒷받침 하는 예산분석 능력이 미비해서 큰 효과를 거두지 못했다.
② 쉬크(Allen Schick)은 제도의 설계나 준비 과정이 미흡해서 그 성과를 거두지 못했지만, 이를 보완하면 효과적인 예산제도라고 옹호했다.
③ 윌다브스키(Aaron Wildavasky)는 예산의 분석적 측면만 강조하는 계획예산제도는 예산 과정의 정치성을 감안할 때 출발부터 잘못된 제도라고 비판한다.
④ 예산과 기획의 연결 기능을 강조하는 예산제도이다.

해설 ① 계획예산제도는 체제분석(비용효과분석, 비용편익분석)을 사용하는 예산제도로서 의회의 통제 기능을 약화시키므로 의회는 심의 기능과 재정통제의 약화를 우려해서 소극적인 태도를 취했다.

| 정답 ①

14 다음 중 성과주의 예산제도의 단점으로 볼 수 없는 것은?

① 업무 단위 선정의 곤란성
② 예산편성과 집행의 관리의 어려움
③ 단위원가 계산의 곤란성
④ 재정통제의 곤란

해설 ② 성과주의는 관리 중심의 예산제도이므로 예산편성과 집행의 효율적 관리가 가능하다.
④ 성과주의는 행정부의 재량을 인정해주는 예산이므로 입법통제가 상당 부분 포기된다.

| 정답 ②

■ 심화문제

15 조세지출 예산제도의 특징으로 옳지 않은 것은?

① 조세지출은 법률에 따라 집행되기 때문에 경직성이 강하다.
② 조세지출의 주된 분류 방법은 세목별 분류로서 의회의 예산심의를 완화하기 위한 제도이다.
③ 조세지출은 세출예산상의 보조금과 같은 경제적 효과를 초래한다.
④ 과세의 수직적 · 수평적 형평을 파악할 수 있기 때문에 세수 인상을 위한 정책 판단의 자료가 된다.

해설 ② 정부가 개인이나 기업에게 재정 지원을 하는 방법으로 현금급여나 보조금 지원이 아닌 세액공제나 소득공제와 같은 조세감면을 통해 지원할 수 있다. 후자의 경우 세수의 손실은 사실상 정부지출과 동일하므로 이러한 세수의 손실을 조세지출(tax expenditure)이라 한다.
조세지출 예산제도란 조세지출의 내용과 규모를 주기적으로 공표해서 조세지출을 관리 · 통제하는 제도이다. 기획재정부 장관은 조세지출예산서를 작성해서 대통령의 승인을 받은 국회에 제출토록 하고 있다(국가재정법 제34조).
조세지출 예산제도의 장점을 보면, 많은 조세지출의 경우 그것이 직접지출과 같은 효과를 지니면서도 예산상에 나타나지 않음으로써, 지원의 필요가 없어진 후에도 계속되어 자원 배분의 비효율과 심각한 공평성의 문제를 드러내며 세수의 감소를 초래하고 있는데, 조세지출예산의 작성은 이와 같은 항목을 투명하게 드러내는 효과가 있는 것이다.

| 정답 ②

16 다음 중 추가경정예산안을 편성할 수 있는 이유가 아닌 것은?

① 국가의 특정한 정책 목적을 실현하기 위해 신축적인 예산집행이 필요할 경우
② 전쟁이나 대규모 자연재해가 발생한 경우
③ 법령에 따라 국가가 지급해야 하는 지출이 발생하거나 증가하는 경우
④ 경기 침체, 대량실업 등과 같은 대내 · 외 여건의 중대한 변화가 발생하거나 발생할 우려가 있을 때

해설 ① 국가의 특정한 정책 목적을 실현하기 위해 도입되는 예산제도는 '기금'이다. 추가경정예산의 편성에 대해서는 국가재정법 제89조에서 규정하고 있다.

| 정답 ①

17 예산관리모형 중 '품목별 예산제도'에 대한 설명으로 옳지 않은 것은? (2012 국가직 7급)

① 갈등을 야기할 수 있는 어려운 선택을 분할하기 때문에 모든 어려움에 한꺼번에 직면하지 않아도 된다.
② 기획 지향이라기보다는 통제 지향적이다.
③ 회계책임을 묻기가 용이하다.
④ 지출 품목마다 그 비용이 얼마인가에 따라 예산을 배정하기 때문에 효율성 판단이 용이하다.

해설 ④ 지출 품목마다 비용이 얼마인가를 따져서 예산을 편성하기 때문에 지출이 효율성보다는 합법성을 중시한다.
① 품목별 예산은 사업이 아닌 품목별로 예산이 편성되기 때문에 사업별 편성이 초래할 이익집단 간 저항이나 갈등을 피할 수 있다는 정치적 이점이 있다.
② 품목별 예산제도는 통제 지향적이다.
③ 품목별 예산제도는 회계책임이 명확하고 회계검사가 용이하다.

| 정답 ④

18 다음 중 성과주의예산의 장점으로 적합하지 않은 것은? (2008 서울시 7급)

① 사업계획과 예산을 연계한다.
② 재정 사용의 투명성을 증대한다.
③ 정치지도자의 예산 개입을 약화시킨다.
④ 관리자의 조직관리 능력을 향상시킨다.
⑤ 예산 절감의 효과를 유발한다.

해설 ③ 성과주의예산은 예산에 관한 계획과 통제를 내재적으로 활용하기 적합한 제도이므로 정치지도자의 좋은 관리수단이 된다.
② 사업별로 예산 산출 근거가 제시되기 때문에 의회에서 심의하기에 용이하다.

| 정답 ③

19 영기준 예산제도의 단점으로 옳은 것만을 모두 고른 것은? (2014 지방직 7급)

가. 계산전략의 한계	나. 정보 획득의 애로
다. 예산통제의 애로	라. 경직성 경비로 인한 한계
마. 재정구조의 경직화	바. 비경제적 요인의 간과

① 가. 나. 라. 바 ② 가, 다, 라, 마

③ 가, 다, 라, 바 ④ 나, 다, 마, 바

해설 ① 가: 영기준예산은 합리모형으로 시간이나 노력이 과다하게 요구된다.
나: 분석에 필요한 정보 획득이 쉽지 않다.
라: 축소가 불가능한 경직성 경비가 많을 경우 효용이 떨어진다.
바: 정치적 이해관계 같은 비경제적 요인의 영향을 간과한다.
다: 영기준예산은 모든 사업을 원점에서 재검토하므로 예산통제 기능을 갖고 있다.
마: 영기준 예산제도는 사업 가치가 낮은 사업을 축소나 폐지할 수 있으므로 재정구조의 탄력성을 확보하는 데 유리하다.

| 정답 ①

20 **일몰법과 영기준예산에 대한 설명으로 옳지 않은 것은?**

① 일몰법은 예산심의와 관계되는 입법 과정이다.

② 영기준예산은 예산편성과 관련되는 행정 과정이다.

③ 일몰법은 조직의 하위구조에서 좀 더 효율적인 관리도구이다.

④ 영기준예산은 매년 실시되므로 단기적인 성격을 띠지만, 일몰법은 검토의 주기가 3~7년이므로 장기적인 성격을 띤다.

해설 ③ 영기준예산은 예산 결정 시 모두와 관련된 반면, 일몰법의 경우는 입법적 과정과 연관된 최상위 계층에서의 분석이다.

| 정답 ③

21 **PPBS와 관련이 없는 것은?**

① 품목별 예산은 하향식 예산 과정을 수반하나, PPBS는 상향식 접근이 원칙이다.

② 품목별 예산과는 달리 부서별로 예산을 배정하지 않고 정책별로 예산을 배분한다.

③ PPBS는 집권화를 강화시킨다.

④ 계량적인 기법인 체제분석, 비용편익분석 등을 사용한다.

해설 ① 품목별 예산은 상향식이고 PPBS는 반대로 하향식이다.
③ PPBS는 정보와 의사결정 권한이 과도하게 중앙집권화하는 경향이 있다.
④ PPBS에서 많이 사용되는 기법은 체제분석이다. 체제분석은 가능한 사업대안 중에서 최적의 사업을 선택하는 메커니즘을 가리킨다.

| 정답 ①

22 **총액배분 자율편성 예산제도의 특징이 아닌 것은?** (2011 서울시 7급)

① 정부 각 기관에 예산 자율권을 부여한 예산관리모형이다.

② 점증주의적 예산 관행을 바꾸는 데 기여할 수 있다.

③ 각 부처에서 예산을 과다 요구하는 관행에서 어느 정도 벗어날 수 있다.

④ 부처별 개별사업을 집중적으로 검토하는 예산편성이다.

⑤ 자금관리의 분권화를 강조하지만 의사결정의 주된 흐름은 하향적이다.

해설 ④ 4번 내용은 성과주의 예산제도에 관한 것이다.
⑤ 자금관리의 분권화는 맞지만 지출한도 내에서 각 부처의 자율성을 인정해 주는 하향식 제도이다.

| 정답 ④

23 **다음 중 자본예산제도에 관한 내용 중 가장 옳지 않은 것은?**

① 재정안정화 효과 증진

② 중장기 예산 운용 가능

③ 부채의 정당화

④ 예산에 적자재정 편성

해설 ① 자본예산제도는 국공채 남발로 인한 인플레이션의 가속화 위험의 존재로 재정을 해칠 우려가 있다. 국가 재정구조에 대한 명확한 이해가 가능한 장점이 있는 반면에 적자재정의 은폐 수단으로 이용될 수도 있다. 경상비의 적자를 은폐하기 위한 수단이나 무리한 지출을 정당화하기 위한 수단으로 악용될 가능성이 많다. 국민의 이익보다는 정치적 목적을 위해서 사용될 가능성이 크다는 말이다.

| 정답 ①

24 **다음 중 자본예산제도의 장점에 속하지 않는 것은?**

① 투자분석과 자원의 효율적 이용에 도움을 준다.

② 세대 간 부담의 공평을 기할 수 있게 해준다.

③ 정부 순자산 상태의 변동 파악을 가능하게 한다.

④ 정부의 경비를 경상비와 자본적 경비로 명확하고 쉽게 구분할 수 있다.

해설 ④ 경상비와 자본적 경비의 구분은 대단히 어려운 일이다. 이러한 구분은 사기업에서도 어려운데, 정부부문에서는 더 말할 것도 없다.
① 자본예산은 장기 자본시설계획을 지원하기 때문에 대상사업을 선정할 때 비용-편익분석 등을 이용한 투자수익성 분석을 필요로 한다. 이를 통해 사업 선정에 과학성을 제고할 수 있으며, 의사결정자에게 합리적 결정을 위한 정보를 제공해 줄 수 있다.
② 자본시설사업은 현세대만이 혜택을 보는 것이 아니라 후세대에게도 편익이 돌아가기 때문에 세대 간에 투자비용을 분담하는 것이 바람직하다. 이를 위한 방안으로 공채 발행을 통한 재원조달을 들 수 있는데, 이는 미래의 조세를 앞당겨 징수하는 것이다.
③ 자본시설에 대해서는 감가상각을 하게 되므로 자산의 감모분(減耗分) 및 잔존 가치를 파악할 수 있다. 이는 정부의 순자산 상태가 해마다 어떻게 변해 가고 있는가를 알려주는 것이다.

| 정답 ④

25 **국가재정법상 다음 원칙의 예외에 대한 규정으로 옳지 않은 것은?** (2017 지방직 9급)

• 한 회계연도의 모든 수입을 세입으로 하고, 모든 지출을 세출로 한다. • 한 회계연도의 세입과 세출은 모두 예산에 계상해야 한다.

① 수입대체경비에 있어 수입이 예산을 초과하거나 초과할 것이 예상되는 때에는 그 초과수입을 대통령령이 정하는 바에 따라 그 초과수입에 직접 관련되는 경비 및 이에 수반되는 경비에 초과 지출할 수 있다.

② 국가가 현물로 출자하는 경우에는 이를 세입세출예산 외로 처리할 수 있다.

③ 국가가 외국차관을 도입해 전대하는 경우에는 이를 세입세출예산 외로 처리할 수 있다.

④ 출연금이 지원된 국가연구개발사업의 개발성과물 사용에 따른 대가를 사용하는 경우에는 이를 세입세출예산 외로 처리할 수 있다.

해설 ④ 제시된 지문은 예산총계주의 원칙(예산완전성의 원칙)을 설명하는 것이다. 출연금이 지원된 국가연구개발사업의 개발성과물 사용에 따른 대가를 사용하는 경우에는 이를 세입세출예산 외로 처리할 수 있다는 규정은 「국가재정법」 제53조 제5항에 규정되어 있었으나 2014년 국가재정법 개정으로 삭제되었다.
① 「국가재정법」 제53조 제1항
②, ③ 동법 제53조 제2항.

| 정답 ④

제 3 절 예산 과정

1. 예산 과정의 기초

1) 의의

(1) 개념

예산 과정이란 예산이 행정부에 의해 편성되어 의회의 심의·의결을 거쳐 확정되면 관계 부서에 의해 집행되고, 감사원의 회계검사와 결산 확인을 받아 결산서가 국회에서 승인되면 정부의 예산집행 책임이 해제되는 일련의 과정을 말한다.

(2) 예산의 순환주기

순회계연도는 1년인 경우가 많지만 예산 과정의 전체적인 순환주기는 3년이다. 2018년도 예산은 2017년 1년 동안 편성 · 심의되고, 2018년 1년 동안 집행되며, 이에 대한 결산은 2019년도에 이루어진다.

(3) 회계연도

회계연도(fisical year)란 수입과 지출을 구분 · 정리해서 그 관계를 명확히 하기 위한 예산의 유효기간을 말한다. 우리나라는 1월 1일부터 12월 31일까지이다.

2. 예산편성

1) 의의

예산편성이란 다음 회계연도에 정부가 수행할 정책이나 사업계획을 재정적 용어나 금액으로 표시하고, 예산액을 작성하는 행위로서 예산안편성지침의 작성으로부터 예산안의 확정에 이르는 일련의 과정을 말한다.

예산편성 과정은 필연적으로 한정된 재원을 두고 서로가 좀 더 우위에 설 수 있도록 설득, 호소, 압력 등 다양한 수단을 동원해서 벌이는 타협의 역동적인 과정이라 할 수 있다.

2) 절차

(1) 중기사업계획서 제출

각 중앙관서의 장은 매년 1월 31일까지 5회계연도 이상의 중기사업계획서를 기획재정부 장관에게 제출해야 한다(국가재정법 제28조).

(2) 예산안편성지침과 기금운용계획 작성지침의 통보

기획재정부 장관은 매년 3월 31일까지 예산안편성지침과 기금운용계획안 작성지침을 각 중앙관서의 장 및 기금관리 주체에게 통보해야 한다(국가재정법 제29조). 예산안편성지침은 다음 연도 예산편성의 기본 방향과 중점 목표 등을 제시한 것으로서, 다음 연도의 국내외 전망, 재정 운용 방향, 경비별 편성지침, 예산요구서에 사용할 각종 서식 등으로 구성되어 있다. 그리고 기획재정부 장관은 예산안편성지침을 시달한 데 이어, 부처별 지출한도를 결정해 통보한다.

(3) 예산요구서 제출

각 중앙관서의 장은 다음 연도의 세입세출예산, 계속비, 명시이월비 및 국고채무부담행위요구서를 작성해서 매년 5월 31일까지 기획재정부 장관에게 제출해야 한다.

(4) 예산요구서 사정

기획재정부 장관은 각 중앙관서의 장이 제출한 예산요구서를 사정한다. 예산의 사정이란 각 부처의 예산요구서에 담긴 사업 내용을 분석하고 소요 예산을 산출하는 작업을 말한다.

(5) 예산안 확정 및 국회 제출

기획재정부 장관은 종합된 예산안을 편성해서 이를 국무회의 심의를 거쳐 대통령의 승인을 얻어 회계연도 개시 120일 전까지 국회에 제출해야 한다.

3. 예산심의

1) 의의

예산심의는 행정부에서 제출한 정부예산안을 국회에서 심의 · 조정해서 다음 연도 예산을 확정하는 단계이다. 예산심의는 입법부가 행정부를 통제하는 도구로 재정민주주의를 실현하는 과정이다.

2) 절차

(1) 안건 제출

2014년부터 정부예산안 제출기한이 종전의 회계연도 개시 90일 전까지에서 120일 전으로 당겨졌다.

(2) 대통령의 시정연설, 국정감사

제출된 예산안은 본회의에 상정되어 예산안과 관련된 대통령의 시정연설과 기획재정부 장관의 예산안 제안설명이 이어진다. 예산안 심의에 앞서 국정감사를 실시하는데, 국정감사는 1972년 이후 폐지되었다가 1987년에 부활되었다.

(3) 상임위원회별 예비심사

예산안의 구체적이고 효율적인 심사를 위해 5~7인의 소위원회를 구성해 실질적인 심사를 행한다. 소위원회 심사가 완료되면 예비심사보고서를 작성해서 예결위에 회부한다.

(4) 예산결산특별위원회의 종합심사

상임위원회의 예비심사가 소관별 예산을 심사하는 데 반해 예결위원회에서는 국가예산 전반에 걸쳐 종합적인 심사를 하게 된다. 분과위원회의 부별심사 결과는 '예산안 및 기금운용계획안조정소위원회'에 회부되어 계수조정(計數調整)을 거친 뒤 예결위 전체회의에서 논의 의결한다.

(5) 본회의 의결

예산안이 본회의에 상정되어 정책질의와 찬반 투표를 거쳐 의결함으로써 예산이 확정된다. 예산은 법률과 달리 대통령에 의한 공포를 효력 요건으로 하지 않으며, 정부에 의한 거부제도도 인정되지 않고 오직 국회의 심의·의결에 의해 확정된다. 헌법에서는 국회에서 회계연도 개시 30일 전인 12월 2일까지 의결해야 한다고 규정하고 있다. 만일 새로운 회계연도 개시 전까지 예산안을 국회가 의결하지 못하는 경우에 정부는 전년도 예산에 준해서 준예산을 집행하도록 되어 있다.

4. 예산집행

1) 의의

(1) 예산집행이란 국회에서 의결・확정된 예산에 따라 수입을 조달하고 공공경비를 지출하는 재정활동을 의미한다.

(2) 현금수납뿐만 아니라 국고채무부담행위, 지출원인행위도 예산집행에 포함된다.

2) 집행 절차

(1) 예산의 배정

국회에서 예산안이 통과되었다 해서 각 기관에 배정된 예산이나 사업비가 바로 집행되는 것이 아니라, 예산 배정이 이루어진 뒤 현금지출에 이르게 된다. 중앙관서의 장이 예산배정요구서를 기획재정부 장관에게 제출하면, 기획재정부 장관은 분기별 예산배정계획을 작성해서 국무회의의 심의를 거친 후 대통령의 승인을 얻어야 한다(국가재정법 43조). 국회를 통과해서 예산이 확정되었더라도 해당 예산이 배정되지 않은 상태에서는 지출원인행위를 할 수 없다.

(2) 예산의 재배정

중앙관서에 대한 예산 배정이 끝나면 이어서 중앙관서의 장은 예산 배정의 범위 내에서 예산 지출 권한을 하급기관에 위임하는 절차를 이행하는데, 이것을 예산의 재배정이라고 한다.

(3) 수입

수입이란 조세 기타의 세입을 법령에 따라 징수 또는 수납하는 것을 뜻한다. 기획재정부 장관은 세입의 징수와 수납을 총괄하고 각 중앙관서의 장은 소관 세입의 징수와 수납을 관리한다.

(4) 지출

지출은 예산 지출의 원인이 되는 지출원인행위와 수표 발행을 뜻하는 좁은 의미의 지출로 구성된다. 재무관은 지출원인행위를, 그리고 지출관은 채권자의 금융기관 계좌로 입금되도록 조치를 취한다.

3) 예산집행의 신축성

예산집행의 신축성 유지란 계획한대로 예산이 집행되도록 행정기관이 예산 상황 변화에 대응해서 수정 조치를 취하는 일련의 행동을 말한다. 달리 말해서, 행정부에 재량권을 부여하는 것을 말한다.

(1) 전통적 방법

① 이용과 전용

가. 이용(移用): 장 · 관 · 항 등 입법과목 간 예산의 상호 융통을 말한다. 국회의 의결을 거쳐 기획재정부 장관의 승인을 얻어야 한다.

나. 전용(轉用): 세항 · 목 등 행정과목 간 예산의 상호 융통으로서, 전용은 국회의 의결이 필요 없고 기획재정부 장관의 승인만으로 중앙관서의 장이 할 수 있다.

② 이체

이체(移替)란 폐지되거나 기능이 이관된 기관의 예산을 신설된 부처의 예산으로 재분배하는 작업이다. 예산의 사용 목적은 변화시키지 않고 책임 소관만 변동시키는 것으로서, 국회의 사전 승인은 필요 없으나 기획재정부 장관의 승인을 요한다. 이것은 사전 의결 원칙의 예외가 된다. 그리고 기획재정부 장관은 예산을 이체한 때에는 당해 중앙관서의 장 및 감사원에 통지해야 한다.

③ 이월

예산의 이월(移越)은 회계연도를 달리해서 다음해로 예산을 옮기는 것이다. 예산의 효력은 1년이기 때문에 승인받지 않은 사용 금액은 다음 연도의 세입이 된다. 그러나 사업의 성격상 1년 내에 그 지출을 완료할 수 없는 경우 이월제도를 두어서 예산의 연도 내 사용 원칙을 완화하고 있다.

가. 명시이월: 세출예산 중 연도 내에 그 지출을 마치지 못할 것이 예측될 때에 미리 국회의 승인을 얻어 예산을 다음 연도로 넘겨서 사용하는 것이다. 그런데 예산 성립 후에 발생한 사유도 명시이월의 이유가 되므로 본예산에서는 명시이월비가 아니었더라도 추가경정예산에서 명시이월비가 될 수 있다.

나. 사고이월: 연도 내에 지출원인행위를 하고 불가피한 사유로 인해 연도 내에 지출하지 못한 경비와 연도 내에 지출원인행위를 하지 않은 부대경비를 다음 연도에 이월해서 사용하는 것이다. 명시이월은 다음 회계연도에 재차 이월이 가능하나 사고이월은 재차 이월할 수 없다.

④ 예비비

예비비란 예측할 수 없는 예산의 지출 또는 예산 초과지출에 충당하기 위한 경비를 말한다. 정부는 예비비를 책정해서 총액으로 국회의 의결을 받아야 한다.

"예측할 수 없는 예산 외의 지출 또는 예산 초과지출에 충당하기 위해 일반회계 예산 총액의 1/100 이내의 금액을 예비비로 세입·세출예산에 계상할 수 있도록" 하고 있다.

추가 경비 지출의 원인인 새로운 사태의 발생이나 사정 변경의 정도가 작은 경우에 한해 예비비로 충당해야 하며, 그 정도가 클 때는 추가경정예산을 편성해야 한다.

⑤ 계속비

계속비란 정부 발주공사나 제조 및 연구개발사업에서 그 완성에 수년을 요하는 경우 소요 경비의 총액과 연부액(年賦額)을 정해 미리 국회의 의결을 얻은 범위 안에서 다년도에 걸쳐 지출할 수 있는 경비를 말한다(국가재정법 제23조). 수년에 걸칠 경비의 총액을 일괄해서 국회의 의결을 얻으면 당해 연도를 포함한 5년 이내에 허용된 경비 총액 범위 내에서 계속 지출할 수 있다. 각 연도별 예산액 중 당해 연도에 지출하지 못한 것은 5년 이내의 계속비 사업 완성 연도까지 연차로 이월해서 사용할 수 있다.

(2) 현대적 방법

① **예산성과금**

정부는 예산의 집행방법 또는 제도의 개선 등으로 수입이 증대되거나 지출이 절약된 경우에는 증대 또는 절약된 예산의 일부를 이에 기여한 사람에게 성과금으로 지급하거나 다른 사업에 사용할 수 있도록 허용함으로써 예산집행 부서의 경비 절감을 유도하고 있다.

② **수입대체경비**

수입대체경비란 용역 및 시설을 제공해 발생하는 수입과 관련되는 경비로서 기획재정부 장관이 정하는 경비를 말한다. 즉, 국가가 특별한 역무 또는 시설을 제공하고 그 제공을 받은 자로부터 비용을 징수하는 경우의 경비, 수입의 범위 안에서 관련 경비의 총액을 지출할 수 있는 경우의 경비 등으로서 대법원의 등기소 등기부 등·초본 발행 경비, 외교통상부의 여권 발급 경비 등을 들 수 있다.

③ **총액계상예산**

총액 규모만 예산에 반영하고 세부사업별 지출은 집행부서에 위임하는 방식이다. 이 방식은 세부 내용을 미리 확정하기 곤란한 사업의 경우에 사용한다. 총액계상예산은 대상사업 또는 장소가 전국적으로 분포되어 있거나 전국에 걸쳐 연례적으로 이루어지는 사업을 대상으로 한다. 일반국도사업, 문화재 유지보수사업, 경지정리사업 등이 이에 해당한다.

④ **국고채무부담행위**

「국가재정법」 제25조는 "법률에 따른 것과 세출예산 금액 또는 계속비의 총액의 범위 안의 것 외에 국가가 채무를 부담하는 행위를 할 때에는 미리 예산으로 국회의 의결을 얻어야 한다."라고 규정하고 있다. 이 규정에 따라 국가가 채무를 부담하는 행위를 말한다.

특징은 지출 권한을 인정받은 것이 아니고 채무부담 의무만 지는 것이므로 실제 지출에 대해서는 미리 예산으로서 국회의 의결을 얻어야 한다. 국가가 금전 급부 의무를 부담하는 행위로서 그 채무 이행의 책임은 다음 회계연도 이후에 있는 것이 원칙이다.

5. 결산과 회계검사

1) 의의

결산은 입법부가 정해준 대로 행정부가 예산을 집행했는지를 심사하는 과정으로서, 한 회계연도 내에서의 정부의 세입과 지출의 실적을 확정적 계수로써 표시하는 행위이다.

2) 결산 과정

결산은 각 중앙행정기관의 장들이 세입세출결산보고서, 계속비결산보고서 등을 작성해서 다음 연도 2월 말일까지 기획재정부 장관에게 제출한다. 기획재정부 장관은 각 중앙관서의 장이 제출하는 결산보고서에 의거해 총결산보고서를 작성해서 다음 연도 4월 10일까지 감사원에 제출한다. 감사원은 결산의 검사 및 확인이 끝나면 결산검사보고서를 5월 20일까지 기획재정부 장관에게 송부한다. 정부는 감사원의 검사를 거친 국가결산보고서를 다음 연도 5월 31일까지 국회에 제출한다. 종전에는 다음 연도의 회계연도 개시 120일 전까지 제출하면 되었으나 이를 대폭 단축했다.

국회에 제출되면 국회는 예산결산위원회에 회부해서 심사하고, 이를 본회의에 보고해서 본회의에서 의결되도록 함으로써 결산이 확정·승인된다. 결산의 심사 결과 위법하거나 부당한 사항이 있는 경우 국회 본회의 의결 후, 정부 또는 해당 기관에 문제되는 재정지출액에 해당하는 변상 또는 책임에 대한 징계조치 등 시정을 요구한다. 결산 결과 문제가 있는 특정 사안에 대해서는 국회가 감사원에 감사를 요구할 수 있다. 결산은 정기국회 개회 전까지 완료해야 한다.

3) 문제점과 개선 방안

(1) 문제점

① 국회도 결산에 대해서 무관심하다.

② 국회의 전문성 부족으로 심도 있는 분석이 이루어지지 못하고 있다.

(2) 개선 방안

① 예산위원회와 결산위원회를 분리해서 운영할 필요가 있다.

② 국회의 전문성 강화를 위해 감사원의 기능 중 회계검사 기능을 입법부로 편입하는 방안을 고려할 수 있다.

객관식 문제

▣ 기본문제

01 통합재정 또는 통합예산에 대한 설명으로 가장 옳지 않은 것은? (2015 서울시 7급)

① 국가예산의 세입세출을 총계 개념으로 파악해서 재정건전성을 판단한다.
② 중앙재정을 일반회계와 특별회계 외에 기금 및 세입세출의 자금을 포함해 파악한다.
③ 통합재정은 중앙재정, 지방재정, 지방교육재정을 포함한다.
④ 재정이 국민경제에 미치는 효과를 효과적으로 파악하게 한다.

해설 ① 순계 개념으로 한다. 재정건전성 파악을 위해 회계 간 전출입거래 등 이중거래나 내부거래를 제거한 순세출·순세입의 규모로 작성된다.

| 정답 ①

02 다음 중 우리나라 통합재정 범위에 포함되지 않는 것은? (2015 국회직 9급)

① 중앙정부(일반정부)
② 지방정부(일반정부)
③ 중앙정부 기업특별회계
④ 지방정부 공기업 특별회계
⑤ 중앙은행 등 공공금융기관

해설 ⑤ 중앙은행 등 공공금융기관은 통합재정 범위에 포함되지 않는다.

| 정답 ⑤

03 우리나라 세계잉여금에 관한 설명으로 옳지 않은 것은? (2008 국가직 7급)

① 지방교부세 및 지방교육재정교부금의 정산에 사용할 수 있다.
② 추가경정예산안의 편성에 사용할 수 있다.
③ 사용하거나 출연한 금액을 공제한 잔액은 다음 연도의 세입에 이입해야 한다.
④ 사용 또는 출연은 국회의 동의를 얻어야 한다.

해설 ④ 세계잉여금의 사용 또는 출연은 다른 법률의 규정에 불구하고 「국가회계법」 제13조 제3항에 따라 국가결산보고서에 대한 대통령의 승인을 얻은 때부터 이를 할 수 있다.

| 정답 ④

04 예산 과정에 관한 설명으로 옳지 않은 것은? (2009 국가직 9급)

① 예산을 행정부가 편성해서 입법부에 제출하는 것이 현대 국가의 추세이다.
② 총액예산제도가 실시되면서 총액의 한도 내에서 의원들의 관심이 높은 예산사업을 소규모화하거나 우선순위를 낮게 설정하는 전략이 사용되기도 한다.
③ 대통령중심제라는 정치 체제의 성격이 국회 예산심의의 기본 특징을 규정한다.
④ 결산이란 한 회계연도에서 국가의 수입과 지출의 실적을 예정적 계수로서 표시하는 행위이다.

해설 ④ 결산은 1회계연도 내의 모든 수입과 지출을 확정적 계수로 표시하는 행위이다. 이는 예정적 계수인 예산과 다르다고 볼 수 있다.

| 정답 ④

05 우리나라의 국고채무부담행위에 대한 설명으로 옳지 않은 것은? (2008 국가직 9급)

① 예산총칙, 세입세출예산, 계속비 및 명시이월비와 함께 예산의 한 부분을 구성한다.
② 예산으로서 국회의 의결을 사전에 얻어야 한다.
③ 필요한 이유를 명백히 하고 채무 부담의 금액을 표시해야 한다.
④ 법률에 따른 것과 세출예산 금액 또는 계속비의 총액의 범위 이내로 한정한다.

해설 ④ 법률, 세출예산, 계속비 외에 정부가 채무를 부담하는 행위이다.
② 국고채무부담행위는 미리 예산으로써 국회의 의결을 얻어야 한다. 이것은 국가가 채무를 부담할 권한만 부여받은 것이지 지출할 수 있는 권한까지 부여받은 것은 아니다. 지출을 하려면 국회의 의결을 거쳐 예산으로 성립해야 한다.

| 정답 ④

06 총액배분 자율편성제도에 관한 설명으로 옳지 않은 것은? (2008 국가직 7급)

① 주어진 지출한도 내에서 각 부처는 자율적으로 정책과 사업을 구상한다.

② 재원 운용의 분권화를 강조하는 상향식 의사결정구조를 지닌다.

③ 국가 재원의 전략적 배분을 강조하고 그에 필요한 중앙통제를 인정한다.

④ 영국, 스웨덴, 네덜란드 등의 예산편성 방식을 그 예로 들 수 있다.

해설 ② 이 제도는 하향식이다. 중앙예산기관이 각 부처에 예산 총액을 할당하면 각 부처는 그 범위 내에서 자율적으로 집행하기 때문에 하향식이라고 볼 수 있다.

| 정답 ②

07 우리나라 예산심의의 특징으로 가장 옳지 않은 것은? (2017 서울시 7급)

① 정치 체제의 성격상 예산심의 과정이 의원내각제에 비해 상대적으로 엄격하지 않다.

② 일반적으로 예산의 심의에서 본회의는 형식적인 경우가 많다.

③ 국회는 정부의 동의 없이 금액 증가나 새로운 비목을 설치하지 못한다.

④ 예산심의 과정에서 국회 상임위원회가 소관 부처의 이해관계를 대변하기 쉽다.

해설 ① 대통령 중심제에서는 예산심의가 엄격하게 이루어진다.
② 우리나라는 위원회 중심주의이다.
③ 국회는 정부의 동의 없이 예산을 증액하거나 또는 새로운 비목을 설치하는 것이 불가능하다.
④ 소관 상임위원회는 증액 지향적이고, 예산결산특별위원회는 이와 반대로 삭감 지향적이다.

| 정답 ①

08 우리나라의 예산심의에 관한 설명으로 옳은 것은?

① 예산은 법률의 형식으로 의결된다.

② 예산결산특별위원회는 특별위원회이므로 상설화되지 않았다.

③ 예산결산특별위원회는 종합심사를 담당한다.

④ 예산심의 기간은 헌법 규정상 90일로 되어 있다.

해설 ① 예산은 법률이 아닌 의결의 형식을 취한다.
② 예결위는 상설화되어 있다.
③ 예결위는 종합심사를 수행한다.
④ 국가재정법상 정부는 예산안을 다음 회계연도 개시 120일 전까지 제출하고 국회는 30일 전까지 의결하도록 되어 있으므로 심의기간은 90일이다.

| 정답 ④

09 우리나라의 결산에 대한 설명으로 옳지 않은 것은? (2018 국가직 9급)

① 결산은 한 회계연도의 수입과 지출 실적을 확정적 계수로 표시하는 행위이다.

② 정부는 감사원의 검사를 거친 국가결산보고서를 국회에 제출해야 한다.

③ 결산은 국회의 심의를 거쳐 국무회의의 의결과 대통령의 승인으로 종료된다.

④ 각 중앙관서의 장은 회계연도마다 소관 기금의 결산보고서를 중앙관서결산보고서에 통합해서 작성해야 한다.

해설 ③ 결산은 국회의 최종 심의로 종료된다. 정부의 결산보고서는 국회에 다음 연도 5월 31일까지 제출해야 하고, 국회의 결산심의·의결은 정기회 개회 전까지 완료해야 한다.
② 「국가재정법」 제61조.
③ 동법 제73조.

| 정답 ③

10 국회의 예산심의에 대한 설명으로 옳지 않은 것은? (2016 국가직 9급)

① 상임위원회의 예비심사를 거친 정부예산안은 예산결산특별위원회에 회부되고, 예산결산특별위원회에서 종합심사가 종결되면 본회의에 회부된다.
② 예산결산특별위원회는 소관 상임위원회의 동의 없이 상임위원회에서 삭감한 세출예산 각 항의 금액을 증액할 수 있다.
③ 국회는 정부의 동의 없이 정부가 제출한 지출예산 각 항의 금액을 증가하거나 새 비목을 설치할 수 없다.
④ 국회의장은 예산안을 소관 상임위원회에 회부할 때에는 심사기간을 정할 수 있으며 상임위원회가 이유 없이 그 기간 내에 심사를 마치지 아니한 경우에는 이를 바로 예산결산특별위원회에 회부할 수 있다.

해설 ② 소관 상임위원회에서 증액한 내용은 예산결산특별위원회에서 상임위원회의 동의 없이 삭감할 수 있으나, 상임위원회가 삭감한 세출예산의 금액을 증가하거나 새 비목을 설치할 경우에는 소관 상임위원회의 동의가 필요하다.
③ 국회는 정부의 동의 없이 정부가 제출한 지출예산 각 항의 금액을 증가하거나 새 비목을 설치할 수 없다.
④ 「국회법」 제84조.

| 정답 ②

11 다음 중 예산의 신축성과 관련이 없는 것은? (2005 경남 9급)

① 계속비 ② 예비비
③ 예산의 재배정 ④ 국고채무부담행위

해설 ③ 예산편성이나 심의 시에 예견하지 못했던 사정의 변화가 일어날 수 있기 때문에 신축성 확보를 위한 장치가 필요하다. 신축성 유지를 위한 방안으로는 예산의 진용·이용 및 이체, 예산의 이월, 예비비, 계속비, 국고채무부담행위, 수입대체경비, 추가경정예산, 수입·지출의 특례, 총액계상예산, 회계연도 개시 전 예산 배정이 존재한다.

| 정답 ③

12 예산집행의 신축성을 보장하기 위한 제도적 장치와 그것에 대한 설명으로 옳지 않은 것은? (2010 국가직 7급)

① 총괄예산제도-구체적 용도를 제한하지 아니하고 포괄적인 지출을 허용하는 것
② 예산의 이용과 전용-예산의 목적 외 사용을 금지하는 한정성 원칙의 예외적 장치

③ 추가경정예산－국회의 의결에 의해 예산이 성립된 이후 상황 변화로 인해 사업을 변경하거나 새로운 사업을 추진해야 하는 경우 국회의결을 받아 예기치 못한 상태에 대처하는 예산

④ 예비비 제도－완공에 수년이 소요되는 대규모 공사・제조・연구개발 사업의 경우에 총액과 연부금을 정해 인정하는 제도

해설 ④ 「국가재정법」 제23조 1항에서는 계속비에 대해 "완성에 수년도를 요하는 공사나 제조 및 연구개발사업은 그 경비의 총액과 연부액(年賦額)을 정하여 미리 국회의 의결을 얻은 범위 안에서 수년도에 걸쳐서 지출할 수 있다."라고 정의하고 있다. 대규모의 정기 계속사업은 총사업비와 그 연차 지출계획을 미리 국회의 의결을 얻어 일관성 있게 추진하자는 취지이다. 계속비는 당해 연도로부터 5년 이내에 한해 지출할 수 있으나 필요하다고 인정할 때에는 국회의 의결을 거쳐 그 연한을 연장할 수 있다. 예비비는 정부가 예측할 수 없는 예산 외의 지출 또는 예산초과지출을 충당하기 위해 일반회계 예산 총액의 1/100 이내의 금액을 사용하는 것을 의미한다.

| 정답 ④

13 우리나라의 경우 기획재정부 장관이 회계연도 개시 전에 예산을 배정할 수 없는 경비는? (2014 서울시 7급)

① 과년도 지출 ② 외국에서 지급한 경비
③ 여비 ④ 선박의 운영・수리 등에 소요되는 경비
⑤ 각 관서에서 필요한 부식물의 매입 경비

해설 ① 회계연도 개시 전에 예산을 배정할 수 있는 제도가 긴급배정인데 대상 경비에 과년도 지출은 해당되지 않는다. 2, 3, 4, 5는 해당되며, 이외에도 범죄수사 등 특수 활동에 소요되는 경비, 교통이나 통신이 불편한 지역에서 지급한 경비 등도 해당된다.

| 정답 ①

14 계획의 본래 취지에 따라 예산이 집행될 수 있도록 행정기관이 재량권을 행사하는 것은 예산집행의 신축성이라고 한다. 다음 중 예산집행의 신축성 유지 방안이 아닌 것은? (2013 군무원 9급)

① 계속비 ② 예산의 재배정
③ 총괄배정예산 ④ 예산의 이용과 전용
⑤ 예비비

해설 ② 예산의 재배정은 예산통제 수단이 아니다.

| 정답 ②

15 예산의 신축성 유지방법 중 '정부조직 개편'과 가장 관련 있는 것은? (2102 지방직 7급)

① 전용 ② 이용

③ 이체　　　　　　　　　　④ 이월

해설 ③ 예산의 이체란 정부조직법의 제정, 개정 및 폐지로 권한의 변동 시 예산도 이에 따라 책임소관을 변경해서 사용한 것이다.

| 정답 ③

16 예산의 이월에 관한 다음 서술 중 옳지 않은 것은? (2007 경북 9급)

① 사고이월된 예산은 1회에 한해서 다시 사고이월로 재이월될 수 있다.

② 명시이월된 예산은 1회에 한해서 다시 사고이월로 재이월될 수 있다.

③ 명시이월된 예산은 몇 번이고 다시 명시이월될 수 있다.

④ 사고이월된 예산은 다시 명시이월될 수 없다.

해설 ① 사고이월된 예산은 다시 재차 이월할 수 없다. 명시이월된 예산은 국회의 의결을 통해 다시 명시이월될 수 있다. 또한 명시이월된 예산은 1회에 한하여 사고이월로 재이월될 수 있다. 명시이월은 세출예산 중 연도 내에 그 지출을 마치지 못할 것이 예측될 때에 미리 국회의 승인을 얻어 예산을 다음 연도로 넘겨서 사용하는 것이다. 그런데 예산 성립 후에 발생한 사유도 명시이월의 이유가 되므로 본예산에서는 명시이월비가 아니었더라도 추가경정예산에서 명시이월비가 될 수 있다. 사고이월은 연도 내에 지출원인행위를 하고 불가피한 사유로 인해 연도 내에 지출하지 못한 경비와 연도 내에 지출원인 행위를 하지 않은 부대경비를 다음 연도에 이월해서 사용하는 것이다. 명시이월은 다음 회계연도에 재차 이월이 가능하나 사고이월은 재차 이월할 수 없다.

| 정답 ①

■ 심화문제

17 예산의 신축적 집행을 위한 제도로 가장 옳지 않은 것은? (2013 경찰간부)

① 계속비는 경비총액과 연부액에 대해서 미리 국회의 의결을 얻은 것으로 매년 연부액에 대해서는 국회의 의결을 얻지 않고 사용할 수 있다.

② 이용이란 입법과목 간의 예산을 유용하는 것을 말한다.

③ 이체란 정부조직법의 개정으로 직무와 권한의 변동이 생겼을 경우 예산을 변동시키는 것을 말한다.

④ 이월이란 당해 회계연도에 집행되지 않은 예산을 다음 연도의 예산으로 사용하는 것을 말한다.

해설 ① 매년 연부액을 세출예산에 계상해서 국회의 의결을 받아야 한다.

| 정답 ①

18 다음 중 재정건전성 확보 방안으로서 세계잉여금 사용에 대한 설명으로 틀린 것은?

① 「국가재정법」 제90조 제2항 내지 5항의 규정에 따라 사용하거나 출연한 금액을 제

외한 세계잉여금은 추가경정예산안의 편성에도 사용할 수 있다.

② 「국가재정법」 제90조 제2항 내지 제 4항의 규정에 따른 세계잉여금의 사용 또는 출연은 그 세계잉여금이 발생한 다음 연도까지 그 회계의 세출예산에 관계없이 이를 할 수 있다.

③ 「국가재정법」 제90조 제2항 내지 제4항의 규정에 따른 세계잉여금의 사용 또는 출연은 다른 법률의 규정에도 불구하고 국가회계법에 따라 국가결산보고서에 대한 대통령의 승인을 얻은 때부터 이를 할 수 있다.

④ 세계잉여금 중 「국가재정법」 제90조 제2항 내지 제4항의 규정에 따라 사용되거나 출연한 금액을 공제한 잔액은 다음 연도의 세입에 이입하지 않아도 된다.

해설 ④ 「국가재정법」 제90조에서는 세계잉여금 등의 처리에 대해 일정비율의 공적자금, 국채, 차입금 상환 의무화 같은 내용을 정의하고 있다. 그중에 제8항의 내용을 살펴보면 "세계잉여금 중 제2항부터 제5항까지의 규정에 따라 사용하거나 출연한 금액을 공제한 잔액은 다음 연도의 세입에 이입하여야 한다."〈개정 2008.12.31〉라고 정의하고 있다.

| 정답 ④

19 우리나라의 예산 과정에 대한 설명으로 옳은 것은? (2015 지방직 9급)

① 정부는 회계연도마다 예산안을 편성해서 회계연도 개시 60일 전까지 국회에 제출해야 한다.

② 예산총액배분 자율편성제도는 중앙예산기관과 정부부처 사이의 정보비대칭성을 완화하려고 하는 목적을 갖고 있다.

③ 예산집행의 신축성을 확보하기 위한 제도로서 이용, 총괄예산, 계속비, 배정과 재배정 제도가 있다.

④ 예산 불성립 시 조치로서 가예산제도를 채택하고 있다.

해설 ② 재정당국이 정해준 예산 한도 내에서 부처별로 자유롭게 예산을 편성할 수 있도록 함으로써 부처의 자율성을 높이고 있다.
① 120일 전까지이다.
③ 배정과 재배정은 재정통제에 대한 제도이다.
④ 예산 불성립 시 가예산이 아니라 준예산제도를 채택하고 있다.

| 정답 ②

20 예산의 이월제도에 대한 다음 설명 중 적절하지 않은 것은?

① 사고이월은 연도 내의 지출을 필할 것으로 예상되었으나 부득이한 사유에 의해 지출을 필하지 못한 경비나, 연도 내에 지출원인행위를 하지 못한 부대경비를 다음 회계연도에 사용하는 것으로 다음 회계연도에 재차 이월이 가능하다.

② 사고이월은 사전의결의 원칙 예외이며 예산의 이월제도 시행은 집행상의 신축성을 유지하기 위해 요구된다.

③ 명시이월은 세출예산 중 연도 내에 지출을 필하지 못할 것으로 예상되는 경비를 미리 국회의 승인을 얻어서 다음 회계연도에 사용하는 것을 말한다.

④ 명시이월과 사고이월는 모두 예산 한정성의 원칙이나 회계연도 독립의 원칙에 예외가 된다.

해설 ① 명시이월이 재차이월이 가능하지만 사고 이월은 재차 사고이월이 불가능하다.
명시이월비는 세출예산 중 연도 내에 그 지출을 끝내지 못할 것이 예측될 때에 미리 국회의 의결을 얻어 다음 연도에 이월해서 사용하는 것으로서, 회계연도 독립의 원칙에 대한 예외가 된다. 명시이월비는 재이월이 가능하다.
우리나라에서 당초 예산에서 명시이월비로 편성된 사례는 극히 드물다. 우리나라의 명시이월비는 매년 일반회계 전체 예산액 대비 0.1~0.2% 수준을 유지하고 있다.
사고이월은 행위를 할 당시에는 연도 내 지출이 가능했기에 연도 내에 지출원인행위를 하고 불가피한 사유로 연도 내에 지출하지 못한 경비이다. 사고이월비는 재이월이 불가능하다.

| 정답 ①

21 다음 중 우리나라의 예산제도에 대한 설명으로 바른 것은?

① 헌법상 행정부는 회계연도 개시 120일 전까지 다음 연도의 예산안을 국회에 제출해야 한다.

② 국회에 제출되는 예산안은 일반회계만을 의미한다.

③ 국회가 회계연도 개시 30일 전까지 다음연도의 예산을 확정하지 못하면 정부는 준예산을 편성해서 집행한다.

④ 준예산은 전년도 예산에 준해서 집행하되 집행범위는 헌법이나 법률로 설치된 기관의 유지비, 법률상 지출 의무가 있는 경비, 승인받은 계속비 등에 한정된다.

해설 ① 헌법상으로는 90일 전까지이다.
② 일반회계와 특별회계를 의미한다.
③ 30일 전까지가 아니라 '새로운 회계연도가 개시될 때까지 예산안이 의결되지 못한 때'이다.

| 정답 ④

제 4 절 예산 및 회계제도의 개혁

1. 프로그램 예산제도

1) 의의

(1) 프로그램예산이란 관련성이 높은 몇 개의 단위사업을 단위사업별로 운영하

지 않고 이들을 한데 묶어서 포괄적으로 관리하는 것을 말한다.

(2) 품목별 예산제도는 개별사업의 성과와 결과보다는 사업 내 단위품목에 대한 투입과 통제 중심으로 되어 있다. 이를 극복하기 위해 예산 과정에서 프로그램이 예산관리의 중심이 되도록 한다. 예산 분류 체계도 장－관－항－세항－세세항－목의 구조에서 분야－부문－프로그램－단위사업으로 재분류한다.

2) 품목별 예산과 프로그램 예산의 비교

A) 품목별 예산 형식

	합계	사업A	사업B	• •
인건비				
물건비				
시설비				
•				

〈문제점〉
- ○ 단위 사업별 총예산 규모 파악 곤란
- ○ 사업 목적(성과)에 대한 관심 미흡
- ○ 전년 대비 점증적 예산 편성
- ○ 정책분석에 관심 미흡
- ○ 품목별 총액 내 지출사업 자율 변경
- ○ 품목별 한도 내에서 관리책임 국한

⇒

B) 프로그램 예산 형식

	합계	인건비	물건비	• •
사업A				
사업B				
사업C				
•				

〈기대되는 효과〉
- ○ 단위 사업별 예산 규모 파악 용이
- ○ 프로그램 예산 대비 성과측정 용이
- ○ 사업 기간별 중장기 예산 편성
- ○ 사업성 · 효과성 등 정책분석 강조
- ○ 사업별 총액 내에서 지출 자율 변경
- ○ 사업의 성과관리에 대한 책임 강화

2. 발생주의회계와 복식부기

우리나라는 중앙정부와 지방정부 모두 발생주의와 복식부기를 도입했다. 그러나 국가회계에서 현금주의가 완전히 없어진 것은 아니며 세입 · 세출결산서의 일반회계 부분은 그 속성상 현금주의가 여전히 적용되고 있다.

1) 현금주의와 발생주의

거래의 인식 기준에 따라 현금주의와 발생주의로 구분한다.

(1) 현금주의

① 개념

현금주의란 현금이 들어왔을 때 수익으로 인식하고, 현금을 지불했을 때 비용으로 인식하는 회계방식이다. 현금주의는 현금의 유입과 유출이 수반되지 않는 거래는 회계처리 대상으로 보지 않는다. 따라서 현금주의는 자산, 부채, 자본 등을 인식하지 못한다.

② 장점

1. 절차가 간편하고 단순해서 이해하기가 쉽다.
2. 예산액과 지출액의 비교가 쉽기 때문에 통제가 용이하다.
3. 회계처리가 객관적이고 비용이 적게 든다.

③ 단점

1. 기록 · 계산의 정확성 확인이 어렵다.
2. 거래의 실질, 원가가 반영되지 않아 경영성과의 파악이 곤란하다.
3. 자산의 증감이나 재정성과 등을 파악하기 어렵다.

(2) 발생주의

① 개념

발생주의란 자산의 변동 및 증감의 발생 사실에 따라 회계 정리하는 것이다. 채권채무주의라고도 불린다.

② 장점

1. 산출물에 대한 정확한 원가 산정으로 성과의 파악이 용이하다. 자원 사용에 대한 완전한 원가와 산출물별 단위원가의 산정을 통해 정부의 의사결정에 유용한 정보를 제공하게 된다
2. 정확한 부채 규모 파악으로 재정의 건전성을 확보할 수 있다.
3. 현금 기준이 아니므로 출납폐쇄기한이 불필요하다.

③ **단점**

1. 회수가 불가능한 부실채권이나 지불이 불필요한 채무 등을 파악하기 곤란하다.
2. 현금주의에 비해 회계절차가 복잡하고 회계처리비용이 많이 든다. 발생주의 회계가 정부의 재정상태를 평가하는 데 유리하나 회계절차가 매우 복잡하다는 어려움이 있다.
3. 채권·채무의 자의적 추정 가능성이 있다.

2) 단식부기와 복식부기제도

기장 방식에 따라 단기부기와 복식부기제도로 구분한다.

(1) 단식부기

① **개념**

단식부기란 차변과 대변의 구분 없이 현금의 입금과 출금을 중심으로 거래의 한 쪽 면만을 기재한 방식이다.

② **장단점**

사용하기에 매우 편리하고 비용이 적게 든다는 장점이 있지만, 기록의 정확성을 검증하거나 거래의 오류·탈루 등을 파악하기 어렵다.

(2) 복식부기

① **개념**

1. 복식부기는 거래의 발생 사실을 바탕으로 해서 차변과 대변으로 나누어 기록하는 방법이다. 대차평균의 원리에 의해서 회계 기록의 자기검증을 가능하게 하는 방식이다.
2. 재정상태보고서는 일정 시점에서 정부의 재정상태를 표시하는 표이다. '자산총계－부채총계'를 순자산으로 표시한다. 기업의 대차대조표에 해당한다.
3. 재정운영보고서는 기업의 손익계산서에 해당하는 것으로 일정 기간의 기업의 경영 성과를 나타내는 표이다. 재정운영보고서는 '수익－비용＝운영 차액'의

표 9-2 정부의 재정상태보고서의 구조

차변	대변
자산	부채
	순자산(자산 – 부채)

표 9-3 정부의 재정운영보고서의 구조

차변	대변
비용	수익
운영 차액(수익–비용)	

등식이 적용된다.

〈기록 사례〉

예를 들어, 자산취득비(405−01) 세목으로 사무용 컴퓨터 100만 원이 지출되었을 때, 예산회계에서는 다음과 같이 기록된다.

- 지출 시: 405−01 100만 원

복식부기에서는 동일한 거래를 컴퓨터 검수 시점과 대금 지급 시점에 다음과 같이 기록한다.

- 검수 시: (차) 집기비품 1,000,000 (대) 일반미지급금 1,000,000
- 지출 시: (차) 일반미지급금 1,000,000 (대) 현금과예금 1,000,000

이처럼 단식부기는 100만 원이 405−01 세목으로 지출되었다고 기록한 것이고, 복식부기는 100만 원을 지출해서 집기부품을 취득한 것으로 기록한 결과가 된다.

② 효용성

1. 사업의 원가를 계산하는 것이 유용하며, 재무 및 손익 파악이 완전하다.
2. 발생주의회계를 용이하게 처리할 수 있다.
3. 회계의 자기검증 기능으로 부정과 비리에 대한 통제가능성을 높여준다.

객관식 문제

■ 기본문제

01 **2007년부터 시행되고 있는 디지털 예산회계시스템의 특징과 거리가 먼 것은?**

(2007 부산시 7급)

① 예산과 회계시스템의 통합
② 재정사업의 성과관리 기능 강조
③ 상향식(bottom−up)식 부처예산 편성 강조
④ 국가재정운용계획과 연계

해설 ③ 하향식(top−down) 편성을 기본 특징으로 한다. 총액예산제도나 지출통제예산 등에서 볼 수 있다.

| 정답 ③

02 **총액배정 자율편성(top-down) 예산제도에 대한 다음 설명 중 틀린 것은?**

(2006 부산 9급)

① 국가재정운용계획 및 성과관리와 함께 참여정부의 3대 재정개혁 과제이다.
② 국무위원이 편성해서 국회로 제출한다.
③ 사전에 분야별 · 부처별 지출한도를 정해주면 그 한도 내에서 각 부처가 자율적으로 예산을 편성하는 제도이다.
④ 재정 운용의 자율성과 효율성을 높이려는 제도이다.

해설 ② 앞서 말한 대로 총액배정 자율편성은 '하향식(top−down)' 방식을 따른다. 중앙예산기관이 5개년 국가재정운용계획을 수립하고, 국무회의에서 분야별 · 부처별 지출한도를 정해주면 그 한도 내에서 각 부처가 자율적으로 예산을 편성하는 제도이다.

| 정답 ②

03 **예산회계제도와 복식부기 회계제도에 관한 비교 설명으로 가장 옳지 않은 것은?**
(2004 입법고시)

① 회계제도는 기장 방식에 따라 단식부기와 복식부기로 구분된다.
② 복식부기 회계제도는 거래의 이중성에 따라 현금 변동 시점을 인식 기준으로 삼는다.
③ 예산회계제도의 재무보고서는 세입·세출결산서 등으로 이루어진다.
④ 발생주의는 경제 주체의 자원의 변동에 따라 거래를 인식하는 방식을 말한다.

해설 ② 복식부기 회계제도는 거래의 이중성에 따라 자산 변동 시점을 인식 기준으로 삼는다.

| 정답 ②

04 **예비타당성조사에 대한 설명 중 틀린 것은?**

① 대규모사업에 대한 예산을 편성하기 위해 미리 예비타당성조사를 실시하고, 그 결과를 국회 소관 상임위원회와 예산결산특별위원회에 제출해야 한다.
② 국회가 그 의결로 요구하는 사업에 대해서는 예비타당성조사를 실시해야 한다.
③ 예비타당성조사 대상사업은 기획재정부 장관이 직권으로 선정할 수 없다.
④ 예비타당성조사 대상사업의 선정 기준·조사 수행기관·조사방법 및 절차 등에 관한 지침을 마련해서 중앙관서의 장에게 통보해야 한다.

해설 ③ 「국가재정법」 제38조 제2항에 의하면 "예비타당성조사 대상사업은 기획재정부 장관이 중앙관서의 장의 신청에 따라 직권으로 선정할 수 있다."고 규정하고 있다.

| 정답 ③

05 **프로그램 예산제도에 대한 설명으로 옳지 않은 것은?** (2016 국가직 7급)

① 동일한 정책 목표를 가진 단위사업들을 하나의 프로그램으로 묶어 예산 및 성과관리의 기본 단위로 삼는다.
② 우리나라에서는 지방자치단체가 2004년부터, 중앙정부는 2008년부터 공식적으로 채택했다.
③ 자원 배분의 투명성을 높일 수 있고, 일반 국민이 예산사업을 쉽게 이해할 수 있게 한다.
④ 우리나라가 도입한 배경에는 투입 중심 예산 운용의 한계를 극복하고자 하는 측면이 있었다.

해설 ② 중앙정부가 먼저 시행했고 지방정부는 2008년부터 공식 적용했다.
① 프로그램 예산제도는 종래 예산제도가 단위사업별로 칸막이식으로 예산이 편성된 것과 달리 프로그램별로 예산을 편성 및 운영하는 것을 말한다. 이때 프로그램은 공통의 기능을 갖는 사업을 하나로 묶은 단위를 지칭한다.

| 정답 ②

06 정부회계 기장 방식에서 복식부기의 특징이라고 볼 수 없는 것은? (2009 국가직 7급)

① 거래의 이중성에 따라 거래의 인과관계를 기록한다.
② 감가상각과 대손상각은 발생주의에서는 비용으로 인식된다.
③ 기장 내용에 대한 자기검증 기능을 확보할 수 있다.
④ 종합적 재정상태를 알 수 없으나 자동이월 기능이 있다.

해설 ④ 발생주의·복식부기는 하나의 거래를 대차평균의 원리에 따라 차변과 대변에 이중 기록하는 방식을 의미한다. 따라서 복식부기에서는 자산·부채·자본을 인식하며 자동이월(rolling-over) 기능과 자동산출 기능이 있어 매일의 종합적 재정상태를 즉시 알 수 있다.

| 정답 ④

07 발생주의 복식부기 회계방식에 대한 설명으로 옳지 않은 것은? (2010 국가직 9급)

① 기본적으로는 현금의 출납에 근거한 회계방식이다.
② 원가 개념을 제고하고 성과측정 능력을 향상시킬 수 있다.
③ 재정의 투명성을 높이고 회계의 자기검증을 통해 예산집행의 오류 및 비리와 부정을 줄일 수 있다.
④ 회수 불가능한 부실채권에 대한 정보 왜곡의 우려가 있다.

해설 ① 발생주의·복식부기는 하나의 거래를 대차평균의 원리에 따라 차변(왼쪽)과 대변(오른쪽)에 이중기록하는 방식이다. 자산·부채·자본을 인식해서 거래의 이중성에 따라 차변과 대변에 각각 계상하고 차변과 대변의 합계가 반드시 일치(대차평균)되도록 하는 회계방식이다. 현금의 출납에 근거한 회계방식은 현금주의와 단식부기이다.

| 정답 ①

08 우리나라 중앙정부 부문에 발생주의·복식부기 회계제도가 최초로 도입·시행된 연도는?

① 2006회계연도 ② 2007회계연도
③ 2008회계연도 ④ 2009회계연도

해설 ④ 발생주의·복식부기 국가회계제도는 2009회계연도 결산부터 시행되고, 2011회계연도 결산부터 국회에 재무제표를 제출하도록 하고 있다.

| 정답 ④

09 발생주의·복식부기 국가회계의 적용 대상은?

① 일반회계
② 일반회계와 기타 특별회계

③ 일반회계, 특별회계와 중앙관서의 장이 관리하는 기금

④ 일반회계, 특별회계와 모든 기금

해설 ④ 발생주의 · 복식부기 국가회계의 적용 대상은 일반회계, 특별회계와 모든 기금이다.

| 정답 ④

10 IMF가 각국의 재정통계를 관리할 때 재정정보의 신뢰성을 제고하고 발생주의 기준 재정정보를 산출하기 위해 제정한 매뉴얼은?

① Government Finance Statistics 1997

② Government Resource and Account Act 2000

③ Financial Reporting Act

④ Government Finance Statistics 2001

해설 ④ IMF는 'GFS 2001'을 통해 발생주의회계를 기반으로 정부통합재정보고서를 작성하도록 각국에 권고하고 있다.

| 정답 ④

■ 심화문제

11 다음 복식부기의 사례로 맞는 것은?

부산광역시가 아시안게임을 위해 200억 원 채권 발행

	차변	대변
①	자산 200억 증가	부채 200억 증가
①	자본 200억 감소	자산 200억 감소
③	부채 200억 증가	자본 200억 감소
④	비용 200억 증가	수익 200억 감소

해설 ① 채권을 발행했으므로 차변에는 자산 200억 증가로, 대변에는 부채 200억 증가로 표기한다.

| 정답 ①

12 복식부기제도 하에서 정부보유 현금자산이 200조, 고장자산이 300조, 유동부채가 100조, 재정수익이 300조, 비용이 200조라면, 회계기간 중 특정 시점의 재정 상태를 나타내는 보고서상에 순자산으로 보고될 액수는? (2009 국가직 9급)

① 400조 ② 100조

③ 500조 ④ 200조

해설 ① 순자산은 총자산에서 부채를 차감한 금액이므로 (200+300)−100=400조가 된다. 비용과 수익

은 재정운용표 작성 시 사용하는 것이므로 재정상태표와는 관계가 없다.

| 정답 ①

13 최근 정부회계제도 개혁의 일환으로 도입되고 있는 복식부기의 장점이 아닌 것은? (2012 국가직 7급)

① 정부재정 활동의 효율성, 투명성, 책임성을 제고할 수 있다.
② 정부재정에 있어 미래 지향적 재정관리의 기반을 조성할 수 있다.
③ 공공부문의 생산성 향상을 위한 유용한 회계정보의 활용을 기대할 수 있다.
④ 상당액의 부채가 존재해도 현금으로 지출되지 않은 경우 재정건전 상태로 결산이 가능하다.

해설 ④ 4번 지문은 현금주의의 설명으로 복식부기와는 무관하다.
① 복식부기는 자산과 부채를 명확하게 보여줌으로써 재정활동에 소요된 비용과 그로 인한 산출에 관한 회계정보를 투명하게 포착할 수 있게 해 준다. 원가 개념에 기초한 조직 운영의 효율성 평가를 가능케 한다.

| 정답 ④

14 다음 중 조세지출에 대한 설명으로 가장 적절하지 않은 것은? (2011 서울시 7급)

① 조세지출이란 정부가 받아야 할 세금을 받지 않고 포기한 액수를 의미한다.
② 현재 우리나라에서는 조세지출 예산제도를 도입해서 실시하고 있다.
③ 조세지출은 행정부에 의해 탄력적으로 운영될 여지가 많다.
④ 조세지출 예산제도는 조세감면 등의 정책효과를 판단하기 위해 필요한 제도이다.
⑤ 현재 우리나라의 경우 지방세에 대해서도 조세지출 예산제도를 적용하고 있다.

해설 ③ 조세지출은 조세감면을 지칭하는 것으로 세법에 의해 운영되므로 법적 경직성이 강해서 조세감면의 필요성이 사라진 후에도 존속하는 경우가 많다. 입법 과정에서 결정되기 때문에 행정부에 의한 탄력적 운영이 제약을 받는다.

| 정답 ③

15 발생주의 · 복식부기 국가회계제도에 대한 설명으로 틀린 것은?

① 중앙정부의 재정활동에 기업식 발생주의 · 복식부기 회계를 적용하는 것이다.
② 국가회계법에 따라 기존의 세입 · 세출결산서를 대체하여 발생주의 · 복식부기 방식의 재무제표를 작성하는 것이다.
③ 재무제표의 종류는 재정상태표, 재정운영표, 순자산변동표를 작성하게 된다.
④ 종합적이고 통합적인 재정정보를 정보이용자에게 제공할 수 있다.

해설 ② 기존의 세입세출결산서를 대체하는 것이 아니라 그것에 추가해 발생주의 · 복식부기 방식의 재무제표를 작성하게 된다.

| 정답 ②

16 **발생주의·복식부기 국가회계제도의 유용성을 설명한 것 중 맞지 않는 것은?**

① 국가재정 전반에 대한 종합적 관리

② 예산집행의 합목적성과 적정성에 대한 확인

③ 성과 중심의 재정운용 체계 구축

④ 국가자산 및 부채에 대한 체계적 관리

해설 ② 예산집행의 합목적성과 적정성에 대한 확인에 목적을 두는 것은 세입세출결산서인 예산회계이다.

| 정답 ②

17 **국가의 재정활동에 대한 발생주의·복식부기 회계처리와 관련한 설명 중 맞지 않는 것은?**

① 국세수익의 발생은 수익으로 인식해서 재정운영표에 기록하고 이로 인한 채권 또는 현금의 증가는 재정상태표의 자산의 증가로 동시에 기록한다.

② 세금을 부과하는 경우 국세수익과 미수국세를 동시에 인식한다.

③ 실제로 세금이 유입되지 않는 경우 회계처리하지 않는다.

④ 실제로 세금 납부 시 국세수익 발생 시 자산으로 인식했던 미수국세를 감소시킨다.

해설 ③ 실제로 세금의 유입이 없더라도 국세수익이라는 거래가 발생하면 국세수익과 미수국세를 동시에 인식한다.

| 정답 ③

제 9 장 재무 실전테스트

01. 총액배분 자율편성 예산제도에 관한 설명으로 가장 옳지 않은 것은?

① 하향식으로 자원을 배분한다.
② 재원 배분의 자율성은 제고되나 효율성은 저하된다.
③ 단기적 시각의 예산편성 방식이 갖는 문제를 해소하고 장기적 시각의 재정 운영을 도모한다.
④ 개별 부처는 지출한도 내에서 사업의 우선순위를 확정하고 자체 예산편성을 한다.
⑤ 점증주의적 예산 관행을 바꾸는 데 기여할 수 있다.

해설 ② 자원 배분의 효율성이 증진된다.

| 정답 ②

02 정부회계 기장 방식에서 복식부기의 특징이라고 볼 수 없는 것은?

(2009 국가직 7급)

① 거래의 이중성에 따라 거래의 인과관계를 기록한다.
② 감각상각과 대손상각은 발생주의에서는 비용으로 인식된다.
③ 기장 내용에 대한 자기검증 기능을 확보할 수 있다.
④ 종합적 재정상태를 알 수 없으나 자동이월 기능이 있다.

해설 ④ 복식부기는 자동이월 기능이 있다. 종합적 재정상태를 즉시적으로 확인할 수 있다.

| 정답 ④

03 현금주의에서는 인식되지 않지만 발생주의에서는 이중거래로 인식되는 것은?

(2011 국회직 8급)

① 미수수익
② 대손상각
③ 감가상각
④ 무상거래
⑤ 제품보증비

해설 ④ 무상거래는 현금주의에서는 인식되지 않지만 발생주의에서는 이중거래로 인식된다.

| 정답 ④

04 품목별 예산제도의 장점이 아닌 것은?

① 지출 항목을 쉽게 알 수 있다.
② 의회의 예산통제가 용이하다.

③ 공무원의 회계책임이 분명하다.

④ 정부사업의 우선순위 파악이 용이하다.

해설 ④ 지출 항목별 예산편성이므로 사업의 우선순위 파악은 쉽지 않다.
②, ③ 목 중심으로 예산이 배분되어 있기에 공무원의 회계 책임이 명확하고 의회의 예산심의 및 통제가 용이해진다.

| 정답 ④

05 발생주의회계와 복식부기의 장점이 아닌 것은? (2009 국회직 8급)

① 현금의 흐름을 쉽게 파악할 수 있고 자의적인 회계처리가 불가능해서 통제가 용이하다.

② 자산과 부채를 효율적으로 관리할 수 있다.

③ 산출물에 대한 정확한 원가 산정을 통해 부문별 성과측정이 가능하다.

④ 대차평균의 원리를 통해 거래의 원인과 내용을 파악할 수 있다.

⑤ 기록과 계산의 정확성 여부를 검증할 수 있는 자기검증의 기능을 지닌다.

해설 ① 현금주의는 현금 수취·지급 시 거래를 인식하므로 현금 흐름을 쉽게 파악하고, 회계상 주관적 판단의 개입 여지가 없기 때문에 회계처리를 객관적으로 할 수 있다.

| 정답 ①

06 우리나라의 프로그램 예산제도에 대한 설명으로 옳지 않은 것은? (2016 사회복지직 9급)

① 세부 업무와 단가를 통해 예산금액을 산정하는 상향식 방식을 사용하고 단년도 중심의 예산이다.

② 프로그램은 동일한 정책을 수행하는 단위사업의 묶음이다.

③ 예산 운용의 초점을 투입 중심보다는 성과 중심에 둔다.

④ 프로그램－단위사업－세부사업은 품목별 예산 체계의 항－세항－세세항에 해당한다.

해설 ① 1번 지문은 품목별 예산제도에 대한 설명이며, 프로그램 예산은 프로그램 중심의 하향식 방식을 사용하고, 다년도 중심의 중장기 관점에서 편성한다. 양자를 비교해서 사업별 분류를 보면, 항은 프로그램, 세항은 단위사업, 세세항은 단위사업에 해당한다.

| 정답 ①

07 다음 보기에서 가와 나를 바르게 연결한 것은? (2016 국가직 9급)

(가)는 국가가 특별한 용역 또는 시설을 제공하고 그 제공을 받은 자로부터 비용을 징수하는 경우의 해당 경비로서 기획재정부 장관이 정하는 경비를 의미하며, 국가재정법상 (나)의 예외로 규정되어 있다.

(가)	(나)
① 수입대체경비	예산총계주의 원칙
② 전대차관	예산총계주의 원칙
③ 전대차관	예산 공개의 원칙
④ 수입대체경비	예산 공개의 원칙

해설 ① 수입대체경비는 예산에 계상하지 않기 때문에 예산총계주의 원칙의 예외로 규정되어 있다. 전대차관은 정부가 수요기관(정부산하기관)을 대신해서 외국 금융기관에서 도입하는 차관으로 전대차관 역시 예산에 계상하지 않으므로 예산총계주의 원칙의 예외이다.

| 정답 ①

08 다음 괄호 안에 들어갈 용어를 옳게 짝지은 것은? (2017 지방직 7급)

> (가)은 의회에서 이권과 관련된 법안을 해당 의원들이 서로에게 이익이 되도록 협력해서 통과시키거나, 특정 이익에 대한 수혜를 대가로 상대방이 원하는 정책에 동의해주는 방식으로 이루어진다. 반면, (나)은 각종 개발사업과 관련된 법안이나 정책교부금을 둘러싸고 의원들이 그 혜택을 서로 나누어 가지려고 노력하는 현상을 말한다.

(가)	(나)
① 로그롤링	포크배럴
② 로그롤링	지대추구
③ 지대추구	로그롤링
④ 포크배럴	로그롤링

해설 ① 이번 예산은 우리 지역구에 사용하고 다음번에 유사한 정부 지원이 나오면 그때는 당신 지역구에 사용합시다. 이것이 로그롤링이고, 보조금을 얻어먹으려고 달려드는 의원들의 행태를 비유해서 나온 말이 포크배럴이다.

| 정답 ①

09 정부의 모든 수입은 하나로 합쳐서 지출되어야 한다는 예산 원칙은? (2007 전북 9급)

① 예산 단일성의 원칙
② 예산 통일성의 원칙
③ 예산 완전성의 원칙
④ 예산 엄밀성의 원칙
⑤ 예산 한정성의 원칙

해설 ② 예산 통일성의 원칙이다.
① 단일성의 원칙이란 단일의 회계로 계상되어 재정구조를 쉽게 이해할 수 있게 해야 한다는 것이다. 쉽게 말해 하나의 예산서로 작성되어야 한다는 것이다.

| 정답 ②

10 우리나라 정부의 예산구조에 관한 기술로 틀린 것은? (2015 교행 9급)

① 특별회계와 기금은 법률로써 설치한다.
② 기금운용계획의 확정 및 기금의 결산은 국회의 심의·의결을 거친다.
③ 일반회계는 조세수입 등을 주요 세입으로 하여 국가의 일반적인 세출에 충당하기 위해 설치한다.
④ 특별회계는 국가가 특정한 목적을 위해 특정한 자금을 신축적으로 운용할 필요가 있을 때 설치한다.

해설 ④ 특정한 목적을 위해 운영하는 자금은 기금이다. 특별회계는 정부가 특별한 재량을 인정할 필요가 있을 때 설치되는 예산이다.

| 정답 ④

11 다음 중 특별회계예산의 특징으로 가장 옳지 않은 것은? (2016 서울시 9급)

① 특별회계예산은 세입과 세출의 수지가 명백하다.
② 특별회계예산에서는 행정부의 재량이 확대된다.
③ 특별회계예산은 국가재정의 전체적인 관련성을 파악하기 곤란하다.
④ 특별회계예산에서는 입법부의 예산통제가 용이해진다.

해설 ④ 특별회계는 통일성 원칙의 예외로 입법부의 예산통제가 어려워진다.

| 정답 ④

12 우리나라의 「국가재정법」 제19조에 규정된 예산의 내용에 포함되지 않는 것은?

① 예산총칙 ② 예비비
③ 명시이월비 ④ 국고채무부담행위

해설 ② 국가재정법은 예산은 예산총칙, 세입세출예산, 계속비, 명시이월비, 국고채무부담행위를 총칭한다고 규정하고 있다.

| 정답 ②

13 우리나라 정부의 예산편성 절차를 올바르게 나열한 것은? (2014 사회복지직 9급)

가. 예산편성지침 통보	나. 예산의 사정
다. 국무회의 심의와 대통령 승인	라. 중기사업계획서 제출
마. 예산요구서 작성 및 제출	

① 가－라－마－나－다 ② 라－가－마－나－다
③ 가－마－라－다－나 ④ 라－나－가－마－다

해설 ② 각 부처의 중기사업계획서 제출, 예산편성지침 통보－예산요구－예산사정－국무회의 심의와 대

통령 승인–국회에 제출

| 정답 ②

14 총액배분 자율편성 예산제도에 대한 설명으로 옳지 않은 것은? (2013 국가직 7급)

① 사전에 결정된 예산의 지출한도 내에서 각 부처가 자율적으로 예산을 편성해 운영한다.
② 부처의 자율성이 높아지는 예산제도로 상향식 방식이다.
③ 중기적 시각에서 정부 전체의 재정 규모를 검토하기 때문에 전략적 계획의 발전을 촉진하고 재정의 경기조절 기능을 강화할 수 있다.
④ 미래 예측을 강조함으로써 점증주의적 예산편성 관행을 바꾸는 데 기여할 수 있다.

해설 ② 각 부처 지출한도액은 중앙예산기관이 배정하고, 지출한도 내에서 사용처의 결정은 각 부처의 자율에 맡긴다. 따라서 하향식 제도이다.

| 정답 ②

15 예산집행의 신축성을 보장하기 위한 장치가 아닌 것은? (2015 국가직 7급)

① 예산총계주의
② 예산의 이체와 이월
③ 예비비
④ 수입대체경비

해설 ① 예산총계주의는 모든 세입과 세출은 예산에 계리해야 한다는 것으로 통제를 위한 원칙에 해당한다.

| 정답 ①

16 우리나라 세계잉여금에 관한 설명으로 옳지 않은 것은? (2008 국가직 7급)

① 지방교부세 및 지방교육재정교부금의 정산에 사용할 수 있다.
② 추가경정예산안의 편성에 사용할 수 있다.
③ 사용하거나 출연한 금액을 공제한 잔액은 다음 연도의 세입에 이입해야 한다.
④ 사용 또는 출연은 국회의 사전 동의를 받아야 한다.

해설 ④ 국가재정법은 매 회계연도 세입세출의 결산상 잉여금 중 이월액을 공제한 금액을 세계잉여금으로 본다. 세계잉여금은 결산에 대한 대통령의 승인을 얻은 때부터 사용할 수 있다.
③ 세계잉여금은 아래 순으로 사용할 수 있으며, 잔액은 다음 연도의 세입에 이입해야 한다.
1. 지방교부세의 정산 및 지방교육재정교부금의 정산
2. 공적자금상환기금에 출연
3. 채무상환
4. 추가경정예산안의 편성

| 정답 ④

17 우리나라의 재정건전성 관련 제도에 대한 설명으로 가장 옳은 것은?

(2017 서울시 9급)

① 총사업비관리제도는 예비타당성조사제도와 같은 시기에 도입되었다.
② 예비타당성조사는 총사업비 500억 원 이상이면서 국가재정 지원이 300억 원 이상인 신규사업 중에 일정한 절차를 거쳐 실시한다.
③ 토목사업은 400억 원 이상일 경우 총사업비 관리 대상이다.
④ 재정사업 자율평가제도는 2004년부터 실시되었다.

해설 ③ 국고보조사업 및 국고보조를 받는 민간기구의 사업 중에서 완성에 2년 이상이 소요되는 대규모사업(토목사업은 500억 이상, 건축사업은 200억 이상)은 규모·총사업비 및 사업기간을 정해 미리 기획재정부 장관과 협의해야 한다.

| 정답 ②

18 최근 정부회계제도 개혁의 일환으로 도입되고 있는 복식부기의 장점이 아닌 것은?

(2012 국가직 7급)

① 정부재정 활동의 효율성, 투명성, 책임성을 제고할 수 있다.
② 정부재정에 있어 미래 지향적 재정관리의 기반을 조성할 수 있다.
③ 공공부문의 생산성 향상을 위한 유용한 회계정보의 활용을 기대할 수 있다.
④ 상당액의 부채가 존재해도 현금으로 지출되지 않은 경우 재정건전 상태로 결산이 가능하다.

해설 ④ 4번 지문은 현금주의의 설명으로 복식부기와는 무관하다.
① 복식부기는 자산과 부채를 명확하게 보여줌으로써 재정활동에 소요된 비용과 그로 인한 산출에 관한 회계정보를 투명하게 포착할 수 있게 해준다. 원가 개념에 기초한 조직 운영의 효율성 평가를 가능케 한다.

| 정답 ④

19 예비타당성조사와 타당성조사에 대해서 틀린 설명은?

① 현재 우리나라에서도 실시하고 있다.
② 예비타당성조사는 대형 신규사업의 신중한 착수와 재정투자의 효율성을 높이기 위한 제도이다.
③ 예비타당성조사는 경제적, 재정적, 기술적 측면에서 타당성을 검토하는 것이다.
④ 타당성조사란 당해 사업에 대해서만 실시하는 조사를 말한다.

해설 ③ 예비타당성제도는 본격적인 타당성조사 이전에 국민경제적 차원에서 사업의 추진 여부를 판단하는 조사이다. 재정 운용의 큰 틀 속에서 대상사업의 정책적 의의와 경제성을 판단, 사업의 효율적이고 현실적인 추진 방안의 제시를 목적으로 한다. 예비타당성조사는 개략적인 경제적 분석과 국민경제적·정책적 차원에서 정책적 분석을 한다. 기술적 타당성은 예비타당성의 검토 대상이 아니며, 환경성 등 일부 항목에 대해서만 조사를 실시한다.

| 정답 ③

20 우리나라에서는 회계연도 개시 전까지 입법부를 통과하지 못하는 경우에 행정부가 예산안이 입법부에서 의결될 때까지 특정 경비에 한해서 전년도 예산에 준해 지출할 수 있도록 하는 준예산제도를 도입하고 있다. 다음 중 준예산 가능 범위가 아닌 것은?

① 헌법이나 법률에 의해 설치된 기관 또는 시설의 유지 · 운영
② 경기 침체, 대량실업 등 대내 · 외 여건의 변화
③ 법률상 지출 의무의 이행
④ 이미 예산으로 승인된 사업의 계속

해설 ② 경기 침체, 대량실업과 같은 대내 · 외 여건의 변화로 인해 추가적인 예산이 필요한 경우는 추가경정예산을 활용한다. 그 외의 다른 항목들은 3개월 이내에 한해서 국회의 동의 없이 사용이 가능하다.

| 정답 ②

21 다음 괄호 안에 들어갈 내용으로 바르게 짝지어진 것은? (2014 지방직 9급)

> 정부회계의 발생주의는 정부의 수입을 (가)시점으로, 정부의 지출을 (나) 시점으로 계산하는 방식을 의미한다.

	(가)	(나)
①	현금 수취	현금 지불
②	현금 수취	지출원인행위
③	납세고지	현금 지불
④	납세고지	지출원인행위

해설 ④ 납세고지가 이루어지면 정부는 납세자로부터 채권(자산)이 발생하게 되며, 지출원인행위(공사계약)가 이루어지면 공사 등이 완결된 경우에 해당 금액을 지불해야 하는 채무가 발생한다는 점에서 채무가 발생했다고 평가할 수 있다.

| 정답 ④

22 예산 결정에 대한 공공선택론적 관점의 설명으로 옳은 것은? (2014 국가직 9급)

① 본질적 문제 해결보다는 보수적 방식을 통해 예산의 정치적 합리성이 제고될 수 있다.
② 니스카넨에 의하면 예산결정에 있어 관료의 최적 수준은 정치인의 최적 수준보다 낮다.
③ 정치인과 관료들은 개인 효용함수에 따라 권력이나 예산 규모의 극대화를 추구한다.
④ 재원배분 형태는 장기 균형과 역사적 상황에 따른 단기의 급격한 변화를 반복한다.

해설 ① 점증주의에 관한 내용이다.

② 관료들의 최적 수준은 정치인의 최적 수준보다 높다.
④ 단절균형모형에서는 재원의 배분 형태가 항상 일정하게 유지되는 것이 아니라 균형 상태에서 급격한 변화가 발생하는 단절 현상이 발생하고 이후 다시 균형을 지속한다는 것이다.

| 정답 ③

23 공공부문에서 희소성의 법칙에 관한 설명으로 옳지 않은 것은? (2009 국회직 8급)

① 급성 희소성은 가용재원이 정부의 계속사업을 지속할 만큼 충분하지 못한 경우에 발생한다.

② 완화된 희소성의 상태는 정부가 현존 사업을 계속하고 새로운 예산 공약을 떠맡을 수 있는 충분한 자원을 가지고 있는 상황이다.

③ 만성적 희소성 하에서 예산은 주로 지출통제보다는 관리의 개선에 역점을 두게 된다.

④ 희소성은 '정부가 얼마나 원하는가'에 대해서 '정부가 얼마나 보유하고 있는가'의 양면적 조건으로 이루어져 있다.

⑤ 공공부문에서의 희소성의 법칙은 항상 절대적으로 받아들여지는 것은 아니다.

해설 ① 급성 희소성은 정부가 계속사업의 점증비용을 충당할 수 없는 상태이고, 총체적 희소성은 이미 존재하는 사업의 비용을 충당할 수 없는 조건이다.
②, ③ 완화된 희소성은 진행 중인 모든 사업의 정상비용 및 업무량 증가분뿐만 아니라 주요 사업을 새로이 추진할 충분한 자원이 존재하는 경우이다. 만성적 희소성은 신규사업을 새롭게 추진할 자원이 부족한 상태이다.

| 정답 ①

24 복식부기 제도 하에서 정부 보유 유동자산이 200조, 고정자산이 300조, 유동부채가 100조, 재정수익이 300조, 비용이 200조라면 회계기간 중 일정 기간의 재정 운영을 나타내는 보고서상에 순이익으로 보고될 액수는?

① 100조 ② 200조
③ 400조 ④ 500조

해설 ① 이 경우 사용될 보고서는 재정운영표이다. 자산이나 부채 등은 재정상태표를 작성할 때 필요한 것이고, 지금처럼 순이익을 말할 때에는 재정운영표가 필요하다. 수익-비용=순이익이므로 300조-200조=100조로 순이익은 100조가 된다.

| 정답 ①

25 우리나라의 프로그램 예산제도에 대한 설명으로 옳지 않은 것은? (2016 사회복지직 9급)

① 세부 업무와 단가를 통해 예산금액을 산정하는 상향식 방식을 사용하고 단년도 중심의 예산이다.

② 프로그램은 동일한 정책을 수행하는 단위사업의 묶음이다.

③ 예산 운용의 초점을 투입 중심보다는 성과 중심에 둔다.

④ '프로그램－단위사업－세부사업'은 품목별 예산체계의 '항－세항－세세항'에 해당한다.

해설 ① 1번 지문의 내용은 품목별 예산제도의 특징이다. 프로그램 예산제도는 기존의 투입이나 통제 중심의 품목별 분류 체계에서 벗어나서 성과와 책임을 지향하는 프로그램 중심의 하향식 방식으로 예산을 분류하고 운영하는 것이다. 그리고 프로그램 예산제도는 다년도 중심의 장기적 관점에서 예산을 편성한다. 품목별 예산과 프로그램 예산의 체계를 비교하면 아래 표와 같다.

〈품목별 예산과 프로그램 예산의 체계 비교〉

구분	품목별 예산	프로그램 예산
입법과목	장	분야
	관	부문
	항	프로그램
행정과목	세항	단위사업
	세세항	세부사업(비공개)
	목	편성비목
	세목	통제비목

| 정답 ①

26 우리나라의 재정건전성 관련 제도에 대한 설명으로 가장 옳은 것은? (2017 서울시 9급)

① 총사업비관리제도는 예비타당성조사제도와 같은 시기에 도입되었다.

② 예비타당성조사는 총사업비 500억 원 이상이면서 국가재정 지원이 300억 원 이상인 신규사업 중에서 일정한 절차를 거쳐 실시한다.

③ 토목사업은 400억 원 이상일 경우 총사업비관리 대상이다.

④ 재정사업 자율평가제도는 2004년부터 실시되었다.

해설 ② 2번 지문이 예비타당성조사제도에 관한 올바른 내용이다.
① 총사업비관리제도가 예비타당성조사제도에 앞서 도입되었다.
③ 토목사업은 500억 원 이상, 건축사업은 200억 원 이상인 경우에 총사업비 관리대상이 된다.
④ 재정사업 자율평가제도는 예산편성과 성과관리의 연계를 위해 2005년부터 실시되었다.

| 정답 ②

27 다음 예산의 원칙 중 스미스(H. Smith)가 주장한 현대적 예산의 원칙은? (2016 서울시 9급)

① 예산은 미리 결정되어 회계연도가 시작되면 바로 집행할 수 있도록 해야 한다.

② 예산의 편성, 심의, 집행은 공식적인 형식을 가진 재정보고 및 업무 보고에 기초를

두어야 한다.

③ 모든 예산은 공개되어야 한다.

④ 예산구조나 과목은 국민들이 이해하기 쉽게 단순해야 한다.

해설 ② 예산의 편성, 심의, 집행이 공식적인 형식을 가진 배정보고 및 업무 보고에 기초를 두어야 한다는 것은 스미스가 주장한 현대적 예산 원칙 중 보고의 원칙에 해당한다.
① 노이마르크(F. Neumark)가 주장한 전통적 예산 원칙 중 사전 의결의 원칙에 해당한다.
③ 전통적 예산 원칙 중 공개성의 원칙에 해당한다.
④ 전통적 예산 원칙 중 명확성의 원칙에 해당한다.

| 정답 ②

28 예산 원칙의 예외에 대한 설명 중 옳지 않은 것은? (2017 사회복지직 9급)

① 국가정보원 예산의 비공개는 예산 공개의 원칙에 대한 예외이다.

② 수입대체경비, 차관물자대 등은 예산총계주의 원칙에 대한 예외이다.

③ 특별회계와 추가경정예산은 예산 단일성의 원칙에 대한 예외이다.

④ 예산 한정성의 원칙 중 예산 목적 외 사용 금지인 질적 한정의 원칙은 엄격히 지켜지고 있다.

해설 ④ 예산 목적 외 사용 금지인 질적 한정의 원칙의 예외는 이용과 전용이 있는데, 이용과 전용은 일정한 조건 내에서 운용되고 있으며 현실적으로 엄격히 지켜지기가 어렵다.

| 정답 ④

29 성인지 예산제도에 대한 설명으로 옳은 것은?

① 국가재정의 효율적 운용을 위해 성인지 예산을 도입했다.

② 우리나라는 국가재정법에서 성인지예산제도를 명문화하고 있으나 지방자치단체는 성인지 예산서 및 성인지 결산서의 작성이 의무화된 것은 아니다.

③ 성인지예산서는 예산이 남성과 여성에 미칠 영향을 미리 분석한 보고서로 정부가 예산안과 함께 국회에 제출해야 하는 첨부서류이다.

④ 성인지예산은 기존에 예산의 수혜가 남성과 여성에 미치는 영향이 동등했다는 전제를 옹호한다.

해설 ③ 성인지예산서는 예산안과 함께 국회에 제출해야 한다.
① 국가재정의 효율적 운용보다는 양성 평등에 따른 실질적 예산 배분의 변화를 유도하기 위한 것이다.
② 지방자치단체에도 2013년도 회계연도부터 성인지 예산서 및 결산서가 적용되고 있다.
④ 성 중립적 관점이 아닌 성인지적 관점에서 출발한다. 성인지적 관점이란 남성과 여성에 미칠 영향에 초점을 두고 각종 제도와 정책을 검토하는 관점을 말한다.

| 정답 ③

30 **매 회계연도 세입과 세출의 결산상 발생한 잉여금인 세계잉여금의 사용 순서로 바르게 연결된 것은?**

> 가. 교부세 및 지방교육재정교부금 정산
> 나. 공적자금상환기금에의 출연
> 다. 추가경정예산의 재원
> 라. 다음 연도 세입에의 이입
> 마. 국채 또는 차입금 등 채무상환

① 가－나－마－다－라
② 가－나－다－라－마
③ 가－나－라－마－다
④ 나－다－가－마－라

해설 ① 세계잉여금 사용 순위는 교부세 및 지방교육재정교부금 정산－공작자금상환기금에의 출연－국채 또는 차입금 등 채무상환－추가경정예산의 재원－다음 연도 세입에의 이입의 순이다.

| 정답 ①

31 **영기준 예산제도의 단점으로 틀린 것을 모두 고른다면?**

> 가. 시간과 노력의 낭비
> 나. 사업구조 작성의 어려움
> 다. 비경제적 요인의 간과
> 라. 장기적 목표의 경시
> 마. 관리자의 참여 저해

① 나, 마
② 가, 다
③ 나, 라
④ 라, 마

해설 ① 나: 사업구조 작성이 어렵다는 것은 계획예산제도에 해당하는 설명이다.
마: 영기준예산은 예산과정에 대한 관리자와 실무자의 참여를 촉진한다.
가: 영기준 예산제도는 많은 시간과 노력을 필요로 한다.
다: 영기준 예산제도는 합리모형에 입각한 제도이므로 비경제적 요소를 간과하고 있다.
라: 영기준 예산제도는 매년 현 시점 위주의 사업평가이므로 장기적 안목이 결여된다.

| 정답 ①

제 10 장 전자정부

제 1 절 전자정부의 개념적 이해

1. 정보화 시대의 행정환경 변화

지식기반 정보사회가 도래하면서 행정환경은 급변하고 있다. 사무자동화로 시간과 비용이 감축되어 업무처리의 효율성을 높이고 있고 조직구조도 신축적인 형태로 변화되었다. 마지막으로 시민과의 네트워크 확산으로 시민들은 정부의 새로운 역할을 요구하고 있다.

2. 전자정부의 개념

1) 의의

(1) 전자정부(electronic government)는 "정보기술을 활용하여 행정기관의 사무를 전자화함으로써 행정기관 상호간 또는 국민에 대한 행정 업무를 효율적으로 수행하는 정부"(전자정부법)이다.

(2) 과정적 측면과 목적적 측면: 전자는 정보기술을 이용한 정부혁신과 행정개혁에 초점을 맞추고 있고, 후자는 작고 효율적이며 고객 지향적이고 투명한 민주

적 정부의 구현이 목표로서 자리 잡게 된다.

(3) 세 가지 정의 유형: 제1유형은 eProcessing으로 정보기술을 이용해 시민에 대한 정부서비스 전달 방식을 변경하는 것이다. 제2유형은 eOperation으로 모든 정부 업무를 좀 더 효율화하기 위해 정보기술을 이용하는 방식이다. 제3유형은 eGovernance로서, 공공부문 제도들을 변형시키기 위해 전자적 수단 또는 ICT를 이용해 단순한 정부서비스 전달 과정을 넘어선 어떤 것으로 이해한다.

(4) 기술결정론과 사회결정론: 기술 발달이 사회 변화를 유발시킨다는 기술결정론이 있는가 하면, 기술은 원천적으로 기술 외적인 목적에 의해 발전하지만 이러한 기술 개발은 사회적 목적을 달성하는 데 핵심적인 수단이 된다고 보는 사회결정론이 있다.

2) 전자정부의 발전 단계

벨라미(Christine Bellamy)와 테일러(John Taylor)는 정부의 정보통신 발전은 세 단계를 밟는다고 한다. 제1단계는 자동화(automation)이다. 그 목표는 기기를 사용해서 비용을 줄이고 종이 작업을 줄인다. 제2단계는 정보화(informatization)이다. 자동화로부터 정보화로의 전이이다. 제3단계는 전환(transformation)이다. 전자정부의 최종 목표로서 정부와 국민 간 관계가 새로이 정립될 수 있다.

2002년 유엔은 전자정부서비스를 아래 5단계로 구분하고 있다. 1단계: 착수 — 2단계: 발전 — 3단계: 상호작용 — 4단계: 전자거래 — 5단계: 통합처리

3) 전자정부의 장애 요인

(1) 여건 불비와 저항: 국민과 정치적 리더십의 지지 결여, 추진 체제의 능력 부족, 개혁을 위한 투자 부족, 정보화 인프라의 불비, 정부관료제의 저항이 정보화의 길을 가로막고 있다.

(2) 실책과 폐단: 기술적 정보화로 인한 업무의 의미 상실, 인간적 소외, 개인 정보와 인권의 침해가 우려된다. 또 인터넷을 사용하는 사람들과 사용하지 않는 사람들을 분할하는 디지털 디바이드(digital divide)의 폐단도 문제이다. 인터넷을 사

용하지 않는 시민은 공공서비스 공급에서 간과되거나 차별 받을 위험이 있는 반면에 네티즌(netizen: network citizen)의 영향력은 지나치게 커질 수 있다.

객관식 문제

■ 기본문제

01 전자정부의 개념 정의에서 효율성 모델과 민주성 모델에 대한 비교 · 설명으로 옳지 않은 것은?

① 효율성 모델의 사회발전관은 기술결정론인 데 반해, 민주성 모델은 사회결정론으로 볼 수 있다.

② 효율성 모델은 국민 편의의 극대화와 정책의 투명화 · 전문화 과정 등을 통한 정부 내부의 생산성 제고를 꾀하며, 민주성 모델은 행정 과정상의 민주성 증진에 초점을 둔다.

③ 효율성 모델은 전자정부를 광의로 해석한 것이며, 민주성 모델은 협의로 해석한 것이다.

④ 효율성 모델은 행정전산망을 확충하거나 행정민원 해결을 강조하는 데 반해, 민주성 모델은 전자민주주의와의 연계를 중요시한다.

해설 ③ 반대로 설명되었다. 효율성 모델은 전자정부를 협의로 해석한 것이며, 민주성 모델은 광의로 해석한 것이다.
① 기술결정론은 공급적 측면을 강조한 모형으로 전자정부는 IT 기술이나 시스템 네트워크의 발달에 기인한 것이라고 보는 효율성 모델이다. 반면 사회결정론은 전자정부가 수요적 측면에서 사회의 민주화, 전자민주주의 등에 기인한 것이라고 보는 민주성 모델이다.

| 정답 ③

02 정보화사회의 특징으로 가장 옳지 않은 것은?

① 피라미드형 조직구조에서 수평적 네트워크구조로 전환되고 있다.

② 관료가 정보를 독점해서 권력의 오 · 남용 문제가 없어진다.

③ 전자정부가 출현하고 문서 없는 정부가 구현될 수 있다.

④ 정보통신기술을 활용한 원스톱(ons－stop) · 논스톱(non－stop) 행정서비스가 가능해진다.

해설 ② 관료의 정보 수집이 쉬워짐에 따라 권력이 강화될 수 있으며, 이에 따라 권력의 오·남용이 발생할 수 있다.

| 정답 ②

03 전자정부로의 개혁이 가져오는 행정관리 구조의 변화로 보기 어려운 것은?

① 관리과정 및 정책과정의 투명성 제고
② 저층화된 구조의 형성
③ 규제 지향적인 행정절차의 확대
④ 이음매 없는 조직의 구현

해설 ③ 규제 지향적인 행정절차의 확대가 아니라 완화 혹은 축소가 된다. 통제 지향적인 행정관리가 최소화되면서 중간관리층의 규모가 축소된다.

| 정답 ③

04 전자정부 및 지역정보화에 대한 설명으로 옳지 않은 것은?

① UN이 전자정부 발달 단계에서 최종 단계로 본 것은 통합처리(seamless) 단계이다.
② 지역정보화에는 기존의 산업화 과정에서 나타난 지역 간 격차 문제 해결을 위해 지방정부의 주체적 노력이 요구된다.
③ 지역정보화는 지역 간 정보격차를 해소하는 지역의 정보화와 지역의 균형적 발전을 위한 정보의 지방화를 포함한다.
④ 정보의 그레셤(Gresham) 법칙은 공개되는 공적정보시스템에는 사적정보시스템에 비해서 상대적으로 가치가 큰 정보가 축적되는 현상을 말한다.

해설 ④ 큰 정보를 작은 정보로 바꾸어야 한다. 그레셤 법칙은 원래 '악화(惡貨)가 양화(良貨)를 구축한다'는 뜻이다. 정보의 그레셤 법칙 역시 개인들이 좋은 정보는 본인들이 소장하고 불필요한 정보만 유통하는 현상을 말한다.

| 정답 ④

05 다음 중 전자정부의 등장과 가장 거리가 먼 것은?

① 관료제의 비효율성을 극복하기 위한 노력
② 고객 중심의 서비스 제공을 위한 신공공관리론적 개혁
③ 시장실패로 인해 정부가 정보화를 주도할 수밖에 없는 정부개입의 필요성
④ 정부서비스의 신속성에 대한 시대적 요청

해설 ③ 전자정부의 등장은 정부개입이 아니라 정부실패와 관련이 깊다고 할 수 있다.

| 정답 ③

■ 심화문제

06 지식을 암묵지와 형식지로 구분할 경우, 암묵지에 해당하는 것만을 모두 고른 것은?

(2013 지방직 9급)

가. 업무 매뉴얼	나. 조직의 경험
다. 숙련된 기능	라. 개인적 노하우
마. 컴퓨터 프로그램	바. 정부보고서

① 가, 나, 다 ② 나, 다, 라

③ 다, 라, 마 ④ 라, 마, 바

해설 ② 정확히 서술해서 타인에게 전달하기가 어려운 지식이 암묵지이다. 형식지는 명시적 지식과 객관적 지식을 의미한다. 업무 매뉴얼, 컴퓨터 프로그램, 정부보고서 등이 형식지에 속한다.

| 정답 ②

07 각 데이터 간의 상관관계를 인공지능 기법으로 자동적으로 알려주는 기법으로서 과거에는 알지 못했지만 축적된 데이터 속에서 유도된 새로운 데이터 모델을 발견해 새로운 전략적 정보를 추출해내는 정보 추출 및 지식 발견 기법을 무엇이라 하는가?

(2008 군무원 9급)

① 데이터 웨어하우스 ② 인트라넷

③ 데이터 마이닝 ④ 엑스트라넷

해설 ③ 지문 내용은 '데이터 마이닝'이다. 데이터 마이닝(data mining)은 많은 데이터 가운데 숨겨진 유용한 상관관계를 발견, 필요한 실행 가능한 정보를 추출하고 의사결정에 이용하는 과정을 말한다. 데이터 마이닝의 장점으로는 이것을 통해 정보의 연관성을 파악하고 가치 있는 정보를 만들어 의사결정을 함으로써 이익을 극대화시킬 수 있는 장점이 있다. 기법으로는 연관성분석(association analysis)이 있다. 거래나 사건을 포함하는 일련의 데이터로부터 연관규칙을 발견하고 둘 이상의 품목들 간 상호 연관성을 밝히는 것이다. 관련 사례를 보면, 대형마트의 구매 패턴을 분석한 결과 주말에 아기용 기저귀를 구매하러 온 아버지들이 동시에 맥주를 사기 시작하는 것을 알게 되었고, 이에 월마트는 이 같은 분석 결과를 통해 아기용 기저귀와 맥주를 패키지로 묶어 판매함으로써 약 3배 증가된 매출을 달성했다.

| 정답 ③

08 다음 중 전자정부 추진 필요성의 관점을 설명한 내용이 아닌 것은?

① 신포디즘(new-Fordism) 관점

② 공급적인 측면을 강조하는 기술결정론적 관점

③ 수요적 측면을 강조하는 사회결정론적 관점

④ 중립적 시각인 사회적 채택론

해설 ① 신포디즘(new-Fordism) 관점은 전자정부 추진 동기를 권력통제와 조직관리적 측면에서 살펴본 것이다. 전자정부 추진 필요성의 관점은 크게 공급적인 측면을 강조하는 기술결정론적 관점, 수요적 측면을 강조하는 사회결정론적 관점, 중립적 시각인 독립적 기술 발달과 사회적 채택론, 그리고 경제와 산업 발전을 위한 수단적 시각인 경제수단론적 관점 등이 있다.

| 정답 ①

09 전자민주주의 혹은 전자정부의 부정적 효과와 연관된 개념을 모두 고르면? (2015 국회직 9급)

가. 모자이크 민주주의	나. 전자 파놉티콘
다. 정보격차	라. 프라이버시

① 가, 나, 다 ② 가, 나, 라 ③ 가, 다, 라
④ 나, 다, 라 ⑤ 가, 나, 다, 라

해설 ④ 가: 모자이크 민주주의는 전자민주주의의 긍정적 효과라 할 수 있다. 토플러(Alvin Toffler)는 전자민주주의의 실현가능성에 대해 낙관적인 입장을 견지하였다. 지식정보화사회에서 다양한 통로를 통해 인종적, 사회적 주체들이 개성을 가지고 참여하며, 그 전체는 조화를 이루어 더욱 발전하게 된다는 모자이크 민주주의 체제를 창출할 것으로 보았다.
나: 전자 파놉티콘(electrical panopticon)은 감시기관이 정보화기술을 활용해서 개인이나 조직의 모든 활동을 통제할 수 있다는 전자감시 사회를 말한다.

| 정답 ④

10 서로 다른 조직 간에 약속된 포맷을 사용해서 행정상의 거래를 컴퓨터와 컴퓨터 간에 행하는 것을 무엇이라 하는가?

① 행정정보 공동활용 ② 전자문서 교환
③ 전자민원 처리 ④ 전자정보 공개

해설 ② 전자문서교환(Electronic Data Interchange: EDI)은 서로 다른 조직 간에 약속된 형식(Format)을 사용해서 상업적 또는 행정상의 거래를 컴퓨터와 컴퓨터 간에 행하는 것이다. 전자문서 교환은 구조화된 형태의 데이트를 재입력 과정 없이 업무에 활용할 수 있는 정보전달 방식이다.

| 정답 ②

11 정보화와 수요자 중심 패러다임의 추세에 대응하는 연성 행정조직의 특성과 거리가 먼 것은?

① 개방적이다.
② 실패의 위험 부담이 없다.
③ 공식화의 정도가 낮다.
④ Y이론적 인간관계를 지향한다.
⑤ 문제 제기형 분업 시스템이 정립되어 있다.

해설 ⑤ 엄격한 분업 시스템은 전통적 관료제의 특징에 속한다.

| 정답 ⑤

12 전자정부는 아래의 개념을 기반으로 한다. 다음 중 아래의 개념에 해당하는 것은? (2010 특채)

업무 수행에 필요한 데이터, 업무 지원용 시스템의 실행에 필요한 정보기술 등을 체계적으로 정리한 청사진으로서 전자정부 추진의 기본 밑그림

① GPKI & NPKI
② G4C 7 G2C
③ CRM
④ 정보기술 아키텍처(ITA)

해설 ③ 고객관계관리(Customer Relationship Management: CRM)는 기업이 고객의 정보를 바탕으로 업무 프로세스, 조직, 인력을 정비하고 운용하는 전략을 말한다.

| 정답 ④

제 2 절 우리나라 전자정부의 실태

1. 추진 과정

정부는 2001년 2월 대통령 직속의 정부혁신추진위원회에 전자정부특별위원회를 설치하고 하향식(top-down) 방식으로 전자정부 사업을 추진토록 했다. 이 위원회에서는 전자정부 구현에 핵심적인 11대 중점사업을 선정하고, 그 추진 성과를 정기적으로 대통령에게 보고함으로써 조정력을 발휘할 수 있었다. 이 위원회는 노무현 정부에 들어와 정부혁신·지방분권위원회 산하의 전자정부전문위원회로 이어지게 된다.

2004년 3월 「정부조직법」 개정을 통해 전자정부 주무부처를 정보통신부에서 행정자치부로 변경했으며, 한국전산원은 전자정부가 차질 없이 추진되도록 전문기술 지원기관으로 지정되었다.

2007년에 전자정부 실현의 기본법인 「전자정부법」이 제정되었다. 2008년 12월에는 국가정보화 비전 선포식을 통해 국가정보화 기본계획이 마련되었다. 이와 함께 정보화의 부작용을 막기 위한 방안으로 「개인정보보호법」이 2009년에 통과되었고, 「전자정부법시행령」이 전면적으로 개편되는 등 정보화에 대한 입법적 토대가 구축되었다. 2018년 현재 「전자정부법」은 본문 7장 78조, 부칙 11조로 구성되어 있다.

2. 최근의 추진정책

최근의 전자정부 추진정책으로 먼저 '전자정부 2020 기본계획'과 '전자정부 2020 실행계획'을 보면, 2016년 4월에 정부는 전자정부 2020 기본계획을 수립했다. 이 계획은 「전자정부법」 제5조에 따라 최초로 성립된 5개년 전자정부 계획이다. 그 주요 내용은 ① 정부서비스 Re－디자인, ② 인지・예측기반 지능행정 실현, ③ 산업과 상생하는 전자정부 신생태계 조성, ④ 신뢰 기반 미래형 인프라 확충, ⑤ 글로벌 전자정부 질서 주도 등이다. 정부는 2016년 9월에 기본계획의 과제를 구체화시킨 전자정부 2020 실행계획을 확정 발표했다. 그 내용으로는 ① 전자정부 거버넌스 확립, ② 전자정부 성과관리 강화, ③ 예산과 연계 강화, ④ 기본계획과 실행계획의 연계 등이 있다.

다음으로 2017년 지능형 정부 기본계획을 보면, 정부는 다양한 정보화사업들을 지능형 정부사업으로 체계적으로 재편함으로써 빠르게 변화하고 있는 ICT 환경에 대응하고자 2017년 3월에 지능형 정부 기본계획을 발표했다. 지능형 정부는 지능정보기술을 활용해 국민을 중심으로 정부서비스를 최적화하고 스스로 일하는 방식을 혁신하며, 국민과 함께 국정 운영을 실현함으로써 안전하고 편안한 상생의 사회를 만드는 디지털 신정부를 지향한다. 2017년 지능형 정부 기본계획의 목표는 다음과 같다. ① 마음을 보살피는 정부, ② 사전에 해결하는 정부, ③ 가치를 공유하는 정부, ④ 안전을 지켜주는 정부 등이다.

3. 주요 추진기관

1) 참여정부에서는 전자정부특별위원회의 주요 사업과 예산심의・조정, 부처 간

이견 조정 등의 기능은 행자부로 이관되어 전자정부 추진이 행정자치부로 일원화 되었다.

2) 이명박 정부에서는 국가정보화전략위원회가 최고 정책 심의기구로 출범했다. 기존의 국무총리 소속 정부위원 중심의 정보화추진위원회를 대통령 소속 민관합동 위원회로 격상했다. 그러나 이 위원회의 활동 결과는 그다지 만족스럽지 못했는데, 그 이유는 과거 정보통신부가 가지고 있던 정보화촉진기금이 행정안전부에는 없었기 때문이다.

3) 박근혜 정부에서는 국무총리실 소속 정보통신전략위원회를 설치했다. 정보통신전략위원회는 국가정보화 추진에 관한 주요 사항 등을 심의·의결하는 기능을 담당하며, 중앙행정기관 간 업무조정 권한도 가진다. 중앙행정기관은 개선 요구를 받은 날로부터 3개월 이내에 이행계획을 위원회에 보고해야 한다. 그러나 일각에서는 정보통신전략위원회가 구체적인 권한이 없는 의미 없는 '옥상옥'에 불과하다고 평가하기도 한다.

4) 문재인 정부가 2017년 5월에 출범하면서 ICT 거버넌스 분야에서 다양한 개편이 이루어졌다. 첫째는 과거 미래창조과학부를 과학기술정보통신부로 개편했고, 중소기업청을 중소벤처기업부로 승격했다. 둘째는 기존의 정부3.0위원회를 폐지하고 셋째, 대통령 직속의 4차 산업혁명위원회를 신설했다. 이 위원회는 5년간 한시적으로 운영되는 조직이기 때문에 위원회를 법제화하기 위한 작업이 진행되고 있다. 또 하나의 과제로는 현재 행정안전부의 전자정부위원회가 전자정부법이 아닌 행정안전부 장관의 훈령에 기초해 설립된 점이다. 따라서 전자정부추진위원회를 전자정부법에 명문화해서 설립 근거를 확고히 해야 할 것이다.

4. 전자정부정책의 현주소

우리나라는 전자정부 수준에서 세계적 평가를 얻고 있다. 2014년 UN 전자정부 평가에서 우리나라가 세계 1위를 차지한 것이 이를 잘 말해주고 있다. 그러나 그 후 몇 가지 요인들로 인해 그 명성을 그대로 이어가지는 못하고 있는 실정이다.

1) 추진 주체의 다기화

박근혜 정부 때는 ICT 관련 정부위원회가 너무 많이 설치되어 운영되었다. 행정안전부가 간사 역할을 수행하는 공공데이터전략위원회, 정부3.0추진위원회 및 전자정부추진위원회는 기능이 중복될 수밖에 없는 구조를 가지고 있었다. 그 결과 다기화된 구조로는 국가적으로 큰 문제에 직면했을 때 서로 간에 연계가 미흡해서 무기력한 모습을 보여주었다.

2) 개별 추진 주체들의 조정력 부족

부처 간 통합 정보화로 변화해서 신속한 이견 조정이 필요하나, 현행 추진 체계는 개별 부처의 전산화를 촉진하는 데에만 적합한 구조를 갖추고 있어서 이견 조정이 곤란하다.

현재 「전자정부법」에 의하면 행정기관 등이 전자정부 사업들을 추진해 나가기 위해서는 기관 간 상호 협력과 조정이 반드시 요구된다. 따라서 사업의 추진 주체들 간의 이해관계를 조정하고 유기적인 연계를 강화할 강력한 추진 체계가 요망된다. 그러나 현재의 「전자정부법」에는 이에 대한 규정이 없다. 앞서 언급한 전자정부추진위원회의 법제화의 필요성이 여기에도 있는 것이다.

3) 예산과 행정력의 낭비

중앙정부와 지자체가 전자행정 구축사업을 별도로 추진함으로써 예산과 행정력의 낭비 현상을 드러냈다.

업무 중복 및 중복 투자의 또 다른 예는, 국가통신망 활용도 과기부의 '전자정부통신망' 사업과 행정안전부의 '전자정부통합망' 사업이 중복되고 있다. 또한 전자서명도 국가공개키 기반구조(National Public Key Infrastructure: NPKI)와 공공공개키 기반구조(Governmental Public Key Infrastructure: GPKI)가 서로 중복되고 있다.

5. 사례분석: 정부3.0

1) 주요 내용

(1) 배경

스마트 시대가 도래하면서 차세대 전자정부의 등장이 앞당겨졌다. 첫째, 스마트 시대에는 데이터가 질적·양적으로 폭발적으로 성장한다. 둘째, 정보처리 능력도 눈부신 발전을 보이고 있다. 셋째, 스마트 시대에는 사람이 아니라 조직 자체가 높은 학습 능력을 갖게 된다. 이렇게 스마트 사회가 빠르게 전개되는 만큼 정부도 그에 맞는 운영체계를 만들어 가야 할 것이다.

(2) 정부3.0의 개념

정부3.0(Gov 3.0)은 스마트 기술을 활용해 정부로 하여금 올바른 일을 올바른 방법으로 하도록 하는 미래 전자정부라고 정의할 수 있다. 3.0이란 숫자를 붙인 이유는 일방향(1.0)을 넘어 쌍방향 정부(2.0)를 구현하고 이를 바탕으로 개인별 맞춤 정보와 서비스를 제공하는 '정부 3.0 시대'를 달성하자는 것이다. 기존의 전자정부와 비교하면 〈표 10-1〉과 같다.

표 10-1 전자정부 종류별 특성

	Gov 1.0	Gov 2.0	Gov 3.0
개념	e-Government	Gov as a Platform (Open Government)	Smart Government
목표	프로세스 혁신 (how-to-do internal)	거버넌스 혁신 (how-to-do external)	정책 혁신 (what-to-do)
특징	업무자동화, 온라인화	열린 정부, 민관협력	지식조직, 과학적 정책
기술	인터넷 기술	소셜 기술(web2.0)	스마트 기술
핵심 자원	application	web & app	data

(3) 정부3.0의 특징

첫째, 정부3.0이 갖는 가장 큰 특징은 '데이터 기반 정책결정'의 실현이다. 기존

데이터의 활용 제고를 통해 가능해진다.

둘째, 정부3.0으로 정책의 적시성을 보장한다. 정부3.0은 센서와 스마트 기기를 통해 실시간 대응이 가능하다.

셋째, 조직구조 측면에서 정부3.0은 협업을 본격화한다. 정부3.0을 구축하는 것 자체가 정부의 협업 시스템을 발전시킨다.

(4) 정부3.0의 중점 추진 과제

정부3.0의 중점 추진 과제들은 다음과 같이 정리된다.

첫째, 소통하는 투명한 정부로서, 여기에는 공공정보 적극 공개로 국민의 알 권리 충족, 공공데이터의 민간 활용 활성화, 민 · 관 협치 강화 등이 해당한다.

둘째, 일 잘하는 유능한 정부로서, 여기에는 정부 내 칸막이 해소, 협업 · 소통 지원을 위한 정부운영시스템 개선, 빅데이터를 활용한 과학적 행정 구현 등이 해당한다.

셋째, 국민 중심의 서비스 정부로서, 여기에는 수요자 맞춤형 서비스 통합 제공, 창업 및 기업활동 원스톱 지원 강화, 정보 취약계층의 서비스 접근성 제고, 새로운 정보기술을 활용한 맞춤형 서비스 창출 등이 해당한다.

2) 평가

박근혜 정부 들어 정부3.0을 추진하면서 전자정부와는 전혀 무관한 것으로 거리를 두었다. 정부3.0에 연간 3,500억 원씩을 투자하면서 박근혜 정부는 전자정부가 아니라 정부3.0정책을 중점적으로 추진했다고 볼 수 있다. 박근혜 정부 후반에 정부3.0정책의 추진은 국무총리실 소속 정부3.0 추진위원회가 중심이며, 이를 지원하는 총괄업무를 행정자치부 창조정부조직실이 맡고 있었다. 당시 행정자치부 내의 조직을 볼 때, 창조정부조직실의 정부3.0과 전자정보국의 전자정부가 분리되어서 따로 움직이는 모습을 보여주었다. 이 과정에서 창조정부조직실은 전자정부를 정부3.0의 하위 집행수단으로 활용했다. 이것은 주객이 전도된 것이었다.

객관식 문제

▣ 기본문제

01 우리나라 정부가 전자정부 달성을 위해 제시한 구체적인 목표가 아닌 것은?

① 유사 업무 중복 수행으로 비용 부담이 과중되는 것을 방지함
② 누구나, 언제, 어디서나 한 번에 서비스되는 정부
③ 민간기업 수준을 뛰어넘는 생산성 높은 일류정부
④ 정보네트워크화로 국민과 하나가 되는 투명한 정부

해설 ① ①을 제외한 나머지는 정부가 제시하고 있는 목표이다.

| 정답 ①

02 한국의 전자정부에 대한 설명 중 옳지 않은 것은?

① 1987년부터 정부 행정전산화사업을 총괄한 부서는 구 총무처이다.
② 행정전산망사업이 행정전산화사업에 앞서 시행되었다.
③ 작지만 생산성이 높은 정부를 지향한다.
④ 현재 전자정부의 주무부처는 행정안전부이다.

해설 ② 행정전산화사업이 행정전산망사업에 앞서 진행되었다.

| 정답 ②

03 2009년 서울의 한 고등학생이 개발한 '서울버스 앱'은 공공데이터의 무료 개방에 따른 부가서비스 개발의 대표적 사례로 알려져 있다. '서울버스 앱'의 기반이 되는 웹기술은? (2017 사회복지직 9급)

① 하이퍼링크 중심의 Web 1.0 기술
② 플랫폼 기반의 Web 2.0 기술
③ 시맨틱웹(Semantic Web) 기반의 Web 3.0 기술
④ 사물인터넷 기반의 Web 3.0 기술

해설 ② 이 웹은 서울시가 공개한 공공정보를 활용해서 개발한 것으로 공공데이터의 무료 개방에 따른 부가 서비스 개발의 사례이다. 공급자와 수요자 등이 참여해 얻고자 하는 가치인 '도로의 소통 상황을 실시간으로 표시하는 것'을 콘텐츠를 통해 알 수 있도록 구축된 플랫폼 기반의 Web 2.0 기술이다.

| 정답 ②

04 **다음 중 전자정부에서 추구하는 이념 및 목표와 관련 사업 간의 관계가 잘못 연결된 것은?**

① 대민서비스 개선－원스톱 서비스(one－stop service)
② 지능형 정부 구현－사업 목표와 성과 간의 괴리를 수시로 파악할 수 있는 학습 능력 시스템 구축
③ 행정의 효율성 제고－정보통신기술을 이용한 업무절차 재설계
④ 행정의 투명성 제고－전자결재 및 전자문서 유통

해설 ④ 전자결재 및 전자문서 유통은 행정부서 내의 업무 처리 과정으로서, 관리적 측면에서 행정의 효율성을 높이기 위한 수단이다.

| 정답 ④

05 **전자정부의 지식관리에 따라 나타난 현상으로 옳지 않은 것은?**

① 정보이용 계층에 대한 정보화정책으로서 정보격차 해소정책이 필요해졌다.
② 지식관리는 학습조직을 기반으로 한다.
③ 직접민주주의에 대한 가능성을 높였다.
④ 공공정보의 개인 사유화가 심화되었다.

해설 ④ 전자정부를 통해 공공정보가 광범위하게 공유될 수 있으므로 공공정보의 개인 사유화는 심화되지 않는다.

| 정답 ④

06 **정보화와 전자정부에 대한 설명으로 옳지 않은 것은?** (2015 국가직 9급)

① 행정안전부 장관은 관계 행정기관 등의 장과 협의해 정보기술 아키텍처를 체계적으로 도입하고 확산시키기 위한 기본계획을 수립해야 한다.
② 행정안전부 장관은 국가와 지방자치단체의 부문계획을 종합해 5년마다 국가정보화 기본계획을 수립해야 한다.
③ 정부3.0이란 개방, 공유, 소통, 협력의 핵심 가치들을 통해 국정과제를 해결하고 국민 행복을 추구하는 것이다.
④ 스마트워크(smart work)란 영상회의 등 정보통신기술을 이용해 시간과 장소의 제약 없이 업무를 수행하는 유연한 근무 형태이다.

해설 ② 정부는 5년마다 국가정보화 기본계획을 수립해야 한다. 기본계획은 과학기술정보통신부 장관이 국가와 지방자치단체의 부문계획을 종합해 정보통신전략회의의 심의를 거쳐 수립·확정해야 한다(국가정보화기본법 제6조 제1항·2항).

| 정답 ②

07 정보통신기술을 활용한 행정개선 사례로 옳지 않은 것은? (2017 국가직 7급)

① 정부서울청사 등에 스마트워크센터를 설치해 운영하고 있다.

② 민원서비스를 통합적으로 제공하는 '민원24'를 도입했다.

③ 정부에 대한 불편 사항 제기, 국민 제안, 부패 및 공익 신고 등을 위해 '국민신문고'를 도입했다.

④ 공공기관의 공사, 용역, 물품 등의 발주 정보를 공개하고 조달절차를 인터넷으로 처리하도록 '온나라시스템'을 도입했다.

해설 ④ 공공기관의 공사, 용역, 물품 등의 발주 정보를 공개하고 조달 절차를 인터넷으로 처리하도로 한 것은 '온나라시스템'이 아니라 조달청의 포털사이트인 '나라장터'이다. 온나라시스템은 행정안전부가 관리하고 정부 부처, 정부 산하기관, 지방자치단체 공무원 등이 업무처리를 위해 사용하는 전산화시스템(2007)이다.
① 2010년부터 스마트워크센터가 운영되고 있다. 원격사무실에서 모바일, 영상회의 등을 통해 사무를 처리하는 시스템이다.
② '민원24'가 지금은 '정부24'로 명칭이 변경되었고, 24시간 365일 온라인에서 통합된 정부서비스를 제공하고 있다.
③ 국민들이 고충민원을 제기하고 정책에 대한 개선 의견을 제안할 수 있는 '국민신문고'를 도입했다.

| 정답 ④

08 정부3.0의 중점 추진 과제 중 하나인 일 잘하는 유능한 정부에 해당하지 않는 사항은?

① 정부 내 칸막이 해소

② 협업・소통 지원을 위한 정부운영시스템 개선

③ 공공데이터의 민간 활용 활성화

④ 빅데이터를 활용한 과학적 행정 구현

해설 ③ 공공데이터의 민간 활용 활성화는 소통하는 투명한 정부에 해당하는 사항이다.

| 정답 ③

제 3 절 미래의 전자정부: 유비쿼터스 정부

1. 의의

1) 전자정부의 발전 형태로서 언제 어디서나 중단 없는 정보서비스를 제공해 부

가가치를 제공한다.

2) 유비쿼터스는 5Any(Anytime, Anywhere, Anydevice, Anynetwork, Anyservice)를 지향하고 있는데, 이는 일상생활 및 업무환경이 이전의 정보화와 다른 새로운 영역으로의 진화를 의미한다. 전자정부는 기술적으로는 인터넷을 기반으로 한 전자정부(e-government)에서 무선 · 모바일 환경에 기초한 전자정부(m-government)를 거쳐 유비쿼터스 전자정부(u-government)로 진화하는 한편, 내용적으로 정부의 모든 업무과정의 전자적 혁신에 기반을 둔 전자정부(e-gov)를 거쳐, 지식의 편재에 따른 조직의 재편 및 정부의 혁신에 기초한 지식정부(k-gov)의 구축과 동시에, 누구든지 언제, 어디서나 정부의 서비스를 제공받고, 정부의 행위에 참여할 수 있는 유비쿼터스 전자정부(u-gov)가 구현되는 진화 단계를 밟고 있다.

2. 유비쿼터스 정부의 특징

1) 주요 특징

유비쿼터스 정부(u-gov)의 주요 특징은 ① 정보화 영역이 확대되어 생활공간 속의 사물들까지 지능화 · 네트워크화되어 언제 어디서나 보이지 않게 사용자가 지원한다. ② 유선 인터넷과 웹 기술을 넘어 무선인터넷과 증강현실(augmented reality: AR) 기술을 활용해 실감형 정보를 현실 세계에 증강한다 등이다.

2) 전자정부와 유비쿼터스정부의 차이

(1) 기술적인 측면: e-gov는 초고속정보통신망과 네트워크, 인터넷 기술이 기반 기술이지만, u-gov는 브로드밴드와 무선 & 모바일 네트워크, 센싱, 칩 기반 기술이라고 할 수 있다.

(2) 업무방식: 업무방식의 측면에서는 e-gov는 신속성 · 투명성 · 효율성 · 민주성을, u-gov는 고객지향성 · 지능성 · 형평성 · 실시간성을 추구한다.

3. 유비쿼터스 정부의 동인

1) 기술적 요인: 센서 기술과 IPv6

유비쿼터스 전자정부의 기술적 요인으로 센서 기술의 발달과 IPv6를 들 수 있다.

(1) 센서 기술의 발달: RFID(Radio Frequency IDentification)

전파신호를 통해 비접촉식으로 사물에 부착된 얇은 평면 형태의 태그를 식별해 정보를 처리하는 시스템을 말한다. 지금까지 정보 수집은 주로 사람에 의해 이루어져 비용이 많이 들었고, 그 결과 실시간 정보를 활용하기 어려웠다. 반면 RFID는 정보 수집과 유통비용을 획기적으로 낮춤으로써 실시간 현실 정보를 활용한 서비스가 가능해진다.

(2) IPv6: 다른 기종 간의 통합가능성

IPv6는 현재 IP주소의 고갈문제를 해소할 대안으로 등장했으며, 정보가전이나 휴대단말, 자동판매기 등의 다양한 컴퓨터 칩이 내장된 단말기 인터넷 프로토콜을 이용해서 유비쿼터스 네트워크를 가능하게 한다.

2) 행정 수요적 요인: 접근성과 맞춤행정

정부는 전자정부 서비스를 적극 추진하고 있지만 국민의 활용도와 만족도 면에서는 의도한 만큼의 성과를 거두지 못하고 있다. 공급자 위주의 서비스 제공 방식, 손쉽게 서비스를 활용할 수 없는 제약조건 등 정보화 기반 여건의 취약에서 비롯된다.

유비쿼터스 전자정부는 '항상 어디에나' 존재하는 정부로서 특정 계층의 IT에 대한 거부감을 줄여 공공서비스의 수요를 진작시킬 것이며, PC 등의 플랫폼보다 개인화된 도구로서 한 사람을 위한 맞춤행정에 적합한 전자정부의 형태로 자리 잡을 것이다.

4. 유비쿼터스 정부 추진상의 난제

유비쿼터스 국가전략을 그리는 데 넘어야 할 장애물이 적지 않게 존재한다.

첫째, 유비쿼터스 컴퓨팅과 관련된 개념들이 모호해서 객관적이고 체계적인 전략 수립이 어렵다. 유비쿼터스 사회의 구조와 작동 방식, 서비스의 형태에 대해서도 많은 이견이 존재한다.

둘째, 유비쿼터스 컴퓨팅이 가져올 혜택에 대해 명확한 인식이 부족해서 이를 국자발전전략에 담는 데 한계를 가질 수밖에 없다. 경험과 연구를 통해 유비쿼터스 컴퓨팅의 가치를 심도 깊게 이해한 연후에나 진정한 유비쿼터스 발전전략의 수립이 가능할 것이다.

객관식 문제

▣ 기본문제

01 다음 중 u-gov와 가장 관련이 없는 것은?

① 브로드밴드 ② 모바일 네트워크
③ 센싱 ④ 초고속정보통신망

해설 ④ 초고속정보통신망은 e-gov와 관련이 있다.

| 정답 ④

02 스마트사회 및 스마트 정부의 모습에 해당하지 않는 것은?

① 유연성이나 창의성이 중시되는 사회이다.
② 정부는 국민이 요구하기 전에 미리 알아서 서비스를 제공한다.
③ 스마트워크의 확산으로 현장에서 업무처리가 가능해져 생산성이 제고된다.
④ 재난 발생 후 최대한 빠른 시간 내에 복구하는 것을 정책목표로 세운다.

해설 ④ 스마트정부는 재난의 발생을 미리 예방하는 것을 목적으로 삼는다. 스마트사회는 지능형 사회를 의미하며, 인간과 사물 간 의사소통에서 사물과 사물 간 의사소통까지 확장한다.

| 정답 ④

03 유비쿼터스 정부(u-gov)와 관련이 없는 것은?

① 언제 어디서나 정보서비스를 제공한다.
② 실시간 맞춤정보 제공으로 시민참여도가 제고된다.
③ 고객지향성을 추구한다.
④ 웹(web) 2.0시대의 미래형 전자정부이다.

해설 ③ 유비쿼터스 정부는 웹 3.0에 기반을 두고 있다.

| 정답 ③

04 유비쿼터스 정부에 대한 설명으로 옳지 않은 것은?

① 언제 어디서나 개인화되고 중단 없는 정보서비스를 제공한다.
② 개인의 관심사, 선호도 등에 따른 실시간 맞춤정보를 제공한다.
③ 추구하는 가치는 고객지향성, 실시간성이며 형평성은 제외된다.
④ 정부서비스를 가상공간에만 국한시키지 않고 물리적인 현실공간에까지 이용하려 한다.

해설 ③ 초기 전자정부에서 형평성이 결여되었지만 유비쿼터스 정부에서는 형평성까지도 추구할 수 있는 고도화된 전자정부이다.
④ 유비쿼터스 정부는 물리적인 현실 공간에까지 최대한 확대 적용하려는 정부이다.

| 정답 ③

05 다음 중 유비쿼터스 정부(u-gov)의 특성이 아닌 것은?

① 중단 없는 정보서비스 제공
② 맞춤정보 제공
③ 고객지향성, 실시간성 등의 가치 추구
④ 일방향 정보 제공

해설 ④ 일방향 정보 제공은 초기 전자정부의 특성이다. 유비쿼터스 정부에서는 양방향의 정보 제공이 이루어진다.

| 정답 ④

06 인터넷 기반 전자정부가 지닌 한계를 극복하고 정부서비스에 무한한 기회를 창출할 수 있는 혁신적 전자정부의 패러다임으로 볼 수 있는 것은?

① 인터넷 패러다임
② 유비쿼터스 패러다임
③ 키오스크
④ 모바일 패러다임
⑤ e-government

해설 ② 기존의 인터넷 기반 전자정부가 지닌 한계를 극복하고 차세대 전자정부 구현에 큰 의미를 가지고 있는 것은 유비쿼터스 정보기술이다.

| 정답 ②

제 10 장 전자정부 실전테스트

01 다음 중 한국의 대민 전자정부(G2C 또는 G2B)의 사례가 아닌 것은?

① 민원24
② 국민신문고
③ 전자조달 나라장터
④ 온-나라 시스템
⑤ 전자통관 시스템

해설 ④ 온-나라 시스템은 정부기관 간의 정보 공유를 통해 행정 능률의 향상과 종이 없는 행정의 실현을 추구하는 G2G에 해당한다.

| 정답 ④

02 전자정부의 특징에 대한 설명으로 옳지 않은 것은? (2010 국가직 7급)

① 전자정부는 정보기술을 이용해서 정부활동의 시간적, 공간적 제약을 축소한다.
② 전자정부는 공개 지향적 정부로서 정부가 보유하고 있는 모든 정보에 대한 접근이 가능하다.
③ 전자정부는 생산성을 높이기 위해 정보기술 집약화를 이룩한 정부이다.
④ 전자정부는 대국민 서비스 제공의 효율화를 목표로 한다.

해설 ② 정보공개를 통해 행정 참여의 촉진을 지향하지만 그렇다고 해서 정부가 보유하는 모든 정보에 대한 접근이 가능한 것은 아니다.

| 정답 ②

03 다음 중 전자정부 추진 필요성의 관점 중 하나인 기술결정론적 관점에 대한 설명이 아닌 것은?

① 정보기술은 조직에서 하나의 하위 시스템으로서 직무, 구조, 구성원 등 다른 하위 시스템과 밀접한 관계를 유지하고 있다고 주장한다.
② 국민 의식 수준의 향상과 욕구 증대 요인이 기술결정론적 관점의 주된 변화 요인의 하위 요인이다.
③ 기술은 원천적으로 기술 외적인 목적에 의해 개발 발전되지만 이러한 기술 개발은 사회적 목적 달성의 핵심이 된다고 보는 시각이다.
④ 정보기술의 발전이 전자정부 구현의 일차적 추진 동기로 보고 있다.

해설 ② 국민 의식 수준의 향상과 욕구 증대 요인은 사회결정론적 관점의 주된 변화 요인의 하위 요인 중 하나이다.
① 기술 발달이 사회 변화를 유발시킨다고 보는 기술결정론은, 정보기술은 조직에 서 하나의 하

위 시스템으로서 직무, 구조, 구성원 등 다른 하위 시스템과 밀접한 관계를 유지하고 있다고 주장한다. 즉 새로운 정보기술은 관련 직무를 자동화시킴으로써 이들 직무를 변화시킨다.
④ 전자정부의 발전 초기에는 대다수의 학자와 실무자들이 전자정부를 개념 정의하면서 기술적인 측면을 강조했다. 행정 업무에 정보기술(IT)의 활용을 중심으로 이를 부처의 네트워크를 통해 대국민 서비스로 연결시켜 파악하고 있다.

| 정답 ②

04 다음 중 전자정부 추진 필요성의 관점 중 하나인 사회결정론적 관점에 대한 설명이 아닌 것은?

① 기술 발달이 사회 변동을 유발할 수는 있으나 기술 그 자체만으로는 사회적 관계나 제도를 변화시킬 수 없다고 주장한다.
② 사회 변화를 미시적으로는 구성원들의 이해관계에 영향을 미치며, 거시적으로는 사회의 권력관계나 계급구조를 변화시키는 것으로 간주한다.
③ 새로운 정보기술은 빠른 업무처리 능력을 제공하고 관련 직무를 자동화시킴으로써 이들 직무를 변화시킨다.
④ 정보기술이 항상 행정조직의 변화와 나아가 전자정부를 실현시킬 수 있는 일방적인 관계에 있지는 않다고 본다.

해설 ③ 새로운 정보기술은 빠른 업무처리 능력을 제공하고 관련 직무를 자동화시킴으로써 이들 직무를 변화시킨다는 주장은 기술결정론적 관점이다.
② 사회결정론은 사회 변화를 미시적으로는 구성원들의 이해관계에 영향을 미치며 거시적으로는 사회의 권력관계나 계급구조를 변화시키는 것으로 간주한다. 사회결정론자들은 사회는 단순히 수동적으로 기술 발달의 결과를 받아들이거나 그에 적응하는 것이 아니라, 능동적으로 기술의 발달과 이용에 개입하게 되어 결국 사회경제적인 요인에 의해서 기술의 발달이 규정된다고 규정한다.
④ 사회결정론자들은 새로운 정보기술은 직무, 인력 그리고 조직구조 등 행정조직에 많은 변화를 가져올 수 있지만, 정보기술이 항상 행정조직의 변화와 나아가 전자정부를 실현시킬 수 있는 일방적인 관계에 있지는 않다고 본다.

| 정답 ③

05 다음 중 전자정부 추진 필요성의 관점 중 하나인 경제 수단론적 관점에 대한 설명이 아닌 것은?

① 기술결정론적 관점과 사회결정론적 관점을 중립적인 시각에서 연결해 전자정부 추진의 배경을 설명하고 있다.
② 전자정부의 추진은 그 자체가 제반 관련 정부와 공공기관의 정보기술에 대한 수요를 촉진하고 다양한 관련 정보기기를 포함한 하드웨어와 소프트 웨어 대한 광범위한 수요를 촉발하게 되므로 이러한 관련 정보산업의 선도적 수요 역할을 바탕으로 국내의 첨단정보산업의 조기 육성과 경제활성화를 위해 전자정부 구축을 추진해야 한다는 관점이다.

③ 이 관점에서의 전자정부 추진은 산업 및 경제 발전의 수단으로서의 성격을 가지게 된다.

④ 정보통신기술이 급속하게 발전하고 세계화 추세가 가속화되는 현성은 세계를 하나의 정보공통체로 발전시키는 모습으로 나타나고 있다. 세계정보통신기반(Global Information Infrastructure: GII)의 구축 · 추진은 세계가 하나의 정보공동체로 발전해 나아가는 추세 속에서 각국은 정보의 주요한 생산국이면서 정보유통의 거점으로 육성시켜야 할 필요성을 느낀다.

해설 ① ①은 중립적인 시각인 사회채택론적 관점을 설명한 것이다.

| 정답 ①

06 전자정부가 구현되었을 때 기대할 수 있는 것으로만 구성된 것은?

가. 국민 참여 증진을 통한 민주주의 발전
나. 행정의 생산성 행성
다. 대고객 관계의 인간화 촉진
라. 행정서비스의 효과적 공급
마. 인권의 보호 강화

① 가, 나, 다
② 가, 나, 라
③ 나, 다, 라
④ 나, 라, 마

해설 ② 다.의 경우 오히려 비인간화가 초래될 수 있고, 마.의 경우 인권 보호는 사생활 침해 가능성의 증대로 인해 오히려 악화될 수 있다.

| 정답 ②

07 정부의 '정부3.0'에 대한 설명이 아닌 것은?

① 개방, 공유를 중시한다
② 국민의 면대면 접촉을 중시한다
③ 민간의 능동적 참여를 유도하는 플랫폼 정부를 지향하고 있다
④ 맞춤형 서비스 제공을 중시한다
⑤ 소통과 협력을 통한 일하는 방식의 개선을 강조한다

해설 ② 정부1.0: 국민에게 일방적 정보를 제공, 정부2.0: 쌍방향 소통이 가능해짐, 정부3.0에서는 면대면 접촉보다는 비대면적인 관계가 활성화될 수 있다.

| 정답 ②

08 전자정부의 역기능에 해당하는 내용과 그 요인을 보기에서 모두 고른 것은? (2018 서울시 7급)

가. 인포데믹스(infordemics) 나. 집단극화(group polarization) 다. 선택적 정보 접촉(selective exposure to information) 라. 정보격차(digital divide)

① 가, 나 ② 다, 라
③ 가, 나, 라 ④ 가, 나, 다, 라

해설 ④ 모두 역기능에 해당한다.
가. 인포데믹스는 정보(information)와 전염병(epidemics)을 합성한 말로 추측이나 루머가 결합된 부정확한 정보가 매체를 통해 전염병과 같이 빠르게 전파됨으로써 사회에 영향을 미치는 정보 확산의 역기능을 의미한다.
나. 집단극화는 집단의 결정이 개인의 결정보다 더 극단적인 결론에 도달하는 경향을 의미한다. 가상공간에서는 이념과 가치, 사상을 공유하는 다양한 사이버 공동체가 형성되며, 각각의 사이버 공동체는 집단극화를 보일 수가 있다.
다. 선택적 정보 접촉은 정보 폭증 속에서 자신에게 유리한 정보만을 선택적으로 취하면서 편견이 강화되는 현상을 의미한다.
라. 정보격차는 상이한 사회경제적 여건으로 인해 정보를 획득하는 능력을 가진 자와 그렇지 못한 자들 간에 정보 획득의 불평등이 나타나는 현상을 말한다.

| 정답 ④

09 전자정부 및 지역정보화에 대한 설명으로 옳지 않은 것은? (2010 지방직 7급)

① UN이 전자정부 발달 단계에서 최종 단계로 본 것은 통합처리(seamless) 단계이다.
② 지역정보화에는 기존의 산업화 과정에서 나타난 지역 간 격차문제 해결을 위해 지방정부의 주체적 노력이 요구된다.
③ 지역정보화는 지역 간 정보격차를 해소하는 지역과 지역의 균형적 발전을 위한 정보의 지방화를 포함한다.
④ 정보의 그레셤 법칙은 공개되는 공적 정보 시스템에는 사적 정보 시스템에 비해 상대적으로 가치가 큰 정보가 축적되는 현상을 말한다.

해설 ④ 그레셤(Gresham) 법칙은 악화가 양화를 구축한다는 것이다. 좋은 정보는 개인이 소장하고 불필요하고 가치가 낮은 정보만 유통시킴으로써 공개되지 않은 사적 정보 시스템의 가치가 상대적으로 높아지는 것이다. 사적 정보 시스템에 비해 공적 정보 시스템에는 가치가 부족한 정보가 쌓이게 된다.

| 정답 ④

10 **전자정부 구현 과정에서 예측되는 현상으로 옳지 않은 것은?** (2014 국가직 7급)

① 직무 간 경계와 기능 간 경계가 점점 명확해진다.
② 조직 규모가 줄어들고 수평적 관계가 중요해진다.
③ 중간관리층 규모가 축소되고 행정 농도가 낮아진다.
④ 분권화를 촉진시키지만 집권화를 위해서 사용될 수 있다.

해설 ① 1번 지문은 관료제에 관한 설명이다. 전자정부는 관료제가 가지는 획일화, 부처할거주의 등을 완화하고 수평적 조직을 만들기 위한 목적을 가지고 있다. 정보화 사회에서는 직무 간, 기능 간 경계가 점차 불분명해지는 이음매 없는 조직이 나타난다.

| 정답 ①

11 **전자정부의 개혁이 가져오는 행정관리 구조의 변화로 보기 어려운 것은?**

① 관리과정 및 정책과정의 투명성 제고
② 저층화된 구조의 형성
③ 규제 지향적인 행정절차의 확대
④ 이음매 없는 조직의 구현

해설 ③ 전자정부를 통해 기존 절차의 간소화를 도모한다. 따라서 규제 지향과는 거리가 멀다.

| 정답 ③

12 **우리나라 정부기관의 정보화사업을 주관하는 행정기관은?**

① 과학기술정보통신부 ② 행정안전부
③ 산업통상자원부 ④ 기획재정부

해설 ② 국가정보화 업무는 과학기술정보통신부가 담당하지만, 정부기관의 정보화, 즉 행정정보화 업무는 행정안전부 소관이다.

| 정답 ②

13 **다음 중 고객정보를 바탕으로 업무 프로세스, 조직, 인력을 정비하고 운용하는 전략을 나타내는 개념은?**

① E－Consultation ② CRM
③ EDI ④ TRM
⑤ DRM

해설 ② 고객에 대한 다양한 정보를 바탕으로 고객을 세분화하고 그에 따라 업무 과정, 조직, 인력을 정비해서 체계적인 마케팅전략을 수립하고 운용하는 것이 고객관계관리(Customer Relationship Management: CRM)이다.

| 정답 ②

14 우리나라 정부3.0에 대한 설명으로 가장 옳지 않은 것은? (2014 서울시 7급)

① 개방, 공유, 소통 및 협력을 핵심 가치로 사용하고 있다.
② 인터넷 사용과 함께 정부와 국민의 면대면 접촉을 강화하는 전략을 강조하고 있다.
③ 정부의 직접 참여보다는 민간의 능동적 참여를 유도하는 플랫폼 정부를 지향하고 있다.
④ 국민 개개인의 행복에 초점을 둔 맞춤형 서비스 제공을 강조하고 있다.
⑤ 부처 간 칸막이를 없애고 소통과 협력을 통한 일하는 방식의 개선을 강조하고 있다.

해설 ② 시민이 직접 방문해서 공무원과 면대면으로 접촉하는 것은 정부1.0의 서비스 제공 방식에 해당하며, 정부3.0은 스마트폰 등의 모바일을 통해 원하는 장소에서 원하는 시간에 맞춤형 서비스를 제공한다. 정부 3.0은 국민과 정부의 면대면 접촉을 약화시킨다.

| 정답 ②

15 빅데이터의 3대 특징으로 흔히 3V라고 말한다. 다음 중 3V에 해당하지 않는 것은?

① 다양성(variety)
② 속도(velocity)
③ 크기(volume)
④ 유인가(valence)

해설 ④ 3V 외에 최근에는 가치(value)나 복잡성(complexity)을 추가하기도 한다.

| 정답 ④

16 전자정부가 구현되었을 때 기여할 수 있는 장점만으로 구성된 것은? (2008 지방직 9급)

> 가. 국민 참여 증진을 통한 민주주의의 발전
> 나. 행정의 생산성 향상
> 다. 대고객 관계의 인간화 촉진
> 라. 행정서비스의 효과적 공급 및 민원인의 비용 절감
> 마. 개인정보 및 인권의 보호 강화

① 가, 나, 다
② 가, 나, 라
③ 나, 다, 라
④ 나, 라, 마

해설 ② 전자정부는 개인 프라이버시 침해와 컴퓨터 범죄로 인권 침해가 우려되며 대고객 관계에서도 인간 소외 및 정보 디바이드 현상을 초래할 수 있다.

| 정답 ②

17 다음은 한국의 「공공기관의 정보공개에 관한 법률」에 대한 설명이다. 옳은 것으로 짝지어진 것은?

> ㄱ. 헌법상의 '알 권리'를 구체화하기 위해 1996년에 제정되었다.
> ㄴ. 공공기관에 의한 자발적, 능동적인 정보 제공을 주된 내용으로 하고 있다.
> ㄷ. 외국인은 행정정보의 공개를 청구할 수 없다.
> ㄹ. 직무를 수행한 공무원의 성명・직위는 공개할 수 있다.
> ㅁ. 공공기관은 부득이한 사유가 없는 한 정보공개 청구를 받은 날부터 10일 이내에 공개 여부를 결정해야 한다.

① ㄱ, ㄴ, ㅁ　② ㄱ, ㄹ, ㅁ
③ ㄴ, ㄷ, ㄹ　④ ㄷ, ㄹ, ㅁ

해설 ② ㄴ의 '자발적, 능동적인'이 아니라 '청구에 의한 수동적인'이 올바른 설명이다. 「공공기관의 정보공개에 관한 법률」은 청구에 의한 공개를 주요 내용을 하고 있다. 다만 2004년 7월 개정에 의해 국민생활에 큰 영향을 미치는 정책정보 등은 공개청구가 없더라도 정기적으로 공개하도록 했다. ㄷ에서 '없다'가 아니라 '있다'가 올바른 설명이다.

| 정답 ②

18 정보화사회에서의 권력 변화에 대한 설명으로 옳지 않은 것은?

① 정보화사회에서 조직은 수평화・네트워크형으로 변화된다.
② 정보통신 기술의 발전은 정보의 생산과 사용의 평등한 기회를 보장한다.
③ 조직 내에서 분권화가 촉진되면 의사결정 단계의 축소, 관리비용의 감축, 조직 세분화에 따른 낭비 제거 등이 용이해진다.
④ 정보화사회의 조직에서는 조직구성원 개인이 혼자 업무를 수행하는 것이 아니라 개인의 능력을 바탕으로 공동으로 전체 업무를 수행할 필요성이 높다.

해설 ② 정보통신기술의 발전은 정보의 사용에 평등한 기회를 보장하지 않는다. 정보를 가진 자와 가지지 못한 자로 인해 정보의 불균형이 초래된다.

| 정답 ②

19 데이터 기반의 과학적 정책 수립을 위해 빅데이터의 중요성이 커지고 있다. 빅데이터에 대한 설명으로 옳지 않은 것은? (2015 국가직 7급)

① 빅데이터 부상의 이유로 페이스북, 트위터 등의 소셜네트워크서비스(SNS)의 보급 확대를 들 수 있다.
② 인터넷 쇼핑업체인 아마존이 고객행동 패턴 데이터를 분석해서 상품 추천 시스템을 도입한 것은 빅데이터를 활용한 사례이다.
③ 빅데이터는 비정형 데이터가 아닌 정형적 데이터를 지칭한다.

④ 빅데이터를 활성화하기 위해서는 개인정보 보호장치가 제도적으로 선행될 필요가 있다.

해설 ③ 빅데이터는 정형적 데이터뿐만 아니라 비정형적 데이터도 포함한다.

| 정답 ③

20 공개키 기반구조(PKI)의 구성 요소가 아닌 것은?

① 공인인증기관 ② 공인등록기관
③ 인증서 발급 및 폐지 절차 ④ 옴부즈만 제도

해설 ④ 공개키 기반구조(PKI: Public Key Infrastructure))의 구성 요소는 i) 공인인증기관, ii) 공인등록기관, iii) 인증서 발급 및 폐지 절차 등이다.

| 정답 ④

21 정보화와 전자정부 등에 대한 설명으로 옳지 않은 것은? (2016 국가직 9급)

① e-거버넌스는 모범적인 거버넌스를 실현하기 위해 다양한 차원의 정부와 공공부문에서 정보통신기술의 잠재력을 활용하기 위한 과정과 구조의 실현을 추구한다.
② 웹 접근성이란 장애인 등 정보 소외계층이 웹사이트에 있는 정보에 접근할 수 있도록 편의를 제공하는 것을 말한다.
③ 빅데이터(big data)의 3대 특징은 크기, 정형성, 임시성이다.
④ 지역정보화 정책의 기본 목표는 지역경제의 활성화, 주민의 삶의 질의 향상, 행정의 효율성 강화이다.

해설 ③ 빅데이터는 정형적인 데이터뿐만 아니라 비정형적인 데이터를 포함한 집합을 뜻한다.
④ 지역정보화의 기본적인 방향은 행정의 효율성 강화에 있다.

| 정답 ③

22 「공공기관의 정보공개에 관한 법률」의 내용으로 옳은 것은? (2016 사회복지직 9급)

① 지방자치단체는 그 소관 사무에 관해 법령의 범위에서 정보 공개에 관한 조례를 정할 수 있다.
② 모든 국민은 정보의 공개를 청구할 권리를 가지며, 외국인의 정보 공개 청구에 관해서는 법률로 정한다.
③ 공공기관은 예산집행의 내용과 사업평가 결과 등 행정감사에 필요한 정보가 다른 법률에서 비밀이나 비공개 사항으로 규정되었더라도 이를 공개해야 한다.
④ 공공기관은 정보공개의 청구를 받으면 부득이한 사유가 있더라도 그 청구를 받은 날부터 연장 없이 10일 이내에 공개 여부를 결정해야 한다.

해설 ① 「공공기관의 정보공개에 관한 법률」 제4조 제2항.

② 모든 국민은 정보의 공개를 청구할 권리를 가지며, 외국인의 정보공개 청구에 관해서 대통령령으로 정한다.
③ 공공기관은 예산집행의 내용과 사업평가 결과 등 행정감사에 필요한 정보가 다른 법률에서 비밀이나 비공개 사항으로 규정되어 있으면 공개하지 않을 수 있다(동법 제7조 제1항).
④ 부득이한 사유가 있는 경우 기한이 끝나는 다음 날부터 기산해서 10일의 범위에서 공개 여부 결정 기간을 연장할 수 있다(동법 제11조 제1 · 2항).

| 정답 ①

23 2017년 지능형 정부 기본계획의 목표와 관련이 없는 것은?

① 마음을 보살피는 정부
② 사전에 해결하는 정부
③ 가치를 공유하는 정부
④ 안전을 지켜주는 정부
⑤ 전문성을 확보하는 정부

해설 ⑤ 지능형 정부는 지능정보기술을 활용해서 국민을 중심으로 정부서비스를 최적화하고 스스로 일하는 방식을 혁신하며, 국민과 함께 국정 운영을 실현함으로써 안전하고 편안한 상생의 사회를 만드는 디지털 신정부를 지향한다. 지능형 정부의 4대 목표는 다음과 같다. ① 마음을 보살피는 정부, ② 사전에 해결하는 정부, ③ 가치를 공유하는 정부, ④ 안전을 지켜주는 정부 등이다.

| 정답 ⑤

제11장 지방자치

제1절 지방자치의 본질

1. 지방자치의 개념

지방자치(local autonomy)의 기본적인 의미는 "지역의 문제를 해당 지역 주민들이 스스로 결정하고 처리하는 것"이라고 할 수 있다.

지방자치제도는 크게 두 가지 유형으로 나눌 수 있다. 하나는 영국을 중심으로 발전한 주민자치(住民自治)이고, 다른 하나는 독일과 프랑스를 중심으로 발전한 단체자치(團體自治)이다.

1) 주민자치

주민자치는 '풀뿌리 민주주의(grassroot democracy)' 원리를 구현하고자 하는 사상으로서, 지역주민의 책임 하에 스스로 또는 주민이 선출한 대표자를 통해 사무를 처리하는 것을 의미한다.

2) 단체자치

유럽 대륙을 중심으로 발달해 온 단체자치는 국가와 별개의 법인격을 가진 지방자치단체가 국가로부터 독립된 지위와 권한을 부여받아 일정한 범위 내에서 중앙정부의 통제를 받지 않고 독자적으로 지방의 사무를 처리하는 제도를 말한다.

2. 지방자치의 본질

자치권의 본질에 대해서도 고유권설과 전래권설 두 가지 학설이 대립되고 있다. 앞서 언급한 주민자치는 고유권설에, 단체자치는 전래권설에 좀 더 근접한 주장이라 할 수 있다.

1) 고유권설

지방자치단체가 가지고 있는 인격과 자치권은 그 사회적 사실과 역사적 전통에서 볼 때 고유한 것이라는 입장이다. 국가 권력은 지방자치단체의 정치적 지배권을 승인할 뿐 그것을 제한하거나 외부로부터 그것을 창조하거나 부여받을 수 없다는 것이 고유설의 요점이다.

2) 전래권설

전래권설은 지방자치단체의 자치권은 국가로부터 위탁받은 것이고, 지방자치단체에 고유한 것은 아니라는 것으로 수탁설이라고도 한다.

지방자치단체는 법률의 창조물이며, 자치권은 국가로부터 수탁·전래된 권리이다. 국가 권력의 단일성을 전제로 모든 권한은 국가에 속하는 것이나 국가가 특히 필요하다고 생각하는 권한을 지방자치단체가 국가를 대신해서 행사하는 것을 승인·허용한 것이다.

객관식 문제

■ 기본문제

01 지방자치의 두 요소인 주민자치와 단체자치에 대한 설명으로 가장 옳은 것은? (2018 서울시 9급)

① 주민자치의 원리는 주로 영국과 미국에서 발달했으며, 단체자치의 원리는 주로 독일과 프랑스에서 발달했다.

② 주민차치가 지방자치의 형식적·법제적 요소라고 한다면, 단체자치는 지방자치를 실현하기 위한 내용적·본질적 요소라고 할 수 있다.

③ 단체자치에서는 법률에 의해 권한이 명시적·한시적으로 규정되어 사무를 자주적으로 처리할 수 있는 재량의 범위가 크다.

④ 단체자치에서는 입법통제와 사법통제가 주된 통제 방식이다.

해설 ① 주민자치는 영미법계 국가에서, 단체자치는 대륙법계 국가의 원리이다.
② 단체자치가 법제적 요소이다.
③ 주민자치에서 재량의 범위가 크다.
④ 단체자치는 입법통제나 사법통제가 아닌 행정적 통제를 주된 통제수단으로 택한다.

| 정답 ①

02 주민자치와 단체자치를 비교한 내용으로 연결이 바르지 않은 것은? (2012 지방직 7급)

	주민자치	단체자치
① 기능 배분 방식	포괄적 위임	개별적 지정
② 국가통제의 정도	약하다	강하다
③ 시민참여도	높다	낮다
④ 국가의 통제 방식	입법적·사법적 수단	행정적 수단

해설 ① 주민자치의 기능 배분 방식은 개별적 지정이며, 단체자치의 방식이 포괄적이다.
②, ③, ④ 주민자치는 국가의 통제 정도가 약한 반면 시민의 참여도가 높고, 입법적·사법적 수단의 통제방식을 갖는다. 단체자치는 국가의 통제가 강하며, 시민의 참여도가 낮고 국가는 주로 행정적 수단의 강한 통제방식을 갖는다.

| 정답 ①

03 다음 중 주민자치에 대한 옳은 설명을 고른다면? (2004 경기 9급)

① 풀뿌리 민주주의를 실현하기 용이하다.

② 자치단체의 권한이 국가로부터 전래된 것으로 본다.

③ 고유사무와 위임사무가 구분된다.

④ 자치단체의 독립된 법인격을 강조한다.

해설 ① 주민자치는 주민들에게 산 민주주의의 장(場)을 제공해 준다.
② 주민자치에서 고유권설을 인식한다.
③ 주민자치에서는 자치사무만 존재한다.
④ 주민자치는 자치정부에의 주민 참여에 초점을 맞춘다.

| 정답 ①

04 다음 중 지방자치의 의의로 가장 옳지 않은 것은?

① 민주주의 훈련
② 다양한 정책실험의 실시
③ 공공서비스의 균질화
④ 지역주민에 대한 행정의 반응성 제고

해설 ③ 공공서비스의 균질화는 중앙집권이 갖는 장점이다.

| 정답 ③

■ 심화문제

05 우리나라의 중앙정부와 지방정부 간의 관계에 대한 설명으로 옳지 않은 것은?

① 보충성의 원칙에 따라 중앙정부가 처리하기 곤란한 사무는 지방자치단체가 보충적으로 처리해야 한다.

② 자치권은 법적 실체 간의 권한 배분 관계에서 배태된 개념으로 중앙정부가 분권화시킨 결과이다.

③ 적절한 재원 조치 없는 사무의 지방이양은 자치권을 오히려 제약하는 문제를 야기한다.

④ 사무처리에 필요한 법규를 자율적으로 제정할 수 있는 자치입법권에 대해 제약적인 규정을 두고 있다.

해설 ① 보충성의 원칙이란 지방사무는 원칙적으로 지방정부가 처리하고 지방정부가 처리하기 어려운 일에 대해 중앙정부가 관여한다는 것이다.
④ '법령의 범위 안에서' 자치에 관한 규정을 제정할 수 있다고 해서 자치입법권에 대한 제약을 가하고 있다.

| 정답 ①

06 다음 중 신지방분권화의 촉진 요인이 아닌 것은? (2007 울산 9급)

① 행정의 현지성, 지역적 특수성의 요청

② 중간사무의 존재

③ 국민적(사회적) 형평의 요청

④ 민주주의의 확산과 세계화에 의한 국가경쟁력 제고 필요
⑤ 지방정부의 행정 능력(정보처리 능력) 향상

해설 ③ 국민적 형평성 요청은 신중앙집권화의 촉진 요인이다.
① 지역적 특수성에 대한 요청 강화는 신지방분권화를 촉진시켰다.
② 중간사무란 전국적 성격과 지방적 이해를 동시에 갖는 사무이다.

| 정답 ③

제 2 절 지방자치단체의 종류와 구성

1. 지방자치단체의 종류

1) 의의

지방자치단체는 국가로부터 독립된 법인격을 가진 공법인(公法人)이며, 광역자치단체와 기초자치단체로 구분된다. 지방자치단체는 의결기관과 집행기관을 포괄하는 개념이다.

2) 종류

(1) 보통지방자치단체

보통지방자치단체는 해당 지역 안에서 종합적인 자치 기능을 수행하는 자치단체이다. 통상 지방자치단체라고 할 때에는 이러한 자치단체를 뜻한다. 우리나라의 특별시・광역시・도와 시・군・구가 이에 해당된다.

(2) 특별지방자치단체

특별지방자치단체는 자치행정상의 정책적 관점에서 특정한 목적을 수행하거나 특수한 행정사무를 처리하기 위해 또는 행정사무의 공동 처리를 위해 설치되는 자치단체를 말한다. 우리나라에는 수도권매립지운영관리조합, 자치정보화조합, 부

산 · 진해와 광양, 인천의 경제자유구역청 등이 있다.

2. 지방자치단체의 구성

1) 집행기관

(1) 의의

집행기관이란 지방자치단체의 사무를 처리하고 의회의 의결 사항을 집행하는 지위에 있는 기관을 뜻한다.

(2) 지방자치단체장

① 지위와 임기

자치단체장은 지방자치단체의 대표기관이며, 임기는 4년이며 계속 재임은 3기에 한한다. 신분은 정무직 공무원이다.

② 권한

자치단체장의 권한은 크게 지방자치단체를 대표하는 권한, 의회와 관련된 권한 및 집행기관 운영에 대한 권한 등으로 대별할 수 있다.

가. 대표 · 통할권

지방자치단체장은 당해 지방자치단체를 대표하고, 그 사무를 통할(統轄)한다.

나. 의회 운영과 관련된 권한

의회 임시회의 소집요구권, 지방의회에서 의결한 의안에 대한 재의 요구 및 제소권과 특정 사안에 대한 선결처분권을 갖는다.

가) 임시회의 소집요구권

자치단체장은 임시회의 소집을 요구할 수 있다. 지방의회 의장은 자치단체장이나 재적 의원 3분의 1 이상의 요구가 있는 때에는 15일 이내에 임시회를 소집해야 한다고 규정하고 있다.

나) 지방의회의 의결에 대한 재의(再議)요구권과 재의결 사항에 대한 제소권

지방자치단체장은 지방의회의 의결이 월권 또는 법령에 위반되거나 공익을 현

저히 해한다고 인정되는 때에는 그 의결 사항을 이송받은 날로부터 20일 이내에 이유를 붙여 재의를 요구할 수 있다.

또 지방자치단체장은 재의결 사항이 법령에 위반된다고 판단되는 때에는 재의결된 날로부터 20일 이내에 대법원에 소(訴)를 제기할 수 있고, 필요하다고 인정되는 때에는 그 의결의 집행을 정지하게 하는 집행정지 결정을 신청할 수 있다.

다) 예산상 집행 불가능한 의결의 재의요구권

지방자치단체장은 지방의회의 의결이 예산상 집행할 수 없는 경비가 포함되어 있다고 인정되는 때에는 그 의결 사항을 이송받은 날로부터 20일 이내에 이유를 붙여 재의를 요구할 수 있다.

라) 선결처분권

지방자치단체의 의회가 의결 또는 결정하는 사항에 대해, 일정 요건에 해당하는 경우에는 장은 의회를 대신해 그 권한을 행사할 수 있다. 이것이 선결처분제도이다. 지방자치단체장은 지방의회가 성립되지 아니 한 때와 지방의회의 의결 사항 중 주민의 생명과 재산 보호를 위해 긴급하게 필요한 사항으로서 지방의회를 소집할 시간적 여유가 없거나 지방의회에서 의결이 지체되어 의결되지 않은 때에는 선결처분할 수 있다.

다. 집행기관 운영에 대한 권한

가) 지휘 및 감독권

광역자치단체장은 기초자치단체의 사무에 대해 조언·권고·지도할 수 있고, 이를 위해 필요한 때에는 자료의 제출을 요구할 수 있다. 또한 광역자치단체장은 기초자치단체장의 명령 또는 처분이 법령에 위반되거나 현저히 부당해서 공익을 해한다고 인정될 때(자치사무는 법령에 위반하는 것에 한정)에는 기간을 정해 서면으로 시정을 명하고 그 기간 내에 이행하지 않을 때에는 취소 및 정지할 수 있다.

나) 규칙제정권

지방자치단체장은 법령 또는 조례가 위임한 범위 안에서 그 권한에 속하는 사무에 관해 규칙을 제정할 수 있다. 규칙제정권의 범위는 자치사무나 단체위임사무 외에 단체장에게 위임된 기관위임사무도 그 범위에 포함되므로, 대상 사무의 범위에 있어 규칙이 조례보다 오히려 더 넓다고 할 수 있다.

다) 인사권

- 광역자치단체의 부단체장 임명: 행정부시장 또는 행정부지사는 국가공무원으로 보하는데, 이들은 시·도지사의 제청으로 행정안전부 장관을 거쳐 대통령이 임명한다. 정무부시장 또는 정무부지사는 지방공무원으로 보하는데, 지방의회의 동의를 받도록 하고 있지는 않다. 따라서 정무부시장이나 정무부지사의 경우는 행정부시장이나 행정부지사의 경우와는 달리 행정자치부나 지방의회의 개입 없이 실질적으로 단체장의 판단에 의해 임명된다.
- 기초자치단체의 부단체장 임명: 시의 부시장, 군의 부군수, 자치구의 부구청장은 일반직 지방공무원으로 보하며, 당해 시장·군수·구청장이 임명한다. 기초자치단체의 경우 부단체장 임명 시에 지방의회의 동의를 받도록 하고 있지도 않을뿐더러 자격 기준에 대해 조례로 정한다는 규정도 없다. 따라서 기초자치단체의 경우는 지방의회가 부단체장 임명에 개입할 여지는 광역자치단체의 경우에 비해 더욱 적다.

라) 주민투표 실시권

지방자치단체장이 직권에 의해 주민투표를 실시하고자 하는 때에는 그 지방의회 재적 의원 과반수의 출석과 출석 의원 과반수의 동의를 얻어야 한다. 그러나 지방의회가 주민투표 실시를 청구할 때에는 재적 의원 과반수의 출석과 출석 의원 3분의 2 이상의 찬성으로 그 지방자치단체장에게 주민투표의 실시를 청구할 수 있다(주민투표법 제9조).

(3) 지방의회

① 의의

지방의회에 대해 우리나라 헌법은 "지방자치단체에 의회를 두되, 그 조직·권한·운영에 관한 사항은 법률로 정한다."(헌법 제118조)고 규정하고 있다.

② 권한

현행 지방자치법상 지방의회의 주요 권한은 의결권, 행정사무조사권, 청원수리권, 자율권 그리고 자치단체장의 선결처분에 대한 사후승인권 등으로 나눌 수 있다.

가. 의결권

조례의 제정 및 개폐, 예산의 심의·확정, 결산의 승인, 청원의 수리와 처리 등이 이에 해당한다.

지방자치단체는 법령의 범위 안에서 자치에 관한 규정을 제정할 수 있다(헌법 제117조 ①). 지방자치단체는 헌법에 의해 보장되는 자치권의 하나로 자치입법권을 가지며, 이 중 지방의회가 행사하는 자치입법권이 조례제정권이다. 조례는 자치사무와 단체위임사무에 관해 법령의 범위 안에서 제정되는 자치법규이다.

나. 행정사무 감사 및 조사권

감사권은 기관위임사무까지 행사할 수 있으나, 조사권은 기관위임사무 이외의 자치단체의 고유사무에 대해서만 조사할 수 있다.

3. 지방자치단체의 사무배분

(1) 의의

일정 국가 내에서 처리되어야 할 공공사무를 국가사무와 자치사무로 나누고, 처리 권한을 중앙정부와 지방자치단체에 부여하는 것을 사무배분이라고 한다.

(2) 우리나라의 사무배분 원칙

① 국가사무 처리 금지의 원칙

지방자치단체는 법률에 다른 규정이 있는 외에는 국가사무를 처리할 수 없다고 규정하고 있다.

② 지방자치단체 우선의 원칙

국가와 지방자치단체 간에 사무를 배분할 때는 「지방자치법」 제11조에 규정된 국가사무를 제외하고는 가능한 한 지방자치단체에 배분해야 한다고 규정하고 있다. 지방분권특별법에도 그러한 원칙이 제시되고 있다.

③ 기초자치단체 우선의 원칙

서로 경합되는 경우에는 시·군 및 자치구에서 우선적으로 처리한다. 주민의 복리 및 생활 편의와 직접 관련된 권한 내지 사무는 시 · 군 및 자치구에 우선적으로 배분할 것을 규정하고 있다.

(3) 우리나라의 사무배분 방식

① 포괄적 예시주의

지방자치법에서 지방자치단체의 사무로 주민의 복지 증진에 관한 사무를 비롯한 6개 영역과 제10조에서 광역과 기초 간의 사무배분을 예시하고 있다. 행정처리 결과가 2개 이상의 시 · 군 및 자치구에 미치는 광역적 사무는 시 · 도에, 시 · 도가 처리하는 것을 제외한 사무는 시 · 군 및 자치구의 사무로 예시되어 있다.

② 특례주의

지방자치법의 사무배분 방식은 포괄적 예시주의를 채택하고 있으나 광역과 기초자치단체 간에는 지방자치단체의 특수성에 따라 다음과 같은 두 가지 예외를 적용하고 있다.

가. 자치구에 대한 특례: 「지방자치법」 제2조 2항

지방자치법에서 자치구의 자치권의 범위는 법령이 정하는 바에 의해 시 · 군과 다르게 할 수 있다고 규정하고 있다. 자치구에 대한 특례를 인정하는 이유는 자치구가 행정적 편의에 의해 만들어진 행정구역이라는 성격이 강하기 때문이다.

나. 인구 50만 명 이상 도시에 대한 특례: 「지방자치법」 제10조 1항 2호

인구 50만 이상의 시에 대해서는 도가 처리하는 사무의 일부를 직접 처리하게 할 수 있다고 규정하고, 「지방자치법 시행령」 제10조에서는 '인구 50만 명 이상의 시'라 함은 자치구가 아닌 구가 설치된 시를 말한다고 되어 있다.

(4) 사무의 유형

가. 자치사무

가) 의의

자치사무는 고유사무로도 불리며, 지방자치단체가 자체적으로 재원을 조달해서 자기 책임 하에 추진하는 사업이다. 자치단체의 존립 목적이 되는 사무로서 주민의 복리 증진을 위한 사무가 해당된다.

나) 사무의 종류

지방자치단체의 존립·유지에 관한 사무와 지방의 복지에 관한 사무이다. 상하수도 사업, 쓰레기, 공원, 도서관, 초등학교 교육, 학교 급식, 주민등록·호적 등에 관한 사무가 이에 속한다.

나. 단체위임사무

가) 의의

지방자치단체 본래의 사무가 아니고 개별 법령에 의해 지방자치단체에 위임한 것이지만, 위임된 이상 자치단체의 사무로 취급되며 반드시 처리하지 않으면 안 되는 사무이다.

나) 사무의 종류

각종 예방접종 사무, 시·군의 재해 구호사업, 국도(國道)의 유지 및 수선 사무, 공과금 징수, 실업대책의 실시 등이 있다.

다. 기관위임사무

가) 의의

전국적인 통일을 요하는 사무로 소요경비 전액을 국가에서 교부금으로 부담한다. 사무를 위임한 국가기관의 엄격한 지휘감독을 받기 때문에 지방자치단체는 이들 기관의 하부기관의 지위에 놓인다.

나) 특성

기관위임사무의 특성은 다음 표와 같다.

표 11-1 기관위임사무의 특성

이해관계	지방적 이해관계보다 전국적 이해관계가 큰 사무
지방의회의 관여	자치단체장에게 위임된 사무이므로 특별한 규정이 없는 한 지방의회의 관여는 배제된다.
자치단체장의 지위	자치단체장은 중앙정부의 일선기관의 지위를 갖는다.
경비 부담	소요 경비 전액을 위임기관이 부담한다.
감독	위임기관은 수임기관에 대해 전면적인 감독할 수 있다.

다) 사무의 종류

천연기념물 관리사무, 대통령 · 국회의원 선거사무, 국민투표 사무 등이 있다.

객관식 문제

▣ 기본문제

01 다음 중 지방의회의 권한이 아닌 것은? (2006 경남 9급)

① 지방의회 의장에 대한 불신임 의결
② 자치단체장에 대한 불신임 의결
③ 행정감사 및 행정조사권
④ 자료제출 요구권

해설 ② 우리나라는 자치단체장에 대한 지방의회의 불신임 의결을 인정하지 않고 있다.

| 정답 ②

02 우리나라 지방의회의 가능한 권한이 아닌 것은?

① 정책의 심의 및 결정 ② 예산안 의결
③ 조례 제정 ④ 선결처분

해설 ④ 선결처분은 단체장이 지방의회의 의결을 거치지 않고 행하는 처분이다.

| 정답 ④

03 지방의회의 의결에 대한 지방자치단체장의 재의 요구 사유가 아닌 것은? (2008 지방직 7급)

① 지방의회의 의결이 월권이거나 법령에 위반된다고 인정되는 경우
② 지방의회의 의결이 국제 관계에서 맺은 국제교류 업무 수행에 드는 경비를 축소한 경우
③ 지방의회의 의결이 예산상 집행 불가능한 경비를 포함하고 있다고 인정되는 경우
④ 지방의회의 의결이 비상재해로 인한 시설의 응급복구를 위해 필요한 경비를 축소한 경우

해설 ② 2번은 재의 요구 사항에 해당되지 않는다.

| 정답 ②

04 지방자치법상 지방자치단체의 사무처리에 관한 설명으로 가장 옳지 않은 것은? (2018 서울시 9급)

① 지방자치단체는 법령을 위반해서 그 사무를 처리할 수 없다.
② 행정처리 결과가 2개 이상의 시 · 군 및 자치구에 미치는 광역적 사무는 시 · 도가 처리한다.
③ 시 · 도와 시 · 군 및 자치구의 사무가 서로 경합하면 시 · 도에서 먼저 처리한다.
④ 지방자치단체는 법률에 다른 규정이 있는 경우를 제외하고 외교, 국방, 사법, 국세 등 국가의 존립에 필요한 사무를 처리할 수 없다.

해설 ③ 보충성의 원리에 따라 시 · 군에서 먼저 처리한다.

| 정답 ③

05 지방자치단체의 사무에 관한 설명 중 가장 옳지 않은 것은? (2017 사회복지직 9급)

① 기관위임사무에 소요되는 비용은 원칙적으로 자치단체와 위임기관이 공동으로 부담한다.
② 지방의회는 단체위임사무에 대해 조사 · 감사를 시행한다.
③ 예방접종에 관한 사무는 통상 자치단체에 위임된 사무로 본다.
④ 자치사무에 대한 국가의 감독에서 적극적 감독, 즉 예방적 감독과 합목적성의 감독은 배제되는 것이 원칙이다.

해설 ① 국가가 스스로 해야 할 사무를 지방자치단체나 그 기관에 위임해서 수행하는 경우 그 경비는 국가가 전부를 그 지방자치단체에 교부해야 한다. 따라서 기관위임사무에 소요되는 비용은 원칙적으로 위임기관이 전액 부담한다.

| 정답 ①

06 지방자치법상 지방의회에 대한 설명으로 옳지 않은 것은? (2018 국가직 9급)

① 지방의회는 조례로 정한 바에 따라 위원회를 둘 수 있으며, 위원회의 종류는 상임위원회와 특별위원회로 한다.
② 지방의회는 그 의결로 소속 의원의 사직을 허가할 수 있다. 다만 폐회 중에는 의장이 허가할 수 있다.
③ 의장은 의결에서 표결권을 가지지 못하며, 찬성과 반대가 같으면 부결된 것으로 본다.
④ 지방의회에서 부결된 의안은 같은 회기 중에 다시 발의하거나 제출할 수 없다.

해설 ③ 지방의회 의장은 의결에서 표결권을 가진다. 찬성과 반대가 같으면 부결된 것으로 본다(지방자치법 제64조 제2항).

| 정답 ③

07 다음 중 지방자치법에서 규정하고 있는 지방의회의 권한으로 옳지 않은 것은? (2016 서울시 7급)

① 지방자치단체장에 대한 주민투표실시청구권
② 지방의회 의장에 대한 불신임의결권
③ 행정사무감사 및 조사권
④ 외국 지방자치단체와의 교류 협력에 관한 사항
⑤ 소속 의원의 사직 허가

해설 ① 이 청구권은 지방자치법이 아니라 주민투표법에 규정되어 있다.

| 정답 ①

08 우리나라의 지방자치제도에 대한 설명으로 옳지 않은 것은? (2015 사회복지직 9급)

① 지방의회는 법률에 위배되는 내용을 포함한 조례를 제정할 수 없다.
② 지방의회는 지방자치단체의 장을 감시하고 통제하는 기능을 하지만, 지방자치단체의 장에 대한 불신임권은 갖고 있지 않다.
③ 우리나라 지방자치단체의 기관구성 형태는 기관통합형이다.
④ 조례안이 지방의회에서 의결되면 의장은 의결된 날부터 5일 이내에 그 지방자치단체의 장에게 이를 이송해야 한다.

해설 ③ 우리나라는 지방자치단체(집행기관)와 지방의회(의결기관)가 분리되어 있는 기관대립형 구성을 시행하고 있다.

| 정답 ③

09 지방자치단체의 계층구조에서 단층제의 장점으로 옳은 것은?

① 행정의 신속성을 확보하기 쉽지 않다.
② 행정의 낭비를 제거하고 능률을 증진시킨다.
③ 지역의 특수성과 개별성을 간과할 수 있다.
④ 국가의 감독 기능을 유지할 수 있다.

해설 ② 단층제는 신속한 행정, 지역의 특수성 존중 등을 장점으로 들 수 있다.

| 정답 ②

10 지방자치단체의 구역을 설정할 때 고려해야 할 기준으로 옳지 않은 것은? (2007 광주소방)

① 자연적 · 지리적 조건
② 행정의 합법성
③ 재정 수요와 재원조달 능력의 관계

④ 행정 및 주민의 편익

해설 ② 재정자립 정도나 주민의 참여 그리고 자연적·지리적 조건 등이 고려되어야 한다.

| 정답 ②

■ 심화문제

11 ○○ 시는 인구 50만 명을 넘어섰다. 이 경우 인정될 수 있는 행정특례가 아닌 것은? (2006 충남 7급)

① 취득세, 등록면허세, 주민세 등을 직접 부과·징수할 수 있다.

② 자치구가 아닌 구를 설치할 수 있다.

③ 행정구를 설치할 경우 도가 처리하는 사무의 일부를 직접 처리할 수 있다.

④ 시가 징수한 도세의 47%에 해당하는 금액을 도 관할구역 안의 시·군에 대한 조정교부금으로 확보한다.

⑤ 주민감사 청구에 필요한 서명 인원은 300명을 초과하지 않는 범위 내에서 조례로 정한다.

해설 ① 취득세는 광역자치단체에서 부과하는 세목에 해당하므로 인구 50만 명 이상의 시가 직접 부과·징수할 수 없다.
④ 인구 50만 명 이상의 시가 징수한 도세의 47%를 도가 조정교부금으로 지급한다.

| 정답 ①

12 법률에 다른 규정이 없는 한 지방자치단체가 처리할 수 없는 국가사무로 옳은 것만을 모두 고른 것은? (2013 지방직 7급)

가. 기상행정
나. 주차장·교통표지 등 교통편의시설의 설치 및 관리
다. 원자력 개발
라. 항공관리
마. 자연보호 활동

① 가, 나, 마　　② 가, 다, 라
③ 나, 다, 라　　④ 다, 라, 마

해설 ② 지방자치단체는 다음 각 호에 해당하는 국가사무를 처리할 수 없다. 다만, 법률에 이와 다른 규정이 있는 경우에는 국가사무를 처리할 수 있다. 고도의 기술을 요하는 검사·시험·연구, 항공관리, 기상행정, 원자력 개발 등 지방자치단체의 기술과 재정 능력으로 감당하기 어려운 사무(지방자치법 제11조).

| 정답 ②

제 3 절 지방자치단체의 자치권

1. 자치입법권

1) 의의

자치입법권이란 지방자치단체가 스스로 법규를 제정할 수 있는 권능을 말한다. 자치입법권의 근거로 헌법 제117조 제1항에서 "자방자치단체는 … 법령의 범위 안에서 자치에 관한 규정을 제정할 수 있다."고 규정하고 있다. 그것은 국가의 입법권에 대응하는 표현으로서 이 권능에 의해 정립된 법을 자주법이라고 하는데, 자주법에는 조례와 규칙의 두 가지가 있다.

2) 조례제정권

(1) 의의

조례는 지방자치단체가 법령의 범위 안에서 그 권한에 속하는 사무에 관해 지방의회의 의결로써 제정하는 법을 말하며, 규칙은 지방자치단체의 장이 법령 또는 조례가 위임한 범위 내에서 그 권한에 속하는 사무에 관해 제정한 법이다.

(2) 조례제정권의 범위

① 법령의 범위

이처럼 헌법과 지방자치법이 '법령의 범위 안'(헌법 제117조; 지방자치법 제15조)에서 조례를 제정할 수 있다고 규정함에 따라, 자치단체의 조례 제정 활동이 크게 제약받고 있다. '법령의 범위 안'이라 할 때 법령은 법률과 명령을 의미한다.

② 소관사무의 범위

조례제정권의 범위는 소관사무의 범위에 한정된다. 그런데 소관사무의 범위에 대해 "지방자치단체는 그 관할구역 안의 자치사무와 법령에 의하여 지방자치단체에 속하는 사무를 처리한다."(지방자치법 제9조 제1항)고 규정하고 있다. 따라서 자치사무와 단체위임사무가 조례로 규정할 수 있는 사항이 된다. 그러나 지방자치단체장이 중앙정부의 일선기관의 지위에서 처리하는 기관위임사무에 대해서는 조례를 제정할 수 없다.

3) 규칙제정권

(1) 의의

규칙은 지방자치단체장이 법령 또는 조례가 위임한 범위 안에서 그 권한에 속하는 사무에 관해 정하는 규범이다.

(2) 범위

① 소관사무의 범위

규칙의 제정은 지방자치단체의 고유사무와 단체위임사무뿐만 아니라 기관위임사무도 대상으로 할 수 있다. 기관위임사무는 지방자치단체 전체가 아닌 집행기관에 위임된 사무이다. 따라서 기관위임사무는 지방의회의 조례로는 제정할 수 없고 반드시 규칙으로만 정해야 한다.

② 법령과 조례의 범위

지방자치단체장은 법령 또는 조례가 위임한 범위 안에서 규칙을 정해야 한다.

2. 자치행정권

1) 의의

자치행정권이란 지방자치단체가 자기의 독자적 사무를 가지고 원칙적으로 국가의 관여 없이 그 사무를 자주적으로 처리할 수 있는 권능을 말한다.

2) 주요 내용

(1) 취소 · 정지권

자치단체의 사무에 관한 장의 명령이나 처분이 위법하거나 또는 부당해서 공익을 해한다고 인정될 때에는 시 · 도지사에 대해서는 주무부 장관이, 시 · 군 및 자치구의 장에 대해서는 시 · 도지사가, 기간을 정해서 서면으로 시정을 명하고, 그 기간 내에 이행하지 않을 때에는 이를 취소하거나 정지할 수 있다. 다만 자치사무에 관한 명령이나 처분은 법령에 위반한 것에 한한다고 했다. 즉, 자치사무에 관한 단체장의 명령 · 처분이 위법하다고 판단되거나, 위임사무에 관한 명령 · 처분이 위법 또는 부당하다고 인정될 때 주무부 장관은 법원에 소송을 제기하지 않고 그 자의적 판단에 근거해서 취소 · 정지할 수 있도록 했다.

(2) 직무이행명령권

과도한 중앙통제로 인한 지방자치권의 훼손을 가져오는 대표적인 예로 직무이행명령을 들 수 있다. 지방자치단체의 장이 위임사무의 집행을 명백히 게을리하고 있다고 인정되면 주무부 장관이 이행을 명령할 수 있다. 직무이행명령은 자치단체장이 위임사무를 이행하지 않는데 대한 통제수단으로 간주된다.

(3) 대집행권

정해진 기간 내에 직무이행명령을 이행하지 아니할 때에는 주무부 장관 또는 시 · 도지사는 당해 자치단체의 비용 부담으로 대집행하거나 행정 · 재정상 필요한 조치를 할 수 있다. 지방자치단체의 장은 이행명령에 이의가 있는 때에는 이행명령서를 접수한 날로부터 15일 이내에 대법원에 소를 제기할 수 있다. 이 경우 지방자치단체의 장은 이행명령의 집행을 정지하게 하는 집행정지 결정을 신청할 수 있다.

(4) 자치사무에 대한 감사권

행정안전부 장관 또는 시 · 도지사는 지방자치단체의 자치사무에 관해서 보고를 받거나 서류, 장부 또는 회계를 감사할 수 있다. 이 경우 감사는 법령 위반 사항에 한해서 실시한다.

(5) 사전승인권

지방자치법은 자치사무에 대해서도 자치단체장의 자율적인 결정·집행권을 보장하지 않고 주무부 장관의 승인을 얻도록 규정하고 있어 자치행정권이 제약되고 있다.

(6) 행정규칙에 의한 자치행정권의 침해

주무부 장관은 법률의 아무런 근거 규정도 없이 지침, 준칙, 내시, 훈령 등 내부규칙을 남발해서 자치단체의 자주적 행정을 제약하고 있다.

3. 자치조직권

1) 의의

자치조직권이란 지방자치단체가 법령 등의 국가법에 의해 규제받지 않고 그가 가진 자치권, 즉 자기의 조례, 규칙 등에 의해 자기의 조직을 자주적으로 정하는 권능을 말한다.

2) 현황

실정법상으로는 각 자치단체가 그 지방의 실정에 맞는 조직을 편성할 수 있는 자치조직권을 어느 정도 가지고 있다 할 것이다. 그러나 아래와 같은 제약을 받고 있어 자치조직권의 폭은 매우 좁다고 할 것이다.

(1) 현행 법령으로 인해 지역 수요에 비탄력적이다. 예를 들어 시·도의 행정기구 설치는 대통령령이 정하는 범위 안에서 조례로 정한다. 그러나 지방자치단체의 행정기구·공무원 등에 관한 사항은 법률 또는 대통령령으로 정하도록 되어 있어 자치조직권의 폭은 매우 제한되어 있다.

(2) 총액인건비제는 지방자치단체의 총정원과 인건비총액한도를 이중으로 관리했기 때문에 지방자치단체에서 자율적으로 조직을 운영하는 데 상당한 제약이 있었다. 이러한 문제점을 해결하기 위해 2014년에 기준인건비제가 도입된다. 기준인건비제는 행정안전부에서 기준인건비를 산정해 전년도 12월 31일까지 각 지방자치단체의 장에게 통보한다. 지방자치단체는 지방자치단체별로 정원 자율관리가 가능한데 자율운영 범위는 1~3% 추가가 허용된다. 자율허용 범위를 주는 이유는 지방자치단체가 복지, 안전 및 지역별 특수한 행정 수요에 대응할 수 있도록 하기 위해 허용되는 것이다.

표 11-2 총액인건비제와 기준인건비제의 비교

구분	총액인건비제	기준인건비제
개념	행정안전부에서 총정원과 인건비 총액한도를 이중으로 관리	행정안전부에서 기준인건비만 제시하고 지자체별 정원관리 자율화 자율운영 범위 1~3% 추가 허용
페널티 부여	총액인건비 초과 시 부여 총정원 초과 시 부여	기준인건비+자율 범위 초과 시 부여
교부세 반영 여부	총액인건비는 교부세 반영	기준인건비는 교부세 반영 자율 범위의 인건비는 교부세 미반영

4. 자치재정권

1) 의의

자치재정권이란 지방자치단체가 자치사무를 처리하는 데 필요한 경비를 자주적으로 거둘 수 있는 권능과 거두어들인 재원을 자주적으로 관리할 수 있는 권능이다. 즉, 지방자치단체의 조세권에 기초해서 세금을 부과 징수하고, 거두어들인 재원을 자치단체가 자치사무를 효율적으로 처리하기 위해서 자주성을 가지고 예산을 편성 · 집행하는 권능이 바로 자치재정권이라고 할 수 있다.

(1) 자주재원주의: 지방자치단체가 자신의 활동경비를 자체재원을 통해 조달하도록 해야 한다는 것과 세입의 자치, 즉 과세자주권을 강조한다.

(2) 일반재원주의: 지방재정 자주성을 위해 '세입의 자치'보다는 실제적 '세출의 자치'가 중요하다고 하고 국세를 지방세로 이양하는 방식보다는 국고보조금처럼 용도가 정해진 재원을 용도가 지정되지 않은 지방교부세 같은 일반재원으로 대체할 것을 주장한다.

2) 주요 내용

재정경제적 측면을 보면, 먼저 과세자주권과 관련해서 헌법 제59조는 "조세의 종목과 세율은 법률로 정한다"라고 규정하고 있는데, 여기서 조세의 범위를 국세와 지방세를 포함하는 것으로 규정하고 있다. 이러한 조세법률주의는 지방정부의 과세권에 대한 논의를 원천적으로 봉쇄하고 있다. 그리고 「지방세법」 제5조와 제6조에서는 지방자치단체가 거두어들일 수 있는 지방세의 세율을 규정하고 있어 지방자치단체가 스스로 세목과 세율을 결정할 수 있는 권한은 없다.

객관식 문제

■ 기본문제

01 우리나라 자치입법권에 관한 설명으로 옳은 것은? (2015 교육행정직 9급)

① 규칙과 조례가 충돌할 때는 지방자치단체장의 입법권인 규칙이 조례에 우선한다.
② 지방자치단체는 조례로 주민의 권리 제한에 관한 사항을 법률의 위임 없이 제정할 수 있다.
③ 지방자치단체는 조례를 위반한 행위자에 대해 조례로써 1천만 원 이하의 과태료를 정할 수 있다.
④ 지방자치단체의 격이 변경된 경우, 단체장은 필요한 사항에 대해 종래 그 지역에 시행되던 조례나 규칙을 시행할 수 없기 때문에 새로운 규칙과 조례를 제정해야 한다.

해설 ③ 조례 위반행위에 대해 1천만 원 이하의 과태료를 정할 수 있다.
① 규칙과 조례가 충돌할 때는 조례가 우선한다.
② 조례는 주민 권리 침해에 관한 사항에 대해서는 개별 법률의 위임이 있는 경우에만 가능하다.

④ 지자체의 격이 변경된 경우 단체장은 필요한 사항에 대해 새로운 규칙과 조례가 제정될 때까지 종래 그 지역에서 시행되던 조례나 규칙을 시행할 수 있다.

| 정답 ③

02 우리나라 지방자치단체의 권한에 대한 설명으로 옳지 않은 것은?

① 지방자치단체는 법령이나 상급 지방자치단체의 조례를 위반해서 그 사무를 처리할 수 없다.

② 지방자치단체는 법령의 개별위임이 없는 한, 자치단체장의 규칙으로 주민의 권리제한 또는 의무 부과를 규정할 수 없다.

③ 지방자치단체는 조례와 규칙으로 정한 바에 따라 지방세를 부과·징수할 수 있다.

④ 지방자치단체장은 따로 법률이 정하는 바에 따라 지방채를 발행할 수 있다.

해설 ③ 법률에 따라 부과·징수할 수 있다.

| 정답 ③

03 우리나라 자치재정권에 대한 설명으로 옳지 않은 것은? (2012 지방직 9급)

① 지방자치단체는 법률로 정하는 바에 따라 지방세를 부과·징수할 수 있다.

② 지방자치단체는 공공시설의 이용 또는 재산의 사용에 대해서 사용료를 징수할 수 있다.

③ 지방자치단체는 행정 목적을 달성하기 위해 특정한 자금을 운용하기 위한 기금을 설치할 경우 행정안전부 장관의 승인을 얻어야 한다.

④ 지방자치단체의 장이나 지방자치단체조합은 따로 법률이 정하는 바에 따라 지방채를 발행할 수 있다.

해설 ③ 지방자치단체는 행정 목적을 달성하기 위한 경우나 공익상 필요한 경우에는 재산을 보유하거나 특정한 자금을 운용하기 위한 기금을 설치할 수 있다. 기금 설치할 경우 행정안전부 장관의 승인을 얻어야 하는 것은 아니다.

| 정답 ③

04 우리나라의 교육자치에 대한 설명으로 옳지 않은 것은?

① 집행기관으로 시·도에 교육감을 둔다.

② 정당은 교육감 선거에 후보자를 추천할 수 있다.

③ 주민은 교육감을 소환할 권리를 가진다.

④ 국가행정사무 중 시·도에 위임해서 시행하는 사무로서 교육·학예에 관한 사무는 교육감에게 위임해서 행한다.

해설 ② 정당은 교육감 선거에 후보자를 추천할 수 없다.

| 정답 ②

■ 심화문제

05 우리나라 지방자치단체의 기준인건비제도에 관한 설명으로 옳지 않은 것은? (2014 지방직 7급)

① 지방자치단체는 기준인건비를 기준으로 기구와 정원을 자율성과 책임성이 조화되도록 운영해야 한다.

② 기준인건비에 추가해 지방자치단체가 자율적으로 운영할 수 있는 인건비의 범위가 존재한다.

③ 기준인건비에는 기존의 총액인건비제를 대체한 것으로 볼 수 있다.

④ 광역지방자치단체의 장은 매년 기준인건비를 산정해서 행정안전부 장관의 승인을 받아야 한다.

해설 ④ 행정안전부 장관이 지방자치단체의 행정 수요, 인건비 등을 고려해서 매년 기준인건비를 산정하고 전년도 12월 31일까지 각 지방자치단체의 장에게 통보한다.
② 행정안전부 장관은 지방자치단체의 재정 여건 등을 고려해서 추가자율 조정 범위(1~3%)를 인정했다.
③ 2014년에 기존의 총액인건비제도에서 기준인건비제도로 전환되었다.

| 정답 ④

06 자치입법권을 행사할 수 없는 경우는?

① 대전광역시 서구청장
② 서울특별시 교육감
③ 부산시 동구청장
④ 수원시 권선구청장

해설 ④ 수원시 권선구는 지방자치단체가 아니라 행정적인 편의를 위해 지정하고 있는 행정구에 불과하다. 인구 50만 이상의 시의 구는 자치구가 아니라 행정구에 해당하고 따라서 권선구청장은 자치입법권을 행사할 수 없다.

| 정답 ④

07 지방자치단체의 조례와 규칙에 대한 설명으로 옳지 않은 것은?

① 조례 대상은 자치사무와 단체위임사무에 관해서만 제정이 가능하다.

② 조례와 규칙은 지방의회의 의결을 거쳐야 한다.

③ 규칙으로 정할 수 있는 사항은 자치사무, 단체위임사무, 기관위임사무를 모두 포함한다.

④ 기관위임사무는 조례의 규정 사항이 아니다.

해설 ② 조례는 지방의회의 의결을 거쳐야 하나 규칙은 지방의회의 의결이 불필요하다. 기관위임사무는 반드시 규칙으로 제정해야 하며, 조례로 규정될 경우 무효에 해당한다.

| 정답 ②

08 우리나라 자치재정권에 대한 설명으로 옳지 않은 것은? (2012 지방직 9급)

① 지방자치단체는 법률로 정한 바에 따라 지방세를 부과·징수할 수 있다.
② 지방자치단체는 공공시설의 이용 또는 재산의 사용에 대해서 사용료를 징수할 수 있다.
③ 지방자치단체는 행정 목적을 달성하기 위해서 특정한 자금을 운용하기 위한 기금을 설치할 경우 행정안전부 장관의 승인을 얻어야 한다.
④ 지방자치단체의 장이나 자방자치단체조합은 따로 법률이 정하는 바에 따라 지방채를 발행할 수 있다.

해설 ③ 지방자치단체는 기금을 설치할 수 있다. 행정안전부 장관의 승인을 얻어야 하는 것은 아니다.

| 정답 ③

09 헌법에 명문으로 보장된 지방자치제도의 내용이 아닌 것은? (2012 서울시 7급)

① 주민의 복리에 관한 사무처리권
② 지방자치단체의 재산관리권
③ 자치에 관한 규정의 제정권
④ 지방의회의 설치
⑤ 지방자치단체의 명칭과 구역

해설 ⑤ 지방자치단체의 명칭과 구역은 지방자치법에서 규정하고 있다.
①, ②, ③ 지방자치단체는 주민의 복리에 관한 사무를 처리하고 재산을 관리하며, 법령의 범위 안에서 자치에 관한 규정을 제정할 수 있다(헌법 제117조).

| 정답 ⑤

제 4 절 지방자치단체와 주민과의 관계

1. 주민투표

1) 의의

지방의회에 대한 견제 기능을 발휘하고 주민 의사가 적극적으로 반영될 수 있다는 점에서 의의가 있다. 소수자의 이익 보호와 불만 해소 차원에서 직접민주주의에 기여한다.

2) 주민투표의 대상

주민투표의 대상은 읍·면·동의 명칭 변경, 문화회관 설치 등 자치단체의 권한에 속하면서 주민에게 과도한 부담을 주거나 중대한 영향을 미치는 주요 결정 사항이며, 주민은 투표권자 총수의 20분의 1 이상, 5분의 1 이하의 범위 안에서 조례로 정하는 수 이상의 서명으로 주민투표를 청구할 수 있다. 지방의회는 재적의원 과반수 출석과 출석의원 3분의 2 이상의 찬성으로 지자체장에게 청구한다. 또 지자체장은 직권에 의해 주민투표를 실시하고자 할 때에는 그 지방의회 재적의원 과반수 출석과 출석의원 과반수의 동의를 얻어야 한다. 주민투표에 부쳐진 사항은 주민투표권자 총수의 3분의 1 이상의 투표와 유효투표수 과반수의 득표로 확정된다. 전체 투표 수가 주민투표권자 총수의 1/3에 미달되는 때에는 개표를 하지 아니한다.

3) 평가

주민의 직접참정권 활성화 및 국가와 지역 현안의 합리적 해결을 가져왔다고 할 수 있으나, 관련 당사자의 운영 미숙과 법 제도상의 미비점도 노출되었다.

2. 주민발안

1) 의의와 유형

일정 비율의 유권자가 능동적으로 법의 제정, 개정, 폐지를 발의하고, 유효투표의 과반수로 채택 여부를 결정하는 제도이다. 가장 전형적인 직접민주제도라 할 수 있는데, 주민투표가 초안을 의회가 작성하고 단지 최종 승인만 주민에게 묻는 것과는 달리 주민발안은 주민이 법안의 초안도 작성하고 동시에 법안의 승인까지도 결정한다. 널리 알려져 있는 미국 캘리포니아 주의 주민발안 13(Proposition 13)이 그 대표적인 예이다.

2) 장단점

장점으로는 주민의 의견이 반영될 가능성을 높여준다. 그리고 지방의회에 대해 압력 수단이 된다. 단점으로는 주민의 능력만으로는 실현되기 어렵고 또 특정 집단의 이익 실현 수단으로 이용될 가능성이 있다.

3) 우리나라의 현황

19세 이상의 주민은 연서(連署)로 자치단체장에게 조례의 제정 또는 개정을 청구할 수 있다. 시 · 도 및 50만 이상의 대도시에서는 19세 이상 주민 총수의 1/100 이상 1/70 이하, 시 · 군 및 자치구에서는 1/50 이상 1/20 이하의 범위 안에서 조례로 정하는 수 이상의 연서로 청구한다(2009. 4. 1 개정). 청구인이 법안의 초안을 작성한다는 점에서 주민발안제의 개념과 일치한다. 청구 제외 대상으로는 ① 법령 위반 사항, ② 지방세 사용료 수수료 부담금의 부과 징수 또는 감면에 관한 사항, ③ 행정기구의 설치 · 변경에 관한 사항 또는 공공시설의 설치를 반대하는 사항 등이 있다.

3. 주민감사청구제도

1) 의의

지방자치단체의 사무처리가 법령에 위반하거나 공익을 현저히 해한다고 인정되는 경우에 주민이 감사기관에게 감사를 요청하는 제도이다.

2) 청구권자 요건

지방자치단체의 19세 이상 주민으로 특별시 · 광역시 · 도는 500명, 인구 50만 이상의 대도시는 300명, 시 · 군 · 자치구는 200명을 넘지 않는 범위에서 당해 자치단체의 조례로 정하는 수 이상의 연서로 감사를 청구할 수 있다.

3) 처리

주무부 장관이나 시・도지사는 감사청구를 수리한 날부터 60일 이내에 감사청구된 사항에 대해 감사를 끝내야 한다.

4) 문제점

남소를 방지하기 위해 주민감사청구 전치주의를 채택하고 있지만 이것은 주민소송제도를 제약하는 요소로 작용하고 있다.

첫째, 주민감사청구를 상급기관에 하게 함으로써 감사의 독립성과 공정성이 담보되지 않는다. 일본의 주민감사청구가 상급기관이 아닌 주민이 직접 참여하는 주민감사위원회에 청구하는 것과 대비된다.

둘째, 사무처리가 끝난 날부터 2년을 경과하면 감사청구를 제기할 수 없도록 한 점도 문제이다. 대상 사안들이 2년을 경과해 진상이 밝혀지는 경우가 너무 많기 때문이다.

4. 주민소송

1) 의의

지방자치단체가 위법・부당한 재무회계 행위를 한 경우 감사 청구한 주민은 감사 결과 등에 불복이 있는 경우에는 감사 청구한 사항과 관련 있는 위법한 행위나 해태(懈怠) 사실에 대해 당해 지방자치단체장을 상대방으로 주민소송을 제기할 수 있다.

주민소송으로 다투는 대상이 될 수 있기 위해서는 첫째, 적법한 주민감사청구를 거쳤을 것, 둘째, 일정한 재무회계상의 행위 또는 해태 사실일 것, 셋째, 감사 청구의 제외 대상이 아닐 것 등을 들 수 있다.

2) 평가

주민소송제로 인해 지방자치행정에 대한 주민 참여의 폭이 크게 넓어진 것이 사실이다. 따라서 주민감사청구나 주민소송 모두 주민의 주관적 이익을 위한 것이 아니라 지역의 공익을 위한 것임을 감안하면 지금처럼 소송비용을 주민 부담으로 하는 것은 문제가 있으며, 따라서 국선변호인제를 시행할 필요가 있다.

5. 주민소환

1) 의의

지방자치단체장의 자의적 권한 행사와 지방의회의 비효율적 운영 등이 발생함에도 불구하고 이에 대한 견제장치는 매우 미약한 실정이었는데, 이의 해결 방안으로 도입된 것이 주민소환제도이다.

주민소환은 일정 수 이상 유권자의 연서에 의해 지방자치단체장, 지방의원이나 주요 공무원의 해직과 지방의회의 해산 등을 청구해서 주민투표로 결정하는 제도이다. 주민소환은 주민소환투표권자 총수의 3분의 1 이상의 투표와 유효투표 총수 과반수의 찬성으로 확정된다. 주민소환 대상자는 지방자치단체장, 비례대표 의원을 제외한 지방의회 의원, 교육감이다. 주민소환투표청구권자 서명인 수는 대상 공직자별로 아래와 같이 차이가 난다.

표 11-3 대상 공직자별 서명인 수

대상 공직자	서명인 수
특별시장, 광역시장, 도지사	청구권자 총수의 100분의 10 이상
시장, 군수, 자치구의 구청장	청구권자 총수의 100분의 15 이상
시도의원 및 시군구의원	청구권자 총수의 100분의 20 이상

2) 평가

공직자의 책임의식이나 윤리의식이 향상될 수 있지만, 남용되는 경우 지방자치가 마비될 우려가 있으며 지방행정의 불안정을 초래할 수 있다.

3) 보완장치

특정 지역 중심의 주민소환투표청구가 남용되지 않도록 하기 위해 시·도지사에 대한 주민소환투표를 청구할 때는 당해 지방자치단체 관할구역 안의 시·군·자치구 전체의 수가 3개 이상인 경우에는 3분의 1 이상의 시·군·자치구에서 각각 주민소환투표청구권자 총수의 10,000분의 5 이상 1,000분의 10 이하 범위 내에서 대통령령이 정하는 수 이상의 서명을 받아야 한다.

객관식 문제

■ 기본문제

01 지방선거에서 당선인이 임기 개시 전에 사망한 경우 실시해야 할 선거 방식은? (2010 서울시 7급)

① 재선거 ② 보궐선거
③ 증원선거 ④ 중간선거
⑤ 본선거

해설 ① 임기 개시 전에 사망해 당선 무효된 때 실시하는 선거이므로 재선거이다.
② 보궐선거는 임기 개시 후에 사퇴·사망·피선거권 상실 등으로 신분을 상실한 때에 그 결원을 보충하기 위해 실시하는 선거이다.

| 정답 ①

02 주민소환제에 대한 설명으로 옳은 것은? (2014 서울시 7급)

① 주민은 그 지방자치단체의 장 및 비례대표를 포함한 지방의회 의원을 소환할 권리를 가진다.
② 선출직 지방공직자의 임기 만료일로부터 1년 미만일 때에는 주민소환 투표의 실시를 청구할 수 없다.
③ 주민소환은 주민소환 투표권자 총수의 2분의 1 이상의 투표자와 유효투표 총수 과

반수의 찬성으로 확정된다.

④ 지방행정의 민주성과 책임성을 제고할 목적으로 도입한 주민 간접참여 방식의 제도이다.

⑤ 주민소환 투표의 효력에 이의가 있는 경우 투표 결과가 공표된 날부터 10일 이내에 소청할 수 있다.

해설 ① 선출직이 아닌 비례대표는 주민소환 대상이 아니다.
⑤ 투표에 대한 소청은 투표 결과가 공표된 날부터 14일 이내에 해야 한다.

| 정답 ②

03 우리나라 주민직접참여제도에 대한 다음 설명 중 옳지 않은 것은?

① 주민은 해당 지방자치단체와 그 장의 권한에 속하는 사무의 처리가 법령에 위반되거나 공익을 현저히 해친다고 인정되면 감사를 청구할 수 있다.

② 주민은 해당 지방자치단체의 장에게 조례를 제정·개정하거나 폐지할 것을 청구할 수 있다.

③ 지방자치단체의 장은 주민에게 과도한 부담을 주거나 중대한 영향을 미치는 지방자치단체의 주요 결정 사항 등에 대해 주민투표에 부칠 수 있다.

④ 주민은 그 지방자치단체의 장 및 비례대표 지방의회의원을 포함한 지방의회 의원을 소환할 권리를 가진다.

해설 ④ 비례대표는 제외된다.

| 정답 ④

04 주민은 법에 의해 선출직 지방공직자를 소환할 수 있다. 주민소환투표의 사무관리를 하는 곳은? (2012 서울시 7급)

① 행정안전부　② 중앙선거관리위원회
③ 행정법원　④ 관할선거관리위원회
⑤ 대법원

해설 ④ 해당 지역의 지방선거를 담당하는 관할선거관리위원회가 담당한다.

| 정답 ④

■ 심화문제

05 다음 중 아른슈타인(S. R. Arnstein)이 분류한 주민 참여 수준에 대한 설명으로 옳지 않은 것은?

① 회유는 주민이 위원회에서 의견 제시 역할을 하지만, 정책결정에 영향력을 행사하

는 것은 아니다.

② 정보 제공은 행정기관과 주민 간의 정보가 일방적으로 이루어진다.

③ 공동협력은 행정기관이 최종결정권을 가지고 있지만 주민이 필요하다고 판단될 경우 행정기관에 맞서서 자신의 주장을 내세울 만큼의 영향력을 갖고 있는 수준으로 명목적 참여의 단계이다.

④ 권한위임은 주민이 정책의 결정 · 실시에 우월한 권력을 가지고 참여한 경우로, 주민의 영향력이 강해 행정기관은 문제 해결을 위해 주민을 협상으로 유도하는 수준이다.

해설 ③ 실질적 참여 단계이다. 비참여 단계: 조작–치료, 명목적 참여 단계: 정보 제공–자문–회유, 주민 권력의 단계: 공동협력–권한위임–시민통제

| 정답 ③

06 우리나라의 주민투표에 관한 설명으로 옳은 것은? (2013 군무원 9급)

① 대한민국 국적을 취득할 때까지 외국인은 주민투표권자가 될 수 없다.

② 주민투표에 부치는 사항은 당해 지방자치단체의 주요 결정 사항에 한한다.

③ 주민투표의 발의는 지방자치단체의 장에게만 인정되고 있다.

④ 주민투표권자의 2분의 1 이상이 투표하지 않으면 개표를 하지 않는다.

해설 ① 계속 거주할 수 있는 자격을 갖추면 투표권자가 될 수 있다.
② 과도한 부담을 주는 경우에도 주민투표에 부칠 수 있다.
④ 전체 투표 수가 주민투표권자 총수의 3분의 1에 미달되는 때에는 개표를 하지 아니한다.

| 정답 ③

07 우리나라의 주민소환제도에 관한 설명으로 옳지 않은 것은? (2008 국가 7급)

① 주민소환의 방식은 해당 관할구역의 주민들이 자율적으로 정한다.

② 지방자치에 관한 주민의 직접 참여를 확대하고 지방행정의 민주성과 책임성을 제고함을 목적으로 한다.

③ 2007년에 경기도 하남시에서 주민소환투표가 최초로 실시되었다.

④ 주민소환의 대상자는 지방자치단체의 장 및 지방의회의원이지만 비례대표 지방의회 의원은 제외된다.

해설 ① 주민소환의 절차는 법률로 정한다.
④ 비례대표 지방의회 의원은 제외된다.

| 정답 ①

08 현행 지방자치법은 일정 수의 주민이 지방자치단체장에게 조례의 제정과 개폐 청구를 할 수 있도록 하고 있다. 이 경우 청구 제외 사항이 아닌 것은? (2013 지방직 7급)

① 법령을 위반하는 사항
② 지방세 · 사용료 · 수수료 · 부담금의 부과 · 징수 또는 감면에 관한 사항
③ 공공시설의 설치 요구에 관한 사항
④ 행정기구를 설치하거나 변경하는 것에 관한 사항

해설 ③ 공공시설의 설치 요구가 아니고 설치를 반대하는 사항이 조례의 제정과 개폐 청구 대상에서 제외된다.

> 지방자치법 제15조(조례의 제정과 개폐 청구) ② 다음 각 호의 사항은 제1항에 따른 청구 대상에서 제외한다.
> 1. 법령을 위반하는 사항
> 2. 지방세 · 사용료 · 수수료 · 부담금의 부과 · 징수 또는 감면에 관한 사항
> 3. 행정기구를 설치하거나 변경하는 것에 관한 사항이나 공공시설의 설치를 반대하는 사항

| 정답 ③

09 우리나라의 주민소환제도에 대한 설명 중 옳은 것은? (2016 경찰간부)

① 소환투표의 대상은 자치단체장, 선출직 국회의원 및 지방의회 의원 등이다.
② 주민소환 투표권자의 과반수 투표와 유효투표 과반수 찬성으로 소환이 확정된다.
③ 19세 이상의 외국인 영주권자는 해당 조례에서 정하는 바에 따라 투표권을 지닌다.
④ 주민소환이 확정되면 주민소환투표 대상자는 그 결과가 공표된 시점부터 그 직을 상실한다.

해설 ④ 결과가 공표된 시점부터 그 직을 상실한다.
① 선출직 국회의원은 아니다.
② 주민소환은 소환투표권자 총수의 1/3 이상의 투표와 유효투표 총수 과반수의 찬성으로 확정된다.
③ 영주의 체류자격 취득일 후 3년이 경과된 자 중 등록대장에 등재된 자에 한해 투표권이 인정된다.

| 정답 ④

10 우리나라 주민참여제도의 법제화 순서로 옳은 것은? (2011 국가직 9급)

① 조례 제정 · 개폐청구제도 – 주민투표제도 – 주민소송제도 – 주민소환제도
② 주민투표제도 – 주민감사청구제도 – 주민소송제도 – 주민소환제도
③ 주민소송제도 – 주민투표제도 – 주민감사청구제도 – 주민소환제도
④ 주민감사청구제도 – 주민소송제도 – 주민투표제도 – 조례 제정 · 개폐청구제도

해설 ① 조례 제정 · 개폐청구제도는 1999년, 주민투표제도는 2004년, 주민소송제도는 2005년, 주민소환제도는 2007년에 이루어졌다.

| 정답 ①

11 우리나라 주민투표제에 대한 설명으로 옳은 것은? (2014 서울시 7급)

① 20세 이상 주민으로 투표인명부 작성 기준일 현재 지방자치단체 관할구역에 주민등록이 되어 있는 사람은 주민투표권을 갖는다.

② 중앙행정기관의 장은 주민투표 청구권을 갖지 못한다.

③ 지방자치단체의 수수료와 분담금 등 각종 공과금의 감면에 관한 사항은 주민투표에 부칠 수 없다.

④ 주민투표 요구가 적법한 것으로 인정될 경우 지방의회 의장은 7일 이내에 발의할 수 있다.

⑤ 주민투표사무에 필요한 비용은 전액 국가가 부담한다.

해설 ③ 공과금 감면에 관한 사항은 주민투표에 부칠 수 없다.
① 20세가 아니라 19세 이상이다.
② 중앙행정기관의 장은 지방자치단체의 폐치분합 또는 국가정책의 수립에 관해 주민 의견을 듣는 것이 필요하다고 인정되는 때는 관계 지방자치단체의 장에게 주민투표의 실시를 요구할 수 있다.
④ 주민투표의 요구가 적법한 것으로 인정될 경우 지방자치단체의장은 7일 이내에 발의할 수 있다.
⑤ 주민투표사무의 관리에 관한 경비는 해당 지방자치단체가 원칙적으로 부담한다. 다만, 국가정책에 관한 주민투표의 경우에는 국가가 부담한다.

| 정답 ③

12 우리나라 주민참여제도에 대한 설명으로 옳지 않은 것은? (2015 지방직 7급)

① 조례의 제정과 개폐 청구는 해당 지방자치단체의 장에게 할 수 있다.

② 지방의회에 청원을 하려는 자는 지방의회의원의 소개를 받아 청원서를 제출해야 한다.

③ 주민소송은 주민이 감사청구한 모든 사항에 대해서 해당 지방자치단체의 장을 상대로 제기할 수 있다.

④ 주민의 감사청구는 사무처리가 있었던 날이나 끝난 날부터 2년이 지나면 제기할 수 없다.

해설 ③ 모든 사항에 대해 주민소송을 제기할 수 있는 것이 아니라 감사청구를 거친 사항 중 재무행정에 관한 사항에 한정된다.
① 시·도와 인구 50만 이상 대도시에서는 19세 이상 주민 총수의 100분의 1 이상 70분의 1 이하, 시·군·자치구에서는 50분의 1 이상 20분의 1 이하의 범위에서 조례로 정하는 주민 수 이상의 연서로 지방자치단체의 장에게 제정과 개폐 청구를 할 수 있다.
② 지방의회에 청원을 하려는 자는 지방의회의원의 소개를 받아 청원서를 제출해야 한다.
④ 주민감사청구는 사무처리가 있었던 날이나 끝난 날부터 2년이 지나면 제기할 수 없다.

| 정답 ③

13 다음 지문에 근거할 때 제기될 수 있는 문제와 가장 거리가 먼 것은?(2014 서울시 7급)

> A시장이 지역주민의 동의 없이 광역화장장 건설을 추진했다는 이유로 주민 소환되었으나 유권자의 투표 요건이 충족되지 않아 개봉하지 않은 상태에서 해직을 면했다.

① 주민소환 발의 요건의 완화
② 주민소환투표 요건의 완화
③ 주민소환 대상에 대한 재검토
④ 주민소환 투표함 개봉 요건의 재검토
⑤ 주민소환제도의 유용성 검토

해설 ① 이미 소환이 발의되었으므로 발의 요건의 완화를 검토할 필요는 없다.
②, ④, ⑤ 개봉조차 하지 못했으므로 투표 요건과 개봉 요건의 완화가 검토될 수 있다. 아울러 예산 낭비를 초래할 수 있다는 점에서 유용성 논란으로 이어질 수 있다.
③ 본 건에서 절차상의 하자를 대상으로 주민소환이 제기되었는데, 공직자의 부패나 비리에 한정하자는 의견이 대두될 수 있다.

| 정답 ①

제 5 절 지방재정

1. 지방재정의 기본적 이해

1) 의의

지방자치단체는 독립된 경제 주체로서의 지위와 역할이 있는데, 지방재정이란 이러한 지방정부의 경제활동을 의미한다. 즉, 지방정부가 그 기능을 수행하기 위해서 재원을 조달하고 이를 운용하는 일체의 활동이다.

2) 국가재정과 지방재정

(1) 국세 위주의 조세 구조

우리나라 국세와 지방세의 비율을 보면, 2014년도 최종예산에서 78.8% 대 21.2%를, 2015년도 당초예산에서 78.8% 대 21.2%를 기록하고 있다. 이처럼 우리나라의 세입분권 수준은 매우 낮은 편임을 알 수 있다.

(2) 낮은 재정적 자주성

행정자치부가 발간한 「2015년 지방자치단체 통합재정 개요」를 보면, 전체 지자체 243곳 가운데 30%에 달하는 74개소가 자체 수입으로 인건비도 감당하지 못할 정도로 재정 상태가 좋지 않음을 알 수 있다. 재정자립도는 2014년 44.8%에 이어 2015년은 45.1%에 그친다. 2016년 통계를 보면, 남원시의 경우 11.9%, 경북 봉화군은 9.6% 등 극히 낮은 재정자립도를 기록하고 있다(2016년도 지방자치단체 통합재정 개요). 이와 같이 지방자치단체의 재정력이 갈수록 어려워지는 것은 현행 지방세제가 세수 신장성을 담보하기 어려운 구조로 되어 있고, 지방자치단체가 독자적으로 세입 확충을 도모할 수 없도록 규율하고 있는 법·제도의 제약에 기인한 결과라고 할 수 있다.

2. 지방수입 구조

지방재정의 구조는 크게 자주재원과 의존재원으로 구분할 수 있다. 자주재원은 다시 지방세 수입, 지방세외 수입 등으로 구분되며, 의존재원으로 지방교부세, 보조금, 지방채 등과 같은 재원이 존재한다.

1) 자주재원

(1) 지방세 수입

① 의의

지방세는 지방자치단체의 재원조달 수준 중 비중이 가장 큰 것으로 지방자치단체가 주어진 기능 수행에 필요한 경비에 충당하기 위해 주민 또는 구역 안에서 일정한 행위를 하는 자로부터 특정한 반대급부 없이 강제적으로 부과·징수하는 경제적 부담을 의미한다.

② 지방세 구조

우리나라의 조세구조는 국세와 지방세로 구분된다. 국세는 통관 절차를 거치는 물품을 대상으로 하는 관세와 관세를 제외한 조세인 내국세로 구분된다. 국세와 대별되는 지방세는 보통세와 목적세로 구성되어 있다.

③ 지방세제의 문제점

가. 지방세원의 빈약

지방재정에서 대표적인 자주재원인 지방세의 비중이 낮다는 것은 그만큼 재정의 자주성이 취약하다는 것을 의미한다. 2015년에 국세가 215조, 지방세 64조로 지방세가 차지하는 비율은 23%에 불과하다. 2016년에도 지방세가 전체 세수 중 차지하는 비율은 23%에 그치고 있는데, 일본과 비교할 때 우리나라의 지방세 비중이 거의 절반 수준임을 알 수 있다.

나. 지방 세수의 신장성 저조 요인

가) 자산 과세 중심: 소득과세나 소비과세에 비해 신장성이 낮다. 세수(稅收) 신장도 및 탄력성이 큰 소득과세가 국세에 편중되어 있다.

나) 조세감면제도: 조세감면제도가 세수의 신장을 저해한다. 특히 비과세 감면의 대부분이 부동산 관련 세목에 집중되어 있다.

다) 과세자주권의 결여: 자치재정권의 본질이라 할 수 있는 과세권이 지방세법의 통제를 받고 있다.

(2) 세외수입

① 의의

지방자치단체의 지방세 수입을 제외한 자체수입 중 지방채 수입과 공기업 수입을 제외한 세외수입, 즉 일반회계수입을 의미한다. 지방자치단체가 제공하는 서비스에 대한 대가의 성격이 있다.

② 구성

가. 사용료와 수수료

사용료란 자치단체의 공공시설의 이용 또는 재산의 사용에 대해 징수하는 대금이다. 공유수면 사용료, 공연장 사용료, 시민회관 사용료 등이 이에 해당한다. 한편 수수료란 특정인을 위한 지방자치단체의 사무에 징수하는 공과금을 말한다. 제 증명서 발급에 따른 수입, 각종 공공시험에 관한 증지 판매 수입 등이 대표적이다.

나. 분담금과 부담금

지방자치단체의 재산 또는 공공시설의 설치로 인해 주민의 일부가 이익을 받는 경우 징수하는 공과금으로서, 수수료가 이용에 따른 대가인 데 비해 이것은 현재 이용하고 있느냐의 여부에 관계없이 그것을 이용할 예정으로 있는 자에 대해 부과되는 점이 다르다.

다. 징수교부금

시 · 군 및 자치구가 납입한 특별시세 · 광역시세 및 도세징수금의 100분의 3에 해당하는 징수교부금을 그 처리비로 당해 시 · 군 및 자치구에 교부해야 한다(지방세법시행령 제41조).

③ 세외수입의 평가와 문제점

세외수입 특히 사업수입은 지방자치단체의 경영화의 영역을 확장할 수 있는 중요한 세원으로 인식되고 있다. 수익자 부담 원칙이 적용되기 때문에 지방세와 달리 조세 저항이 상대적으로 적다는 이점을 갖고 있다.

2) 의존재원

(1) 국고보조금

① 의의

국가가 정책상 혹은 자치단체의 재정 사정상 필요하다고 인정될 때 자치단체의 업무 수행에 소요되는 경비의 일부 또는 전부를 충당하기 위해 용도를 특정해서 자치단체에 교부하는 자금이다(지방재정법 제20조). 따라서 용도 외의 사용이 금지되어 있다. 그리고 국고보조사업에 대해서는 상급기관의 행 · 재정적 감독을 받게 되어 지방정부의 재정자율성이 약화될 수 있다.

② 장단점

지방자치단체의 사회간접자본 확충에 기여할 수 있는 것이 장점에 속하며, 단점은 획일적 보조 조건으로 재정력이 약한 자치단체는 지방비 부담의 수용이 곤란해

재정 격차의 심화 가능성이 있는 것이다.

(2) 지방교부세

① 의의와 특성

지방자치단체 간의 재정적 불균형을 조정함으로써 지방행정의 건전한 발전을 기함을 목적으로 그 사용에 아무런 조건을 첨부하지 않는 재정지원금이다. 지방교부세(부동산교부세 제외)의 재원은 내국세 총액의 1만분의 1,924에 해당하는 금액과 종합부동산세법에 따른 종합부동산세 총액이다. 지방교부세의 주요 특성은 다음과 같다.

첫째, 지방교부세는 용도가 지정되어 있지 않는 지방정부의 재량권에 맡겨진 일반재원이다.

둘째, 지방교부세는 중앙정부의 일반회계로 관리・운영된다. 재원을 중앙정부의 일반회계예산에 편성하고 이 예산을 현행 행정안전부 소관으로 이관해서 지방자치단체에 교부하고 있다.

② 종류

가. 보통교부세

내국세 총액의 19.24%의 97%를 재원으로 한다. 자치단체가 기본적인 행정 수준 유지를 위해 일반재원으로 사용할 수 있도록 매년 기준재정수입액이 기준재정수요액에 미달하는 지방자치단체에 대해서 그 미달액을 기초로 삼아 산정 교부하는 재원을 말한다.

나. 특별교부세

예측하지 못한 특별한 재정 수요에 대비해 지방교부세의 일정 비율을 재원으로 교부하는 제도이다. 현재 재원은 내국세 총액의 19.24%의 3%이다.

다. 부동산교부세

부동산교부세는 국세인 종합부동산세를 전액 지방에 이전하는 일반재원이다. 종합부동산세 도입에 따른 자치단체의 재원 감소분을 보전하고 재정 형평성을 제고(提高)하기 위해 종합부동산세 총액을 예산에 매년 계상해 자치단체에 전액 교부한다.

교부 기준은 재정 여건 50%, 사회복지 35%, 지역교육 10%, 부동산교부세 총액의 1.8%에 해당하는 금액을 교부한다.

라. 소방안전교부세

소방안전교부세는 세월호 참사 이후 국민안전처가 발족되면서 2015년에 신설되었다. 소방안전교부세는 광역자치단체인 특별시·광역시·특별자치시·도 및 특별자치도에 교부한다. 재원은 담배에 부과하는 개별소비세 총액의 20%에 해당하는 금액으로 마련한다.

소방안전교부세를 사용할 수 있는 대상사업은 소방시설의 확충 및 소방안전관리 강화 등이다. 대상사업은 중점사업과 재량사업으로 구분된다.

(3) 지역발전특별회계제도

2015년 박근혜 정부에서 국가균형발전특별회계는 지역발전특별회계로 그 명칭이 변경되었으며, 체계는 4개 계정, 8개 사업군으로 구성되어 있다. 계정별 재원을 보면, 생활기반계정의 경우 주세 60%, 개발부담금과 과밀부담금 등, 일반회계 및 다른 특별회계 전입금 등으로 구성되어 있다.

(4) 지방채 수입

① 개념 및 법적 근거

지방채는 지방자치단체가 재정수입의 부족액을 충당하기 위해 채권 발행을 통해 조달하는 차입자금을 의미한다.

부적절한 지방채 발행에 대해서는 제재 조치가 시행된다.

첫째, 재정적인 페널티 적용이다. '교부세 감액제 적용'이 이에 해당하는데, 지방채 발행 승인을 얻지 아니하고 지방채사업 예산을 편성하는 경우 이와 관련해 지출한 금액 이내에서 교부세를 감액 조치한다.

둘째, 관련 조치의 시정 및 제재이다. 위법, 부당한 처분의 시정명령, 관계 공무원에 대한 제재가 있다.

② 지방채 발행 기준

가. 한도액 범위 내의 지방채

2005년까지는 지방채를 발행할 경우 중앙정부에서 사업별로 승인을 했다가 2006년부터는 일정 범위 금액 내에서 자치단체가 지방의회의 의결을 거쳐 자율적으로 지방채를 발행할 수 있는 '지방채발행 한도제'가 시행되고 있다. 지방채 발행 시 지방의회의 승인은 무조건이고, 지방의회의 승인 이전에 행정안전부 장관의 승인을 받아야 하는 경우로 아래 세 가지가 있다. ① 한도액의 초과, ② 외채 발행, ③ 지방자치단체조합의 발행 등이다. 다시 말해, 한도액 내라 하더라도 외채 발행이면 행정안전부 장관의 승인을 받아야 한다.

나. 한도액을 초과한 지방채

단체 유형별로 승인 기준에 차이가 있다.

첫째, 관리채무부담도가 60% 미만인 자치단체는 지방재정 투융자 승인을 받은 사업, 관계 중앙부처의 의견이 적정인 사업에 대해 승인하는 것이 원칙이다.

둘째, 관리채무부담도가 60% 이상인 자치단체는 채무 규모가 많이 증가되지 않도록 발행 연도 지방채 상환금액을 감안해서 승인하는 것이 원칙이다.

3. 재정위기관리제도와 긴급재정관리제도

1) 재정위기관리제도

재정위험의 수준이 심각하다고 판단되면 재정위기단체로 지정할 수 있다. 통합재정수지 적자 비율이 30%를 초과하다든지 지방공사의 부채가 순자산의 6배를 초과할 경우 등이 '심각' 기준에 해당한다. 재정위기단체의 장은 재정 건전화계획 및 이행 상황을 매년 2회 이상 주민에게 공개해야 한다.

2) 긴급재정관리제도

재정위기단체 지정제도보다 더 강력한 긴급재정관리제도가 2015년에 도입되었다. 지정할 수 있는 경우는 ① 재정 건전화계획을 3년 이행했음에도 불구하고 재정 위험 수준이 악화된 경우, ② 소속 공무원의 인건비를 30일 이상 지급하지 못한 경우, ③ 상환일이 도래한 채무의 원금 또는 이자 상환을 60일 이상 이행하지 못한 경우이다.

객관식 문제

■ 기본문제

01 국고보조금에 대한 설명으로 옳은 것은? (2017 국가직 7급)

① 내국세 총액의 일정 비율과 종합부동산세법에 따른 종합부동산세 총액을 재원으로 한다.

② 사업별 보조율은 50%로 사업비의 절반은 지방자치단체가 부담해야 한다.

③ 국고보조사업의 수행에서 중앙정부의 감독을 받으므로 지방자치단체의 자율성이 약화될 우려가 있다.

④ 중앙관서의 장은 보조사업을 수행하려는 자로부터 신청받은 보조금의 명세 및 금액을 조정해서 행정안전부 장관에게 보조금 예산을 요구해야 한다.

해설 ③ 국고보조금은 용도를 특정해 교부하므로 지방자치단체의 자율성을 약화시킨다는 문제점이 있다. 거기다가 「지방재정법」 제22조에 따르면, 국고보조사업에 대해 지방자치단체장은 지방비 부담액을 다른 사업보다 우선해서 그 회계연도의 예산에 계상해야 한다고 지방정부 경비 부담 우선 원칙을 규정하고 있다.
① 1번 지문은 지방교부세에 관한 설명이다.
② 기획재정부 장관은 필요하다고 인정되는 보조사업에 대해서는 차등보조율을 적용할 수 있다.
④ 행정안전부 장관이 아니라 기획재정부 장관에게 보조금 예산을 요구해야 한다.

| 정답 ③

02 지방채에 대한 설명으로 옳은 것은? (2018 국가직 7급)

① 지방자치단체조합의 장은 지방채를 발행할 수 없다.

② 이미 발행한 지방채의 차환을 위해서 지방자치단체의 장은 지방채를 발행할 수 없다.

③ 제주특별자치도지사는 제주특별자치도의 발전과 관계가 있는 사업을 위해서 필요하다면 도의회 의결을 마친 후 외채 발행과 지방채 발행 한도액의 범위를 초과한 지방채 발행을 할 수 있다.

④ 외채를 발행할 경우에는 지방채 발행 한도액 범위라도 지방의회의 의결을 거치기

전에 기획재정부 장관의 승인을 받아야 한다.

해설 ③ 지방자치단체의 장은 한도액 초과나 외채 발행 시 행정안전부 장관의 승인을 얻어야 하지만, 제주특별자치도의 경우에는 특별법에 따라 행정안전부 장관의 승인 없이 한도액의 범위를 초과한 지방채를 발행할 수 있다.
① 지방자치단체도 지방채를 발행할 수 있다.
② 지방채의 차환을 위한 지방채 발행도 가능하다.
④ 행정안전부 장관의 승인이 필요하다.

| 정답 ③

03 **재정수입의 측면에서 "지방세의 세원이 특정 지역에 편재되어 있지 않고 고루 분포되어 있어야 한다"라는 내용과 관련된 지방세의 원칙은?** (2015 서울시 7급)

① 세수 안정의 원칙 ② 책임 분담의 원칙
③ 응익성의 원칙 ④ 보편성의 원칙

해설 ④ 지문의 내용은 보편성의 원칙이다.

| 정답 ④

04 **다음 설명에 해당하는 지방세의 원칙은?** (2015 사회복지직 9급)

- 납세자의 지불 능력보다는 공공서비스의 수혜 정도를 기준으로 한다.
- 세외수입 역시 이 원칙의 적용을 받는다.

① 신장성의 원칙 ② 응익성의 원칙
③ 안정성의 원칙 ④ 부담 분임의 원칙

해설 ② 응익성의 원칙은 주민이 누린 수익의 정도에 비례해서 지방세가 부과되어야 한다는 원칙이다. 국세에서는 조세 부담 능력에 비례한 조세부담주의를 말하는 응능성이 적용된다. 즉, 지방재정은 응익성이, 국가재정은 응능성이 적용된다. 지방세의 주민 부담 측면에서 부담 보편의 원칙도 있다. 이는 세금이 자치단체의 주민들 간에 공평하게 부과되어야 한다는 원칙으로 조세 감면의 최소화가 포함된다.

| 정답 ②

■ 심화문제

05 **우리나라의 지방교부세에 대한 설명으로 옳지 않은 것은?** (2015 지방직 7급)

① 국고보조금제도와 함께 지방재정조정제도 중의 하나로 운영되고 있다.
② 지방교부세는 대표적인 지방세로서, 내국세의 일정 비율의 금액으로 배정되어 있다.
③ 보통교부세는 그 용도를 특정하지 아니한 일반재원이다.
④ 특별교부세는 중앙정부가 지방정부를 통제하기 위한 수단으로 사용된다는 비판도

있다.

해설 ② 지방교부세는 지방세에 해당하지 않으며 국가가 지방자치단체의 재정 불균형을 시정하기 위해 교부하는 의존재원이다.

| 정답 ②

06 지방재정을 국가재정이나 민간부문의 재정과 비교할 때 특징으로 옳지 않은 것은?

① 응능성의 원칙 ② 다양성의 원칙
③ 지역성의 원칙 ④ 강제성의 원칙

해설 ① 지방재정의 경우 응능성이 아니라 수익자 부담을 말하는 응익성이 강하다.

| 정답 ①

07 다음의 지방세 중 자치구세는 모두 몇 개인가? (2014 국회직 8급)

가. 재산세	나. 주민세
다. 지방소득세	라. 등록면허세
마. 담배소비세	바. 레저세

① 1개 ② 2개 ③ 3개
④ 4개 ⑤ 5개

해설 ② 재산세와 등록면허세가 자치구세에 해당된다.
나, 다, 마: 주민세, 지방소득세, 담배소비세는 특별시·광역시세 또는 시·군세에 해당한다.
바. 레저세는 특별시·광역시세 또는 도세에 해당한다.

| 정답 ②

08 보통교부세의 산정에 필요하지 않은 것은?

① 부동산교부세액 ② 기준재정수요액
③ 기준재정수입액 ④ 내국세 총액

해설 ① 부동산교부세액은 보통교부세의 산정과는 무관하다.
④ 내국세 총액의 19.24% 중 97%가 보통교부세의 재원이 된다.

| 정답 ①

제 11 장 지방자치 실전테스트

01 우리나라 지방행정 체제와 관련된 내용으로 옳지 않은 것은? (2013 국가직 9급)

① 자치구의 자치권 범위는 시·군의 경우와 같다.
② 특별시·광역시·도는 같은 수준의 자치행정계층이다.
③ 광역시가 아닌 시라도 인구 50만 이상의 경우에는 자치구가 아닌 구를 둘 수 있다.
④ 군은 광역시나 도의 관할구역 안에 둔다.

해설 ① 자치구의 자치권 범위는 법령으로 정하는 바에 따라 시·군과 다르게 할 수 있다.

| 정답 ①

02 다음 중 지방자치의 의의로 가장 옳지 않은 것은?

① 민주주의의 훈련
② 다양한 정책실험의 실시
③ 공공서비스의 균질화
④ 지역주민에 대한 행정의 반응성 제고

해설 ③ 공공서비스의 균질화는 중앙집권이 가지는 장점이다. 지방자치는 각 지역의 실정에 맞는 서비스 제공을 장점으로 가진다.

| 정답 ③

03 단체자치와 주민자치에 관한 설명 중 옳은 것은? (2006 대전 9급)

① 단체자치는 주민의 참여와 지방정부와 주민과의 관계를, 그리고 주민자치는 중앙정부로부터의 독립을 강조한다.
② 단체자치는 자치권을 국가로부터 부여받은 권리로, 그리고 주민자치는 자치권을 국가 이전의 고유권으로 인식한다.
③ 주민자치는 프랑스, 독일 등을 중심으로 하는 대륙형 지방자치, 그리고 단체자치는 영국형 지방자치이다.
④ 주민자치에서의 중앙정부의 통제는 주로 행정적 통제이고, 단체자치에서의 중앙정부의 통제는 주로 입법적 통제이다.

해설 ② 단체자치는 전래권설을, 주민자치는 고유권설을 취한다. 지문이 거꾸로 설명되어 있다.
③ 단체자치는 대륙형, 주민자치는 영·미형 지방자치이다.
④ 단체자치에서의 중앙정부의 통제는 행정적, 강한 통제에 해당하고, 주민자치에서의 중앙정부의 통제는 주로 입법적·사법적, 약한 통제에 해당한다.

| 정답 ②

04 **우리나라 현행 법령상 지방자치단체가 아닌 것은?**

① 제주특별자치도 ② 대전광역시 서구
③ 경기도 수원시 팔달구 ④ 전라남도 화순군

해설 ③ 팔당구는 자치구가 아닌 행정구에 해당한다.

| 정답 ③

05 **○○광역시의 명칭을 **광역시로 바꾸려고 한다. 이를 위한 현행 법령의 절차로서 옳은 것은?** (2009 서울 7급)

① ○○광역시 의회의 의결을 거쳐 조례로 정한다.
② ○○광역시 의회의 의견을 들어 법률로 정한다.
③ ○○광역시장의 신청에 의해 행정법원에서 재결한다.
④ ○○광역시 주민투표로 확정해서 대통령령으로 정한다.
⑤ 국무회의의 심의를 거쳐 대통령령으로 정한다.

해설 ② 「지방자치법」 제4조: 자치단체의 명칭과 구역을 바꾸거나 폐치·분합 시에는 지방의회의 의견을 들어 법률로 정하도록 하고 있다.

| 정답 ②

06 **우리나라 주민감사청구제도에 대한 설명으로 틀린 것은?**

① 지방자치단체의 사무처리가 법령에 위반하거나 공익을 현저히 해한다고 인정되는 경우에 주민이 감사기관에게 감사를 요청하는 제도이다.
② 시·군·자치구는 150명을 넘지 않는 범위에서 당해 자치단체의 조례로 정하는 수 이상의 연서로 감사를 청구할 수 있다.
③ 인구 50만 이상의 대도시는 300명을 넘지 않는 범위에서 당해 자치단체의 조례로 정하는 수 이상의 연서로 감사를 청구할 수 있다.
④ 사무처리가 있었던 날이나 끝난 날부터 2년이 지나면 제기할 수 없다.

해설 ② 시·군·자치구는 200명을 넘지 않아야 한다.

| 정답 ②

07 **다음 중 소방안전교부세에 대한 설명으로 옳지 않은 것은?**

① 소방안전교부세는 세월호 참사 이후 국민안전처가 발족되면서 2015년에 신설되었다.
② 소방안전교부세의 재원은 담배에 부과하는 개별소비세 총액의 30%에 해당하는 금액으로 마련한다.
③ 소방안전교부세를 사용할 수 있는 대상사업은 소방시설의 확충 및 소방안전관리 강

화 등이다.

④ 소방안전교부세의 교부 기준은 i) 소방 및 안전시설 현황과 투자 소요 40%, ii) 재난 예방 및 안전 강화 노력 40%, iii) 재정 여건 20%이다.

해설 ② 담배에 부과하는 개별소비세 총액의 20%에 해당한다.

| 정답 ②

08 다음의 보기와 관련된 광역행정 방식은?

> 가. 2개 이상의 지방자치단체가 사무의 일부를 공동으로 처리하기 위해 합의에 의해 규약을 정하고 설치하는 법인체
> 나. 특별지방자치단체로서의 지위를 가진다.
> 다. 각국에서 매우 일반화된 광역처리 방식이다.

① 사무위탁
② 행정협의회
③ 일부사무조합
④ 특별기관

해설 ③ 위의 내용은 일부사무조합과 관련된 내용이다. 일부사무조합 방식은 둘 이상의 지방자치단체가 공동의 이해관계가 걸려 있는 특정 사무를 협력적으로 처리하고자 계약에 의해 새로운 법인을 설치하는 방식이다.

| 정답 ③

09 지방자치법상 지방의회의 의결 사항으로 옳은 것만을 모두 고른 것은?

(2013 지방통합 9급)

> 가. 예산의 심의 확정
> 나. 법령에 규정된 수수료의 부과 및 징수
> 다. 외국 지방자치단체와의 교류 협력에 관한 사항

① 가, 나
② 가, 다
③ 가, 나, 다
④ 나, 다

해설 ② 지방의회는 법령에 규정된 것을 제외한 사용료·분담금·지방세·가입금 부과 징수가 해당한다.

| 정답 ②

10 특별지방행정기관이 가지는 한계로 관계없는 것은?

① 중앙일선기관을 광역행정의 수단으로 활용하기가 어렵다.
② 주민들의 종합적인 행정서비스를 저해한다.
③ 일선기관의 운영으로 중앙통제의 강화가 높아진다.

④ 특별행정기관과 지방자치단체 간의 기능 중복으로 지방행정의 비효율성이 야기될 수 있다.

⑤ 일선기관의 관할지역이 광범위해서 지방행정의 현지성이 떨어진다.

해설 ① 특별지방행정기관은 중앙정부나 인접 지역과의 협력이 가능해서 중앙일선기관을 광역행정의 수단으로 활용할 수 있는 장점이 있다.

| 정답 ①

11 지방의회에 대한 설명으로 올바른 것은?

① 지방의회 의원은 주민이 선출하고 임기는 5년이다.

② 지방의회는 주민대표기관의 지위를 갖는다.

③ 지방의회는 직접민주제의 필수 수단이다.

④ 지방의회 의원은 정무직 공무원이다.

⑤ 지방의회는 선결처분권을 갖는다.

해설 ② 지방의회는 주민대표기관의 지위를 가진다.
① 임기는 4년이다.
③ 간접민주주의의 필수 수단이다.
④ 지방자치단체의 장이 정무직 공무원이다.
⑤ 선결처분권은 지방자치단체의 장이 가진다.

| 정답 ②

12 다음에서 지방공무원에 해당하지 않는 직책을 모두 고르면?

가. 경상북도 지방의회 부의장 나. 경상북도 정무부지사 다. 경상북도 교육청 부교육감 라. 경상북도 행정부지사 마. 경상북도 지방의회 의장

① 1개 ② 2개 ③ 3개
④ 4개 ⑤ 5개

해설 ① 행정부시장, 행정부지사, 부교육감은 국가직 공무원이다. 정무부시장, 정무부지사는 지방자치단체장이 임명하므로 지방직 공무원이다. 지방의회 의장, 부의장, 의원들은 모두 지방직 공무원에 해당된다.

| 정답 ①

■ 심화문제

13 지방자치단체의 지방재정자립도를 제고하는 방안으로 가장 적합한 것은?

① 국고보조금의 교부방법을 포괄보조금 방식으로 한다.
② 지방교부세의 법정교부율을 대폭 상향 조정한다.
③ 사용료와 수수료 등의 요율을 인상하는 등 수익자 부담 원칙을 강화한다.
④ 지출의 우선순위를 조정해서 감축관리를 강화한다.
⑤ 조세 체계를 개편해서 내국세의 비중을 높인다.

해설 ③ 사용료나 수수료는 세외수입에 해당하므로 인상하면 재정자립도를 높여준다. 그러나 보조금이나 교부세 등 의존재원을 높이면 재정자립도는 오히려 낮아지게 된다. 재정자립도는 세입 측면의 개념이므로 지출과는 관련이 없다.

| 정답 ③

14 헌법에 명문으로 보장된 지방자치제도의 내용이 아닌 것은? (2012 서울시 7급)

① 주민의 복리에 관한 사무처리권
② 지방자치단체의 재산관리권
③ 자치에 관한 규정의 제정권
④ 지방의회의 설치
⑤ 지방자치단체의 명칭과 구역

해설 ⑤ 지방자치단체의 명칭과 구역은 지방자치법에서 규정하고 있다.
①, ②, ③ 지방자치단체는 주민의 복리에 관한 사무를 처리하고 재산을 관리하며, 법령의 범위 안에서 자치에 관한 규정을 제정할 수 있다(헌법 제117조).

| 정답 ⑤

15 지방의회의 의결에 대한 지방자치단체장의 재의 요구 사유가 아닌 것은? (2008 지방직 7급)

① 지방의회의 의결이 월권이거나 법령에 위반된다고 인정되는 경우
② 지방의회의 의결이 국제 관계에서 맺은 국제교류 업무 수행에 드는 경비를 축소한 경우
③ 지방의회의 의결이 예산상 집행 불가능한 경비를 포함하고 있다고 인정되는 경우
④ 지방의회의 의결이 비상재해로 인한 시설의 응급복구를 위해 필요한 경비를 축소한 경우

해설 ② 2번은 재의 요구 사항에 해당되지 않는다.

| 정답 ②

16 아른스타인(Sherry R. Arnstein)의 참여 단계론 중에서 가장 낮은 단계는?

(2013 서울시 7급)

① 교정 단계　　② 정보 제공 단계
③ 유화 단계　　④ 계도 단계
⑤ 의견 수렴 단계

해설 ④ 아른스타인의 주민 참여의 8단계 중 참여가 가장 낮은 단계는 계도이다.

| 정답 ④

17 다음 중 고유사무가 아닌 것은? (2005 수자원공사)

① 보건소　　② 상하수도
③ 학교　　④ 쓰레기처리

해설 ① 보건소는 단체위임사무에 속한다. 나머지는 고유사무이다.

| 정답 ①

18 다음 빈칸에 들어갈 용어가 바르게 연결된 것은?

> 지방자치단체의 명칭과 구역은 종전과 같이 하고, 명칭과 구역을 바꾸거나 지방자치단체를 폐지하거나 설치하거나 나누거나 합칠 때에는 (가)로 정한다. 다만, 지방자치단체의 관할구역 경계 변경과 한자 명칭의 변경은 (나)으로 정한다.

	가	나		가	나
①	법률	대통령령	②	법률	규칙
③	조례	대통령령	④	조례	규칙

해설 ① 지방자치단체를 폐지하거나 설치하거나 나누거나 합칠 때에는 법률로, 경계변경과 한자 명칭의 변경은 대통령령으로 정한다(지방자치법 제4조).

| 정답 ①

19 다음 중 우리나라 지방자치단체의 종류에 대해 잘못 기술하고 있는 것은?

(2005 경기 7급)

① 광역시는 자치구와 군을 둘 수 있으나 특별시는 자치구만을 둔다.
② 자치구는 시·군 기초자치단체에 비해 자치권의 범위를 제한하고 있다.
③ 지방자치단체조합은 특별지방자치단체의 지위를 가질 수 없다.
④ 인구 50만 이상의 시가 자치구가 아닌 구를 가진 경우에는 도(道)의 일부 사무를 직접 처리할 수 있다.

해설 ③ 지방자치단체조합은 특별지방자치단체이다.

① 광역시는 자치구 외에 군도 둘 수 있다. (예: 부산시 기장군) 특별시는 군을 둘 수 없다.
② 자치구는 좁은 도시지역의 특성상 광역행정을 해야 할 필요성이 크기 때문에 광역자치단체의 통제를 시·군보다 많이 받으므로 자치권의 범위가 좁을 수밖에 없다.
④ 인구 50만 이상의 시에 대한 특례이다. 도의 일부 사무를 직접 처리할 수 있다.

| 정답 ③

20 지방의회에 대한 설명으로 올바른 것은?

① 지방의회 의원은 주민이 선출하고 임기는 5년이다.
② 지방의회는 주민대표기관의 지위를 갖는다.
③ 지방의회는 직접민주제의 필수 수단이다.
④ 지방의회 의원은 정무직 공무원이다.
⑤ 지방의회는 선결처분권을 갖는다.

해설 ② 지방의회는 주민대표기관의 지위를 가진다.
① 임기는 4년이다.
③ 간접민주주의의 필수 수단이다.
④ 지방자치단체의 장이 정무직 공무원이다.
⑤ 선결처분권은 지방자치단체의 장이 가진다.

| 정답 ②

21 특별지방자치단체에 대한 설명으로 옳지 않은 것은? (2016 사회복지직 9급)

① 특정한 목적을 수행하기 위해 필요한 경우에 설치되는 지방자치단체이다.
② 특정한 지방공공사무를 좀 더 편리하면서도 효율적으로 수행하기 위해 별도의 관할 구역과 행정조직이 필요하다는 것이 설립의 일반적 이유이다.
③ 특별지방자치단체의 설립을 통해 지방자치단체의 난립과 구역·조직·재무 등 지방제도의 복잡성과 혼란을 완화할 수 있다.
④ 특별지방자치단체는 행정사무 처리 이외에 공기업의 경영을 위해 설립되기도 한다.

해설 ③ 특별지방자치단체의 설립은 지방자치단체의 난립과 구역·조직·재무 등 지방제도의 복잡성과 혼란을 야기시킬 수 있는 부작용을 초래할 수 있다. 특별지방자치단체는 특정 목적의 행정사무 처리나 광역행정사무의 공동처리를 위해 설치되는 공공단체인데, 우리나라에는 지방자치단체조합, 지방공기업조합 등이 해당된다.

| 정답 ③

22 중앙행정기관의장과 지방자치단체의 장이 사무를 처리할 때 의견을 달리하는 경우 이를 협의·조정하기 위해 설치하는 기구는? (2014 서울시 9급)

① 행정협의조정위원회
② 중앙분쟁조정위원회
③ 지방분쟁조정위원회
④ 행정협의회
⑤ 갈등조정협의회

해설 ① 국무총리 소속의 행정협의조정위원회에서 협의 · 조정을 한다.

| 정답 ①

23 광역행정의 처리 방식 중 기존 지방자치단체의 자치권이 가장 크게 제약되는 것은? (2007 국회직 8급)

① 지방자치단체조합 ② 연합
③ 특별구 설치 ④ 합병
⑤ 사무위탁

해설 ④ 합병은 몇 개의 기존 지방자치단체를 통폐합해서 하나의 법인격을 가진 새로운 지방자치단체를 신설하는 방식으로, 이 방식은 각 지방자치단체의 개별적 특수성이나 자치권을 고려하지 못하며 주민들의 소속감을 저하시켜 주민 참여가 어려워지는 등의 문제점을 안고 있다.

| 정답 ④

24 지방세기본법상 특별시 · 광역시의 세원이 아닌 것은? (2016 지방직 9급)

① 취득세 ② 자동차세
③ 등록면허세 ④ 레저세

해설 ③ 등록면허세는 특별시 · 광역시세가 아니라 자치구세에 해당한다. 조세는 국세와 지방세로 나뉜다. 그리고 국세는 내국세, 목적세, 관세로 구분된다. 지방세는 보통세와 목적세로 구분되는데, 보통세 중에서 구세에 해당하는 것은 등록면허세와 재산세이다. 특별시 · 광역시세로는 취득세, 레저세, 담배소비세, 지방소비세, 주민세, 지방소득세, 자동차세 등이 있다.

| 정답 ③

25 세외수입의 종류와 그에 대한 설명을 바르게 연결한 것은? (2010 지방직 7급)

가. 지방자치단체가 주민의 복지증진을 위해 설치한 공공시설을 특정소비자가 사용할 때 그 반대급부로 개별적인 보상 원칙에 따라 지방자치단체의 조례에 의거해 강제적으로 부과 · 징수하는 공과금이다.
나. 지방자치단체의 재산 또는 공공시설의 설치로 인해 주민의 일부가 특별히 이익을 받을 때 그 비용의 일부를 부담시키기 위해 그 이익을 받는 자로부터 수익의 정도에 따라 징수하는 공과금이다.
다. 지방자치단체가 특정인에게 제공한 행정서비스에 의해 이익을 받는 자로부터 그 비용의 전부 또는 일부를 반대급부로 징수하는 수입이다.

	가	나	다
①	사용료	분담금	수수료
②	수수료	부담금	과년도 수입
③	사용료	부담금	과년도 수입

④ 수수료　　분담금　　사용료

해설 ① '가'는 사용료이다. '나'는 분담금이고, '다'는 수수료이다. 사용료는 공공시설을 특정소비자가 사용할 때 징수하는 공과금이다. 수수료는 행정서비스로 이익을 받는 자로부터 징수하는 수입이다. 분담금은 공공시설의 설치로 인해 주민이 특별한 이익을 받을 때 수익의 정도에 따라 징수한다. 부담금은 국가와 지방자치단체 사이에 어느 한쪽이 상대방에게 이익을 주는 일을 했을 때 그 이익의 범위 안에서 경비를 수납하게 하는 것이다.

| 정답 ①

26 다음 중 지방공기업에 대한 설명으로 옳지 않은 것은? (2017 국회직 8급)

① 자동차 운송사업은 지방직영기업 대상에 해당된다.

② 지방공사의 자본금은 지방자치단체가 전액 출자한다.

③ 행정안전부 장관은 지방공기업에 대한 평가를 실시하고 그 결과에 따라 필요한 조치를 해야 한다.

④ 지방공사는 법인으로 한다.

⑤ 지방공사는 지방자치단체 외의 자(법인 등)가 출자를 할 수 있지만 지방공사 자본금의 3분의 1을 넘지 못한다.

해설 ⑤ 공사의 자본금은 그 전액을 지방자치단체가 현금 또는 현물로 출자한다. 공사의 운영을 위해 필요한 경우에는 자본금의 2분의 1을 넘지 아니하는 범위에서 지방자치단체 외의 자(외국인 및 외국법인을 포함)로 하여금 공사에 출자하게 할 수 있다.

| 정답 ⑤

27 우리나라의 지방재정에 대한 설명으로 가장 옳지 않은 것은? (2017 서울시 9급)

① 지방자치단체의 세입재원은 크게 자주재원과 의존재원으로 나눌 수 있는데, 자주재원에는 지방세와 세외수입이 있고, 의존재원에는 국고보조금과 지방교부세 등이 있다.

② 지방세 중 목적세로는 담배소비세, 레저세, 자동차세, 지역자원시설세, 지방교육세 등이 있다.

③ 지방교부세는 지방자치단체 간 재정력의 불균형을 조정하는 재원으로, 보통교부세·특별교부세·부동산교부세 및 소방안전교부세로 구분한다.

④ 지방재정자립도를 높이기 위해 국세의 일부를 지방세로 전환할 경우 지역 간 재정 불균형이 심화될 수 있다.

해설 ② 지역자원시설세와 지방교육세만 목적세에 해당하고 나머지는 보통세에 해당한다. 이들 외에 취득세와 주민세 등도 지방세 중 보통세에 해당한다.

| 정답 ②

제 12 장 공공서비스

제 1 절 서비스행정의 대두와 공공서비스의 공급 방식

1. 공공서비스의 의의

공공서비스는 국가나 지방자치단체 등 공공부문에 의해 공급되거나 또는 공급 주체와 관계없이 사회공공의 공동 목적을 위해 제공되는 서비스로 정의할 수 있다.

2. 공공서비스의 유형

공공서비스 공급에 정부가 개입해야 하는 것은 비배제성과 비경합성이라는 특성 때문이다. 비배제성이란 돈을 내는 사람이나 그러지 않는 사람이나 차별 없이 서비스를 제공할 수밖에 없는 것을 말한다. 비경합성이란 편익의 불가분성(indivisibility of benefits)으로도 나타내는데, 예컨대 국방은 어떤 사람이 혜택을 본다고 해서 다른 사람들의 국방 혜택이 줄어들지 않는다.

사바스(E. S. Savas)는 경합성과 배제성이라는 두 가지 기준으로 공공서비스를 다음 [그림 12－1]과 같이 시장재, 요금재, 공유재, 집합재 등 네 가지 형태로 구분했다.

표 12-1 공공서비스의 유형

<table>
<tr><th colspan="2" rowspan="2"></th><th colspan="2">비경합성</th></tr>
<tr><th>경합성</th><th>비경합성</th></tr>
<tr><td rowspan="2">비배제성</td><td>배제성</td><td>시장재
(private goods)</td><td>요금재
(toll goods)</td></tr>
<tr><td>배제 불가능</td><td>공유재
(common-pool goods)</td><td>집합재
(collective goods)</td></tr>
</table>

1) 시장재 성격을 가지는 공공서비스

경합성과 배제성을 동시에 가진 서비스를 시장재라고 한다. 주로 시장에서 제공되는데, 우리가 일상생활에 필요한 대부분의 재화가 여기에 속한다. 사적재라고도 한다.

2) 공유재 성격을 가지는 공공서비스

공유재는 경합성은 있지만 배제는 불가능한 서비스이다. 소비는 경합되지만 정당한 대가를 지불하지 않아도 배제시킬 수 없기 때문에 비용 회피와 과잉 소비로 인해 공유재 파괴라는 비극이 초래되는 영역이다.

3) 요금재 성격을 가지는 공공서비스

요금재는 경합 없이 공동소비가 가능하나 배제가 용이한 재화나 서비스이다. 대가를 지불하지 않는 소비자를 배제할 수 있기 때문에 시장기구를 통해 서비스를 공급할 수 있는 여지가 많다. 여기에는 전기, 가스, 상하수도, 도로 등과 같은 사회기반시설이나 국립공원, 유료도로 등과 같은 이용시설 등이 속한다.

4) 집합재 성격을 가지는 공공서비스

집합재는 비배제성과 비경쟁성을 동시에 가지고 있으므로 전형적인 공공서비스이다. 비용 부담에 따라 서비스 혜택을 차별화하거나 혜택으로부터 배제할 수 없으므로 '무임승차(無賃乘車, free-ride)'의 문제가 야기된다. 국방, 외교 등의 순수 공공재와 복지, 지역개발, 공공의료 등의 준공공재가 여기에 속한다.

3. 공공서비스의 공급 방식

1) 정부에 의한 서비스 공급 방식

(1) 정부에 의한 직접 공급

공익성이 강하고 기업성은 약해 민간부문에 전적으로 위탁하거나 공동으로 제공하기 곤란한 서비스들은 정부의 직접 공급이 일반적이다.

(2) 공기업에 의한 간접 공급

공법인 형태로 설립되는 지방공사나 공단에 의한 서비스 공급이 이에 해당한다. 지방공사나 지방공단은 지방자치단체가 출자해서 설립하고 재정적·행정적 원조를 제공하면서 경영에 관여하는 법인으로서 간접경영 방식을 취한다. 지방자치단체와 독립된 재정구조를 가지며, 소속 직원은 공무원이 아니다.

2) 민간에 의한 서비스 공급

(1) 민간위탁

① 개념: 민간위탁(contract-out) 방식은 공공성 기준이 상대적으로 완화될 수 있는 공공서비스 가운데, 정부가 서비스 공급의 '책임'은 지지만, '생산' 기능은 민간에서 수행하는 것이 정부가 하는 것보다 더 효율적이라고 판단될 경우 민간에 위탁해서 생산하는 방식이다.

② 민간위탁의 주요 방식: 사바스는 서비스의 소비자, 생산자, 공급 결정자의 세 가지 기준에 의거해서 정부의 직접 서비스, 판매, 정부 간 협약 또는 계약, 면허, 증서, 교부금 등 열 가지 공급 방식을 유형화한 바 있다.

(2) 민영화

① 의의

민영화는 공기업의 자산이나 주식 매각을 의미하며, 이는 소유권이 정부 소유에서 민간 소유로 이전되는 것을 말하고, 시장구조가 독점에서 경쟁으로 전환되는 것을 말한다.

② 필요성

공기업 민영화의 필요성은 무엇보다 공기업의 비효율성에서 찾을 수 있다. 민영화를 통해 공기업 효율성을 증진시키는 것은 공기업 비효율의 핵심 원인 중 하나인 소유구조상의 문제가 대리인문제에서 기인한다고 보기 때문이다.

(3) 민자 유치

① 의의

민자 유치(民資誘致)는 국가나 지방자치단체가 공공시설의 효율적인 건설을 위해 건설재원의 전부 또는 일부를 민간부문으로부터 조달하고 그들에게 공공시설의 관리 및 수익원을 부여하는 행위이다.

② 방식

- BTO(Build－Transfer－Operate): 민간사업자가 시설을 건설하면 당해 시설의 소유권이 곧 바로 정부부문에 기부채납 방식으로 귀속되면서 사업시행자에게 일정 기간의 시설관리 운영권을 인정하는 방식이다.
- BLT(Build－Lease－Transfer): 시설 건설 후 제3자에게 일정 기간 동안 임대 후 정부부문에 기부채납하는 방식이다.
- BOT(Build－Own－Transfer): 민간사업자가 자본을 투입해 시설을 건설하면 일정 기간 동안 사업시행자에게 당해 시설의 소유권이 인정되며, 그 기간이 만료되면 시설소유권이 정부부문에 귀속되는 방식이다.
- BOO(Build－Own－Operate): 사회간접자본 시설의 준공과 동시에 사업시행자에게 당해 시설의 소유권이 인정되는 방식이다.
- BTL(Build－Transfer－Lease): 민간이 공공시설을 짓고 정부가 이를 임대해서

쓰는 민간투자 방식이다. 민간이 자금을 투자해 공공시설을 건설(build)하고, 민간은 시설 완공 시점에서 소유권을 정부에 이전(transfer)하는 대신 일정 기간 동안 시설의 사용·수익 권한을 획득하게 된다. 민간은 시설을 정부에 임대(lease)하고 그 임대료를 받아 시설투자비를 회수한다.

객관식 문제

■ 기본문제

01 공공서비스의 공급 방식 중에서 민간이 공공시설을 짓고 정부가 이를 임대해서 쓰는 민간투자 방식을 의미하는 용어는? (2009 국가직 9급)

① BTL ② BTO

③ Voucher ④ Contracting Out

해설 ① BTL에 관한 설명이다. 민간이 사회기반시설을 건설하고 정부가 임차하는 형태이다.

| 정답 ①

02 다음에 해당하는 공공서비스의 유형은 무엇인가?

- 경합성은 있지만 배제 불가능한 서비스이다.
- 과소비와 공급비용 귀착문제가 야기된다.
- 시장실패의 원인에 해당하며 정부가 개입하는 이유가 된다.

① 사적재 ② 요금재

③ 공공재 ④ 공유재

해설 ④ 호수, 하천 등과 같은 자연 자원 등 공유재에 해당하는 설명이다. 공유재는 소비는 경쟁적이고 배제가 불가능한 재화이다. 공유재의 비배제성 때문에 공유재는 과소비와 공급비용의 귀착문제가 야기되어 '공유지의 비극'이 초래되는 영역이다.

| 정답 ④

03 요금재 성격을 가진 공공서비스에 대한 설명으로 적절한 것은?

① 요금재는 경합성은 있지만 배제성은 없는 공공서비스이다.

② 요금재를 정부가 공급하는 이유는 자연독점으로 인한 시장실패 때문이다.

③ 요금재에서 정부실패가 발생해도 민간기업의 참여는 매우 제한적이다.
④ 지하수, 국립공원, 해저광물 등이 대표적인 사례이다.
⑤ 무임승차 문제로 인해 소비자의 수요를 확인하기가 매우 힘들다.

해설 ② 상수도 등과 같은 요금재는 생산에서 규모 경제로 인한 자연독점적 성격이 있다.
③ 요금재에서는 정부실패 문제가 야기되어 민영화와 민간위탁 등 민간기업의 참여가 개방되어 있다.
④ 4번 지문은 공유재이다.
⑤ 요금재는 소비자의 수요 파악이 가능하다.

| 정답 ②

04 공공서비스 공급의 민영화에 따른 기대효과가 아닌 것은?

① 공공서비스 생산의 효율성
② 안정적인 공공서비스 공급
③ 공공재정의 건전성
④ 공공서비스의 질적 제고
⑤ 공공서비스 생산조직의 유연화

해설 ② 공공서비스를 민간이 생산하며 시장기구의 이윤 논리에 따라 탄력적인 공급 대응이 가능한 반면, 안전적인 서비스 공급 측면에서는 우려가 발생할 수도 있다.

| 정답 ②

05 다음 중 민간위탁의 장점이 아닌 것은?

① 공공서비스 공급의 책임성
② 업무량에 따른 탄력적 대응
③ 공공서비스의 질적 수준 개선
④ 전문기술과 지식의 활용
⑤ 정부 인력 및 예산의 감축

해설 ① 민간위탁을 실시하면 예산 감축 효과는 있지만 공적 책임성은 약화된다. 정부의 공공서비스 '사업'의 민간위탁이 아니라 공공서비스 '책임'의 민간위탁이 발생해 공공성의 저하가 일어날 수 있다.

| 정답 ①

06 민자 유치 방식에 대한 설명 중 틀린 것은?

① BTO(Build－Transfer－Operate): 민간사업자가 시설을 건설하면 당해 시설의 소유권이 곧바로 정부부문에 기부채납 방식으로 귀속되면서 사업시행자에게 일정 기간의 시설관리 운영권을 인정하는 방식이다.
② BLT(Build－Lease－Transfer): 시설 건설 후 제3자에게 일정 기간 동안 임대 후 정부부문에 기부채납하는 방식이다.
③ BOT(Build－Own－Transfer): 민간사업자가 자본을 투입해서 시설을 건설하면 일정 기간 동안 사업시행자에게 당해 시설의 소유권이 인정되며, 그 기간이 만료되면 시

설소유권이 정부부문에 귀속되는 방식이다.

④ BOO(Build-Own-Operate): 사회간접자본 시설의 준공과 동시에 국가에게 당해 시설의 소유권이 인정되는 방식이다.

해설 ④ 사회간접자본 시설의 준공과 동시에 사업시행자에게 당해 시설의 소유권이 인정되는 방식이다.

| 정답 ④

07 경합성과 배제성을 고려할 때 공공재에 가장 가까운 것은? (2014 국가직 9급)

① 국립도서관 ② 고속도로

③ 등대 ④ 올림픽 주경기장

해설 ③ 등대는 공공재로서 비경합성과 비배제성의 특성을 갖는다. 공공재에는 국방, 치안, 외교 등이 있다.
① 국립도서관은 경합성은 있지만 배제는 불가능한 공유재에 속한다. 다만 민간도서관이나 민간 공원의 경우 요금재에 속한다.
② 고속도로는 비경합성이나 배제는 가능한 요금재에 해당한다.

| 정답 ③

08 공공서비스에 대한 설명으로 옳지 않은 것만을 모두 고른 것은? (2014 국가직 7급)

가. 무임승차자 문제가 발생하는 근본 원인으로는 비배제성을 들 수 있다.
나. 정부가 공공서비스의 생산부문까지 반드시 책임져야 할 필요성은 약해지고 있다.
다. 전형적인 지방공공서비스에는 상하수도, 교통관리, 건강보험 등이 있다.
라. 공공서비스 공급을 정부가 담당해야 하는 이유로는 공공재의 존재 및 정보의 비대칭성 등이 있다.
마. 전기와 고속도로는 공유재의 성격을 가지는 공공서비스이다.

① 가, 다 ② 가, 마

③ 나, 라 ④ 다, 마

해설 ④ 다: 건강보험은 국가적 단위에서 시행되는 공공서비스이다.
마: 전기와 고속도로는 요금재의 성격을 가지는 공공서비스이다.

| 정답 ④

09 민영화의 한 방식인 바우처제도에 대한 설명으로 옳지 않은 것은?

① 전자바우처는 바우처 관리의 투명성과 효율성 제고에 기여한다.

② 정부보조금 대신 특정 소비자 계층에게 특정 재화나 서비스를 구매할 수 있는 쿠폰을 주는 제도이다.

③ 바우처 방식은 시민들에게 서비스의 선택권을 제공하는 장점이 있다.
④ 서비스에 대한 요금은 정부가 아니라 서비스 사용자가 지불한다.

해설 ④ 바우처는 정부가 지불한다. 요금 액수로 표시된 증서, 즉 쿠폰을 제공하는 방식이다. 식품구매권, 의료바우처 등이 있다.

| 정답 ④

10 민간부문에 의한 공공서비스 제공에 관한 설명으로 옳지 않은 것은?
(2009 국회직 9급)

① 적은 비용으로도 양질의 공공서비스를 제공하는 것이 가능하다.
② 민간부문의 전문기술을 활용할 수 있다.
③ 사회적 형평성을 효과적으로 확보할 수 있다.
④ 대규모의 사업착수비용을 절약할 수 있다.
⑤ 행정관리비용이 절감될 수 있다.

해설 ③ 공공부문의 민간화는 형평성이 소홀히 다루어지기 쉽다. 사업의 위탁이 아니라 공공성의 위탁이 진행되기도 한다.
① 비용 절감을 통한 효율성을 추구할 수 있다.
⑤ 아웃소싱을 통해 행정관리비용을 절감할 수 있다.

| 정답 ③

11 민간위탁 방식에 관한 설명 중 옳지 않은 것은?

① 면허 방식은 민간조직에게 일정한 구역 내에서 공공서비스를 제공하는 권리를 인정하는 것이다.
② 지정 허가(franchise) 방식은 인력 운영의 유연성을 제고하고 규모의 경제를 실현할 수 있다.
③ 바우처 방식은 소비자에게 많은 선택권을 부여하지만, 서비스 누출의 단점이 있다.
④ 자원봉사 방식은 예산 삭감에 따른 서비스 감축 영향을 최소화할 수 있다.

해설 ② 2번 내용은 계약 방식에 해당한다.

| 정답 ②

■ 심화문제

12 새로운 공공서비스 공급 방식으로 제시된 BTO와 BTL에 대한 설명으로 옳지 않은 것은? (2012 국가직 9급)

구분	BTO	BTL
가. 실제 운영의 주체	민간	정부
나. 운영 시 소유권	정부	민간
다. 투자비 회수 방법	사용료	임대료
라. 소유권 이전 시기	준공	준공

① 가　② 나
③ 다　④ 라

해설 ② '나'가 틀렸다. BTO와 BTL 양자 모두 소유권은 정부에 있다.

| 정답 ②

13 공공서비스 공급 방식에 대한 설명으로 옳은 것은? (2011 국가직 7급)

① 집합재는 원칙적으로 민간위탁 방식으로 공급해야 할 서비스이다.
② 요금재는 독점이익의 왜곡을 방지하기 위해 주로 일반행정 방식이나 책임경영 방식이 활용되어 왔고 민간기업의 참여가 활성화되어 있지 않다.
③ 민간위탁 방식 중 면허 방식은 공공서비스에 대한 요건을 구체적으로 명시하기가 곤란하거나 서비스가 기술적으로 복잡하고 서비스의 목표를 어떻게 달성할 것인가가 불확실한 경우에 사용된다.
④ 공유재의 비극을 해결하기 위해 고전적 공유재 모형이 제시한 전형적인 대안들은 공유재산을 사유화하는 방식이었다.

해설 ④ 코스(R. H. Coase)의 정리에서 그는 공유재의 비극을 막기 위해 소유권을 명확히 할 것을 주장했다.
① 공공재는 정부가 공급해야 할 서비스이다. 국방이나 치안이 이에 해당한다.
② 요금재에 대한 민간의 참여는 활성화되어 있다.
③ 이것은 재정 지원 방식에 관한 설명이다. 정부가 소비를 장려하고자 할 때 민간기업에게 재정 지원, 이를테면 보조금의 지급, 조세감면 등을 하는 방법이다.

| 정답 ④

제 2 절 공공서비스 공급의 혁신

책임경영 체제의 강화를 통해 공공서비스 공급의 혁신을 도모할 수 있다. 책임운영기관은 1988년도에 영국에서 국방 · 보건 · 교도소 등 140여 개의 부서를 집행기관(Executive Agency)으로 지정하면서 처음 등장했다. 책임운영기관은 인사와 예산에서 자율성이 확대되는 반면 운영 성과에 대해 인센티브와 벌칙이 주어지는 새로운 형태의 정부기관이다. 책임운영기관은 공공성 측면에서 민영화가 어려운 기능을 정부가 직접 수행하기 위한 제도인데, 기관장을 계약직으로 공개 채용하지만 소속 직원들은 공무원 신분을 유지하고 다른 부처와 인사 교류도 가능한 정부기관이다.

우리나라도 국립중앙극장, 국립영상간행물제작소 등 2005년에 23개 기관으로 확대되었고, 그 후에도 계속 늘어나 2018년 현재 50개가 운영되고 있는데, 이 중 중앙책임운영기관은 특허청 1개이고, 나머지 49개는 소속책임운영기관으로 구성되어 있다.

기관의 사무 성격에 따라 6개 유형, 즉 조사연구형, 교육훈련형, 문화형, 의료형, 시설관리형 그리고 기타 책임운영기관 등으로 구분하고 있다. 조사연구형에는 국립과학수사연구원, 지방통계청, 교육훈련형에는 국립국제연구원, 한국농수산대학, 문화형에는 국립중앙극장, 국립현대미술관, 의료형에는 국립서울병원, 경찰병원, 시설관리형에는 해양경비안전정비창, 국립자연휴양림관리소, 기타에는 국세청고객만족센터, 고용노동부고객상담센터 등이 해당된다.

책임운영기관은 정부가 하는 일 중에서 집행적 기능을 따로 분리시켜 민간부문의 유연한 관리방식을 도입하자는 것이므로, 이러한 기본 취지를 살려 향후 공공서비스 공급에 이 기관의 비중을 확대할 필요가 있다.

객관식 문제

■ 기본문제

01 공공서비스 공급의 혁신 방법과 거리가 있는 것은? (2003 부산시 9급)

① 직무 개선 ② 시민헌장제도
③ 원스톱 민원행정 ④ 품질행정제

해설 ① 직무 개선은 내부혁신 차원인 것으로 공공서비스에 대한 효과는 간접적인 수준에 그친다.

| 정답 ①

02 다음은 책임운영기관에 대한 설명이다. 틀린 것을 고르시오

① 1988년 영국에서 처음 실시했다.
② 정부혁신의 한 방법이다.
③ 행정의 유연성, 창의성을 제고한다.
④ 책임운영기관의 직원은 공무원 신분으로 보통 행정기관과 같다.
⑤ 책임운영기관의 인사권은 상당한 자율성을 갖는다.

해설 ③ 책임운영기관은 서비스의 표준화와 구체화를 강조하기 때문에 오히려 행정의 획일화를 초래해 유연성과 창의성을 저해할 수 있다.

| 정답 ③

■ 심화문제

03 다음 중 정부의 전자바우처의 특징이 아닌 것은

① 전산카드와 휴대용 결제 단말기와 같은 정보통신기술의 발전이 뒷받침되어야 한다.
② 공공서비스 수혜자의 선택의 폭이 넓어졌다.
③ 민간 정보시스템과의 결합을 통한 비용 감소를 이룰 수 있다.
④ 정기적인 모니터링이 가능해 바우처의 부정 사용을 최소화할 수 있다.
⑤ 보건복지 분야는 수혜자의 특성상 아직 바우처제도가 일반화되지 않았다.

해설 ⑤ 보건복지가족부는 2007년 전자바우처 시스템을 도입했다. 복지 분야에서의 바우처제도 도입은 시기상조라는 말이 있었지만, 이미 다양한 분야에서 사회서비스 전달수단으로 바우처가 사용되고 있다. 또한 전산카드와 휴대용 결제 단말기 등의 정보통신기술의 발전은 광범위한 전자바우처의 사용을 가능케 했다.

| 정답 ⑤

04 공공서비스의 혁신으로 민영화를 추구하는 목적이 아닌 것은?

① 작고 효율적인 정부의 실현　　② 시장 원리에 의한 효율성의 제고
③ 민간부문의 경쟁력 활용　　④ 행정책임성의 증대

해설 ④ 민영화를 하게 되면 책임성이 저해된다.
③ 민간과 민간끼리, 그리고 정부와 민간 간에 업무적 경쟁이 발생한다.

| 정답 ④

05 다음 중 공공서비스 공급의 혁신을 위한 행정 체제의 개선 노력으로 보기 어려운 것은?

① 고객만족 경영기법 도입　　② 품질행정제
③ 책임운영기관 운용　　④ 조직개편
⑤ 원스톱 민원행정

해설 ④ 조직개편은 공공서비스의 공급 상의 혁신을 추구하는 것이 아니라, 조직 내부의 능률성을 높이기 위한 한 방법이다.

| 정답 ④

06 공공서비스 공급의 민영화에 따른 기대 효과가 아닌 것은?

① 공공서비스 생산의 효율성　　② 안정적인 공공서비스 공급
③ 공공재정의 건전성　　④ 공공서비스의 질적 제고
⑤ 공공서비스 생산조직의 유연화

해설 ② 공공서비스를 민간에서 생산하면 이윤 추구의 논리에 따라 탄력적인 공급 대응이 가능한 반면, 안정적인 서비스 공급 측면에서는 문제가 발생할 수도 있다.

| 정답 ②

07 다음 중 공공서비스 전달 방식이 다른 하나는?

① 교통이 불편한 산간지역에 버스 운행 횟수를 늘려준다.
② 민원업무시간과 출근시간이 겹치는 직장인을 위해 특정 요일에는 야간 민원업무를 실시한다.
③ 범죄다발지역에 경찰 순찰 횟수를 늘린다.
④ 지방자치단체가 공공서비스 제공에 가장 적합한 업체를 선정해서 서비스를 제공한다.
⑤ 자녀가 있는 직장인들을 위해 탁아소시설을 늘린다.

해설 ④ 서비스 전달에서의 공급자 방식과 수요자 방식의 차이를 기술한 것이다. 공급자 방식은 중앙정부가 표준적으로 설계한 프로그램들을 비영리복지기관을 통해 대상자에게 전달하는 공급자 위주의 서비스 공급 방식이고, 수요자 방식은 수요자들의 선호와 욕구를 반영한 서비스 공급 방식

이다.

| 정답 ④

08 다음 중 공공서비스에 대한 설명으로 옳지 않은 것은? (2014 국회직 8급)

① 의료, 교육과 같은 가치재는 경합적이므로 시장을 통한 배급도 가능하지만 정부가 개입할 수도 있다.

② 공유재는 정당한 대가를 지불하지 않는 사람들을 이용에서 배제하기 어렵다는 문제가 있다.

③ 노벨상을 수상한 오스트롬은 정부의 규제에 의해 공유자원의 고갈을 방지할 수 있다는 보편적 이론을 제시했다.

④ 공공재 성격을 가진 재화와 서비스는 시장에 맡겼을 때 바람직한 수준 이하로 공급될 가능성이 높다.

⑤ 어획자 수나 어획량에 대해서 아무런 제한이 없는 개방어장의 경우 공유의 딜레마 또는 공유의 비극이라는 문제가 발생한다.

해설 ③ 오스트롬(Elinor Ostrom)은 공공선택론자이므로 정부관료제를 비판하는 입장에 있다. 따라서 정부규제를 강조했다는 부분은 맞지 않다.

| 정답 ③

제 12 장 공공서비스 실전테스트

01 공공서비스 가운데 정부가 비용을 부담하는 공급 주체가 되는 경우 장점과 거리가 있는 것은? (2002 국가직 9급)

① 정책적 영역 ② 서비스의 안정성
③ 서비스의 효율성 및 경제성 ④ 형평성

해설 ③ 정부가 직접 공급하는 공공서비스는 관료적 규정과 형식 등의 이유로 일정 정도 효율성 측면에서는 손실이 발생할 수 있다.

| 정답 ③

02 공공서비스 제공자들 간에 경쟁이 약할 경우 이용자의 비용 부담이 높아질 가능성이 있는 경우는? (2007 서울시 7급)

① 보조금 지급 ② 면허
③ 조세 유인 ④ 자원봉사
⑤ 구입증서 지급

해설 ② 면허를 받지 못하면 독점에 다른 가격 상승 효과가 발생한다.
⑤ 구입증서의 경우 제공 기관들의 경쟁이 약할 경우 서비스의 가격은 고정되는데 서비스의 품질이 낮아질 가능성이 있다.

| 정답 ②

03 요금재 성격을 가진 공공서비스에 대한 설명으로 적절한 것은?

① 요금재는 경합성은 있지만 배제성은 없는 공공서비스이다.
② 요금재를 정부가 공급하는 이유는 자연독점으로 인한 시장실패 때문이다.
③ 요금재에서 정부실패가 발생해도 민간기업의 참여는 매우 제한적이다.
④ 지하수, 국립공원, 해저광물 등이 대표적인 사례이다.
⑤ 무임승차 문제로 인해 소비자의 수요를 확인하기가 매우 힘들다.

해설 ② 상수도 등과 같은 요금재는 생산에서 규모 경제로 인한 자연독점적 성격이 있다.
① 요금재는 요금을 통해 배제가 가능하다.
③ 요금재에서는 정부실패 문제가 야기되어 민영화와 민간위탁 등 민간기업의 참여가 개방되어 있다.
④ 4번 지문은 공유재이다.
⑤ 요금재는 소비자의 수요 파악이 가능하다.

| 정답 ②

04 정부기관의 민영화에 대한 정당성 근거는? (2005 경기 9급)

① 형평성 ② 부패 방지
③ 능률성 ④ 규제 완화

해설 ③ 민영화는 시장이 갖는 효율성으로 정부실패를 극복하기 위한 대안이다.

| 정답 ③

05 다음 중 민간위탁의 장점이 아닌 것은?

① 공공서비스 공급의 책임성 ② 업무량에 따른 탄력적 대응
③ 공공서비스의 질적 수준 개선 ④ 전문기술과 지식의 활용
⑤ 정부 인력 및 예산의 감축

해설 ① 민간위탁을 실시하면 예산 감축 효과는 있지만 공적 책임성은 약화된다. 정부의 공공서비스 '사업'의 민간위탁이 아니라 공공서비스 '책임'의 민간위탁이 발생해 공공성의 저하가 일어날 수 있다.

| 정답 ①

06 민자 유치 방식에 대한 설명 중 틀린 것은?

① BTO(Build－Transfer－Operate): 민간사업자가 시설을 건설하면 당해 시설의 소유권이 곧 바로 정부부문에 기부채납 방식으로 귀속되면서 사업시행자에게 일정 기간의 시설관리 운영권을 인정하는 방식이다.
② BLT(Build－Lease－Transfer): 시설 건설 후 제3자에게 일정 기간 동안 임대 후 정부부문에 기부채납하는 방식이다.
③ BOT(Build－Own－Transfer): 민간사업자가 자본을 투입해서 시설을 건설하면 일정 기간 동안 사업시행자에게 당해 시설의 소유권이 인정되며, 그 기간이 만료되면 시설소유권이 정부부문에 귀속되는 방식이다.
④ BOO(Build－Own－Operate): 사회간접자본 시설의 준공과 동시에 국가에게 당해 시설의 소유권이 인정되는 방식이다.

해설 ④ 사회간접자본 시설의 준공과 동시에 사업시행자에게 당해 시설의 소유권이 인정되는 방식이다.

| 정답 ④

07 공공서비스의 수혜자의 선택 범위를 확대해 시장 효율성을 제고하기 위한 목적으로 활용되는 민간위탁 방식은?

① 자원봉사 ② 보조금
③ 자조활동 ④ 바우처

⑤ 면허

해설 ④ 우리나라에서도 2007년부터 사회서비스 전자 바우처 형태로 본격 도입되었다. 바우처(voucher)제도는 특정 수혜자에게 현금에 상당하는 권리를 가진 증서를 교부한다. 기존의 공급자 지원 방식과 바우처 방식을 비교하면 아래 그림과 같이 나타낼 수 있다.

〈기존 방식과 바우처 방식의 비교〉

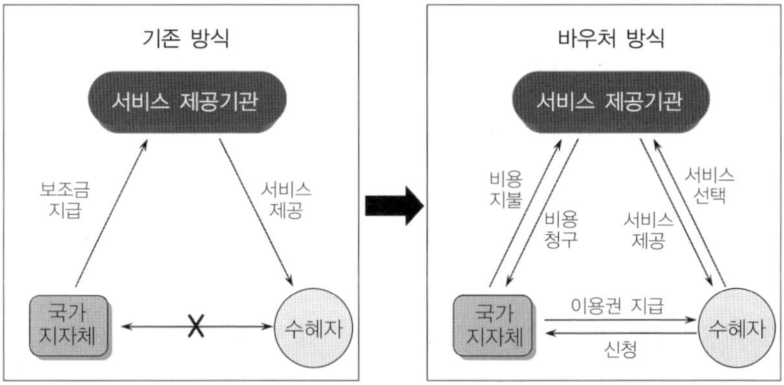

*보건복지가족부

대표적인 것이 미국의 푸드 스탬프(food stamp)이다. 유자격자는 현금 대신 이 스탬프를 받고 식품 가게에서 식품을 구입한다. 이 제도는 정부가 저소득층에게 직접 식품을 공급하는 어려움을 해결하는 복지정책으로 도입된 제도인데, 민간부문의 효율성을 이용해서 정부의 정책을 수행하고, 민간의 경쟁을 유발해서 서비스의 질을 제고하는 장점이 있다. 단점은 바우처를 목적 외의 용도에 사용하는 경우가 있다는 점이다

⑤ 면허 방식은 시민은 서비스 제공자에게 비용을 지불하며 서비스 수준과 질은 정부가 규제한다. 폐기물 수거·처리, 자동차 견인 및 보관, 구급차 서비스 등의 분야에 활용된다. 면허 방식은 정부가 서비스 수준 및 요금 체계를 통제하면서도 서비스 생산을 민간부문에 이양하는 장점이 있다.

| 정답 ④

08 공공서비스 공급 모형에서 주장하는 '국가에 의한 공공서비스 공급'이 가능한 경우가 아닌 것은? (2003 국가직 9급)

① 계량적으로 성과측정이 되고 가격에 따른 재화의 분배가 가능한 서비스
② 공동사회 유지를 위한 치안 서비스
③ 시장실패가 발생하는 부분에서 공공서비스
④ 시장에 맡기면 공공성 문제가 발생하는 서비스

해설 ① 1번 지문은 시장 기법을 도입해 공공서비스 혁신을 추진해야 하는 대상으로, 전통적인 관점에서 국가가 직접 공급해야 하는 공공서비스와는 거리가 멀다.

| 정답 ①

09 공공서비스 생산에 정부의 개입 정도가 가장 약한 것은?

① 전기 ② 상수도
③ 도시가스 ④ 공공임대주택
⑤ 토지공영개발

해설 ③ 한국가스공사는 정부 지분이 50% 미만이며 개별 도시에서는 별도의 민간기업이 정부규제의 틀 속에서 관할구역을 분담해 소매 공급한다.
① 한국전력은 대표적인 공기업이다.
② 상수도는 대부분 지방자치단체가 직접 공급한다.
④, ⑤는 LH 한국토지주택공사가 주로 담당하며 민간기업의 역할은 제한적이다.

| 정답 ③

10 민간위탁 대상으로 적절하지 않은 것은? (2003 충남 9급)

① 직무평가와 직무분석 ② 정부기능의 조정과 재구조화
③ 시장경제에 적합한 업무 ④ 비용 절감이 필요한 업무

해설 ② 정부조직의 진단은 민간부문에 위탁할 수 있으나 구조조정을 위한 법률 개편 등과 같은 공식적인 활동은 위탁할 수 없다.

| 정답 ②

11 다음에 해당하는 공공서비스의 유형은 무엇인가?

- 경합성은 있지만 배제는 불가능한 서비스이다.
- 과소비와 공급비용 귀착문제가 야기된다.
- 시장실패의 원인에 해당하며 정부가 개입하는 이유가 된다.

① 사적재 ② 요금재
③ 공공재 ④ 공유재

해설 ④ 이상은 공원, 호수, 하천 등 공유재에 대한 설명이다. 공유재는 비배제성 때문에 과소비와 공급비용의 귀착문제가 야기되어 '공유지의 비극'이 초래되는 영역이다.

| 정답 ④

12 시장과 수요자 중심의 사회서비스 공급 방식에 대한 설명으로 잘못된 것은?

① 사회서비스의 욕구와 내용에 대한 판단에서 이용자의 의견 비중이 높다.
② 이용자에게 바우처를 지급해 서비스를 구매하게 하는 시장 방식을 사용한다.
③ 서비스 제공자와 이용자의 담합에 따른 바우처 부정 사용 문제가 우려된다.
④ 서비스 전달 과정에서 시장기구를 활용하면 정부실패에 대응할 수 있다.
⑤ 재정긴축 국면에서 복지 축소를 위한 대표적인 재정혁신 정책이다.

해설 ⑤ 시장과 수요자 중심의 사회서비스 공급 방식은 새로운 사회위기 국면에서 정부의 역할을 확대하면서 비용-효과적인 사회서비스 전달체계 구축을 위한 최근의 새로운 시도로 볼 수 있다.

| 정답 ⑤

13 ○○ 지방자치단체가 공공시설 건설을 위해 민간업자와 다음과 같은 관계를 맺어 민간자본을 활용한다면 이 방법을 무엇이라고 하는가?

> • 민간기업이 공공시설을 건설한다.
> • 민간기업은 이 시설을 ○○ 지방자치단체에 기부채납한다.
> • 이전의 대가로 기업은 일정 기간 사용권과 수익권을 획득한다.
> • 기업은 이 공공시설을 ○○ 지방자치단체에 임대하고 그 임대료를 받아 투자비를 회수한다.

① BOO 방식　　② BTO 방식
③ BTL 방식　　④ BOT 방식

해설 ③ 민간기업이 공공시설을 건설하여(build), 이 시설을 ○○ 지방자치단체에 기부채납 형식으로 소유권을 이전하고(transfer), 이전의 대가로 기업은 일정 기간 사용권과 수익권을 획득한 후 이 공공시설을 ○○ 지방자치단체에 임대(lease)하고 그 임대료를 받아 투자비를 회수하는 방식은 BTL이다.

| 정답 ③

제 13 장 행정개혁: 미래의 청사진

제 1 절 행정개혁의 의의

1. 행정개혁의 개념과 성격

행정조직은 시대 변화와 함께 새로운 행정 수요에 대응하기 위해 지속적인 변화와 발전을 요구받고 있다. 여기서 행정개혁의 필요성이 제기되었는데, 행정개혁(administrative reform)은 행정 체제를 어떤 하나의 상태에서 그보다 나은 다른 상태로 변동시키는 것을 말한다.

2. 행정개혁의 추진 배경

1) 행정환경의 변화: 시민사회가 종전의 피동적인 존재가 아니라 권리 의식이 충만하고 참여 욕구가 비등하고 있어서, 종래의 오만하고 밀폐된 행정만으로는 시민들의 다양한 욕구를 충족시킬 수가 없게 되었다. '자궁에서 무덤까지(from the womb to the tomb)'로 행정의 수비(守備) 범위가 넓어지면서 구태의연한 행정기법으로는 시민들을 만족시킬 수 없게 되었다.

2) 정부 불신: 정부에 대한 시민의 좌절과 환멸이 팽배하고 있다. 시장이 정부보

다 효율적이라는 인식을 국민들이 함에도 불구하고 관료들은 그에 부합되는 개혁을 거부했었다.

3. 행정개혁의 접근방법

1) 구조 · 기술적 접근방법

이 접근은 행정을 구조 · 기술적 과정으로 파악하면서, 최적의 구조와 기술이 최적의 업무 수행을 가져와 행정 성과를 향상시킬 수 있다는 논리에 바탕하고 있다. 구체적으로, 첫째, 구조와 직제의 간소화, 기능 중복의 제거, 둘째, 행정사무의 적절한 배분과 권한 · 책임의 명확화, 셋째, 집권화 또는 분권화의 확대, 넷째, 의사소통 체제의 개선, 다섯째, 행정절차의 표준화 및 업무처리에 필요한 장비 · 기술(예: OR, EDPS) 도입 등을 통해 행정개혁을 이루고자 하는 것이다.

그러나 이런 방법은 인간적 · 사회적 요인을 등한시한 채 행정의 구조 · 기술 · 절차의 합리적 개혁에만 초점을 둠으로써, 행정개혁이 그 소기의 목적을 달성하기 어렵고, 따라서 자칫 개혁이 형식적이 될 우려를 안고 있다.

2) 인간행태론적 접근방법

관료의 가치관 · 신념 · 태도를 변화시켜 행정개혁을 도모하고자 하는 방법으로서, 개혁의 중점을 인간의 행태 변화에 두고 있다. 앞의 구조 · 기술적 접근방법이 행정에서 인간을 도외시한 데에 대한 반론으로 제기된 것으로, 아무리 구조와 기술을 합리적으로 작용시켜도 관료들의 행태 변화가 없으면 개혁이 성공할 수 없다는 것이다. 그러나 관료의 행태 변화는 장시간이 소요되며, 또한 사기업이 아닌 행정조직에 비공식적 · 정서적 요인을 중시하는 이 방법을 전면적으로 적용하기는 어렵다.

3) 종합적 접근방법

행정의 구조·과정·행태와 이를 둘러싸고 있는 환경과의 상호관련성을 중시하는 방법으로서, 앞의 두 가지 접근방법을 통합적으로 적용하고자 하는 방법이다

객관식 문제

■ 기본문제

01 행정개혁의 일반적 특징에 관한 설명 중 가장 적절하지 않은 것은? (2015 경정 승진)

① 행정개혁은 주로 대내적 관점에서 전개되는 것으로 폐쇄 체제적이다.

② 행정개혁은 행정을 인위적·의식적으로 변화시키려는 것이므로 불가피하게 관련자들의 저항을 수반한다.

③ 행정개혁 성공을 위해서는 정치적 요소도 고려해야 한다.

④ 행정개혁은 단시간에 결과를 보는 일시적인 과정이 아니라 장기적이고 지속성을 갖는 학습 과정이다.

해설 ① 행정개혁은 주로 환경과의 상호작용 과정에서 필요성이 나타나게 되므로 대외적 관계에서 전개되며 개방 체제적이다.

| 정답 ①

02 행정개혁을 추진하는 접근방법 중에서 관리기술적 접근방법이 아닌 것은?

① 행정전산망 등 장비·수단의 개선

② BPR 등을 통한 행정조직 내의 운영 과정 및 일의 흐름을 개선

③ 행정 과정에 새로운 분석기법의 적용

④ 집단토론, 감수성훈련 등 조직발전(OD) 기법의 활용

해설 ④ 이것은 행태적 접근이다.

| 정답 ④

03 행정개혁을 위한 다음의 내용 중 접근방법이 다른 것은? (2011 군무원 9급)

① 분권화의 확대 ② 조직 내 운영 과정의 개선

③ 의사결정 권한의 수정 ④ 의사전달 체계의 수정

해설 ② 조직 내 운영 과정의 개선은 기술적 접근방법이다. 나머지는 모두 구조적 접근방법이다.

| 정답 ②

▣ 심화문제

04 행정개혁의 주요 속성에 해당되는 것이 아닌 것은? (2011 서울시 9급)

① 공공적 상황에서의 개혁
② 포괄적 연관성
③ 동태성
④ 시간적 단절성
⑤ 목표지향성

해설 ④ 행정개혁은 단절적 · 일시적 변화가 아니라 다발적 · 지속적 · 계획적 변화를 추구하는 성격을 가진다.

| 정답 ④

05 행정개혁으로서의 리엔지니어링(BPR)에 대한 설명으로 옳은 것은? (2017 지방직 7급)

① 조직의 점진적인 변화가 필요할 때 사용되며, 조직문화는 개혁의 대상이 아니다.
② 조직 개선을 위한 논의는 구조, 기술, 형태 등과 같은 변수를 중심으로 이루어진다.
③ 공공부문과 민간부문의 리엔지니어링 환경은 차이가 없다.
④ 고객만족 가치를 창출하는 프로세스 개선에 초점을 둔다.

해설 ④ 근본적인 재설계로서 고객만족 가치를 창출하는 프로세스 개선에 초점을 둔다.
① 조직에 급진적인 변화가 필요할 때 사용된다. 조직문화도 개혁의 대상이 된다.
② 조직 개선을 위한 논의는 업무절차를 중심으로 이루어진다.
③ 공공부문은 민간부문과 같이 리엔지니어링이 적용되기 어렵다.

| 정답 ④

제 2 절 행정개혁의 과정과 저항

1. 행정개혁의 과정

행정개혁의 과정에 대해서는 다양한 견해가 소개되고 있으나, 케이든(Gerald E. Caiden)은 ① 개혁 필요성의 인식: 개혁 필요성에 대한 개혁 주체 세력의 주관적인 인식이 필요하다. ② 개혁안의 작성: 개혁안을 작성할 때는 개혁 범위와 수준 및 개혁전략 등을 고려해야 한다, ③ 개혁 시행: 개혁안 실천에 필요한 조직과 예산 등을 확보하기 위한 조치들이 수반되어야 한다, ④ 개혁 평가: 행정개혁이 기대한 효과를 성취했는가를 확인하는 등으로 나누고 있다.

1) 개혁의 필요성 인식

현실을 보면, 행정조직은 본질적으로 보수적이고 현상 유지적 경향이 있고, 행정개혁에 저항하는 경향이 있기 때문에, 행정조직 내의 병리가 있어도 이를 인식하지 못하거나 추진하지 못한다.

따라서 최고지도자나 개혁의 추진 주체는 조직 내 병리를 인식하고, 엄밀히 분석해서 개혁의 필요성을 설득·확산시킬 수 있는 능력을 갖고 있어야 한다. 이러한 능력을 높이기 위해서는 개혁 성공 사례의 학습활동의 강화, 기존의 관료와는 다른 마인드를 가지고 있는 외부인사의 영입, 그리고 강력한 인센티브제의 도입 등 제도적 장치를 마련할 필요가 있다.

2) 행정개혁안의 작성

개혁안의 작성 단계는 개혁의 목표를 정립하고, 개혁 실현을 위한 전략과 행동방안을 수립하는 단계이다.

(1) 개혁의 범위와 수준 결정

개혁의 범위를 행정의 모든 부문에 걸쳐 진행할 것인지, 아니면 일부 정책이나 절차를 대상으로 할 것인지를 결정해야 한다. 그리고 개혁의 수준은 이상적인 최적 수준으로 할 것인지, 현실적인 만족 수준으로 할 것인지를 결정해야 한다.

(2) 개혁전략의 수립

개혁전략은 개혁의 반대자나 이익집단을 설득시킬 수 있는 방안을 강구하는 것으로, 일반적으로 행정개혁의 속도에 따라 급진적 방식과 점진적 방식으로 대별할 수 있다.

① **급진적 개혁 방식**

급진적(radical) 개혁 방식은 주어진 시간이 그다지 여유가 없을 때 사용할 수 있는 방식이다. 개발도상국가에서 빠른 시일 안에 개혁의 효과를 빨리 달성하기 위해 사용된다.

② **점진적 개혁 방식**

점진적(incremental) 개혁 방식은 행정의 계속성을 파괴시키지 않고도 새로운 필요와 조건에 점진적으로 적응해 가는 방식으로서, 개혁에 따른 저항을 최소화시킬 수 있다. 가장 현실적이므로 실현 가능성 또한 가장 높으나 반쇄신적이고 보수적이라는 비판을 받는다.

(3) 개혁안 작성 주도자

개혁안 작성 주도를 조직의 외부자가 할 것인가 아니면 조직 내부자가 할 것인가가 문제된다. 조직 내부자는 상급자의 영향을 배제할 수 없으나 조직 외부자는 특정 조직과 관련이 없으므로 과감한 개혁안을 작성할 수 있다. 또 조직 내부자가 주도하면 개혁안의 실행이 용이하고 빠르다. 이러한 점에서 볼 때, 양자의 의견을 수렴해 작성하는 것이 바람직하다고 할 수 있다.

3) 개혁안의 실행

개혁 실행이란 결정된 개혁안을 개혁 추진기구를 통해서 개혁을 실현시키는 것이다.

4) 개혁의 평가

개혁의 평가는 개혁의 결과 기대했던 성과를 거두었는가를 확인하는 과정이다. 행정개혁의 평가에서 고려해야 할 요소는 다음과 같다.

첫째, 평가의 시점 문제이다. 기대했던 성과가 곧 나타나지 않는 경우 과연 어느 시기까지의 성과를 개혁의 성과로 볼 것인가 하는 문제이다.

둘째, 평가의 기준 설정 문제이다. 개혁의 평가를 위해서는 일정한 기준이 설정되어야 하지만, 평가의 기준이 다양하고 기준마다 평가의 결과가 달라질 수 있으므로 기준 설정이 어렵다.

2. 행정개혁에 대한 저항과 극복 방안

1) 저항의 요인

행정개혁은 일종의 변혁이므로 이에 대해 저항이 있기 마련이며, 경우에 따라서는 강력한 저항에 의해 좌절될 수도 있다. 사실 개혁은 혁명보다 더 어렵다.

저항이 발생하는 원인으로 첫째, 기득권의 침해, 둘째, 타성으로 인한 저항, 셋째, 개혁 내용의 불확실성, 넷째, 고객집단의 저항 등을 들 수 있다. 개혁이 어려운 또 하나의 이유로 '제도의 경로의존성'이라는 개념을 들 수 있다. 초기의 선택을 뒤집기에는 너무 많은 비용이 들고 그것에 익숙해지기에 이미 선택한 경로로부터 크게 벗어나기 어렵다는 것이다.

2) 개혁에 대한 저항 극복

저항을 무조건 부정적으로만 볼 것이 아니라, 새로운 발전의 계기로 삼고 적절한 수정을 가할 수도 있을 것이다. 극복 방법에는 규범적, 공리적, 강제적 접근방법이 있다.

(1) 규범적 방법

이는 자발적 협력과 수용을 유도하려는 전략으로, 이해관계자들에게 개혁의 당위성 및 예상되는 성과를 제시하며 설득한다. 이는 저항에 대한 근본적인 해결책이 될 수 있다. 그러나 지속적인 노력과 시간을 많이 필요로 하는 전략이다.

(2) 공리적 방법

되도록 기득권을 덜 침해하는 방법으로 개인적으로 입게 되는 손해에 대해서는 적절하게 보상해준다. 그러나 이는 비용이 많이 들게 되고, 저항을 근본적으로 극복하는 것이 아니라 양보하고 타협하는 결과를 빚게 되며, 개혁의 의미가 퇴색할 가능성이 있다.

(3) 강제적 방법

최종적으로 저항을 극복하기 위해서는 저항자에 대해 물리적 제재나 불이익의 위협을 가하는 수밖에 없다. 명령이나 신분상의 불이익처분 등이 이에 해당한다. 강제적 전략은 저항을 근본적으로 해결하지 못하고 그것을 단기적으로 또는 피상적으로 억압하는 대증요법(對症療法)에 불과할 때가 많아 개혁의 영향을 받는 자들이 장래에 더 크게 저항할 가능성이 있다.

객관식 문제

■ 기본문제

01. 행정개혁의 저항 원인에 해당되지 않는 것은?

① 개혁으로 인한 기득권 세력의 이익 감소
② 개혁 추진자에 대한 능력의 부족과 한계
③ 개혁 추진에 있어 구성원들의 참여 제한
④ 변화를 거부하는 관료제의 특성
⑤ 개혁에 대한 구성원들의 다양한 상호 교류

해설 ⑤ 다양한 상호 교류는 저항 원인이 아니라 저항을 해결하기 위한 방안에 해당한다.

| 정답 ⑤

02 행정개혁에 대한 저항을 극복하는 방법에 관한 설명으로 옳지 않은 것은?

① 강제적 방법은 저항을 근본적으로 해결하기보다는 단기적으로 또는 피상적으로 해결하는 방법으로서 장래에 더 큰 저항을 야기할 위험이 있다.
② 공리적 · 기술적 방법에는 개혁의 시기 조절, 경제적 손실에 대한 보상, 개혁이 가져오는 가치와 개인적 이득의 실증 등이 있다.

③ 규범적 · 사회적 방법에는 개혁지도자의 신망 개선, 의사전달과 참여의 원활화, 사명감 고취와 자존적 욕구의 충족 등이 있다.

④ 저항을 가장 근본적으로 해결하는 방법은 공리적 · 기술적 방법이다.

해설 ④ 저항을 가장 근본적으로 해결하는 방법은 규범적 · 사회적 방법이다. 규범적 · 사회적 방법은 규범의 정당성에 대한 인식을 높임으로써 자발적 협력을 유도하는 방법이다.
① 강제적 방법은 일시적인 해결 방법이다.

| 정답 ④

▣ 심화문제

03 행정개혁의 저항을 줄이는 방법에 대한 다음 설명 중 옳은 것을 모두 고르면? (2014 국회직 8급)

가. 참여 기회 제공	나. 포괄적 개혁 추진
다. 구성원의 부담 최소화	라. 외부집단에 의한 개혁 추진
마. 피개혁자 교육 및 홍보	바. 개혁안의 명료화

① 가, 나, 다, 마
② 가, 다, 마, 바
③ 가, 나, 다, 마, 바
④ 가, 다, 라, 마, 바
⑤ 가, 나, 다, 라, 마, 바

해설 ② 나: 개혁을 포괄적으로 추진하는 것보다 구체적이고 점진적으로 추진해야 저항이 적다.
라: 외부집단보다 내부집단에 의한 개혁 추진이 저항이 적다.

| 정답 ②

04 개혁 추진자가 개혁 대상 조직의 영향 아래 들어가 그 이익을 옹호하는 '포획 현상'의 원인이 아닌 것은? (2007 서울시 7급)

① 개혁 대상조직의 강한 응집력
② 개혁 대상조직의 정보독점력
③ 제도화된 부정부패 구조
④ 강압적인 개혁의 추진
⑤ 개혁 추진자의 목표 대치

해설 ④ 강압적인 개혁을 추진하는 것은 포획 현상을 극복하기 위한 전략이 될 수 있다.
⑤ 개혁 추진자들의 본래적 목표인 관료제에 대한 개혁과 감시가 오히려 개혁조직 자체의 존속과 구성원의 지위 유지를 추구하는 목표로 대치될 수 있다.

| 정답 ④

05 될 수 있으면 기득권을 덜 침해하는 방법으로 개인적으로 입게 되는 손해에 대해서는 적절하게 보상해 주는 행정개혁의 저항 극복 방식은 무엇인가?

① 공리적 방법　　② 강제적 방법
③ 절충적 방법　　④ 종합적 방법

해설 ① 개혁에 대한 저항 극복 방법은 규범적, 강제적 그리고 공리적 방법이 있다. 지문의 내용은 공리적 방법에 대한 설명이다.

| 정답 ①

제 3 절 선진국의 행정개혁

1. 행정개혁의 배경과 특징

선진국의 행정개혁은 다음의 두 가지 전략에 초점을 맞추고 있다.

첫째, '경쟁 원리의 도입'이다. 정부실패에 대한 반작용으로 경쟁적 요소를 도입한 것은 1990년대 각국 정부에서 흔히 볼 수 있는 현상이었다.

둘째, '결과 중심의 관리 체제 구축'에 초점을 맞췄다. 자율성은 부여하되 성과에 대해서는 책임을 묻는 방식으로서, 영국의 책임운영기관(Executive Agency)과 프랑스의 책임운영센터(Centre de Responsablite) 등이 대표적이다.

2. 선진국 행정개혁의 사례

1) 영국

영국은 1979년 대처(M. Thatcher) 수상의 주도 하에 재정개혁을 시작으로 행정개혁을 추진했다. 공기업 민영화를 추진했고, 넥스트 스텝 프로그램(Next Steps Programs)을 통해서 책임운영기관제도를 본격적으로 도입했으며, 이후 의무경쟁입찰제(CCT), 시장성 테스트(market testing) 등 다양한 개혁 조치를 취했다.

2) 뉴질랜드

더글러스(Roger Douglas)의 주도 하에 시작된 뉴질랜드의 행정개혁은 다른 나라들에 비해 상당히 광범위하고 매우 혁신적인 방법으로 추진되었다. 급격한 규제 완화와 함께 정부관료제를 축소해 과감하게 공기업화하는 조치를 취했다. 아울러 기업화가 어려운 공공기관의 경우 책임운영기관 형태로 독립기관화해서 기관의 자율성을 유지하되 그 책임성을 강조하는 형태의 개혁 조치를 취해 뉴질랜드 공공기관의 2/3 정도가 이러한 책임운영기관 체제를 유지하고 있다.

3) 미국

고어(Al Gore) 부통령의 주도 하에 국정성과평가팀(National Performance Review: NPR)에 의해 행정개혁이 출발되었다. 고객만족도를 제고하기 위해 경쟁적 시장원리에 입각한 공공서비스 제공을 강조했고, 「정부 성과 및 결과에 관한 법률(GPRA)」을 제정해 예산을 성과에 연계시킴으로써 정부지출의 효과성과 효율성을 증대시키고자 시도했다.

객관식 문제

▣ 기본문제

01 1980년대 이후 영국이 채택한 공공부문의 개혁 내용에 대한 설명 중 틀린 것은? (2007 경북 9급)

① 의무경쟁입찰제(CCT)에 의한 경쟁
② 시민헌장으로 고객봉사 실천
③ 중앙정부보다는 지방정부 위주의 자율개혁 실천
④ 시장성 검증 테스트로 민간자원을 활용

해설 ③ 영국은 지방정부가 아니라 중앙정부 중심으로 과감한 개혁을 추진했다.
① 영국의 대처(M. Thatcher) 정부는 지방정부를 대상으로 CCT를 실시했는데 2000년부터 Best

Value로 전환되었다.

② 영국 메이저(J. Major) 정부에서는 고객서비스 질 향상을 목표로 시민헌장제도를 도입했다.

④ 메이저 정부에서는 특정한 공공업무의 민영화 여부를 결정하기 위한 사전 검증 절차로서 시장성 테스트를 활용했다. 시장성 테스트의 주요 내용은 지금까지 정부의 당연한 업무로 간주되어 온 행정의 여러 업무에 대해 ① 그것이 반드시 필요한 업무인가? ② 정부가 반드시 그 업무를 맡아야만 하는가? ③ 정부가 맡을 경우 정부가 직접 생산해야만 하는가? ④ 정부가 수행할 경우 효율성의 증대 방안은 무엇인가? 등과 같은 몇 가지 질문으로 구성된다. 이와 같은 시장성 테스트의 결과에 따라 정부서비스의 계약제로의 전환, 기업화·민영화, 구조조정 등과 같은 다양한 방식의 해결방안이 도출된다.

| 정답 ③

▣ 심화문제

02 1990년대 미국과 유럽 등 선진국의 행정개혁의 방향과 관계가 없는 것은?

① 결과 지향적 행정체제로의 변화

② 수익자 부담 원칙에 입각한 예산 운영의 확대

③ 중앙인사기관의 권한 확대

④ 직제와 기구의 간소화

해설 ③ 중앙인사기관의 권한 확대와 같은 집권화가 아니라 인사권이나 재정권의 분권화가 실시되었다.

| 정답 ③

03 다음 중 뉴질랜드 정부가 채택한 행정개혁 조치로 보기 어려운 것은?

(2007 대전시 9급)

① 정부관료제를 축소하고 공기업으로 전환했다.

② 공공기관의 2/3 정도를 책임운영기관으로 전환했다.

③ 발생주의 복식부기 방식으로 정부회계를 개편했다.

④ 사무차관제를 도입해 사무차관은 의회와 개별적인 성과계약을 체결한다.

해설 ④ 사무차관은 해당 부처의 기관장과 성과계약을 체결한다.
③ 민간부문과 동일한 회계 기준을 요구하며, 복식부기와 발생주의 회계를 정부에 도입했다.

| 정답 ④

제 4 절 우리나라의 행정개혁

1. 행정개혁의 현황

우리나라에서는 정권이 교체될 시기마다 정권 차원에서의 행정부 효율성 제고, 정부 역할의 재정립, 공직 분위기 쇄신 등을 위해 행정개혁이 지속적으로 추진되었다. 그러나 역대 정부들의 개혁 조치는 소기의 성과를 거두지 못했는데 그 이유는 무엇인가? 이홍규는 이에 대해 네 가지 이유 즉, 4R로 설명하고 있다. ① Repositioning: 시장과 정부 간 관계에서 정부 역할의 정립이 이루어지지 않았다, ② Restructuring: 정부의 구조조정이 이루어지지 않았다, ③ Reengineering: 효율적인 프로세스 구축이 미흡했다, ④ Revitalizing: 정부 활력의 충전이 이루어지지 않았다 등이다.

2. 행정개혁의 특징

영국과 프랑스 두 나라는 행정개혁의 목표가 비교적 뚜렷하고 목표에 따라 대상의 범위와 수준이 정확하게 설정되고 있다. 그러나 우리의 경우, 타국의 행정개혁 목표를 차용해서 설정한 경우가 많으며, 이로 인해 대상의 범위 및 수준이 구체성을 갖는 데 어려움이 있다.

우리나라에서 신공공관리론적 개혁은 정경유착이나 사실상 특권계층을 약화시켜 민주행정을 실현시키기 위한 구조적 개혁이라기보다는 미시적 조직관리적 측면에서 기능을 바꾸려는 것이었다는 한계가 있었다.

3. 최근의 행정개혁 사례

새로운 규제 방식으로 '규제 샌드박스'가 2019년부터 시행에 들어갔다. '규제 샌드박스'는 기업들이 창의적인 아이디어를 펼쳐 새로운 제품 · 서비스 시도가 가능하도록 일정한 조건 하에서 기존 규제의 일부 면제, 유예를 통해 테스트를 허용하는 제도이다. 핵심은 사전에 규제하지 않고 실행을 통해 배워 나가겠다는 것이다. 그 주요 내용을 보면 ① 규제신속확인제도: 관계 부처가 30일 이내에 규제를 신속히 확인해 주고, 그 안에 회신이 없다면 규제는 없는 것으로 간주된다. ② 실증특례제도와 임시허가제도: 규제가 모호하거나 불합리하면 심의위원회 심의를 통해 실증 테스트 기회 또는 임시 허가를 내줄 수 있다.

하지만 이 제도에도 부작용이 예상되기 때문에 다음과 같은 안전장치가 마련되어 있다. ① 사업자는 사전에 반드시 책임보험에 가입해야 한다. ② 소비자 안전을 위해 실증 테스트 중이라도 문제가 있으면 즉시 취소할 수 있다. ③ 문제가 생겼을 때 고의나 과실이 없음을 입증해야 하는 것은 사업자의 몫임을 밝히고 있다.

객관식 문제

■ 기본문제

01 역대 정부의 조직개편에 대한 설명으로 옳지 않은 것은?

① 김대중 정부는 대통령 소속의 중앙인사위원회를 신설하고, 내무부와 총무처를 행정자치부로 통합했다.

② 노무현 정부는 국무총리 소속의 국정홍보처를 신설하고, 행정자치부 산하에 소방방재청을 신설했다.

③ 이명박 정부는 기획예산처, 국정홍보처, 정보통신부, 해양수산부, 과학기술부 등을 다른 부처와 통폐합했다.

④ 박근혜 정부는 행정안전부를 안전행정부로 개편하고, 식품의약품안전청을 식품의약품안전처로 개편했다.

해설 ② 국정홍보처는 김대중 정부 때 신설되었다. 노무현 정부는 행정자치부 산하에 소방방재청을 신설했다.

| 정답 ②

02 다음 중 문재인 정부의 행정개혁으로 옳지 않은 것은?

① 국가보훈처장은 처장급 일반직 공무원이다.
② 재난안전관리본부를 행정안전부 산하로 신설했다.
③ 복수차관을 두는 부서는 총 5개이다.
④ 중소벤처기업부를 신설하고 소방청, 해양경찰청을 신설했다.

해설 ① 국가보훈처장은 장관급으로 격상되었다.
③ 복수차관을 두는 부서는 기재부, 과기부, 외교부, 문체부, 국토교통부 등 총 5개이다.

| 정답 ①

▣ 심화문제

03 역대 정부의 행정개혁에 대한 기술로 옳지 않은 것은? (2016 교육행정직 9급)

① 노무현 행정부는 예산효율화를 위해 사업별 예산제도를 도입했다.
② 김영삼 행정부는 지방분권화를 위해 내무부의 지방통제 기능을 축소했다.
③ 이명박 행정부는 공기업 선진화를 위해 민영화, 통폐합 등의 조치를 단행했다.
④ 김대중 행정부는 공무원의 전문성과 역량 강화를 위해 고위공무원단제도를 도입했다.

해설 ④ 고위공무원단제도는 2006년에 노무현 행정부에 의해 도입되었다.

| 정답 ④

제 13 장 행정개혁 실전테스트

01. 행정조직 개혁에 대한 저항을 극복하기 위한 규범적 · 사회적 전략으로 적합한 것은? (2014 국회직 8급)

① 개혁 시기를 적절하게 조정한다.
② 권력구조를 일방적으로 개편해 저항집단의 세력을 약화시킨다.
③ 개혁에 적응하는 데 필요한 시간을 충분히 제공한다.
④ 개혁 과정의 적응성을 높이고, 개혁의 방법과 기술을 융통성 있게 수정한다.

해설 ③ 저항의 극복 방법에는 규범적, 공리적, 강제적 접근방법이 있다. 규범적 방법은 자발적 협력과 수용을 유도하려는 전략으로, 지속적인 노력과 시간을 많이 필요로 하는 전략이다. 공리적 방법은 되도록 기득권을 덜 침해하는 방법으로 개인적으로 입게 되는 손해에 대해서는 적절하게 보상해 준다. 그러나 이는 비용이 많이 들게 되고, 저항을 근본적으로 극복하는 것이 아니라 양보하고 타협하는 결과를 빚게 되며, 개혁의 의미가 퇴색할 가능성이 있다. 강제적 방법은 최종적으로 저항을 극복하기 위해서는 저항자에 대해 물리적 제재나 불이익의 위협을 가하는 수밖에 없다. 명령이나 신분상의 불이익처분 등이 이에 해당한다. 강제적 전략은 저항을 근본적으로 해결하지 못하고 그것을 단기적으로 또는 피상적으로 억압하는 대증요법(對症療法)에 불과할 때가 많아 개혁의 영향을 받는 자들이 장래에 더 크게 저항할 가능성이 있다.

| 정답 ③

02 행정개혁의 주요 속성에 해당되는 것이 아닌 것은? (2011 서울시 9급)

① 공공적 상황에서의 개혁　② 포괄적 연관성
③ 동태성　④ 시간적 단절성
⑤ 목표지향성

해설 ④ 행정개혁은 시간의 단절성이 아니라 연속적 · 지속적 변화를 추구하는 것이다.

| 정답 ④

03 행정개혁의 접근방법 중 아래 내용이 가리키는 것은?

> 관료의 가치관 · 신념 · 태도를 변화시켜 행정개혁을 도모하고자 하는 방법으로서, 개혁의 중점을 인간의 행태 변화에 두고 있다. 구조 · 기술적 접근방법이 행정에서 인간을 도외시한 데에 대한 반론으로 제기된 것으로, 아무리 구조와 기술을 합리적으로 작용시켜도 관료들의 행태 변화가 없으면 개혁이 성공할 수 없다는 것이다.

① 구조적 접근방법　② 기술적 접근방법

③ 인간행태론적 접근방법　　　④ 종합적 접근방법

해설 ③ 인간행태론적 접근방법은 관료의 가치관·신념·태도를 변화시켜 행정개혁을 도모하고자 하는 방법으로서, 개혁의 중점을 인간의 행태 변화에 두고 있다.

| 정답 ③

04 행정개혁 목표로 옳지 않은 것은? (2008 경기7급)

① 행정기구 개편　　　② 행정 수요 대응
③ 행정 능률 향상　　　④ 예산 절감

해설 ① 행정기구의 개편은 행정개혁의 수단이지 목표는 아니다.

| 정답 ①

05 다음이 말하는 것은 무엇인가?

> 1777년 조지 워싱턴은 펜실베이니아 주 밸리 포지(Valley Forge) 전투에서 참패했다. 참패 이유는 주정부가 군비 부담을 줄이고 충분한 군수물자를 공급한다는 취지로 군수물자 가격을 통제했던 데 있었다. 가격통제 결과는 반대로 나타났다. 정부 고시가격에 불만을 가진 농부들이 식량을 시장에 내놓지 않았고 군수물자 가격은 폭등했던 것이다. 경제가 법이나 명령, 지시로만 움직이는 게 아니라, 시장의 흐름에 따라 움직인다는 것을 간과해 벌어진 일이다.

① 유형동질화　　　② 포획
③ 순응　　　④ 규제의 역설

해설 ④ 규제의 역설을 설명하는 사례이다. 규제의 역설은 간단히 말해서 규제의 역효과를 말한다. 공익을 위한 목적으로 만들어진 규제가 집행되면서 본래의 목적과는 상반된 결과를 발생시키는 것을 말한다.

| 정답 ④

■ 심화문제

06 행정개혁의 접근방법에서 다음의 내용이 가리키는 것은?

> 이 방법은 행정의 능률을 향상시키기 위해 행정의 기술과 장비를 개선하고 관리과학·OR·체제분석·EDPS 등을 활용하는 것을 말한다. 직무분석 및 평가, 행정사무의 기계화 등을 주요 대상으로 한다. 행정을 기술적 과정으로 파악하면서, 최적의 기술이 최적의 업무 수행을 가져와 행정 성과를 향상시킬 수 있다는 논리에 바탕하고 있다.

① 구조적 접근방법　　　② 기술적 접근방법

③ 인간행태론적 접근방법 ④ 종합적 접근방법

해설 ② 이 내용은 기술적 접근방법을 말한다. 구조적 접근방법은 조직구조의 개선에 중점을 두는 전통적 접근방법이다. 즉, 조직의 구조적 설계를 개선함으로써 조직개혁의 목적을 달성하려는 것이다. 이 방법은 기구·직제의 간소화, 집권화 또는 분권화의 확대, 의사소통 체계의 개선, 통솔 범위의 확대 등을 통해 행정조직을 개혁하려는 것이다. 구조적 방법과 기술적 방법이 인간적·사회적 요인을 등한시한 채 행정의 구조·기술·절차의 합리적 개혁에만 초점을 둠으로써, 행정개혁이 그 소기의 목적을 달성하기 어렵고, 따라서 자칫 개혁이 형식적이 될 우려를 안고 있다. 인간행태론적 방법은 관료의 가치관·신념·태도를 변화시켜 행정개혁을 도모하고자 하는 방법으로서, 개혁의 중점을 인간의 행태 변화에 두고 있다. 앞의 구조·기술적 접근방법이 행정에서 인간을 도외시한 데에 대한 반론으로 제기된 것으로, 아무리 구조와 기술을 합리적으로 작용시켜도 관료들의 행태 변화가 없으면 개혁이 성공할 수 없다는 것이다.

| 정답 ②

07 감축관리의 문제점이 아닌 것은? (2001 서울시 7급)

① 계선조직이 우선 감축 ② 능력 있는 관료들의 우선 이직
③ 관료의 사기 저하 ④ 남은 관료들의 업무량 증가
⑤ 관료들의 감축에 대한 저항

해설 ① 감축 시 계선, 즉 라인조직은 줄이기가 힘들고, 대신 참모조직의 경우는 목표 달성을 위한 간접적 지원 기능을 하므로 우선적으로 감축의 대상이 되고 있다.

| 정답 ①

08 다음 중 감축관리의 방법으로 볼 수 없는 것은? (2006 국가직 9급)

① 조직과 정원의 정비 ② 목표관리제의 도입
③ 일몰제의 도입 ④ 사업 시행의 보류

해설 ② 목표관리제는 조직구성원의 참여를 통해 조직의 공동 목표를 명확히 하고 체계적으로 구성원의 개개 목표 내지 책임을 합의 하에 부과해서 조직의 생산성 향상을 도모하는 기법이다. 감축관리와는 관계가 없다.

| 정답 ②

09 우리나라 공공관리 혁신의 바람직한 방향으로 볼 수 없는 것은? (2001 행정고시)

① 정보기술의 활용 ② 성과관리 체제의 도입
③ 공공서비스 질의 향상 ④ 사회적 규제의 완화
⑤ 예산의 신축성 확대

해설 ④ 오늘날 정부 규제는 전통적인 경제적 규제는 완화하고, 사회적 규제는 확대하는 경향을 띠는 것이 바람직하다. 사회적 규제는 사회적 약자 보호, 기업의 사회적 책임 등이 목적이므로 완화가 아닌 강화하는 방향으로 나가는 것이 바람직하다.

| 정답 ④

10 다산 정약용의 『목민심서』가 행정개혁의 모범으로 삼았던 중국의 법제는?
(2003 국가직 7급)

① 주나라의 법제 ② 한나라의 법제
③ 당나라의 법제 ④ 명나라의 법제

해설 ① 다산의 행정개혁의 준거는 공자와 맹자의 주(周)나라의 법제이다.

| 정답 ①

11 다음 중 한국의 행정개혁에 관한 내용을 시대적 순서대로 배열한 것은?
(2015 국회직 8급)

가. 정보통신정책과 국가정보화를 전담해 추진하던 정보통신부를 폐지하고 방송통신 융합을 주도할 방송통신위원회를 설치했다.
나. 대통령 소속의 중앙인사위원회를 설치해 대통령의 인사권 행사를 강화했다.
다. 부총리제가 부활되고 외교통상부의 통상교섭 기능이 산업통상자원부로 이관되었다.
라. 법제처와 국가보훈처를 장관급 기구로 격상하고, 소방방재청을 신설했다.

① 가－라－나－다 ② 나－가－라－다
③ 나－라－가－다 ④ 라－가－나－다
⑤ 라－나－가－다

해설 ③ 중앙인사위원회 설치는 김대중 정부 때인 1999년이고, 법제처와 국가보훈처의 지위 격상 및 소방방재청 신설은 노무현 정부 때인 2004년이며, 방송통신위원회 설치는 이명박 정부 때인 2008년에, 그리고 부총리제 부활 및 통상교섭 기능의 이관은 박근혜 정부 때인 2013년이다.

| 정답 ③

12 2019년부터 시행에 들어간 '규제 샌드박스'의 내용으로 틀린 것은?

① 관계 부처가 20일 이내에 규제를 신속히 확인해 주고, 그 안에 회신이 없다면 규제는 없는 것으로 간주된다.
② 규제가 모호하거나 불합리하면 심의위원회 심의를 통해 실증 테스트 기회 또는 임시 허가를 줄 수 있다.
③ 사업자는 사전에 반드시 책임보험에 가입해야 한다.
④ 소비자 안전장치가 마련되어 있어 실증 테스트 중이라도 문제가 있으면 즉시 취소할 수 있다.

해설 ① 20일이 아니라 30일이다. '규제 샌드박스'는 기업들이 창의적인 아이디어를 펼쳐 새로운 제품·서비스 시도가 가능하도록 일정한 조건 하에서 기존 규제의 일부 면제, 유예를 통해 테스트를 허용하는 제도이다.

| 정답 ①

1 실전모의고사

01 내부수익률(internal rate of return: IRR)은 순현재가치(Net Present Value: NPV)를 (   )으로 만드는 할인율인가?

① 0　② 1　③ 2
④ 4　⑤ 3

해설 ① 내부수익률(IRR)이란 사업에서 발생하는 편익의 현재가치의 총합과 비용의 현재가치의 총합을 같게 하는 비율을 1로 만드는 할인율이다. 즉, NPV를 0으로 만드는 할인율, 쉽게 말해 투자사업이 원만히 진행되어 총비용을 회수해서 최소한 손익분기점(break-even) 상황을 유지한다고 할 때 기대되는 예상 수익률이다. 그리고 내부수익률이 사회적 할인율보다 크다면 그 투자사업은 타당성이 있는 것으로 평가된다.

| 정답 ①

02 사이버네틱스(cybernetics)모형에 대한 설명으로 옳지 않은 것은?

① 사이버네틱스모형은 도구적 학습을 강조한다.
② 뚜렷한 목적을 가지고 정책결정에 참여한다고 인식한다.
③ 결과가 어떤 허용할 만한 수준의 범위 내에 있는 한 프로그램화된 활동을 일상적으로 수행한다.
④ 합리모형과 가장 대립되는 모형이다.

해설 ② 이 모형은 뚜렷한 목적 의식 없이 정책결정에 임한다고 인식한다.
① 합리모형처럼 결과를 미리 예측해서 합리적인 대안을 선택하는 인과적 학습이 아니라 시행착오적 학습에 의존한다. 즉, 어떤 대안이 좋은 효과를 보면 계속해서 그 대안을 채택하는 반면, 나쁜 효과를 보면 다른 대안을 채택해 보는 식으로 학습이 이루어진다.
④ 분석적 합리성이 완전히 존재하지 않는 상태에서의 결정으로 합리모형과 가장 대립되는 모형이다.

| 정답 ②

03 프로그램 예산제도에 대한 설명으로 옳지 않은 것은?

① 동일한 정책목표를 가진 단위사업들을 하나의 프로그램으로 묶어 예산 및 성과관리의 기본 단위로 삼는다.
② 우리나라에서는 지방자치단체가 2004년부터, 중앙정부는 2008년부터 공식적으로 채택했다.

③ 자원 배분의 투명성을 높일 수 있고, 일반 국민이 예산사업을 쉽게 이해할 수 있게 한다.

④ 우리나라가 도입한 배경에는 투입 중심 예산 운용의 한계를 극복하고자 하는 측면이 있었다.

해설 ② 중앙정부가 먼저 시행했고 지방정부는 2008년부터 공식 적용했다.
① 프로그램 예산제도는 종래 예산제도가 단위사업별로 칸막이식으로 예산이 편성된 것과 달리 프로그램별로 예산을 평성 및 운영하는 것을 말한다. 이때 프로그램은 공통의 기능을 갖는 사업을 하나로 묶은 단위를 지칭한다.

| 정답 ②

04 우리나라 정부조직 체계에 대한 설명 중 옳지 않은 것은?

① 처는 국무총리 소속 중앙행정기관으로서 각 부의 지원 기능을 담당한다.

② 각 부의 집행 기능 중 일부를 독립적으로 수행하기 위해 설치한 중앙행정기관은 청이다.

③ 소관사무의 결정과 집행을 함께 할 수 있는 중앙행정기관은 부이다.

④ 부의 장관이더라도 국무위원이 아닌 경우가 있다.

해설 관④ 부의 장관은 모두 국무위원이다.

| 정답 ④

05 페로(C. Perrow)의 기술유형론에 대한 설명 중 옳지 않은 것은?

① 문제의 분석가능성과 과업의 다양성이 모두 낮은 것은 장인기술이다.

② 문제의 분석가능성과 과업의 다양성이 모두 높은 것은 공학기술이다.

③ 문제의 분석가능성이 낮지만 과업의 다양성은 높은 것은 비일상적 기술이다

④ 문제의 분석가능성은 높지만 과업의 다양성아 낮은 것은 전문적 기술이다.

해설 ④ 문제의 분석가능성은 높지만 과업의 다양성이 낮은 것은 일상적 기술이다.

〈페로의 기술 분류〉

		과업의 다양성	
		낮음	높음
문제의 분석가능성	낮음	장인 기술 (craft)	비일상적 기술 (nonroutine)
	높음	일상적 기술 (routine)	공학적 기술 (engineering)

첫째, 장인기술은 분석 불가능한 탐색과 소수의 예외가 결합된 기술이다. 직무 수행은 복잡하지 않지만 문제 해결이 어려운 편이다.
둘째, 일상적 기술은 분석 가능한 탐색과 소수의 예외가 결합된 기술이다. 집권화가 초래되고

기계적 구조에 적합하다.

셋째, 비일상적 기술은 분석 불가능한 탐색과 다수 예외가 결합된 기술이다. 직무 수행이 복잡하고 문제 해결도 매우 어렵다.

넷째, 공학적 기술은 분석 가능한 탐색과 다수 예외가 결합된 기술이다. 직무 수행 과정에서 다양한 문제들이 발생하지만 대개의 문제들은 분석가능성이 높기 때문에 이미 정해진 공식과 절차에 의해 해결이 가능하다.

| 정답 ④

06 공무원 구분에 관한 설명으로 옳은 것은 보기에서 고른 것은?

> 가. 헌법재판소 헌법연구관은 특정직 공무원이다.
> 나. 감사원 사무총장은 별정직 공무원이다.
> 다. 실적주의 적용과 신분 보장의 여부에 따라 경력직과 특수경력직 공무원으로 구분된다.
> 라. 임기제 공무원은 근무기간을 정해 임용하는 특수경력직 공무원이다.

① 가, 나　　② 가, 다
③ 나, 라　　④ 다, 라

해설 ② 나: 감사원 사무총장은 정무직 공무원이며, 차장은 일반직 공무원이다.
라: 국가공무원법상 경력직 공무원을 임용할 때 임기제 공무원을 임용할 수 있다.

| 정답 ②

07 대표관료제의 논리가 지니는 문제점으로 옳지 않은 것은?

① 내부통제의 강화
② 피동적 대표성이 능동적 대표성을 보장한다는 전제의 허구성
③ 천부적 자유의 개념과 상충
④ 할당제와 역차별로 인한 사회분열의 조장
⑤ 대표의 집단이기주의화

해설 ① 내부통제의 강화는 대표관료제의 장점에 속한다.
② 임용된 소수집단의 관료가 주류집단의 문화에 동화되는 경우 출신집단의 이익을 위해 행동하지 않게 된다.
③ 대표관료제는 능력과 무관하게 출신에 따른 할당제를 적용하게 되는데, 이는 기회 균등과 배치된다.
⑤ 대표가 자신의 출신집단의 이익을 위해 행동하는 것은 전체 국민에 대한 봉사자라는 공무원의 의무를 저버리는 행위라 할 수 있다.

| 정답 ①

08 살라몬이 제시한 정책수단의 유형에서 직접적인 수단으로만 묶은 것은?

가. 조세지출	나. 경제적 규제
다. 정부소비	라. 사회적 규제
마. 공기업	바. 보조금

① 가, 나, 다 ② 가, 라, 바
③ 나, 다, 마 ④ 라, 마, 바

해설 ③ 살라몬(L.M.Salamom)이 제시한 정책수단의 유형에서 직접성이 높은 직접적 수단은 경제적 규제, 정부소비, 공기업이고, 조세지출과 사회적 규제는 직접적 수단과 간접적 수단의 중간적 성격을 가진다. 보조금은 직접성이 낮은 간접적 수단에 해당된다.

| 정답 ③

09 책임운영기관에 대한 설명으로 옳은 것은?

① 직원은 공무원 신분을 유지한다.
② 일반회계에 의해 예산이 운영된다.
③ 성과평가를 위해 기획재정부에 별도의 평가위원회를 둔다.
④ 프랑스에서 국방, 보건, 교도소 등 140개 부서를 지정하면서 도입되었다.

해설 ① 정부와 민간을 연속선상에서 볼 때 책임운영기관은 정부조직의 범주에 속하는 정부기업에 해당한다. 따라서 우리나라의 책임운영기관은 정부조직이며 구성원도 공무원 신분이다.
② 책임운영기관은 정부기업예산법에 의한 정부기업으로서 특별회계로 예산이 운영된다.
③ 책임운영기관의 존속 여부를 심의하기 위해 행정안전부 장관 소속으로 책임운영기관운영위원회를 둔다.

| 정답 ①

10 국가공무원법상 징계에 대한 설명으로 옳은 것은?

① 징계는 파면, 해임, 정직, 감봉, 견책으로 구분한다.
② 정직은 1개월 이상 3개월 이하의 기간으로 하고, 정직처분을 받은 자는 그 기간 중 공무원의 신분은 보유하나 직무에 종사하지 못하며 보수의 3분의 2를 감한다.
③ 감봉은 1개월 이상 3개월 이하의 기간 동안 보수의 3분의 1을 감한다.
④ 감사원에서 조사 중인 사건에 대해서는 조사 개시 통보를 받은 후부터 징계의결의 요구나 그 밖의 징계 절차를 진행할 수 있다.

해설 ③ 감봉은 전액 삭감이 아니고 보수의 3분의 1을 감한다.
① 징계는 6단계로 파면, 해임, 강등, 정직, 감봉, 견책으로 구분한다.
② 정직은 전액 삭감한다.
④ 감사원에서 조사 개시 통보를 받은 후부터는 징계의결의 요구를 할 수 없다.

| 정답 ③

11 **합리모형과 점증모형에 대한 설명으로 옳은 것은?**

① 점증모형은 목표수단분석을 활용하고, 합리모형은 목표수단분석을 활용하기 곤란하다.

② 점증모형은 단발적이지만, 합리모형은 계속적이다.

③ 점증모형은 매몰비용이 고려되자만, 합리모형은 매몰비용이 고려되지 않는다.

④ 혼합모형은 양자와 아무런 관련이 없다.

해설 ③ 매몰비용은 기존에 사업을 시행하는 데 있어서 들어간 비용인데, 점증모형은 매몰비용을 고려하지만 합리모형은 매몰비용을 고려하지 않는다.
① 합리모형은 목표수단분석을 활용하고, 점증모형은 목표수단분석을 활용하기 어렵다.
② 점증모형은 계속적인 분석이고, 합리모형은 단발적인 분석이다.
④ 혼합모형은 양자의 장점을 결합시키려는 노력과 관련된다.

| 정답 ③

12 **킹던(J. W. Kingdon)이 주장한 정책창문(policy window)이론에 대한 설명으로 옳지 않은 것은?**

① 정책창문은 문제의 흐름, 정치적 흐름, 정책적 흐름 등이 함께 할 때 열리기 쉽다.

② 정책창문은 정책의제 설정에서부터 최고의사결정에 이르기까지 필요한 여러 가지 여건이 성숙될 때 열린다.

③ 정책창문은 한번 열리면 문제에 대한 대안이 도출될 때까지 상당한 기간 동안 열린다.

④ 정책창문은 한번 닫히면 다음에 다시 열릴 때까지 많은 시간이 걸리는 편이다.

해설 ③ 정책창문은 정책 과정의 세 가지 흐름 즉 문제, 정책, 정치의 흐름에 의해 열리게 되는데 한번 열리면 계속 열려 있는 것이 아니라 아주 짧은 기간 동안만 열려 있게 된다.

| 정답 ③

13 **전자정부는 아래의 개념을 기반으로 한다. 다음 중 아래의 개념에 해당하는 것은?**

업무 수행에 필요한 데이터, 업무지원용 시스템의 실행에 필요한 정보기술 등을 체계적으로 정리한 청사진으로서 전자정부 추진의 기본 밑그림

① GPKI & NPKI　　② G4C 7 G2C

③ CRM　　④ 정보기술 아키텍처(ITA)

해설 ③ 고객관계관리(Customer Relationship Management: CRM)는 기업이 고객의 정보를 바탕으로 업무 프로세스, 조직, 인력을 정비하고 운용하는 전략을 말한다.

| 정답 ④

14 **다음 중 니스카넨(W.A. Niskanen)의 예산극대화 원칙에 관한 설명으로 맞지 않는 것은?**

① 관료와 정치가가 극대화하고자 하는 것은 국가 이익이 아니라 사익에 불과하다는 것이다.

② 관료들은 국가 이익이나 전체 복지를 위해 일하는 것이 아니며 오히려 다른 요인들이 작용하는데, 이 요인이란 봉급, 명성, 권력 후원 등이다.

③ 정부 산출물은 적정 생산 수준보다 3배의 과잉 생산이 이루어진다.

④ 정치가는 유권자의 지지를 확보하려고 총사회적 편익과 총비용의 차이가 극대화되는 산출량을 택하려 한다.

⑤ 관료들은 비용은 생각하지 않고 주어진 예산으로 총비용을 부담할 수만 있으면 총편익이 극대화되는 산출량을 고집한다.

해설 ③ 3배가 아니라 2배의 과잉 공급이 이루어진다.

| 정답 ③

15 **국고보조금에 대한 설명으로 옳은 것은?**

① 내국세 총액의 일정 비율과 종합부동산세법에 따른 종합부동산세 총액을 재원으로 한다.

② 사업별 보조율은 50%로 사업비의 절반은 지방자치단체가 부담해야 한다.

③ 국고보조사업의 수행에서 중앙정부의 감독을 받으므로 지방자치단체의 자율성이 약화될 우려가 있다.

④ 중앙관서의 장은 보조사업을 수행하려는 자로부터 신청받은 보조금의 명세 및 금액을 조정해서 행정안전부 장관에게 보조금 예산을 요구해야 한다.

해설 ③ 국고보조금은 용도를 특정해서 교부하므로 지방자치단체의 자율성을 약화시킨다는 문제점이 있다. 거기다가 「지방재정법」 제22조에 따르면, 국고보조사업에 대해 지방자치단체장은 지방비 부담액을 다른 사업보다 우선하여 그 회계연도의 예산에 계상해야 한다고 지방정부 경비부담 우선 원칙을 규정하고 있다.

① 1번 지문은 지방교부세에 관한 설명이다.

② 기획재정부 장관은 필요하다고 인정되는 보조사업에 대해서는 차등보조율을 적용할 수 있다.

④ 행정안전부 장관이 아니라 기획재정부 장관에게 보조금 예산을 요구해야 한다.

| 정답 ③

16 **지방채에 대한 설명으로 옳은 것은?**

① 지방자치단체조합의 장은 지방채를 발행할 수 없다.

② 이미 발행한 지방채의 차환을 위해서 지방자치단체의 장은 지방채를 발행할 수 없다.

③ 제주특별자치도지사는 제주특별자치도의 발전과 관계가 있는 사업을 위해 필요하다면 도의회 의결을 마친 후 외채 발행과 지방채 발행 한도액의 범위를 초과한 지방

채 발행을 할 수 있다.

④ 외채를 발행할 경우에는 지방채 발행 한도액 범위더라도 지방의회의 의결을 거치기 전에 기획재정부 장관의 승인을 받아야 한다.

해설 ③ 지방자치단체의 장은 한도액 초과나 외채 발행시 행정안전부 장관의 승인을 얻어야 하지만, 제주특별자치도의 경우에는 특별법에 따라 행정안전부 장관의 승인 없이 한도액의 범위를 초과한 지방채를 발행할 수 있다.
① 지방자치단체도 지방채를 발행할 수 있다.
② 지방채의 차환을 위한 지방채 발행도 가능하다.
④ 행정안전부 장관의 승인이 필요하다.

| 정답 ③

17 시장실패의 원인에 대응하는 정부의 방식에 대한 설명으로 옳지 않은 것은?

① 외부효과 발생에 대해서는 보조금 혹은 정부규제로 대응할 수 있다.
② 자연독점에 대해서는 공적 공급 혹은 정부규제로 대응할 수 있다.
③ 정보의 비대칭성에 대해서는 보조금으로 대응할 수 있다.
④ 불완전경쟁에 대해서는 보조금 혹은 공적 공급으로 대응할 수 있다.

해설 ④ 불완전경쟁에 대해서는 정부규제의 방식으로 대응할 수 있다.

| 정답 ④

18 정부실패의 요인에 해당하지 않는 것은?

① 공공서비스에서의 비용과 편익의 분리
② 경제활동에 영향을 주는 외부불경제
③ 비공식적 목표가 공식적 조직목표를 대체하는 현상
④ 의도하지 않은 파생적 외부효과

해설 ② 외부불경제는 시장실패의 원인이다.

| 정답 ②

19 피터스(B. G. Peters)가 제시한 정부개혁모형에 대한 설명으로 옳은 것은?

① 시장모형에서는 조직의 통합을 통한 집권화를 처방한다.
② 참여정부모형에서는 조직 하층부 구성원이나 고객들의 의사결정 참여 기회가 확대될수록 조직이 효과적으로 가능하다고 본다.
③ 신축적 정부모형에서는 정규직 공무원의 확대를 통해 비용을 절감하고 공익을 증진시킬 수 있다고 본다.
④ 탈규제적 정부모형에서는 경제적 규제 완화를 통한 시장 활성화를 추구하기 위해 정부의 권한을 축소해야 한다고 본다.

해설 ② 참여모형은 문제의 진단기준을 계층제에 두고 있다. 따라서 평면조직을 구조적 개혁 방안으로 본다. 조직 하층부 구성원이나 고객들의 의사결정 참여기회가 확대될수록 조직이 효과적으로 기능한다고 본다.

① 시장모형에서는 분권화를 강조한다.

③ 가변조직이나 임시고용제도를 통한 노동의 유연화를 강조하고, 비용 절감도 가능하다고 봤다.

④ 내부규제를 철폐해서 재량을 부여하자는 것이 탈규제적 정부모형이므로 경제적 규제 완화는 내부규제와 관계가 없는 민간에 대한 정부규제이다.

| 정답 ②

20 신공공서비스이론에 대한 설명으로 옳지 않은 것은?

① 기업주의 가치를 추구한다.

② 고객이 아닌 시민을 위해 봉사한다.

③ 전략적으로 생각하고 민주적으로 행동한다.

④ 공익을 찾으려고 노력한다.

해설 ① 기업주의 가치를 추구하는 것은 신공공관리론이다. 신공공서비스이론은 시민정신을 추구한다.

| 정답 ①

2 실전모의고사

01 다음 보기의 괄호 안에 들어갈 수 있는 개념으로 가장 적절한 것은?

> 정책 갈등 문제의 해결을 위해 많은 일을 해야 할 국회 행정직 공무원 선발시험 과목으로서 물리, 화학, 기계, 전기 분야의 과목을 채택했다면 이는 시험의 효용성 중에서 특히 (　　)가 떨어지는 것으로 파악될 수 있다.

① 타당성　　② 신뢰도
③ 일관성　　④ 난이도

해설 ① 직무 수행에 필요한 요소를 시험이 제대로 측정했는가는 내용 타당도에 해당한다. 행정적 능력을 측정하지 못하게 되어 있다면 시험의 타당도가 떨어지는 것으로 볼 수 있다.

| 정답 ①

02 우리나라 정부의 예산구조에 관한 기술로 틀린 것은?

① 특별회계와 기금은 법률로써 설치한다.
② 기금운용계획의 확정 및 기금의 결산은 국회의 심의 · 의결을 거친다.
③ 일반회계는 조세수입 등을 주요 세입으로 하여 국가의 일반적인 세출에 충당하기 위해 설치한다.
④ 특별회계는 국가가 특정한 목적을 위해 특정한 자금을 신축적으로 운용할 필요가 있을 때 설치한다.

해설 ④ 특정한 목적을 위해 운영하는 자금은 기금이다. 특별회계는 정부가 특별한 재량을 인정할 필요가 있을 때 설치하는 예산이다.

| 정답 ④

03 다음 중 공공선택론의 기본 가정에 대한 설명으로 맞는 것은?

① 분석의 기본 단위는 개인으로서, 유기체적 접근방법이 주류를 이루고 있다.
② 관료도 부패할 수 있으므로 강력한 계층제적 통제를 통한 부패 방지가 필요하다고 주장한다.
③ 사회는 개인의 합과 동일하므로 개인 효용의 합은 사회효용과 같다.
④ 공공선택론은 개인이나 집단의 선택행위를 주로 귀납적 설명을 통해서 분석하고자

한다.

해설 ① 방법론적 개인주의를 전제하는 개체주의적 접근방법이다.
② 계층제적 통제가 아니라 관할구역의 중첩이나 의사결정 권한의 분산 등에 의해 해결하려고 했다.
④ 행위자들의 합리적·이기적 선택행위에 관한 연역적 추론을 통해 일관성을 지닌 이론을 구축한다.

| 정답 ③

04 다음 괄호 안에 들어갈 내용으로 바르게 짝지어진 것은?

> 정부회계의 발생주의는 정부의 수입을 (가) 시점으로, 정부의 지출을 (나) 시점으로 계산하는 방식을 의미한다.

	가	나
①	현금 수취	현금 지불
②	현금 수취	지출원인행위
③	납세고지	현금 지불
④	납세고지	지출원인행위

해설 ④ 납세고지가 이루어지면 정부는 납세지로부터 채권(자산)이 발생하게 되며, 지출원인행위(공사계약)가 이루어지면 공사 등이 완결된 경우에 해당 금액을 지불해야 하는 채무가 발생한다는 점에서 채무가 발생했다고 평가할 수 있다.

| 정답 ④

05 지식정보사회의 리더십에 대한 탭스콧(D. Tapscott)의 주장으로 옳지 않은 것은?

① 정보화 사회의 리더십은 특정 상관이 아닌 여러 가지 원천을 기반으로 하기 때문에 상호 연계적 리더십을 체득해야 한다.

② 정보화 사회의 조직구성원은 각자가 복잡한 정보사회에 대한 이해를 바탕으로 한 명백하고 공유된 비전을 가져야 하고, 이를 위해 조직구성원 전체가 끊임없는 학습의지를 지녀야 한다.

③ 정보화 사회의 조직은 상호 연계적 리더십의 발휘를 통해 다양한 개인들의 역량이 효과적으로 결합되어야 한다.

④ 정보화 사회에서 상호 연계적 리더십을 형성하고 발휘하는 데 중간관리자의 지원과 관심은 필수적이다.

⑤ 조직구성원 누구나 리더로서의 기능을 수행해야 하는 네트워크화된 지능의 시대에 적절하게 효과적으로 기술을 사용하는 것은 획기적 변화의 원동력이 된다.

해설 ④ 공유된 비전, 셀프 리더십 추구, 최고관리자의 지원, 상호 연계적 리더십, 개인 역량의 결합

등이 필요하다.

| 정답 ④

06 우리나라 예산 과정에 대한 설명으로 옳은 것은?

① 정부는 회계연도마다 예산안을 편성해서 회계연도 개시 60일 전까지 국회에 제출해야 한다.

② 예산총액배분 자율편성제도는 중앙예산기관과 정부부처 사이의 정보비대칭성을 완화하려는 목적을 갖고 있다.

③ 예산집행의 신축성을 확보하기 위한 제도로서 이용, 총괄예산, 계속비, 배정과 재배정제도가 있다.

④ 예산 불성립 시 조치로서 가예산제도를 채택하고 있다.

해설 ② 재정당국이 정해준 예산한도 내에서 부처별로 자유롭게 예산을 편성할 수 있도록 함으로써 부처의 자율성을 높이고 있다.
① 120일 전까지이다.
③ 배정과 재배정은 재정통제에 대한 제도이다.

| 정답 ②

07 채용시험의 구성 타당성에 관한 설명으로 옳은 것은?

① 채용시험이 이론적으로 추정된 능력 요소를 얼마나 정확하게 측정할 수 있는가

② 채용시험이 장래의 직무 수행에 필요한 능력 요소를 얼마나 정확하게 예측할 수 있는가

③ 채용시험이 특정한 직위의 직무 수행에 필요한 능력 요소를 어느 정도까지 측정할 수 있는가

④ 채용시험이 개인 간의 능력 차이를 어느 정도까지 식별할 수 있는가

해설 ① 구성 타당성은 시험이 이론적으로 구성된 능력 요소를 얼마나 정확히 측정할 수 있는가에 대한 타당성이다.

| 정답 ①

08 다음 중 소방안전교부세에 대한 설명으로 옳지 않은 것은?

① 소방안전교부세는 세월호 참사 이후 국민안전처가 발족되면서 2015년에 신설되었다.

② 소방안전교부세의 재원은 담배에 부과하는 개별소비세 총액의 30%에 해당하는 금액으로 마련한다.

③ 소방안전교부세를 사용할 수 있는 대상사업은 소방시설의 확충 및 소방안전관리 강화 등이다.

④ 소방안전교부세의 교부 기준은 i) 소방 및 안전시설 현황과 투자 소요 40%, ii) 재난예방 및 안전 강화 노력 40%, iii) 재정 여건 20%이다.

해설 ② 담배에 부과하는 개별소비세 총액의 20%에 해당한다.

| 정답 ②

09 피터스의 뉴거버넌스 정부개혁모형에 대한 설명으로 가장 옳지 않은 것은?

① 시장모형은 구조개혁 방안으로 평면조직을 상정한다.
② 참여정부모형의 관리개혁 방안은 총품질관리팀제이다.
③ 유연조직모형의 정책결정 개혁 방안은 실험이다.
④ 저통제정부모형의 공익 기준은 창의성과 활동주의이다.

해설 ① 구조개혁 방안으로 평면조직 상정하는 것은 참여적 정부모형이며, 시장모형은 구조개혁 방안으로 분권화를 상정한다. 관리개혁 방안으로는 시장적 정부는 성과급, 참여적 정부는 팀제를, 신축적 정부는 인사관리의 유연화를, 그리고 탈규제정부는 재량권 강화를 들고 있다.

| 정답 ①

10 행정과 경영에 대한 설명으로 옳지 않은 것은?

① 행정은 상대방의 의사에 관계없이 강제를 가할 수 있는 수단을 보유하고 있다.
② 경영은 행정보다 의회, 정당, 이익단체로부터 더 강한 비판과 통제를 받는다.
③ 행정은 고객에 대한 서비스 공급이 평등하나 경영은 고객에 따라 서비스 정도가 다르다.
④ 행정과 경영은 각각 목적은 다르나 그 목표 달성의 극대화를 도모하는 관리기술은 거의 비슷하다.

해설 ② 행정은 본질적으로 정치성을 내포하고 있어서 정당, 이익단체, 국민 등에 의해 영향 및 통제를 받는다.
① 일례로 토지수용의 경우 토지소유자가 수용을 거부하고 싶어도 정부는 토지 수용의 합법적인 권한을 행사할 수 있다.
③ 행정은 모든 국민은 법 앞에 평등하다는 평등 원칙이 지배하지만 경영은 고객 간 차별대우가 용인된다.
④ 행정과 경영 모두 능률주의를 지향한다.

| 정답 ②

11 〈보기〉는 신공공관리론과 신공공서비스이론에 관한 설명이다. 옳은 것만으로만 묶은 것은? (2015 교육행정직)

가. 신공공서비스이론은 시민에 대한 봉사를 강조한다. 나. 신공공관리론은 정부의 역할을 노젓기보다 방향잡기로 본다. 다. 신공공서비스이론이 추구하는 가치는 행정의 민주성과 충돌 가능성이 있다. 라. 신공공관리론은 신공공서비스이론이 간과하거나 경시한 행정의 공공성을 재조명한다.

① 가, 나　　② 나, 다
③ 다, 라　　④ 가, 라

해설 ① 다: 신공공서비스이론이 추구하는 가치가 바로 민주적 실천이다. 라: 주어가 바뀌었다. 신공공서비스이론은 신공공관리론이 경시하는 행정의 공공성을 재조명한다.

| 정답 ①

12 시장실패와 관련된 정부의 대응에 관련된 내용이다. 설명이 틀린 것은?

① 외부효과의 발생: 부규제(공적 규제)
② 정보의 비대칭성: 공적 공급
③ 자연독점: 정부규제(공적 규제)
④ 공공재의 존재: 공적 공급
⑤ 불완전경쟁: 정부규제

해설 ② 시장실패에 대한 대응 방식은 다음과 같다.

〈시장실패의 해결〉

구분	공적 공급(조직)	공적 유도(보조금)	정부규제(법적 권위)
공공재의 존재	○		
외부효과의 발생		○	○
자연독점	○		○
불완전경쟁			○
정보의 비대칭성		○	○

위의 표에서 우리는 정부규제는 공공재를 제외한 모든 시장실패의 원인에 대한 대응 방안이 됨을 알 수 있다. 또 외부효과에 대한 대응방안은 외부불경제와 외부경제의 경우가 다른데, 외부불경제의 경우 과잉생산의 문제를 억제하기 위해서 조세 부과 등 정부규제를 강화해야 하고, 반면 외부경제의 경우에는 과소 생산의 문제를 해결하기 위해 보조금 지급, 인센티브 제공 등의 방법이 고려되어야 함을 보여준다.

| 정답 ②

13 특별지방행정기관에 해당하지 않는 것은? (2013 지방직 9급)

① 농촌진흥청　　② 유역환경청
③ 국립검역소　　④ 지방국토관리청

해설 ① 농촌진흥청은 중앙행정기관 중 '청'에 해당한다. 참고로 농촌지도소는 농촌진흥청 산하 특별지방행정기관에 해당된다.
② 유역환경청은 환경부 산하 특별지방행정기관이다.
③ 국립검역소는 식품의약품안전처 산하 특별지방행정기관이다.
④ 지방국토관리청은 국토교통부 산하 특별지방행정기관이다.

| 정답 ①

14 책임운영기관에 대한 설명으로 옳은 것은?

① 직원은 공무원 신분을 유지한다.
② 일반회계에 의해 예산이 운영된다.
③ 성과평가를 위해 기획재정부에 별도의 평가위원회를 둔다.
④ 프랑스에서 국방, 보건, 교도소 등 140개 부서를 지정하면서 도입되었다.

해설 ① 정부와 민간을 연속선상에서 볼 때 책임운영기관은 정부조직의 범주에 속하는 정부기업에 해당한다. 따라서 우리나라의 책임운영기관은 정부조직이며 구성원도 공무원 신분이다.
② 책임운영기관은 정부기업예산법에 의한 정부기업으로서 특별회계로 예산이 운영된다.
③ 책임운영기관의 존속 여부를 심의하기 위해 행정안전부 장관 소관으로 책임운영기관운영위원회를 둔다.

| 정답 ①

15 품목별 예산제도(LIBS)와 계획예산제도(PPBS)에 대한 설명 중 옳지 않은 것은? (2006 대전 9급)

	LIBS	PPBS
① 기본적 지향	지출통제	계획
② 관리책임	분산	중앙집중
③ 대안 선택	총체적 결정	점증적 결정
④ 통제 책임	중앙	운영 단위

해설 ③ 품목별 예산이 상향적·점증적 예산이라면 계획예산은 하향적·총체적 예산이다.
② 품목별 예산제도의 관리책임은 각 부서별로 분산적이라면, 계획예산의 관리책임은 중앙집권적이다.

| 정답 ③

16 품목별 예산제도에 대한 설명으로 옳지 않은 것은? (2017 지방직 9급)

① 비교적 운영하기 쉬우나 회계 책임이 분명하지 않은 단점이 있다.
② 지출 품목마다 그 비용이 얼마인가에 따라 예산을 배정한 제도이다.
③ 예산 담당 공무원들에게 필요한 핵심적 기술은 회계기술이다.
④ 예산집행자들의 재량권을 제한함으로써 행정의 정직성을 확보하려는 제도이다.

해설 ① 통제 지향적 예산제도이다. 예산집행에 대한 회계 책임이 명확하고 회계검사가 용이하다는 장점이 있다.

| 정답 ①

17 우리나라 지방자치단체의 기준인건비 제도에 관한 설명으로 옳지 않은 것은? (2014 지방직 7급)

① 지방자치단체는 기준인건비를 기준으로 기구와 정원을 자율성과 책임성이 조화되

도록 운영해야 한다.

② 기준인건비에 추가해 지방자치단체가 자율적으로 운영할 수 있는 인건비의 범위가 존재한다.

③ 기준인건비에는 기존의 총액인건비제를 대체한 것으로 볼 수 있다.

④ 광역지방자치단체의 장은 매년 기준인건비를 산정해 행정안전부 장관의 승인을 받아야 한다.

해설 ④ 행정안전부 장관이 지방자치단체의 행정 수요, 인건비 등을 고려해서 매년 기준인건비를 산정하고 전년도 12월 31일까지 각 지방자치단체의 장에게 통보한다.
② 행정안전부 장관은 지방자치단체의 재정 여건 등을 고려해서 추가 자율조정 범위(1~3%)를 인정하였다.
③ 2014년에 기존의 총액인건비제도에서 기준인건비제도로 전환되었다.

| 정답 ④

18 우리나라 자치입법권에 관한 설명으로 옳은 것은? (2015 교육행정직 9급)

① 규칙과 조례가 충돌할 때는 지방자치단체장의 입법권인 규칙이 조례에 우선한다.

② 지방자치단체는 조례로 주민의 권리 제한에 관한 사항을 법률의 위임 없이 제정할 수 있다.

③ 지방자치단체는 조례를 위반한 행위자에 대해 조례로써 1천만 원 이하의 과태료를 정할 수 있다.

④ 지방자치단체의 격이 변경된 경우, 단체장은 필요한 사항에 대해 종래 그 지역에서 시행되던 조례나 규칙을 시행할 수 없기 때문에 새로운 규칙과 조례를 제정해야 한다.

해설 ③ 조례 위반행위에 대해 1천만 원 이하의 과태료를 정할 수 있다.
① 규칙과 조례가 충돌할 때는 조례가 우선한다.
② 조례는 주민권리 침해에 관한 사항에 대해서는 개별 법률의 위임이 있는 경우에만 가능하다.
④ 지자체의 격이 변경된 경우 단체장은 필요한 사항에 대해 새로운 규칙과 조례가 제정될 때까지 종래 그 지역에서 시행되던 조례나 규칙을 시행할 수 있다.

| 정답 ③

19 사회적 자본의 특성으로 옳지 않은 것은? (2012 인천시 9급)

① 자발적이며 수평적인 네트워크의 존재

② 공동체를 위한 대가 없는 봉사

③ 구성원 사이의 상호 신뢰

④ 친사회적 행태를 강화하는 사회적 규범의 존재

해설 ② 사회적 자본은 상호간에 혜택을 보려는 호혜주의의 규범이므로 대가 없이 행하는 무료봉사와는 그 성질이 다르다.

| 정답 ②

20 고충처리제도와 소청심사제도에 대한 설명으로 옳지 않은 것은? (2015 지방직 9급)

① 양자 모두 공무원의 권익 보호를 위한 제도이다.

② 고충심사위원회와 소청심사위원회의 결정은 관계기관장을 기속한다.

③ 중앙고충심사위원회의 기능은 인사혁신처 소청심사위원회에서 관장한다.

④ 소청심사제도는 공무원이 징계처분 기타 그 의사에 반하는 불이익 처분에 대해 이의를 제기하는 경우 이를 심사·결정하는 특별행정심판제도이다.

해설 ② 고충심사위원회의 결정은 법적 구속력이 없다. 징계 처분에 대한 소청심사에서는 원래의 징계 처분보다 무거운 징계를 결정하지는 못하며, 위원회의 결정은 처분행정청을 기속한다.

| 정답 ②

3 실전모의고사

01 미국의 행정학 도입 초창기에 대한 설명 중 옳지 않은 것을 모두 고른 것은?

> 가. 실적주의를 통해 엽관제의 폐단을 극복하고자 했다.
> 나. 잭슨 대통령 암살사건은 엽관주의의 폐단을 극단적으로 드러낸 사건이다.
> 다. 미국 행정학은 테일러의 과학적 관리법으로부터 많은 영향을 받았다.
> 라. '최소의 행정이 최선의 행정'임을 강조한 이는 제퍼슨이다.

① 가　② 나　③ 가, 다
④ 가, 라　⑤ 나, 다

해설 ② 잭슨 대통령이 아니라 가필드 대통령 암살사건이다.

| 정답 ②

02 다음과 같은 방식으로 직무를 평가하는 방법은?

> 저는 각 답안지를 직관으로 평가하면서 우수한 순서대로 나열해 놓은 후 학점을 줍니다. 구체적으로 어떤 기준에서 그렇게 학점을 주었냐고 하면 금방 답하기는 어렵지만, 어쨌든 이 과정에서 중요한 것은 상대성입니다.

① 서열법　② 분류법
③ 점수법　④ 요소비교법

해설 ① 서열법은 직무평가방법 중 가장 간단한 방법으로, 각 직위가 지고 있는 직무의 곤란성이나 책임성을 전체적으로 평가해 직위 간의 서열을 정하는 방법이다. 지문에서처럼 상대적 우열을 주관적으로 평가하는 방법은 서열법이다.

| 정답 ①

03 공무원 신분의 변경과 소멸에 대한 설명으로 옳은 것은?

① 면직처분에 대해서는 소청심사를 청구할 수 있으나, 승진 탈락에 대해서는 청구할 수 없다.

② 직제와 정원규정이 바뀌어 현재의 공무원 수가 정원을 초과한 경우는 당연퇴직 요건에 해당한다.

③ 권고사직은 의원면직의 형식을 취하므로 강제퇴직이라고 볼 수 없다.

④ 직위해제를 받게 되면 직무를 담당하지 못하게 되어 공무원의 신분을 유지할 수 없다.

⑤ 강임은 승진과 반대로 현 직급보다 낮은 하위 직급에 임용되는 것으로 징계에 해당한다.

해설 ① 소청심사 대상에는 징계처분, 기타 의사에 불리한 처분이나 부작위 즉 강임, 휴직, 면직, 전보 등이 해당한다. 따라서 근무성적평가 결과, 승진 탈락, 변상명령 등 불만족 사항에 대해서는 소청 대상으로 인정하지 않는다.

2) 직제와 정원규정이 바뀌어 현재의 공무원 수가 정원을 초과한 경우는 직권면직 사유에 해당한다.

3) 권고사직은 임용권자의 권고에 의해 공무원이 그 직을 떠나게 되는 것으로 사실상의 강제퇴직에 해당한다.

4) 직위해제란 공무원에게 신분은 보존시키되 직위를 부여하지 않는 처분을 의미한다. 직무 수행 능력이 부족하거나 근무성적이 극히 나쁜 자, 파면·해임·강등 또는 정직에 해당하는 징계 의결이 요구 중인 자, 형사 사건으로 기소된 자, 고위공무원 중 적격심사를 요구받은 자 등에 대해서는 직위를 부여해서는 안 된다고 규정하고 있다.

5) 강임은 승진과 반대로 상위 직급에서 하위 직급으로 이동하는 것으로서 징계에 해당하지 않는다.

| 정답 ①

04 조직구조의 유형 중에서 기능별 구조와 비교해 사업별 구조가 가지는 장점으로 보기 어려운 것은?

① 사업부서 내의 기능 간 조정이 용이하고 변화하는 환경에 신속하게 대응할 수 있다.

② 성과책임의 소재가 분명해 성과관리 체제에 유리하다.

③ 특정 산출물별로 운영되기 때문에 고객만족도를 제고할 수 있다.

④ 중복과 낭비를 예방하고 기능 내에서 규모의 경제를 구현할 수 있다.

해설 ④ 4번 지문의 내용은 사업별 구조가 아니라 기능별 구조의 장점이다. 사업별 구조는 각 사업부서들이 여러 가지 기능을 중복적으로 수행함으로써 중복과 낭비의 비효율이 초래된다.

| 정답 ④

05 하이예스(M. Hayes)는 정책결정 상황을 참여자들 간 목표 합의 여부, 수단적 지식 합의 여부에 따라 아래 표와 같이 구분한다. 다음 설명 중 옳지 않은 것은?

<정책결정 상황의 분류>

구분	목표 갈등	목표 합의
수단적 지식 갈등	Ⅰ	Ⅱ
수단적 지식 합의	Ⅲ	Ⅳ

① 상황 Ⅰ에서는 점증주의적 결정이 불가피하며, 점증적이지 않은 대안은 입법과정에서 제외될 수밖에 없다.

② 상황 Ⅱ에서는 사이버네틱스(cybernetics)모형에 따라 정책이 결정된다.
③ 상황 Ⅲ에서는 수단에 대한 합의로 인해 합리적 의사결정이 이루어진다.
④ 상황 Ⅳ에서는 비교적 기술적이고 행정적인 문제가 포함되어 큰 변화가 일어날 수 있다.

해설 ③ 상황 Ⅲ에서는 수단은 합의가 되지만 목표는 합의가 되지 않기 때문에 가치갈등이 일어날 수 있다. 이 상황에서는 합리적 의사결정이 아닌 협상·타협에 의한 의사결정이 이루어진다. 합리적 의사결정은 목표와 수단이 모두 합의되는 상황 Ⅳ에서는 목표수단분석이 가능하다. 상황Ⅱ에서는 수단에 대한 합의가 되어 있지 않으므로 지식이나 정보의 지속적 수집·분석이 중요해 사이버네틱스모형이 적용된다.

| 정답 ③

06 정책결정모형에 대한 설명으로 옳지 않은 것은?

① 점증주의적 정책결정모형은 합리주의적 정책결정모형의 현실적 한계를 비판하면서 등장한 모형으로서 다원적 정치체계의 정책결정에 대한 설명력이 높다.
② 에치오니의 혼합탐색모형에서는 세부적 결정 단계에서 대안의 종류를 한정적으로 고려하고 대안들에 대한 분석은 개괄적으로 한다.
③ 쓰레기통모형에서는 문제, 해결책, 선택기회, 참여자의 네 가지 요소가 독자적으로 흘러다니다가 어떤 계기로 교차해 만나게 될 때 결정이 이루어진다고 본다.
④ 사이먼은 현실적 제약 조건을 고려해서 제한된 합리성을 추구하는 정책결정모형을 제시했다.

해설 에치오니(A. W. Etzioni)가 주장한 혼합탐색모형은 합리모형과 점증모형을 절충하여 개발한 모형으로 세부적 결정은 근본적 결정의 테두리 안에서 선정된 소수의 대안에 대해서만 검토하는 점증모형을 따른다. 그러나 그 결과에 대해서는 세밀하게 분석한다.

구분	대안 탐색	결과 예측
근본적 결정	포괄적	한정적
세부적 결정	제한적	포괄적

| 정답 ②

07 정책딜레마에 대한 설명으로 옳지 않은 것은?

① 상호 갈등적인 정책대안들이 구체적이고 명료하지 못할 때 나타나는 경향이 있다.
② 정책대안 들 가운데 반드시 하나를 선택해야 할 경우에 발생한다.
③ 갈등집단들의 내부응집력이 강할 때 딜레마가 증폭된다.
④ 새로운 딜레마 상황을 조성하느 곳도 정책딜레마에 대한 대응 방안이다.

해설 ① 정책딜레마란 상호 갈등적인 대안들이 구체적이고 명료하지만, 상호 절충이 불가능해서 분명한 선택이 어려운 상태를 말하며 상충되는 대안의 내용이 뚜렷할수록 심화되는 것이다.

| 정답 ①

08 전통적인 의회 정체 모형에 대한 대안으로 제기되는 '분화된 정체' 모형의 특징으로 가장 거리가 먼 것은? (2008 국회 8급)

① 정책연결망과 정부 간의 관계　　② 장관 책임과 중립적 관료제
③ 공동화 국가　　④ 핵심 행정부
⑤ 신국정관리

해설 ② 분화된 정체 모형은 신행정국가의 특징이다. 장관 책임과 중립적 관료제가 아니라 뉴거버넌스를 특징으로 한다. 의회 정체 모형에서는 중립적 공무원이 최종 결정권을 행사하되 의회와 유권자에게 정치적 책임을 지는데 비해, 분화된 정체 모형에서는 상호의존하는 자기조직적 연결망에 의한 뉴거버넌스가 행해진다.

| 정답 ②

09 다음 빈칸에 들어갈 내용으로 옳은 것은?

> 공직자윤리법에서는 퇴직공직자의 취업 제한 및 행위 제한 등을 규정하고 있는데, 취업 심사 대상자는 퇴직일로부터 (가) 간 퇴직 전 (나) 동안 소속했던 부서 또는 기관의 업무와 밀접한 관련성이 있는 취업제한기관에 취업할 수 없다.

	(가)	(나)		(가)	(나)
①	3년	5년	②	5년	3년
③	2년	3년	④	2년	5년

해설 ① 퇴직일로부터 3년간 퇴직 전 5년 동안 소속했던 부서 또는 기관의 업무와 밀접한 관련성이 있는 취업제한기관에 취업할 수 없다. 한 가지 유의해야 할 것은 비위 면직자는 퇴직 후 5년간 공·사기업체 모두 취업할 수 없다. 등록 의무자는 근거 법률이 공직자윤리법이나 비위 면직자는 부패방지법이 근거 법률로 적용된다.

| 정답 ①

10 중앙인사기관의 형태에는 독립합의형, 비독립단독형, 절충형 등이 있다. 비독립단독형 중앙인사기관에 관한 설명으로 옳지 않은 것은?

① 미국의 인사관리처(OPM)가 이 유형에 속한다.
② 인사행정의 공정성과 중립성이 저해될 가능성이 있다.
③ 인사행정의 책임 소재가 분명해진다.
④ 정부 인적 자원을 안정적·합리적으로 관리하기 어렵다.
⑤ 인사정책의 결정이 지나치게 지연되는 경우가 많다.

해설 ⑤ 인사정책의 결정이 지나치게 지연되는 경우는 독립합의형 인사기관의 단점에 해당한다.

| 정답 ⑤

11 고충처리제도와 소청심사제도에 대한 설명으로 옳지 않은 것은? (2015 지방직 9급)

① 양자 모두 공무원의 권익 보호를 위한 제도이다.
② 고충심사위원회와 소청심사위원회의 결정은 관계 기관장을 기속한다.
③ 중앙고충심사위원회의 기능은 인사혁신처 소청심사위원회에서 관장한다.
④ 소청심사제도는 공무원이 징계처분 기타 그 의사에 반하는 불이익처분에 대해 이의를 제기하는 경우 이를 심사·결정하는 특별행정심판제도이다.

해설 ② 고충심사위원회의 결정은 법적 구속력이 없다. 징계처분에 대한 소청심사에서는 원래의 징계처분보다 무거운 징계를 결정하지는 못하며, 위원회의 결정은 처분행정청을 기속한다.

| 정답 ②

12 (　　) 안에 들어갈 말을 바르게 나열한 것은? (2016 국가직 7급)

국가공무원법상 행정 각부의 차관은 (가) 공무원 중 (나) 공무원이다.

	가	나
①	경력직	일반직
②	경력직	특정직
③	특수경력직	별정직
④	특수경력직	정무직

해설 ④ 국가공무원법상 행정 각부의 차관은 특수경력직공무원 중 정무직 공무원이다.

| 정답 ④

13 예산의 원칙과 그 예외 사항에 대한 설명으로 옳은 것은? (2015 지방직 9급)

① 특정 수입과 특정 지출이 연계되어서는 안 된다는 것은 단일성의 원칙이다.
② 예산은 주어진 목적, 규모 그리고 시간에 따라 집행되어야 한다는 원칙은 예산총계주의 원칙이다.
③ 예산구조나 과목은 이해하기 쉽도록 단순해야 한다는 것은 통일성의 원칙이다.
④ 특별회계는 통일성의 원칙과 단일성의 원칙의 예외적인 장치에 해당한다.

해설 ④ 특별회계는 특정한 세입으로 특정한 세출에 충당하기 위해 일반회계와 별도로 구분·경리하는 예산이다. 특별회계는 예산 통일성의 원칙과 예산 단일성의 원칙의 예외에 해당한다.
① 통일성의 원칙에 해당한다.
② 한정성의 원칙이다.
③ 명료성의 원칙이다.

| 정답 ④

14 **직위분류제와 계급제의 특성에 대한 비교 설명으로 옳지 않은 것은?** (2014 지방직 7급)

① 직위분류제는 조직계획의 단기적 합리성을 확보할 수 있다.
② 직위분류제에서는 직무의 종류나 성격에 관계없이 폭넓은 인사이동이 가능하다.
③ 계급제에서는 직업공무원제 확립이 용이하다.
④ 계급제에서는 공무원 간의 유대의식이 높아 행정의 능률성을 제고할 수 있다.

해설 ② 계급제는 순환보직을 통해 직무의 종류에 관계없이 탄력적 인력 운용이 가능하지만, 직위분류제는 직렬별 선발과 승진임용을 원칙으로 한다.
① 계급제는 장기적 발전성을 중시하지만 직위분류제는 특정 시점의 능력을 중시한다.
③ 계급제에서는 직업공무원제 확립이 용이한 반면, 직위분류제는 실적제에 적합한 제도로 볼 수 있다.
④ 계급제는 공무원 간 유대의식을 높여준다.

| 정답 ②

15 **우리나라의 결산에 대한 설명으로 옳지 않은 것은?** (2018 국가직 9급)

① 결산은 한 회계연도의 수입과 지출 실적을 확정적 계수로 표시하는 행위이다.
② 정부는 감사원의 검사를 거친 국가결산보고서를 국회에 제출해야 한다.
③ 결산은 국회의 심의를 거쳐 국무회의의 의결과 대통령의 승인으로 종료된다.
④ 각 중앙관서의 장은 회계연도마다 소관 기금의 결산보고서를 중앙관서 결산보고서에 통합해서 작성해야 한다.

해설 ③ 결산은 국회의 최종 심의로 종료된다. 국회에 정부의 결산보고서는 다음 연도 5월 31일까지 제출해야 하고, 국회의 결산심의·의결은 정기회 개회 전까지 완료해야 한다.

| 정답 ③

16 **조직구조 형태의 하나인 복합구조(matrix structure)가 유용하게 쓰일 수 있는 조건에 해당하지 않는 것은?** (2015 사회복지직 9급)

① 조직의 규모가 너무 크거나 너무 작지 않은 중간 정도의 크기일 것
② 기술적 전문성이 높고 산출의 변동도 빈번해야 한다는 이원적 요구가 강력할 것
③ 조직이 사용하는 기술이 일상적일 것
④ 사업부서들이 사람과 장비 등을 함께 사용해야 할 필요가 클 것

해설 ③ 복합구조는 비일상적인 기술을 사용하는 조직에서 유용하다.

| 정답 ③

17 **다음 중 위원회조직에 대한 설명으로 옳지 않은 것은?** (2017 국회직 8급)

① 의결위원회는 의사결정의 구속력과 집행력을 가진다.

② 자문위원회는 의사결정의 구속력이 없다.

③ 토론과 타협을 통해 운영되기 때문에 상호 협력과 조정이 가능하다.

④ 위원 간 책임이 분산되기 때문에 무책임한 의사결정이 발생할 수 있다.

⑤ 다양한 정책전문가들의 지식을 활용할 수 있으며, 이해관계자들의 의견 개진이 비교적 용이하다.

해설 ① 의결위원회는 자문위원회와 행정위원회의 중간 조직으로 의결만 담당하는 위원회이므로, 국민의 권리와 의무에 관련된 사무에 대한 의사결정의 구속력은 있으나 집행력을 가지지 않는다.

| 정답 ①

18 **리더십에 대한 설명으로 옳은 것은?** (2017 지방직 7급)

① 피들러는 리더십 유형을 결정하는 조건으로 부하의 성숙도를 중시한다.

② 번스의 거래적 리더십은 영감, 개인적 배려에 치중하고 조직에서 변화를 주도한 리더십이다.

③ 하우스의 참여적 리더는 부하와 상담하고 의사결정 전에 부하들의 의견을 반영하려고 한다.

④ 블레이크와 머튼은 직원 지향적 리더십이 가장 이상적인 리더십 유형이라고 규정한다.

해설 ③ 하우스의 참여적 리더는 부하의 의사를 존중한다.
① 이 내용은 허시와 블랜차드의 이론의 설명이다.
② 거래적이 아니라 변혁적 리더십에 대한 설명이다.
④ 과업과 인간 모두를 중시하는 단합형 즉 (9, 9)형을 가장 효과적인 관리 유형으로 보았다.

| 정답 ③

19 **우리나라 주민투표에 관한 설명으로 옳은 것은?** (2013 군무원 9급)

① 대한민국 국적을 취득할 때까지 외국인은 주민투표권자가 될 수 없다.

② 주민투표에 부치는 사항은 당해 지방자치단체의 주요 결정 사항에 한한다.

③ 주민투표의 발의는 지방자치단체의 장에게만 인정되고 있다.

④ 주민투표권자의 2분의 1 이상이 투표하지 않으면 개표를 하지 않는다.

해설 ① 계속 거주할 수 있는 자격을 갖추면 투표권자가 될 수 있다.
② 과도한 부담을 주는 경우에도 주민투표에 부칠 수 있다.
④ 전체 투표 수가 주민투표권자 총수의 3분의 1에 미달되는 때에는 개표를 하지 아니한다.

| 정답 ③

20 해크먼과 올드햄의 직무특성모형에 대한 설명으로 옳지 않은 것은?(2011 지방직 9급)

① 잠재적 동기지수 공식에 의하면 제시된 직무 특성들 중 직무정체성과 직무중요성이 동기부여에 가장 중요한 역할을 한다.

② 허즈버그의 욕구충족요인이원론보다 진일보한 것으로 이해할 수 있다.

③ 직무정체성이란 주어진 직무의 내용이 하나의 제품 혹은 서비스를 처음부터 끝까지 완성시킬 수 있도록 구성되어 있는지에 관한 것이다.

④ 이 모형은 기술다양성, 직무정체성, 직무중요성, 지율성, 환류 등 다섯 가지 의 핵심 직무 특성을 제시한다.

해설 ① 자율성과 환류가 동기부여에 가장 중요한 역할을 한다. 동기유발 잠재력 지수는 다음 공식으로 구한다.

$$\text{MPS} = \frac{\text{기술다양성} + \text{과업정체성} + \text{과업중요성}}{3} \times \text{자율성} \times \text{피드백}$$

위의 공식에서 중요한 것은 자율성과 피드백 두 요소를 강조하고 있는 점이다. 이들 중 하나가 0에 가까워지면 다른 요소들이 아무리 높은 점수를 얻는다고 하더라도 전체 점수는 낮아지게 되는 것이다.

| 정답 ①

4 실전모의고사

01 골렘뷰스키(R. Golembiewski)의 견인이론(pull theory)에 대한 설명으로 옳은 것끼리 묶은 것은?

> 가. 기능 중심으로 구성원들을 관리한다.
> 나. 조직 내에 자유로운 업무 분위기를 조성한다.
> 다. 조직의 통합보다는 분화를 강조한다.
> 라. 직무 수행과 욕구 충족의 조화를 추구한다.

① 가, 나 ② 가, 다
③ 나, 다 ④ 나, 라

해설 ④ 견인이론은 조직 내에 자유스러운 분위기를 조성하고 구성원들로 하여금 일하면서 보람과 만족을 느끼도록 처방하는 이론이며, 압력이론(push theory)은 구성원들로 하여금 다만 고통스러운 결과를 피하기 위해 일하도록 만드는 방안을 처방하는 이론을 말한다. '나'와 '라'는 견인이론에 해당한다.
가: 견인이론은 기능보다는 일의 흐름을 선호한다.
다: 견인이론은 분화보다는 통합을 추구한다.

| 정답 ④

02 정부 규모 팽창에 대한 이론의 설명으로 옳은 것을 모두 고르면?

> ㄱ. 전위효과: 사회혼란기에 공공지출이 상향 조정되며 민간지출이 공공지출을 대체하는 현상
> ㄴ. 바그너 법칙(Wagner's law): 1인당 국민소득이 증가할 때, 국민경제에서 차지하는 공공부문의 상대적 크기가 증대되는 현상
> ㄷ. 예산극대화 가설: 관료들이 권력이 극대화를 이해 자기 부서의 예산 극대화를 추구하는 현상
> ㄹ. 파킨슨 법칙: 공무원의 수가 해야 할 업무의 경중이나 그 유무에 관계없이 일정 비율로 증가하는 형상.
> ㅁ. 보몰효과(Baumol's effect): 정부가 생산·공급하는 서비스의 생산비용이 상대적으로 빨리 하락해서 정부 지출이 감소하는 현상

① ㄱ,ㄴ,ㄷ　　② ㄱ,ㄴ,ㄹ,ㅁ

③ ㄴ,ㄷ,ㄹ　　④ ㄱ,ㄷ,ㄹ,ㅁ

해설 ③ 전위효과는 전시와 같은 국가의 위기 국면에서 정부지출이 민간지출을 대신하면서 발생하는 재정팽창 현상을 의미한다. 보몰의 병은 정부가 담당하는 공공서비스 공급은 노동집약적 서비스 부문인데, 사회경제적 생산성과 관계없이 상대적으로 관련 생산 비용이 빨리 증대해서 정부지출이 자동적으로 증가하게 되는 현상을 의미한다.

| 정답 ③

03 우리나라 지방자치단체의 기준인건비 제도에 관한 설명으로 옳지 않은 것은?

(2014 지방직 7급)

① 지방자치단체는 기준인건비를 기준으로 기구와 정원을 자율성과 책임성이 조화되도록 운영해야 한다.

② 기준인건비에 추가해 지방자치단체가 자율적으로 운영할 수 있는 인건비의 범위가 존재한다.

③ 기준인건비에는 기존의 총액인건비제를 대체한 것으로 볼 수 있다.

④ 광역지방자치단체의 장은 매년 기준인건비를 산정해 행정안전부 장관의 승인을 받아야 한다.

해설 ④ 행정안전부 장관이 지방자치단체의 행정 수요, 인건비 등을 고려해 매년 기준인건비를 산정하고 전년도 12월 31일까지 각 지방자치단체의 장에게 통보한다.
② 행정안전부 장관은 지방자치단체의 재정 여건 등을 고려해 추가 자율조정 범위(1~3%)를 인정했다.

| 정답 ④

04 예산 통일성의 원칙에 대한 예외가 아닌 것은?

① 특별회계　　② 목적세

③ 계속비　　④ 수입대체경비

해설 ③ 예산 통일성의 원칙에 대한 예외로는 목적세, 특별회계, 수입대체경비, 기금 등이 있으며, 계속비는 예산 한정성 원칙의 예외에 해당한다.

| 정답 ③

05 다음 중 아른슈타인(S. R. Arnstein)이 분류한 주민 참여 수준에 대한 설명으로 옳지 않은 것은?

① 회유는 주민이 위원회에서 의견 제시 역할을 하지만, 정책결정에 영향력을 행사하는 것은 아니다.

② 정보 제공은 행정기관과 주민 간의 정보가 일방적으로 이루어진다.

③ 공동협력은 행정기관이 최종결정권을 가지고 있지만 주민이 필요하다고 판단될 경

우 행정기관에 맞서서 자신의 주장을 내세울 만큼의 영향력을 갖고 있는 수준으로 명목적 참여의 단계이다.

④ 권한위임은 주민이 정책의 결정・실시에 우월한 권력을 가지고 참여한 경우로, 주민의 영향력이 강하여 행정기관은 문제 해결을 위해 주민을 협상으로 유도하는 수준이다.

해설 ③ 실질적 참여 단계이다. ① 비참여 단계: 조작–치료, ② 명목적 참여 단계: 정보 제공–자문–회유, ③ 주민 권력의 단계: 공동협력–권한위임–시민통제

| 정답 ③

06 새로운 공공서비스 공급 방식으로 제시된 BTO와 BTL에 대한 설명으로 옳지 않은 것은?

구분	BTO	BTL
가. 실제 운영의 주체	민간	정부
나. 운영 시 소유권	정부	민간
다. 투자비 회수 방법	사용료	임대료
라. 소유권 이전 시기	준공	준공

① 가　　② 나

③ 다　　④ 라

해설 ② 양 방식 모두 준공과 동시에 소유권이 정부로 이전한다. 다만 BTO 방식은 소유권 이전 후에 민간이 운영하고, BTL 방식은 정부가 운영한다.

| 정답 ②

07 보조기관과 보좌기관에 대한 설명으로 옳지 않은 것은?

① 보조기관은 위임・전결권의 범위 내에서 의사결정과 집행의 권한을 가진다.

② 보좌기관은 정책에 대한 최종적인 책임을 지지 않는 경우가 많으며, 보조기관과 갈등을 유발할 수도 있다.

③ 보좌기관이 보조기관보다는 더 현실적이고 보수적인 속성을 가질 가능성이 높다.

④ 보좌기관은 목표 달성 및 정책 수행에 간접적으로 기여한다.

해설 ③ 보조기관은 국장, 과장 등 책임의 한계가 명확한 계층제적 형태를 띠며 보좌기관보다는 더 현실적이고 보수적이다. 보좌기관은 상대적으로 개혁적이고 이상적이다.

| 정답 ③

08 정책결정모형 중에서 회사모형에 대한 설명으로 옳지 않은 것은?

① 회사조직이 서로 다른 목표를 지닌 구성원들의 연합체라고 가정한다.

② 연합모형 또는 조직모형이라고 불리기도 한다.
③ 조직이 환경에 대해 장기적으로 대응하고 환경 변화에 수동적으로 적응한다고 본다.
④ 문제를 여러 하위문제로 분해하고 이들을 하위조직에게 분담시킨다고 가정한다.

해설 ③ 회사모형에서 의사결정자들은 가능한 한 불확실성을 회피하거나 통제하려는 경향을 보인다. 이는 장기 전략보다는 단기 전략에 치중하는 것을 의미한다. 불확실성 때문에 장기적 대응이 어렵기 때문에 불확실성을 극복하기보다는 회피하는 방법으로 환경을 통제한다.

| 정답 ③

09 정부지출에 대한 설명으로 옳지 않은 것은?

① 정부의 총지출 규모는 일반회계 > 기금 > 특별회계의 순으로 크다.
② 기금은 특별회계처럼 국회의 심의·의결로 확정되며, 집행부의 재량이 상대적으로 큰 편이다.
③ 국가재정법상 금융성 기금의 주요 항목 지출 금액의 변경 범위가 초과하면 국회의 의결이 필요하다.
④ 국가재정법상 기금관리장치로 국정감사, 자산운용위원회, 기금운용심의회 등이 있다.

해설 ③ 국가재정법상 주요 항목 지출 금액의 20%(금융성 기금의 경우 30%)를 초과하는 때에는 국회의 의결이 필요하다.

| 정답 ③

10 최근 정부회계제도 개혁의 일환으로 도입되고 있는 복식부기의 장점이 아닌 것은?

① 정부재정활동의 효율성, 투명성, 책임성을 제고할 수 있다.
② 정부재정에 있어 미래 지향적 재정관리의 기반을 조성할 수 있다.
③ 공공부문의 생산성 향상을 위한 유용한 회계정보의 활용을 기대할 수 있다.
④ 상당액의 부채가 존재해도 현금으로 지출되지 않은 경우 재정건전 상태로 결산이 가능하다.

해설 ④ 현금주의 설명으로 복식부기와는 무관하다.
①, ③ 복식부기는 자산과 부채를 명확하게 보여줌으로써 재정활동에 소요된 비용과 그로 인한 산출에 관한 회계정보를 투명하게 포착할 수 있게 해준다. 원가 개념에 기초한 조직 운영의 효율성 평가를 가능케 한다.

| 정답 ④

11 애드호크라시(adhocracy)에 대한 설명 중 옳지 않은 것은?

① 일상적 업무 수행의 내부 효율성을 제고한다.
② 구성원의 능력을 최대한 발휘하게 함으로써 혁신을 촉진할 수 있다.
③ 동태적이고 복잡한 환경에 적합한 조직구조이다.

④ 낮은 수준의 공식화를 특징으로 하는 유기적 조직구조이다.

해설 ① 내부 효율성 제고는 기계적 구조와 관련 있는 사항이다.
② 애드호크라시는 비일상적이고 창의적인 업무에 적합한 조직이다.

| 정답 ①

12 **우리나라 정부의 예산편성 절차를 올바르게 나열한 것은?** (2014 사회복지직 9급)

가. 예산편성지침 통보	나. 예산의 사정
다. 국무회의 심의와 대통령 승인	라. 중기사업계획서 제출
마. 예산요구서 작성 및 제출	

① 가－라－마－나－다　　② 라－가－마－나－다
③ 가－마－라－다－나　　④ 라－나－가－마－다

해설 ② 각 부처의 중기사업계획서 제출 – 예산편성지침 통보 – 예산요구 – 예산사정 – 국무회의 심의와 대통령 승인–국회에 제출

| 정답 ②

13 **다음 중 특별회계예산의 특징으로 옳지 않은 것은?** (2016 서울시 9급)

① 특별회계예산은 세입과 세출의 수지가 명백하다.
② 특별회계예산에서는 행정부의 재량이 확대된다.
③ 특별회계예산은 국가재정의 전체적인 관련성을 파악하기 곤란하다.
④ 특별회계예산에서는 입법부의 예산통제가 용이해진다.

해설 ④ 특별회계는 통일성 원칙의 예외로 입법부의 예산통제가 어려워진다.

| 정답 ④

14 **공무원의 보수 수준은 (　　)을 상한선으로 하고, (　　)을 하한선으로 하여 결정되는 것이 바람직하다고 할 때 (　　) 안에 들어갈 내용으로 적합한 것은?** (2005 경기도 9급)

① 민간부문의 최고임금, 민간부문의 평균임금
② 공무원의 성과, 공직의 시장가격
③ 정부의 재정력, 공무원의 생계비
④ 민간부문의 평균임금, 공직의 시장가격

해설 ③ 상한은 경제적 요인에 의해 결정된다. 하한은 사회윤리 요인, 즉 최저생계비나 품위 유지 수준을 고려해서 결정한다.

| 정답 ③

15 **공무원의 노동조합 설립 및 운영 등에 관한 법률상 단체교섭 대상은?** (2017 국가직 7급)

① 기관의 조직 및 정원에 관한 사항

② 조합원의 보수에 관한 사항

③ 예산·기금의 편성 및 집행에 관한 사항

④ 정책의 기획 등 정책결정에 관한 사항

해설 ② 단체교섭 대상은 보수를 포함한 근무조건에 국한되며, 정책과 인사 등에 대한 내용은 대상이 아니다.

| 정답 ②

16 **매틀랜드(R. E. Matland)가 모호성과 갈등이라는 두 차원에 따라 분류한 네 가지 정책 집행 상황 중에서, 모호성이 낮고 갈등이 높은 상황에 대한 설명으로 옳지 않은 것은?** (2015 지방직 7급)

① 갈등은 매수나 담합 등과 같은 방식으로 해결되기도 한다.

② 순응을 확보하기 위해서는 강압적 또는 보상적 수단이 중요해진다.

③ 정책집행 과정은 대립적 이해관계를 가진 집행조직 외부의 행위자에 의해 영향을 많이 받는다.

④ 정책목표가 명확하지 않기 때문에 집행과정은 목표의 해석과정으로 이해될 수 있다.

해설 모호성이 낮고 갈등이 높은 상황은 정치적 집행이다. 4번 지문은 집행과정이 목표의 해석과정으로 이해될 수 있는 상징적 집행에 해당한다.

| 정답 ④

〈매틀랜드의 통합모형〉

구분		갈등	
		낮음	높음
정책목표의 모호성	낮음	관리적 집행	정치적 집행
	높음	실험적 집행	상징적 집행

17 **사바티어의 옹호연합모형(advocacy coalition framework)과 관계없는 것은?**

① 다양한 집행 관련자들을 분석 단위로 한 상향적 접근방법을 채택하고, 여기에 사회경제적 조건과 법적 수단이 어떻게 참여자들의 행태를 제한하는지를 살피는 하향적 접근방법의 관점을 결합하는 것이다.

② 정부가 아닌 정책 하위 체제 내의 지지연합 간 갈등과 타협 과정을 강조한다. 정책 하위 체제 내의 행위자 간에 집단별로 동일한 신념 체계를 가지는 수개의 지지연합을 형성해서 정부활동 프로그램에 대한 전략을 수립해 정책집행에 참여한다.

③ 만일의 경우 지지연합 간에 갈등이 생기면 정책중개자(broker)가 나서서 중재한다.

④ 이 모형은 완전한 상향적 접근방법을 취하고 있다.

해설 ④ 통합적 모형이다.

| 정답 ④

18 직무평가방법과 설명이 바르게 연결된 것은? (2016 국가직 9급)

A. 서열법	B. 분류법	C. 점수법	D. 요소비교법

가. 직무 전체를 종합적으로 진단해 미리 정해 놓은 등급기준표와 비교해 가면서 등급을 결정한다.
나. 대표가 될 만한 직무들을 선정해 기준 직무로 정해놓고 각 요소별로 평가할 직무와 기준 직무를 비교해 가며 점수를 부여한다.
다. 비계량적 방법을 통해 직무기술서의 정보를 검토한 후 직무 상호간에 직무 전체의 중요도를 종합적으로 비교한다.
라. 직무평가표에 따라 직무의 세부 구성 요소들을 구분한 후 요소별 가치를 점수화해서 측정하는데, 요소별 점수를 합산한 총점이 직무의 상대적 가치를 나타낸다.

	A	B	C	D
①	가	나	다	라
②	가	다	라	나
③	다	나	가	라
④	다	가	라	나

해설 ④ '가'는 분류법, '나'는 요소비교법, '다'는 서열법, '라'는 점수법에 해당된다.

| 정답 ④

19 다음 빈칸에 적합한 내용끼리 잘 배열한 것은? (2014 경찰간부)

구분	장 · 단점	
	계급제	직위분류제
행정전문화	저해	촉진
외부 환경 변화 대응력	약함	강함
현직자의 근무 의욕	( )	( )
제도 유지비용	저렴함	비싼 편임
부서 간 협조와 교류	( )	( )

① 낮음－높음－원활함－원활하지 못함
② 높음－낮음－원활하지 못함－원활함
③ 높음 －낮음－원활함－원활하지 못함

④ 낮음－높음－원활하지 못함－원활함

해설 ③ 현직자의 근무 의욕: 계급제는 외부로부터의 수혈이 없는 폐쇄 체제로 운영되기 때문에 현직자의 근무 의욕에 기여한다.
부서 간 협조와 교류: 탄력적인 인사 운영이 이루어지면서 부서 간 협조와 조정이 용이하다.

| 정답 ③

20 다음에 해당하는 공공서비스의 유형은 무엇인가?

- 경합성은 있지만 배제 불가능한 서비스이다.
- 과소비와 공급비용 귀착문제가 야기된다.
- 시장실패의 원인에 해당하며 정부가 개입하는 이유가 된다.

① 사적재　② 요금재
③ 공공재　④ 공유재

해설 ④ 호수, 하천 등과 같은 자연 자원 등 공유재에 해당하는 설명이다. 공유재는 소비는 경쟁적이고 배제가 불가능한 재화이다. 공유재의 비배제성 때문에 공유재는 과소비와 공급비용의 귀착문제가 야기되어 '공유지의 비극'이 초래되는 영역이다.

| 정답 ④

5 실전모의고사

01 다음 중 행정학의 학문적 특성에 대한 설명으로 틀린 것은? (2015 국회직 9급)

① 행정학은 원인과 결과의 규칙성을 발견하는 기술성을 중시한다.
② 행정학은 전문직업적인 성격을 포함한다.
③ 행정학은 실천적이고 도구적 성격이 강한 응용학문이다.
④ 행정학은 종합학문적 성격을 지니고 있어 정체성에 대한 논란이 지속적으로 제기되어 왔다.
⑤ 행정학의 연구에서 가치와 사실을 구분할 수 있어도 가치판단 문제를 완전히 배제할 수는 없다.

해설 ① 원인과 결과의 규칙성을 발견하는 것은 과학성이다. 기술성은 이론을 실제로 처방하는 과정에 초점을 맞춘다. 또 과학성의 이론적 토대는 정치행정이원론이다.

| 정답 ①

02 총액배분 자율편성 예산제도에 대한 설명으로 옳지 않은 것은?

① 사전에 결정된 예산의 지출한도 내에서 각 부처가 자율적으로 예산을 편성해 운영한다.
② 부처의 자율성이 높아지는 예산제도로 상향식 방식이다.
③ 중기적 시각에서 정부 전체의 재정 규모를 검토하기 때문에 전략적 계획의 발전을 촉진하고 재정의 경기조절 기능을 강화할 수 있다.
④ 미래 예측을 강조함으로써 점증주의적 예산편성 관행을 바꾸는 데 기여할 수 있다.

해설 ② 각 부처 지출한도액은 중앙예산기관이 배정하고, 지출한도 내에서 사용처의 결정은 각 부처의 자율에 맡긴다. 따라서 하향식 제도이다.

| 정답 ②

03 매트릭스구조에 대한 설명으로 옳지 않은 것은? (2012 지방직 7급)

① 기능부서의 신속한 대응성과 사업부서의 전문성에 대한 필요에 의해 결합된 조직이다.
② 기능부서 통제 권한의 계층은 수직적으로 흐르고, 사업부서 간 조정 권한의 계층은 수평적으로 흐르게 된다.

③ 조직구성원은 동시에 두 명의 상관에게 보고하는 체계를 가진다.

④ 개인들이 다양한 경험을 할 수 있기 때문에 전문기술의 개발과 더불어 넓은 시야를 갖출 수 있는 기회가 된다.

해설 ① 매트릭스구조란 기능부서의 전문성과 사업부서의 신속한 대응성을 결합한 조직이다.

| 정답 ①

04 다음 보기에서 가와 나를 바르게 연결한 것은? (2016 국가직 9급)

> (가)는 국가가 특별한 용역 또는 시설을 제공하고 그 제공을 받은 자로부터 비용을 징수하는 경우의 해당 경비로서 기획재정부 장관이 정하는 경비를 의미하며, 국가재정법상 (나)의 예외로 규정되어 있다.

	(가)	(나)
①	수입대체경비	예산총계주의 원칙
②	전대차관	예산총계주의 원칙
③	전대차관	예산공개의 원칙
④	수입대체경비	예산공개의 원칙

해설 ① 수입대체경비는 예산에 계상하지 않기 때문에 예산총계주의 원칙의 예외로 규정되어 있다. 전대차관은 정부가 수요기관(정부산하기관)을 대신해 외국 금융기관에서 도입하는 차관으로 전대차관 역시 예산에 계상하지 않으므로 예산총계주의 원칙의 예외이다.

| 정답 ①

05 다음 중 직위분류제의 분류와 그 예시의 연결이 가장 옳지 않은 것은? (2016 서울시 9급)

① 직류－일반행정, 법무행정, 국제통상

② 직렬－행정, 세무, 관세, 교정

③ 직군－행정, 공안, 시설

④ 직위－관리관, 이사관, 서기관

해설 ④ 직위는 한 사람이 담당하는 권한과 책임의 범위를 말한다. 이를테면 행정지원실장, 복지계장 등이 해당되고, 관리관, 이사관 등은 등급에 속한다.

| 정답 ④

06 정치와 행정에 대한 다음 보기의 설명 중 옳은 것은 모두 몇 개인가?(2013 국회직 8급)

> 가. 전통적으로 민주주의 정치 체제에서 정치는 가치개입적 행위이며 행정은 가치중립적 행위이다.
> 나. 정치는 효율성을 확보하는 과정인데 반해 행정은 민주성을 확보하는 과정이다.
> 다. 정치행정일원론에서 행정의 정치적 기능이란 정책형성 기능을 의미한다.
> 라. 1960년대 발전행정론이 대두하면서 기존의 행정우위론과 대비되는 정치우위론의 입장에서 새 일원론이 제기되었다.
> 마. 사이먼 등 행태주의 학자들은 행정의 정책결정 기능을 인정한다는 점에서 기존의 이원론과 구분된다.

① 1개 ② 2개 ③ 3개
④ 4개 ⑤ 5개

해설 ③ 나: 정치는 정책결정, 행정은 정책집행을 주로 한다. 정치는 민주성을 강조하고 행정은 효율성을 강조한다.
라: 발전행정론은 정치우위가 아니라 행정 우위적 정치행정일원론이다.

| 정답 ③

07 다음 중 우리나라의 예산제도에 대한 설명으로 바른 것은?

① 헌법상 행정부는 회계연도 개시 120일 전까지 다음 연도의 예산안을 국회에 제출해야 한다.
② 국회에 제출되는 예산안은 일반회계만을 의미한다.
③ 국회가 회계연도 개시 30일 전까지 다음 연도의 예산을 확정하지 못하면 정부는 준예산을 편성해서 집행한다.
④ 준예산은 전년도 예산에 준해서 집행하되 집행범위는 헌법이나 법률로 설치된 기관의 유지비, 법률상 지출의무가 있는 경비, 승인받은 계속비 등에 한정된다.

해설 ① 헌법상으로는 90일 전까지이다.
② 일반회계와 특별회계를 의미한다.
③ 30일 전까지가 아니라 새로운 회계연도가 개시될 때까지 예산안이 의결되지 못한 때이다.

| 정답 ④

08 영기준 예산제도의 장점으로 옳지 않은 것은? (2015 사회복지직 9급)

① 국방비, 공무원의 보수, 교육비와 같은 경직성 경비가 많으면 영기준 예산제도의 효용이 커진다.
② 최고관리자는 각 기관의 업무 수행에 대한 좀 더 상세한 자료를 입수할 수 있다.
③ 예산 과정에 대한 관리자 및 실무자의 참여를 촉진한다.

④ 전년도 답습주의로 인한 재정의 경직성을 완화할 수 있다.

해설 ① 경직성 경비가 많아지면 영기준 예산제도의 적용이 어렵다.

| 정답 ①

09 자본예산의 장점에 대한 설명으로 옳지 않은 것은?

① 자본적 지출의 경우 장기적 재정계획에 따라 일시적인 적자재정이 정당화된다.

② 경상적 지출과 자본적 지출을 분리·계리함으로써 재정의 기본 구조를 이해하는 데 도움이 된다.

③ 세출 규모의 변동을 장기적 관점에서 조정하는 데 기여한다.

④ 경상적 지출에 대한 심도 있는 분석에 유리하다.

해설 ④ 자본예산제도는 반복적이고 단기적인 경상예산과 비반복적이고 장기적인 자본예산으로 구분해서 예산을 편성하는 복식예산제도이다. 자본적 지출에 대한 심도 있는 분석은 가능하지만 경상적 지출에 대한 명확한 구분이 없다는 단점이 있다.

| 정답 ④

10 미국 민주주의의 규범적 관료제모형에 대한 설명으로 옳은 것은? (2017 국가직 7급)

① 제퍼슨주의는 개인의 자유를 극대화하기 위한 행정책임을 강조하고, 소박하고 단순한 정부와 분권적 참여 과정을 중시한다.

② 잭슨주의는 행정의 탈정치화를 통해 정당정치의 개입으로부터 자유로운 행정을 강조한다.

③ 매디슨주의는 국가 이익의 증진을 위해 강한 행정부의 적극적 역할과 행정의 유효성을 지향한다.

④ 해밀턴주의는 다원적 과정을 통한 이익집단 요구의 조정과 이를 가능하게 하는 견제와 균형을 중시한다.

해설 ① 제퍼슨은 해밀턴에 반발하며 지방분권을 강조했다.
② 잭슨은 엽관주의와 행정의 정치화를 통한 정당정치를 공식적으로 표방했다.
③ 매디슨주의는 사적 이익집단 간의 갈등이 정치 과정의 핵심으로 보고 사회 내의 다양한 이익집단들 간의 견제와 균형을 통해 민주주의가 구현되는 다원주의를 강조했다.
④ 해밀턴주의는 강력한 중앙정부의 역할을 강조했다.

| 정답 ①

11 행정개혁의 일반적 특징에 관한 설명 중 가장 적절하지 않은 것은?(2015 경정 승진)

① 행정개혁은 주로 대내적 관점에서 전개되는 것으로 폐쇄 체제적이다.

② 행정개혁은 행정을 인위적·의식적으로 변화시키려는 것이므로 불가피하게 관련자들의 저항을 수반한다.

③ 행정개혁 성공을 위해서는 정치적 요소도 고려해야 한다.

④ 행정개혁은 단시간에 결과를 보는 일시적인 과정이 아니라 장기적이고 지속성을 갖는 학습과정이다.

해설 ① 행정개혁은 주로 환경과의 상호작용 과정에서 필요성이 나타나게 되므로 대외적 관계에서 전개되며 개방 체제적이다.

| 정답 ①

12 공공부문에서 희소성의 법칙에 관한 설명으로 옳지 않은 것은? (2009 국회직 8급)

① 급성 희소성은 가용재원이 정부의 계속사업을 지속할 만큼 충분하지 못한 경우에 발생한다.

② 완화된 희소성의 상태는 정부가 현존 사업을 계속하고 새로운 예산공약을 떠맡을 수 있는 충분한 자원을 가지고 있는 상황이다.

③ 만성적 희소성 하에서 예산은 주로 지출통제보다는 관리의 개선에 역점을 두게 된다.

④ 희소성은 '정부가 얼마나 원하는가'에 대해서 '정부가 얼마나 보유하고 있는가'의 양면적 조건으로 이루어져 있다.

⑤ 공공부문에서의 희소성의 법칙은 항상 절대적으로 받아들여지는 것은 아니다.

해설 ① 급성 희소성은 정부가 계속사업의 점증비용을 충당할 수 없는 상태이고, 총체적 희소성은 이미 존재하는 사업의 비용을 충당할 수 없는 조건이다.
②, ③ 완화된 희소성은 진행 중인 모든 사업의 정상비용 및 업무량 증가분뿐만 아니라 주요 사업을 새로이 추진할 충분한 자원이 존재하는 경우이다. 만성적 희소성은 신규사업을 새롭게 추진할 자원이 부족한 상태이다.

| 정답 ①

13 추가경정예산에 대한 설명으로 옳지 않은 것은? (2013 지방직 9급)

① 예산이 성립된 후에 생긴 사유로 이미 성립된 예산에 변경을 가할 필요가 있을 때 정부가 편성하는 예산이다.

② 예산 팽창의 원인이 될 수 있으므로 국가재정법에서 그 편성 사유를 제한하고 있다.

③ 과거에 추가경정예산이 편성되지 않은 연도도 있었다.

④ 본예산과 별개로 성립되므로 당해 회계연도의 결산에는 포함되지 않는다.

해설 ④ 추경은 본예산과 별개로 성립되지만 성립 후에는 본예산과 함께 운영되기 때문에 결산에는 당연히 포함된다.

| 정답 ④

14 루빈의 실시간 예산운영모형에 대한 설명으로 옳지 않은 것은? (2016 지방직 7급)

① 세입 흐름에서 의사결정－누가 얼마만큼 부담할 것인가에 관한 의사결정으로 의사

결정의 흐름 속에는 설득의 정치가 내재해 있다.

② 세출 흐름에서 의사결정-누구에게 배분할 것인가에 관한 의사결정으로 선택의 정치로 특징지어지며, 참여자들은 지출의 우선순위가 재조정되기를 바라거나 현재의 우선순위를 고수하려고 노력한다.

③ 예산 균형 흐름에서 의사결정-예산 균형을 어떻게 정의할 것인가에 관한 의사결정으로 제약조건의 정치라는 성격을 지니며, 예산 균형의 결정은 근본적으로 정부의 범위 및 역할에 결정과 연계되어 있다.

④ 예산 과정 흐름에서 의사결정-계획된 대로 수행할 수 있는가에 대한 의사결정으로 기술적 성격이 강하고 책임성의 정치라는 특성을 지니며, 예산계획에 따른 집행과 수정 및 일탈의 허용 범위에 대한 문제가 중요하다.

해설 ④ 예산 과정 흐름에서 의사결정이 아니라 예산집행 흐름에서의 의사결정이다. 예산집행 흐름에서 의사결정은 책임성의 정치의 성격을 갖는다. 집행과 수정 및 일탈의 허용 범위 문제가 이 흐름에서 중요한 문제다.

| 정답 ④

15 동기부여에 관한 과정이론 중의 하나인 애덤스의 형평성이론에 대한 설명으로 옳지 않은 것은?

① 직무에 대한 공헌도와 보상을 다른 사람과 주관적으로 비교·평가한다.

② 형평하게 대우받으려고 하는 욕망이 개인에게 동기를 갖게 한다고 가정한다.

③ 조직에서 공정한 보상의 중요성을 강조한다.

④ 잘못된 행동에 수반되는 제재를 철회함으로써 바람직한 행동을 유도할 수 있다.

⑤ 불형평성을 해소시키기 위한 행동에는 투입과 산출에 대한 본인의 지각을 바꾸는 것, 준거 인물을 바꾸는 것 등이 있다.

해설 ④ 애덤스의 형평성이론은 한 개인의 바람직한 행동을 유도하는 것이 아니라 개인 자신과 타인을 투입-성과 비율 비교로 행동 결정함으로써 동기부여를 준다.

| 정답 ④

16 커와 저미어가 주장한 '리더십 대체물 접근법'에 대한 설명으로 옳은 것만을 모두 고른 것은? (2014 지방직 7급)

가. 구조화되고, 일상적이며, 모호하지 않은 과업은 리더십의 대체물이다.
나. 조직이 제공하는 보상에 대한 무관심은 리더십의 대체물이다.
다. 부하의 경험, 능력, 훈련 수준이 높은 것은 리더십의 중화물이다.
라. 수행하는 과업의 결과에 대한 환류가 빈번한 것은 리더십이 대체물이다.

① 가, 다 ② 가, 라

③ 나, 다　　　　　　　　　　④ 나, 라

해설 ② 나: 조직이 제공하는 보상에 대한 무관심은 리더십의 중화물이다. 중화물은 리더의 행동의 효과를 약화시키는 요인을 의미한다. 리더가 성과를 많이 올린 부하에게 상을 줄 수 있는 권한을 갖고 있지 않다면 이런 상황 변수도 중화 요인이 된다.
다: 부하의 전문지식, 능력 등이 높은 것은 리더십의 대체물이다. 대체물은 리더의 행동을 필요 없게 만드는 특성이다. 조화되고 일상적이며 모호하지 않은 과업도 리더십 대체 요인이다.

| 정답 ②

17 전략적 인적자원관리에 대한 설명으로 옳지 않은 것은? (2017 국가직 9급)

① 장기적이며 목표·성과 중심적으로 인적자원을 관리한다.
② 개인의 욕구는 조직의 전략적 목표 달성을 위해 희생해야 한다는 입장이다.
③ 인사 업무 책임자가 조직전략 수립에 적극적으로 관여한다.
④ 조직의 전략 및 성과와 인적자원관리 활동 간의 연계에 중점을 둔다.

해설 ② 개인의 성과와 전략 간의 통합성을 강조하는데, 개인 욕구와 조직의 전략적 욕구를 동시에 충족시키는 방향을 관리하고자 한다.

| 정답 ②

18 근무성적평가제도에 대한 설명 중 가장 옳은 것은? (2017 서울시 9급)

① 4급 이상 공무원을 대상으로 한다.
② 매년 말일을 기준으로 연 1회 평가가 실시된다.
③ 평가 단위는 소속장관이 정할 수 있다.
④ 공정한 평가를 위해 평가자와 피평가자의 사전 협의가 금지된다.

해설 ③ 우리나라는 평가 항목과 평가 단위를 부처 특성에 따라 달리 정할 수 있도록 하고 있다.
① 근무성적평가는 5급 이하 공무원이 대상이 된다.
② 근무성적평가는 연 2회 실시한다.
④ 평가자는 공정한 평가를 위해 평가 대상 공무원과 의견 교환을 할 수 있다.

| 정답 ③

19 주요 동기부여이론과 그로부터 도출할 수 있는 올바른 동기부여 방안이 가장 바르게 연결된 것은? (2017 서울시 7급)

① 브룸의 기대이론－개인의 선호에 부합하는 결과물을 유인으로 제시한다.
② 로크의 목표설정이론－평이하고 구체적인 목표를 제시한다.
③ 허즈버그의 2요인이론－낮은 보수를 인상한다.
④ 애덤스의 형평성이론－프로젝트에 참여한 모든 사람에게 동일한 보상을 한다.

해설 ① 개인이 선호에 부합하는 결과물을 제시해 유인가를 높이는 것은 올바른 동기부여의 방안이 될 수 있다.

② 로크의 목표설정이론–목표가 도전적(높은 난이도)이고 명확할 때(높은 구체성) 동기가 유발된다.
③ 동기요인을 충족시킨다.
④ 자신의 노력과 산출 간 불일치를 자각하면 이를 제거하는 방향으로 동기가 부여된다.

| 정답 ①

20 **홀(Peter A. Hall)에 의해 제시된 정책변동모형으로 정책목표, 정책수단, 정책환경의 세 가지 변수 중 정책목표와 정책수단에 급격한 변화가 발생하는 정책변동 모형은?**

① 쓰레기통 모형　　② 이익집단 위상변동 모형
③ 정책지지연합 모형　　④ 정책패러다임 변동 모형

해설 ④ 홀의 정책변동모형은 PCF(Paradigm Change Framework)로 불리는 패러다임 변동모형이다. 그는 정책형성을 정책목표, 정책산출물, 정책환경 등 세 가지 변수를 포함하는 과정으로 간주한다. 그리고 정책목표와 정책산출물에서 급격한 변화를 가져오는 정책변동을 패러다임 변동으로 개념화했으며, 그리고 패러다임 변동이 한꺼번에 일어나는 것이 아니라 안정기, 변이의 축적기, 실험기, 권위의 손상기, 경합기, 새로운 패러다임의 정착기로 이행한다고 주장한다.
② 무치아로니(G. Mucciaroni)의 이익집단 위상변동 모형은 ICF(Interest Group Standing Change Framework) 모형으로 불리며, 제도적 맥락과 이슈맥락이 정책변동과 이익집단 위상의 변동을 가져 온다고 본다.

〈무치아로니의 이익집단 위상변동 모형〉

구분		제도적 맥락	
		유리	불리
이슈맥락	유리	위상상승	위상저하
	불리	위상유지	위상쇠락

그에 따르면, 제도적 맥락과 이슈맥락이 다른 방향으로 작용할 때에는 제도적 맥락에 크게 영향을 받는다. 즉, 이슈맥락이 특정한 이익집단에 유리하더라도 제도적 맥락이 불리할 때는 정책이 불리하게 돌아가며, 이슈맥락이 불리하더라도 제도적 맥락이 유리하면 정책이 불리해지지 않는다는 것이다.

| 정답 ④

찾아보기

인 명

사 항

ㄱ

ㄴ

ㄷ

ㄹ

ㅁ

ㅂ

ㅅ

ㅈ

저자 소개

백승기(白承起)

■ 학력 및 경력

서울대 졸업, 臺灣國立政治大 대학원 정치학과(政治硏究所) 졸업(박사학위논문: 中韓兩國農村發展政策之比較硏究)

미국 U. C. Berkeley IGS visiting scholar(1998~1999)

7, 9급 공무원시험 출제위원 및 행정고시위원 역임

한국연구재단 학술지 평가 심사위원(좌장)

현재 동의대학교 행정정책학과 교수

E-mail: skpaik@deu.ac.kr

■ 주요 연구 결과

『정책분석론』(공저). 시대고시기획. 2003.

『정책평가론』(공저). 시대고시기획, 2003.

『한국행정 60년』(공저). 법문사. 2008.

『정책학원론』(제3판). 대영문화사. 2010.

『정책학원론』(제4판). 대영문화사. 2016.

『행정학원론』(제4판). 피엔씨미디어. 2019.

지역축제방문객의 만족도와 그 영향요인에 관한 연구: 가락문화제를 중심으로. 『지방정부연구』 10(2). 2006.

ACF(Advocacy Coalition Framework) 모형에 의한 정책변동 사례 연구: 출자총액제한제도를 중심으로. 『한국행정학보』 42(3). 2008.

옹호연합모형에 의한 의료보험 통합정책에 관한 비교 연구: 한국과 대만의 사례를 중심으로. 『한국행정학보』 44(4). 2010.

중국의 보장성 주택정책에 있어서 중앙정부와 지방정부의 대립에 관한 연구. 『지방정부연구』 18(4). 2014.

중국 지방정부 '토지재정의존행위(土地財政依賴行爲)'의 분석. 『지방정부연구』 19(2). 2015.

행정학의 정석

펴낸날 제1판 제1쇄 2019년 2월 25일
지은이 백승기
펴낸이 임춘환
펴낸곳 도서출판 대영문화사
주소 (본사) 사무실: 경기도 고양시 일산서구 주화로 70
우신프라자 307호 (㈜ 10387)
(본사) 물류센터: 경기도 고양시 일산서구 덕산로
107번길 68-50 (㈜ 10205)

등록 1975년 12월 26일 제3-16호
전화 (031) 913-3062, (031) 914-3884~5
팩스 (031) 913-3839
홈페이지 http://www.dymbook.co.kr

ISBN 978-89-7644-732-6
값 33,000원